SPSS및 EXCEL을 활용한

다변량분석 이론과 실제

MULTIVARIATE ANALYSIS THEORY AND PRACTICE *using* SPSS & EXCEL

노형진, 유자양 지음

MEDIA JIPHIL
(주)지필미디어

머/리/말

다변량분석(multivariate analysis)이라고 하면 통계학 중에서도 어쩐지 어려운 분야에 속하는 것은 아닐까 하고 생각하는 사람이 많을 것이다. 그러나 실제로 이 기법들을 사용해 보면 미리 걱정했던 것보다 쉽고 의외로 간단하다는 것을 알 수 있다. 물론 다변량분석의 이론적인 내용에 관해서는 대학교 교양과정 정도의 선형대수와 미적분의 지식이 필요하지만, 구체적인 예를 계산하는 데는 연립방정식에 대한 해법의 지식과 탁상용 계산기만 있으면 충분하다. PC가 있다면 더 말할 나위가 없다.

다변량분석에 관한 책을 읽고 그 기법이나 의미하는 바를 충분히 이해할 수 있는 사람은 많지 않을 것으로 생각한다. 대부분의 사람들은 아무 생각 없이 사용설명서에 의존하여 나름대로 다변량분석을 이해하고 실제의 데이터를 다루는 과정에서 이 기법에 익숙해져 가는 것이 고작일 것이다.

그렇다면 왜 다변량분석에 대해서 충분한 이해가 안 될까? 그것은 다변량분석의 구조를 깨닫지 못하기 때문이다. 이 책은 그와 같은 다변량분석의 구조를 충분히 밝히는 데 목표를 두고 있다. 따라서 다변량분석을 처음 배우는 사람에게는 아주 자연스럽게 이해할 수 있도록, 그리고 아무리 해도 다변량분석이 잘 이해되지 않는 사람에게는 "과연 이런 것이로구나!"하고 알 수 있도록 배려했다.

저자가 본격적으로 다변량분석을 공부하게 된 것은 일본 유학시절로 거슬러 올라간다. 기초 수학과 통계학을 공부하고 그 연장선상에서 어쩌면 당연히 접하게 됐던 분야가 다변량분석이었는지도 모른다. 실로 수많은 선생님들로부터 가르침을 받았다. 낯선 분을 소개 받아 안 풀리던 문제가 해결이 되면 하늘을 날 듯한 기분이었고, 앞이 막혀 진전이 안 될 때는 며칠을 끙끙 앓았던 기억이 새롭다. 일본 문부성 통계수리연구소에서의 1년간 연구생활은 저자에게 정말로 소중한 시간이었다. 초가을 추석 전의 햇살이 곡식을 여물게 하듯이 지식이 살찌워졌다.

이 책은 다변량분석에 관한 이론과 실제로 구성되어 있다. 전반부 이론편에서는 다변량분석의 수학적인 구조를 알기 쉽게 설명하고 있으며, 기하학적인 해설을 통해서 더욱 충분한 이해를 돕고자 했다. 그리고 후반부 실제편에서는 SPSS를 활용하여 구체적인 데이터를 분석하고 있다.

소위 다변량분석은 과거의 기록 데이터와 새로 계획적으로 수집한 데이터의 어느 쪽에도 적용가능한 기법이다. 수치로 표시되는 양적 데이터는 말할 것도 없고, 수치로는 표현하기 어려운 질적 데이터도 코드화를 통해서 처리할 수 있는 유연성이 높은 기법이다. 이와 같은 특색에 덧붙여서 PC의 급속한 보급과 양질의 소프트웨어의 등장에 의해 최근에는 분야를 불문하고 넓은 범위에서 활용하고 있다.

다변량분석을 실천하려면 컴퓨터와 분석을 위한 소프트웨어가 필요하다. 프로그램을 스스로 작성할 수 있는 사람이더라도 다변량분석의 소프트웨어를 자주적으로 개발한다는 것은 상당한 수고가 필요하다. 그러나 다행스럽게도 PC로 작동되는 Excel이나 SPSS와 같은 신뢰성이 높은 통계 패키지가 시판되고 있어 이것들을 이용하면 수집한 데이터를 다변량분석의 기법으로 분석할 수 있게 된다.

이 책에서는 Excel 및 SPSS의 조작 방법에 대해서 필요최소한의 것밖에 설명하고 있지 않다. 그러나 이 책에 따라 학습하다 보면 스스로 이들 소프트웨어의 조작 방법에 익숙해져 있는 자신을 발견할 것이다. 이 책에서 사용한 소프트웨어는 Excel 2013과 SPSS 23 버전이다.

끝으로 이 책의 출간을 기꺼이 허락해 주신 지필미디어 사장님과 관계자 여러분의 노고에 감사의 말씀을 드린다.

2015년 11월

저자 씀

목/차

PART 1 다변량분석 이론편

제1장 다변량분석을 위한 기초수학 2

1.1 행렬 2
1.2 행렬식 15
1.3 고유치·고유벡터 19
1.4 고유벡터와 직교행렬의 관계 22
1.5 주성분분석의 적용예 25

제2장 평균 분산 공분산 및 상관 37

2.1 다변량분석의 의미 37
2.2 평균과 분산 39
2.3 공분산과 상관계수 45
2.4 많은 분포의 기준이 되는 정규분포 52

제3장 회귀분석의 원리 55

3.1 1변량을 다른 변량으로 예측하는 중회귀분석 55
3.2 1변량으로부터 1변량을 예측하는 단순회귀분석 57
3.3 오차의 제곱합을 최소로 하는 중회귀분석 64
3.4 중회귀분석의 평가 71
3.5 예측과 실측의 상관을 최대로 하는 회귀방정식 74
3.6 중회귀분석의 실제 76

제4장 주성분분석의 원리 81

4.1 주성분분석의 원리 ······ 81
4.2 주성분분석의 기본원리 ······ 82
4.3 주성분을 구하는 방법 ······ 89
4.4 주성분의 정보수집능력을 나타내는 기여율 ······ 94
4.5 정보의 찌꺼기로부터 제2주성분의 추출 ······ 97

제5장 요인분석의 원리 106

5.1 요인분석의 원리 ······ 106
5.2 요인분석의 기본원리 ······ 108
5.3 요인 모델로 바라본 분산 ······ 112
5.4 요인 모델로 바라본 공분산 ······ 116
5.5 공통요인의 설명력을 나타내는 공통성 ······ 118
5.6 공통성의 추정 ······ 122
5.7 요인의 회전 ······ 130
5.8 요인점수에 의한 표본의 개성 파악 ······ 134
5.9 요인의 설명력을 나타내는 기여량 ······ 136
5.10 요인분석과 주성분분석의 관계 ······ 138

제6장 정준상관분석의 원리 143

6.1 변량군의 관계를 조사하는 정준상관분석 ······ 143
6.2 정준상관계수를 구하는 방법 ······ 145
6.3 정준변량의 해석을 돕는 구조계수 ······ 150
6.4 정준변량의 적격성을 나타내는 기여율과 용장성계수 ··· 152

제7장 판별분석의 원리 156

7.1 데이터를 그룹으로 나누는 판별분석 ······ 156
7.2 선형판별함수에 의한 판별 ······ 158
7.3 선형판별함수의 분산 ······ 162
7.4 마하라노비스의 거리 ······ 170
7.5 판별적중률과 오판별률 ······ 177

PART 2 다변량분석 실제편

제8장 상관분석 180

8.1 상관관계의 파악 ······ 180
1. 상관계수와 산점도에 의한 파악 ······ 180
2. 상관분석의 실제 ······ 182
8.2 편상관계수의 산출 ······ 188
1. 편상관계수의 의미 ······ 188
2. 편상관계수의 산출 ······ 188
8.3 범주별 상관계수의 산출 ······ 191
1. 파일의 분할 ······ 191
2. 남녀별 상관계수의 산출 ······ 193
8.4 부분 데이터만의 상관계수 산출 ······ 194
1. 특정 데이터의 추출 ······ 194
2. 특정 데이터만의 상관계수 ······ 196

제9장 분산분석 197

9.1 일원 분산분석 ······ 197
9.2 이원 분산분석 ······ 206
1. 반복 없는 이원 분산분석 ······ 206
2. 반복 있는 이원 분산분석 ······ 217
9.3 다변량 분산분석 ······ 231

제10장 회귀분석 241

10.1 회귀분석의 기초지식 ······ 241
1. 회귀분석의 개요 ······ 241
2. 회귀분석과 SPSS ······ 243
10.2 단회귀분석 ······ 244
1. 단회귀분석의 실례(實例) ······ 244
2. SPSS의 활용 ······ 248

제 11장 중회귀분석 260

11.1 중회귀분석의 실제 260
11.2 더미변수를 포함한 중회귀분석 270
1. 더미변수 270
2. SPSS의 활용 274
11.3 중회귀분석의 제문제 278
1. 설명변수의 선택 278
2. 다중공선성 284
11.4 회귀진단 292
1. 잔차와 회귀계수의 관찰 292
2. Excel의 활용 299

제 12장 순서 회귀분석 302

12.1 순서 회귀분석의 기초지식 302
12.2 순서 회귀분석의 실제 305

제 13장 범주형 회귀분석 315

13.1 범주형 회귀분석의 기초지식 315
13.2 범주형 회귀분석의 실제 318

제 14장 로지스틱 회귀분석 333

14.1 로지스틱 회귀분석의 기초지식 333
14.2 로지스틱 회귀분석의 실례(實例) 337

제 15장 판별분석 348

15.1 판별분석의 기초지식 348
1. 판별분석의 개요 348
2. 판별분석과 회귀분석 351
15.2 판별분석의 실제 354
1. 판별분석의 실례(實例) 354
2. SPSS에 의한 해법 358
15.3 새로운 관측대상의 판별 372

제16장 수량화이론 377

16.1 수량화이론 I류 ···· 377
1. 수량화이론 I류와 회귀분석 ···· 377
2. 수량화이론 I류의 실제 ···· 381
16.2 수량화이론 II류 ···· 387
1. 수량화이론 II류와 회귀분석 ···· 387
2. 수량화이론 II류의 실제 ···· 391

제17장 주성분분석 396

17.1 주성분분석의 기초지식 ···· 396
1. 주성분분석의 개요 ···· 396
2. 고유치와 고유벡터 ···· 400
17.2 주성분분석의 시각적 표현 ···· 404
17.3 분산공분산행렬에 의한 주성분분석 ···· 408
17.4 주성분점수 ···· 412
1. 주성분점수를 구하는 방법 ···· 412
2. 주성분점수에 의한 순위 매김 ···· 415
17.5 상관행렬에 의한 주성분분석 ···· 416
1. 상관행렬에 의한 주성분분석의 절차 ···· 416
2. 상관행렬에 의한 주성분점수를 구하는 방법 ···· 420
17.6 회귀분석과 주성분분석의 차이 ···· 422
17.7 주성분분석의 실제 ···· 426

제18장 요인분석 434

18.1 요인분석의 기초지식 ···· 434
18.2 요인분석의 시각적 표현 ···· 439
18.3 상관계수 ···· 444
18.4 공통요인을 구하는 방법 - 주축 요인추출법 ···· 446
18.5 요인의 회전 ···· 450
18.6 요인점수 ···· 458
18.7 최대우도법에 의한 요인분석 ···· 461
18.8 요인분석과 주성분분석의 차이 ···· 465

제 19장 다차원척도법 467

19.1 다차원척도법의 기초지식 ········ 467
1. 다차원척도법의 개요 ········ 467
2. 다차원척도법의 실행절차 ········ 472
19.2 다차원척도법의 실제 ········ 475
1. 전통적 다차원척도법 ········ 475
2. 반복 다차원척도법 ········ 482
3. 비대칭 행렬 데이터의 다차원척도법 ········ 489

제 20장 대응분석 497

20.1 대응분석과 분할표 ········ 497
1. 분할표의 시각화 ········ 497
2. 대응분석의 실제 ········ 499
20.2 (0, 1)형 데이터의 대응분석 ········ 507
1. (0, 1)형 데이터표의 시각화 ········ 507
2. (0, 1)형 데이터에 대한 대응분석의 실제 ········ 509

제 21장 신뢰성분석 516

21.1 신뢰성과 타당성 ········ 516
1. 신뢰성 ········ 516
2. 타당성 ········ 519
21.2 신뢰성분석의 실제 ········ 522

제 22장 비선형 정준상관분석 531

22.1 비선형 정준상관분석의 기초지식 ········ 531
22.2 비선형 정준상관분석의 실제 ········ 536

참고문헌 ········ 551
찾아보기 ········ 553

PART

1

다변량분석 이론편

CHAPTER 1 다변량분석을 위한 기초수학

CHAPTER 2 평균 분산 공분산 및 상관

CHAPTER 3 회귀분석의 원리

CHAPTER 4 주성분분석의 원리

CHAPTER 5 요인분석의 원리

CHAPTER 6 정준상관분석의 원리

CHAPTER 7 판별분석의 원리

CHAPTER 1 다변량분석을 위한 기초수학

1.1 | 행렬

행렬

$m \times n$개의 숫자나 변수를 세로로 m개, 가로로 n개 늘어놓은 것을 **행렬**(matrix)이라고 한다. 예를 들면 다음과 같은 것이 행렬이다.

$$S = \begin{bmatrix} 1 & 2 & 3 \\ 4 & 5 & 6 \\ 7 & 8 & 9 \end{bmatrix} , \quad A = \begin{bmatrix} a_{11} & a_{12} & \cdots & a_{1n} \\ a_{21} & a_{22} & \cdots & a_{2n} \\ \cdot & \cdot & \cdots & \cdot \\ a_{m1} & a_{m2} & \cdots & a_{mn} \end{bmatrix}$$

행렬을 가령 가로 방향으로 분할하면 행렬 S의 경우에 [1 2 3], [4 5 6], [7 8 9]가 얻어지고 각각을 제1행, 제2행, 제3행이라고 부른다. 이것을 각각 **행벡터**라고 한다. 또한 세로 방향으로 분할하면,

$$\begin{bmatrix} 1 \\ 4 \\ 7 \end{bmatrix} \quad \begin{bmatrix} 2 \\ 5 \\ 8 \end{bmatrix} \quad \begin{bmatrix} 3 \\ 6 \\ 9 \end{bmatrix}$$

이 얻어져서 각각을 제1열, 제2열, 제3열이라고 부른다. 이것을 **열벡터**라고 한다. 행렬 A의 경우에는 행의 수가 m개, 열의 수가 n개이다. 이것을 $m \times n$ 행렬이라고 한다. 행렬을 구성하는 하나하나의 수나 변수를 **행렬의 요소**(element)라고 한다. 제i행과 제j열이 교차하는 위치의 요소를 $(i,\ j)$ 요소 혹은 i행 j열 요소라고 한다. 벡터(vector)도 하나의 행렬이라고 생각할 수 있는데 m차 열벡터는 $m \times 1$ 행렬, n차 행벡터는 $1 \times n$ 행렬이라고 생각할 수 있다.

행렬의 덧셈과 뺄셈

행렬의 덧셈과 뺄셈은 대응하는 각 요소 간에 덧셈과 뺄셈을 실시한다.

[예제 1-1]

행렬 A와 B는 다음과 같다.

$$A = \begin{bmatrix} 5 & 7 & 4 \\ 6 & 9 & 3 \\ 3 & 6 & 4 \end{bmatrix}, \quad B = \begin{bmatrix} 1 & 3 & 2 \\ 7 & 2 & 3 \\ 5 & 2 & 7 \end{bmatrix}$$

A+B, A−B를 각각 계산하라.

■ Excel에 의한 해법

〈순서 1〉 데이터의 입력 및 준비

(1) Excel의 워크시트에 다음과 같이 행렬 A, B의 데이터를 입력한다.

(2) 셀 A10에 "A+B"를, 셀 A14에 "A−B"를 입력해 놓는다.

	A	B	C	D	E	F	G	H	I
1		5	7	4					
2	A	6	9	3					
3		3	6	4					
4									
5		1	3	2					
6	B	7	2	3					
7		5	2	7					
8									
9									
10	A+B								
11									
12									
13									
14	A-B								
15									
16									
17									
18									

〈순서 2〉 A + B의 계산

(1) 셀 B9:D11 영역을 범위 지정한다.

(2) 수식 "=B1:D3+B5:D7"을 입력한다.

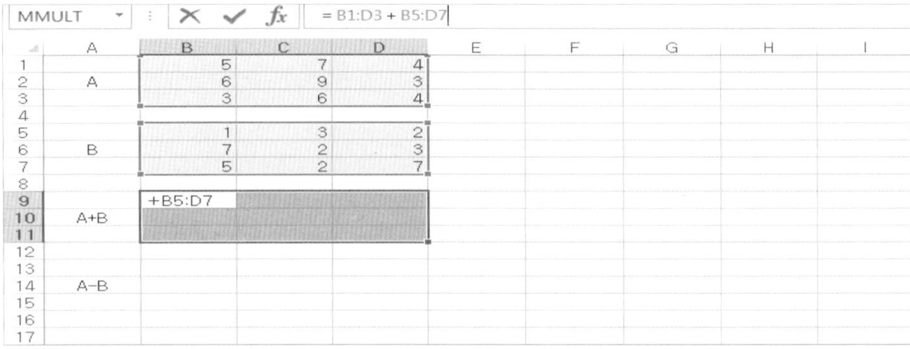

(3) [Ctrl] + [Shift] + [Enter↵] 키를 동시에 눌러 배열복사를 실시한다.

(4) 셀 B9:D11 영역에 계산결과가 출력된다.

(5) B9:D11 영역의 각 셀에는 수식 "{=B1:D3+B5:D7}"이 입력된다.

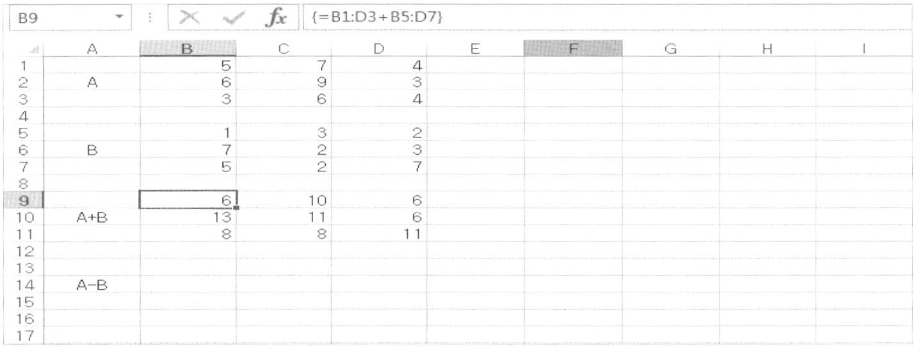

〈순서 3〉 A−B의 계산

(1) 셀 B13:D15 영역을 범위 지정한다.

(2) 수식 "=B1:D3−B5:D7"을 입력한다.

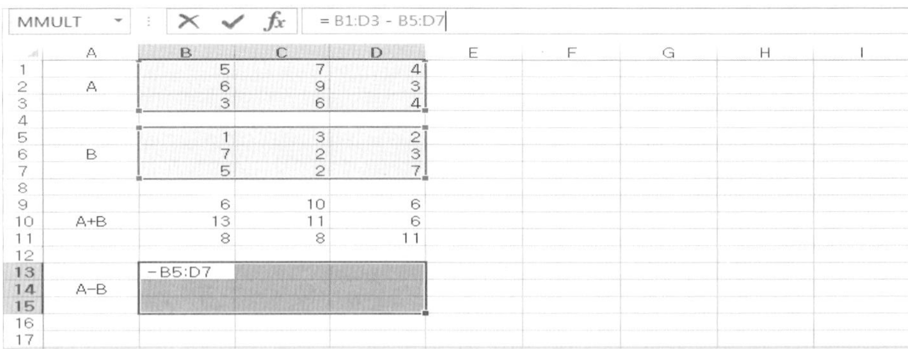

(3) Ctrl + Shift + Enter↵ 키를 동시에 눌러 배열복사를 실시한다.

(4) 셀 B13:D15 영역에 계산결과가 출력된다.

(5) B13:D15 영역의 각 셀에는 수식 "{=B1:D3−B5:D7}"이 입력된다.

B13 | fx {=B1:D3-B5:D7}

	A	B	C	D	E	F	G	H	I
1		5	7	4					
2	A	6	9	3					
3		3	6	4					
4									
5		1	3	2					
6	B	7	2	3					
7		5	2	7					
8									
9		6	10	6					
10	A+B	13	11	6					
11		8	8	11					
12									
13		4	4	2					
14	A-B	-1	7	0					
15		-2	4	-3					
16									
17									

[예제 1-2]

행렬 A와 B는 다음과 같다.

$$A=\begin{bmatrix} 5 & 7 & 4 \\ 6 & 9 & 3 \\ 3 & 6 & 4 \end{bmatrix}, \quad B=\begin{bmatrix} 1 & 3 & 2 \\ 7 & 2 & 3 \\ 5 & 2 & 7 \end{bmatrix}$$

2A + 3B, 3A − 2B를 각각 계산하라.

■ Excel에 의한 해법

〈순서 1〉 데이터의 입력 및 준비

(1) Excel의 워크시트에 다음과 같이 행렬 A, B의 데이터를 입력한다.

(2) 셀 A10에 "2A+3B"를, 셀 A14에 "3A−2B"를 입력해 놓는다.

	A	B	C	D	E	F	G	H	I
1		5	7	4					
2	A	6	9	3					
3		3	6	4					
4									
5		1	3	2					
6	B	7	2	3					
7		5	2	7					
8									
9									
10	2A+3B								
11									
12									
13									
14	3A-2B								
15									
16									

〈순서 2〉 2A + 3B의 계산

(1) 셀 B9:D11 영역을 범위 지정한다.

(2) 수식 "=B1:D3*2+B5:D7*3"을 입력한다.

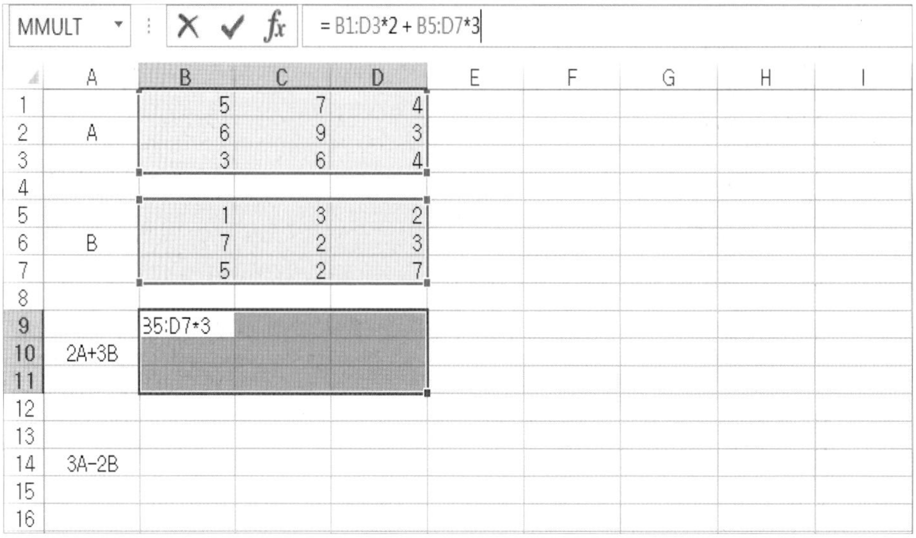

(3) [Ctrl] + [Shift] + [Enter↵] 키를 동시에 눌러 배열복사를 실시한다.

(4) 셀 B9:D11 영역에 계산결과가 출력된다.

(5) B9:D11 영역의 각 셀에는 수식 "{=B1:D3*2+B5:D7*3}"이 입력된다.

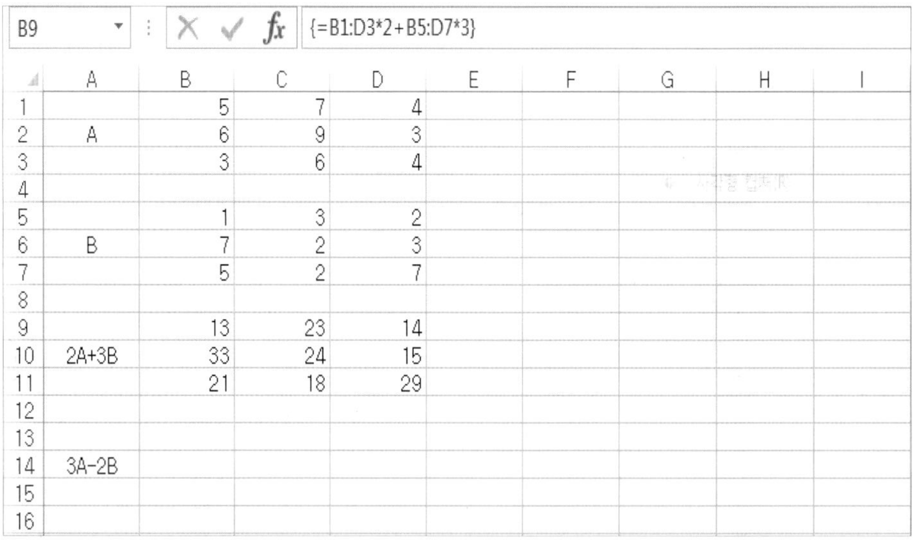

〈순서 3〉 3A−2B의 계산

(1) 셀 B13:D15 영역을 범위 지정한다.

(2) 수식 "=B1:D3*3−B5:D7*2"를 입력한다.

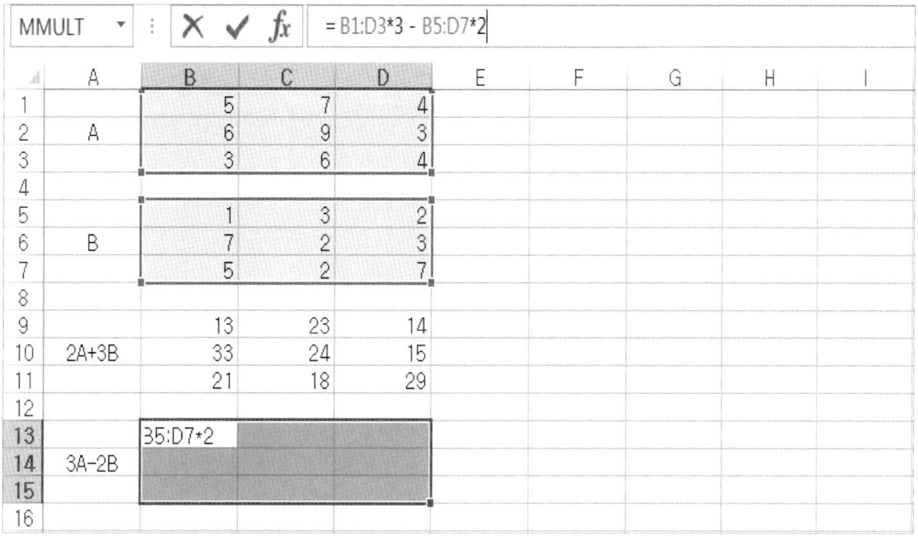

(3) Ctrl + Shift + Enter↵ 키를 동시에 눌러 배열복사를 실시한다.

(4) 셀 B13:D15 영역에 계산결과가 출력된다.

(5) B13:D15 영역의 각 셀에는 수식 "{=B1:D3*3−B5:D7*2}"이 입력된다.

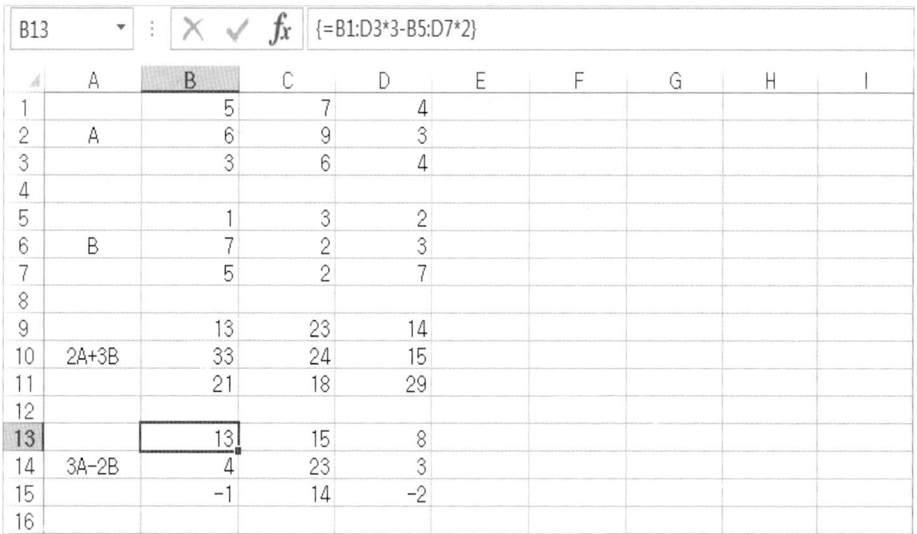

행렬의 곱셈

행렬의 곱셈은 왼쪽 행렬의 행과 오른쪽 행렬의 열의 요소를 곱셈해서 합계한다. 따라서 행렬의 곱셈이 성립하려면 다음과 같은 조건이 충족되어야 한다.

왼쪽 행렬의 열의 개수 = 오른쪽 행렬의 행의 개수

그래서 왼쪽 행렬이 $m \times p$ 행렬, 오른쪽 행렬이 $p \times n$ 행렬이라고 하면 곱셈을 실시한 답은 $m \times n$ 행렬이 된다.

[예제 1–3]

행렬 A와 B는 다음과 같다.

$$A = \begin{bmatrix} 5 & 7 \\ 6 & 9 \\ 3 & 6 \end{bmatrix}, \quad B = \begin{bmatrix} 1 & 3 & 2 \\ 7 & 2 & 3 \end{bmatrix}$$

AB, BA를 각각 계산하라.

■ Excel에 의한 해법

〈순서 1〉 데이터의 입력 및 준비

(1) Excel의 워크시트에 다음과 같이 행렬 A, B의 데이터를 입력한다.

(2) 셀 A9에 "AB"를, 셀 A12에 "BA"를 입력해 놓는다.

	A	B	C	D	E	F	G	H	I
1		5	7						
2	A	6	9						
3		3	6						
4									
5	B	1	3	2					
6		7	2	3					
7									
8									
9	AB								
10									
11									
12	BA								
13									
14									
15									

〈순서 2〉 AB의 계산

(1) 셀 B8:D10 영역을 범위 지정한다.

(2) 메뉴에서 [함수 마법사] 아이콘을 클릭한다.

(3) [함수 마법사] 대화상자에서,

"수학/삼각"의 "MMULT"를 선택하고 [확인] 버튼을 클릭한다.

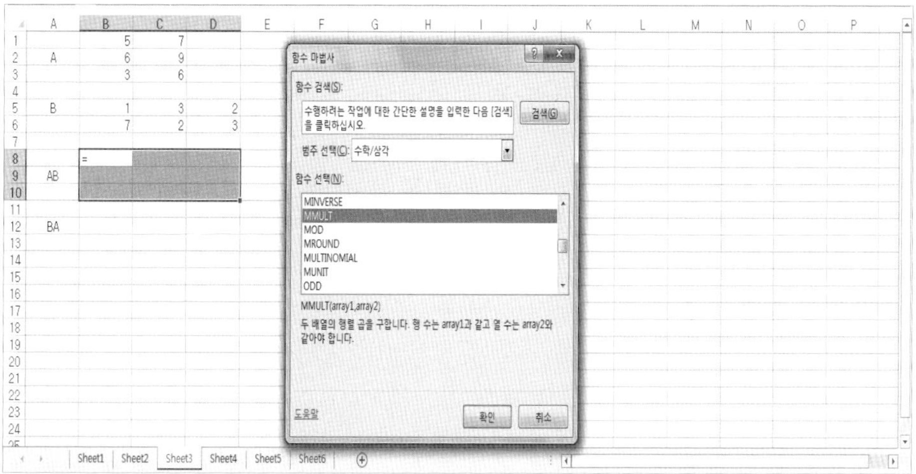

(4) [MMULT] 함수 입력상자에서,

Array1 : B1:C3

Array2 : B5:D6

를 입력하고

(5) Ctrl + Shift + Enter 키를 동시에 눌러 배열복사를 실시한다.

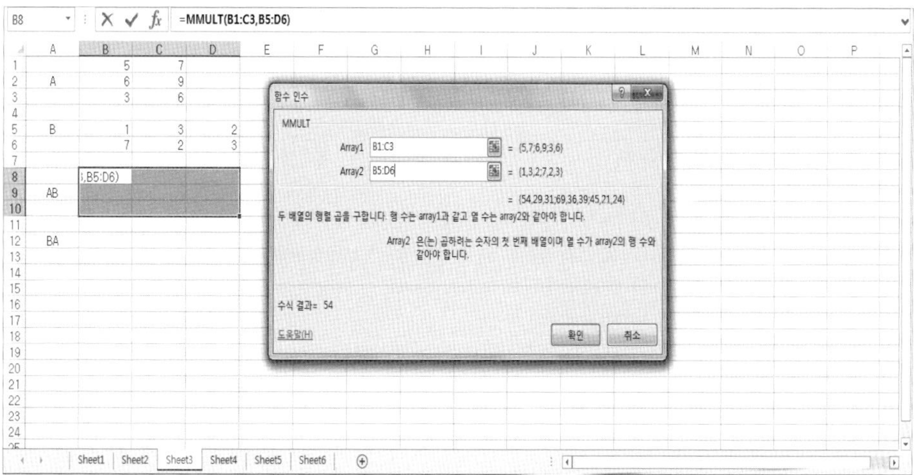

(6) 셀 B8:D10 영역에 계산결과가 출력된다.

(7) B8:D10 영역의 각 셀에는 수식 "{=MMULT(B1:C3, B5:D6)}"이 입력된다.

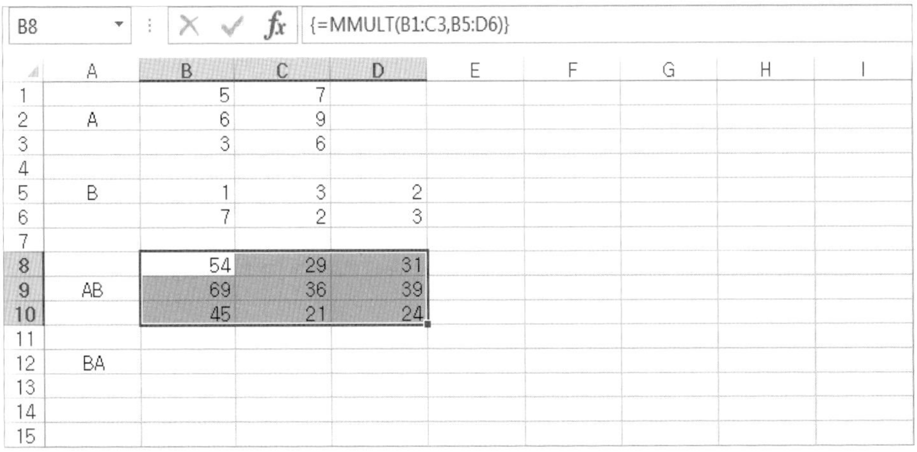

〈순서 3〉 BA의 계산

(1) 셀 B12:C13 영역을 범위 지정한다.

(2) 메뉴에서 [함수 마법사] 아이콘을 클릭한다.

(3) [함수 마법사] 대화상자에서,

"수학/삼각"의 "MMULT"를 선택하고 [확인] 버튼을 클릭한다.

(4) [MMULT] 함수 입력상자에서,

Array1 : B5:D6

Array2 : B1:C3

를 입력한다.

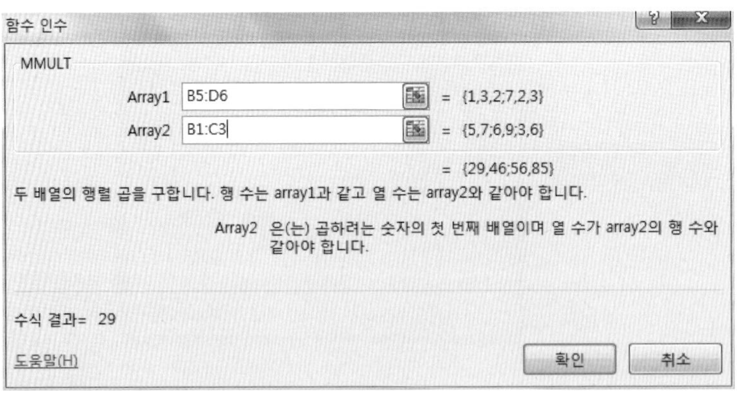

(5) Ctrl + Shift + Enter↵ 키를 동시에 눌러 배열복사를 실시한다.

(6) 셀 B12:C13 영역에 계산결과가 출력된다.

(7) B12:C13 영역의 각 셀에는 수식 "{=MMULT(B5:D6, B1:C3)}"이 입력된다.

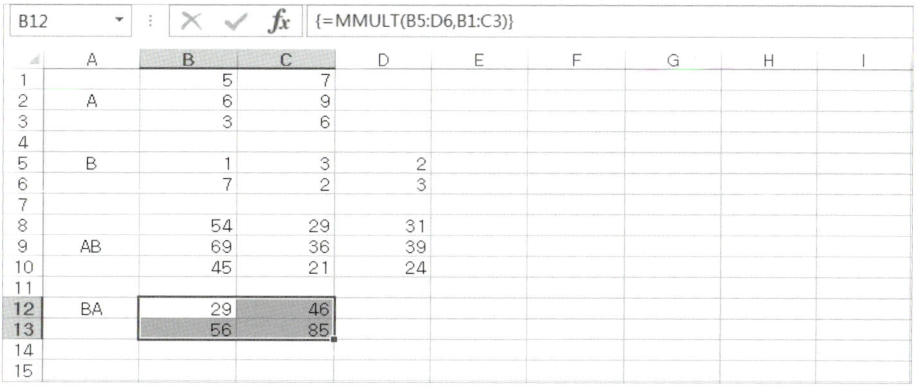

B12 | {=MMULT(B5:D6,B1:C3)}

	A	B	C	D	E	F	G	H	I
1		5	7						
2	A	6	9						
3		3	6						
4									
5	B	1	3	2					
6		7	2	3					
7									
8		54	29	31					
9	AB	69	36	39					
10		45	21	24					
11									
12	BA	29	46						
13		56	85						
14									
15									

역행렬의 계산

I를 **단위행렬**(identity matrix)이라고 하자. $n \times n$ 행렬 A에 대해서

$$\mathrm{XA} = \mathrm{I}, \ \mathrm{AX} = \mathrm{I}$$

를 만족시키는 행렬 X가 존재할 때, 행렬 X를 행렬 A의 **역행렬**(inverse matrix)이라 하고 A^{-1}라고 나타낸다.

여기에서 단위행렬이란 주대각 요소가 모두 1이고 그 이외의 요소는 모두 0인 정방행렬을 말한다. I 혹은 E로 나타내고, 특히 차수를 표시할 필요가 있을 때에는 I_n, E_n 등과 같이 나타낸다. 예를 들면 다음과 같다.

$$I_2 = \begin{bmatrix} 1 & 0 \\ 0 & 1 \end{bmatrix}, \quad I_3 = \begin{bmatrix} 1 & 0 & 0 \\ 0 & 1 & 0 \\ 0 & 0 & 1 \end{bmatrix}$$

[예제 1-4]

행렬 A와 B는 다음과 같다.

$$A = \begin{bmatrix} 2 & 1 \\ 3 & 1 \end{bmatrix}, \quad B = \begin{bmatrix} 2 & 1 & 1 \\ 1 & 1 & 2 \\ 1 & 1 & 1 \end{bmatrix}$$

행렬 A, B의 역행렬을 각각 계산하라.

■ **Excel에 의한 해법**

〈순서 1〉 데이터의 입력 및 준비

(1) Excel의 워크시트에 다음과 같이 행렬 A, B의 데이터를 입력한다.

(2) 셀 A8에 "A^{-1}"을, 셀 A12에 "B^{-1}"을 입력해 놓는다.

	A	B	C	D	E	F	G	H	I
1	A	2	1						
2		3	1						
3									
4		2	1	1					
5	B	1	1	2					
6		1	1	1					
7									
8	A^{-1}								
9									
10									
11									
12	B^{-1}								
13									
14									
15									

〈순서 2〉 A^{-1}의 계산

(1) 셀 B8:C9 영역을 범위 지정하고, 메뉴에서 [함수 마법사] 아이콘을 클릭한다.

(2) [함수 마법사] 대화상자에서, "수학/삼각"의 "MINVERSE"를 선택한다.

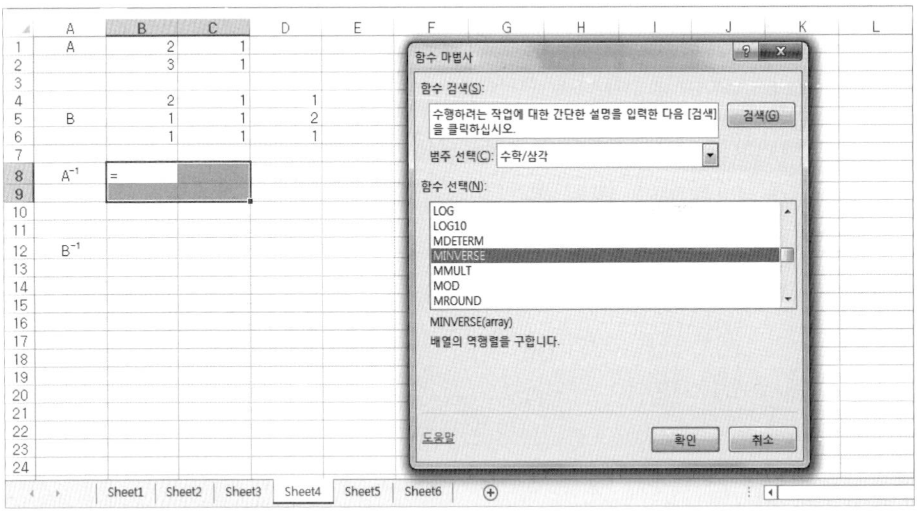

(3) [확인] 버튼을 클릭한다.

(4) [MINVERSE] 함수 입력상자에서,

Array : B1:C2

를 입력하고

(5) [Ctrl] + [Shift] + [Enter↵] 키를 동시에 눌러 배열복사를 실시한다.

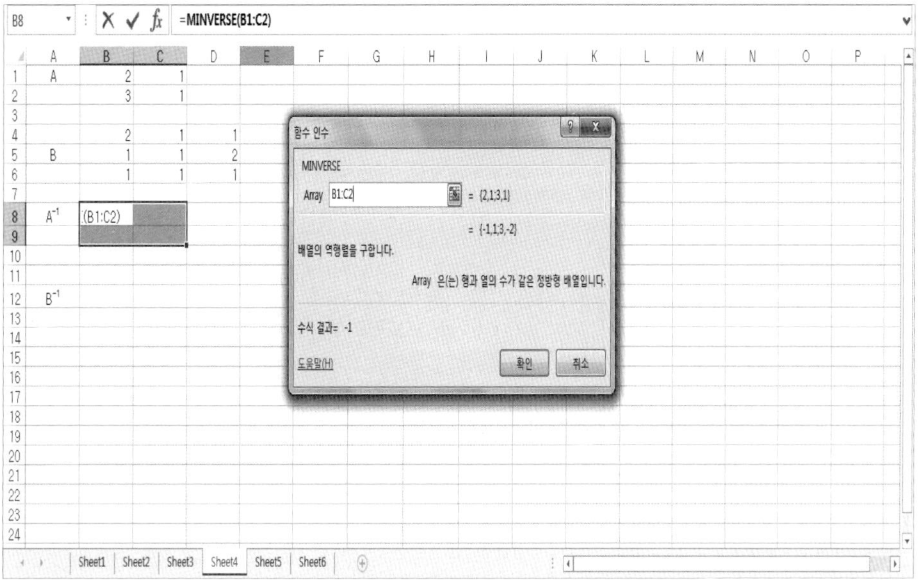

(6) 셀 B8:C9 영역에 계산결과가 출력된다.

(7) B8:C9 영역의 각 셀에는 수식 "{=MINVERSE(B1:C2)}"가 입력된다.

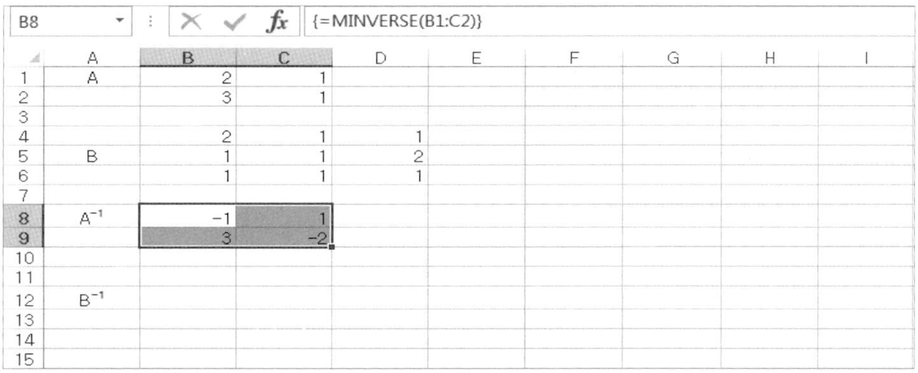

〈순서 3〉 B^{-1}의 계산

(1) 셀 B11:D13 영역을 범위 지정하고, 메뉴에서 [함수 마법사] 아이콘을 클릭한다.

(2) [함수 마법사] 대화상자에서, "수학/삼각"의 "MINVERSE"를 선택한다.

(3) [확인] 버튼을 클릭한다.

(4) [MINVERSE] 함수 입력상자에서,

Array : B4:D6

를 입력하고

(5) Ctrl + Shift + Enter↵ 키를 동시에 눌러 배열복사를 실시한다.

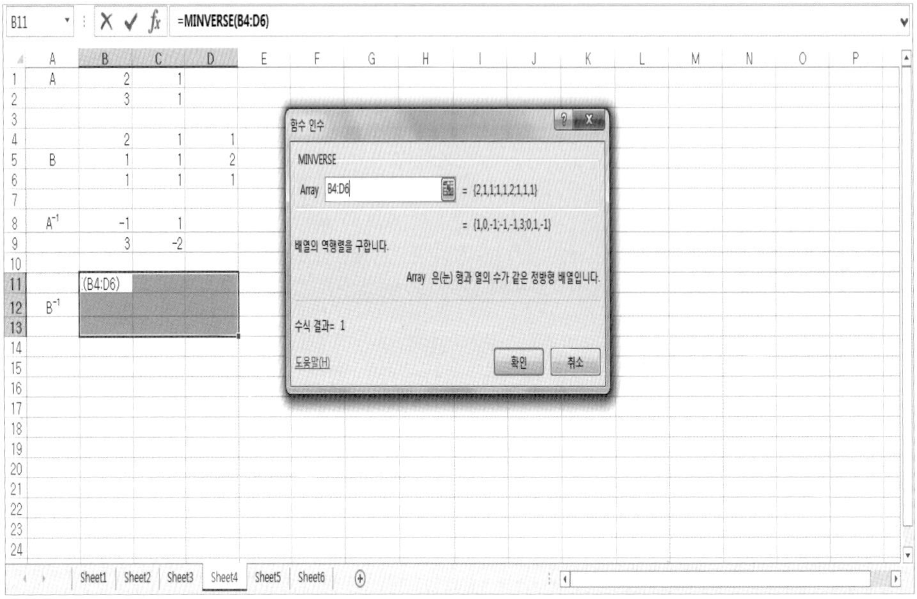

(6) 셀 B11:D13 영역에 계산결과가 출력된다.

(7) B11:D13 영역의 각 셀에는 수식 "{=MINVERSE(B4:D6)}"가 입력된다.

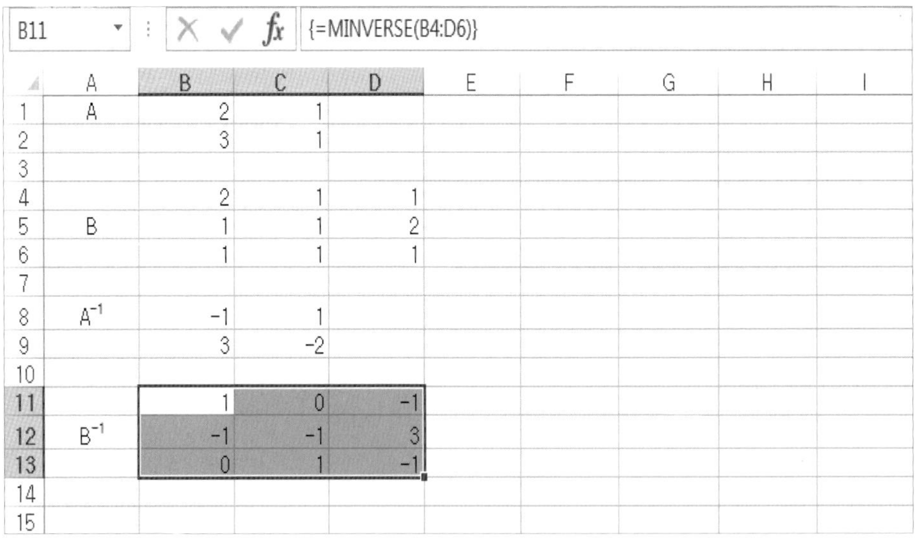

	A	B	C	D
1	A	2	1	
2		3	1	
3				
4		2	1	1
5	B	1	1	2
6		1	1	1
7				
8	A^{-1}	-1	1	
9		3	-2	
10				
11		1	0	-1
12	B^{-1}	-1	-1	3
13		0	1	-1

1.2 | 행렬식

n차 정방행렬 A의 행렬식은

$$\det A = |A| = \begin{vmatrix} a_{11} & a_{12} & \cdots & a_{1n} \\ a_{21} & a_{22} & \cdots & a_{2n} \\ \cdot & \cdot & \cdots & \cdot \\ a_{n1} & a_{n2} & \cdots & a_{nn} \end{vmatrix}$$

과 같이 표현되며,

$$|A| = \sum + - a_{1p_1} a_{2p_2} \cdots a_{np_n}$$

과 같이 정의된다. 단, $(p_1, p_2, \cdots, p_n)$은 1, 2, …, n의 하나의 순열을 나타내고, $\sum$는 1, 2, …, n으로부터 만들어지는 모든 순열($n!$개 있다)의 합을 나타낸다.

그리고 $(p_1, p_2, \cdots, p_n)$이 **우순열**(偶順列)일 때 +를 취하고, **기순열**(奇順列)일 때 −를 취한다. 우순열이란 1, 2, …, n을 짝수회 교환하여 얻어지는 순열을 가리킨다. 예를 들면,

$$A = \begin{bmatrix} a_{11} & a_{12} & a_{13} \\ a_{21} & a_{22} & a_{23} \\ a_{31} & a_{32} & a_{33} \end{bmatrix}$$

의 경우에 1, 2, 3의 순열은 전부해서 3!=6가지 있다. 우순열과 기순열로 나누어서 쓰면 다음과 같이 된다.

우순열 (1, 2, 3) (2, 3, 1) (3, 1, 2)
기순열 (3, 2, 1) (1, 3, 2) (2, 1, 3)

이 6가지의 순열을 $|A| = \sum \pm a_{1p_1} a_{2p_2} a_{3p_3}$에 대입하면

$$|A| = a_{11}a_{12}a_{23} + a_{12}a_{23}a_{31} + a_{13}a_{21}a_{32} - a_{13}a_{22}a_{31} - a_{11}a_{23}a_{32} - a_{12}a_{21}a_{33}$$

이 된다. 즉, $\sum \pm a_{1p_1} a_{2p_2} \cdots a_{np_n}$은 각 행 각 열로부터 하나씩의 요소를 중복되지 않도록 뽑아 그 곱을 취하고, 적당한 부호를 부여한 $n!$개 항의 합이라고 하는 것을 알 수 있다. 그리고 n차 정방행렬의 행렬식을 n차 행렬식이라고 한다. 행렬식 $|A|$를 기하학적으로 생각하면, A가 2차 정방행렬인 경우에는 A를 두 개의 행벡터 또는 열벡터로 했을 때에 $|A|$(의 절대

값)는 두 벡터가 만드는 평행사변형의 면적을 나타낸다. A가 3차 정방행렬인 경우에는 $|A|$(의 절대값)는 세 개의 행(열)벡터가 만드는 평행육면체의 체적을 나타낸다. A가 n차 정방행렬인 경우에는 $|A|$(의 절대값)는 n개의 행(열)벡터가 만드는 n차원 평행 초평면체의 초체적을 나타낸다.

행렬식은 어떤 하나의 행(열)의 요소와 그 요소의 **여인자**(餘因子, cofactor)의 곱에 대한 합으로서 나타내진다. 이것을 **행렬식의 전개**라고 한다.

$$i\text{행에 의한 전개 } |A| = \sum_{k=1}^{n} a_{ik} A_{ik}$$

$$j\text{열에 의한 전개 } |A| = \sum_{l=1}^{n} a_{lj} A_{lj}$$

단, A_{ij}는 A의 (i,j) 요소에 대한 여인자(cofactor)다.

행렬 A의 행렬식이 $|A|=0$일 때 A의 역행렬은 존재하지 않는다.

[예제 1-5]

행렬 A와 B는 다음과 같다.

$$A=\begin{bmatrix} 2 & 1 \\ 3 & 1 \end{bmatrix},\ B=\begin{bmatrix} 2 & 1 & 1 \\ 1 & 1 & 2 \\ 1 & 1 & 1 \end{bmatrix}$$

행렬 A, B의 행렬식을 각각 계산하라.

■ Excel에 의한 해법

〈순서 1〉 데이터의 입력 및 준비

(1) Excel의 워크시트에 다음과 같이 행렬 A, B의 데이터를 입력한다.

(2) 셀 A8에 "det A"를, 셀 A10에 "det B"를 입력해 놓는다.

	A	B	C	D	E	F	G	H
1	A	2	1					
2		3	1					
3								
4		2	1	1				
5	B	1	1	2				
6		1	1	1				
7								
8	det A							
9								
10	det B							
11								
12								

〈순서 2〉 det A의 계산

(1) 셀 B8을 지정하고, 메뉴에서 [함수 마법사] 아이콘을 클릭한다.

(2) [함수 마법사] 대화상자에서, "수학/삼각"의 "MDETERM"을 선택한다.

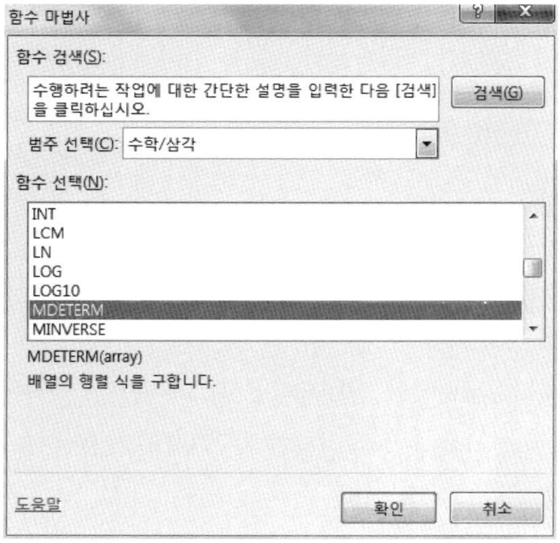

(3) [확인] 버튼을 클릭한다.

(4) [MDETERM] 함수 입력상자에서,

Array : B1:C2

를 입력하고

(5) [확인] 버튼을 클릭한다.

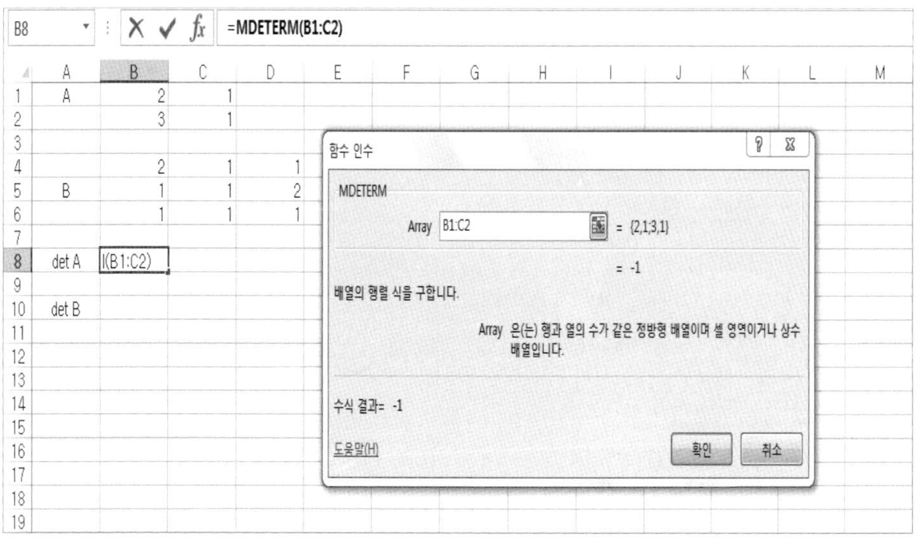

(6) 셀 B8에 계산결과가 출력된다.

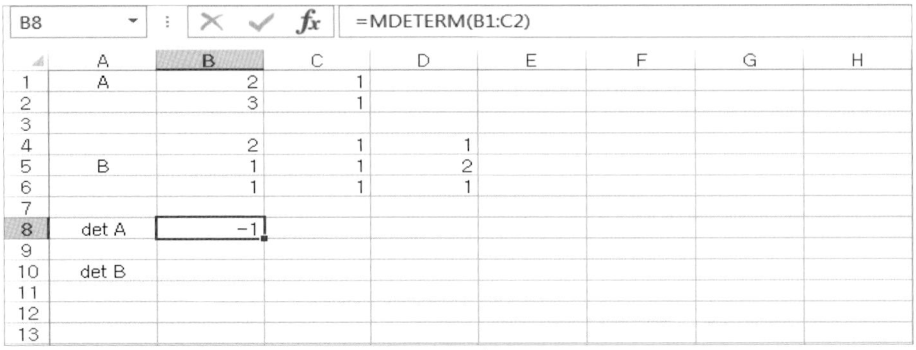

=MDETERM(B1:C2)

	A	B	C	D	E	F	G	H
1	A	2	1					
2		3	1					
3								
4		2	1	1				
5	B	1	1	2				
6		1	1	1				
7								
8	det A	-1						
9								
10	det B							
11								
12								
13								

〈순서 3〉 det B의 계산

(1) 셀 B10을 지정하고, 메뉴에서 [함수 마법사] 아이콘을 클릭한다.

(2) [함수 마법사] 대화상자에서, "수학/삼각"의 "MDETERM"을 선택한다.

(3) [확인] 버튼을 클릭한다.

(4) [MDETERM] 함수 입력상자에서 다음과 같이 입력하고, [확인] 버튼을 클릭한다.

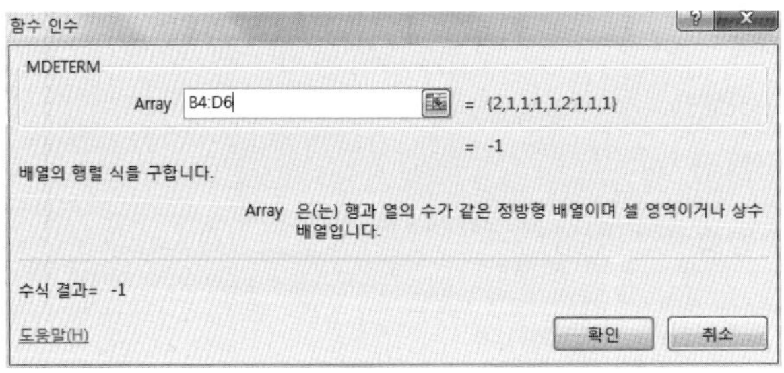

(5) 셀 B10에 계산결과가 출력된다.

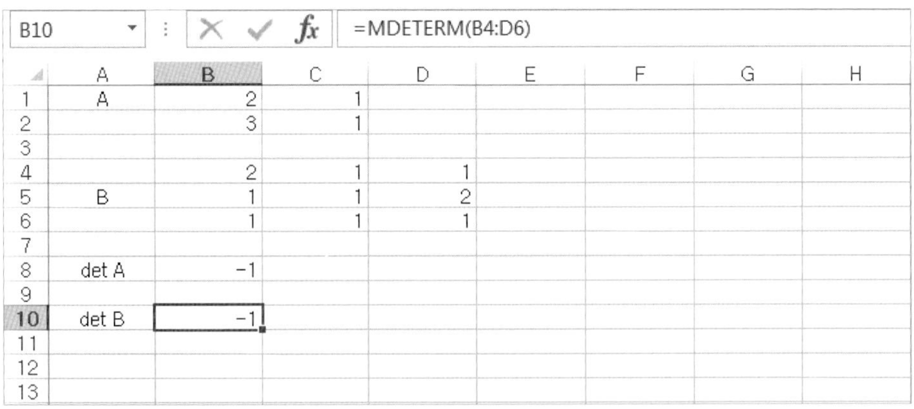

=MDETERM(B4:D6)

	A	B	C	D	E	F	G	H
1	A	2	1					
2		3	1					
3								
4		2	1	1				
5	B	1	1	2				
6		1	1	1				
7								
8	det A	-1						
9								
10	det B	-1						
11								
12								
13								

1.3 | 고유치 · 고유벡터

고유치 문제

n행 n열로 이루어진 행렬 A가 있다고 한다.

이제,

$$\mathrm{A}\boldsymbol{p}=\lambda\boldsymbol{p}\ \ (\boldsymbol{p}\neq\mathbf{0})$$

가 성립하는 미지의 벡터 $\boldsymbol{p}$와 상수 λ를 구하는 것을 **고유치 문제**라고 한다.

여기서, p를 고유벡터라 하고, λ를 고유치라고 한다.

이 문제는

$$(\mathrm{A}-\lambda\boldsymbol{I})\boldsymbol{p}\ =\mathbf{0}\ \ (\mathbf{0}\text{는 제로벡터})$$

로 되는 방정식을 푸는 문제로 귀착한다.

이 방정식에 대하여 $\boldsymbol{p}=\mathbf{0}$의 자명한 해가 아닌 의미 있는 해를 구하고 싶다. 이를 위해서는,

$$|\mathrm{A}-\lambda\mathrm{I}|=0$$

가 성립할 필요가 있고, 이것을 전개하면 λ에 관한 n차 방정식이 된다. 따라서 n개의 해가 구해진다(λ가 n개 구해진다).

고유치와 고유벡터를 구체적으로 구하는 방법으로서는 **야코비법**(Jacobi method), **멱승법**(冪乘法), **하우스홀더법**(Householder method) 등의 계산방법이 있다.

다변량분석의 이론은 고유치 문제로 귀착하는 경우가 많기 때문에, 다변량분석을 실시하려면 고유치 문제가 풀려야 한다.

예를 들어 행렬

$$A=\begin{bmatrix}1 & 3\\ 4 & 2\end{bmatrix}$$

의 고유치 문제를 생각해 보자. 이때

고유치를 λ, 고유벡터를 $\boldsymbol{p}=\begin{bmatrix}p_1\\ p_2\end{bmatrix}$

라고 하면

$$\mathrm{A}\boldsymbol{p} = \lambda\boldsymbol{p}$$

즉,

$$\begin{bmatrix} 1 & 3 \\ 4 & 2 \end{bmatrix}\begin{bmatrix} p_1 \\ p_2 \end{bmatrix} = \lambda\begin{bmatrix} p_1 \\ p_2 \end{bmatrix}$$

가 된다.

이 등식의 우측에 주목해 보자. 예를 들면 λ=5일 때

고유벡터 $\boldsymbol{p} = \begin{bmatrix} 3 \\ 4 \end{bmatrix}$와 $5\boldsymbol{p} = 5\begin{bmatrix} 3 \\ 4 \end{bmatrix} = \begin{bmatrix} 15 \\ 20 \end{bmatrix}$를 비교해 보면 두 벡터의 방향은 같다. 즉, 5배한 벡터는 길이가 5배가 되지만 벡터의 방향은 전혀 변하지 않는다.

따라서 다음의 등호

$$\begin{bmatrix} 1 & 3 \\ 4 & 2 \end{bmatrix}\begin{bmatrix} p_1 \\ p_2 \end{bmatrix} = \lambda\begin{bmatrix} p_1 \\ p_2 \end{bmatrix}$$

가 성립한다고 하는 것은 고유벡터 $\begin{bmatrix} p_1 \\ p_2 \end{bmatrix}$에 행렬 $A = \begin{bmatrix} 1 & 3 \\ 4 & 2 \end{bmatrix}$를 왼쪽으로부터 곱해도 고유벡터 $\begin{bmatrix} p_1 \\ p_2 \end{bmatrix}$의 방향은 변하지 않는다고 하는 것을 의미하고 있다.

그래서 위의 등호 양변에 다시 한 번 행렬 $A = \begin{bmatrix} 1 & 3 \\ 4 & 2 \end{bmatrix}$를 왼쪽으로부터 곱해 보자.

$$\begin{aligned} \begin{bmatrix} 1 & 3 \\ 4 & 2 \end{bmatrix}\begin{bmatrix} 1 & 3 \\ 4 & 2 \end{bmatrix}\begin{bmatrix} p_1 \\ p_2 \end{bmatrix} &= \begin{bmatrix} 1 & 3 \\ 4 & 2 \end{bmatrix}\lambda\begin{bmatrix} p_1 \\ p_2 \end{bmatrix} \\ &= \lambda\begin{bmatrix} 1 & 3 \\ 4 & 2 \end{bmatrix}\begin{bmatrix} p_1 \\ p_2 \end{bmatrix} \\ &= \lambda^2\begin{bmatrix} p_1 \\ p_2 \end{bmatrix} \end{aligned}$$

다시 한 번 반복하면,

$$\begin{aligned} \begin{bmatrix} 1 & 3 \\ 4 & 2 \end{bmatrix}\begin{bmatrix} 1 & 3 \\ 4 & 2 \end{bmatrix}\begin{bmatrix} 1 & 3 \\ 4 & 2 \end{bmatrix}\begin{bmatrix} p_1 \\ p_2 \end{bmatrix} &= \begin{bmatrix} 1 & 3 \\ 4 & 2 \end{bmatrix}\lambda^2\begin{bmatrix} p_1 \\ p_2 \end{bmatrix} \\ &= \lambda^2\begin{bmatrix} 1 & 3 \\ 4 & 2 \end{bmatrix}\begin{bmatrix} p_1 \\ p_2 \end{bmatrix} \\ &= \lambda^3\begin{bmatrix} p_1 \\ p_2 \end{bmatrix} \end{aligned}$$

더욱 반복하면 …

$$\underbrace{\begin{bmatrix} 1 & 3 \\ 4 & 2 \end{bmatrix} \cdots \begin{bmatrix} 1 & 3 \\ 4 & 2 \end{bmatrix} \begin{bmatrix} 1 & 3 \\ 4 & 2 \end{bmatrix}}_{n\text{회}} \begin{bmatrix} p_1 \\ p_2 \end{bmatrix} = \lambda^n \begin{bmatrix} p_1 \\ p_2 \end{bmatrix}$$

이 된다.

다음과 같은 실험을 실시해 보자. 행렬 A와 벡터 $\boldsymbol{p}$를

$$A = \begin{bmatrix} 2 & 3 \\ 3 & 2 \end{bmatrix}, \quad \boldsymbol{p} = \begin{bmatrix} 1 \\ 0 \end{bmatrix}$$

라 하고, 벡터 p의 왼쪽으로부터 행렬 A를 7회 곱해 보자. 배열복사 방식을 이용하면 간단히 산출할 수 있다.

	A	B	C	D	E	F	G	H
1	A	2	3		B	1		
2		3	2			0		
3								
4	1회	2회	3회	4회	5회	6회	7회	
5	Ap	A^2p	A^3p	A^4p	A^5p	A^6p	A^7p	
6	2	13	62	313	1562	7813	39062	
7	3	12	63	312	1563	7812	39063	
8								

6회째와 7회째를 비교해 보면 재미있는 현상을 발견할 수 있다.

$$6\text{회째} \cdots \mathrm{A}^6 \begin{bmatrix} p_1 \\ p_2 \end{bmatrix} = \begin{bmatrix} 7813 \\ 7812 \end{bmatrix}$$

$$7\text{회째} \cdots \mathrm{A}^7 \begin{bmatrix} p_1 \\ p_2 \end{bmatrix} = \begin{bmatrix} 39062 \\ 39063 \end{bmatrix}$$

이 두 개의 벡터는 거의 같은 방향을 향하고 있다.

$$\begin{aligned} &\;\;1\text{회} \quad 6\text{회} \qquad\quad 7\text{회} \\ &\mathrm{A} \cdot \mathrm{A}^6 \begin{bmatrix} 1 \\ 0 \end{bmatrix} = \mathrm{A}^7 \begin{bmatrix} 1 \\ 0 \end{bmatrix} \\ &\mathrm{A} \cdot \begin{bmatrix} 7812 \\ 7812 \end{bmatrix} = 5 \begin{bmatrix} 7812 \\ 7812 \end{bmatrix} \\ &\begin{bmatrix} 2 & 3 \\ 3 & 2 \end{bmatrix} \begin{bmatrix} 7812 \\ 7812 \end{bmatrix} = 5 \begin{bmatrix} 7812 \\ 7812 \end{bmatrix} \end{aligned}$$

이 등호가 바로 고유치·고유벡터의 정의인 것이다. 따라서

$A=\begin{bmatrix} 2 & 3 \\ 3 & 2 \end{bmatrix}$의 고유치 λ와 고유벡터 $\boldsymbol{p}$는

$$\lambda = 5, \quad \boldsymbol{p} = \begin{bmatrix} 7812 \\ 7812 \end{bmatrix}$$

임을 알 수 있다.

물론

$$\begin{bmatrix} 2 & 3 \\ 3 & 2 \end{bmatrix}\begin{bmatrix} 1 \\ 1 \end{bmatrix} = 5\begin{bmatrix} 1 \\ 1 \end{bmatrix}$$

도 성립한다. 그러므로

$$\begin{bmatrix} 1 \\ 1 \end{bmatrix}$$

도 고유치 λ= 5의 고유벡터이다. 따라서 일반적으로

$A=\begin{bmatrix} 2 & 3 \\ 3 & 2 \end{bmatrix}$의 고유치 λ와 고유벡터 $\boldsymbol{p}$는

$\lambda = 5,\ \boldsymbol{p} = \alpha\begin{bmatrix} 1 \\ 1 \end{bmatrix}$($\boldsymbol{\alpha}$는 임의의 실수, $\boldsymbol{\alpha} \neq 0$)

라고 표현할 수 있다.

이 방법은 행렬 A가 대칭행렬일 때에 잘 들어맞는다. 그런데 다행히도 다변량분석에 나오는 분산공분산행렬은 대칭행렬이므로 문제가 없다.

1.4 | 고유벡터와 직교행렬의 관계

행렬 A를

$$A = \begin{bmatrix} 1 & 2 \\ 2 & 1 \end{bmatrix}$$

라 하고 두 개의 벡터 $\boldsymbol{p_1}$, $\boldsymbol{p_2}$를 각각

$$\boldsymbol{p}_1=\begin{bmatrix} 1 \\ 1 \end{bmatrix},\quad \boldsymbol{p}_2=\begin{bmatrix} 1 \\ -1 \end{bmatrix}$$

이라고 한다.

이때 다음의 곱셈을 실시해 본다.

$$\mathrm{A}\boldsymbol{p}_1=\begin{bmatrix} 1 & 2 \\ 2 & 1 \end{bmatrix}\begin{bmatrix} 1 \\ 1 \end{bmatrix}=\begin{bmatrix} 3 \\ 3 \end{bmatrix}=3\begin{bmatrix} 1 \\ 1 \end{bmatrix}=3\boldsymbol{p}_1$$

$$\mathrm{A}\boldsymbol{p}_2=\begin{bmatrix} 1 & 2 \\ 2 & 1 \end{bmatrix}\begin{bmatrix} 1 \\ -1 \end{bmatrix}=\begin{bmatrix} -1 \\ 1 \end{bmatrix}=-1\begin{bmatrix} 1 \\ -1 \end{bmatrix}=-1\boldsymbol{p}_2$$

따라서 행렬 A의 고유치·고유벡터는

$$\lambda_1=3 \quad \cdots \quad \boldsymbol{p}_1=\begin{bmatrix} 1 \\ 1 \end{bmatrix}$$

$$\lambda_2=-1 \cdots \quad \boldsymbol{p}_2=\begin{bmatrix} 1 \\ -1 \end{bmatrix}$$

임을 알 수 있다.

이 두 개의 고유벡터를 합친 행렬 P

$$\mathrm{P}=\begin{bmatrix} 1 & 1 \\ 1 & -1 \end{bmatrix}$$

는 재미있는 성질을 가지고 있다.

행렬 P의 행과 열을 바꾸어 넣어 본다. 이 행렬 ${}^tP$를 행렬 P의 **전치행렬**이라고 한다.

$${}^t\mathrm{P}=\begin{bmatrix} 1 & 1 \\ 1 & -1 \end{bmatrix}$$

그리고 행렬 P와 전치행렬 ${}^tP$를 곱한다.

$$\mathrm{P}\cdot{}^t\mathrm{P}=\begin{bmatrix} 1 & 1 \\ 1 & -1 \end{bmatrix}\begin{bmatrix} 1 & 1 \\ 1 & -1 \end{bmatrix}=\begin{bmatrix} 2 & 0 \\ 0 & 2 \end{bmatrix}=2\begin{bmatrix} 1 & 0 \\ 0 & 1 \end{bmatrix}$$

단위행렬의 2배로 되어 있다.

고유벡터의 크기를 1로 해 놓으면 두 개의 고유벡터는

$$\begin{bmatrix} \frac{1}{\sqrt{2}} \\ \frac{1}{\sqrt{2}} \end{bmatrix} \quad \begin{bmatrix} \frac{1}{\sqrt{2}} \\ -\frac{1}{\sqrt{2}} \end{bmatrix}$$

이 되므로 이 두 개의 벡터로 만들어진 행렬과

$$\begin{bmatrix} \frac{1}{\sqrt{2}} & \frac{1}{\sqrt{2}} \\ \frac{1}{\sqrt{2}} & -\frac{1}{\sqrt{2}} \end{bmatrix}$$

그 전치행렬

$$\begin{bmatrix} \frac{1}{\sqrt{2}} & \frac{1}{\sqrt{2}} \\ \frac{1}{\sqrt{2}} & -\frac{1}{\sqrt{2}} \end{bmatrix}$$

의 곱셈

$$\begin{bmatrix} \frac{1}{\sqrt{2}} & \frac{1}{\sqrt{2}} \\ \frac{1}{\sqrt{2}} & -\frac{1}{\sqrt{2}} \end{bmatrix} \begin{bmatrix} \frac{1}{\sqrt{2}} & \frac{1}{\sqrt{2}} \\ \frac{1}{\sqrt{2}} & -\frac{1}{\sqrt{2}} \end{bmatrix} = \begin{bmatrix} 1 & 0 \\ 0 & 1 \end{bmatrix}$$

이 된다.

직교행렬

정방행렬 A에 대해서

$$A \cdot {}^{t}A = I, \ {}^{t}A \cdot A = I$$

를 만족시킬 때, 행렬 A를 **직교행렬**이라고 한다.

즉, 크기 1인 고유벡터로부터 만들어진 행렬은 직교행렬로 되어 있다.

1.5 | 주성분분석의 적용예

[예제 1-6]

<표 1-1>의 데이터는 어느 중학교 1학년생 30명에 대한 신체검사를 실시하여 신장(cm), 체중(kg), 가슴둘레(cm), 앉은 키(cm)의 측정결과를 나타낸 것이다.

표 1-1 신체검사 결과표

No.	신장(x_1)	체중(x_2)	가슴둘레(x_3)	앉은키(x_4)
1	148	41	72	78
2	160	49	77	86
3	159	45	80	86
4	153	43	76	83
5	151	42	77	80
6	140	29	64	74
7	158	49	78	83
8	137	31	66	73
9	149	47	82	79
10	160	47	74	87
11	151	42	73	82
12	157	39	68	80
13	157	48	80	88
14	144	36	68	76
15	139	32	68	73
16	139	34	71	76
17	149	36	67	79
18	142	31	66	76
19	150	43	77	79
20	139	31	68	74
21	161	47	78	84
22	140	33	67	77
23	152	35	73	79
24	145	35	70	77
25	156	44	78	85
26	147	38	73	78
27	147	30	65	75
28	151	36	74	80
29	141	30	67	76
30	148	38	70	78

<표 1-1>의 데이터를 이용해서, Excel을 활용하여 주성분분석을 실시한다. 주성분분석은 고유치와 고유벡터를 구하는 고유치 문제로 귀착이 되므로, 본절에서는 고유치와 고유벡터를 Excel의 매크로 프로그램을 활용하여 구하기로 한다.

■ Excel에 의한 해법

〈순서 1〉 데이터의 입력

셀 B2:E31에 주어진 데이터를 입력한다.

	A	B	C	D	E
1	NO.	X_1	X_2	X_3	X_4
2	1	148	41	72	78
3	2	160	49	77	86
4	3	159	45	80	86
5	4	153	43	76	83
6	5	151	42	77	80
7	6	140	29	64	74
8	7	158	49	78	83
9	8	137	31	66	73
10	9	149	47	82	79
11	10	160	47	74	87
12	11	151	42	73	82
13	12	157	39	68	80
14	13	157	48	80	88
15	14	144	36	68	76
16	15	139	32	68	73
17	16	139	34	71	76
18	17	149	36	67	79
19	18	142	31	66	76
20	19	150	43	77	79
21	20	139	31	68	74
22	21	161	47	78	84
23	22	140	33	67	77
24	23	152	35	73	79
25	24	145	35	70	77
26	25	156	44	78	85
27	26	147	38	73	78
28	27	147	30	65	75
29	28	151	36	74	80
30	29	141	30	67	76
31	30	148	38	70	78

〈순서 2〉 각 변수마다 평균과 표준편차를 산출한다.

	A	B	C	D	E
33	평균	149	38.7	72.23333	79.36667
34	표준편차	7.315548	6.460223	5.150717	4.270858
35					
36					
37					
38					

[셀의 입력내용]

B33;=AVERAGE(B2:B31) (B33을 C33에서 E33까지 복사한다)

B34;=STDEV(B2:B31) (B34를 C34에서 E34까지 복사한다)

〈순서 3〉 데이터의 표준화

변수마다 데이터를 표준화한다. 셀 H2:K31에 표준화를 위한 계산식을 입력한다. 데이터의 표준화는 각 데이터로부터 평균을 빼고 표준편차로 나누는 것으로, 표준화된 데이터는 평균이 0, 표준편차가 1이 된다. 즉, 표준화 변환 공식은 다음과 같다. U_i는 표준정규분포에 따른다.

$$U_i = \frac{x_i - \overline{x}}{s}$$

따라서 표준화된 변수 U_i는 변수 간 단위의 상위를 소거할 수 있다.

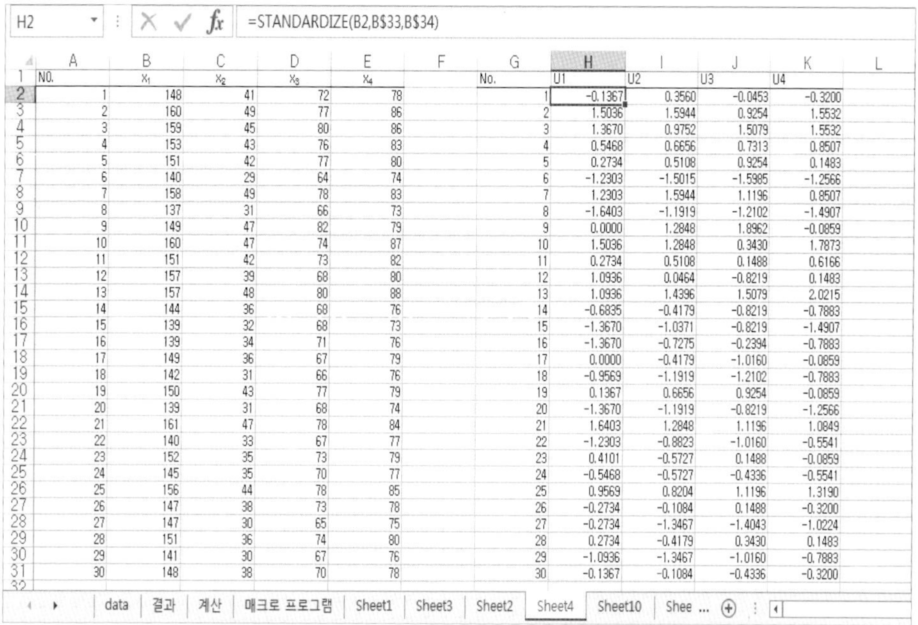

H2 =STANDARDIZE(B2,B$33,B$34)

NO.	x_1	x_2	x_3	x_4	No.	U1	U2	U3	U4
1	148	41	72	78	1	-0.1367	0.3560	-0.0453	-0.3200
2	160	49	77	86	2	1.5036	1.5944	0.9254	1.5532
3	159	45	80	86	3	1.3670	0.9752	1.5079	1.5532
4	153	43	76	83	4	0.5468	0.6656	0.7313	0.8507
5	151	42	77	80	5	0.2734	0.5108	0.9254	0.1483
6	140	29	64	74	6	-1.2303	-1.5015	-1.5985	-1.2566
7	158	49	78	83	7	1.2303	1.5944	1.1196	0.8507
8	137	31	66	73	8	-1.6403	-1.1919	-1.2102	-1.4907
9	149	47	82	79	9	0.0000	1.2848	1.8962	-0.0859
10	160	47	74	87	10	1.5036	1.2848	0.3430	1.7873
11	151	42	73	82	11	0.2734	0.5108	0.1488	0.6166
12	157	39	68	80	12	1.0936	0.0464	-0.8219	0.1483
13	157	48	80	88	13	1.0936	1.4396	1.5079	2.0215
14	144	36	68	76	14	-0.6835	-0.4179	-0.8219	-0.7883
15	139	32	68	73	15	-1.3670	-1.0371	-0.8219	-1.4907
16	139	34	71	76	16	-1.3670	-0.7275	-0.2394	-0.7883
17	149	36	67	79	17	0.0000	-0.4179	-1.0160	-0.0859
18	142	31	66	76	18	-0.9569	-1.1919	-1.2102	-0.7883
19	150	43	77	79	19	0.1367	0.6656	0.9254	-0.0859
20	139	31	68	74	20	-1.3670	-1.1919	-0.8219	-1.2566
21	161	47	78	84	21	1.6403	1.2848	1.1196	1.0849
22	140	33	67	77	22	-1.2303	-0.8823	-1.0160	-0.5541
23	152	35	73	79	23	0.4101	-0.5727	0.1488	-0.0859
24	145	35	70	77	24	-0.5468	-0.5727	-0.4336	-0.5541
25	156	44	78	85	25	0.9569	0.8204	1.1196	1.3190
26	147	38	73	78	26	-0.2734	-0.1084	0.1488	-0.3200
27	147	30	65	75	27	-0.2734	-1.3467	-1.4043	-1.0224
28	151	36	74	80	28	0.2734	-0.4179	0.3430	0.1483
29	141	30	67	76	29	-1.0936	-1.3467	-1.0160	-0.7883
30	148	38	70	78	30	-0.1367	-0.1084	-0.4336	-0.3200

data | 결과 | 계산 | 매크로 프로그램 | Sheet1 | Sheet3 | Sheet2 | Sheet4 | Sheet10 | Shee ...

[셀의 입력내용]

H2;=STANDARDIZE(B2,B$33,B$34)　　　　(H2를 H2에서 K31가지 복사한다)

〈순서 4〉 상관행렬의 산출

(1) 분석도구를 사용해서 상관행렬을 산출한다.

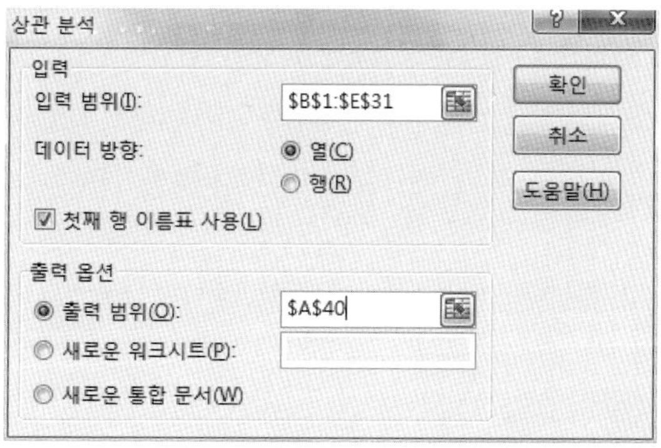

(2) 다음과 같은 상관행렬이 출력된다.

	A	B	C	D	E	F	G	H
40		x1	x2	x3	x4			
41	x1	1.000						
42	x2	0.863	1.000					
43	x3	0.732	0.897	1.000				
44	x4	0.920	0.883	0.783	1.000			
45								
46								
47								
48								

〈순서 5〉 고유치와 고유벡터의 산출

고유치와 고유벡터는 매크로를 사용하기 때문에 매크로 프로그램(지필미디어 홈페이지 데이터 파일 [예제 1-6]에 수록되어 있고 프로그램 자체는 본장의 끝에 제시되어 있음)이 입력되어 있는 파일을 호출하여 처리한다.

	A	B	C	D	E	F	G	H	I	J	K	L
1												
2		고유치										
3												
4			계산가능한 행렬의 크기 : 25행 25열까지									
5			행렬의 조건 : 대칭행렬									
6			데이터 행렬의 입력조건 : 셀 B11 - Z35									
7			계산방법 : 야코비법									
8												
9												
10	행	열	1	2	3	4	5	6	7	8		
11		1	1.000	0.863	0.732	0.920						
12		2	0.863	1.000	0.897	0.883						
13		3	0.732	0.897	1.000	0.783						
14		4	0.920	0.883	0.783	1.000						
15		5										
16		6										
17		7										
18		8										
19		9										
20		10										
21												
22												

(1) [data] 시트의 셀 B11:E14에 [순서 4]에서 구한 상관행렬을 좌우대칭으로 채워서 입력한다.

(2) [고유치] 버튼을 클릭함으로써 매크로를 실행시킨다.

(주) 매크로 프로그램의 입력방법이나 등록방법, 실행방법 등은 Excel의 매뉴얼을 참고하기 바란다.

(3) 매크로 실행결과

고유치와 고유벡터가 [결과] 시트에 산출된다.

	A	B	C	D	E	F	G
1							
2		고유치		1	2	3	4
3				3.541098	0.313383	0.079409	0.06611
4		고유벡터					
5			1	0.496966	-0.54321	0.449627	-0.50575
6			2	0.514571	0.210246	0.46233	0.690844
7			3	0.480901	0.724621	-0.17518	-0.46149
8			4	0.506928	-0.36829	-0.74391	0.232343

(4) 이 결과를 최초에 데이터를 입력한 파일 시트의 셀 A48 이후에 복사한다(셀 C51에 최대 고유치의 값이 오도록 해 놓는다).

	A	B	C	D	E	F	G	H
50	고유치		1	2	3	4		
51			3.541	0.313	0.079	0.066		
52	고유벡터							
53		1	0.497	-0.543	0.450	-0.506		
54		2	0.515	0.210	0.462	0.691		
55		3	0.481	0.725	-0.175	-0.461		
56		4	0.507	-0.368	-0.744	0.232		
57								

〈순서 6〉 누적기여율과 인자부하량의 산출

	A	B	C	D	E	F
50	고유치		1	2	3	4
51			3.541	0.313	0.079	0.066
52	고유벡터					
53		1	0.497	-0.543	0.450	-0.506
54		2	0.515	0.210	0.462	0.691
55		3	0.481	0.725	-0.175	-0.461
56		4	0.507	-0.368	-0.744	0.232
57						
58	고유치의 제곱근		1.8818	0.5598	0.2818	0.2571
59	누적기여율		0.8853	0.9636	0.9835	1.0000
60						
61	인자부하량		제1주성분	제2주성분	제3주성분	제4주성분
62		x_1	0.9352	-0.3041	0.1267	-0.1300
63		x_2	0.9683	0.1177	0.1303	0.1776
64		x_3	0.9049	0.4056	-0.0494	-0.1187
65		x_4	0.9539	-0.2062	-0.2096	0.0597
66						

[셀의 입력내용]

C58;=SQRT(C51) (C58을 D58에서 F58까지 복사한다)

C59;=C51/($C$51+$D$51+$E$51+$F$51)

D59;=(C51+D51)/($C$51+$D$51+$E$51+$F$51)

E59;=(C51+D51+E51)/($C$51+$D$51+$E$51+$F$51)

F59;=(C51+D51+E51+F51)/($C$51+$D$51+$E$51+$F$51)

C62;=C$58*C53 (C62를 C62에서 F65까지 복사한다)

〈순서 7〉 주성분 스코어의 산출

주성분 스코어를 산출하기 위한 계산식을 셀 N2:Q31에 입력한다.

N2 =MMULT($H2:$K2,C$53:C$56)

	M	N	O	P	Q
1	No.	Z1	Z2	Z3	Z4
2	1	-0.0687	0.2341	0.3491	0.2616
3	2	2.8001	-0.3830	0.0957	0.2748
4	3	2.6936	-0.0169	-0.3541	-0.3526
5	4	1.3972	0.0595	-0.2074	0.0435
6	5	0.9189	0.5749	0.0867	-0.1780
7	6	-2.7897	-0.3429	-0.0325	0.0306
8	7	2.4015	0.1649	0.4613	0.1602
9	8	-2.7662	0.3126	0.0324	0.2183
10	9	1.5295	1.6757	0.3257	-0.0074
11	10	2.4794	-0.9564	-0.1196	0.3841
12	11	0.7829	-0.1603	-0.1257	0.2892
13	12	0.2473	-1.2344	0.5468	-0.1072
14	13	3.0341	0.0568	-0.6107	0.2153
15	14	-1.3496	-0.0218	0.2299	0.2531
16	15	-2.3639	0.4780	0.1588	0.0078
17	16	-1.5685	0.7064	-0.3226	0.1161
18	17	-0.7472	-0.7925	0.0486	0.1602
19	18	-2.0704	-0.3174	-0.1829	0.0358
20	19	0.8120	0.7679	0.2709	-0.0563
21	20	-2.3249	0.3592	-0.0869	-0.0448
22	21	2.5647	-0.2092	0.3284	-0.2066
23	22	-1.8349	-0.0494	-0.3709	0.3528
24	23	-0.0629	-0.2037	-0.0426	-0.6917
25	24	-1.0559	0.0665	-0.0225	-0.0478
26	25	2.1047	-0.0218	-0.3678	-0.1274
27	26	-0.2823	0.3514	0.0390	-0.0796
28	27	-2.0225	-0.7757	0.2611	-0.3816
29	28	0.1609	-0.0425	-0.2407	-0.5508
30	29	-2.1247	-0.1350	-0.3499	-0.0916
31	30	-0.4944	-0.1449	0.2024	0.1200

[셀의 입력내용]

N2;=MMULT($H2:$K2,C$53:C$56) (N2를 N2에서 Q31까지 복사한다)

〈순서 8〉 주성분 스코어의 산점도 작성

주성분 스코어의 Z1과 Z2를 각각 가로축과 세로축으로 하는 산점도를 작성한다.

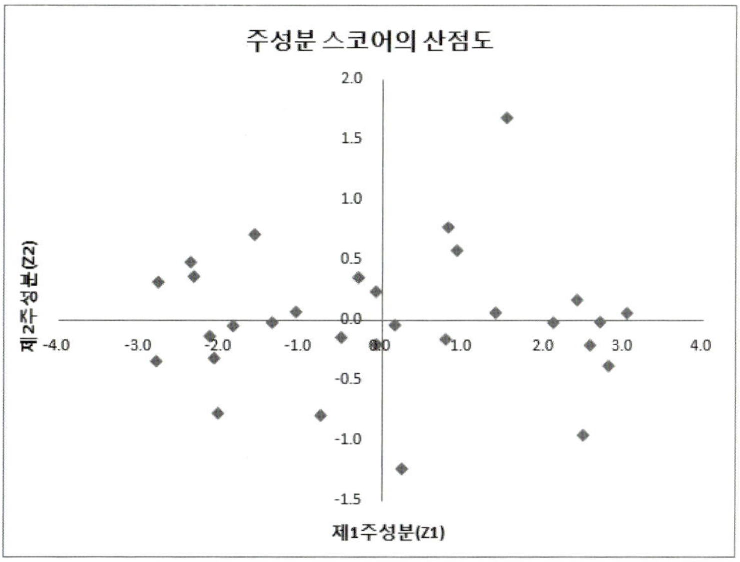

주성분분석의 결과해석

네 개의 변수 x_1, x_2, x_3, x_4 사이의 상관행렬을 구하면 다음과 같다.

	x_1	x_2	x_3	x_4
x_1	1.0000	0.8632	0.7321	0.9205
x_2	0.8632	1.0000	0.8965	0.8827
x_3	0.7321	0.8965	1.0000	0.7829
x_4	0.9205	0.8827	0.7829	1.0000

x_1, x_2, x_3, x_4 사이의 상관계수가 비교적 모두 크고, 특히 x_1과 x_4, x_2와 x_3 사이의 상관계수가 큰 것을 알 수 있다.

상관행렬로부터 출발하는 주성분분석을 실시하기 위해서, 상관행렬의 고유치와 고유벡터를 구하면 다음과 같다.

고유치

λ_1	λ_2	λ_3	λ_4
3.5411	0.3134	0.0794	0.0661

고유벡터

1	0.4970	-0.5432	0.4496	-0.5057
2	0.5146	0.2102	0.4623	0.6908
3	0.4809	0.7246	-0.1752	-0.4615
4	0.5069	-0.3683	-0.7439	0.2323

고유벡터로부터 다음과 같은 네 개의 주성분이 얻어진다.

$$\text{제1주성분}\ \ Z_1 = 0.4970\,U_1 + 0.5146\,U_2 + 0.4809\,U_3 + 0.5069\,U_4$$

$$\text{제2주성분}\ \ Z_2 = -\,0.5432\,U_1 + 0.2102\,U_2 + 0.7246\,U_3 - 0.3683\,U_4$$

$$\text{제3주성분}\ \ Z_3 = 0.4496\,U_1 + 0.4623\,U_2 - 0.1752\,U_3 - 0.7439\,U_4$$

$$\text{제4주성분}\ \ Z_4 = -\,0.5057\,U_1 + 0.6908\,U_2 - 0.4615\,U_3 + 0.2323\,U_4$$

고유치는 각 주성분의 분산과 일치한다고 하는 수학적 성질이 있다. 가장 값이 큰 고유치가 제1주성분의 분산, 두 번째로 큰 고유치가 제2주성분의 분산, 세 번째로 큰 고유치가 제3주성분의 분산, 네 번째로 큰 고유치가 제4주성분의 분산이 된다.

하나의 주성분이 원래의 모든 변수가 가지고 있는 정보의 몇 퍼센트를 설명할 수 있는가를 나타내는 지표가 기여율이며, 제1주성분으로부터 제m주성분까지의 기여율의 합계를 누적기여율이라고 한다. 이 값으로부터, 제m주성분까지 채택했을 때에, 제$(m+1)$주성분 이하를 무시함에 따르는 정보의 손실이 어느 정도인지를 알 수 있다.

$$\text{제}m\text{주성분의 기여율} = \frac{\lambda_m}{\sum_{j=1}^{p} \lambda_j}$$

$$\text{제}m\text{주성분까지의 누적기여율} = \frac{\sum_{j=1}^{m} \lambda_j}{\sum_{j=1}^{p} \lambda_j}$$

$$\text{정보의 손실도} = 1 - \text{누적기여율}$$

이 예제에서는 다음과 같은 누적기여율이 된다.

C59   =C51/($C$51+$D$51+$E$51+$F$51)

	A	B	C	D	E	F	G	H	I
50	고유치		1	2	3	4			
51			3.541	0.313	0.079	0.066			
52	고유벡터								
53		1	0.497	-0.543	0.450	-0.506			
54		2	0.515	0.210	0.462	0.691			
55		3	0.481	0.725	-0.175	-0.461			
56		4	0.507	-0.368	-0.744	0.232			
57									
58	고유치의 제곱근		1.8818	0.5598	0.2818	0.2571			
59	누적기여율		0.8853	0.9636	0.9835	1.0000			
60									

제1주성분과 제2주성분으로 원래의 모든 변수가 가지고 있는 정보의 96.36%를 설명할 수

있다는 것을 알 수 있다. 따라서 원래의 네 변수를 두 개의 새로운 변수(Z_1, Z_2)로 집약했을 때, 정보의 손실은 3.6%(=100%-96.36%)이다.

원래의 각 변수와 각 주성분의 상관계수를 인자부하량(factor loading)이라고 한다. 이 값은 각 주성분이 원래의 각 변수와 어느 정도 강한 관계가 있는가를 나타내는 것이기 때문에, 주성분의 의미부여에 도움이 되는 것이다.

상관행렬로부터의 주성분분석일 때에는, 인자부하량은 다음 식으로 구해진다.

$$\sqrt{\lambda_j} \times a_{ij}$$

이 예에서는 다음과 같이 된다.

인자부하량

	제1주성분	제2주성분	제3주성분	제4주성분
x_1	0.9352	-0.3041	0.1267	-0.1300
x_2	0.9683	0.1177	0.1303	0.1776
x_3	0.9049	0.4056	-0.0494	-0.1187
x_4	0.9539	-0.2062	-0.2096	0.0597

다음에 관측대상마다 주성분 스코어는 다음과 같이 계산된다.

$$Z = U \times V$$

여기에서

Z : 주성분 스코어의 행렬

U : 표준화 데이터 행렬

V : 고유벡터 행렬

제1주성분과 제2주성분의 산점도를 작성하면 다음과 같다.

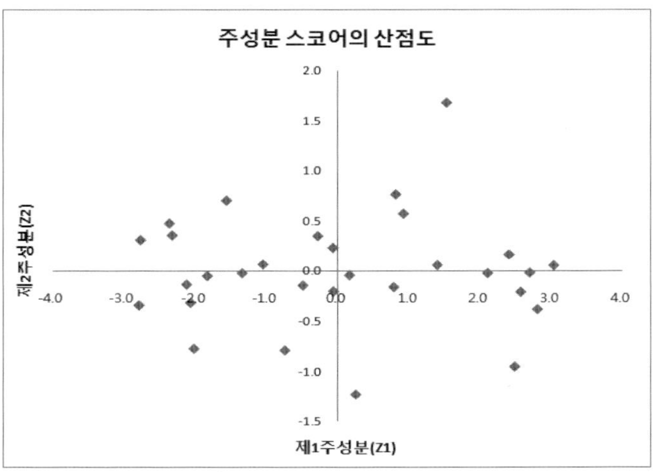

한편, 주성분분석을 실시하면 네 개 변량의 데이터인 경우에는 네 개의 주성분(p변량 데이터라면 p개의 주성분)이 얻어진다. 따라서 네 개의 주성분을 모두 사용하면 원래의 정보 손실은 0이 된다. 그러나 그렇게 되면 차원은 축소되지 않는다.

주성분을 몇 개까지 채택할 것인가 하는 기준에 대해서 이론적으로 정해진 것은 없지만 기준으로서는,

1. 누적기여율이 70~80% 이상일 것
2. 고유치가 1 이상일 것(상관행렬의 고유치인 경우)

이라는 기준이 자주 쓰이고 있다.

마지막으로 채택한 주성분에 대해서는 그 주성분이 무엇을 나타내는 지표인지, 그 의미부여가 가능하면 유용하다. 의미부여는 주관적으로 행해지지만 다음 사항을 참고로 한다.

1. 주성분을 구성하고 있는 각 변수의 계수(고유벡터)의 크기나 부호
2. 인자부하량의 크기나 부호

이 예의 제1주성분과 제2주성분에 어떠한 의미부여가 가능할 것인가?

제1주성분

$$= 0.4970 \times 신장 + 0.5146 \times 체중 + 0.4809 \times 가슴둘레 + 0.5069 \times 앉은키$$

제2주성분

$$= -0.5432 \times 신장 + 0.2102 \times 체중 + 0.7246 \times 가슴둘레 - 0.3683 \times 앉은키$$

제1주성분의 계수는 모두 플러스(+)로 0.5 전후의 값으로 되어 있다. 즉, 표준화 변량의 합에 가까운 형태이고, 어느 변량이 커져도 이 주성분의 값은 커지는 성질을 갖는다. 따라서 제1주성분은 전체적인 크기를 나타내는 주성분으로 해석할 수 있다. 이와 같은 성질을 갖는 인자는 **크기의 인자**(size factor)라 불린다.

제2주성분의 계수는 체중과 가슴둘레에서 플러스, 신장과 앉은키에서 마이너스(−)이므로, 살찌고 뚱뚱한 사람에게는 큰 값이, 바짝 마른 사람에게는 작은 값이 나온다. 따라서 제2주성분은 살이 쪘는가 야위었는가를 나타내는 주성분으로 해석된다. 이와 같은 인자는 **형태의 인자**(shape factor)라 불릴 수 있다.

매크로 프로그램

고유치와 고유벡터를 계산할 수 있는 매크로 프로그램을 게재해 놓았으므로 참고하기 바란다(프로그램은 데이터 파일에 수록되어 있음).

```
Sub 고유치()
' 고유치 Macro
' 노 형 진이 '15-08-15에 작성한 매크로 프로그램
'
    Dim A(25, 25) As Double
    Dim B(25, 25) As Double
    Dim U(25, 25) As Double
    Dim V(25, 25) As Double
    Dim E(25) As Double
    Sheets("data").Select: Range("A1").Select
    Sheets("계산").Select: Cells.Select: Selection.Clear: Range("A1").Select
    Sheets("data").Select: Range("B11:Z35").Select: Selection.Copy
    Sheets("계산").Select: Range("A1").Select: ActiveSheet.Paste
    Range("Z1").Select: ActiveCell.FormulaR1C1 = "크기"
    Range("Z2").Select
    ActiveCell.FormulaR1C1 = "=Count(R[-1]C[-25]:R[23]C[-25])"
    Range("A1").Select
    N = Cells(2, 26)
    Sheets("결과").Select: Cells.Select: Selection.Clear
    Range("B4").Select: ActiveCell.FormulaR1C1 = "고유벡터"
    Range("B2").Select: ActiveCell.FormulaR1C1 = "고유치"
    For I = 1 To N: Cells(I + 4, 3) = I: Next I
    For J = 1 To N: Cells(2, 3 + J) = J: Next J
    Sheets("data").Select: Range("A1").Select
 '야코비
    Sheets("계산").Select
    N = Cells(2, 26): N2 = Cells(2, 26)
    For I = 1 To N: For J = 1 To N
    B(I, J) = Cells(I, J)
    Next J: Next I
    For I = 1 To N: For J = 1 To N
    A(I, J) = B(I, J)
    Next J: Next I
500 For I = 1 To N2: For J = 1 To N2: U(I, J) = 0: Next J: Next I
    For I = 1 To N2: U(I, I) = 1: A(I, 0) = Sqr(A(I, I)): Next I
530 M = Abs(A(2, 1)): I = 2: J = 1
    For P = 2 To N2
    For Q = 1 To P - 1
    If M >= Abs(A(P, Q)) Then GoTo 580
    M = Abs(A(P, Q)): I = P: J = Q
580 Next Q
    Next P
    If Abs(A(I, J)) < 0.000001 Then M = MO: GoTo 102
    F = A(I, I): G = A(J, J): H = A(I, J): L = 0.5 * (F - G) / H
    M = -1: If L < 0 Then GoTo 660
    M = 1
660 M = M * Sqr(L * L + 1) + L: O = 1 / Sqr(1 / M / M + 1): P = O / M
    For K = 1 To N2
    Q = U(K, I): R = U(K, J)
    U(K, I) = Q * O + R * P: U(K, J) = -Q * P + R * O
    If K = I Or K = J Then GoTo 740
    S = A(K, I): T = A(J, K)
    A(I, K) = S * O + T * P: A(K, J) = -S * P + T * O
    A(K, I) = A(I, K): A(J, K) = A(K, J)
740 Next K
    M = 2 * H * P * O: A(I, I) = F * O * O + G * P * P + M
    A(J, J) = F * P * P + G * O * O - M
    A(I, J) = 0: A(J, I) = 0: GoTo 530
102 For I = 1 To N2 - 1
    Max = A(I, I): K = I
    For J = I + 1 To N2
    If Max < A(J, J) Then K = J: Max = A(J, J)
    Next J
    T = A(I, I): A(I, I) = A(K, K): A(K, K) = T
    For J = 1 To N2
    T = U(J, I): U(J, I) = U(J, K): U(J, K) = T
    Next J
    Next I
```

```
    For J = 1 To N
    E(J) = A(J, J)
    For I = 1 To N
    V(I, J) = U(I, J)
    Next I
    Next J
    For I = 1 To N: For J = 1 To N
    Cells(1, J + 27) = E(J)
    Cells(2 + I, J + 27) = V(I, J)
    Next J: Next I
    Range("aa1").Select
'결과정리
    ActiveCell.Offset(0, 1).Range("A1:B1").Select
    Selection.Copy
    Sheets("결과").Select
    Application.CutCopyMode = False
    Sheets("계산").Select
    ActiveCell.Range("A1:Y1").Select
    Selection.Copy
    Sheets("결과").Select
    ActiveCell.Offset(1, 2).Range("A1").Select
    ActiveSheet.Paste
    Sheets("계산").Select
    ActiveCell.Offset(2, 0).Range("A1:Y25").Select
    Application.CutCopyMode = False
    Selection.Copy
    Sheets("결과").Select
    ActiveCell.Offset(2, 0).Range("A1").Select
    ActiveSheet.Paste
    ActiveCell.Offset(-4, -3).Range("A1").Select
    Application.CutCopyMode = False

End Sub
```

data | 결과 | 계산 | 매크로 프로그램 | Sheet1 | Sheet3 | Sheet2 | Sheet4 | Sheet10

CHAPTER 2 평균 분산 공분산 및 상관

2.1 | 다변량분석의 의미

다변량분석에 대한 구체적인 정의 및 설명에 앞서 우선 이미지를 파악해 보기로 한다. 다음의 <표 2-1>은 어떤 편의점에 대한 조사결과이다. 앞의 4항목 「상품구비」, 「분위기」, 「접근의 편리」, 「가게의 넓이」는 앙케트의 결과이다. 100명의 소비자에게 ○X로 응답케 하여 ○로 응답한 사람 수를 기재한 것이다. 「판매액」(만원/일)은 매출실적을 응답해 받은 것이다.

표 2-1 편의점에 대한 앙케트 결과

점포명	상품구비	분위기	접근의 편리	가게의 넓이	판매액
1호점	20	20	30	70	60
2호점	15	25	25	15	45
3호점	60	70	60	30	155
4호점	70	50	60	40	130
5호점	30	35	55	80	80
6호점	50	85	85	80	210
7호점	80	65	70	30	200
8호점	30	65	75	80	185
9호점	60	60	50	40	135
10호점	25	25	50	25	55

이 데이터는 각각의 표본에 대해서 동시에 5개 항목의 조사를 실시한 것이다. 이와 같은 복수의 항목(변량이라고 한다)으로 이루어지는 데이터를 다변량으로 구성된 데이터라고 한다.

그런데 이와 같은 다변량의 데이터에 대해서 분석지식을 아무것도 갖고 있지 않다면, 어떻게 다루어야 좋을지 당혹스러울 것이다. 「7호점의 상품구비는 80이므로 좋다」라고 하는 정도의 단순한 분석은 누구라도 할 수 있다. 그러나 「어느 항목이 어느 항목과 어떻게 관련이 있는가」라고 하는, 다소나마 업무에 도움이 될 것 같은 복잡한 분석은 누구나 가능한 것이 아니다. 「6호점은 판매액이 많다」라고 하는 식의 단순한 감상으로 시종일관할 뿐 데이터가 가지고 있는 5개 항목(즉, 5변량)의 동시성, 관련성이 묻혀 버리고 마는 것이다.

「7호점은 상품구비가 좋다」, 「6호점은 판매액이 많다」라고 하는 등의 단순한 분석은 다음의 <표 2-2>, <표 2-3>과 같이 각 변량에 대한 개별 데이터의 분석이다. 즉, 데이터를 제각각 따로 분석한 것과 같다.

표 2-2 각 점포의 상품구비

점포명	상품구비
1호점	20
2호점	15
3호점	60
4호점	70
5호점	30
6호점	50
7호점	80
8호점	30
9호점	60
10호점	25

표 2-3 각 점포의 판매액

점포명	판매액
1호점	60
2호점	45
3호점	155
4호점	130
5호점	80
6호점	210
7호점	200
8호점	185
9호점	135
10호점	55

<표 2-1>은 분명히 이와 같은 단독적인 조사법을 기대한 것이 아니다. 데이터 내의 개개 표본에 대해서 동시에 복수의 질문을 하고 있는 것이다. 거기에는, 그대로는 표에 나오지 않았더라도 이들 5개 항목이 연동(連動)하고 있는 「새로운 정보」가 분명히 감추어져 있을 것이다.

다변량분석이란 이와 같이 복수의 변량(즉, 다변량)의 데이터가 동시에 얻어질 때에 이용되는 분석기법이다. 이 분석을 함으로써 복수의 변량 사이의 관계(상관)를 밝힐 수 있는 것이다.

그런데 복수 항목을 포함하는 데이터로부터 거기에 감추어진 관계를 탐색하고자 하는 다변량분석은 분명히 편리한 도구이지만 큰 문제가 있다. 그것은 다음과 같은 두 가지 사항이다.

1. 번거로운 수학지식이 필요하다
2. 엄청난 계산작업이 수반된다.

주판이나 전자식 탁상 계산기로는 도저히 감당할 수 없다. 반복해서 똑같은 계산이 필요하므로 도중에 포기할 수밖에 없다.

그러나 다행스럽게도 개인용 컴퓨터의 진보에 따라서 간단히 다변량분석을 사용할 수 있는 환경이 갖추어졌다. Excel과 같은 표계산 소프트웨어나 SPSS, SAS 등과 같은 전용의 통계분석 소프트웨어를 이용하면 순식간에 다변량분석이 실행된다.

그런 의미에서 오늘날은 다변량분석을 위한 시대라고 해도 지나친 말이 아닐 것이다. 극단적으로 말하면 표계산 소프트웨어 혹은 전용의 통계분석 소프트웨어를 이용하면 번거로운 수학적 지식 등이 없더라도 형식적인 분석은 가능한 것이다.

그러나 다변량분석의 기본개념이나 원리를 이해하고 있지 않으면, 분석결과를 확실히 읽어낼 수 없다. 또한 생각하지 못한 분석 에러를 범할 위험이 있다. 이 책은 다변량분석을 위한 기본지식을 제공하는 것을 목적으로 하고 있다.

이 책의 제1부에서는 다변량분석의 기본개념과 그것을 지탱하는 수학적 원리를 살펴보기로 한다.

그런데 제1부의 제2장은 평균, 분산, 공분산 및 상관 등 다변량분석에 필요한 무기를 제공한다. 이 모두 다변량분석의 세계를 개척하는 중요한 도구가 되므로, 다소 장황스러울지 모르지만 상세히 다루기로 한다.

2.2 | 평균과 분산

전술한 <표 2-1>의 편의점에 대한 앙케트 결과에서 왼쪽의 점포명을 표본이라고 하며 「상품구비」, 「분위기」, 「접근의 편리」 등의 항목을 변량이라고 부른다. 다변량분석의 「다변량」이란 항목(즉, 변량)이 두 개 이상인 것을 표현하고 있다.

그런데 우리들은 데이터가 주어져 있어서 무엇인가를 분석하고자 하면, 먼저 각 항목(즉, 각 변량)의 평균을 구해 보고 싶어진다. 생각하고 있는 대상이 데이터 중에서 「중간」에 위치하는지, 「상위」에 속하는지를 조사하고 싶은 것은 인지상정이다. 그러기 위해서는 「평균」이라고 하는 표준치를 구하지 않으면 안 된다. 그래서 먼저 이 평균에 대해서 살펴보도록 한다.

■ 평균의 산출

일반적으로 변량 x에 대한 데이터 $x_1, x_2, \ldots, x_n$의 평균 $\bar{x}$는 다음과 같이 된다.

$$\bar{x} = \frac{x_1 + x_2 + \ldots + x_n}{n}$$

여기에서 n은 표본의 수이다. <표 2-1>에서 「판매액」의 평균을 예로서 구하면 다음과 같다.

$$\bar{x} = \frac{60+45+155+130+80+210+200+185+135+55}{10} = 125.5$$

평균은 매우 중요한 값이다. 평균, 즉 표준이 되는 값을 안다는 것은 데이터의 분석에 필요 불가결하기 때문이다. 그러나 평균만으로는 데이터의 성질을 모두 알 수 없다. 예를 들면, 다음과 같은 세 그룹의 데이터의 평균은 모두 같은 60이다.

No.	x	No.	x	No.	x
1	60	1	70	1	30
2	60	2	55	2	55
3	60	3	60	3	60
4	60	4	40	4	105
5	60	5	70	5	90
6	60	6	60	6	65
7	60	7	50	7	15
8	60	8	55	8	25
9	60	9	80	9	60
10	60	10	60	10	95
평균	60	평균	60	평균	60

그러나 평균은 같더라도 데이터의 내용은 크게 다르다. 이들 세 개의 표에서 데이터의 성질을 특징짓고 있는 것은 「평균으로부터의 흩어짐 상태」이다. 첫 번째 표는 모두 평균의 값을 갖는 데이터이다. 데이터로서는 매우 재미없다. 두 번째 데이터는 평균으로부터의 흩어짐이 작은 데 비해서 세 번째 데이터는 평균으로부터 멀리 크게 흩어져 있다.

■ 분산의 정의

전술한 바와 같이 평균만 구해 보면 데이터의 특징은 알 수 없다. 그것보다도 오히려 평균으로부터의 흩어짐 상태를 아는 것이 중요하다. 평균은 60.2점이라든가 65.3%와 같이 누구라도 알 수 있는 숫자로 나타냈는데, 흩어짐 상태를 「크다」라든가 「중간 정도」라고 해서는 충분하다고 할 수 없다. 그래서 흩어짐 상태를 수치로 표현한 것이, 통계학에서 중요한 지표 중 하나인 **분산**(分散)이다. 어떻게 수치화했는가 하면, 「평균으로부터의 차를 구해서 제곱하고 그것의 평균」을 구한 것이다. 변량 x에 대한 데이터 x_1, x_2, …, x_n의 분산 s_x^2는 다음과 같이 정의된다.

$$s_x^2 = \frac{(x_1 - \overline{x})^2 + (x_2 - \overline{x})^2 + \cdots + (x_n - \overline{x})^2}{n-1}$$

(주) 분산의 분모를 $(n-1)$로 나누는 것은 전체 중에서 일부 표본을 조사하는 경우이고, n으로 나누는 것은 전체 그 자체를 조사하는 경우이다. 자세한 것은 뒤에서 다시 설명하기로 한다.

이와 관련하여 s_x^2의 공식 중에서 분자에 해당하는

$$(x_1 - \overline{x})^2 + (x_2 - \overline{x})^2 + \cdots + (x_n - \overline{x})^2$$

을 이 변량에 대한 **편차제곱합** 혹은 **변동**이라고 한다. 또한 평균과의 차를 **편차**라고 한다.

$$(x_1 - \overline{x}),\ (x_2 - \overline{x}),\ \cdots,\ (x_n - \overline{x})$$

즉, 하나하나의 편차(각 데이터와 평균의 차)의 제곱 평균이 분산이다. 이것에 의해서 앞의 세 그룹의 데이터에 대한 흩어짐 상태를 수치화해서 나타낼 수 있다.

분산의 산출

앞에서 언급한 편의점 데이터 중 「판매액」의 변량으로 분산을 구해 보자.

점포명	판매액
1호점	60
2호점	45
3호점	155
4호점	130
5호점	80
6호점	210
7호점	200
8호점	185
9호점	135
10호점	55

분산의 정의식으로부터 다음과 같이 해서 분산을 구할 수 있다.

$$s_{판매액}{}^2 = \frac{(60-125.5)^2+(45-125.5)^2+\cdots+(55-125.5)^2}{10-1} = 3891.4$$

간단히 답을 구할 수 있지만 계산은 여간 번거로운 것이 아니다. Excel 등을 사용하고자 하는 이유도 바로 여기에 있다. 소프트웨어에 의한 구체적인 계산 절차는 뒤에서 다루기로 하고, 여기에서는 분산의 재미있는 성질을 살펴보기로 한다.

위 표의 데이터 값을 모두 2배 해 보자. 그러면

$$2배\ 한\ 데이터의\ 분산 = 2^2 \times 원래\ 데이터의\ 분산$$

이 된다. 2배가 아니라 3배 하면,

$$3배\ 한\ 데이터의\ 분산 = 3^2 \times 원래\ 데이터의\ 분산$$

이 된다.

즉, 원래의 데이터를 n배 하면 분산은 n^2배가 된다. x의 분산(variance)은 이 책에서는 주로 $s_x{}^2$이라고 쓰지만 $V(x)$라고 쓰는 경우도 있다. 이 기호를 이용하면 위의 관계는 다음과 같이 일반화된다.

$$분산\ \ V(nx) = n^2 V(x)$$

분산의 대소

분산은 평균에 못지 않게 중요한 통계량이다. 실제로 다변량분석에서는 평균보다도 분산 쪽이 주역이 된다. 분산은 데이터의 정보량을 표현하고 있기 때문이다. 앞에서 평균을 조사했던 세 그룹의 데이터에 대해서 이것을 확인해 보자.

이들은 모두 평균이 같았다. 첫 번째 그룹을 먼저 관찰해 보자. 모두가 평균과 같은 값을 가지고 있다. 이것은 데이터로서 재미가 없다. 「개미 집단」에게 앙케트를 실시한 느낌이다.

No.	x	No.	x	No.	x
1	60	1	70	1	30
2	60	2	55	2	55
3	60	3	60	3	60
4	60	4	40	4	105
5	60	5	70	5	90
6	60	6	60	6	65
7	60	7	50	7	15
8	60	8	55	8	25
9	60	9	80	9	60
10	60	10	60	10	95
평균	60	평균	60	평균	60
분산	0	분산	115	분산	835

이래 가지고는 통계 데이터로서의 가치가 없는 것과 같다.

이에 비해서 세 번째 그룹과 같이 평균으로부터의 흩어짐이 큰 표본으로 구성되는 데이터는 개성이 풍부한 여러 가지 세계의 사람들에게 앙케트를 실시한 데이터와 같이 정보의 내용이 풍부하다.

분산이란 「평균으로부터의 흩어짐 상태를 나타내는 양」이라고 기술했다. 따라서 흩어짐 상태가 풍부한 데이터는 풍부한 정보량을 가지고 있다고 말할 수 있다. 이것은 바로 분산이 큰 데이터는 정보량이 풍부하게 포함되어 있다고 표현할 수 있다는 것이다.

그런데 「분산의 제곱근」을 **표준편차**라고 부른다. 이것도 통계학에서 자주 이용되는 말이다. 분산은 s_x^2으로 표현되기 때문에 표준편차는 s_x로 표현된다. 표준편차는 단위가 원래의 데이터와 같게 된다. 전술한 「판매액」의 예를 들어 보자. 분산의 정의식으로부터 알 수 있듯이 분산은 「원의 제곱」(즉, 원^2)의 단위를 가지고 있다. 원^{2}이라든가 달러^{2}으로는 그 의미를 알 수 없다. 그런데 그 제곱근인 표준편차는 「원」의 단위를 가지고 있다. 따라서 표준편차는 분산보다도 「흩어짐의 평균」이라고 하는 이미지에 가까운 값이 된다.

■ 데이터의 표준화

다음의 표를 살펴보자. K사의 사원 10명에 대해서 그 신장과 체중을 조사한 데이터이다.

사원 번호	신장	체중
1	170	63
2	166	65
3	175	61
4	158	59
5	174	63
6	180	77
7	176	66
8	170	56
9	178	71
10	169	63

이 데이터를 보는 것만으로는 개개의 표본(사원)이 전체에서 어떠한 위치에 있는지 곧 알 수 없다. 예를 들면, 1번 사원의 신장이 10명의 사원 중에서 어느 정도 큰지, 체중은 무거운 편인지 등 언뜻 보아서는 잘 알 수 없다.

그래서 다음과 같은 변환을 시도해 보자.

$$\text{표준화 } z = \frac{x - \bar{x}}{s_x}$$

s_x는 변량 x의 표준편차, $\bar{x}$는 변량 x의 평균이다. 이 변환을 **데이터의 표준화**라고 한다. 이 정의식으로부터 다음과 같은 사실을 알 수 있다.

① z의 평균은 0, 분산은 1이 된다.

② z가 양수라면 표준보다도 크고, 음수라면 표준보다 작다.

③ z의 크기가 1보다 크면 표준으로부터 크게 벌어져 있다.

④ 여러 가지 단위로 표현된 데이터 사이에서 단순비교가 가능하게 된다.

이상으로 정리한 사실을 확인해 보자. 앞의 데이터에 표준화를 실행하면 다음과 같은 결과를 얻는다.

E2 f_x =(C2-$C$12)/$C$13

	A	B	C	D	E	F
1	사원 번호	신장	체중	표준화된 신장	표준화된 체중	
2	1	170	63	-0.25	-0.23	
3	2	166	65	-0.87	0.10	
4	3	175	61	0.53	-0.57	
5	4	158	59	-2.10	-0.90	
6	5	174	63	0.37	-0.23	
7	6	180	77	1.30	2.11	
8	7	176	66	0.68	0.27	
9	8	170	56	-0.25	-1.40	
10	9	178	71	0.99	1.10	
11	10	169	63	-0.40	-0.23	
12	평균	171.6	64.4	0.0	0.0	
13	표준편차	6.47	5.99	1.00	1.00	
14						

표준화된 각 데이터는 단위를 갖지 않는다. 이를 무차원량(無次元量)이라고 한다. 그리고 평균은 0, 분산(=표준편차^2)은 1임을 알 수 있다. 이러한 사실로부터 신장과 체중이라고 하는 전혀 다른 세계의 비교가 가능케 된다.

사원 번호 2번의 데이터를 살펴보면 신장은 마이너스인데 비해서 체중은 플러스이다. 따라서 신장은 평균보다 작고, 체중은 평균보다 무겁다는 것을 곧 알 수 있다. 즉, 이 사원이 「약간 뚱뚱한 타입」인 것을 순간적으로 알 수 있는 것이다. 거꾸로 사원 번호 3번은 야윈 타입이다. 그리고 사원 번호 6번은 신장, 체중 모두 표준보다 커서 건장한 체구의 소지자임을 알 수 있다.

2.3 | 공분산과 상관계수

앞에서 문제 삼았던 편의점에 대한 앙케트 결과의 데이터를 다시 한 번 살펴보기로 한다.

표 2-4 편의점에 대한 앙케트 결과

점포명	상품구비	분위기	접근의 편리	가게의 넓이	판매액
1호점	20	20	30	70	60
2호점	15	25	25	15	45
3호점	60	70	60	30	155
4호점	70	50	60	40	130
5호점	30	35	55	80	80
6호점	50	85	85	80	210
7호점	80	65	70	30	200
8호점	30	65	75	80	185
9호점	60	60	50	40	135
10호점	25	25	50	25	55
평균	44	50	56	49	125.5
분산	521.1	505.6	348.9	660.0	3891.4

(단위 : 만원/일)

주의해야 할 것은 평균이든 분산이든 하나하나의 변량에 대한 값이라고 하는 사실이다. 이것으로 만족할 만한 결과를 얻었다고는 할 수 없다. 이들 데이터 값만 보아서는 각 변량마다 따로따로 조사한 경우와 동일하기 때문이다.

■ 변량 사이의 관련 지표인 공분산

따로따로 정리한 각각의 데이터와 그것들을 한데 합친 데이터는 어디가 어떻게 다를까. 그것은 변량 사이의 관련을 조사할 수 있느냐 어떠냐 하는 차이이다. 예를 들면, 다음 세 사람의 조사결과를 문제 삼아 보자. 따로따로인 데이터에 있어서는 다음의 두 가지(A그룹, B그룹)를 구별할 수 없다. 평균이나 분산 모두 동일하다. A그룹, B그룹 사이에 신장의 데이터는 똑같고 체중의 데이터는 첫 번째 수치와 세 번째 수치가 바뀌어 있을 뿐, 두 그룹 사이의 구별이 어렵다.

(A그룹)

이름	신장
가	160
나	150
다	170

이름	체중
가	70
나	50
다	60

(B그룹)

이름	신장
가	160
나	150
다	170

이름	체중
가	60
나	50
다	70

이에 비해서 다음의 데이터는 위와 같은 데이터의 위치 바꿈이 허용되지 않는다.

이름	신장	체중
가	160	60
나	150	50
다	170	70

다변량분석이 힘을 발휘하는 것은 이 「데이터의 위치 바꿈이 허용되지 않는 표」이다. 이와 같은 표에는 변량 사이의 관련정보가 확실히 포함되어 있기 때문이다.

그렇다면 변량 사이의 관련정보는 어떻게 해서 표현할 수 있는가. 그 지표로서 대표적인 것이 공분산이다.

일러두기 : 공분산은 분산을 일반화한 것

변량 x의 분산은 다음과 같이 정의된다.

$$s_x{}^2 = \frac{(x_1-\overline{x})^2+(x_2-\overline{x})^2+\cdots+(x_n-\overline{x})^2}{n-1} \quad (n\text{은 표본 수})$$

이 식을 다음과 같이 쓰면 공분산에 이어진다.

$$s_{xx} = \frac{(x_1-\overline{x})(x_1-\overline{x})+(x_2-\overline{x})(x_2-\overline{x})+\cdots+(x_n-\overline{x})(x_n-\overline{x})}{n-1}$$

두 변량 x, y의 공분산은 기호 s_{xy}로 표현된다. 다음의 표에 대해서 공분산은 아래와 같이 정의된다.

No.	x	xy
1	x_1	y_1
2	x_2	y_2
:	:	:
n	x_n	y_n

$$\text{공분산 } s_{xy} = \frac{(x_1 - \bar{x})(y_1 - \bar{y}) + (x_2 - \bar{x})(y_2 - \bar{y}) + \cdots + (x_n - \bar{x})(y_n - \bar{y})}{n-1}$$

공분산의 성질을 알아보기 위해서 다음의 데이터를 보기로 하자. 이것은 H사의 사원에 관한 4개 항목의 조사결과이다.

표 2-5 사원에 관한 4개 항목의 조사결과

사원 번호	신장(x)	체중(y)	영업성적(u)	지각횟수(v)
1	170	63	55	5
2	176	65	35	12
3	175	61	72	0
4	160	58	64	2
5	174	63	75	1
6	180	72	79	0
7	176	68	60	3
8	170	56	47	5
9	178	61	60	2
10	169	63	86	1

이들 항목(즉, 변량) 중에서 「신장과 체중」, 「신장과 영업성적」, 「영업성적과 지각횟수」의 3조에 관해서 산점도(산포도)를 작성해 보자. 그리고 공분산의 값도 각각 구해 보자.

각각의 산점도를 살펴보면

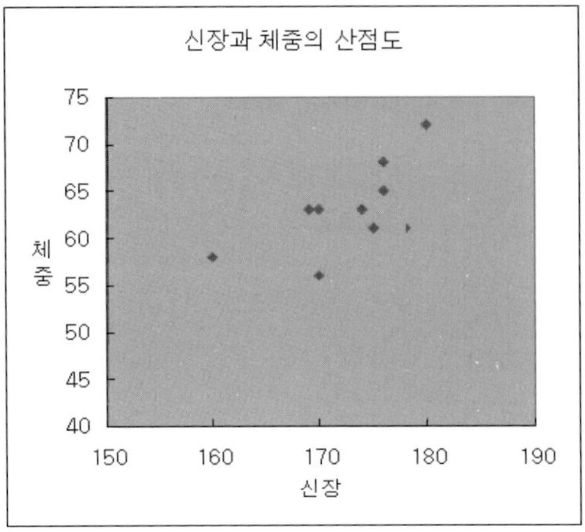

양의 상관이 있는 분포

공분산

$s_{xy} = 15.60$

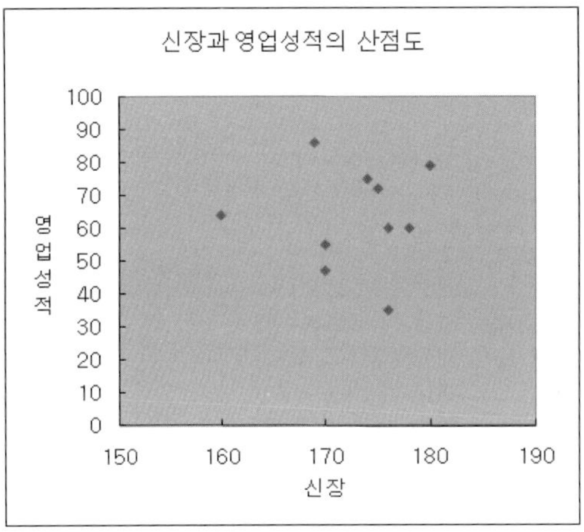

규칙성이 없는 분포

공분산

$s_{xu} = 0.16$

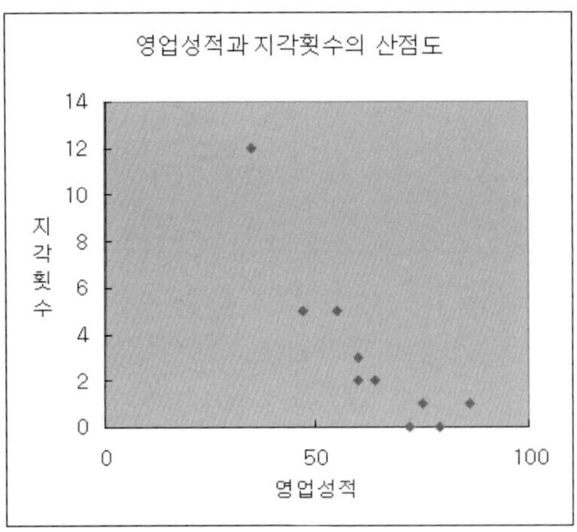

음의 상관이 있는 분포

공분산

$s_{uv} = -44.33$

공분산과 산점도

「신장과 체중」의 산점도에 착안해 보자. 점이 오른쪽 위 방향으로 늘어서 있다. 신장이 큰 사람의 체중은 대개 무겁다고 하는 당연한 사실을 표현하고 있다. 이와 같은 관계를 **양의 상관**이 있다고 한다. 이때의 공분산은 15.60으로 양의 값이 되어 있다. 즉, 양의 상관이 있을 때는 공분산이 양의 값을 취한다.

다음에 「신장과 영업성적」의 산점도를 살펴보면 점의 분포에 규칙성이 없다. 신장이 크다고 하는 사실과 영업성적이 좋다고 하는 사실은 관계가 없다는 것을 표현하고 있다. 이와 같은 관계를 상관이 없다고 한다. 이때 공분산의 값은 0.16으로 0에 가까운 값을 보이고 있다. 즉, 상관이 없을 때에는 공분산의 값은 0에 가까운 것이다.

마지막으로 「영업성적과 지각횟수」의 산점도를 보면 점이 왼쪽 아래 방향으로 늘어서 있다. 영업성적이 좋은 사람은 대개 지각횟수가 적다는 것을 보이고 있다. 이와 같은 관계를 **음의 상관**이 있다고 한다. 이때 공분산의 값은 −44.33으로 음의 값이 되어 있다. 음의 상관이 있을 때에는 공분산은 음의 값을 취하는 것이다.

이상으로 살펴본 공분산의 성질은 중요하다. 「지능지수와 성적」, 「지각횟수와 불량품」과 같이 두 변량 사이의 관계를 조사할 때에는 먼저 공분산의 값을 알아본다. 그 값의 플러스 마이너스에 의해서 두 변량 사이의 관계를 바로 알 수 있기 때문이다.

공분산과 상관계수

그런데 다시 한 번 공분산의 정의식을 살펴보자.

$$\text{공분산 } s_{xy} = \frac{(x_1-\overline{x})(y_1-\overline{y})+(x_2-\overline{x})(y_2-\overline{y})+\cdots+(x_n-\overline{x})(y_n-\overline{y})}{n-1}$$

이 식으로부터 알 수 있듯이 공분산은 데이터의 단위에 영향을 받는다. 예를 들면, 신장을 1.75m로 할 것인지 175cm로 할 것인지에 따라서 값이 크게 달라진다. 그 때문에 단위가 다른 두 개의 데이터 사이에서는 공분산의 값을 비교할 수 없다. 이 결점을 보완하는 지표가 상관계수이다. 두 변량 x, y의 상관계수는 r_{xy}로 표기하고 다음과 같이 정의된다.

$$\text{상관계수 } r_{xy} = \frac{s_{xy}}{s_x s_y}$$

s_{xy}는 두 변량 x, y의 공분산이고, s_x, s_y는 각각 x, y의 표준편차이다. 이와 같이 정의

된 상관계수 r_{xy}는 다음과 같은 성질을 갖고 있다는 사실이 증명되어 있다.

$$-1 \leqq r_{xy} \leqq 1$$

r_{xy}의 값이 1에 가까울수록 양의 상관이 강하고, -1에 가까울수록 음의 상관이 강하다는 것을 나타낸다. 또한 0에 가까울수록 상관이 없다는 것을 나타낸다.

이와 관련하여 데이터가 표준화되어 있을 때에는 상관계수는 공분산과 일치한다. 즉,

$$r_{xy} = s_{xy}$$

표준화된 데이터에서는 분산이 1, 따라서 표준편차 s_x, s_y도 1이 되기 때문이다.

분산이나 공분산은 행렬로 정리할 수가 있다. 예를 들면, 세 변량 x, y, z에 대해서 다음과 같이 행렬로 정리된다.

$$\text{분산·공분산행렬}(S) = \begin{pmatrix} s_x^{\ 2} & s_{xy} & s_{xz} \\ s_{xy} & s_y^{\ 2} & s_{yz} \\ s_{xz} & s_{yz} & s_z^{\ 2} \end{pmatrix}$$

이 행렬 S를 **분산·공분산행렬**이라고 부른다.

마찬가지로 상관계수가 행렬로서 정리되는 경우가 있다. 예를 들면, 세 변량 x, y, z에 대해서는 다음과 같이 행렬로 표현된다.

$$\text{상관행렬}(R) = \begin{pmatrix} 1 & r_{xy} & r_{xz} \\ r_{xy} & 1 & r_{yz} \\ r_{xz} & r_{yz} & 1 \end{pmatrix}$$

이 행렬 R을 **상관행렬**이라고 부른다.

분산·공분산행렬이나 상관행렬은 다변량분석의 이론적 기초가 된다. 이와 관련하여 변량의 표준화를 실시하면 분산은 1이고 공분산은 상관계수와 일치하므로, 분산·공분산행렬 S와 상관행렬 R은 일치한다.

Excel에서 분산·공분산을 구할 때의 주의사항

표계산 소프트웨어 Excel을 이용해서 다변량분석에 필요한 값을 계산할 수 있다.

	함수	의미
분산	VAR.S VAR.P	주어진 데이터를 표본으로 간주하고 분산을 계산 주어진 데이터를 모집단으로 간주하고 분산을 계산
표준편차	STDEV.S STDEV.P	주어진 데이터를 표본으로 간주하고 표준편차를 계산 주어진 데이터를 모집단으로 간주하고 표준편차를 계산
공분산	COVARIANCE.S COVARIANCE.P	주어진 데이터를 표본으로 간주하고 공분산을 계산 주어진 데이터를 모집단으로 간주하고 공분산을 계산

이 표로부터 알 수 있듯이 분산과 표준편차에는 두 종류의 함수가 준비되어 있다. 주어진 데이터를 표본으로 간주할 것인가, 모집단으로 간주할 것인가에 따라서 계산식이 다르기 때문이다. 예를 들면, VAR.S과 VAR.P는 다음과 같이 정의된다.

$$VAR.S(x_1,\, x_2,\, \cdots,\, x_n) = \frac{(x_1 - \overline{x})^2 + (x_2 - \overline{x})^2 + \cdots + (x_n - \overline{x})^2}{n-1} \quad \cdots\cdots\cdots ①$$

$$VAR.P(x_1,\, x_2,\, \cdots,\, x_n) = \frac{(x_1 - \overline{x})^2 + (x_2 - \overline{x})^2 + \cdots + (x_n - \overline{x})^2}{n} \quad \cdots\cdots ②$$

그리고 표본의 공분산을 구하는 함수는 다음과 같이 정의된다.

$$COVARIANCE.S(x_1,\ \cdots,\ x_n,\ y_1,\ \cdots,\ y_n)$$
$$= \frac{(x_1 - \overline{x})(y_1 - \overline{y}) + (x_2 - \overline{x})(y_2 - \overline{y}) + \cdots + (x_n - \overline{x})(y_n - \overline{y})}{n-1}$$

따라서 Excel을 이용해서 다변량분석의 계산을 할 때에는 주의가 필요하다. 모집단의 분산과 공분산을 구하고 싶을 때는, VAR.P와 COVARIANCE.P를 쌍으로 이용하고(모두 데이터를 모집단으로 간주한다), 표본의 분산과 공분산을 구하고 싶을 때는 VAR.S와 COVARIANCE.S를 쌍으로 이용하면 된다. 데이터 수가 적을 때에는 n과 $(n-1)$의 차이가 영향을 미치므로 주의가 필요하다.

(주) 이 책에서는 주어진 데이터를 표본으로 간주한다.

이와 관련하여 표본과 모집단에 대해서 살펴보기로 한다.

통계적인 조사에는 대상으로 하는 집단 전체에 빠짐없이 조사하는 **전수조사**와 일부를 뽑아내서 조사하는 **표본조사**가 있다. 집단 전체를 **모집단**이라 하고, 일부 뽑아낸 요소를 **표본**이라고 부른다.

전수조사의 예로서는 국세조사(國勢調査)가 있는데, 그로부터 알 수 있듯이 방대한 비용과 시간이 걸리는 것이 보통이다. 그래서 통상의 통계조사는 표본조사를 이용한다. 예를 들면, 공장 생산물의 표본추출 검사나 선거할 때의 사전조사가 그러하다.

문제점은 표본으로부터 얻어지는 평균이나 분산 등이 모집단의 평균이나 분산 등과 일치하느냐 하는 것인데, 당연히 일치하는 보증은 없다. 그래서 **추정**이라고 하는 조작을 이용해서 표본으로부터 얻어진 통계 데이터로부터 모집단의 통계 데이터를 추측하게 된다.

재미있는 사실은 ②식으로 얻어지는 표본의 분산에 대해서 표본 수가 같은 모든 표본에 대해서 「평균」을 취하면, 그 값은 모집단의 분산과 일치하지 않는다. 그런데 ①식으로 얻어진 분산에 대해서 모든 표본에 대하여 「평균」을 취하면, 그 값은 모집단의 분산과 일치한다. 이것이 ①을 이용하는 이유다. 이와 같이 표본에 대한 평균이 모집단의 값과 일치하는 통계량을 **불변추정량**(不變推定量)이라고 한다.

2.4 | 많은 분포의 기준이 되는 정규분포

많은 기업체에서는 정기적으로 사원들의 신체검사를 실시하는데, 그래서 다음과 같은 신장의 도수분포표가 얻어졌다고 한다.

신장	사람수
150~155	1
155~160	5
160~165	9
165~170	14
170~175	16
175~180	8
180~185	2

이것을 그래프로 나타낸 것이 다음의 히스토그램이다.

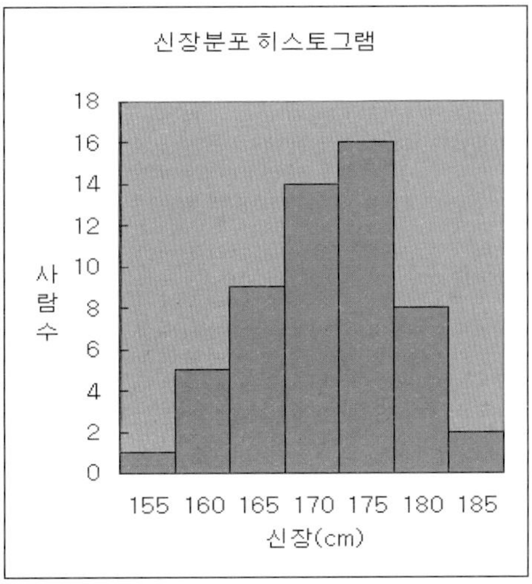

이 히스토그램은 데이터의 수가 변화하면 높이가 변화하고, 데이터 사이의 비교가 어렵게 된다. 그래서 세로축으로서 도수를 총도수로 나눈 값을 채택하기로 한다. 이것을 **상대도수**라고 한다. 이와 같이 상대도수로 그래프를 그리면 데이터 수가 다른 것도 비교하기가 쉽다.

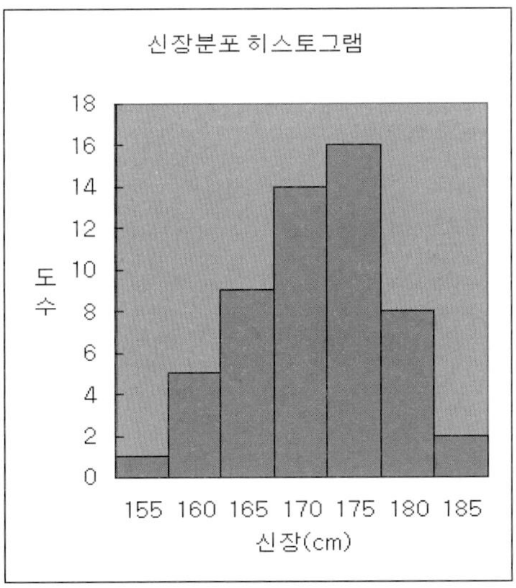

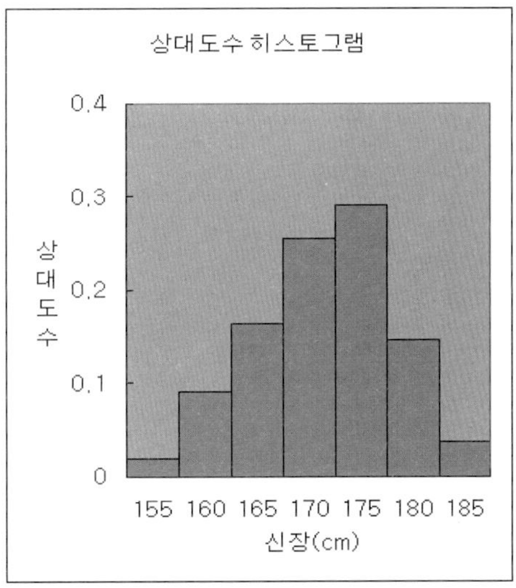

그리고 히스토그램의 형태를 근사적인 곡선으로 바꾸어 놓은 것이 **분포곡선**이다. 분포곡선 중에서 대표적인 형태가 정규분포라고 불리는 것이다. 이것은 다음의 식으로 정의된다.

$$\text{정규분포 } f(x) = \frac{1}{s\sqrt{2\pi}} e^{-\frac{1}{2}\left(\frac{x-\bar{x}}{s}\right)^2}$$

s는 변량 x의 표준편차이고, $\overline{x}$는 변량 x의 평균이다.

위의 식을 보면 분포의 평균 $\overline{x}$와 표준편차 s를 제외하고는 모두 상수이므로 결국 $\overline{x}$와 s에 의해서 정규분포의 모양이 결정된다는 것을 알 수 있다.

이 분포곡선의 그래프는 다음과 같이 종모양이 된다. 이 그림에 기입되어 있는 것처럼 표준편차 s는 그래프의 산 중턱의 폭을 나타내고 있다. 「표준편차 = 데이터의 흩어짐 평균」이라는 의미는 앞에서 언급했는데, 다음의 정규분포 그래프에서 s의 위치를 보면 바로 「흩어짐의 평균」이라고 하는 느낌이 든다.

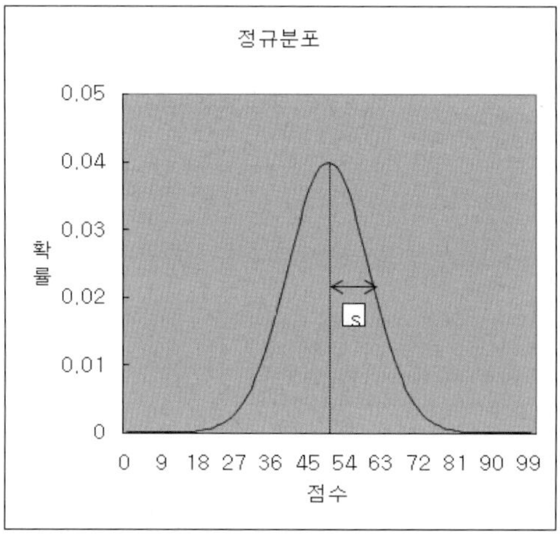

(주) 엄밀히 말하면 정규분포 함수 안에 있는 표준편차는 다음과 같이 정의된다.

$$s = \frac{(x_1 - \overline{x})^2 + \cdots + (x_n - \overline{x})^2}{n}$$

이것은 바로 모집단의 표준편차를 나타낸다.

CHAPTER 3

회귀분석의 원리

3.1 | 1변량을 다른 변량으로 예측하는 중회귀분석

다변량분석 중에서 가장 유명한 것이 중회귀분석이다. 알기 쉬운 분석법이므로 여러 분야에서 이용되고 있다. 이 중회귀분석을 간단히 말하면 다음과 같이 표현할 수 있다.

> 중회귀분석이란 복수의 변량으로부터 구성되는 데이터에 있어서 특정의 변량을 나머지 변량의 일차식으로 예측하는 분석법이다.

이 일차식을 **회귀방정식**이라고 한다. 그리고 특정의 변량을 **목적변량**, 나머지 변량을 **설명변량**이라고 부른다.

예를 들면, 주식회사 K의 각 지역별 선전비(단위 : 백만원), 영업사원수(단위 : 명), 판매액수(단위 : 천만원)의 데이터가 다음과 같다고 한다.

영업소 번호	선전비	영업사원수	판매액
1	5.5	12	73
2	4.5	9	59
3	4.1	8	56
4	3.5	6	31
5	2.5	5	28
6	2.3	6	31
7	2.7	5	30
8	2.8	4	25

선전비와 영업사원수로부터 판매액의 증감을 예측할 수 있다고 한다면, 경영자에게 있어서 매우 고마운 일이다. 얼마의 선전비를 들이면 어느 정도의 효과가 오를까, 몇 명의 영업사원을 고용하면 어느 정도 판매액이 늘어날까 등의 판단에 도움이 되기 때문이다. 실제로 위의 데이터에 중회귀분석을 실시하면 다음과 같은 회귀방정식을 얻을 수 있다.

$$\text{판매액} = -7.959 + 4.688 \times \text{선전비} + 4.834 \times \text{영업사원수} \quad \cdots\cdots\cdots \text{①}$$

이 경우에 목적변량은 「판매액」, 설명변량은 「선전비」, 「영업사원수」이다. 예를 들면 첫 번째 영업소의 판매액을 계산해 보자.

$$\text{판매액} = -7.959 + 4.688 \times 5.5 + 4.834 \times 12 = 75.833$$

실제의 판매액 73에 가까운 값이 얻어진다.

■ x_1, x_2를 입력하면 자동적으로 y가 구해진다.

위의 회귀방정식 ①이 정당한 것이라면, 예를 들어 다음과 같은 분석이 가능하다. 즉, 선전비를 100만원 올리면 판매액은 4688만원 올라간다. 영업사원수를 1명 증가시키면 판매액은 4834만원 올라간다. 선전비 100만원과 영업사원 1명이 판매액에 대해서 거의 같은 효과를 올리는 것이다.

이와 같이 적절한 회귀방정식이 얻어지면, 데이터 분석에 절대적인 효과가 기대된다.

일러두기 : 왜 「회귀」라고 말하는가?

중회귀분석의 「회귀」라고 하는 말은 19세기 후반 영국의 생물학자 갈튼(F. Galton)의 논문에 유래한다고 전해지고 있다. 갈튼은 아버지와 아들의 신장 관계를 조사하는 중에 「신장에 대한 데이터의 흩어짐은 세대를 거칠 때마다 종(種)의 평균에 회귀한다」고 주장했다. 그 연구에서 중회귀분석의 기법이 이용되었던 것이다. 현재의 중회귀분석은 갈튼의 원전으로부터 크게 확장되어 있지만 「회귀」라고 하는 말만은 계속 살아 있다.

3.2 | 1변량으로부터 1변량을 예측하는 단순회귀분석

중회귀분석을 공부하기 전에 먼저 단순회귀분석이라고 불리는 방법을 알아보자. 이것은 다음의 표와 같이 두 변량으로 구성되는 데이터의 분석에 이용된다. 여기에서 목적변량은 「판매액」(단위 : 천만원)이고 설명변량은 「선전비」(단위 : 백만원)로 한다.

영업소 번호	선전비(x)	판매액(y)
1	5.5	73
2	4.5	59
3	4.1	56
4	3.5	31
5	2.5	28
6	2.3	31
7	2.7	30
8	2.8	25

식으로 나타내기 위해서 선전비를 x, 판매액을 y라고 하는 변량 이름으로 표시한다. 단순회귀분석의 목표는 y를 다음과 같은 x의 1차식으로 표현하는 것이다.

$$y = b_0 + b_1 x \ (b_0,\ b_1 \text{은 상수})$$

이 책에서는 목적변량 y의 예측치 $b_0 + b_1 x$를 Y로 나타내기로 한다. 즉, 다음과 같이 표현한다.

$$Y = b_0 + b_1 x \ \cdots\cdots\cdots \ ①$$

(주) 전술한 바와 같이 ①식을 회귀방정식이라고 부른다. 회귀방정식에서 얻어지는 목적변량의 값을 예측치라 부르고, 변수명으로서 대문자 Y를 이용한다. 또한 데이터에 대한 실제의 값을 실측치라 부르고, 변량명으로서 소문자 y를 이용한다.

분석의 취지로부터 예측치 Y는 목적변량 y의 좋은 근사치를 보이지 않으면 안 된다.

예측치 Y가 목적변량 y의 좋은 근사치를 보인다고 하는 의미를 산점도(또는 상관도)로 살펴보도록 하자. 다음의 그림과 같이 선전비를 x 좌표로, 판매액을 y 좌표로 해서 점을 찍는다.

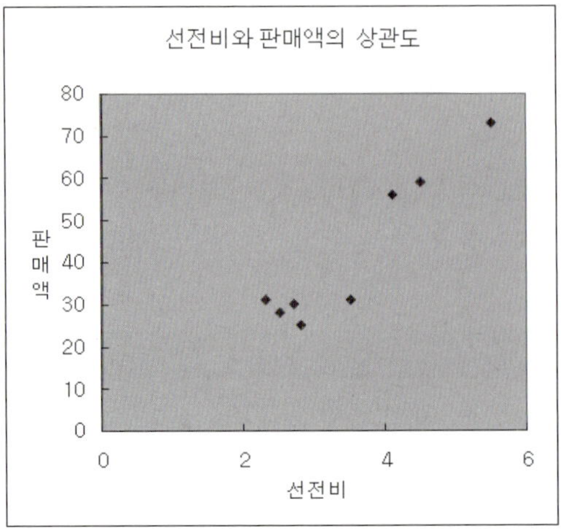

목표는 이들 점들을「잘 스쳐가는」하나의 직선 ①을 발견하는 것이다. 구체적으로 말하면 이들 점들을「잘 스쳐가도록」 방정식 ①의 상수 b_0, b_1을 조정해서 정하는 것이 목표다.

(주) 이「스쳐가는」직선을 회귀직선이라고 한다.

■ 회귀방정식을 구하는 기법 ……… ① 최소자승법

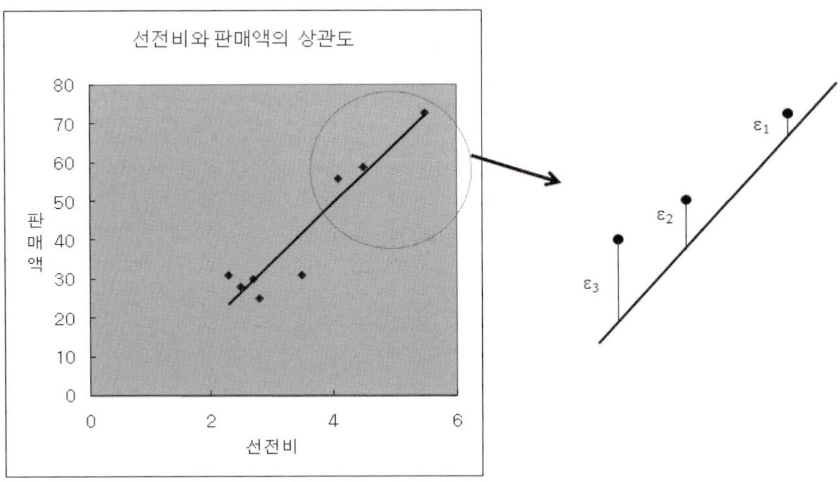

이 직선을 발견해 보도록 한다. 여기에서 이용되는 것이 **최소자승법**이라고 불리는 수학상의 기법이다. 위의 그림을 살펴보기로 한다. 이것은 위의 산점도에 가상적인「잘 스쳐가는」직선을 그은 그림이다.

그림에 표시한 ε_1, ε_2, ε_3 등은 판매액의 실제값 y_1, y_2, y_3와 회귀방정식 ①로부터 얻어지는 예측치 $Y_1 = b_0 + b_1 x_1$, $Y_2 = b_0 + b_1 x_2$, $Y_3 = b_0 + b_1 x_3$의 차를 나타내고 있다. 이것을 **잔차**(residual)라고 부른다. 예를 들면, i 번째의 영업소에 대해서 이 잔차는 다음과 같이 쓸 수 있다.

$$\text{잔차 } \varepsilon_i = y_i - Y_i = y_i - (b_0 + b_1 x_i) \cdots\cdots\cdots ②$$

요컨대 잔차 ε은 예측치와 실측치의 오차인 것이다.

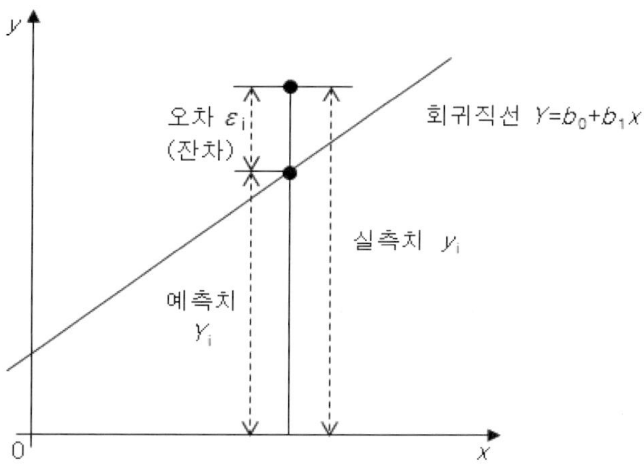

회귀방정식 ①이 실제의 판매액을 확실히 표현하려면 잔차 ε_1, ε_2, ε_3…가 가능한 한 작게 될 필요가 있다. 그러나 ε_1, ε_2, ε_3…는 플러스, 마이너스 제각각의 값이 되어 「작게 한다」고 하는 표현에도 연구가 필요하다. 그래서 생각해 낸 아이디어가 다음의 값 Q이다. 이 Q를 **잔차 제곱합**이라고 부른다.

$$\text{잔차 제곱합 } Q = \varepsilon_1{}^2 + \varepsilon_2{}^2 + \varepsilon_3{}^2 + \cdots \qquad \cdots\cdots ③$$

이 Q를 최소로 하는 회귀방정식 ①, 즉

$$Y = b_0 + b_1 x \cdots\cdots\cdots ①$$

의 상수 b_0, b_1을 찾는 것이다. 이와 같은 사고방식을 **최소자승법**이라고 한다.

③식에 위의 ②식을 대입하면 Q는 다음과 같이 표현된다.

$$Q = (y_1 - b_0 - b_1x_1)^2 + (y_2 - b_0 - b_1x_2)^2 + \cdots \quad \cdots\cdots ④$$

목표는 이 Q를 최소로 하는 b_0, b_1을 구하는 것이다.

■ 회귀방정식을 구하는 기법 ………② 극치조건

잔차의 제곱합인 Q의 최소조건을 구하는 데 이용되는 것이 **극치조건**(極値條件)이다. 즉, Q를 최소로 하는 b_0, b_1은 다음의 방정식을 만족할 필요가 있다는 사실이 수학적으로 알려져 있다.

$$\frac{\partial Q}{\partial b_1} = -2x_1(y_1 - b_0 - b_1x_1) - 2x_2(y_2 - b_0 - b_1x_2) - \cdots = 0 \quad \cdots\cdots ⑤$$

$$\frac{\partial Q}{\partial b_0} = -2(y_1 - b_0 - b_1x_1) - 2(y_2 - b_0 - b_1x_2) - \cdots = 0 \quad \cdots\cdots\cdots ⑥$$

(주) ∂가 붙은 미분을 편미분이라고 한다. $\frac{\partial Q}{\partial b_1}$란 b_0, b_1으로 표현된 Q를 b_1만을 변수로 보고 미분하는 것이다.

b_0, b_1을 포함한 항을 정리하면 ⑤, ⑥은 각각 다음과 같이 된다.

$$(x_1y_1 + x_2y_2 + \cdots) - b_1(x_1^2 + x_2^2 + \cdots) - b_0(x_1 + x_2 + \cdots) = 0 \quad \cdots\cdots ⑦$$

$$(y_1 + y_2 + \cdots) - b_1(x_1 + x_2 + \cdots) - nb_0 = 0 \quad \cdots\cdots ⑧$$

여기에서 n은 데이터의 수이다. 본 예로 말하자면 영업소의 수 8이 n의 실제값이 되는데, 일반화하기 쉽게 n으로 했다.

이제 계산은 간단하다. 표에 있는 값으로부터 ⑦, ⑧식의 괄호 안의 합을 구하면 b_0, b_1의 연립방정식이 얻어진다. 실제로 지금 조사하고 있는 영업소의 표에서 말하자면, ⑦, ⑧식에 있는 괄호 안의 합은 각각 다음과 같이 된다.

$$x_1y_1 + x_2y_2 + \cdots = 1297.4, \quad {x_1}^2 + {x_2}^2 + \cdots = 106.2$$

$$x_1 + x_2 + \cdots = 27.9, \qquad y_1 + y_2 + \cdots = 333$$

이것을 ⑦, ⑧식에 대입하면 다음의 연립방정식이 얻어진다.

$$106.2b_1 + 27.9b_0 = 1297.4, \quad 27.9b_1 + 8b_0 = 333$$

이것을 풀면 b_0, b_1이 구해져서 다음의 회귀방적식이 얻어진다.

$$Y = 15.239x - 11.52$$

산점도에 수식을 표시하면 다음과 같다. 이론의 정확함을 시각적으로 알 수 있다.

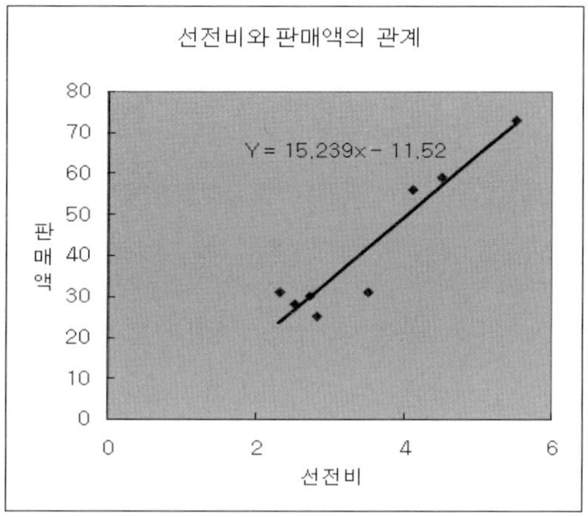

이상이 최소자승법을 이용한 단순회귀분석의 개요이다. 예측과 실제의 오차 제곱합을 최소로 한다고 하는 원리로 계산을 진행했다. 이 방법은 중회귀분석의 기본적인 기법이 된다.

■ 분산 · 공분산으로 회귀방정식을 나타낸다

이상의 결과를 통계분석에서 이용하는 말로 표현해 보자. ⑧식, 즉 다음의 식을 살펴보도록 하자.

$$(y_1 + y_2 + \cdots) - b_1(x_1 + x_2 + \cdots) - nb_0 = 0 \quad \cdots\cdots\cdots⑧$$

양변을 데이터 수 n(지금의 예에서는 n=8)으로 나누면

$$\frac{y_1 + y_2 + \cdots}{n} - b_1 \frac{x_1 + x_2 + \cdots}{n} - b_0 = 0$$

식 중의 분수값은 변량 y, x의 평균 $\bar{y}$, $\bar{x}$를 나타내고 있다.

$$\bar{y} = \frac{y_1 + y_2 + \cdots}{n}, \quad \bar{x} = \frac{x_1 + x_2 + \cdots}{n}$$

이것을 위의 식에 대입하여 정리하면, 다음과 같이 쓸 수 있다.

$$\bar{y} = b_1 \bar{x} + b_0 \quad \cdots\cdots\cdots ⑨$$

이것은 변량의 평균이 회귀직선상에 있다는 것을 나타내고 있다.

통계학의 「평균」이란 물리학에서 말하는 분포의 「중심(重心)」을 일컫는다. 이 물리적인 이미지를 이용하면 ⑨의 관계는 「회귀직선은 분포의 중심을 가로지르고 있다」는 것을 표현한다.

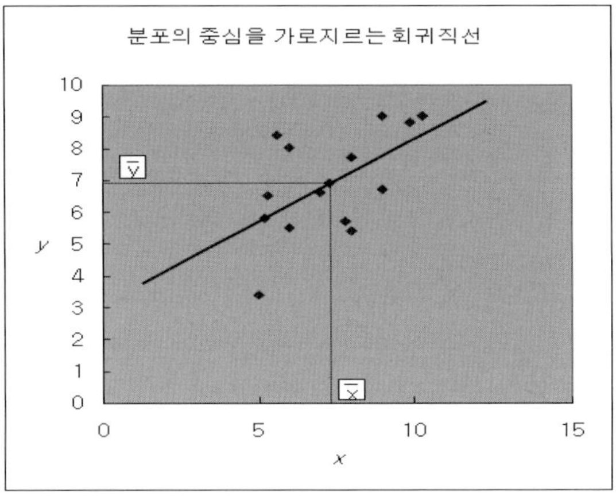

그러면 ⑨로부터 b_0를 구해 보자.

$$b_0 = \bar{y} - b_1 \bar{x} \quad \cdots\cdots\cdots ⑩$$

이것을 잔차 제곱합 Q의 식 ④, 즉 다음의 식에 대입해 보자.

$$Q = (y_1 - b_0 - b_1 x_1)^2 + (y_2 - b_0 - b_1 x_2)^2 + \cdots \quad \cdots\cdots ④$$

그러면

$$\begin{aligned} Q &= \{y_1 - b_1 x_1 - (\bar{y} - b_1 \bar{x})\}^2 + \{y_2 - b_1 x_2 - (\bar{y} - b_1 \bar{x})\}^2 + \cdots \\ &= \{(y_1 - \bar{y}) - b_1 (x_1 - \bar{x})\}^2 + \{(y_2 - \bar{y}) - b_1 (x_2 - \bar{x})\}^2 + \cdots \end{aligned}$$

이 Q가 최소가 될 때, 다음의 식이 성립한다.

$$\begin{aligned} \frac{\partial Q}{\partial b_1} = &-2(x_1 - \bar{x})(y_1 - \bar{y}) - b_1 (x_1 - \bar{x}) \\ &-2(x_2 - \bar{x})(y_2 - \bar{y}) - b_1 (x_2 - \bar{x}) - \cdots = 0 \end{aligned}$$

전개하여 정리해 보자.

$$\left\{(x_1-\overline{x})(y_1-\overline{y})+(x_2-\overline{x})(y_2-\overline{y})+\cdots\right\}-b_1\left\{(x_1-\overline{x})^2+(x_2-\overline{x})^2+\cdots\right\}=0\cdots⑪$$

재미있는 사실은 이 양변을 $(n-1)$로 나누면 { }의 속은 각각 공분산 s_{xy}, 분산 ${s_x}^2$ 그 자체이다.

$$s_{xy}=\frac{1}{n-1}\left\{(x_1-\overline{x})(y_1-\overline{y})+(x_2-\overline{x})(y_2-\overline{y})+\cdots\right\}$$

$${s_x}^2=\frac{1}{n-1}\left\{(x_1-\overline{x})^2+(x_2-\overline{x})^2+\cdots\right\}$$

이것들을 ⑪에 대입하여 b_1에 대해서 풀면 다음과 같이 된다.

$$s_{xy}-b_1 s_x^2=0 \text{로부터 } b_1=\frac{s_{xy}}{{s_x}^2} \quad \cdots\cdots ⑫$$

잔차의 제곱합 Q를 최소로 한다고 하는 조작을 하면, 어느새 분산·공분산이라고 하는 통계학상의 아이디어가 결실을 맺게 된다.

⑩, ⑫를 편성하면 회귀방정식은 통계분석의 말로 표현된다. 즉, 공분산 s_{xy}, 분산 s_x^2로 회귀방정식을 표현하면 다음과 같이 된다.

$$y=\frac{s_{xy}}{{s_x}^2}x+\left(\overline{y}-\frac{s_{xy}}{{s_x}^2}\overline{x}\right)$$

이와 같은 정리가 다음 절에서 공부할 중회귀분석의 훈련이 된다.

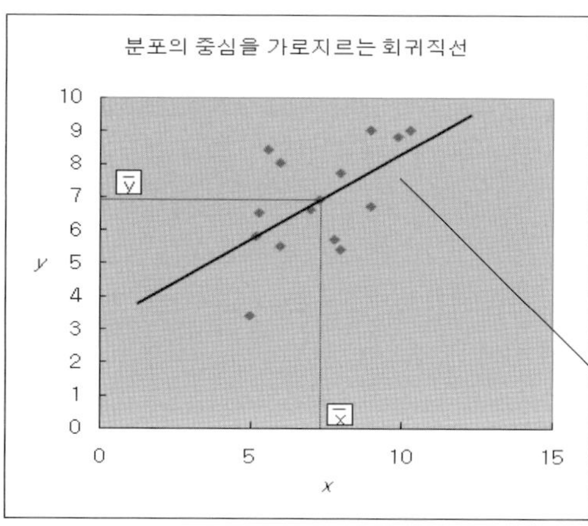

$$y=\frac{s_{xy}}{{s_x}^2}x+\left(\overline{y}-\frac{s_{xy}}{{s_x}^2}\overline{x}\right)$$

일러두기 : 곡선에 의한 회귀

두 변량의 한 쪽을 1차식으로 나타낸다고 하는 것은 매우 거친 방법이다. 실제로 회귀방정식을 연장한다든지 하면 좋은 근사가 얻어지지 않는 것이 보통이다. 그러나 1차식인 까닭에 장점이 많은 것이다. 수학적으로 다루기 쉽고 분석이 쉽기 때문이다. 다음과 같이 곡선으로 근사시키는 것도 가능하지만 직선 쪽이 분석하기 쉽다.

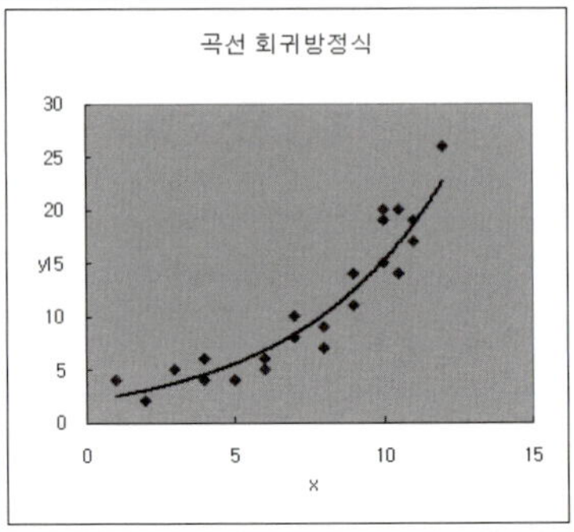

3.3 | 오차의 제곱합을 최소로 하는 중회귀분석

전술한 바와 같이 주어진 데이터에 있어서 특정의 1변량을 나머지 변량의 1차식으로 예측하는 것이 중회귀분석이다. 이 1차식을 회귀방정식이라고 한다. 그리고 특정의 1변량을 목적변량, 나머지 변량을 설명변량이라고 부른다.

설명변량이 하나일 때를 특히 단순회귀분석이라고 불렀다. 여기에서는 설명변량의 수가 두 개인 경우를 생각하면서 중회귀분석에 대해서 살펴보기로 한다. 구체적인 예로서는 앞에서 들었던 다음의 데이터를 문제 삼기로 한다.

영업소 번호	선전비(x)	영업사원수(u)	판매액(y)
1	5.5	12	73
2	4.6	9	59
3	4.1	8	56
4	3.5	6	31
5	2.5	5	28
6	2.3	6	31
7	2.7	5	30
8	2.8	4	25

여기에서 설명변량은 「선전비」(단위 : 백만원)와 「영업사원수 (단위 : 명)이다. 이들을 각각 x, u로 나타내기로 한다. 목적변량은 「판매액(단위 : 천만원)으로 y로 나타내기로 한다. 그러면 중회귀분석의 목표는 목적변량 y를 다음과 같이 설명변량의 1차식으로 표현하는 데에 있다.

$$Y = b_0 + b_1 x + b_2 u \quad (b_0,\ b_1,\ b_2\text{는 상수}) \quad \cdots\cdots ①$$

이 ①이 회귀방정식이다. 또한 계수 b_1, b_2를 **편회귀계수**라고 부른다.

예측치 $Y = b_0 + b_1 x + b_2 u$

↑ ↑ 편회귀계수

(주) 이 책에서는 실측치를 소문자 y, ①에서 얻어지는 예측치를 대문자 Y로 표현하기로 한다.

■ 편회귀계수를 구하는 방법 … ① 최소자승법

편회귀계수를 구하기 위해서 위의 데이터표를 일반화한 다음의 표를 준비한다. 이 표에서 x_i, u_i, y_i 등의 기호에 대한 이해가 중요하다.

첨자 i는 표의 영업소 번호를 나타낸다. 또한 표본 수는 n으로 한다.

여기에서 목표는 목적변량의 실측치 y_i와 표의 오른쪽 끝에 있는 $Y_i = b_0 + b_1 x_i + b_2 u_i$의 차를 전체적으로 최소로 하는 것이다. 그러기 위해서 이용되는 것이 최소자승법이다.

데이터 번호	x	u	y	예측치($Y = b_0 + b_1 x + b_2 u$)
1	x_1	u_1	y_1	$b_0 + b_1 x_1 + b_2 u_1$
2	x_2	u_2	y_2	$b_0 + b_1 x_2 + b_2 u_2$
:	:	:	:	:
i	x_i	u_i	y_i	$b_0 + b_1 x_i + b_2 u_i$
:	:	:	:	:
n	x_n	u_n	y_n	$b_0 + b_1 x_n + b_2 u_n$

먼저 실측치 y_i와 예측치 $Y_i = b_0 + b_1 x_i + b_2 u_i$의 오차(잔차라고 부른다)를 ε_i라고 놓는다.

$$\varepsilon_i = y_i - Y_i = y_i - (b_0 + b_1 x_i + b_2 u_i)$$

이 잔차 ε_i는 플러스 또는 마이너스의 값을 갖는다. 그래서 잔차 전체를 최소로 하려면 다음의 값 Q를 최소로 하고자 생각하는 것이 최소자승법이라고 불리는 논법의 골자이다.

$$Q = {\varepsilon_1}^2 + {\varepsilon_2}^2 + {\varepsilon_3}^2 + \cdots + {\varepsilon_n}^2$$

여기에서 n은 데이터의 갯수이다.

이와 같이 생각이 정리되면 다음은 수학적으로 전개하면 된다. 그러기 위해서 먼저 회귀방정식 ①, 즉

$$Y = b_0 + b_1 x + b_2 u \quad \cdots\cdots\cdots \text{①}$$

를 이용해서 Q를 구체적으로 써 보자.

$$\begin{aligned} Q = & \{y_1 - (b_0 + b_1 x_1 + b_2 u_1)\}^2 + \{y_2 - (b_0 + b_1 x_2 + b_2 u_2)\}^2 + \cdots \\ & + \{y_n - (b_0 + b_1 x_n + b_2 u_n)\}^2 \end{aligned}$$

▪ 편회귀계수를 구하는 방법 … ② 극치조건

목표는 Q를 최소로 하도록 ①식의 편회귀계수 b_1, b_2와 상수항 b_0의 값을 정하는 것이다. 먼저 b_0에 대한 극치조건을 이용하기로 한다.

$$\frac{\partial Q}{\partial b_0} = -2(y_1 - b_0 - b_1 x_1 - b_2 u_1) - 2(y_2 - b_0 - b_1 x_2 - b_2 u_2) - \cdots = 0$$

이것을 정리해 보자.

$$(y_1 + y_2 + \cdots) - nb_0 - b_1(x_1 + x_2 + \cdots) - b_2(u_1 + u_2 + \cdots) = 0$$

양변을 n으로 나누면 다음과 같이 된다.

$$\frac{y_1 + y_2 + \cdots + y_n}{n} - b_0 - b_1 \frac{x_1 + x_2 + \cdots + x_n}{n} - b_2 \frac{u_1 + u_2 + \cdots + u_n}{n} = 0$$

각 분수는 변량 y, x, u의 평균을 나타내고 있다. 따라서 다음과 같이 된다.

$$\bar{y} = b_0 + b_1 \bar{x} + b_2 \bar{u} \quad \cdots\cdots\cdots \text{②}$$

이것은 각 변량의 평균은 회귀방정식을 충족하고 있다는 것을 나타내고 있다. 회귀직선이 아닌 회귀평면상에 각 변량의 평균이 놓여 있게 되는 것이다. 물리적으로 말하자면 분포의 중심(重心)이 회귀평면상에 있다는 것을 나타내고 있다.

식 ②로부터 b_0를 구해서 위의 Q식에 대입해 보자.

$$Q = \left\{ y_1 - (\bar{y} - b_1\bar{x} - b_2\bar{u} + b_1x_1 + b_2u_1)\right\}^2 + \left\{y_2 - (\bar{y} - b_1\bar{x} - b_2\bar{u} + b_1x_2 + b_2u_2)\right\}^2 + \}$$
$$\cdots + \left\{y_n - (\bar{y} - b_1\bar{x} - b_2\bar{u} + b_1x_n + b_2u_n)\right\}^2$$

$$= \left\{(y_1 - \bar{y}) - b_1(x_1 - \bar{x}) - b_2(u_1 - \bar{u})\right\}^2 + \left\{(y_2 - \bar{y}) - b_1(x_2 - \bar{x}) - b_2(u_2 - \bar{u})\right\}^2 +$$
$$\cdots + \left\{(y_n - \bar{y}) - b_1(x_n - \bar{x}) - b_2(u_n - \bar{u})\right\}^2$$

다시 수학적 지식을 이용한다. 이 Q가 최소가 되려면 극치조건으로부터 다음의 식을 충족할 필요가 있다.

$$\frac{\partial Q}{\partial b_1} = -2(x_1 - \bar{x})\{(y_1 - \bar{y}) - b_1(x_1 - \bar{x}) - b_2(u_1 - \bar{u})\}$$
$$-2(x_2 - \bar{x})\{(y_2 - \bar{y}) - b_1(x_2 - \bar{x}) - b_2(u_2 - \bar{u})\} - \cdots = 0$$
$$\frac{\partial Q}{\partial b_2} = -2(u_1 - \bar{u})\{(y_1 - \bar{y}) - b_1(x_1 - \bar{x}) - b_2(u_1 - \bar{u})\}$$
$$-2(u_2 - \bar{u})\{(y_2 - \bar{y}) - b_1(x_2 - \bar{x}) - b_2(u_2 - \bar{u})\} - \cdots = 0$$

이것을 전개하여 정리하면 다음과 같이 된다.

$$b_1\{(x_1 - \bar{x})^2 + (x_2 - \bar{x})^2 + \cdots\} + b_2\{(x_1 - \bar{x})(u_1 - \bar{u}) + (x_2 - \bar{x})(u_2 - \bar{u}) + \cdots\}$$
$$= \{(x_1 - \bar{x})(y_1 - \bar{y}) + (x_2 - \bar{x})(y_2 - \bar{y}) + \cdots\} \quad \cdots\cdots\cdots ③$$
$$b_1\{(x_1 - \bar{x})(u_1 - \bar{u}) + (x_2 - \bar{x})(u_2 - \bar{u}) + \cdots\} + b_2\{(u_1 - \bar{u})^2 + (u_2 - \bar{u})^2 + \cdots\}$$
$$= \{(u_1 - \bar{u})(y_1 - \bar{y}) + (u_2 - \bar{u})(y_2 - \bar{y}) + \cdots\} \quad \cdots\cdots\cdots ④$$

분산 · 공분산으로 회귀방정식을 나타낸다.

여기에서 재미있는 사실을 발견할 수 있다. { }의 속은 각각 통계학상 유명한 값과 관계가 있다. 변량 x, u의 분산 $s_x{}^2$, $s_u{}^2$나 그것들 변량 사이의 공분산 s_{xu}, s_{xy}, s_{uy}에 연결되어 있다.

$$s_x{}^2 = \frac{1}{n-1}\left\{(x_1 - \overline{x})^2 + (x_2 - \overline{x})^2 + \cdots\right\}$$

$$s_u{}^2 = \frac{1}{n-1}\left\{(u_1 - \overline{u})^2 + (u_2 - \overline{u})^2 + \cdots\right\}$$

$$s_{xy} = \frac{1}{n-1}\left\{(x_1 - \overline{x})(y_1 - \overline{y}) + (x_2 - \overline{x})(y_2 - \overline{y}) + \cdots\right\}$$

$$s_{xu} = \frac{1}{n-1}\left\{(x_1 - \overline{x})(u_1 - \overline{u}) + (x_2 - \overline{x})(u_2 - \overline{u}) + \cdots\right\}$$

$$s_{uy} = \frac{1}{n-1}\left\{(u_1 - \overline{u})(y_1 - \overline{y}) + (u_2 - \overline{u})(y_2 - \overline{y}) + \cdots\right\}$$

이것들을 ③, ④에 대입하여 정리하면 다음의 연립방정식이 얻어진다.

$$s_x{}^2 b_1 + s_{xu} b_2 = s_{xy} \cdots\cdots\cdots ⑤$$

$$s_{xu} b_1 + s_u{}^2 b_2 = s_{uy} \cdots\cdots\cdots ⑥$$

⑤, ⑥을 풀어서 b_1, b_2를 구하면 회귀방정식 ①, 즉

$$Y = b_0 + b_1 x + b_2 u \ \cdots\cdots\cdots ①$$

이 구해진다.

이제 본 절의 처음에 제시했던 영업소의 판매액 데이터를 다시 살펴보기로 한다. 분산·공분산을 구하여 ⑤, ⑥에 대입해 본다. 분산·공분산을 구하기 위한 실제의 계산은 PC를 이용했다.

B15 　 fx =COVAR(C2:C9,D2:D9)*(8/7)

	A	B	C	D	E	F	G
1	영업소 번호	선전비(x)	영업사원수(u)	판매액(y)			
2	1	5.5	12	73			
3	2	4.5	9	59			
4	3	4.1	8	56			
5	4	3.5	6	31			
6	5	2.5	5	28			
7	6	2.3	6	31			
8	7	2.7	5	30			
9	8	2.8	4	25			
10	평균	3.49	6.88	41.63			
11	s_x^2	1.28					
12	s_u^2	6.98					
13	s_{xu}	2.78					
14	s_{xy}	19.44					
15	s_{uy}	46.80					
16							
17							

이것들을 ⑤, ⑥에 대입하여 얻어지는 연립방정식을 풀면 b_0, b_1, b_2를 구할 수 있다.

$$b_0 = -7.96\ ,\ b_1 = 4.69\ ,\ b_2 = 4.83 \qquad \cdots\cdots\cdots\ ⑦$$

(주) b_0는 ②식(즉, $\bar{y} = b_0 + b_1\bar{x} + b_2\bar{u}$)으로부터 얻어진다.
따라서 회귀방정식은 다음과 같이 된다.

$$Y = -7.96 + 4.69x + 4.83u$$

이 식을 이용해서 가령 선전비를 100만원 올리면 4690만원 오르고, 영업사원수를 1명 늘리면 판매액은 4830만원 오른다는 것을 알 수 있다. 즉, 이 회사에서는 영업사원을 1명 늘리는 것과 선전비를 100만원 늘리는 것은 거의 같은 효과를 거두게 되는 것이다. 중회귀분석은 이와 같이 주어진 데이터로부터 중요한 결과를 간단히 얻을 수 있다.

중회귀분석에서 얻어진 회귀방정식은 이와 같이 간단히 해석할 수 있어 여러 분야에서 응용되고 있다. 그러나 주의하지 않으면 안 될 사항이 있다. 예를 들면, **다중공선성**의 문제이다. 설명변량에 서로 상관이 강한 것을 몇 개 골라 버리면 결과의 해석에 곤란함이 생기는 경우가 있다. 이에 대해서는 중회귀분석의 실제를 다루는 장에서 재론하기로 한다.

■ 단순회귀분석의 계수와 중회귀분석의 계수의 차이

전술한 바와 같이 앞에서 다루었던 단순회귀분석의 데이터는 본 절에서 살펴본 데이터의 일부이다. 즉, 중회귀분석 데이터의 선전비와 판매액의 부분을 추출한 것이 단순회귀분석의 데이터이다. 그런데 단순회귀분석에서는 회귀방정식으로서 다음의 식이 얻어졌다.

$$Y = 15.24x - 11.52$$

본 절의 중회귀분석에서는 같은 데이터에 대해서 다음의 식이 얻어졌다.

$$Y = 4.96x + 4.83u - 7.96$$

같은 데이터인데 어떻게 해서 변량 x의 계수(편회귀계수)가 다른 것일까?

그것은 설명변량 x와 u가 독립이 아니라는 사실로부터 생긴다. 실제로 본 절에서 살펴본 바와 같이 $s_{xu} = 2.78$이 되어 x와 u는 독립적이지 않다. 단순회귀식의 x와 Y의 관계식에,

당연한 사실이지만 조연으로서 u의 영향도 들어 있었던 것이다.

본 절에서는 u를 독립시켜서 그 영향을 x로부터 분리시켰다. 그래서 Y와 x를 관련짓는 x의 계수가 단순회귀분석의 경우와 다른 것이다.

■ 중회귀분석 결과의 행렬 표시

지금까지 살펴본 바와 같이 데이터에 있어서 특정의 변량을 나머지 변량의 1차식으로 유추하는 것이 중회귀분석이다.

이 1차식을 회귀방정식, 그 특정의 변량을 목적변량, 나머지의 변량을 설명변량이라고 부른다. 그런데 앞에서는 설명변량의 수가 두 개인 경우에 대해서 생각했다. 거기에서는 두 개의 설명변량을 x, u로 나타내고, 목적변량을 y로 나타냈다. 그러면 회귀방정식

$$Y = b_0 + b_1 x + b_2 u$$

의 계수(편회귀계수)는 다음의 연립방정식을 충족한다는 것을 알았다.

$$s_x{}^2 b_1 + s_{xu} b_2 = s_{xy}$$
$$s_{xu} b_1 + s_u{}^2 b_2 = s_{uy}$$

이것을 풀어서 편회귀계수 b_1, b_2가 구해졌던 것이다.

그런데 설명변량이 3변량 이상인 경우에 대해서도 일반화할 수 있도록 이것을 행렬의 형태로 써 보도록 하자.

$$\begin{pmatrix} s_x{}^2 & s_{xu} \\ s_{xu} & s_u{}^2 \end{pmatrix} \begin{pmatrix} b_1 \\ b_2 \end{pmatrix} = \begin{pmatrix} s_{xy} \\ s_{uy} \end{pmatrix}$$

이와 같이 행렬로 표현해 놓으면 일반화가 용이하다.

예를 들면, 설명변량이 세 개인 경우를 생각해 보자. 그들 변량을 x, u, v로 나타내고 목적변량을 y로 나타내기로 한다. 회귀방정식은 다음과 같이 표현할 수 있다.

$$Y = b_0 + b_1 x + b_2 u + b_3 v$$

여기에서 b_1, b_2, b_3는 편회귀계수이고 b_0는 상수항이다. 편회귀계수는 다음의 식을 충족한다는 것은 쉽게 상상할 수 있다.

$$\begin{pmatrix} s_x{}^2 & s_{xu} & s_{xv} \\ s_{xu} & s_u{}^2 & s_{uv} \\ s_{xv} & s_{uv} & s_v{}^2 \end{pmatrix} \begin{pmatrix} b_1 \\ b_2 \\ b_3 \end{pmatrix} = \begin{pmatrix} s_{xy} \\ s_{uy} \\ s_{vy} \end{pmatrix}$$

이 행렬로부터 실제로 편회귀계수 b_1, b_2, b_3를 구하는 것은 컴퓨터의 일이다. Excel 등의 범용 계산 소프트웨어를 이용해서 간단히 구해진다.

이와 관련해서 b_0은 다음의 관계식을 이용해서 구해진다.

$$\overline{y} = b_0 + b_1 \overline{x} + b_2 \overline{u} + b_3 \overline{v}$$

「변량의 평균은 회귀방정식을 충족한다」라고 하는 성질을 이용하고 있다.

3.4 ı 중회귀분석의 평가

얻어진 회귀방정식이 좋은 값을 산출하고 있는지를 생각해 보기로 한다. 그러기 위해서는 다시 한 번 전술한 주식회사 K의 데이터를 살펴보도록 하자. 아래 표는 목적변량 y, 회귀방정식으로부터 얻어진 y의 예측치 Y, 그리고 그것들의 차(잔차) $\varepsilon = y - Y$에 대해서 평균과 분산을 각각 계산한 것이다. 판매액, 예측치, 잔차의 분산을 관찰해 보면 다음의 관계가 성립하는 것을 알 수 있다.

	A	B	C	D	E	F
1	영업소 번호	선전비(x)	영업사원수(u)	판매액(y)	예측치(Y)	잔차(ε)
2	1	5.5	12	73	75.83	-2.83
3	2	4.5	9	59	56.64	2.36
4	3	4.1	8	56	49.93	6.07
5	4	3.5	6	31	37.45	-6.45
6	5	2.5	5	28	27.93	0.07
7	6	2.3	6	31	31.83	-0.83
8	7	2.7	5	30	28.87	1.13
9	8	2.8	4	25	24.50	0.50
10	평균	3.49	6.88	41.63	41.63	0.00
11	분산	1.28	6.98	330.84	317.38	13.46

목적변량 실측치의 분산 = 예측치의 분산 + 잔차의 분산

즉, 식으로 나타내면 다음과 같이 된다.

$$s_y^{\ 2} = s_Y^{\ 2} + s_\varepsilon^{\ 2} \quad \cdots\cdots\cdots \text{①}$$

이러한 관계식은 수치계산에 있어서 정확성이 요구되기 때문에 회귀분석 결과의 수치를 그대로 이용할 필요가 있다.

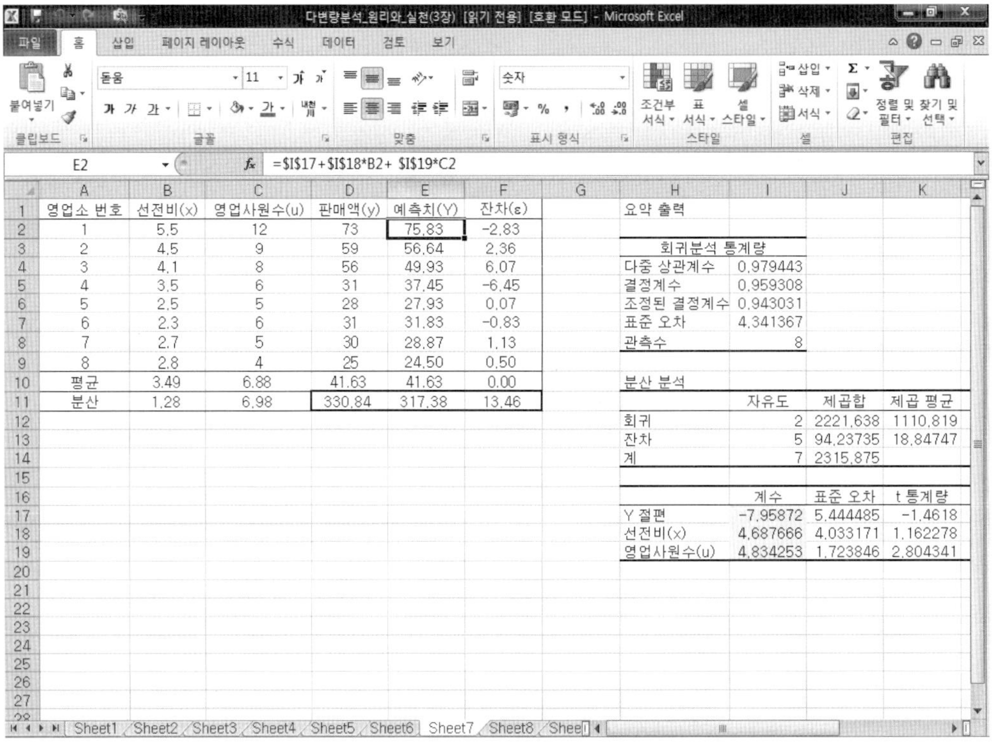

E2 =$I$17+$I$18*B2+ $I$19*C2

영업소 번호	선전비(x)	영업사원수(u)	판매액(y)	예측치(Y)	잔차(ε)
1	5.5	12	73	75.83	-2.83
2	4.5	9	59	56.64	2.36
3	4.1	8	56	49.93	6.07
4	3.5	6	31	37.45	-6.45
5	2.5	5	28	27.93	0.07
6	2.3	6	31	31.83	-0.83
7	2.7	5	30	28.87	1.13
8	2.8	4	25	24.50	0.50
평균	3.49	6.88	41.63	41.63	0.00
분산	1.28	6.98	330.84	317.38	13.46

요약 출력

회귀분석 통계량	
다중 상관계수	0.979443
결정계수	0.959308
조정된 결정계수	0.943031
표준 오차	4.341367
관측수	8

분산 분석

	자유도	제곱합	제곱 평균
회귀	2	2221.638	1110.819
잔차	5	94.23735	18.84747
계	7	2315.875	

	계수	표준 오차	t 통계량
Y 절편	-7.95872	5.444485	-1.4618
선전비(x)	4.687666	4.033171	1.162278
영업사원수(u)	4.834253	1.723846	2.804341

여기에서 $\varepsilon = y - Y$의 분산은 다음과 같이 정의된다.

$$s_\varepsilon^{\ 2} = \frac{1}{n-1}\left\{(y_1 - Y_1.)^2 + (y_2 - Y_2)^2 + \cdots + (y_n - Y_n)^2\right\}$$

$$= \frac{1}{n-1}\left\{\varepsilon_1^{\ 2} + \varepsilon_2^{\ 2} + \cdots + \varepsilon_n^{\ 2}\right\}$$

(주) 잔차 ε의 평균은 0이 된다. 이것은 $\overline{y} = \overline{Y}$라고 하는 일반적인 성질로부터 분명한데, 위의 표로부터도 확인할 수 있다.

그런데 앞에서는 잔차 제곱합 Q라고 하는 것을 조사했다.

$$잔차\ 제곱합\ Q = \varepsilon_1^{\ 2} + \varepsilon_2^{\ 2} + \varepsilon_3^{\ 2} + \cdots + \varepsilon_n^{\ 2}$$

그러면 잔차의 분산은 다음과 같이 나타낼 수 있다는 것을 알 수 있다.

$$잔차의\ 분산\ s_\varepsilon^{\ 2} = \frac{1}{n-1}Q \ \cdots\cdots\cdots ②$$

이제 드디어 ①식이 의미하는 바를 알아볼 준비가 갖추어졌다. 회귀방정식은 잔차 제곱합 Q를, ②로부터 바꾸어 말하면 잔차의 분산 $s_\varepsilon^{\ 2}$을, 가능한 한 작게 하도록 정했다. 그런데 ①로부터 예측치의 분산과 잔차 분산의 합은 일정하다. 따라서 Q(즉, $s_\varepsilon^{\ 2}$)를 최소로 한다고 하는 것은 다음과 같이도 표현할 수 있다.

예측치의 분산이 최대가 되도록 회귀방정식을 정한다.

그래서 다음의 값이 회귀방정식의 적합도에 대한 좋고 나쁨을 표현하고 있다고 생각할 수 있다.

$$\frac{목적변량\ 예측치의\ 분산}{목적변량\ 실측치의\ 분산}$$

이 값을 **결정계수** 혹은 **기여율**이라고 부르며 R^2으로 나타낸다. 즉,

$$결정계수(기여율)\ R^2 = \frac{s_Y^{\ 2}}{s_y^{\ 2}}$$

결국 예측치의 분산이 클수록 실측치에 가깝다는 것을 알 수 있다. 따라서 결정계수 R^2은 다음의 관계가 성립한다.

$$0 \leq R^2 \leq 1$$

R^2이 1에 가까우면 회귀방정식은 데이터의 정보를 충분히 흡수하고 있는 셈이 된다. 거꾸로 0에 가까우면 데이터를 표현할 수 없다는 것을 의미한다.

앞의 주식회사 K의 데이터를 분석한 결과에서 결정계수를 구해 보자. 예측치의 분산과

실측치의 분산을 이용해서 다음의 값이 얻어진다.

$$R^2 = \frac{317.38}{330.84} = 0.959$$

좋은 적합도를 보이고 있다고 생각된다.

결정계수가 어느 정도의 값이라면 만족할 수 있는가? 자주 이용되는 척도를 소개하기로 한다.

결정계수(기여율)와 만족도

$0.8 \leqq R^2$	상당히 좋은 만족도
$0.5 \leqq R^2 < 0.8$	어지간한 만족도

이 척도는 어디까지나 기준이라고 하는 사실에 주의하기 바란다.

일러두기 : 설명변량의 수를 늘리면 결정계수가 커진다.

결정계수가 크다고 하는 사실은 좋은 회귀방정식이라고 하는 것의 필요조건밖에 안 된다. 예를 들면 설명변량을 단순히 늘린 것만으로 결정계수 R^2은 커진다고 하는 사실이 알려져 있다. 이러한 사실을 엄밀히 생각하려면 결정계수의 검정이라고 하는 것을 실시하지 않으면 안 된다.

3.5 | 예측과 실측의 상관을 최대로 하는 회귀방정식

회귀방정식을 새로운 각도에서 생각해 보기로 하자. 다시 다음의 데이터를 문제 삼기로 한다.

영업소 번호	선전비(x)	영업사원수(u)	판매액(y)
1	5.5	12	73
2	4.5	9	59
3	4.1	8	56
4	3.5	6	31
5	2.5	5	28
6	2.3	6	31
7	2.7	5	30
8	2.8	4	25

두 개의 변량이 밀접하게 관련되어 있는지 어떤지는 그것들의 상관계수를 계산하면 된다는 것은 앞에서 언급했다. 두 변량 x, y의 상관계수란 다음과 같이 정의되는 값으로 두 변량의 상관의 강약을 나타내는 지표이다.

$$\text{상관계수 } r_{xy} = \frac{s_{xy}}{s_x s_y}$$

여기에서 s_{xy}는 x와 y의 공분산, s_x, s_y는 각각 x, y의 표준편차를 나타낸다.

그래서 목적변량인 「판매액」과 회귀방정식으로부터 얻어지는 예측치 Y가 어느 정도 밀접히 관련되어 있는지를 상관계수로부터 조사해 보자.

이 조사를 위해서 「선전비」 x와 「영업사원수」 y를 적당히 혼합하여 합친 합성변량(合成變量) $px + qu + b_0$를 만들어 보자. 여기에서 p, q는 상수이다.

여러 가지 값의 p, q로 새로 조합된 합성변량 $px + qu + b_0$와 목적변량 y의 상관계수를 계산해 보자. 그 결과를 나타낸 것이 다음과 같다.

(주) 상관계수에 상수항 b_0는 영향을 미치지 않으므로 생략한다.

I12 =CORREL(D3:D10,I3:I10)

	B	C	D	E	F	G	H	I	J
1	선전비(x)	영업사원수(u)	판매액(y)			px+qu			
2				(p, q)=(5, 1)	(p, q)=(1, 3)	(p, q)=(2, −1)	(p, q)=(1, −1)	(p, q)=(4.69, 4.83)	
3	5.5	12	73	39.5	41.5	−1.0	−6.5	83.755	
4	4.5	9	59	31.5	31.5	0.0	−4.5	64.575	
5	4.1	8	56	28.5	28.1	0.2	−3.9	57.869	
6	3.5	6	31	23.5	21.5	1.0	−2.5	45.395	
7	2.5	5	28	17.5	17.5	0.0	−2.5	35.875	
8	2.3	6	31	17.5	20.3	−1.4	−3.7	39.767	
9	2.7	5	30	18.5	17.7	0.4	−2.3	36.813	
10	2.8	4	25	18.0	14.8	1.6	−1.2	32.452	
11									
12	px+qu와 y의 상관계수			0.969	0.978	−0.448	−0.917	0.979	
13									

맨 오른쪽 x, u의 합성변량인 경우에 목적변량 y와의 상관계수가 최대가 된다. 이 합성변량이야말로 바로 회귀방정식 $Y = -7.96 + 4.69x + 4.83u$인 것이다.

이 계산 예로부터 유추할 수 있듯이 상관계수를 가장 크게 하는 것이 회귀방정식의 경우이다. 즉, 회귀방정식은

목적변량과 최대의 상관계수가 얻어지도록 설명변량을 합성한 것

이라고 해석할 수 있다.

목적변량과 회귀방정식으로부터 얻어지는 합성변량의 상관이 가장 강하게 된다고 하는 것은 항상 성립한다. 일반적인 증명은 생략하지만 확실히 기억해 둘 필요가 있다.

회귀방정식에서 얻어진 예측치와 목적변량의 상관계수를 중상관계수라고 하고, 통상 R로 나타낸다.

$$\text{중상관계수 } R = r_{yY} = \frac{s_{yY}}{s_y s_Y} \quad (0 \leqq r_{yY} \leqq 1)$$

앞의 표로부터 여기에서 조사하고 있는 영업소의 데이터인 경우에 중상관계수는 다음과 같이 된다.

$$R = 0.979$$

상관계수는 두 변량의 밀착도를 나타낸다. 그래서 R이 크면 그만큼 회귀방정식으로부터 얻어지는 예측치는 목적변량의 실측치에 가까워지게 된다. 따라서 R의 대소가 회귀방정식의 예측력의 지표가 된다.

재미있는 사실은 이 중상관계수가 결정계수(기여율이라고도 한다) R^2 의 제곱근이라는 것이다. 실제로 지금 조사한 데이터에서 중상관계수의 값을 제곱해 보자.

$$(\text{중상관계수})^2 = R^2 = 0.959$$

이것은 앞의 예에서 조사한 결정계수 R^2의 값과 정확히 일치하고 있다.

(주) 중상관계수 R과 결정계수 R^2은 그 정의가 전혀 다르다. 그런데도 동일한 문자 R을 이용하고 있는 것은, 사실을 말하자면, (중상관계수)^{2}이 결정계수가 된다고 하는 결론이 배경에 있기 때문이다. 그렇지 않으면 다른 문자가 채택되었을 것이다.

3.6 | 중회귀분석의 실제

지금까지 조사해 온 중회귀분석을 이용해서 실제의 데이터를 분석해 보자. 예로서는 S 대학교 여학생 20명을 대상으로 조사한 다이어트에 관한 설문조사 결과이다. 신장(cm), 체중(kg), 연령, 체형불만도, 희망체중감소량(kg)을 물었다. 신장, 체중, 연령, 체형불만도에 의해서 희망체중감소량을 예측하고자 한다. 그리고 희망체중감소량의 예측에 유효한 변수는 어느 것인지를 검토하고 싶다.

이 정도의 데이터라도 실제의 계산은 방대하므로 PC를 이용한다. Excel과 SPSS를 이용해서 분석하기로 한다.

> **일러두기 : LINEST 함수**
>
> Excel에는 LINEST 함수가 준비되어 있다. 이것은 회귀분석에 관한 여러 가지 통계량을 구하는 함수이다. 매크로를 짜고자 할 때에는 매우 편리하다.

No.	희망체중감소량	신장	체중	연령	체형불만도
1	5.0	165	58	19	10
2	2.0	164	48	18	13
3	−2.0	154	41	17	11
4	4.0	164	55	19	11
5	4.0	159	46	20	12
6	13.0	154	60	18	15
7	8.5	156	57	18	13
8	2.0	158	52	17	14
9	7.5	161	57	16	14
10	11.0	156	58	20	16
11	3.5	163	52	19	9
12	11.5	159	54	19	14
13	0.5	151	42	20	17
14	2.5	154	51	19	7
15	1.5	150	43	18	8
16	8.0	154	55	19	15
17	3.0	168	61	21	17
18	4.0	161	49	17	13
19	0.0	158	45	20	7
20	6.5	153	50	21	16

■ 회귀분석 도구 선택

Excel 메뉴에서 [데이터]-[데이터 분석]을 선택한다. 다음과 같은 대화상자에서 「회귀분석」을 선택한다.

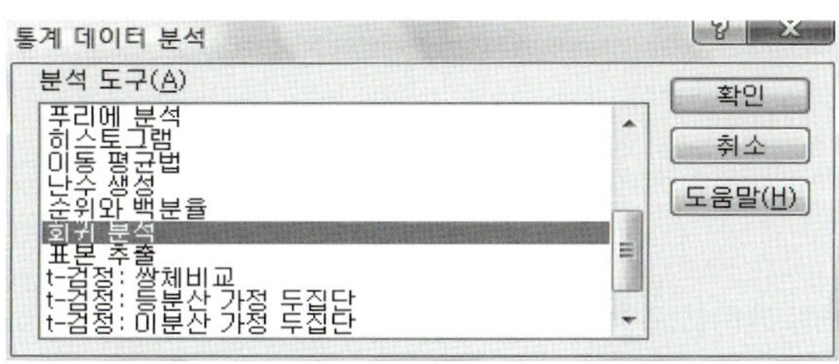

위에서 [확인] 버튼을 클릭한다.

■ 설명변량과 목적변량의 범위지정

[회귀분석] 대화상자가 나타나면 다음과 같이 지정하고 [확인] 버튼을 클릭한다.

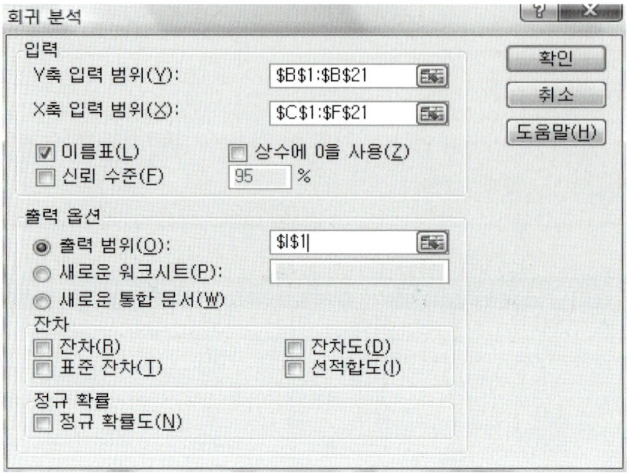

■ 회귀분석결과출력

	I	J	K	L	M	N	O	P	Q
1	요약 출력								
2									
3	회귀분석 통계량								
4	다중 상관계수	0.840							
5	결정계수	0.706							
6	조정된 결정계수	0.628							
7	표준 오차	2.469							
8	관측수	20							
9									
10	분산 분석								
11		자유도	제곱합	제곱 평균	F 비	유의한 F			
12	회귀	4	219.770	54.943	9.014	0.001			
13	잔차	15	91.430	6.095					
14	계	19	311.200						
15									
16		계수	표준 오차	t 통계량	P-값	하위 95%	상위 95%	하위 95.0%	상위 95.0%
17	Y 절편	29.338	19.982	1.468	0.163	-13.252	71.929	-13.252	71.929
18	신장	-0.348	0.130	-2.681	0.017	-0.625	-0.071	-0.625	-0.071
19	체중	0.580	0.114	5.067	0.000	0.336	0.824	0.336	0.824
20	연령	-0.087	0.419	-0.208	0.838	-0.981	0.806	-0.981	0.806
21	체형불만도	0.172	0.200	0.864	0.401	-0.253	0.598	-0.253	0.598

Sheet2 Sheet3 Sheet4 Sheet5 Sheet6 Sheet7 Sheet8 Sheet9

SPSS를 이용해서 분석한 결과는 다음과 같다.

계수[a]

모형		비표준화 계수 B	비표준화 계수 표준 오차 오류	표준화 계수 베타	t	유의확률
1	(상수)	29.338	19.982		1.468	.163
	신장	-.348	.130	-.431	-2.681	.017
	체중	.580	.114	.872	5.067	.000
	연령	-.087	.419	-.030	-.208	.838
	체형불만도	.172	.200	.134	.864	.401

a. 종속변수: 희망체중감소량

먼저 SPSS의 분석결과 표준화 계수(β)를 보면, 신장이 마이너스의 유의한 값($\beta = -0.431,\ p < 0.05$), 체중이 플러스의 유의한 값($\beta = 0.872,\ p < 0.001$)으로 되어 있다. 연령($\beta = -0.030$)과 체형불만도($\beta = 0.134$)에 대해서는 유의한 값이 아니다. 따라서 신장이 작고 체중이 무거운 사람일수록 희망체중감소량은 커진다고 말할 수 있다.

이렇게 해서 얻어진 회귀방정식은 다음과 같다.

$$Y = 29.338 - 0.348 \times \text{신장} + 0.580 \times \text{체중} - 0.087 \times \text{연령} + 0.172 \times \text{체형불만도}$$

다음에 결정계수(혹은 기여율) R^2의 계산결과를 보도록 하자. 이것은 다음과 같이 정의되는 값으로 회귀방정식에 대한 적합도의 기준을 제공한다.

$$\text{결정계수 } R^2 = \frac{\text{목적변량 예측치의 분산}}{\text{목적변량 실측치의 분산}}$$

Excel에 갖추어진 함수에서 실제로 계산하면 다음과 같다.

$$R^2 = 0.706$$

R^2은 0과 1 사이의 수로 1에 가까울수록 좋은 추정치를 부여하는 것이기 때문에 이 중회귀분석은 상당히 좋은 정밀도를 가지고 있다고 생각된다.

또 한 가지 적합도의 지표가 되는 중상관계수를 살펴보도록 하자. 이것은 목적변량과 회귀방정식에서 얻어지는 예측치와의 상관계수로 결정계수의 제곱근이 된다.

$$\text{중상관계수 } R = 0.840$$

중상관계수를 보더라도 여기에서 얻어진 회귀방정식은 괜찮은 정밀도를 나타내고 있다는 것을 확인할 수 있다.

그런데 이상은 Excel과 SPSS를 이용한 중회귀분석의 결과이다. 이들로부터 출력되는 결과는 수치뿐이다. 더욱 알아보기 쉽게 하기 위해서는 그래프화하지 않으면 안 된다. 수치 데이터의 분석 이외에도 예를 들면, 다음과 같은 그래프를 통해서 실측치와 예측치를 비교할 수도 있다.

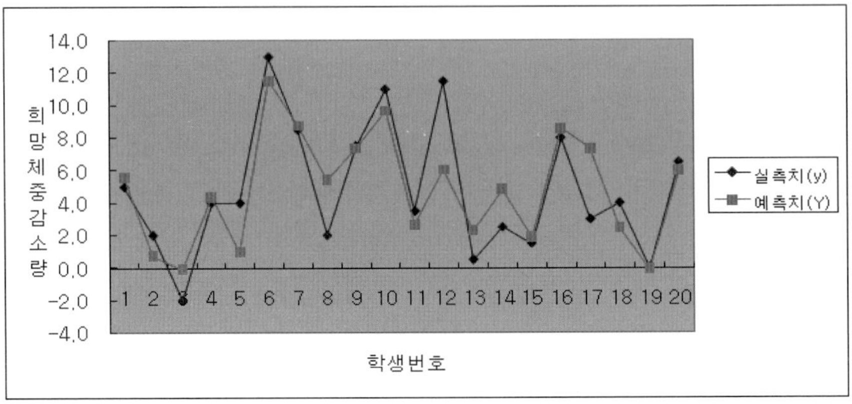

CHAPTER 4

주성분분석의 원리

4.1 | 주성분분석의 원리

다변량의 데이터로부터 본질(essence)이 되는 소수의 변량을 합성하여 그것으로 데이터를 분석하는 것이 **주성분분석**이다.

예를 들면, 어떤 회사의 입사시험을 생각해 보자. 100점 만점의 시험에서 다음과 같은 결과를 얻었다고 하자.

No.	일반상식	전공	영어	면접	논문
1	50	90	40	50	80
2	80	70	80	70	80
3	50	40	90	80	30
4	80	40	80	90	50
5	20	30	30	20	30

회사로서는 영업사원으로서 활약할 수 있는 인재와 기술개발자로서 활약할 수 있는 인재의 두 가지 타입을 채용하고자 한다. 그런데 어떤 사람을 채용하는 것이 최선일까? 데이터를 언뜻 보는 것만으로는 곧 수험자의 능력을 판별할 수 없다. 좀더 이해하기 쉬운 지표가 필요하다. 그 지표가 되는 것을 찾아서 데이터를 분석하는 것이 주성분분석이다.

다른 하나의 예를 들어 보자. 다음의 표는 8명의 학생에 대한 신체검사 결과를 보이는 것이다. 이 표로부터 개개 학생들의 체형을 마음속에 그릴 수 있겠는가?

이름	신장(cm)	앉은키(cm)	가슴둘레(cm)	허리둘레(cm)	체중(kg)
A	174	89	85	73	60
B	170	90	80	71	63
C	164	93	95	78	64
D	166	89	78	71	50
E	180	99	88	74	75
F	160	84	80	76	55
G	174	91	102	86	88
H	160	89	94	80	78

이 표로부터 각 학생들의 체형을 머릿속에 떠올리기 위해서는 특징적인 표현으로 바꾸어 놓을 필요가 있다. 예를 들면, 「날씬한 장신」, 「뚱뚱한 단신」이라고 하는 식으로 곧 이미지가 떠오르는 지표가 필요한 것이다. 이 지표가 되는 것을 찾는 것이 주성분분석이다.

■ 데이터를 대표하는 지표로의 치환

통계학의 목표는 잡다한 정보로부터 본질적인 정보를 끄집어내는 것이다. 주성분분석도 그 예외는 아니다. 많은 변량에 의해 구성되는 데이터로부터 특징이 되는 본질을 합성하여 그것을 기초로 데이터를 분석할 수 있도록 하는 수단을 부여하는 것이 주성분분석인 것이다.

이 장에서는 주성분분석이 어떠한 개념으로 본질을 추출하여 분석을 용이하게 하는지를 살펴보기로 한다.

4.2 | 주성분분석의 기본원리

다변량으로 구성되는 데이터로부터 소수의 특징적인 변량을 합성하고, 그것에 의해서 데이터를 분석하는 것이 주성분분석이다.

그렇다면 어떠한 개념으로 특징적인 변량을 합성할 것인가? 알기 쉬운 비유로서 다음 <그림 4-1>과 같이 서 있는 세 그루의 나무를 관찰해 보자. 이들 나무들을 남쪽 방향, 서쪽 방향 그리고 북동쪽 방향에서 바라보기로 한다. 그것이 <그림 4-2>이다.

남쪽이나 서쪽에서 본 그림에서는 나무가 겹쳐 있어서 전체가 잘 보이지 않는다. 그러나 북동쪽에서 보면 세 그루의 나무 전체가 잘 보인다. 이와 같이 보는 입장을 바꿈으로써 보이지 않았던 것이 보이게 되는 것이다.

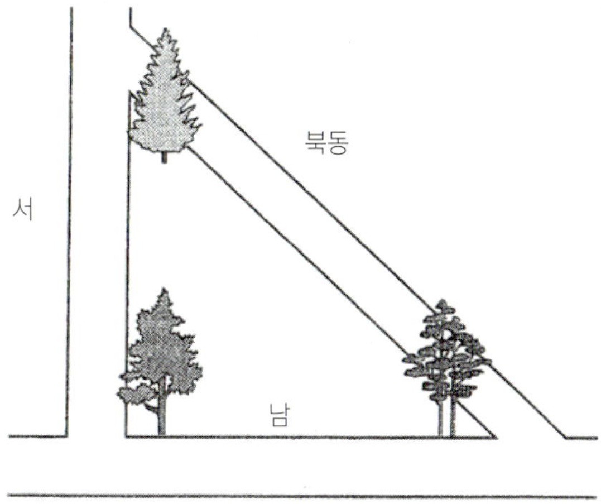

그림 4-1 세 그루의 나무를 보는 방향

■ 보는 각도에 따라서 겉모양이 다르다.

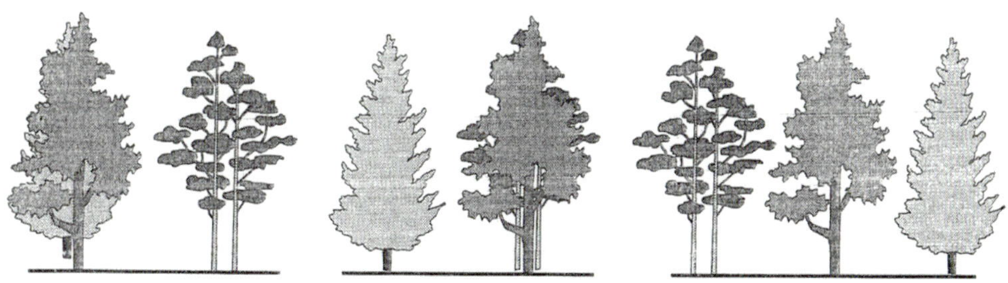

(a) 남쪽 방향에서 본 그림 (b) 서쪽 방향에서 본 그림 (c) 북동쪽 방향에서 본 그림

그림 4-2 보는 각도에 따른 외관

데이터를 바라볼 때도 이와 마찬가지로 보는 입장을 바꿈으로써 데이터 전체를 확실히 간파할 수 있는 경우가 있는 것이다.

예를 들면, 다음의 <표 4-1>은 같은 가격의 세 가지 종류 자동차에 대한 평가표이다. 어떤 「입장」에서 보면 세 가지 종류의 자동차에 대한 평가의 특징을 잘 볼 수가 있을까?

이것을 이해하기 위해서 다음의 두 합성변량을 예로 해서 데이터를 바라보기로 한다.

디자인 + 기능성, 디자인 − 기능성

표 4-1 세 대의 자동체에 대한 평가

자동차 이름	디자인	기능성
V	40	90
A	90	40
C	70	70

먼저 다음의 <표 4-2>를 작성하고 그것을 기초로 새로운 합성변량의 「입장」에서 자동차를 바라보기로 한다.

표 4-2 새로운 합성변량에 의한 평가

자동차 이름	디자인	기능성	디자인 + 기능성	디자인 - 기능성
V	40	90	130	−50
A	90	40	130	50
C	70	70	140	0

두 가지 합성변량 중에서 데이터를 잘 간파할 수 있는 입장은 분명히 「디자인 − 기능성」이다. 이 입장에 서면 100점의 폭으로 데이터가 흩어져 보여서 각 자동차의 특징이 확실히 보인다. 한편 「디자인 +기능성」은 10점의 폭으로 세 대의 자동차가 겹쳐 버려서 간파할 수 없다. 주성분분석은 이 「디자인 − 기능성」과 같이 데이터가 「흩어져 보이는」 입장을 찾아서 그로부터 데이터를 조사하는 분석기법인 것이다.

그와 관련하여 이러한 입장에 적당한 이름을 붙이면 훨씬 이해를 깊게 할 수 있다. 위의 예에서 말하면, 「디자인 − 기능성」은 자동차의 「개성」이라고 하는 말로 바꾸어 놓을 수가 있을 것이다. 기능 중시(重視)인가, 디자인 중시인가라고 하는 자동차가 갖는 개성을 두드러지게 한 것이 「디자인 − 기능성」의 입장인 것이다.

「디자인 − 기능성」은 「디자인 + 기능성」보다도 데이터가 흩어져 보이므로, 각 데이터의 특징이 잘 보인다. 그런데 수학에는 이 흩어짐 상태에 대해서 편리한 척도가 있다. 그것이 바로 분산이다. 분산 s^2은 데이터의 흩어짐 상태를 표현하는 통계량이다.

다음 <그림 4-3>에 보이는 바와 같이 분산이 크면 데이터는 평균을 중심으로 흩어져 있게 된다. 역으로 분산이 작으면 데이터는 평균 가까이에 밀접해 있게 된다.

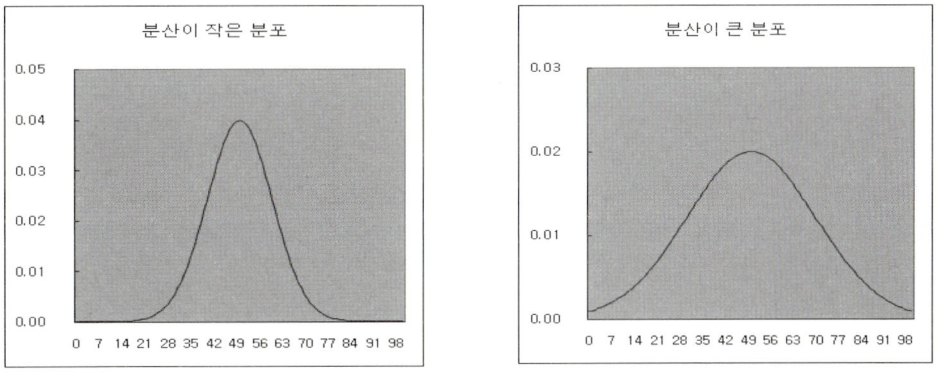

(a) 분산이 작은 분포의 경우 (b) 분산이 큰 분포의 경우

그림 4-3 분산의 대소에 따른 분포의 모양

실제로 위의 디자인과 기능성 평가의 예에서 분산을 비교해 보자.

데이터	디자인 + 기능성	디자인 - 기능성
분산 s^2	33.3	2500

「디자인 − 기능성」의 분산은 2500으로 「디자인 + 기능성」의 분산에 비하여 75배에 이르고 있다. 분산의 대소는 데이터의 개개 정보가 더 보기 쉽게 된다고 하는 하나의 지표가 된다. 주성분분석은 이와 같이 분산을 최대로 하는 입장을 찾아서 그로부터 데이터를 분석하는 기법이다.

■ 타원의 장축 방향으로 데이터를 조사하는 것이 주성분분석

「분산을 최대로 한다」고 하면 어려운 것처럼 들린다. 그러나 말하고자 하는 것은 간단하다. 먼저 두 변량 x, y 의 상관을 나타내는 산점도가 <그림 4-4>와 같다고 하자. 타원형 분포의 장축(長軸)을 꼬챙이로 꿴 것과 같은 새로운 축을 OP라고 한다.

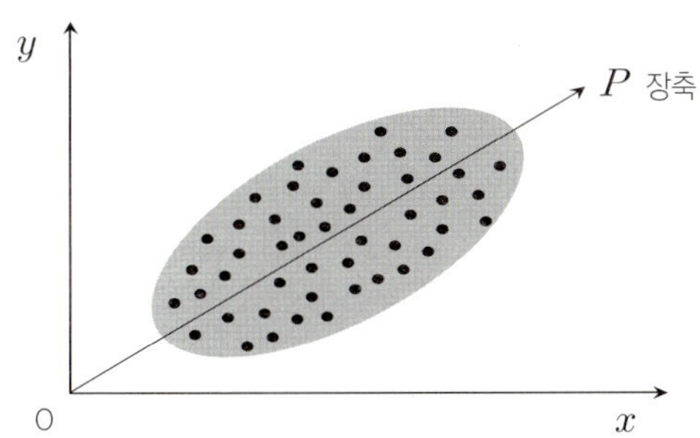

그림 4-4 두 변량 x, y의 산점도 및 타원형 분포의 장축

이제 두 변량 x, y로 이루어지는 데이터가 다음의 <그림 4-5>의 왼쪽 (a), (b)와 같이 분포하고 있다고 하자. 이 분포를 x, y 축 그리고 분포를 장축 OP 상에 투영(投影)해 보자.

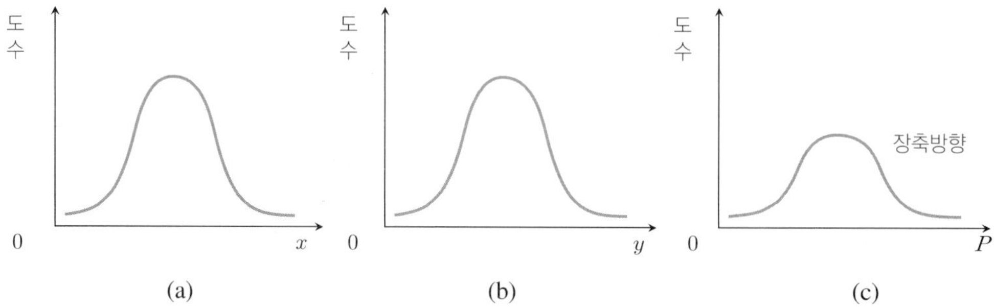

그림 4-5 분포의 각 축에 대한 투영

이들 세 가지 입장 중에서 (c)의 장축 방향의 입장에 서면, 분포가 넓어져서 개개의 데이터가 뿔뿔이 흩어져 보인다. 즉, 분산 값이 커져 있는 것이다. 다시 말하면 「분산을 최대로 한다」고 하는 입장을 찾는 것은 이 분포에 대한 장축의 입장을 발견하는 것이다.

이러한 이미지로부터 알 수 있듯이 다음의 <그림 4-6>과 같이 데이터가 분포하는 경우에는 주성분분석은 유효하지 않다. 어떻게 꼬챙이를 꿰어도 개개의 데이터가 흩어져 보이는 입장이 눈에 띄지 않기 때문이다. 수학적으로 말하자면, 이와 같은 분포는 변량 간의 상관이 작을 때에 나타난다. 그래서 변량 간의 상관이 작은 데이터의 분석에는 주성분분석은 적합하지 않다고 할 수 있다.

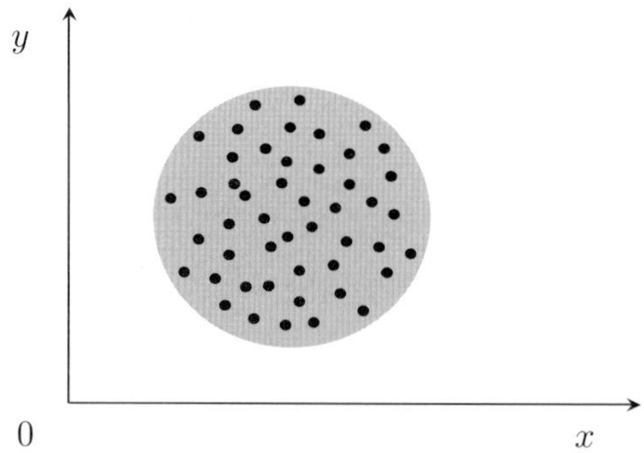

그림 4-6 두 변량 x, y의 상관이 작은 분포

■ 주성분분석은 분산을 최대로 하는 변량의 결합

주성분분석의 본질은 「데이터의 개성을 잘 간파할 수 있다」는 입장에서 데이터를 분석하는 데 있다. 그래서 「데이터의 개성을 잘 간파할 수 있다」는 입장을 찾는 것은, 분산이 최대가 되도록 하는 합성변량을 찾아내는 것이다. 이제 그 합성변량을 구하는 방법을 알아보기로 한다. 여기에서 다시 앞에서 다루었던 세 대의 자동차에 대한 평가 결과를 문제 삼기로 하자.

표 4-3 합성변량에 의한 평가

자동차 이름	디자인	기능성	디자인 + 기능성	디자인 - 기능성
V	40	90	130	−50
A	90	40	130	50
C	70	70	140	0
분산			33.3	2500

앞에서는 합성변량 「디자인 + 기능성」, 「디자인 − 기능성」을 비교하여 「디자인 − 기능성」의 쪽이 분산 값이 크게 된다는 것을 알아보았다. 이 합성의 방법을 일반화해 보자. 즉, 다음의 합성변량을 생각하는 것이다.

$$a \times \text{디자인} + b \times \text{기능성} \quad (a,\ b\text{는 상수})$$

계수 a, b의 값을 바꾸면 여러 가지 분산의 값이 얻어진다. 그래서 그 중에서 가장 큰 분산 값을 실현하는 a, b를 찾으면 되는 것이다.

이 변량의 합성법은 우리 주변의 예로 말하면 조리의 맛을 내는 것과 비슷하다. 예를 들면, 「소금과 설탕을 어느 정도 섞으면 가장 좋은 맛이 얻어질까」라고 하는 문제와 비슷하다.

그런데 소금과 설탕을 1 : 2로 조합하는 것과 2 : 4로 조합하는 것은 같은 맛이 된다. 요리에서 조미료를 조합하는 경우에 이와 같은 정수배(定數倍)의 부정성(不定性)이 있다.

이러한 사실은 변량합성의 경우에도 들어맞는다. 예를 들면, 다음의 두 합성변량을 생각해 보자.

$$\text{디자인} - \text{기능성}$$
$$3(\text{디자인} - \text{기능성}) = 3 \times \text{디자인} - 3 \times \text{기능성}$$

이 두 합성변량은 측정하는 척도가 다를 뿐이지 같은 내용을 표현한다고 생각된다. 앙케트 평가를 100점 만점으로 매기든 300점 만점으로 매기든 자동차의 평가는 변하지 않는다. 변량의 합성에서는 변량에 붙여지는 계수의 비율(가중치)이 중요한 것이지 전체의 정수배에 의미가 있는 것은 아니다.

이 정수배의 부정성은 분산의 계산에 직접 관련된다. 예를 들면, 다음의 관계가 성립된다.

「3 × 디자인−3 × 기능성」의 분산 = 3^2 ×(「디자인−기능성」의 분산)

계수를 크게 하면 분산이 얼마든지 커져 버린다. 이래서는 분산의 최대·최소를 논의할 수 없다. 「분산이 최대가 되도록 변량을 합성한다」라고 하는 주성분분석의 기법으로부터 본다면 이것은 중대한 문제이다.

그래서 변량의 합성식 「a × 디자인 + b × 기능성」을 만들 때에 다음과 같은 조건을 붙인다.

$$a^2 + b^2 = 1 \quad \cdots\cdots\cdots ①$$

이 조건을 붙이면 a, b는 한없이 큰 값을 취할 수는 없으므로 분산의 최대치 문제를 논의할 수 있게 된다.

그러나 이 조건식 ①은 전술한 조리의 비유에서는 이해할 수 없다. 조리의 경우에 관계식은 좀더 간단하다. 예를 들면, 같은 맛을 내는 데에

소금 1그램 + 설탕 2그램 = 소금 a그램 + 설탕 b그램

이라고 하는 등식이 성립한다고 한다. 그러면,

$$1 : 2 = a : b \text{ 즉, } b = 2a \quad \cdots\cdots\cdots ②$$

라고 하는 간단한 식이 성립한다.

조리의 경우와 같은 간단한 식 ②를 이용하지 않고 복잡하게 보이는 식 ①을 채택하는 것은 바로 분산의 값을 유한한 값으로 억제하고 싶기 때문이다. ②식의 조건 하에서는 a, b는 얼마든지 큰 값을 취할 수 있다. 그래서는 합성변량 「a × 디자인 − b × 기능성」에 대한 분산의 최대치를 논의할 수 없다.

그와 관련하여 변량을 합성할 때 통상은 「a × 디자인 + b × 기능성」이라고 하는 형식(1차 결합이라고 한다)만을 고려한다는 데 유의할 필요가 있다. 예를 들면, 다음과 같은 복잡한 변량의 합성은 하지 않는다.

$$a \times 디자인^2 + b \times 기능성^2$$

이와 같은 합성법으로 분산을 크게 하더라도 그 합성변량의 해석이 곤란해진다. 그래서는 데이터를 분석할 수 없다.

지금까지 소개한 주성분분석의 기법을 간단히 요약하면 다음과 같다.

$$u = ax + by + cz + \cdots \quad (a,\ b,\ c\ ,\ \cdots 는\ \ a^2 + b^2 + c^2 + \cdots = 1 을\ 만족하는\ 상수)$$

> 변량 x, y, z, …가 있을 때, 합성변량
>
> $u = ax + by + cz + \cdots$ (a, b, c, …는 $a^2 + b^2 + c^2 + \cdots = 1$을 만족하는 상수)
>
> 을 생각한다. u의 분산 ${s_u}^2$을 최대로 하는 계수 a, b, c …를 찾고 이 u를 이용해서 데이터를 분석한다. 이것이 주성분분석이다.

여기에서 구해진 합성변량 u를 **주성분(principal component)**이라고 한다. 데이터를 가장 잘 간파할 수 있는 것이 u이므로 썩 잘 어울리는 말이다.

그런데 아직 큰 문제가 남아 있다. 어떻게 계수 a, b, c …의 값을 구할 것인가 하는 문제이다. 다음 절에서 이 문제를 다루기로 한다.

4.3 | 주성분을 구하는 방법

지금까지 언급한 바와 같이 주성분분석의 기본원리는 개개의 데이터를 잘 간파할 수 있는 방향에서 데이터를 분석한다고 하는 것이다. 그러기 위해서는 분산이 최대가 되도록 변량을 합성하면 되는 것이다.

그런데 지금까지는 분산이 최대가 되도록 하는 합성변량(즉, 주성분)을 구하는 방법 그 자체에 대해서는 구체적으로 아무것도 언급한 바가 없었다. 본 절에서는 이에 대해서 알아보기로 한다.

그와 관련하여 실제로 주성분분석을 실행하려면 기존의 통계분석 소프트웨어를 이용하는 것이 보통이다. 필요한 정보는 모두 산출해 주기 때문에 수학적인 이론에 대해서 알 필요는 없다. 그러나 통계분석 소프트웨어에서 쓰이는 용어 등을 이해하려면 역시 주성분분석의 계산법에 대한 개요를 알 필요가 있다.

■ 3변량의 경우

먼저 일반론을 전개하는 것은 상당히 번거롭다. 그래서 다음의 데이터에 보이는 바와 같은 3변량 x, y, z의 경우를 생각하기로 한다. 3변량의 경우를 이해하면 일반론을 이해하는 것은 용이하기 때문이다.

데이터	x	y	z
1	x_1	y_1	z_1
:	:	:	:
i	x_i	y_i	z_i
:	:	:	:
n	x_n	y_n	z_n

주성분은 분산을 최대로 하는 합성변량이다. 즉, 변량 x, y, z에 대해서

$$u = ax + by + cz \quad (a,\ b,\ c\text{는 상수}) \cdots\cdots ①$$

라고 하는 합성변량을 작성하고, 그 분산 ${s_u}^2$이 최대가 되도록 하는 계수 a, b, c를 정하는 것이다. 단, 계수의 부정성(不定性)을 없애기 위해서 조건

$$a^2 + b^2 + c^2 = 1 \cdots\cdots ②$$

을 붙인다. 문제는 어떻게 해서 a, b, c를 구하는가 하는 것이다.

먼저 실제로 분산 ${s_u}^2$을 구해 보자.

우선 분산의 정의로부터 시작한다.

$${s_u}^2 = \frac{1}{n-1}\left\{(u_1 - \overline{u})^2 + (u_2 - \overline{u})^2 + \cdots + (u_n - \overline{u})^2\right\}$$

u의 정의식 $u = ax + by + cz$을 대입하여 정리해 본다.

$$\begin{aligned}{s_u}^2 &= \frac{1}{n-1}\left\{(ax_1 + by_1 + cz_1) - (a\overline{x} + b\overline{y} + c\overline{z})\right\}^2 \\ &\quad + \cdots + \left\{(ax_n + by_n + cz_n) - (a\overline{x} + b\overline{y} + c\overline{z})\right\}^2 \\ &= \frac{1}{n-1}\left\{a(x_1 - \overline{x}) + b(y_1 - \overline{y}) + c(z_1 - \overline{z})\right\}^2 \\ &\quad + \cdots + \left\{a(x_n - \overline{x}) + b(y_n - \overline{y}) + c(z_n - \overline{z})\right\}^2\end{aligned}$$

{ } 속의 식을 전개하여 분산·공분산의 식을 적합시킨다. 도중의 식을 생략하고 결과만을

기술하면 다음과 같이된다.

$$s_u{}^2 = a^2 s_x{}^2 + b^2 s_y{}^2 + c^2 s_z{}^2 + 2abs_{xy} + 2bcs_{yz} + 2acs_{xz} \quad \cdots\cdots ③$$

여기에서 $s_x{}^2$, $s_y{}^2$, $s_z{}^2$은 변량 x, y, z의 분산을 나타낸다. 또한 s_{xy}, s_{yz}, s_{xz}는 각각 변량 $x \cdot y$, $y \cdot z$, $z \cdot x$의 공분산을 나타낸다. 통계분석을 하다 보면 언제나 분산·공분산을 만나게 된다.

Lagrange의 상수변화법을 이용한다

식의 준비가 이루어졌다. 조건 ②, 즉

$$a^2 + b^2 + c^2 = 1 \quad \cdots\cdots ②$$

아래에서 이 ③식의 $s_u{}^2$을 최대로 하는 a, b, c를 구하면 되는 것이다. 거기에는 유명한 기법이 이용된다. **Lagrange의 상수변화법**이 그것이다.

Lagrange의 상수변화법을 이용해 보기로 한다. 먼저 다음과 같은 L식을 생각한다.

$$L = a^2 s_x^2 + b^2 s_y^2 + c^2 s_z^2 + 2abs_{xy} + 2bcs_{yz} + 2acs_{xz} - \lambda(a^2 + b^2 + c^2 - 1)$$

Lagrange의 상수변화법을 이용하면 a, b, c는 다음 세 개의 식을 충족한다는 사실이 알려져 있다.

$$\frac{\partial L}{\partial a} = 2as_x{}^2 + 2bs_{xy} + 2cs_{xz} - 2\lambda a = 0$$
$$\frac{\partial L}{\partial b} = 2as_{xy} + 2bs_y{}^2 + 2cs_{yz} - 2\lambda b = 0$$
$$\frac{\partial L}{\partial c} = 2as_{xz} + 2bs_{yz} + 2cs_z{}^2 - 2\lambda c = 0$$

보기 거북하므로 행렬로 표현해 보자.

$$\begin{pmatrix} s_x{}^2 & s_{xy} & s_{xz} \\ s_{xy} & s_y{}^2 & s_{yz} \\ s_{xz} & s_{yz} & s_z{}^2 \end{pmatrix} \begin{pmatrix} a \\ b \\ c \end{pmatrix} = \lambda \begin{pmatrix} a \\ b \\ c \end{pmatrix} \quad \cdots\cdots ④$$

훨씬 보기 쉽게 되었다. 이것이 주성분

$$u = ax + by + cz$$

의 계수 a, b, c가 충족해야 할 방정식인 것이다.

④의 맨 왼쪽 행렬을 주목한다.

$$S=\begin{pmatrix} {s_x}^2 & s_{xy} & s_{xz} \\ s_{xy} & {s_y}^2 & s_{yz} \\ s_{xz} & s_{yz} & {s_z}^2 \end{pmatrix} \cdots\cdots ⑤$$

이 행렬 S는 분산·공분산행렬이다. 그래서 수학적인 표현을 빌리자면 ④는 행렬 S의 **고유치 문제**를 나타내고 있다. 계수의 조 $(a,\ b,\ c)$는 행렬 S의 **고유벡터**, λ는 이 행렬의 **고유치**이다.

④를 실제로 푸는 데는 PC에 맡기면 되는 것이다.

이상으로 주성분분석의 수학적인 전모가 밝혀졌다. 데이터에 포함된 개성을 이끌어내기 위해서 분산을 최대로 하는 변량을 합성한다고 하는 주성분분석의 아이디어가 정리되었다.

그런데 위의 ③식, 즉

$${s_u}^2 = a^2{s_x}^2 + b^2{s_y}^2 + c^2{s_z}^2 + 2abs_{xy} + 2bcs_{yz} + 2acs_{xz} \cdots\cdots ③$$

은 다음과 같이 행렬의 형태로 표현된다.

$${s_u}^2 = (a\ \ b\ \ c)\begin{pmatrix} {s_x}^2 & s_{xy} & s_{xz} \\ s_{xy} & {s_y}^2 & s_{yz} \\ s_{xz} & s_{yz} & {s_z}^2 \end{pmatrix}\begin{pmatrix} a \\ b \\ c \end{pmatrix}$$

이것에 ④를 대입하고 ②(즉, $a^2+b^2+c^2=1$)와 조합하면,

$${s_u}^2 = \lambda \cdots\cdots ⑥$$

즉, **분산·공분산행렬 S의 고유치 문제가 주성분의 분산이 되는 것이다.** 이것은 매우 중요한 성질이다.

왜냐하면 ④의 방정식은 통상 세 개의 플러스의 해(즉, 고유치)

$$\lambda_1,\ \lambda_2,\ \lambda_3 \ (\text{여기에서 } \lambda_1 \geqq \lambda_2 \geqq \lambda_3 \text{으로 한다})$$

를 갖기 때문이다. 주성분을 부여하는 해로서 어느 것을 채택하면 좋을지 곤란하게 된다. 그러나 ⑥이 있으면 명쾌하다. 주성분은 분산을 최대로 하는 것이므로 최대의 고유치 λ_1을 채택해야 하는 것이다.

(주) 다른 고유치의 의미에 대해서는 뒤에서 알아보기로 한다.

■ 주성분분석의 예

그러면 이상에 대한 확인으로서 간단한 예를 들어 보기로 한다. 다음의 데이터는 같은 가격의 7대 자동차에 대한 100명의 설문조사 결과이다. 「좋다」고 평가한 사람의 수를 기록했다. 이 데이터로부터 주성분을 합성해 보자.

자동차명	동력성능(x)	승차감(y)	디자인(z)
A	60	58	25
B	35	40	75
C	74	68	50
D	30	40	60
E	80	70	50
F	90	95	80
G	50	50	45

먼저 변량 x, y, z의 분산·공분산행렬을 구해 보자. 데이터로부터 다음과 같이 된다(보기 쉽도록 소숫점 이하는 생략되어 있다).

$$S=\begin{pmatrix} 520 & 427 & 5 \\ 427 & 382 & 74 \\ 5 & 74 & 350 \end{pmatrix}$$

이 행렬로부터 얻어지는 고유방정식의 해 λ는 다음과 같이 세 개가 구해진다(소숫점 이하는 생략).

$$\lambda=(\lambda_1,\ \lambda_2,\ \lambda_3)=(889,\ 353,\ 10)$$

따라서 최대가 되는 고유치 889가 주성분의 분산이 된다. 이때의 고유벡터 $(a,\ b,\ c)$를 계산하면 (0.75, 0.65, 0.01)이 되므로 다음과 같이 주성분이 구해진다.

$$u=0.75x+0.65y+0.01z$$

이 주성분 u는 계수의 부호가 모두 플러스이므로 「종합점」으로 해석할 수 있을 것이다. 다시 말하면 이 데이터는 「종합점」의 입장에서 보는 것이 가장 개개 데이터의 특성을 잘 끄집어 낼 수 있다는 것을 알 수 있다.

그런데 통계학의 세계에서는 자주 데이터의 표준화를 실행한다. 변량 x에 대해서 다음과 같은 변환을 실시한 새로운 변량 Z를 생각한다.

$$Z = \frac{x - m}{s}$$

이와 같은 변환을 실시하면 ⑤에서 보인 분산·공분산행렬 S는 다음과 같이 된다.

$$R = \begin{pmatrix} 1 & r_{xy} & r_{xz} \\ r_{xy} & 1 & r_{yz} \\ r_{xz} & r_{yz} & 1 \end{pmatrix} \quad \cdots\cdots ⑦$$

(주) 이 행렬을 **상관행렬**이라고 부른다.

분산·공분산행렬 ⑤의 고유치와 상관행렬 ⑦의 고유치는 당연히 다르다. 이 사실은 바로 주성분분석은 데이터의 표준화를 실시했느냐 아니냐로 결과가 다르게 된다는 것이다. 데이터의 표준화를 실시한 주성분분석에 대한 구체적인 예는 뒤에서 다루겠지만 이 사실만은 유의할 필요가 있다.

4.4 | 주성분의 정보수집능력을 나타내는 기여율

데이터를 가장 관찰하기 쉬운 입장에서 바라보고 분석하는 것이 주성분분석이다. 그 관찰하는 입장을 정하기 위해서 분산이 최대가 되는 변량을 합성했다. 그 합성변량이 **주성분**이다.

그런데 이 주성분만으로 데이터를 충분히 설명할 수 있을까? 커다란 정보의 손실이 있을지도 모른다. 그래서 본 절에서 주성분이 데이터의 정보를 어느 정도 설명하고 있는가의 기준을 부여하는 **주성분분석의 기여율**에 대해서 알아보기로 한다. 주성분분석의 기여율은 다음과 같이 정의된다.

$$\text{주성분분석의 기여율} = \frac{\text{주성분의 분산값}}{\text{데이터 전체의 흩어짐 양}} \quad \cdots\cdots ①$$

주성분분석은 데이터에 포함된 흩어짐 상태(즉, 분산)를 중심으로 논의를 진행한다. 그래서 이와 같이 정의된 기여율 ①은 주성분의 타당성을 잘 나타내고 있는 것으로 생각된다.

기여율이 1에 가까우면 주성분이 데이터를 잘 설명하고 있다는 것을 나타낸다. 따라서 이 주성분만으로 데이터의 정보를 충분히 말해 주게 된다. 역으로 기여율이 0에 가까우면 주성분만으로 데이터를 다 말할 수 없게 된다.

그런데 ①에서 정의한 기여율의 분자 「주성분의 분산값」은 계산하면 구해진다. 그러나 분모의 「데이터 전체의 흩어짐 양」에 대해서는 아직 정의되어 있지 않다. 하나하나 각 변량의 흩어짐 양은 분산으로 주어진다. 그러나 데이터 전체의 흩어짐을 나타내는 양에 대해서는 아직 아무것도 정의되어 있지 않다.

이제 1변량의 데이터와 2변량의 데이터를 대비시켜서 논의를 진행한다.

데이터 번호	변량 x
1	x_1
2	x_2
:	:
i	x_i
:	:
n	x_n

↓ 흩어짐의 지표

분산 $s_x^{\ 2}$

데이터 번호	변량 x	변량 y
1	x_1	y_1
2	x_2	y_2
:	:	:
i	x_i	y_i
:	:	:
n	x_n	y_n

↓ 데이터 전체의 흩어짐 지표

?

먼저 1변량의 경우에 대해서 i번째의 데이터 x_i와 평균 $\overline{x}$의 관계를 그림으로 표현하면 다음과 같다.

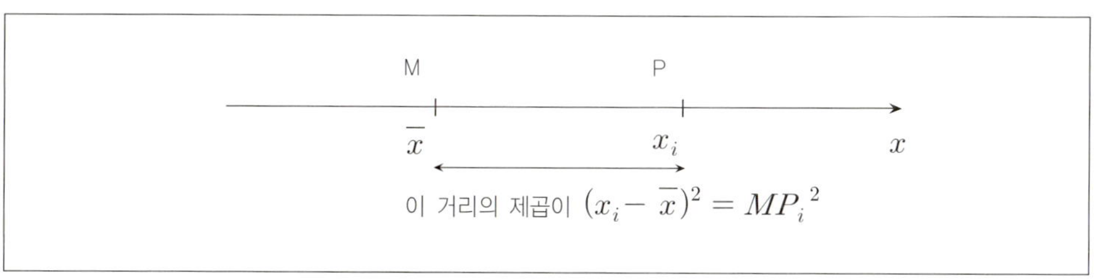

이 그림으로부터 데이터의 흩어짐 양을 나타내는 분산은 다음과 같이 표현된다.

$$s_x^{\ 2} = \frac{1}{n-1}\left\{(x_1 - \overline{x})^2 + \cdots + (x_i - \overline{x})^2 + \cdots + (x_n - \overline{x})^2\right\}$$

$$= \frac{1}{n-1}\left\{MP_1^{\ 2} + \cdots + MP_i^{\ 2} + \cdots + MP_n^{\ 2}\right\} \cdots\cdots ②$$

다음에 2변량의 경우에 대해서 i번째의 데이터 (x_i, y_i)와 평균 $(\bar{x}, \bar{y})$의 관계를 그림으로 표현하면 다음과 같다.

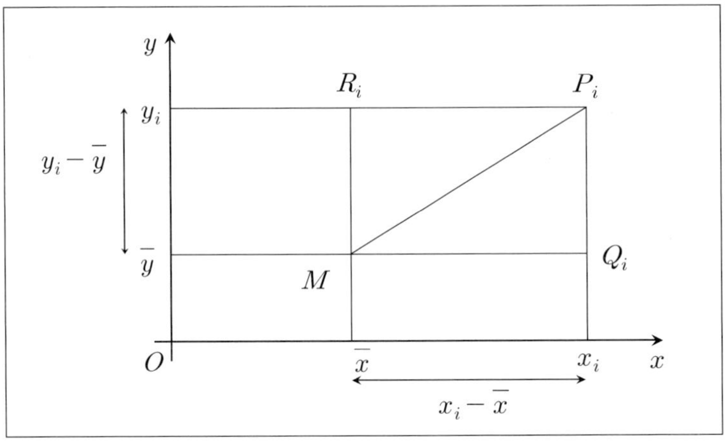

1변량의 경우에 적용한 ②식의 관계를 2변량의 경우에도 확장해 보자. 즉, 2변량의 흩어짐 양 s^2을 다음과 같이 생각한다.

$$s^2 = \frac{1}{n-1}\left\{MP_1{}^2 + \cdots + MP_i{}^2 + \cdots + MP_n{}^2\right\} \cdots\cdots ③$$

이렇게 해석하면 흥미 있는 결과가 얻어진다. 그림에서 피타고라스의 정리로부터

$$MP_i{}^2 = MQ_i{}^2 + MR_i{}^2 = (x_i - \bar{x})^2 + (y_i - \bar{y})^2$$

이것을 ③에 대입하면

$$\begin{aligned} s^2 &= \frac{1}{n-1}\left\{(x_1 - \bar{x})^2 + (y_1 - \bar{y})^2 \cdots + (x_n - \bar{x})^2 + (y_n - \bar{y})^2\right\} \\ &= \frac{1}{n-1}\left\{(x_1 - \bar{x})^2 + \cdots + (x_n - \bar{x})^2 + (y_1 - \bar{y})^2 + \cdots + (y_n - \bar{y})^2\right\} \\ &= s_x{}^2 + s_y{}^2 \end{aligned}$$

즉,

데이터 전체의 흩어짐 양 = 각 변량에 대한 분산의 합

이와 같이 데이터 전체의 흩어짐 상태를 나타내는 지표로서는 분산의 합이 적합하다.

주성분이 데이터가 갖는 정보(즉, 「흩어짐 상태」)를 어느 정도 표현할 수 있는지를 나타내는 것이 기여율인데, 그 구체적인 식의 형태가 구해지는 것이다. 즉, 기여율의 정의식 ①에 위의 결과를 대입해 본다.

$$\text{주성분분석의 기여율} = \frac{\text{주성분의 분산값}}{\text{각 변량의 분산의 합}} = \frac{{s_u}^2}{{s_x}^2 + {s_y}^2 + {s_z}^2 + \cdots}$$

(주) ${s_u}^2$은 주성분의 분산. 분모는 3변량 이상에도 적용할 수 있도록 기술했다.

이것이 주성분의 설명능력을 나타내는 기여율의 구체적인 식이다.

그런데 기여율이 1과 비교해서 상당히 작으면 주성분만으로는 데이터를 다 말하고 있지 못하다는 것을 의미한다. 즉, 주성분을 짜낸 「찌꺼기」 중에 귀중한 정보가 아직 남아 있다는 것이다. 그 때에는 이 「찌꺼기」로부터 「새로운 주성분」을 찾는 조작이 필요해진다. 이 경우에 처음에 짜낸 주성분을 **제1주성분**이라고 부르며, 그 찌꺼기로부터 생기는 두 번째의 주성분(**제2주성분**)과 구별한다.

제1주성분의 찌꺼기로부터 어떻게 해서 제2주성분을 끄집어내는가에 대해서는 다음 절에서 다루기로 한다.

그와 관련하여 제2주성분까지 끄집어내도 아직 정보의 찌꺼기가 큰 경우가 있다. 그 때에는 제2주성분을 짜낸 찌꺼기의 정보로부터 **제3주성분**을 끄집어낸다. 이에 관해서도 다음 절에서 공부하기로 한다.

4.5 | 정보의 찌꺼기로부터 제2주성분의 추출

데이터의 전망(展望)을 좋게 하는 변량을 합성하여 그것으로 데이터 전체를 명쾌하게 설명한다고 하는 것이 주성분분석의 개념이다. 이 합성변량이 **제1주성분**이다. 그래서 이 제1주성분이 어느 정도의 정보를 흡수했는가는 **기여율**로 표현되고 있다.

그런데 제1주성분이 흡수하는 정보량이 작을 때, 즉 기여율이 0에 더 가까울 때 제1주성분을 짜낸 정보의 찌꺼기가 남아 있다고 생각된다. 이와 같은 때에는 제1주성분을 짜내고 남은 정보의 찌꺼기로부터 새로운 주성분을 끄집어내면 된다. 이것이 제2주성분이다.

그렇다면 어떻게 하면 제2주성분을 찾아낼 수 있을까? 결론은 간단하다. 제1주성분을 구할 때에 동시에 제2주성분도 구하는 것이다. 제1주성분을 구하는 계산결과 중에 제2주성분도 포함시켜 버린다고 하는 발상이다.

이 사실을 3변량 x, y, z의 경우에 대해서 알아보도록 하자. 3변량의 경우에 제1주성분이란 조건

$$a^2+b^2+c^2=1 \quad \cdots\cdots ①$$

하에서 분산을 최대로 하는 합성변량

$$u=ax+by+cz \quad (a,\ b,\ c\text{는 상수}) \quad \cdots\cdots ②$$

를 말한다. 이 a, b, c는 다음의 조건을 충족한다.

$$\begin{pmatrix} {s_x}^2 & s_{xy} & s_{xz} \\ s_{xy} & {s_y}^2 & s_{yz} \\ s_{xz} & s_{yz} & {s_z}^2 \end{pmatrix}\begin{pmatrix} a \\ b \\ c \end{pmatrix}=\lambda\begin{pmatrix} a \\ b \\ c \end{pmatrix} \quad \cdots\cdots ③$$

이 관계식을 충족하는 λ를 분산·공분산행렬(③의 좌변의 왼쪽 행렬)의 고유치라고 부르는데, 그것은 3개 있다는 사실이 알려져 있다.

$$\lambda_1,\ \lambda_2,\ \lambda_3 \quad (\lambda_1 \geqq \lambda_2 \geqq \lambda_3 \geqq 0)$$

이 중에서 제1주성분을 부여하는 λ는 최대의 고유치 λ_1이다.

그런데 두 번째의 고유치 λ_2가 무엇을 의미하는가? 그것은 제2주성분을 부여하는 ③의 해인 것이다. 「제1주성분을 구할 때에 동시에 제2주성분도 구한다」고 하는 의미는 바로 이것을 말한다.

(주) 일반적으로 제3주성분 이하의 주성분도 고유치 문제를 푸는 과정에서 동시에 구해진다.

「찌꺼기」의 데이터 중에서 제2주성분이 「주성분」이 되는 것은 ③의 분산·공분산행렬의 대칭성에 유래한다. 그 상세한 내용은 수학적인 주제가 되어 버리므로 생략하기로 한다.

■ 누적기여율에 의한 주성분의 채택

앞에서는 제1주성분을 이끌어내는 계산식 중에 제2주성분, 제3주성분, …이 도출된다는 것을 설명했다. 그러면 몇 번째까지의 주성분을 생각해야 할 것인가가 문제가 된다.

예를 들면, 제1절에서 소개했던 다음 입사시험의 데이터 분석을 제2주성분까지 실행한다면 「정보를 지나치게 간소화한다」고 하는 비난을 받을 것인가?

No.	일반상식	전공	영어	면접	논문
1	50	90	40	50	80
2	80	70	80	70	80
3	50	40	90	80	30
4	80	40	80	90	50
5	20	30	30	20	30

이 의문에 답하는 것이 **누적기여율**(累積寄與率)이다. 이것은 다음과 같이 정의된다.

$$i\text{번째까지의 누적기여율} = \frac{i\text{번째까지의 주성분 분산의 합}}{\text{각 변량의 분산의 합}}$$

분모의 「각 변량의 분산의 합」은 데이터 전체의 흩어짐 상태를 나타내고 있다. 분자의 「i번째까지의 주성분 분산의 합」은 i번째까지의 주성분이 흡수하는 데이터의 흩어짐 양이다. 「흩어짐 양」이 데이터가 갖는 정보라고 하는 관점에 서면, 이와 같이 정의되는 누적기여율은 i번째까지의 주성분이 어느 정도 데이터의 정보를 설명하고 있는지를 나타내는 지표가 되는 것이다.

변량을 x, y, z, $\cdots$, i번째까지의 주성분을 u_i라고 표기하면, i번째까지의 누적기여율은 구체적으로 다음과 같이 표현할 수 있다.

$$i\text{번째까지의 누적기여율} = \frac{{s_{u1}}^2 + {s_{u2}}^2 + \cdots + {s_{ui}}^2}{{s_x}^2 + {s_y}^2 + {s_z}^2 + \cdots}$$

몇 번째까지의 주성분을 채택할 것인가에 대해서는 대부분의 경우 누적기여율이 0.8이라고 하는 값이 기준으로서 채택되고 있다. 예를 들면, 제2주성분까지의 기여율이 0.8을 초과하면 제3주성분 이하는 잘라버려도 좋다고 하는 것이다.

그러나 이 기준 0.8이라고 하는 수치는 그 자체에 이유가 있는 것은 아니라고 하는 데에 주의를 요한다.

그러면 위의 데이터를 이용해서 이와 같은 사실들을 정리해 보자. 위의 데이터에 대해서 통계분석 소프트웨어 SPSS로 계산한 결과를 보이면 다음과 같이 된다.

	제1주성분	제2주성분
주성분의 식	0.54×일반상식+0.15×전공+0.53×영어+0.59×면접+0.24×논문	0.09×일반상식+0.66×전공−0.33×영어−0.21×면접+0.64×논문
분산	1964	1261
기여율	0.58	0.37
누적기여율	0.58	0.95

이로부터 제1주성분은 「종합능력」, 제2주성분은 「전문성」을 나타내고 있다고 생각되어진다. 그리고 누적기여율이 제2주성분까지 0.95에 이르고 있다. 즉, 제2주성분까지로 데이터의 본질을 95% 설명하고 있는 것이다.

5개의 변량으로 이루어지는 데이터를 제1주성분과 제2주성분의 두 가지 각도만으로 고찰하더라도 거의 전모가 해명되는 것이다.

■ 주성분 이해를 위한 성분 도표

주성분의 관점에서 보면 데이터의 전모가 보기 쉽게 된다. 그러나 아직 문제가 남아 있다. 그것은 바로 주성분의 의미부여이다.

주성분 그 자체를 구하는 것은 통계분석 소프트웨어에 맡기면 된다. 그러나 얻어진 결과는 스스로 해석하여 데이터 이해에 도움이 되지 않으면 안 된다. 그러기 위해서는 주성분의 의미를 명확히 할 필요가 있다. 주성분의 의미를 이해하는 것은 주성분분석의 요점이 된다.

그런데 산출된 주성분을 해석하고자 할 때, 무엇인가 도움이 되는 것이 필요하다. 그래서 등장하는 것이 **성분 도표**라고 불리는 그림이다. 제3절에서 살펴본 데이터와 분석결과를 기초로 이 성분 도표를 구해 보자.

성분 도표란 산출된 주성분의 식을 시각화하는 그림이다. 구체적으로 말하면 제1주성분을 가로축으로 하고 제2주성분을 세로축으로 표시한다. 그리고 각 변량의 계수를 좌표로 나타내는 것이다. 예를 들어 「동력성능」에 대해서 말하자면 다음과 같이 좌표가 만들어진다.

제1주성분의 동력성능 계수 = 0.973
제2주성분의 동력성능 계수 = －0.207
→ 동력성능의 좌표(0.973, －0.207)

자동차명	동력성능(x)	승차감(y)	디자인(z)
A	60	58	25
B	35	40	75
C	74	68	50
D	30	40	60
E	80	70	50
F	90	95	80
G	50	50	45

다른 변량에 대해서도 동일한 조작을 한다. 그래서 같은 좌표 평면상에 이것을 좌표로 하는 점을 찍어 보면 다음과 같은 그림이 된다.

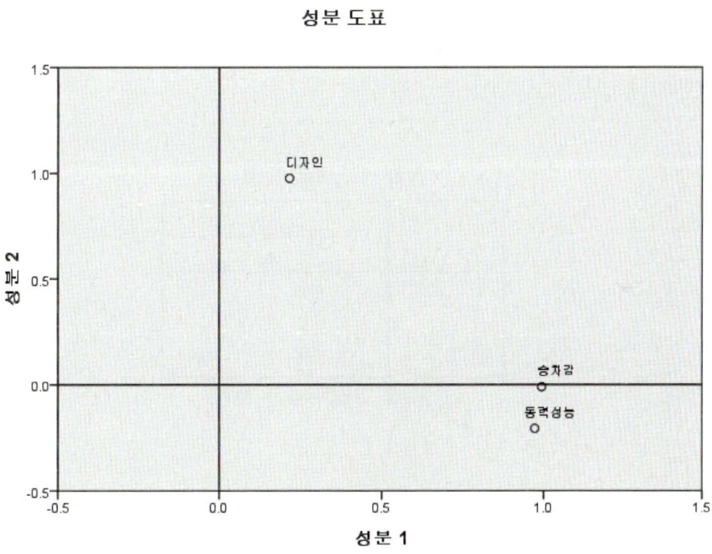

이 그림으로부터 다음과 같은 사실을 곧 간파할 수 있다.

① 제1주성분은 각 변량이 플러스로 평가되고 있다.

② 제2주성분은 동력성능과 디자인의 부호가 반대이며 디자인이 크게 평가되고 있다.

이상으로부터 제1주성분은 「종합평가」의 시점을 제공하고 있다는 것을 알 수 있다. 그리고 제2주성분은 「패션 감각」을 평가하는 시점을 부여하고 있다는 것을 알 수 있다.

이상으로 성분 도표가 주성분의 의미를 해석하기 쉽게 하는 도구라고 하는 것을 알았다.

주성분점수에 의한 개개 데이터의 특징 파악

지금까지 살펴본 바와 같이 주성분은 데이터 전체가 갖는 특징을 간결하게 정리해 주는 역할을 담당한다. 그러나 그것만이 아니다. 데이터를 구성하는 개개 표본의 분석도 가능하게 해준다. 주성분은 데이터를 보기 쉬운 각도에서 관찰하는 것이므로 개개 데이터의 특징을 잘 보이도록 해 주는 것이다.

주성분으로 본 개개 표본의 값을 **주성분점수**(principal component score)라고 한다. 예를 들면, 주성분이 $u = ax + by + cz$로 표현될 때 i번째 표본의 주성분점수는 다음과 같이 정의된다.

$$a(x_i - \overline{x}) + b(y_i - \overline{y}) + c(z_i - \overline{z})$$

여기서 x_i, y_i, z_i는 i번째 표본의 변량 x, y, z의 값, $\overline{x}$, $\overline{y}$, $\overline{z}$는 각 변량이 평균이다.

(주) i번째 데이터의 주성분득점을 $ax_i + by_i + cz_i$로 정의하는 문헌도 있다.

일반적으로 SPSS에서 각 표본에 대한 주성분점수를 구할 때는 각 변량을 표준화한 값과 다음의 성분점수 계수행렬을 곱해서 얻어진다.

성분점수 계수행렬

	성분	
	1	2
동력성능	.491	-.208
승차감	.502	-.011
디자인	.110	.981

요인추출 방법: 주성분 분석.
요인 점수.

각 표본에 대한 주성분점수를 계산한 결과는 다음과 같다.

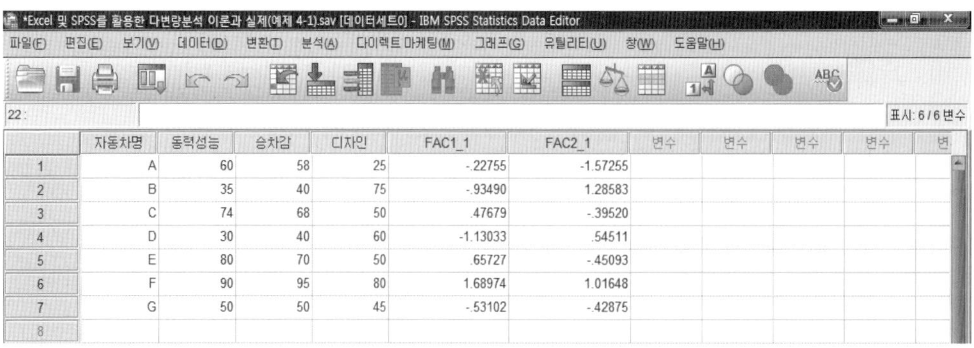

	자동차명	동력성능	승차감	디자인	FAC1_1	FAC2_1	변수	변수	변수	변수	변
1	A	60	58	25	-.22755	-1.57255					
2	B	35	40	75	-.93490	1.28583					
3	C	74	68	50	.47679	-.39520					
4	D	30	40	60	-1.13033	.54511					
5	E	80	70	50	.65727	-.45093					
6	F	90	95	80	1.68974	1.01648					
7	G	50	50	45	-.53102	-.42875					
8											

이 주성분점수의 값이 원래 데이터의 값보다 개개 데이터의 특성을 잘 표현하고 있다. 전술한 바와 같이 제1주성분(FAC1_1)은 「종합평가」를 나타내고, 제2주성분(FAC2_1)은 「패션 감각」을 나타내고 있다고 생각되어진다. 그래서 예를 들면, 자동차 B는 종합평가는 낮지만 패션 감각이 강하다는 것을 곧 판단할 수 있다.

이상의 주성분점수를 산점도로 나타내면 다음과 같다. 각 표본의 위치를 시각적으로 파악할 수 있다.

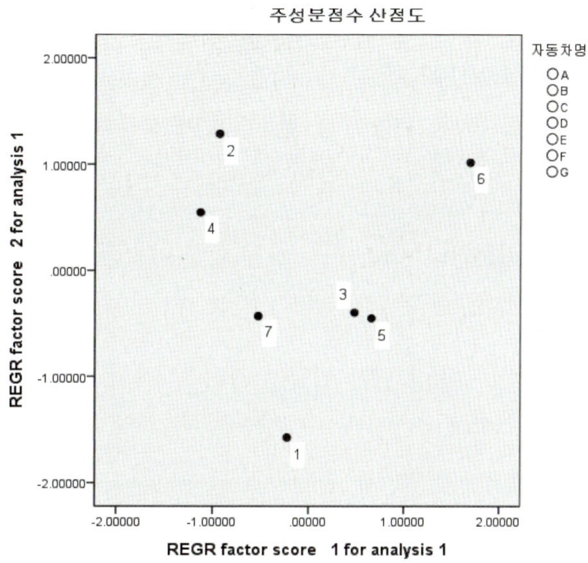

■ 데이터의 표준화

지금까지는 설명의 예로서 「자동차의 평가」를 여러 번 이용해 왔다. 주변에서 쉽게 접할 수 있기 때문이지만 그 이외의 이유도 있다. 이 데이터는 단위와 자리수가 일치하기 때문이다. 그런데 일반적으로 데이터를 구성하는 단위가 제각각이거나 자리수도 반드시 일치한다고는 할 수 없다. 예를 들면, 다음과 같은 데이터가 그러하다.

	신장(m)	체중(kg)	100m 달리기(초)
A	1.65	63.5	15.5
B	1.80	65.2	12.8
C	1.62	57.6	14.0
D	1.75	64.3	13.5
E	1.59	55.7	12.9
F	1.70	72.1	16.6
G	1.73	78.2	17.2

이 예와 같이 단위가 일치하지 않는 데이터에 주성분분석을 시행하면 변량의 역할이 보기 어렵게 된다. 예를 들면, 이 데이터에 관해서 제1주성분을 구해 보자.

$$제1주성분 = 0.005 \times 신장 + 0.983 \times 체중 + 0.184 \times 백미터$$

이것을 보면 데이터를 특징짓는 제1요소는 「체중」이 된다. 다른 변량에 비해서 제1주성분에 훨씬 많이 기여하고 있기 때문이다. 그러나 이 해석은 잘못이다. 그것은 데이터 중의 체중 값이 다른 것보다 규모가 크기 때문이다. 외견상 체중이 중요하게 되어 버리는 것이다.

이와 같이 단위가 다른 데이터를 다룰 때에는 주의가 필요하다. 그래서 편리한 것이 「데이터의 표준화」이다. 표준화된 변량 z는 원래의 변량 x를 다음과 같이 변환한 것이다.

데이터의 표준화 $z = \dfrac{x-m}{s}$ (m은 변량 x의 평균치, s는 그 표준편차)

이 변환을 실시하면 단위가 다른 변량이 가지런해져서 단위의 불일치 문제도 해소된다. 위의 데이터를 표준화하여 주성분을 구하면 다음과 같다.

성분행렬[a]

	성분	
	1	2
신장	.611	.790
체중	.994	-.013
백미터	.811	-.578

요인추출 방법: 주성분 분석.

a. 추출된 2 성분

$$제1주성분 = 0.611 \times 신장 + 0.994 \times 체중 + 0.811 \times 백미터$$

이렇다면 이해할 수 있다. 모든 변량이 균형 있게 가미되어 있다. 이와 같이 데이터를 변화하면 주성분이 변화해 버린다.

사실은 기여율까지도 변화해 버린다. 주성분이나 기여율은 눈금의 척도에 좌우되는 위태로운 것이다. 충분히 주의할 필요가 있다.

그런데 데이터의 표준화를 행하면 상관행렬과 분산·공분산행렬은 동일해진다. 따라서 주성분을 구하기 위해서는 상관행렬의 고유치 문제를 풀게 된다. 그래서 대부분의 통계분석 소프트웨어는 표준화한 데이터의 주성분을 구할 때에는, 상관행렬을 지정하도록 하는 구조로 되어 있다.

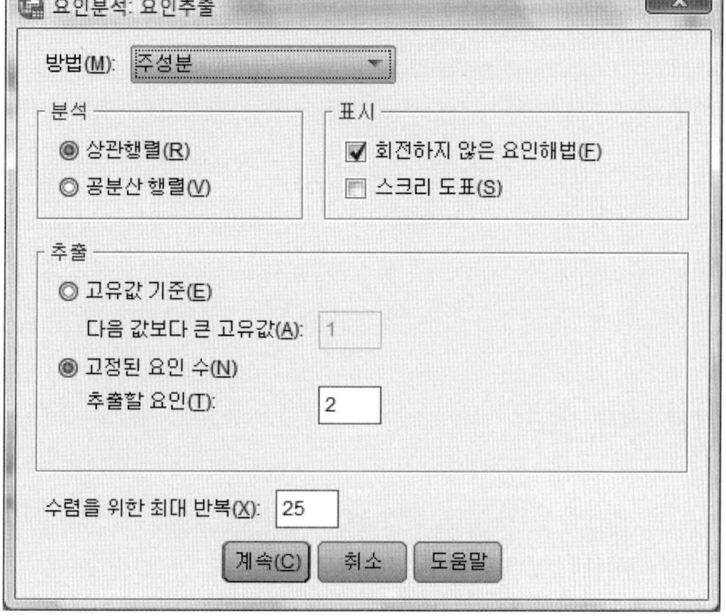

CHAPTER 5 요인분석의 원리

5.1 | 요인분석의 원리

복잡한 현상을 다룰 때에도 우리들은 단순한 원인으로 나누어서 이해하는 경우가 자주 있다. 「학교 구내식당은 환경보다는 음식이 중요한 요인이지만, 호텔 스카이 라운지는 음식 못지 않게 환경이 중요한 요인으로 작용한다」, 「그 사람은 혈액형이 O형이므로 무난하다」는 등 세상에는 단순히 나누는 표현이 범람하고 있다.

이와 같이 단순한 요인으로 복잡한 것을 설명하고자 하는 통계적인 기법이 **요인분석**(factor analysis)이다. 통계적인 현상의 배경에는 여러 가지 복잡한 요인이 있게 마련인데, 그 요인을 소수의 특정 **공통요인**으로 압축하는 것이다. 그리하여 그 공통요인으로 데이터를 설명하고자 하는 것이 요인분석인 것이다.

이 생각은 과학 세계의 원자론(原子論)과 서로 비슷하다. 원자론에서는 몇 개의 원자가 짝을 지어서 복잡한 현상을 연출한다고 생각한다.

요인분석의 개념을 동일 계열 편의점인 A점과 B점에 적용하여 구체적으로 살펴보기로 한다. A점과 B점은 어떤 설문조사에서 다음과 같은 평가점을 얻었다고 한다.

점포명	상품구비	분위기	친근감	넓이
A	56	54	48	46
B	44	56	42	44

동일 계열의 편의점이라도 점장의 수완이나 입지 등의 여러 가지 조건에 따라서 가지각색의 개성이 있다. 그래서 편의점에 잠재해 있는 이들 개성을 요인분석의 수단으로 찾아보기로

한다.

요인분석에서는 데이터의 배경에 소수의 공통요인이 있다고 가정한다. 이 편의점의 예에서는 「하드 요인」과 「소프트 요인」이라고 하는 두 개의 공통요인을 가정하기로 한다.

점장 등의 여러 가지 궁리에 따라서 평가는 변화할 것이다. 그 요인을 「소프트 요인」이라고 부르기로 한다. 그리고 지리적·물리적 조건에 의해서도 평가가 좌우될 것이다. 그 요인을 「하드 요인」이라고 부르기로 한다.

그런데 여기에서 가정한 두 개의 요인에 대해서 편의점 각 점포의 보유량은 다르다고 생각한다. 그래서 이 두 점포는 다음 표에 보이는 바와 같은 요인량을 보유하고 있다고 가정하기로 한다(요인점수).

점포명	소프트 요인	하드 요인
A	60	40
B	40	60

이 표로부터, 예를 들면, A점포는 점장의 기획력이 우수하다고 상상된다. 그리고 B점포는 역에 가깝다거나 부지가 넓다는 등 물리적 요인이 좋다고 생각된다.

다음에 이들 요인에 독특한 부하(負荷)가 작용해서 각 변량의 값(지금의 경우는 앙케트의 평가)이 실현된다고 생각한다. 예를 들면, 「상품구비」는 당연히 점장의 수완(즉, 소프트 요인)에도 좌우되지만, 점포의 물리적인 넓이(즉, 하드 요인)에도 관련된다.

그래서 「상품구비」라고 하는 변량은 예컨대 소프트 요인의 양에 0.8이라고 하는 부하를 하드 요인의 양에 0.2라고 하는 부하를 작용시켜서 값이 얻어진다고 생각해 본다.

$$\text{상품구비의 평가점} = 0.8 \times \text{소프트 요인량} + 0.2 \times \text{하드 요인량}$$

A점포의 경우라면

$$\text{A점포의 상품구비 평가점} = 0.8 \times 60 + 0.2 \times 40 = 56$$

이 된다.

(주) 변량을 얻기 위해서 요인득점에 작용하는 0.8, 0.2 등의 부하는 요인부하량이라고 한다. 지금은 임시적인 수치이다. 제2절 이후에서는 이론적으로 이 수치를 구하게 된다.

다른 앙케트의 평가점도 마찬가지로 얻어진다고 가정한다. 이들 부하량이 다음 표와 같이 주어져 있다고 하자.

변 량	소프트 요인	하드 요인
상품구비	0.8	0.2
분위기	0.5	0.6
친근감	0.6	0.3
넓 이	0.5	0.4

그러면 예를 들어 A점포의 「상품구비」 이외의 평가는 다음과 같이 산출된다.

A점포의 분위기 평가점 $= 0.5 \times 60 + 0.6 \times 40 = 54$

A점포의 친근감 평가점 $= 0.6 \times 60 + 0.3 \times 40 = 48$

A점포의 넓이 평가점 $= 0.5 \times 60 + 0.4 \times 40 = 46$

처음에 보인 점포의 앙케트 데이터와 비교해 보면 A점포의 앙케트 평가의 값을 재현하고 있음을 알 수 있다.

실제의 통계 데이터에서는 물론 이와 같이 완벽하게 요인 모델로 설명이 되는 것은 아니다. 그러나 이 요인 모델로 대부분을 설명할 수 있는 데이터도 많이 있다. 그래서 이와 같은 요인이 발견되면 데이터 해석의 큰 무기가 될 것이다.

이상의 예에서 요인분석이 말하고자 하는 바는 밝혀졌다고 생각한다. 다음 절부터는 그 실제를 알아보기로 한다.

5.2 | 요인분석의 기본원리

다변량분석 중에서 요인분석은 가장 수학적이라고 할 수 있다. 그러나 실제의 분석에서는 통계분석 소프트웨어를 이용하므로 수학이론의 상세한 내용까지 이해할 필요는 없다. 이론의 개요만 이해하고 있으면 된다.

전술한 편의점에 대한 앙케트 평가를 다시 조사하기로 한다. 점포는 1호점, 2호점, …, n호점의 n점포를 생각한다. 변량은 「상품구비」, 「분위기」, 「친근감」, 「넓이」의 4개로 하고 다음의 표와 같이 각각 $z_{상}$, $z_{분}$, $z_{친}$, $z_{넓}$로 나타내기로 한다. 또 이들 변량(실제의 데이터로부터 얻어지므로 실측치라고 한다)은 표준화되어 있다고 한다.

여기에서 각 데이터에 붙여진 첨자의 의미를 확인해 놓기로 한다.

그런데 데이터의 배경에는 두 개의 요인이 있다고 가정한다(설명의 사정상 가령 「소프트 요인」과 「하드 요인」이라고 부른다).

점포	상품구비($z_{상}$)	분위기($z_{분}$)	친근감($z_{친}$)	넓이($z_{넓}$)
1	$z_{1상}$	$z_{1분}$	$z_{1친}$	$z_{1넓}$
2	$z_{2상}$	$z_{2분}$	$z_{2친}$	$z_{2넓}$
:	:	:	:	:
k	$z_{k상}$	$z_{k분}$	$z_{k친}$	$z_{k넓}$
:	:	:	:	:
n	$z_{n상}$	$z_{n분}$	$z_{n친}$	$z_{n넓}$

그래서 점포는 각각 다음의 표에 보인 요인량을 가지고 있다고 가정한다.

점포	소프트 요인	하드 요인
1	f_{1S}	f_{1H}
2	f_{2S}	f_{2H}
:	:	:
k	f_{kS}	f_{kH}
:	:	:
n	f_{nS}	f_{nH}

이 표의 각 값을 각 점포에 대한 **요인점수**(factor score)라고 한다. 붙여진 첨자의 의미를 확인해 보자.

그리고 4개의 변량 값은 이들 2개의 요인에 다음과 같은 부하를 곱해서 얻어진다고 생각한다.

변량	소프트 요인	하드 요인
상품구비($z_{상}$)	$a_{상S}$	$a_{상H}$
분위기($z_{분}$)	$a_{분S}$	$a_{분H}$
친근감($z_{친}$)	$a_{친S}$	$a_{친H}$
넓　이($z_{넓}$)	$a_{넓S}$	$a_{넓H}$

전술한 바와 같이 이들 값을 **요인부하량**(factor loading)이라고 한다. 요인의 각 변량에 대한 영향도를 나타내고 있다. 여기에서도 값에 붙여진 첨자의 의미를 이해할 필요가 있다.

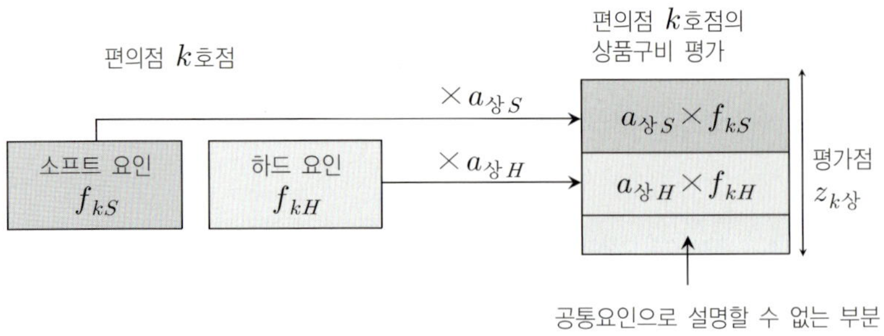

그런데 제1절에서는 요인분석 모델로 완벽하게 설명할 수 있는 데이터를 생각했었다. 그러나 실제로는 공통요인만으로는 설명할 수 없는 독자적인 요소를 편의점 각 점포는 가지고 있는 것이다. 이것을 **독자요인**(unique factor)이라고 부르기로 한다. 그것은 다음의 표와 같다.

점포	상품구비($z_{상}$)	분위기($z_{분}$)	친근감($z_{친}$)	넓이($z_{넓}$)
1	$e_{1상}$	$e_{1분}$	$e_{1친}$	$e_{1넓}$
2	$e_{2상}$	$e_{2분}$	$e_{2친}$	$e_{2넓}$
:	:	:	:	:
k	$e_{k상}$	$e_{k분}$	$e_{k친}$	$e_{k넓}$
:	:	:	:	:
n	$e_{n상}$	$e_{n분}$	$e_{n친}$	$e_{n넓}$

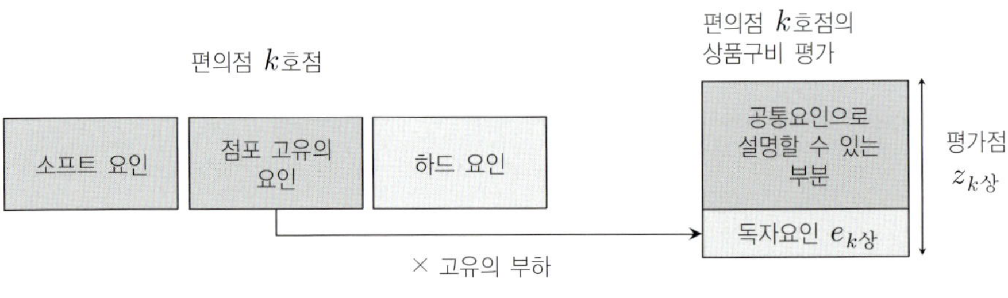

이상으로 요인분석에 필요한 값이 전부 갖추어졌다. 이들 값의 관계를 정리해 보자. 예를 들면, k호점의 「상품구비」의 앙케트 평가는 다음과 같이 계산할 수 있다고 가정한다.

$$z_{k상} = a_{상S} f_{kS} + a_{상H} f_{kH} + e_{k상} \quad \cdots\cdots ①$$

이것을 말로 표현해 보면, 다음과 같이 된다.

k호점의 「상품구비」 평가점

= 상품구비의 소프트 요인부하량 × k호점의 소프트 요인의 보유량

+ 상품구비의 하드 요인부하량 × k호점의 하드 요인의 보유량

+ 독자요인으로부터 생기는 점수

이 관계는 「상품구비」의 변량에만 국한된 것이 아니다. 다른 변량에서도 마찬가지이다.

$$z_{k분} = a_{분S}f_{kS} + a_{분H}f_{kH} + e_{k분} \quad \cdots\cdots ②$$

$$z_{k친} = a_{친S}f_{kS} + a_{친H}f_{kH} + e_{k친} \quad \cdots\cdots ③$$

$$z_{k넓} = a_{넓S}f_{kS} + a_{넓H}f_{kH} + e_{k넓} \quad \cdots\cdots ④$$

이상의 ①~④가 요인분석의 수학적인 표현이다. 요인분석의 출발점이 되는 관계식이다. 제1절의 예와 대조시키면서 확실히 이해해 둘 필요가 있다.

또한 방정식 ①~④의 세트가 n개, 즉 총계 $4n$개 있다.

마지막으로 데이터로부터 무엇이 주어지는지, 무엇을 이제부터 구하고자 하는지를 확인해 보자. 다시 한 번 ①~④를 살펴보자. 좌변의 $z_{k상}$ 등은 분명히 데이터로부터 주어지는 것이다. 그러나 우변에 있는 $a_{상S}$, f_{kS}, $a_{상H}$, f_{kH}, $e_{k상}$ 등은 어느 것 하나도 알고 있지 않다. k가 표본의 수만큼 변화하는 것이므로 방대한 방정식에 직면하게 된다.

그래서 이제부터는 적당한 가정을 세워서 좀더 간단한 방정식으로 변형하는 데 집중하기로 한다.

■ 요인분석의 행렬 표현

대부분의 다변량분석 해설서에서는 요인분석의 수학적 모델을 행렬로 표현하고 있다. 행렬을 이용하면 식이 깔끔해지기 때문이다.

먼저 다음과 같은 행렬 Z, F, A, E를 정의한다.

$$Z = \begin{pmatrix} z_{1상} & z_{1분} & z_{1친} & z_{1넓} \\ z_{2상} & z_{2분} & z_{2친} & z_{2넓} \\ \cdots & \cdots & \cdots & \cdots \\ z_{n상} & z_{n분} & z_{n친} & z_{n넓} \end{pmatrix} \qquad F = \begin{pmatrix} f_{1S} & f_{1H} \\ f_{2S} & f_{2H} \\ \cdots & \cdots \\ f_{nS} & f_{nH} \end{pmatrix}$$

$$A = \begin{pmatrix} a_{상S} & a_{상H} \\ a_{분S} & a_{분H} \\ a_{친S} & a_{친H} \\ a_{넓S} & a_{넓H} \end{pmatrix} \qquad E = \begin{pmatrix} e_{1상} & e_{1분} & e_{1친} & e_{1넓} \\ e_{2상} & e_{2분} & e_{2친} & e_{2넓} \\ \cdots & \cdots & \cdots & \cdots \\ e_{n상} & e_{n분} & e_{n친} & e_{n넓} \end{pmatrix}$$

F를 **요인점수행렬**, A를 **요인부하행렬**이라고 한다. 이들을 이용하면 ①~④식은 다음과 같이 표현된다.

$$Z = FA' + E \quad \cdots\cdots ②$$

(주) A'는 행렬 A의 전치행렬을 가리킨다.

5.3 ı 요인 모델로 바라본 분산

앞에서 요인분석의 수학적인 표현을 시도했다. 요인분석이란 결국 다음과 같은 식으로 나타내지는 수학 모델인 것이다.

$$z_{k상} = a_{상S}f_{kS} + a_{상H}f_{kH} + e_{k상} \quad \cdots\cdots ①$$

$$z_{k분} = a_{분S}f_{kS} + a_{분H}f_{kH} + e_{k분} \quad \cdots\cdots ②$$

$$z_{k친} = a_{친S}f_{kS} + a_{친H}f_{kH} + e_{k친} \quad \cdots\cdots ③$$

$$z_{k넓} = a_{넓S}f_{kS} + a_{넓H}f_{kH} + e_{k넓} \quad \cdots\cdots ④$$

이와 관련하여 이들 방정식의 조는 표본의 수(즉, n)만큼 존재한다. 누가 보더라도 이들 ①~④식은 알기 쉬운 것은 아니다. 그 이유는 아무튼 문자가 너무 많기 때문이다. 그래서 어떻게 하든지 문자를 줄여 보도록 하자.

먼저 각 변량이 표준화되어 있다는 사실에 착안해 보자. 그러면 평균은 0, 분산은 1이다. 예를 들면, 변량「상품구비」에 대해서 생각하면,

$$\text{「상품구비」의 분산} = \frac{1}{n-1}({z_{1상}}^2 + {z_{2상}}^2 + \cdots + {z_{n상}}^2) = 1$$

이라고 쓸 수 있다. 따라서 다음과 같이 된다.

$${z_{1상}}^2 + {z_{2상}}^2 + \cdots + {z_{n상}}^2 = n-1$$

여기에서 ①식, 즉 요인 모델의 식을 대입해 보자.

$$(a_{상S}f_{1S} + a_{상H}f_{1H} + e_{1상})^2 + (a_{상S}f_{2S} + a_{상H}f_{2H} + e_{2상})^2 + \cdots$$
$$+ (a_{상S}f_{nS} + a_{상H}f_{nH} + e_{n상})^2 = n-1$$

더욱 전개해서 동류항을 정리해 보자.

$$
\begin{aligned}
&a_{상S}^{2}(f_{1S}^{2}+f_{2S}^{2}+\cdots+f_{nS}^{2})+a_{상H}^{2}(f_{1H}^{2}+f_{2H}^{2}+\cdots+f_{nH}^{2})\\
&+2a_{상S}a_{상H}(f_{1S}f_{1H}+f_{2S}f_{2H}+\cdots+f_{nS}f_{nH})\\
&+(e_{1상}^{2}+e_{2상}^{2}+\cdots+e_{n상}^{2})\\
&+2a_{상S}(f_{1S}e_{1상}+f_{2S}e_{2상}+\cdots+f_{nS}e_{n상})+2a_{상H}(f_{1H}e_{1상}+f_{2H}e_{2상}+\cdots+f_{nH}e_{n상})\\
&=n-1 \quad \cdots\cdots ⑤
\end{aligned}
$$

이 식 ⑤의 각 행에 대해서 그 의미를 살펴보자.

⑤식의 첫 번째 행을 보면 다음 두 개 항의 합이 나타나 있다.

$$f_{1S}^{2}+f_{2S}^{2}+\cdots+f_{nS}^{2},\quad f_{1H}^{2}+f_{2H}^{2}+\cdots+f_{nH}^{2}$$

f_{kS}, f_{kH}는 k번째 표본이 갖는 요인의 양, 즉 요인점수다. 생각해 보면 각 표본의 요인점수에 대한 측정방법에 대해서는 아무것도 규정되어 있지 않았다. 그래서 다음과 같은 관계가 성립하는 측정방법을 채택하더라도 상관없다.

$$f_{1S}+f_{2S}+\cdots+f_{nS}=0,\quad f_{1H}+f_{2H}+\cdots+f_{nH}=0 \quad \cdots\cdots ⑥$$

$$\frac{1}{n-1}(f_{1S}^{2}+F_{2S}^{2}+\cdots+f_{nS}^{2})=1,\quad \frac{1}{n-1}(f_{1H}^{2}+F_{2H}^{2}+\cdots+f_{nH}^{2})=1 \quad \cdots\cdots ⑦$$

통계학의 언어로 말하면, ⑥은 요인점수의 평균이 0이 된다는 것을 나타내고 ⑦은 그 분산이 1이 된다는 것을 보이고 있다. 즉, 표준화된 데이터라는 것을 의미하고 있다.

요인의 독립성

앞의 ⑤식의 두 번째 행을 보면 다음의 항이 나타나 있다.

$$f_{1S}f_{1H}+f_{2S}f_{2H}+\cdots+f_{nS}f_{nH}$$

요인점수 f_{1S}, f_{1H}, …는 표준화된 데이터라고 생각되므로 이 합은 통계학의 말을 빌리자면, 공분산(또는 상관계수)에 비례하고 있다.

그런데 개개의 요인은 다른 내용을 나타내는 것이다. 요인은 물질을 구성하는 원자와 같이 생각되는 것으로 다른 요인과 공통부분을 갖는 것은 허용되지 않는다. 전술한 편의점의 예로 말하자면 소프트 요인과 하드 요인은 「물과 기름」, 즉 전혀 양립하지 않는 것이다.

그래서 각 표본이 갖는 요인의 양(요인점수) 사이에 상관은 없다고 생각된다. 지금 조사하고 있는 편의점의 경우에도 각 점포가 보유하는 소프트 요인과 하드 요인의 상관은 없다. 즉, 공분산이 0이라고 표현할 수 있다.

이로부터 ⑤의 두 번째 행의 합은 0이 된다는 것을 알 수 있다. 즉,

$$\frac{1}{n-1}(f_{1S}f_{1H}+f_{2S}f_{2H}+\cdots+f_{nS}f_{nH})=0$$

$$f_{1S}f_{1H}+f_{2S}f_{2H}+\cdots+f_{nS}f_{nH}=0 \quad \cdots\cdots ⑧$$

■ 독자요인의 제곱합은 분산에 비례

⑤식의 세 번째 행을 보면 다음의 항이 나타나 있다.

$$e_{1상}^2+e_{2상}^2+\cdots+e_{n상}^2 \quad \cdots\cdots ⑨$$

이것들 독자요인 $e_{1상}, e_{2상}, \cdots$에 대해서는 예단(豫斷)이 허용되지 않는다. 예를 들면, 기본식 ①, 즉

$$z_{k상}=a_{상S}f_{kS}+a_{상H}f_{kH}+e_{k상} \quad \cdots\cdots ①$$

을 보면 알 수 있듯이 독자요인은 실제로 관측되는 양($z_{k상}$)에 직접 관여하기 때문이다. 아무 척도로나 측정해서는 안 된다.

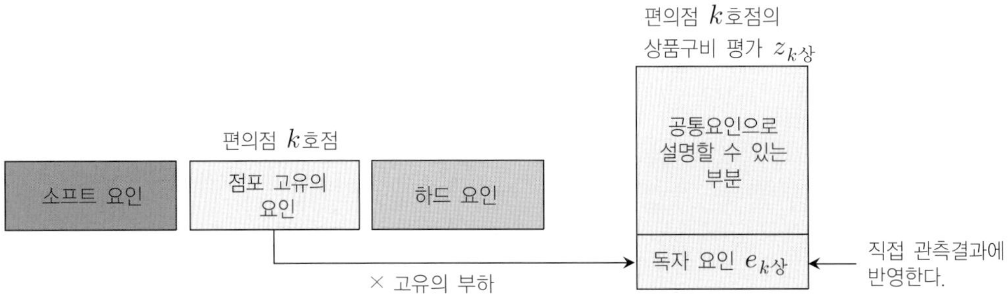

그런데 ①~④식으로부터 독자요인의 평균이 0이라고 하는 것은 간단히 알 수 있다. 실제로 ①에서 조사해 보면 실측치 $z_{k상}$, 요인득점 f_{kS}, f_{kH}의 평균은 0이다. 따라서 「상품구비」에 대한 독자요인의 평균이 0이 된다는 것을 알 수 있다.

이와같이 독자요인의 평균이 0이므로, 「상품구비」에 관한 독자요인의 분산 $v_{상}^2$는 다음과 같이 표현된다.

$$\frac{1}{n-1}(e_{1상}{}^2 + e_{2상}{}^2 + \cdots + e_{n상}{}^2) = v_{상}{}^2$$

이로부터 ⑨식의 합은 다음과 같이 분산 $v_{상}{}^2$으로 나타낼 수 있다.

$$e_{1상}{}^2 + e_{2상}{}^2 + \cdots + e_{n상}{}^2 = (n-1)v_{상}{}^2 \quad \cdots\cdots ⑩$$

출발점이 되는 ⑤식은 변량 「상품구비」에 관한 것이었다. 다른 변량에 관해서도 당연히 다음과 같이 마찬가지의 식이 성립한다.

$$\left.\begin{array}{l} e_{1분}{}^2 + e_{2분}{}^2 + \cdots + e_{e상}{}^2 = (n-1)v_{상}{}^2 \\ e_{1친}{}^2 + e_{2친}{}^2 + \cdots + e_{n친}{}^2 = (n-1)v_{친}{}^2 \\ e_{1넓}{}^2 + e_{2넓}{}^2 + \cdots + e_{n넓}{}^2 = (n-1)v_{넓}{}^2 \end{array}\right\} \cdots ⑩$$

여기에서 $v_{분}{}^2$, $v_{친}{}^2$, $v_{넓}{}^2$는 각각 「분위기」, 「친근감」, 「넓이」에 관한 독자요인의 분산을 나타낸다.

■ 공통요인의 양과 독자요인의 양은 서로 무상관

앞의 ⑤식의 네 번째 행을 보면 다음의 두 항이 나타나 있다.

$$f_{1S}e_{1상} + f_{2S}e_{2상} + \cdots + f_{nS}e_{n상},\ f_{1H}e_{1상} + f_{2H}e_{2상} + \cdots + f_{nH}e_{n상}$$

f_{kS}, f_{kH}, $e_{k상}$은 각각 k번째 점포가 갖는 소프트 요인, 하드 요인, 독자요인이다.

그런데 독자요인이란 공통요인(즉, 소프트 요인, 하드 요인)으로는 설명할 수 없는 「독자」의 원인으로부터 생기는 것이다. 따라서 공통요인과 독자요인은 무관계, 즉 상관이 없다고 생각된다.

관계가 없다고 하는 것은 수학적으로는 공분산이 0이라고 하는 것을 말한다. 이러한 사실을 예를 들면, 하드 요인과 「상품구비」에 대해서 적용하면 다음과 같은 식으로 나타내진다.

$$\frac{1}{n-1}(f_{1H}e_{1상} + f_{2H}e_{2상} + \cdots + f_{nH}e_{n상}) = 0$$

여기에서 각 변량의 평균은 0이라고 하는 것을 이용하고 있다. 이로부터 ⑤식의 네 번째 행의 합에 관해서 다음의 관계식이 성립하는 것을 알 수 있다.

$$\left.\begin{array}{l} f_{1S}\, e_{1상} + f_{2S}\, e_{2상} + \cdots + f_{nS}\, e_{n상} = 0 \\ f_{1H}\, e_{1상} + f_{2H}\, e_{2상} + \cdots + f_{nH}\, e_{n상} = 0 \end{array}\right\} \cdots\cdots ⑪$$

이상으로 조사한 ⑥~⑪을 ⑤에 대입해 보자.

$$a_{상S}^{\ 2}(f_{1S}^{\ 2}+f_{2S}^{\ 2}+\cdots+f_{nS}^{\ 2})+a_{상H}^{\ 2}(f_{1H}^{\ 2}+f_{2H}^{\ 2}+\cdots+f_{nH}^{\ 2})$$
$$+a_{상S}a_{상H}(f_{1S}f_{1H}+f_{2S}f_{2H}+\cdots+f_{nS}f_{nH})$$
$$+(e_{1상}^{\ 2}+e_{2상}^{\ 2}+\cdots+e_{n상}^{\ 2})$$
$$+a_{상S}(f_{1S}e_{1상}+f_{2S}e_{2상}+\cdots+f_{nS}e_{n상}+a_{상H}(f_{1H}e_{1상}+f_{2H}e_{2상}+\cdots+f_{nH}e_{n상})$$
$$=(n-1)a_{상S}^{\ 2}+(n-1)a_{상H}^{\ 2}+(n-1)v_{상}^{\ 2}=n-1$$

즉,

$$a_{상S}^{\ 2}+a_{상H}^{\ 2}+v_{상}^{\ 2}=1 \quad \cdots\cdots ⑫$$

이것이 본 절의 결론이다. 출발이 되었던 식 ①~④보다도 훨씬 단순해졌다.

그런데 ⑫는 변량 「상품구비」에 관해서 조사한 것인데, 다른 변량에 대해서도 마찬가지이다. 정리하면 다음과 같다.

$$\left.\begin{array}{l} a_{분S}^{\ 2}+a_{분H}^{\ 2}+v_{분}^{\ 2}=1 \\ a_{친S}^{\ 2}+a_{친H}^{\ 2}+v_{친}^{\ 2}=1 \\ a_{넓S}^{\ 2}+a_{넓H}^{\ 2}+v_{넓}^{\ 2}=1 \end{array}\right\} \quad \cdots\cdots ⑫$$

5.4 | 요인 모델로 바라본 공분산

요인분석의 수학적인 표현을 제2절에서 구했다. 요인분석이란 다음의 식으로 나타내지는 통계 모델이다.

$$z_{k상}=a_{상S}f_{kS}+a_{상H}f_{kH}+e_{k상} \quad \cdots\cdots ①$$

$$z_{k분}=a_{분S}f_{kS}+a_{분H}f_{kH}+e_{k분} \quad \cdots\cdots ②$$

$$z_{k친}=a_{친S}f_{kS}+a_{친H}f_{kH}+e_{k친} \quad \cdots\cdots ③$$

$$z_{k넓}=a_{넓S}f_{kS}+a_{넓H}f_{kH}+e_{k넓} \quad \cdots\cdots ④$$

식이 알아보기 어려운 것은 문자의 종류가 많기 때문이다. 그래서 제4절에서는 분산의 식에 이들 ①~④를 대입함으로써 간단한 관계식을 도출해 보기로 한다.

변량 간 공분산의 구체적인 예로서 앙케트 항목의 「상품구비」와 「분위기」에 대해서 조사해 보자. 변량은 표준화되어 있으므로 공분산은 상관계수와 일치하며 다음의 관계를 충족한다.

$$\frac{1}{n-1}(z_{1상}z_{1분} + z_{2상}z_{2분} + \cdots + z_{n상}z_{n분}) = r_{상분} \quad \cdots\cdots ⑤$$

우변의 $r_{상분}$는 「상품구비」와 「분위기」의 상관계수이다. 좌변에 있는 ( ) 속의 식에 요인 모델의 식 ①, ②를 대입해 보자.

$$\begin{aligned}&(a_{상S}f_{1S} + a_{상H}f_{1H} + e_{1상})(a_{분S}f_{1S} + a_{분H}f_{1H} + e_{1분})\\ &\quad + (a_{상S}f_{2S} + a_{상H}f_{2H} + e_{2상})(a_{분S}f_{2S} + a_{분H}f_{2H} + e_{2분}) + \cdots\\ &\quad + (a_{상S}f_{nS} + a_{상H}f_{nH} + e_{n상})(a_{분S}f_{nS} + a_{분H}f_{nH} + e_{n분})\end{aligned}$$

전개하고 동류항을 정리하여 제3절의 ⑦~⑪의 결과를 대입한다.

⑤식 좌변의 ( ) 내 = $a_{상S}a_{분S}(f_{1S}^2 + f_{2S}^2 + \cdots + f_{nS}^2)$

$$\begin{aligned}&+ a_{상H}a_{분H}(f_{1H}^2 + f_{2H}^2 + \cdots + f_{nH}^2)\\ &+ (e_{1상}e_{1분} + e_{2상}e_{2분} + \cdots + e_{n상}e_{n분})\\ &+ (a_{상S}a_{분H} + a_{상H}a_{분S})(f_{1S}f_{1H} + f_{2S}f_{2H} + \cdots + f_{nS}f_{nH})\\ &+ a_{상S}(f_{1S}e_{1분} + f_{2S}e_{2분} + \cdots + f_{nS}e_{n분}) + a_{상H}(f_{1H}e_{1분} + f_{2H}e_{2분} + \cdots + f_{nH}e_{n분})\\ &+ a_{분S}(f_{1S}e_{1상} + f_{2S}e_{2상} + \cdots + f_{nS}e_{n상}) + a_{분H}(f_{1H}e_{1상} + f_{2H}e_{2상} + \cdots + f_{nH}e_{n상})\end{aligned}$$

이로부터 ⑤식은 다음과 같이 정리된다.

$$a_{상S}a_{분S} + a_{상H}a_{분H} + \frac{1}{n-1}(e_{1상}e_{1분} + e_{2상}e_{2분} + \cdots + e_{n상}e_{n분}) = r_{상분} \quad \cdots\cdots ⑥$$

그러나 ⑥에는 번거로운 합이 남아 있다. 그것이 다음의 ⑦식이다.

$$e_{1상}e_{1분} + e_{2상}e_{2분} + \cdots + e_{n상}e_{n분} \quad \cdots\cdots ⑦$$

이 합에 대해서 조사해 보자. 먼저 변량 「상품구비」, 「분위기」에 대한 독자요인의 공분산을 새로 써 보자.

$$s_{상분} = \frac{1}{n-1}(e_{1상}e_{1분} + e_{2상}e_{2분} + \cdots + e_{n상}e_{n분})$$

⑦의 합이 들어 있는 것을 확인할 수 있다. 그런데 이 공분산 $s_{상분}$은 어떤 값이 될까? 바로 0이 된다. 그것은 독자요인은 그 이름대로 「독자」이며 서로 상관이 없다고 생각되기 때문이다.

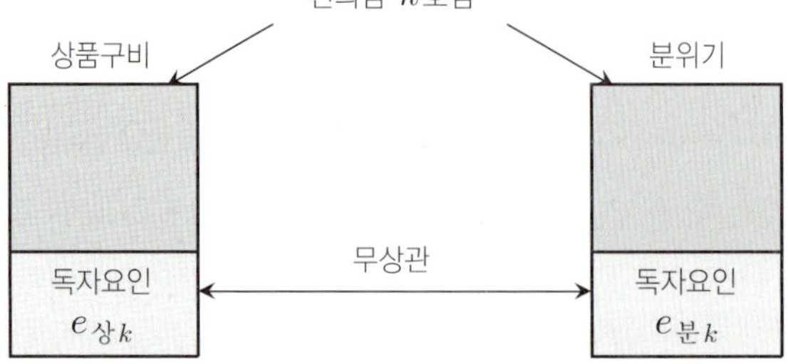

공분산이란 상관의 강도를 나타내는 양이므로 상관이 없으면 당연히 값은 0이 될 것이다. 따라서 다음의 식이 얻어진다.

$$e_{1상}e_{1분} + e_{2상}e_{2분} + \cdots + e_{n상}e_{n분} = 0 \quad \cdots\cdots \text{⑧}$$

이것으로 준비가 다 되었다. ⑧식을 ⑥식에 대입하면 다음의 식이 얻어진다.

$$a_{상S}a_{분S} + a_{상H}a_{분H} = r_{상분} \quad \cdots\cdots \text{⑨}$$

다른 변량의 사이에 대해서도 마찬가지의 관계식이 얻어진다. 예를 들면, 「분위기」와 「넓이」의 사이에는 다음과 같은 관계식이 얻어진다.

$$a_{분S}a_{넓S} + a_{분H}a_{넓H} = r_{분넓} \quad \cdots\cdots \text{⑨}$$

요인 모델의 출발점인 최초의 식 ①~④와 비교해 보면, 제3절의 결과와 마찬가지로 실로 단순화되었다. 이들 ⑨식의 세트가 본 절의 결론에 해당하는 식인 것이다.

5.5 | 공통요인의 설명력을 나타내는 공통성

제2절에서는 요인분석의 모델을 수식으로 표현했다. 그것은 다음과 같이 나타내진다.

$$\left.\begin{aligned} z_{k상} &= a_{상S}f_{kS} + a_{상H}f_{kH} + e_{k상} \\ z_{k분} &= a_{분S}f_{kS} + a_{분H}f_{kH} + e_{k분} \\ z_{k친} &= a_{친S}f_{kS} + a_{친H}f_{kH} + e_{k친} \\ z_{k넓} &= a_{넓S}f_{kS} + a_{넓H}f_{kH} + e_{k넓} \end{aligned}\right\} \quad \cdots\cdots \text{①}$$

이 연립방정식은 너무 많은 문자를 포함하고 있다. k가 표본의 번호이므로 이 연립방정식의 세트는 표본의 수만큼 있을 것이다. 그러한 연립방정식을 다루는 것은 엄청난 일이다.

그래서 제3절, 제4절에서는 여러 가지 조건을 설정하여 문자를 줄여서 다음과 같은 방정식을 도출했다. 이것들이 지금까지의 논의의 결론에 해당하는 식이다.

$$\left.\begin{array}{l} {a_{상S}}^2 + {a_{상H}}^2 + {v_{상}}^2 = 1 \\ {a_{분S}}^2 + {a_{분H}}^2 + {v_{분}}^2 = 1 \\ \quad\cdots \\ a_{상S}a_{분S} + a_{상H}a_{분H} = r_{상분} \\ a_{분S}a_{친S} + a_{분H}a_{친H} = r_{분친} \\ \quad\cdots \end{array}\right\} \cdots\cdots ②$$

충분히 문자수가 줄어들었다. 이 정도라면 어떻게든 풀 수가 있을 것 같다. 그러나 실제로 풀려고 하면 문제가 생긴다. 이들 방정식 중에서 독자요인(${v_{상}}^2$ 등)이 정해지지 않는다. 이 독자요인은 요인분석 모델에서는 다룰 수 없기 때문이다. 이것은 추정할 수밖에 없다.

■ 공통성이란

그런데 이 독자요인을 어떻게 추정하는가에 대해서는 다음 절에서 생각하기로 하고, 여기에서는 그 준비를 해 두기로 한다. 그래서 등장하는 것이 공통성이다.

앞의 ②식의 제일 위의 식을 보면 ${v_{상}}^2$은 「상품구비」에 포함되는 독자요인의 분산이다. 전술한 바와 같이 이것은 요인분석의 모델로부터는 이해할 수 없다. 그래서 이 ②식의 제일 위의 식을

$${a_{상S}}^2 + {a_{상H}}^2 = 1 - {v_{상}}^2 \quad \cdots\cdots ③$$

으로 변형해 보기로 하자. 「상품구비」에 관한 공통성이란 좌변 ${a_{상S}}^2 + {a_{상H}}^2$을 말한다(다른 변량도 마찬가지이다).

요컨대 ②식을 요인 모델로 해결할 수 있는 부분과 해결할 수 없는 부분으로 분리한 것이다. 그리하여 요인 모델로 해결할 수 있는 부분을, 공통요인으로 해결할 수 있는 부분이라고 하는 의미에서 「공통성」이라고 부른 것이다.

그러면 이 공통성의 의미에 대해서 알아보기로 한다. 그러려면 「변량이 갖는 정보량」에 대해서 확인하지 않으면 안 된다. 제2장에서도 언급한 바와 같이 데이터가 갖는 정보량은 분산이라고 생각된다. 분산이 클수록 풍부한 정보를 포함하고 있는 것이다. 분산이란 바꾸어

말하면, 데이터가 갖는 정보량이라고 생각해도 좋다.

그런데 표준화되어 있는 변량 「상품구비」 $z_{상}$의 분산은 1이다.

$$z_{상}\text{의 분산} = \frac{1}{n-1}({z_{1상}}^2 + {z_{2상}}^2 + \cdots + {z_{n상}}^2) = 1 \quad \cdots\cdots ④$$

분산은 그 변량이 갖는 정보량이라고 생각되므로 변량 「상품구비」 $z_{상}$이 갖는 정보량은 1이 된다.

■ 공통성의 의미

이것으로 준비가 갖추어졌다. 앞에서 도입한 「공통성」의 의미에 대해서 알아보도록 하자. 예로서 다시 변량 「상품구비」를 생각하기로 한다. 기본식 ①, 즉 다음의 식을 살펴보자.

$$z_{k상} = a_{상S}f_{kS} + a_{상H}f_{kH} + e_{k상} \quad (k=1,\ 2,\ \cdots,\ n) \quad \cdots\cdots ①$$

공통요인이 완전히 지배하는 세계에서는 독자요인 $e_{k상}$의 항은 없어진다. 그래서 ①에서 그것을 제거한 값 $z_{k상}'$을 생각해 보기로 한다.

$$z_{k상}' = a_{상S}f_{kS} + a_{상H}f_{kH} \quad (k=1,\ 2,\ \cdots,\ n)$$

④식과 마찬가지로 이 $z_{k상}'$의 분산을 조사해 보자. 제3절의 ⑤식으로부터 ⑫식을 도출한 요령으로 계산하면, 다음의 관계가 성립한다.

$$\begin{aligned} z_{k상}'\text{의 분산} &= \frac{1}{n-1}({z_{1상}'}^2 + {z_{2상}'}^2 + \cdots + {z_{n상}'}^2) \\ &= {a_{상S}}^2 + {a_{상H}}^2 \end{aligned}$$

$z_{k상}'$의 분산은 변량 「상품구비」의 공통성 그 자체인 것이다.

분산은 변량이 갖는 정보량이라고 생각된다. $z_{k상}'$의 분산은 독자요인을 무시했을 때의 「상품구비」의 분산이다. 그 분산이 공통성 ${a_{상S}}^2 + {a_{상H}}^2$과 일치한다고 하는 것은 공통성 ${a_{상S}}^2 + {a_{상H}}^2$은 「상품구비」에 관해서 공통요인만으로 설명할 수 있는 정보량을 나타내고 있다는 것을 의미한다.

공통성 ${a_{상S}}^2 + {a_{상H}}^2$을 통상 ${h_{상}}^2$으로 나타낸다.

$${h_{상}}^2 = {a_{상S}}^2 + {a_{상H}}^2$$

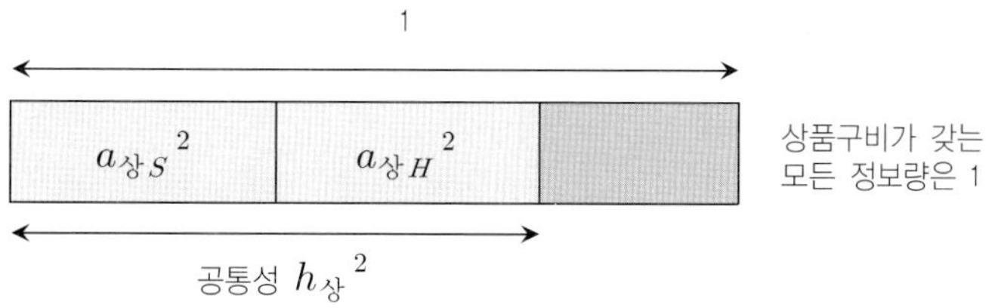

위의 그림으로부터 알 수 있듯이 $h_{상}{}^2$은 공통요인으로 설명할 수 있는 정보의 비율을 나타내고 있다.

다른 변량에 대해서도 마찬가지이다. 예를 들면, 공통성 $h_{분}{}^2(=a_{분S}{}^2+a_{분H}{}^2)$은 변량 「분위기」가 갖는 모든 정보 중에서 공통요인(소프트 요인과 하드 요인)으로 설명되는 정보의 비율을 나타낸다고 생각할 수 있다.

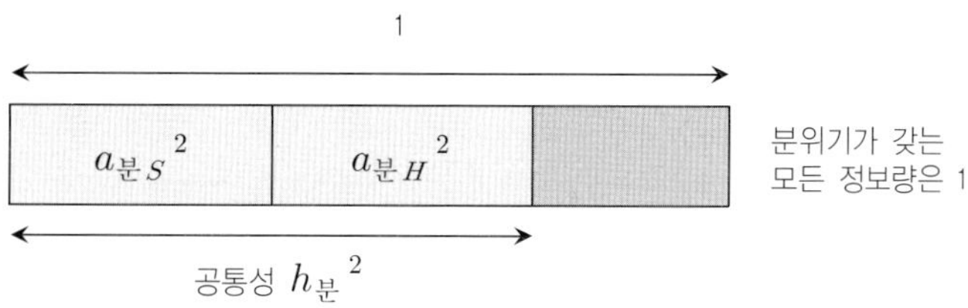

그런데 ③식, 즉

$$a_{상S}{}^2+a_{상H}{}^2=1-v_{상}{}^2 \quad \cdots\cdots \text{③}$$

에 공통성 $h_{상}{}^2$을 대입해 보자. 그러면 다음의 관계가 생긴다.

$$h_{상}{}^2+v_{상}{}^2=1$$

$h_{상}{}^2$이 요인 모델로 설명할 수 있는 정보량의 비율을 나타내고 있다면, $v_{상}{}^2$은 요인 모델로는 설명할 수 없는 정보량의 비율을 나타내고 있다고 생각된다.

그래서 독자요인의 분산 $v_{상}{}^2$은 상품구비에 관한 **독자성**이라고 부른다.

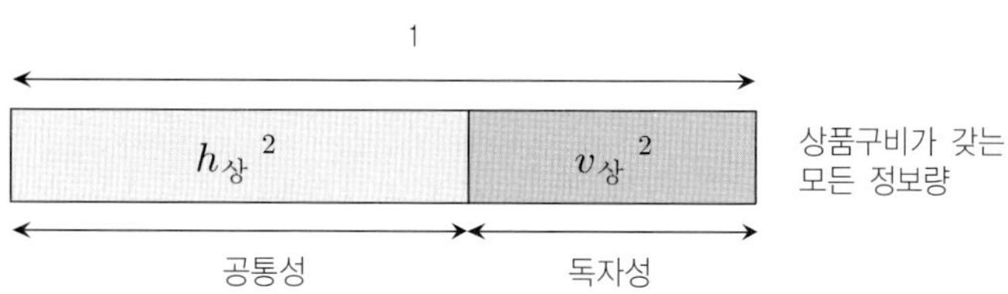

그와 관련하여 각 변량에 대한 공통성의 합 h^2을 생각해 보기로 한다.

$$h^2 = h_{상}{}^2 + h_{분}{}^2 + h_{친}{}^2 + h_{넓}{}^2$$

이 h^2을 **총공통성**이라고 부른다. 데이터 모두가 요인분석 모델로 설명할 수 있는 경우에는 각 변량의 공통성은 1이 되므로, 총공통성 h^2의 최대치는 변량의 수(지금 조사하고 있는 편의점 예에서는 4)이다. 그래서 다음의 관계가 성립하는 것을 알 수 있다.

$$\frac{h^2}{\text{변량의 갯수}} = \text{데이터가 갖는 모든 정보 중에서 공통요인으로 설명할 수 있는 정보의 비율}$$

5.6 | 공통성의 추정

제2절에서는 요인분석의 모델을 수식으로 표현했다. 매번 등장하고 있지만, 다시 한 번 확인해 두기로 한다.

$$\left.\begin{aligned} z_{k상} &= a_{상S}f_{kS} + a_{상H}f_{kH} + e_{k상} \\ z_{k분} &= a_{분S}f_{kS} + a_{분H}f_{kH} + e_{k분} \\ z_{k친} &= a_{친S}f_{kS} + a_{친H}f_{kH} + e_{k친} \\ z_{k넓} &= a_{넓S}f_{kS} + a_{넓H}f_{kH} + e_{k넓} \end{aligned}\right\} \cdots\cdots ①$$

이 식은 너무나 많은 문자를 포함하고 있으므로 연립방정식으로서 다루는 것은 엄청나다. 그래서 제3절, 제4절에서는 여러 가지 조건으로부터 문자를 줄여서 다음의 방정식을 이끌어 냈다.

$$\left.\begin{aligned} &a_{상S}{}^2 + a_{상H}{}^2 + v_{상}{}^2 = 1 && (\text{다른 변량에 대해서도 마찬가지}) \\ &a_{상S}a_{분S} + a_{상H}a_{분H} = r_{상분} && (\text{다른 변량에 대해서도 마찬가지}) \end{aligned}\right\} \cdots\cdots ②$$

이 정도라면 풀 수 있을 것 같은데, 한 가지 문제가 남아 있다. 요인분석의 아이디어로부터 불거져 나오는 독자성($v_{상}{}^2$ 등)의 취급이다.

공통요인으로는 설명할 수 없는 독자성은 어떠한 방법으로든 추정할 수밖에 없다. 그렇다면 어떻게 추정하면 좋을까? 그래서 등장하는 것이 앞에서 기술한 공통성이다.

②식을 살펴보자. 첫 번째 식에 공통성 $h_{상}{}^2(=a_{상S}{}^2+a_{상H}{}^2)$을 대입하면 다음의 식이 얻어진다.

$$h_{상}{}^2+v_{상}{}^2=1 \quad \cdots\cdots \text{③}$$

이로부터 알 수 있는 바와 같이 독자성 $v_{상}{}^2$을 추정하는 것은 공통성 $h_{상}{}^2$을 추정하는 것과 같다.

만일 $h_{상}{}^2$가 추정된다면 $v_{상}{}^2$을 알 수 있고, ②의 방정식에 공통요인으로 설명할 수 없는 항은 없어진다. 그 다음은 PC를 이용해서 ②의 방정식을 풀면 된다.

그래서 공통성의 추정법을 알아보자. 여기에서는 유명한 SMC법이라고 불리는 추정법을 소개하기로 한다(SMC란 3인의 학자의 머리글자).

SMC법은 중회귀분석이 예측하는 정보의 비율을 공통성의 추정에 이용하는 방법이다. 예로서 다시 「상품구비」라고 하는 변량을 조사해 보자.

중회귀분석이란 데이터 중의 1변량을 나머지 다른 변량으로부터 1차식으로 예측하고자 하는 분석법이다. 지금의 경우 「상품구비」는 다른 변량(즉, 「분위기」, 「친근감」, 「넓이」)으로부터 추정된다. 그 추정이 어느 정도 옳은지는 **결정계수** R^2로 표현된다.

이 결정계수 R^2은 다음과 같이 정의되는 값이다.

$$R^2=\frac{\text{「상품구비」 예측치의 분산}}{\text{「상품구비」 실측치의 분산}}$$

이 식으로부터 알 수 있듯이 결정계수 R^2은 중회귀분석으로 예측할 수 있는 정보의 비율을 의미하고 있다.

그런데 전술한 바와 같이 공통성 $h_{상}{}^2$은 공통요인으로 설명할 수 있는 정보량의 비율을 나타내고 있다. 요인이 데이터의 배후에 엄연히 버티고 있다면 중회귀분석에 의한 정보의 예측량은 이 요인에 의해서 추정되는 공통성과 일치할 것이다. 그래서 「상품구비」라고 하는 변량에 대해서

$$\text{공통성 } h_{상}{}^2=\text{ 결정계수 } R^2$$

이라고 가정한다.

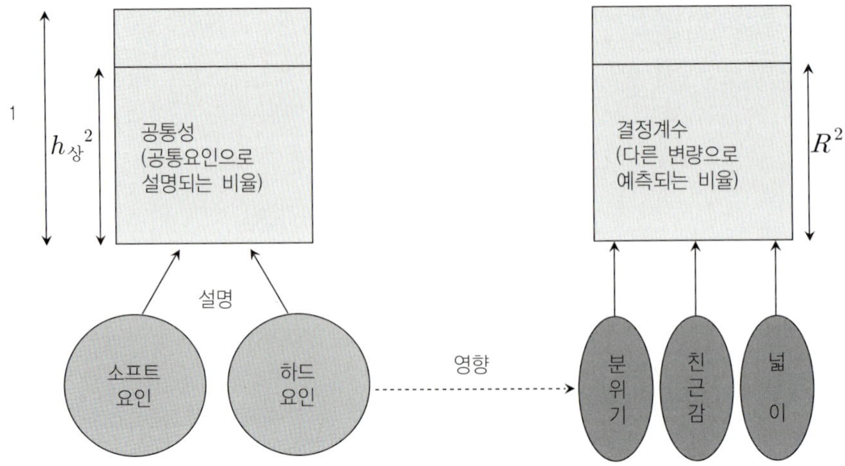

중회귀분석을 실행하면 결정계수 R^2은 구해진다. 그 구한 값을 위의 관계식에 대입하면 공통성 $h_{상}{}^2$이 구해지게 되는 것이다. 이것이 SMC법이다.

이상으로 요인분석의 준비가 완료되었다. 다음에는 지금까지 살펴본 편의점의 앙케트 평가를 예로 해서 요인분석을 실시해 보자.

■ SMC법에 의한 실제 분석

지금까지는 데이터의 값으로서 일반적인 $z_{k상}$ 등의 문자를 이용해 왔다. 여기에서는 다음과 같은 구체적인 데이터 값을 사용하여 지금까지의 논의를 확인해 보기로 한다.

점포명	상품구비	분위기	친근감	넓이
1호점	20	20	30	70
2호점	15	25	25	15
3호점	60	70	60	30
4호점	70	50	60	40
5호점	30	35	55	80
6호점	50	85	85	80
7호점	80	65	70	30
8호점	30	65	75	80
9호점	60	60	50	40
10호점	25	25	50	25

요인 분석에서는 먼저 데이터의 표준화를 실행해야 한다. 위의 데이터를 표준화해 보자.

점포명	상품구비	분위기	친근감	넓이
1호점	−1.05	−1.33	−1.39	0.82
2호점	−1.27	−1.11	−1.66	−1.32
3호점	0.70	0.89	0.21	−0.74
4호점	1.14	0.00	0.21	−0.35
5호점	−0.61	−0.67	−0.05	1.21
6호점	0.26	1.56	1.55	1.21
7호점	1.58	0.67	0.75	−0.74
8호점	−0.61	0.67	1.02	1.21
9호점	−0.70	0.44	−0.32	−0.35
10호점	−0.83	−1.11	−0.32	−0.93

이 표준화된 값이 지금까지 $z_{k상}$ 등으로 나타내 왔던 문자의 실체가 된다. 이 표의 각 값을 「소프트 요인」과 「하드 요인」이라고 하는 두 개의 요인으로 설명하는 것이 여기에서의 목적이다.

그런데 여러 번 확인해 온 바이지만 풀어야 할 연립방정식은 다음의 방정식이다.

$$\left.\begin{array}{ll} {a_{상S}}^2+{a_{상H}}^2+{v_{상}}^2=1\ , & {a_{분S}}^2+{a_{분H}}^2+{v_{분}}^2=1 \\ {a_{친S}}^2+{a_{친H}}^2+{v_{친}}^2=1\ , & {a_{넓S}}^2+{a_{넓H}}^2+{v_{넓}}^2=1 \\ a_{상S}a_{분S}+a_{상H}a_{분H}=\gamma_{상분}, & a_{상S}a_{친S}+a_{상H}a_{친H}=\gamma_{상친} \\ a_{상S}a_{넓S}+a_{상H}a_{넓H}=\gamma_{상넓}, & a_{분S}a_{친S}+a_{분H}a_{친H}=\gamma_{분친} \\ a_{분S}a_{넓S}+a_{분H}a_{넓H}=\gamma_{분넓}, & a_{친S}a_{넓S}+a_{친H}a_{넓H}=\gamma_{친넓} \end{array}\right\} \quad \cdots\cdots ④$$

여기에서는 실제로 방정식을 풀기 때문에 생략하지 않고 모두 나열했다. 「엄청난 연립방정식이다!」라고 생각할지도 모르지만 요인분석의 기초 모델 식(제6절의 ①식)에 비하면 훨씬 간단하다.

그런데 여기에서 $r_{상분}$ 등은 상관계수이다. 이것들은 주어진 데이터로부터 간단히 구해진다. 실제로 SPSS 등으로 계산하면 다음의 표와 같이 된다.

상관행렬

		상품구비	분위기	친근감	넓이
상관계수	상품구비	1.000	.682	.556	-.210
	분위기	.682	1.000	.860	.221
	친근감	.556	.860	1.000	.413
	넓이	-.210	.221	.413	1.000

남은 문제는 공통요인으로 설명할 수 없는 독자성의 부분($v_{상}{}^2$ 등)이다. 그것들은 추정할 수밖에 없다. 그래서 전술한 SMC법을 이용한다.

SMC법은 공통성, 즉 $a_{상S}{}^2 + a_{상H}{}^2 (= h_{상}{}^2)$ 등을 중회귀분석으로 추정하는 방법이다. 이들 공통성이 추정되면 ④로부터 독자성의 부분 ($v_{상}{}^2$ 등)이 구해진다.

그러면 먼저 중회귀분석을 이용해서 그 결정계수를 구해보자. 가령 「상품구비」에 관한 결정계수는 「상품구비」를 종속변수로 하고 다른 변량, 즉 「분위기」, 「친근감」, 「넓이」 등을 독립변수로 하여 중회귀분석을 실시한 결과이다. 분석결과를 표로 정리하면 다음과 같다.

변량	결정계수(R^2)
상품구비	0.62
분위기	0.80
친근감	0.80
넓 이	0.45

이 표로부터 예를 들면, 「상품구비」의 결정계수는 0.62이므로 이것을 공통성 $h_{상}{}^2$의 값으로 채택해서

$$h_{상}{}^2 (= a_{상S}{}^2 + a_{상H}{}^2) = 0.62$$

이것을 ③식, 즉

$$h_{상}{}^2 + v_{상}{}^2 = 1 \quad \cdots\cdots ③$$

에 대입하면 $v_{상}{}^2$이 구해진다.

이와 같이 해서 공통성으로부터 독자성의 부분을 추정함으로써 ④식은 다음과 같이 바꾸어 쓸 수 있다.

$$a_{상S}{}^2 + a_{상H}{}^2 = 0.62, \quad a_{분S}{}^2 + a_{분H}{}^2 = 0.80$$
$$a_{친S}{}^2 + a_{친H}{}^2 = 0.80, \quad a_{넓S}{}^2 + a_{넓H}{}^2 = 0.45$$
$$a_{상S}a_{분S} + a_{상H}a_{분H} = 0.68, \quad a_{상S}a_{친S} + a_{상H}a_{친H} = 0.56$$
$$a_{상S}a_{넓S} + a_{상H}a_{넓H} = -0.21, \quad a_{분S}a_{친S} + a_{분H}a_{친H} = 0.86$$
$$a_{분S}a_{넓S} + a_{분H}a_{넓H} = 0.22, \quad a_{친S}a_{넓S} + a_{친H}a_{넓H} = 0.41$$

이제 문제는 어떻게 요인을 추출하느냐 하는 것이다. 여러 가지 해법이 있지만 여기에서는 SPSS를 이용해서 결과만을 기재하도록 한다. 요인 추출은 '고유값 기준'으로 '1' 이상을 지정하여 추출하도록 하였으며 요인회전은 베리멕스' 방법을 선택하였다.

분석결과 두 개의 요인이 추출되었으며 각 요인에 대한 고유값, 누적 비율, 의미 및 구성 변량은 다음과 같다.

요인	고유값	누적 비율	의미	구성 변량
제1요인	2.458	61.461	소프트 요인	상품구비, 분위기, 친근감
제2요인	1.204	91.553	하드 요인	넓이

회전 후의 성분행렬은 다음의 표와 같다.

회전된 성분행렬[a]

	성분	
	1	2
상품구비	.870	-.362
분위기	.937	.186
친근감	.866	.408
넓이	.075	.970

요인추출 방법: 주성분 분석.
회전 방법: Kaiser 정규화가 있는 베리멕스.

a. 3 반복계산에서 요인회전이 수렴되었습니다.

이 표로부터 예를 들면, 「상품구비」에 대한 「소프트 요인」(제1요인)의 효력 상태를 나타내는 요인부하량 $a_{상S}$가 다음과 같이 얻어진다.

$$a_{상S} = 0.870$$

수치로는 쉽게 파악이 안 되는 경우에는 소프트 요인의 요인부하량을 막대그래프로 표시하면 좋다.

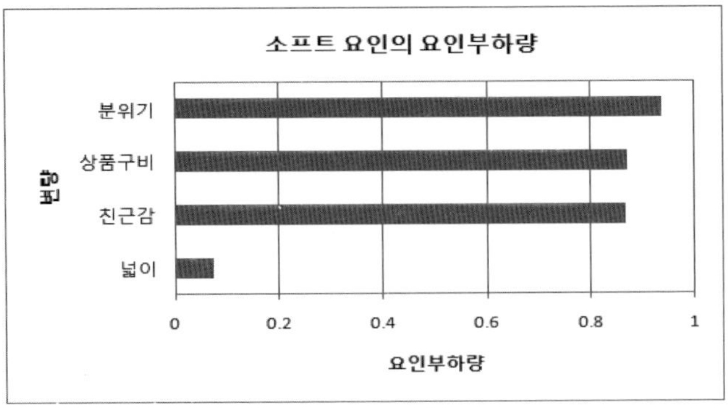

요인 부하량은 요인이 각 변량에 미치는 영향력을 나타낸다. 이 그래프로부터 소프트 요인은 처음에 가정했던 대로 소프트적인 내용을 나타내고 있다는 것을 알 수 있다.「분위기」,「상품구비」,「친근감」 등과 같은 내용이 큰 비중을 차지하고 있기 때문이다.

하드 요인에 대해서도 막대그래프로 나타내 보자.

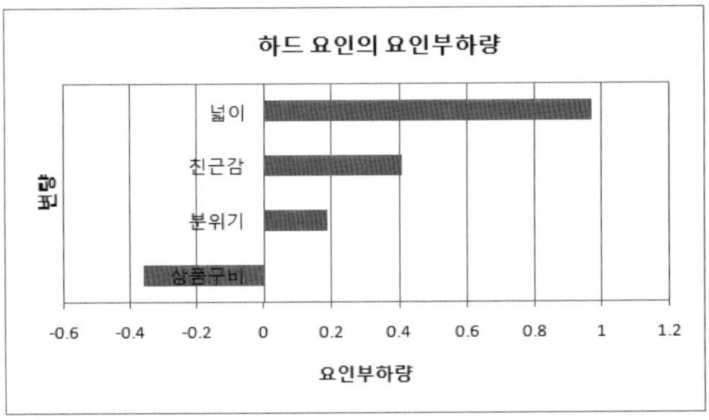

이 그림으로부터 하드 요인은 처음에 가정했던 대로 하드적인 내용을 나타내고 있다는 것을 알 수 있다. 이 요인에는 넓이가 중시되고 있는데, 그것은「부지가 넓다」는 등의 조건이 없으면 얻어지지 않기 때문이다.

이상으로 간단한 설명이지만 요인분석의 계산법에 대한 개요를 소개했다.

■ 공통성의 추정에 의한 모순은 반복추정으로 해결

요인분석의 모델로부터 다음의 관계식이 얻어졌다.

$$\left.\begin{array}{ll} {a_{상S}}^2 + {a_{상H}}^2 + {v_{상}}^2 = 1 & (\text{다른 변량에 대해서도 마찬가지}) \\ a_{상S}a_{분S} + a_{상H}a_{분H} = r_{상분} & (\text{다른 변량에 대해서도 마찬가지}) \end{array}\right\} \cdots\cdots ⑤$$

$v_{상}{}^2$ 등은 공통의 요인으로는 설명할 수 없는 독자요인으로 추정할 수밖에는 없다. 지금까지 살펴본 바와 같이 이 추정은 공통성으로부터 행해진다. 예를 들면, 「상품구비」의 공통성

$$h_{상}{}^2(= a_{상S}{}^2 + a_{상H}{}^2) \quad \cdots\cdots ⑥$$

을 추정함으로써 독자성의 $v_{상}{}^2(= 1 - h_{상}{}^2)$을 추정하는 것이다.

그런데 이 추정치를 이용해서 ⑤식으로부터 $a_{상S}$ 등을 계산해 보자. 그리고 계산된 $a_{상S}$ 등으로부터 ⑥을 이용해서 공통성 $h_{상}{}^2$을 구해 보자. 추정이라고 하는 조작으로부터 분명할지도 모르지만, 추정한 공통성 $h_{상}{}^2$과 계산된 공통성 $h_{상}{}^2$은 일반적으로 일치하지 않는다.

$$h_{상}{}^2(\text{추정치}) \neq h_{상}{}^2(\text{계산치})$$

실제로 앞에서 조사한 예에서 공통성을 재계산해 보면 다음 표와 같이 된다.

변량	추정치	재계산치
상품구비	0.62	0.69
분위기	0.80	0.86
친근감	0.80	0.87
넓 이	0.45	0.51

추정치와 계산치에는 다소 차이가 있다. 추정치와 그로부터 얻어진 계산치와의 차이를 해결하는 수단으로서 이용되는 것이 **반복추정법**이다.

즉, 추정치로부터 얻어진 공통성의 계산치를 다시 추정치로 이용하여 ⑤의 방정식을 푸는 것이다. 여러 번 이 계산을 반복하면 추정치와 계산치가 통상 가까운 값으로 수렴해 간다.

그래서 추정치와 계산치의 오차가 어느 정도 작아지게 되면, 그쯤에서 계산을 중단한다.

이와 같은 계산법을 **공통성의 반복추정**이라고 한다.

위의 예에서 반복추정을 실시해 보자. 다음의 표와 같이 수치는 안정된다.

변량	공통성의 반복추정치
상품구비	0.81
분위기	0.85
친근감	0.93
넓 이	0.62

최초의 추정치와 상당히 다른 값이 되었는데, 통상의 요인분석에서는 이와 같은 반복추정을 실행하는 것이 보통이다.

반복추정은 PC를 이용하면 간단히 실행할 수 있다. 전술한 SMC법을 반복 이용하면 되기 때문이다.

5.7 | 요인의 회전

앞에서 요인분석의 모델로부터 출발하여 여러 가지 조건을 생각함으로써 다음의 관계식이 얻어졌다.

$$\left.\begin{array}{ll} {a_{상S}}^2 + {a_{상H}}^2 + {v_{상}}^2 = 1 & (\text{다른 변량에 대해서도 마찬가지}) \\ a_{상S}a_{분S} + a_{상H}a_{분H} = r_{상분} & (\text{다른 변량에 대해서도 마찬가지}) \end{array}\right\} \cdots\cdots ①$$

번거로울지 모르지만 이것을 수학적으로 조사해 보자. 여기에서 벡터의 개념을 도입한다. 두 개의 벡터 $\boldsymbol{a}=(a_1,\ a_2)$, $\boldsymbol{b}=(b_1,\ b_2)$가 있다고 한다.

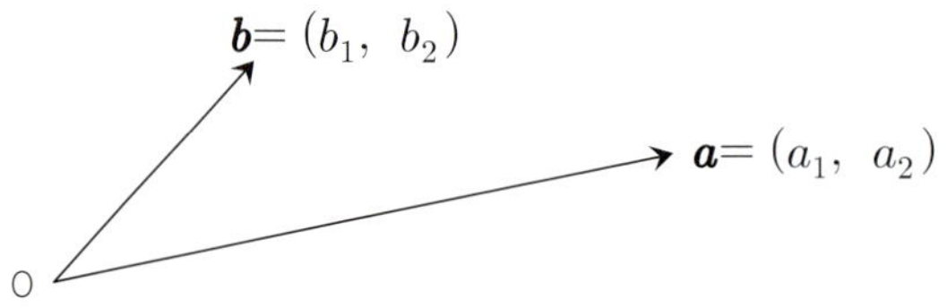

이 내적(內積) $\boldsymbol{a}\cdot\boldsymbol{b}$는 다음과 같이 정의되고, 그 도형적인 의미는 다음의 그림과 같다.

벡터 $\boldsymbol{a}$, $\boldsymbol{b}$의 내적 $\boldsymbol{a}\cdot\boldsymbol{b} = a_1b_1 + a_2b_2$ …… ②

벡터에 대한 내적의 의미는 다음과 같다.

$\boldsymbol{a}\cdot\boldsymbol{b} = \boldsymbol{a}$의 화살표의 길이 $\times\,\boldsymbol{b}$의 화살표의 길이 $\times \cos\theta$

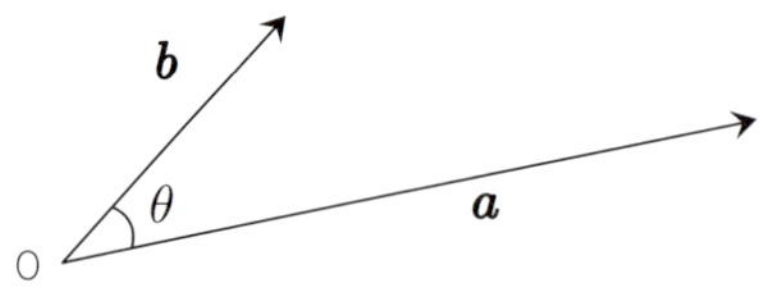

이 도형적인 의미로부터 알 수 있듯이 보는 방향을 바꾸어도, 수학적인 표현을 빌리자면 **좌표축을 회전하더라도 내적의 값은 변하지 않는다.**

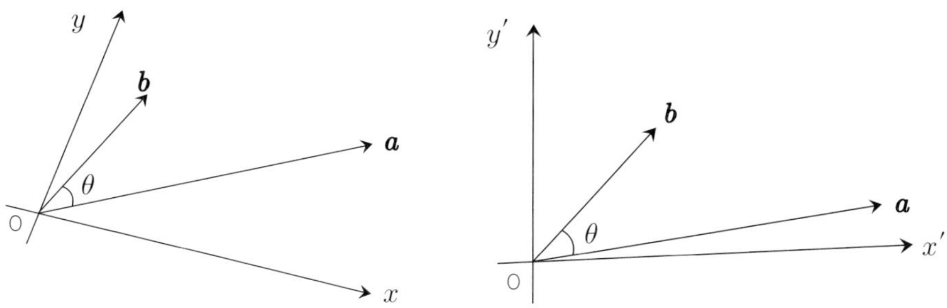

여기에서 다시 ①로 돌아간다. 식의 형태를 보면 구하고 싶은 요인부하량($a_{상S}$ 등)은 바로 내적 ②의 형태로 되어 있다. 즉, $\boldsymbol{a}=(a_{상S},\ a_{상H})$, $\boldsymbol{b}=(a_{상S},\ a_{상H})$라고 하면 ①의 제1식은

$$\boldsymbol{a}\cdot\boldsymbol{b}+v_{상}{}^{2}=1$$

이 된다.

또한 $\boldsymbol{a}=(a_{상S},\ a_{상H})$, $\boldsymbol{b}=(a_{분S},\ a_{분H})$라고 하면 ①식의 제2식은

$$\boldsymbol{a}\cdot\boldsymbol{b}=\gamma_{상분}$$

이 된다. 요컨대 요인부하량($a_{분S}$ 등)의 기본식은 내적의 형태로 기술할 수 있는 것이다.

위에서 알아본 바와 같이 내적은 좌표축의 회전에 대해서 값을 바꾸지 않는다. 이것은 곧 ①에서 얻어진 방정식의 해는 좌표축을 회전하더라도 다시 ①의 해가 되는 것이다.

이 성질은 매우 고마운 일이다. 얻어진 해를 적당히 회전해서 해석이 쉽도록 할 수 있기 때문이다.

그러면 이 성질을 이용해서 구한 해를 해석하기 쉽도록 조정해 보자. 그러기 위해서는 적절한 회전방법을 찾아야 되는데 그 원리로서 다음과 같은 것이 있다.

각 요인은 일부의 변량에 대해서 높은 상관을 나타내고, 다른 변량과는 낮은 상관을 나타낸다.

이 원리를 이용해서 ①의 방정식의 해를 조정하는 방법을 **베리멕스법**(varimax method)이라고 한다.

(주) 베리멕스법 이외에도 여러 가지의 회전법이 있는데, 여기에서는 가장 유명한 이 방법을 소개하는 데 그친다.

베리멕스법의 원리는 그림으로 생각하면 명백하다. 예를 들면, 변량 z_1, z_2가 있다고 한다. 가령 이들은 각각 0.4, 0.5 및 -0.4, 0.5라고 하는 요인부하량으로 두 개의 요인 f_1, f_2와 연결되어 있다고 한다(독자요인은 여기에서는 무시한다).

$$z_1 = 0.4f_1 + 0.5f_2, \quad z_2 = -0.4f_1 + 0.5f_2$$

이 요인부하량의 벡터는 다음과 같이 표현된다.

$$\boldsymbol{a} = (0.4,\ 0.5),$$
$$\boldsymbol{b} = (-0.4,\ 0.5)$$

이것을 그림으로 표현해 보자. 즉, 가로축이 요인 f_1, 세로축이 f_2인 좌표축에 나타내 본다.

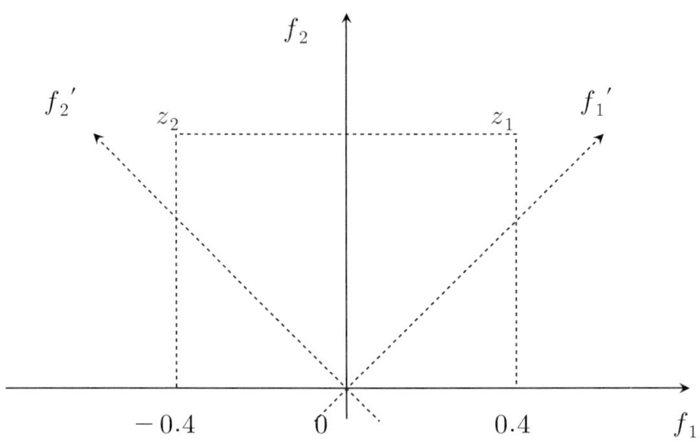

베리멕스법이란 좌표축을 위의 점선과 같이 회전하는 방법이다. 즉, 변량 z_1을 나타내는 점에 가능한 한 접근하도록 새로운 요인축 f_1'를, 변량 z_2을 나타내는 점에 가능한 한 접근하도록 새로운 요인축 f_2'를 그리는 것이다.

베리멕스법의 회전은 이와 같이 특정의 변량과 특정의 요인과의 상관이 가능한 한 밀접하게 되도록 행한다. 이렇게 하면 요인이 특정의 변량과 연결되므로 요인의 해석이 용이하게 되기 때문이다.

그러면 앞에서 조사해 온 편의점의 앙케트 평가에 대해서 베리멕스법을 행해 보자. 다음 두 개의 그림은 베리멕스법을 실행하기 전과 후의 요인부하량에 대한 그림이다. 베리멕스법을 행하면 왼쪽으로 약 10° 도 회전하는 것을 알 수 있다.

요인 도표

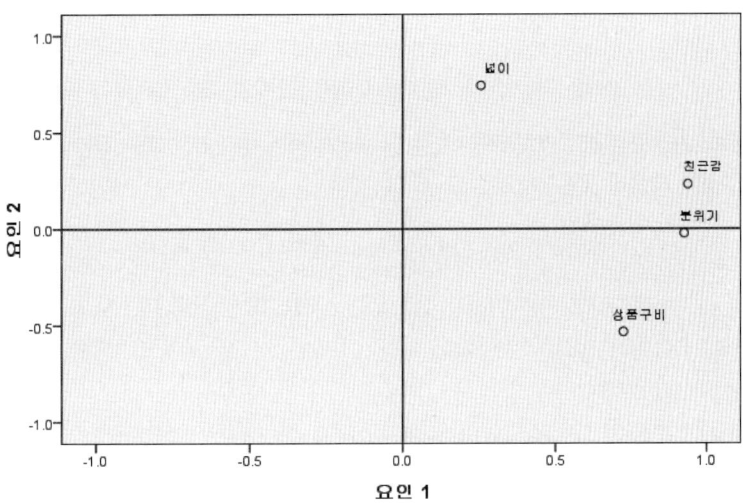

회전된 요인 공간에서의 요인 도표

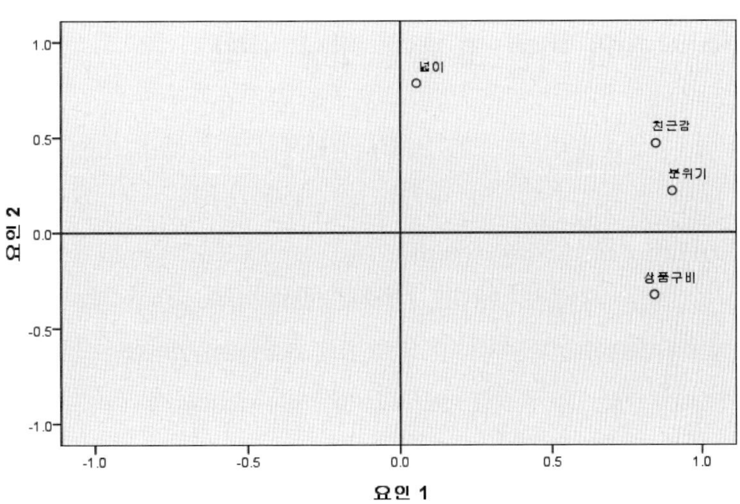

베리멕스법의 실행으로 한층 하드 요인과 소프트 요인이 명확하게 되었다. 넓이는 편의점의 부지가 넓지 않으면 얻을 수 없는 하드 조건이다. 하드 요인(그림에서 요인 2)은 회전 전보다 이 「넓이」에 가까워짐으로써 하드 요인의 특징을 명확히 하고 있는 것이다. 「상품구비」, 「분위기」, 「친근감」은 소프트 요인을 특징짓는데, 그것들은 이미 오른쪽 방향에 몰려 있다. 회전 후 소프트 요인의 특징을 한층 「소프트 요인」에 두드러지게 하고 있는 것이다.

일러두기 : 요인분석의 창시자

요인분석은 영국의 심리학자 Spearman이 1900년대에 발표한 다음과 같은 가설이 출발점이라고 전해지고 있다.

「모든 능력은 지능이라고 하는 단 하나의 요인으로 대충 설명할 수 있다」

Spearman의 가정으로부터 말하자면, 가령 철수라고 하는 아이가 수학과 영어의 시험을 치렀다고 하면 그 득점은 다음과 같은 식으로 표현되게 된다.

$$\text{영어} \fallingdotseq a_{\text{영어}} \times f_{\text{철수}} \qquad \text{수학} \fallingdotseq a_{\text{수학}} \times f_{\text{철수}}$$

여기에서 $f_{\text{철수}}$는 철수라고 하는 아이가 갖고 있는 「지능」 요인득점이다. $a_{\text{영어}}$는 영어의 변량값을 얻을 때에 지능 요인에 걸리는 요인부하량이다. 그리고 $a_{\text{수학}}$은 수학의 변량값을 얻을 때에 지능 요인에 걸리는 요인부하량이다.

Spearman의 단순한 가설은 당연히 무리가 있지만, 이 가설은 점차 개량되어서 오늘날의 요인분석에 이르고 있는 것이다.

5.8 | 요인점수에 의한 표본의 개성 파악

요인분석에서는 요인을 발견하는 것만으로도 충분히 가치가 있다. 적은 요인으로 대부분을 설명할 수 있다고 한다면, 데이터의 이해에 크게 기여하기 때문이다. 그러나 개개 표본의 요인점수를 조사하면 훨씬 분석이 진척된다.

지금까지 조사해 온 편의점의 앙케트 평가로 생각해 보자. 요인점수란 각 표본이 갖는 「소프트 요인」과 「하드 요인」의 양인데, 그 두 요인을 각 점포가 얼마만큼 갖추고 있는가를 알면 앞으로의 경영에 크게 도움이 된다. 요인이 적은 점포에 대해서는 그것을 권고하여 개선을 촉구할 수 있기 때문이다.

그러면 요인점수를 구해보자. 요인점수는 요인분석 모델을 나타내는 기본식

$$z_{k상} = a_{상S}f_{kS} + a_{상H}f_{kH} + e_{k상} \quad \cdots\cdots ①$$

으로부터 원리적으로 구해진다. 즉, 지금까지 조사해 온 바와 같이 $e_{k상}$ 등은 추정으로부터, $z_{k상}$ 등은 데이터로부터 그리고 $a_{상S}$ 등은 계산으로부터 구해진다. 그것들을 ①에 대입해서 방정식을 풀면 요인득점 f_{kS}, f_{kH}가 구해지는 것이다.

(주) ①식으로부터 실제로 요인점수를 구하는 방법에 대해서는 이 책에서 다루지 않는다. 여기에서는 전용의 통계분석 소프트웨어에 맡기기로 한다.

실제로 지금까지의 편의점에 대한 예에서 요인점수를 구해 보자. 이것은 앞에서 계산한 요인부하량의 값을 이용하고 있다. 여기에서는 SPSS를 이용해서 요인분석을 실시했다.

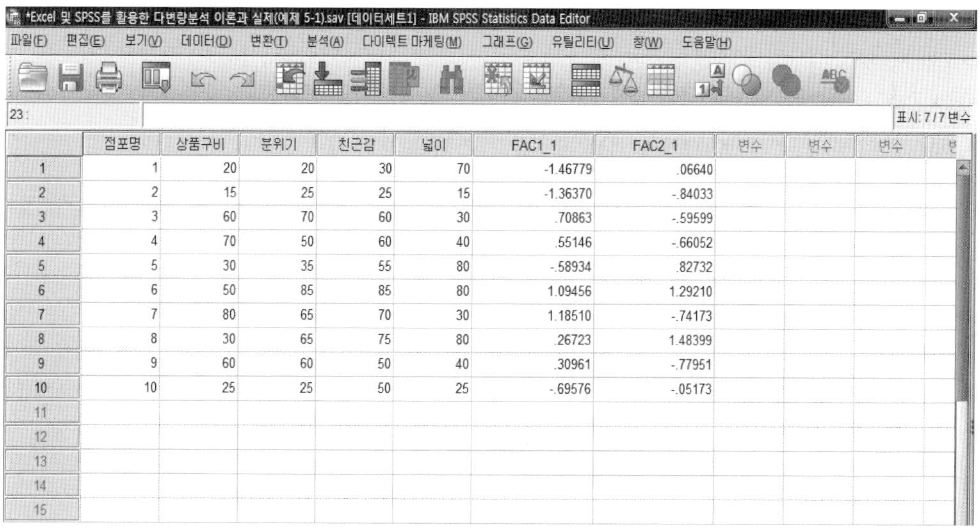

	점포명	상품구비	분위기	친근감	넓이	FAC1_1	FAC2_1	변수	변수	변수
1	1	20	20	30	70	-1.46779	.06640			
2	2	15	25	25	15	-1.36370	-.84033			
3	3	60	70	60	30	.70863	-.59599			
4	4	70	50	60	40	.55146	-.66052			
5	5	30	35	55	80	-.58934	.82732			
6	6	50	85	85	80	1.09456	1.29210			
7	7	80	65	70	30	1.18510	-.74173			
8	8	30	65	75	80	.26723	1.48399			
9	9	60	60	50	40	.30961	-.77951			
10	10	25	25	50	25	-.69576	-.05173			

요인분석이 끝나면 본래의 SPSS 데이터 편집기에 두 개의 요인이 새로운 변량으로 입력되어 있음을 확인 할 수 있다. 위의 표로부터 예를 들면, 제1호점에 대해서 보자면 하드 요인(FAC2_1)은 평균적이지만 소프트 요인(FAC1_1)은 부족한 듯 싶다. 점장의 분투를 촉구하지 않으면 안 된다.

요인점수는 두 요인을 가로축과 세로축으로 하여 산점도를 그리면 보다 쉽게 이해할 수 있다. 각 표본의 특성을 용이하게 파악할 수 있다. 소프트 요인을 가로축으로 하고, 하드 요인을 세로축으로 하여 그래프를 그린다.

이 그래프로부터 요인 보유량의 대소가 일목요연해진다. 소프트 요인이 부족한 점포는 그래프의 왼쪽에 위치하게 된다. 여기에 위치하는 점포에는 경영능력을 촉구할 필요가 있을 것이다.

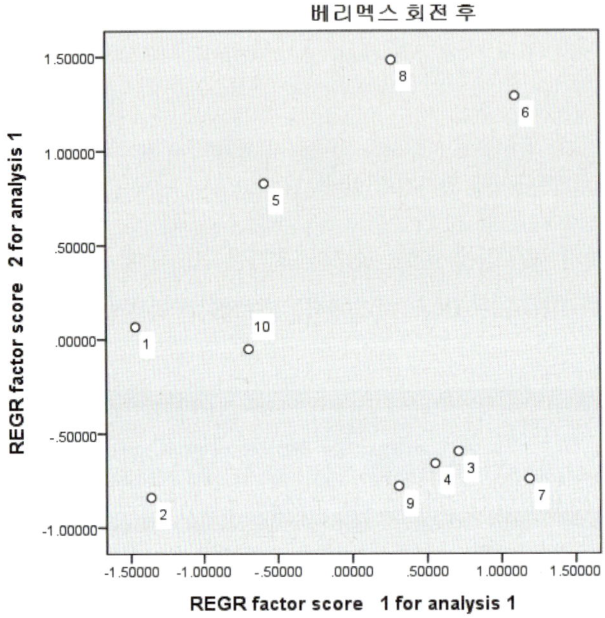

5.9 | 요인의 설명력을 나타내는 기여량

제5절에서 조사한 바와 같이 변량에 대한 요인부하량의 제곱합을 그 변량에 관한 공통성이라고 불렀다. 이것은 공통요인으로 설명할 수 있는 비율을 나타내고 있다. 지금까지 조사해 온 편의점 앙케트 평가로 말하자면, 가령 「상품구비에 대해서

$$h_{상}{}^2 = a_{상S}{}^2 + a_{상H}{}^2$$

이 공통성이다. 이 공통성은 「상품구비」가 갖는 정보 중에서 공통요인으로 설명할 수 있는 정보량의 비율을 나타내고 있다고 생각된다.

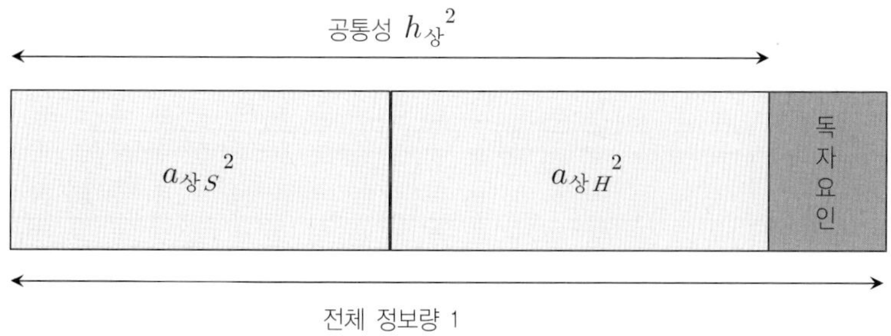

그런데 공통성은 두 개의 공통요인이 합쳐져서 변량의 정보를 어느 정도 설명하는가를 나타내는 양이다. 이번에는 개개의 공통요인이 어느 정도 데이터의 정보를 설명하고 있는가를 조사해 보자.

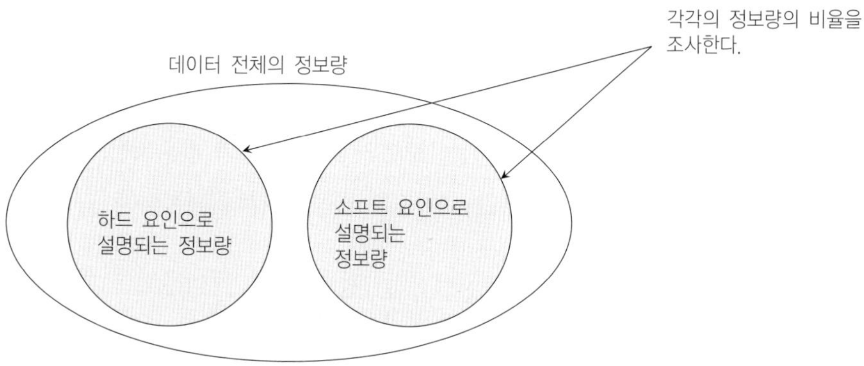

먼저 공통성을 모방하여 각 공통요인에 대한 요인부하량의 제곱합을 조사해 보자.

$$C_S = a_{상S}^2 + a_{분S}^2 + a_{친S}^2 + a_{넓S}^2$$
$$C_H = a_{상H}^2 + a_{분H}^2 + a_{친H}^2 + a_{넓H}^2$$

이들 C_S와 C_H의 합을 조사해 보자.

$$\begin{aligned} C_S + C_H &= a_{상S}^2 + a_{분S}^2 + a_{친S}^2 + a_{넓S}^2 + a_{상H}^2 + a_{분H}^2 + a_{친H}^2 + a_{넓H}^2 \\ &= \left(a_{상S}^2 + a_{상H}^2\right) + \left(a_{분S}^2 + a_{분H}^2\right) + \left(a_{친S}^2 + a_{친H}^2\right) + \left(a_{넓S}^2 + a_{넓H}^2\right) \\ &= h_{상}^2 + h_{분}^2 + h_{친}^2 + h_{넓}^2 \\ &= \text{공통요인으로 설명할 수 있는 정보량}\left[= h^2(\text{총공통성})\right] \quad \cdots\cdots ① \end{aligned}$$

이 식은 다음 그림과 같이 표현할 수 있다.

즉, 변량마다 각 정보량을 그림으로 표현하면 다음과 같이 된다.

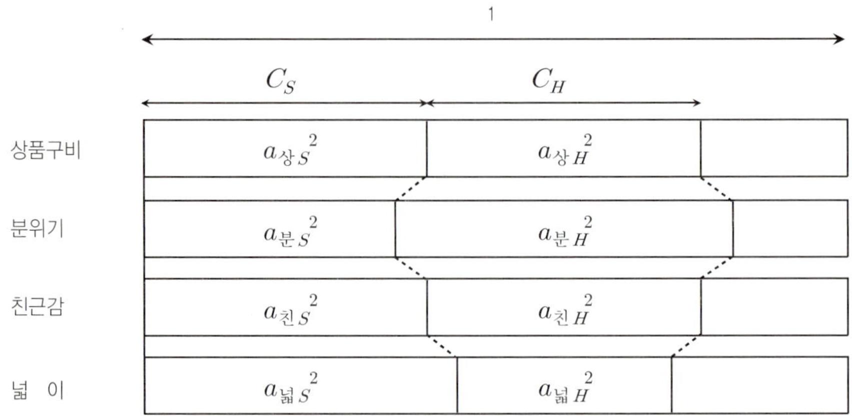

이 그림으로부터 C_S는 「소프트 요인」으로 설명할 수 있는 정보량, C_H는 「하드 요인」으로 설명할 수 있는 정보량이라고 해석할 수 있다. 그래서 이 C_S나 C_H를 각 요인의 **기여량**(寄與量)이라고 한다.

그런데 완전히 공통요인으로 설명할 수 있는 모델의 경우에 ①의 값은 변량의 수가 된다. 그래서 소프트 요인의 전체 데이터에 대한 기여율은 다음과 같이 표현된다.

$$\text{소프트 요인의 기여율} = \frac{C_s}{\text{변량의 수}} \times 100$$

하드 요인에 대해서도 마찬가지로 기여율이 정의된다는 것은 명백하다.

5.10 | 요인분석과 주성분분석의 관계

주성분분석에서는 개개의 데이터가 흩어져 보이도록 변량을 합성하여 그것을 「주성분」이라고 불렀다. 그리고 요인분석에서는 각 변량의 안에 숨어 있는 요인을 찾아냈다. 접근방법으로 말하자면 상당히 다른 수법으로 생각할 수 있다. 그러나 그 결과로 말하면 「주성분」과 「요인」은 비슷한 것이라는 것을 알아차릴 수 있다.

예를 들면, 지금까지 조사해 온 편의점 앙케트의 예를 다시 한 번 확인해 보자. 이 데이터의 배후에 숨어 있는 요인으로서 「소프트 요인」과 「하드 요인」을 확인했다. 각 요인을 축으로 해서 변량을 나타낸 것이 다음의 그림이다.

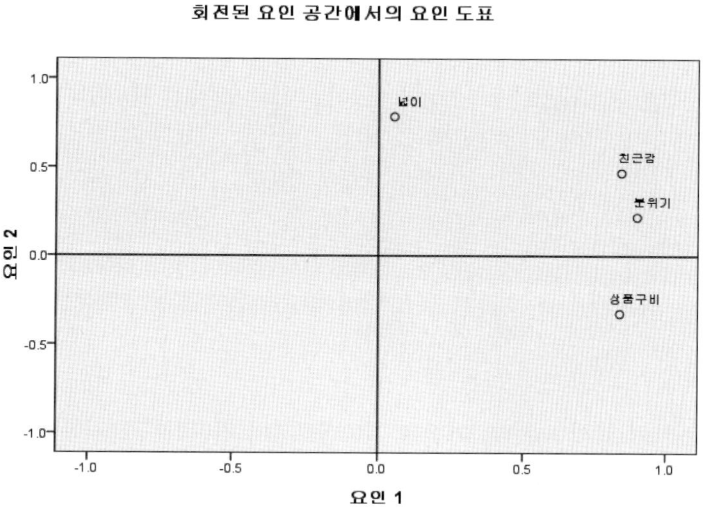

이 예를 주성분분석해 보자. 결과를 산점도의 형태로 나타내면 다음의 그림과 같다.

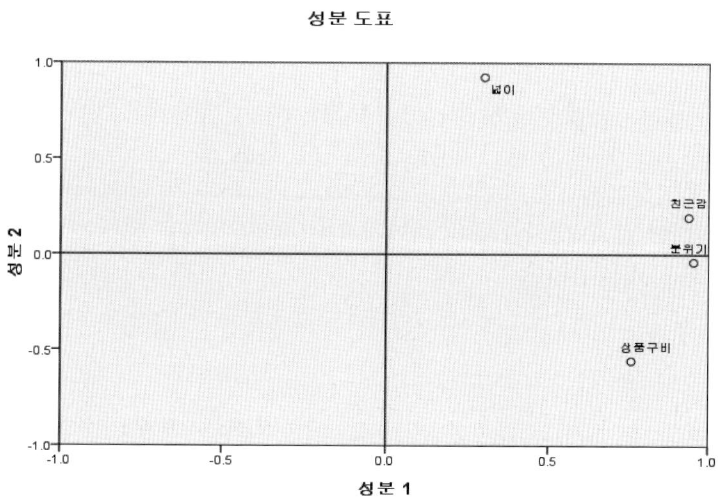

여기에서 다음과 같은 사실을 발견할 수 있다. 요인분석에서 얻어진 위의 그림을 회전시키면 주성분분석의 성분 도표와 비슷하다는 것을 곧 알 수 있다. 실제로 요인분석은 회전의 부정성(不定性)이 있으므로 회전시켜도 무방하다. 그래서 요컨대 「요인분석과 주성분분석은 비슷한 결과가 얻어진다」라고 생각해도 틀림이 없을 것이다.

실제로 요인분석의 기본식을 푸는 대표적인 방법으로서 **주축 요인추출법**이라고 불리는 것이 있다. 이 방법은 주성분분석과 기본적으로 같다.

이 주축 요인추출법을 편의점의 앙케트 예로 조사해 보자. 먼저 요인분석의 기본식을 행렬로 나타내 본다.

$$\begin{pmatrix} a_{상S} & a_{상H} \\ a_{분S} & a_{분H} \\ a_{친S} & a_{친H} \\ a_{넓S} & a_{넓H} \end{pmatrix}\begin{pmatrix} a_{상S} & a_{분S} & a_{친S} & a_{넓S} \\ a_{상H} & a_{분H} & a_{친H} & a_{넓H} \end{pmatrix}+\begin{pmatrix} v_{상}{}^2 & 0 & 0 & 0 \\ 0 & v_{분}{}^2 & 0 & 0 \\ 0 & 0 & v_{친}{}^2 & 0 \\ 0 & 0 & 0 & v_{넓}{}^2 \end{pmatrix}$$
$$=\begin{pmatrix} 1 & r_{상분} & r_{상친} & r_{상넓} \\ r_{상분} & 1 & r_{분친} & r_{분넓} \\ r_{상친} & r_{분친} & 1 & r_{친넓} \\ r_{상넓} & r_{분넓} & r_{친넓} & 1 \end{pmatrix} \quad \cdots\cdots ①$$

우변은 상관행렬 R이 되는데, 이것은 데이터로부터 간단히 구해진다. 또한 좌변 두 번째에 있는 독자요인을 나타내는 행렬의 성분은 추정으로 구해진다. 요컨대 불분명한 것은 좌변의 첫 번째 행렬뿐이다.

그런데 여기에서 벡터 $\boldsymbol{a}_1$, $\boldsymbol{a}_2$를 다음과 같이 정의해 보자.

$$\boldsymbol{a}_1=\begin{pmatrix} a_{상S} \\ a_{분S} \\ a_{친S} \\ a_{넓S} \end{pmatrix}, \quad \boldsymbol{a}_2=\begin{pmatrix} a_{상H} \\ a_{분H} \\ a_{친H} \\ a_{넓H} \end{pmatrix}$$

실제로 계산하면 알 수 있지만 ①의 좌변에 있는 요인부하량을 성분으로 하는 행렬은 벡터 $\boldsymbol{a}_1$, $\boldsymbol{a}_2$로 다음과 같이 표현된다.

$$\begin{pmatrix} a_{상S} & a_{상H} \\ a_{분S} & a_{분H} \\ a_{친S} & a_{친H} \\ a_{넓S} & a_{넓H} \end{pmatrix}\begin{pmatrix} a_{상S} & a_{분S} & a_{친S} & a_{넓S} \\ a_{상H} & a_{분H} & a_{친H} & a_{넓H} \end{pmatrix}= \boldsymbol{a}_1\boldsymbol{a}_1{}' + \boldsymbol{a}_2\boldsymbol{a}_2{}' \quad \cdots\cdots ②$$

이 좌변의 행렬을 이번에는 고유벡터로 전개해 보자.

$$\begin{pmatrix} a_{상S} & a_{상H} \\ a_{분S} & a_{분H} \\ a_{친S} & a_{친H} \\ a_{넓S} & a_{넓H} \end{pmatrix}\begin{pmatrix} a_{상S} & a_{분S} & a_{친S} & a_{넓S} \\ a_{상H} & a_{분H} & a_{친H} & a_{넓H} \end{pmatrix}$$
$$= \lambda_1\boldsymbol{x}_1\boldsymbol{x}_1{}' + \lambda_2\boldsymbol{x}_2\boldsymbol{x}_2{}' + \lambda_3\boldsymbol{x}_3\boldsymbol{x}_3{}' + \lambda_4\boldsymbol{x}_4\boldsymbol{x}_4{}' \quad \cdots\cdots ③$$

여기에서 $\boldsymbol{x}_1$, $\boldsymbol{x}_2$, …는 좌변의 요인부하량을 성분으로 하는 행렬의 고유벡터이다. 또한 그것들의 고유치는 다음의 순서로 늘어서 있다고 한다.

$$\lambda_1 \geq \lambda_2 \geq \lambda_3 \geq \lambda_4$$

(주) 고유벡터가 4개 존재하는 경우를 가정했다. ①의 독자요인에 대한 추정방법에 따라서는 이와 같이 되지 않는 경우도 있다.

만일 λ_1과 λ_2가 플러스의 값으로 λ_3나 λ_4에 비해서 크면 ②, ③을 비교해서 다음과 같이 $\boldsymbol{a}_1$, $\boldsymbol{a}_2$의 근사치를 구해도 좋을 것이다.

$$\boldsymbol{a}_1 = \sqrt{\lambda_1}\boldsymbol{x}_1,\quad \boldsymbol{a}_2 = \sqrt{\lambda_2}\boldsymbol{x}_2 \qquad \cdots\cdots④$$

이렇게 해서 벡터 $\boldsymbol{a}_1$, $\boldsymbol{a}_2$가 근사적으로 구해진다. 그러면 ②로부터 요인부하량의 각 성분이 구해지는 것이다. 이러한 방법으로 요인부하량을 구하는 것이 **주축 요인추출법**이다.

$$\begin{aligned}
&\begin{pmatrix} a_{상S} & a_{상H} \\ a_{분S} & a_{분H} \\ a_{친S} & a_{친H} \\ a_{넓S} & a_{넓H} \end{pmatrix}\begin{pmatrix} a_{상S} & a_{분S} & a_{친S} & a_{넓S} \\ a_{상H} & a_{분H} & a_{친H} & a_{넓H} \end{pmatrix} \\
&= \boldsymbol{a}_1\boldsymbol{a}_1{}' + \boldsymbol{a}_2\boldsymbol{a}_2{}' \\
&= \lambda_1\boldsymbol{x}_1\boldsymbol{x}_1{}' + \lambda_2\boldsymbol{x}_2\boldsymbol{x}_2{}' + \underbrace{\lambda_3\boldsymbol{x}_3\boldsymbol{x}_3{}' + \lambda_4\boldsymbol{x}_4\boldsymbol{x}_4{}'}_{\text{무시}}
\end{aligned}$$

그런데 만일 ①의 독자요인이 무시된다면 ①은 다음과 같이 쓸 수 있다(R은 상관행렬이다).

$$\begin{pmatrix} a_{상S} & a_{상H} \\ a_{분S} & a_{분H} \\ a_{친S} & a_{친H} \\ a_{넓S} & a_{넓H} \end{pmatrix}\begin{pmatrix} a_{상S} & a_{분S} & a_{친S} & a_{넓S} \\ a_{상H} & a_{분H} & a_{친H} & a_{넓H} \end{pmatrix} = R \qquad \cdots\cdots ⑤$$

즉, 좌변의 고유치나 고유벡터는 상관행렬 R의 고유치나 고유벡터와 일치하게 된다.

표준화한 데이터에 대한 주성분분석은 상관행렬의 고유치 문제와 일치한다. 즉, ③의 $\boldsymbol{x}_1$, $\boldsymbol{x}_2$가 각각 제1주성분, 제2주성분이 되는 것이다.

$$R = \lambda_1\underbrace{\boldsymbol{x}_1}_{\text{제1주성분}}\boldsymbol{x}_1{}' + \lambda_2\underbrace{\boldsymbol{x}_2}_{\text{제2주성분}}\boldsymbol{x}_2{}' + \lambda_3\boldsymbol{x}_3\boldsymbol{x}_3{}' + \lambda_4\boldsymbol{x}_4\boldsymbol{x}_4{}'$$

이 결과와 ④로부터 주축요인추출법으로 구한 요인부하량의 성분 벡터 $\boldsymbol{a}_1$, $\boldsymbol{a}_2$는 제1주성분, 제2주성분과 (크기는 제외하고) 동일하게 된다.

이상과 같이 요인분석과 주성분분석은 수법이 달라도 수학적인 접근방법이 서로 비슷하다. 요컨대 요인분석은 공통요인을 가정해서 데이터를 분석하는 수법이고, 주성분분석은 합성변량의 분산을 최대로 하는 수법인데 그 목표는 모두 동일하다.

CHAPTER 6

정준상관분석의 원리

6.1 | 변량군의 관계를 조사하는 정준상관분석

다변량의 데이터가 있고 그들 변량이 두 개의 그룹으로 나누어진다고 한다. 이때 한 쪽이 다른 쪽과 어떻게 관련되고 있는지를 알고 싶은 경우가 있다.

예를 들면, 신체검사에서 얻어진 데이터가 다음과 같다고 한다.

학생 No.	신장 (cm)	체중 (kg)	가슴둘레 (cm)	50m 달리기(초)	넓이뛰기 (cm)	턱걸이 (회)	공던지기 (m)
1	173	67	91	7.4	399	6	36.2
2	162	63	96	8.0	320	7	29.8
3	166	58	88	7.0	387	5	32.2
4	180	76	85	6.8	415	11	40.2
5	173	73	97	7.7	321	3	29.8
:	:	:	:	:	:	:	:

변량은 신장, 체중, 가슴둘레라고 하는 체형적인 것과 50m 달리기, 넓이뛰기, 턱걸이, 공던지기라고 하는 운동능력적인 것으로 나누어진다. 이들 두 개의 변량군 사이에 어떠한 관계가 있는지 조사해 보고 싶은 것이다.

이와 같은 분석이 행해지면 훈련방법 등에 크게 참고가 될 것이다.

다른 한 가지의 예를 들어 보자. 다음은 입사시험과 입사 후의 성적을 100점 만점으로 평가하여 표로 정리한 것이다.

사원 No.	입사시험		입사 후의 성적	
	면접시험	필기시험	근무태도	영업성적
1	73	57	61	48
2	74	59	70	48
3	86	63	79	52
4	74	59	65	48
5	80	60	55	42
6	78	59	85	58
7	86	61	57	48
8	82	59	83	52
9	87	64	70	52
10	80	59	75	52

변량은 입사 전의 성적을 나타내는 것과 입사 후의 성적을 나타내는 것으로 나눌 수 있다.

과연 이들 두 개의 변량군 사이에 어떠한 관계가 있는지 알고 싶은 것이다. 이와 같은 분석이 실시되면 채용시험의 형태를 검토할 수 있다.

이들 예와 같이 두 개의 변량군 사이의 관계를 조사하는 데에 도움이 되는 것이 **정준상관분석**(canonical correlation analysis)이다. 이 정준상관분석은 중회귀분석의 아이디어를 일반화한 것이라고 생각할 수 있다.

중회귀분석에서는 복수의 설명변량 x_1, x_2, …에 대해서 목적변량은 하나였다. 그래서 하나의 목적변량과 복수의 설명변량의 1차결합 $ax_1 + bx_2 + \cdots$ 와의 상관계수가 최대가 되도록 상수 a, b, …가 정해졌다.

정준상관분석은 이 중회귀분석의 목적변량을 복수로 한 분석법이라고 생각할 수 있다. 즉, 두 개의 그룹으로 나누어진 변량군의 한 쪽을 설명변량 x_1, x_2, …로 하고, 다른 쪽을 목적변량 u_1, u_2, …로 한다. 그래서 2군의 변량에 대한 1차결합

$$ax_1 + bx_2 + \cdots,\ pu_1 + qu_2 + \cdots$$

의 상관계수가 최대가 되도록 상수 a, b, …, p, q …를 정하는 것이다. 이렇게 함으로써 2군의 변량군 사이의 관계가 명료해지는 것이다.

그런데 이 「상관을 최대로」라고 하는 정준상관분석의 아이디어는 주성분분석에서도 이용한 방법이었다. 주성분분석은 변량군 x_1, x_2, …에 대해서 그것들의 합성변량의 분산을 최대로 하는 분석법이다. 즉,

$$ax_1 + bx_2 + \cdots$$

의 분산이 최대가 되도록 계수 a, b, …를 정하고 이 합성변량으로 데이터를 조사하는 분석법이다. 그런데 표준화된 데이터에 대해서는 분산은 상관계수의 특별한 경우로 생각된다. 실제로 표준화된 변량 f, g의 상관계수 r_{fg}에서 $f=g$라고 놓으면 f의 분산 ${s_f}^2$이 얻어진다.

표준화된 변량 간의 상관계수 $r_{fg} = \dfrac{f_1 g_1 + f_2 g_2 + \cdots + f_n g_n}{n-1}$

$f=g$ ↓ ↑ 일반화

표준화된 변량의 분산 $s_f^2 = \dfrac{f_1^2 + f_2^2 + \cdots + f_n^2}{n-1}$

따라서 「합성변량 $ax_1 + bx_2 + \cdots$ 의 분산을 최대로 한다」고 하는 주성분분석의 아이디어는 「합성변량 $f = ax_1 + bx_2 + \cdots$ 와 $g = pu_1 + qu_2 + \cdots$의 상관계수를 최대로 한다」고 하는 식으로, 정준상관분석으로 일반화되는 것이다. 이와 같이 정준상관분석은 중회귀분석이나 주성분분석을 일반화한 것이라고 생각할 수 있다.

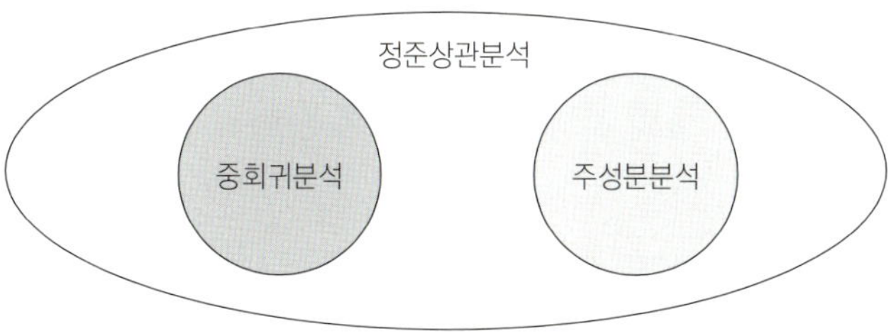

6.2 | 정준상관계수를 구하는 방법

정준상관분석에서는 데이터에 포함된 변량을 두 개의 변량군 F, G로 나눈다. 그래서 F에 포함되는 변량 x_1, x_2…와 G에 포함되는 변량 u_1, u_2, …에 대해서 다음과 같이 합성변량 f, g를 만든다.

$$f = ax_1 + bx_2 + \cdots,\ g = pu_1 + qu_2 + \cdots$$

정준상관분석은 두 개의 합성변량의 상관이 최대가 되도록 즉,

$$f,\ g\text{의 상관계수 } r_{fg} = \frac{s_{fg}}{s_f s_g} \quad \cdots ①$$

가 최대가 되도록 상수 $a,\ b,\ \cdots,\ p,\ q,\ \cdots$를 정한다. 이렇게 해서 2군 간의 관계를 조사하는 것이다.

(주) s_{fg}는 $f,\ g$의 공분산, $s_f,\ s_g$는 각각 $f,\ g$의 표준편차이다.

그런데 실제로 정준상관분석을 실시하고자 하면 행렬과 그 행렬에 관련된 고유치 문제 등 수학의 지식이 많이 이용된다.

■ 정준상관분석을 행할 때의 전제

이하에서는 설명이 간결하고 단순하게 되도록 두 개의 그룹 $F,\ G$에는 각각 $x,\ y$ 및 $u,\ v$의 두 변량이 있다고 한다. 즉, 합성변량 $f,\ g$로서 다음의 새로운 변량을 생각한다.

$$f = ax + by,\ g = pu + qu \quad \cdots ②$$

여기에서 $a,\ b$ 및 $p,\ q$는 이제부터 정하고 싶은 상수이다.

정준상관분석을 행할 때의 전제(前提)로서 생각하는 변량은 표준화되어 있다고 가정한다. 또한 새로 합성하는 변량 $f,\ g$의 분산도 1이 되도록 상수 $a,\ b$ 및 $p,\ q$를 조정한다고 가정한다. 즉,

(1) $\overline{x} = 1,\ \overline{y} = 1,\ \overline{u} = 1,\ \overline{v} = 1$

(2) $s_x{}^2 = 1,\ s_y^2 = 1,\ s_u^2 = 1,\ s_v^2 = 1$

(3) $s_f^2 = 1,\ s_g^2 = 1$

이들의 조건으로 구해지는 새로운 변량 $f,\ g$를 **정준변량**, 그것들의 상관계수 r_{fg}를 **정준상관계수**(canonical correlation coefficient)라고 한다.

(주) 표준화된 변량의 결합(②)이 $f,\ g$이므로 $f,\ g$의 평균은 0이 된다. 즉, 가정 (3)을 생각하면 정준변

량은 표준화되어 있는 것이다.

■ Lagrange의 상수변화법의 적용

이하에서는 두 개의 변량군 x, y와 u, v의 구체적인 예로서 다음의 데이터를 생각하기로 한다.

표본명	변량 x	변량 y	합성변량 f	변량 u	변량 v	합성변량 g
1	x_1	y_1	ax_1+by_1	u_1	v_1	pu_1+qv_1
2	x_2	y_2	ax_2+by_2	u_2	v_2	pu_2+qv_2
:	:	:	:	:	:	:
n	x_n	y_n	ax_n+by_n	u_n	v_n	pu_n+qv_n

목표는 위의 조건 (1), (2), (3) 하에서 2변량 f, g의 상관계수(①식)를 최대로 하는 것이다. 그런데 가정 (3)이 있으므로 이 상관계수는 다음과 같이 단순해진다.

$$\text{상관계수}(r_{fg})=\frac{1}{n-1}(f_1g_1+f_2g_2+\cdots+f_ng_n) \quad \cdots\cdots \text{③}$$

이하에서는 이것이 최대가 되도록 a, b, p, q의 값을 정한다. 이것은 주성분분석에서 이용한 것과 동일한 수학적 기법으로 해결할 수 있다. 즉, Lagrange의 상수변화법을 적용하는 것이다.

Lagrange의 상수변화법을 이용하려면 다음의 식을 도입한다.

$$\begin{aligned} L &= r_{fg}-\frac{\lambda}{2}(s_f^2-1)-\frac{\mu}{2}(s_g^2-1) \\ &= \frac{1}{n-1}(f_1g_1+f_2g_2+\cdots+f_ng_n) \\ &\quad -\frac{\lambda}{2}\left(\frac{f_1^2+f_2^2+\cdots+f_n^2}{n-1}-1\right)-\frac{\mu}{2}\left(\frac{g_1^2+g_2^2+\cdots+g_n^2}{n-1}-1\right) \end{aligned}$$

(주) λ나 μ를 2로 나누는 것은 얻어지는 식을 간단히 하고 싶기 때문이다.

f_1, f_2, $\cdots$, g_1, g_2, $\cdots$는 앞의 표와 같이 a, b, p, q로 표현되고 있다. 예를 들면, 표

본 1에 대해서는 다음과 같은 값이 된다.

$$f_1 = ax_1 + by_1$$
$$g_1 = pu_1 + qv_1$$

Lagrange의 상수변화법을 이용해서 상관계수 ③의 최대치를 구하려면 다음의 미분을 계산한다.

$$\frac{\partial L}{\partial a} = 0, \ \frac{\partial L}{\partial b} = 0, \ \frac{\partial L}{\partial p} = 0, \ \frac{\partial L}{\partial q} = 0$$

이것들과 조건 (1)~(3)을 편성하면 r_{fg}를 최대로 하는 상수 a, b, p, q가 구해지는 것이다.

■ 행렬을 사용한 표현

이들의 계산은 대단한 것은 아니지만 결과는 긴 식이 된다. 얻어진 긴 식은 행렬을 이용하면 다음과 같이 간결하게 된다. 즉,

$$r_{fg} = \lambda = \mu \quad \cdots\cdots ④$$
$$A\begin{pmatrix} a \\ b \end{pmatrix} = \lambda^2 \begin{pmatrix} a \\ b \end{pmatrix} \quad \cdots\cdots ⑤$$
$$\begin{pmatrix} p \\ q \end{pmatrix} = B\begin{pmatrix} a \\ b \end{pmatrix} \quad \cdots\cdots ⑥$$

여기에서 행렬 A, B는 다음과 같이 정의된다.

$$A = R_{11}^{-1} R_{12} R_{22}^{-1} R_{21} \quad \cdots\cdots ⑦$$
$$B = \frac{1}{\lambda} R_{22}^{-1} R_{21}$$
$$R_{11} = \begin{pmatrix} 1 & r_{xy} \\ r_{xy} & 1 \end{pmatrix}, \ R_{12} = \begin{pmatrix} r_{xu} & r_{xv} \\ r_{yu} & r_{yv} \end{pmatrix}$$
$$R_{21} = \begin{pmatrix} r_{xu} & r_{yu} \\ r_{xv} & r_{yv} \end{pmatrix}, \ R_{22} = \begin{pmatrix} 1 & r_{uv} \\ r_{uv} & 1 \end{pmatrix}$$

(주) r_{xy} 등은 첨자로 기술된 변량 간의 상관계수이다. 그리고 행렬 R^{-1}는 행렬 R의 역행렬을 가리킨다.

■ 고유치와 정준상관계수

여기에서 ⑤식을 보면 주성분분석 등과 마찬가지로 고유치 문제가 나타났다. 이 ⑤의 고유치

문제를 풀어서 고유치 λ^2을 구하면 ④로부터 새로운 변량 f, g의 상관계수의 최대치 r_{fg}(이 값이 바로 정준상관계수 r_{fg}이다)가 구해지는 것이다. 더욱이 결과를 ⑤, ⑥에 대입해서 방정식을 풀면 a, b, p, q가 구해지고 정준변량 f, g가 구해진다.

그런데 주성분분석의 경우와 마찬가지로 ⑤로부터 고유치를 구하면 통상 복수의 해가 얻어진다. 그에 따라서 정준상관계수나 정준변량도 복수로 존재하게 된다. 그래서 가장 큰 고유치에 대응하는 정준상관계수를 **제1정준상관계수**, 그로부터 얻어지는 정준변량을 **제1정준변량**이라고 한다. 또 두 번째로 큰 고유치에 대한 정준상관계수를 **제2정준상관계수**, 그로부터 얻어지는 정준변량을 **제2정준변량**이라고 한다.

(주) 실용상은 많아야 제2까지 생각하는 것이 보통이다.

정준상관분석의 예

이상이 정준상관분석의 기본이다. 실제로 다음의 간단한 예로 정준상관분석을 실행하면서 그 이론을 확인해 보기로 하자. 다음은 사원 10명에 대한 입사시험과 입사 후의 성적을 100점 만점으로 평가하여 표로 정리한 것이다.

사원 No.	입사시험		입사 후의 성적	
	면접시험(x)	필기시험(y)	근무태도(u)	영업성적(v)
1	73	57	61	48
2	74	59	70	48
3	86	63	79	52
4	74	59	65	48
5	80	60	55	42
6	78	59	85	58
7	86	61	57	48
8	82	59	83	52
9	87	64	70	52
10	80	59	75	52

이 표로부터 입사시험과 입사 후의 성적의 관계를 조사해 보자. 지금까지 알아본 방법으로 고유치 문제(⑤식)를 풀어서 각 계수를 구하면, 다음과 같이 정준상관계수와 정준변량이 구해진다.

정준변량	고유치(λ^2)	정준상관계수(λ)	정준변량
1	0.88	0.94	$f=1.01x-0.06y$ $g=0.15u+0.90v$
2	0.06	0.24	$f=0.17x-1.02y$ $g=-1.23u+0.85v$

그러면 이 계산결과를 기초로 간단한 분석을 시도해 보기로 한다. 먼저 정준상관계수를 보면 크기의 비교로부터 제1정준상관계수만을 생각해도 충분하다는 것을 알 수 있다. 제2정준상관계수 0.24는 제1정준상관계수 0.94의 25% 정도밖에 안 되기 때문이다.

다음에 정준변량을 보면 계수의 크기로부터 알 수 있듯이 정준변량 f는 「면접시험」(x)의 영향을 강하게 받고 있다. 또 정준변량 g는 「영업성적」(v)의 영향을 강하게 받고 있다.

즉, 입사 전의 실력과 입사 후의 실력은 「면접시험」과 「영업성적」이 강하게 관련되고 있다는 것을 알 수 있다.

이상의 간단한 분석으로부터 정준상관분석의 정수를 맛볼 수 있을 것으로 생각한다. 다음 절에서는 좀더 분석의 도구를 늘려 보기로 한다.

6.3 | 정준변량의 해석을 돕는 구조계수

전술한 예를 다시 한 번 조사해 보기로 한다. 다음은 사원 10명에 대한 입사시험의 성적 (x, y)과 입사 후의 성적 (u, v)을 평가하여 표로 정리한 것이다.

사원 No.	입사시험		입사 후의 성적	
	면접시험(x)	필기시험(y)	근무태도(u)	영업성적(v)
1	73	57	61	48
2	74	59	70	48
3	86	63	79	52
4	74	59	65	48
5	80	60	55	42
6	78	59	85	58
7	86	61	57	48
8	82	59	83	52
9	87	64	70	52
10	80	59	75	52

분석의 결과 입사시험 및 입사 후의 평가를 나타내는 제1정준변량 f, g가 다음과 같이 구해졌다.

$$f = 1.01x - 0.06y, \quad g = -0.15u + 0.90v$$

이들 정준변량에 있어서 원래의 변량 x, y, u, v에 걸리는 계수를 **가중치 계수**라고 부른다. 또한 각 정준변량의 계수를 늘어놓은 것을 **가중치 벡터**라고 부른다.

정준변량의 가장 간단한 해석법으로서는 이들 가중치 계수를 비교해서 원래의 변량과의 관계를 아는 것이다. 예를 들면, f의 경우에 x, y의 계수가 각각 1.01과 -0.06이므로 변량 x쪽이 합성변량 f의 주요소가 된다고 해석할 수 있다. 이것에 대해서는 앞 절에서도 조사한 바가 있다.

그러나 원래의 변량 x, y의 계수로부터보다도 x, y와의 상관의 크기로부터 정준변량 f를 해석하는 쪽이 정확하다. 즉, f와 x, y의 상관계수 r_{fx}, r_{fy}로부터 f를 해석하는 편이 보다 정확하다고 할 수 있다.

이 상관계수 r_{fx}, r_{fy}를 각각 정준변량 f와 x, y의 **구조계수**, 그것을 늘어놓은 것을 **정준구조 벡터**(또는 **정준부하량**)라고 부른다.

(주) 합성변량 g와 그 구성요소의 변량 u, v의 상관계수에 대해서도 구조계수가 마찬가지로 정의된다.

이 구조계수를 이용해서 다시 한 번 정준변량 f, g를 해석해 보자. 구조계수 r_{fx}, r_{fy} 및 r_{gu}, r_{gv}를 계산하면 다음과 같이 된다.

$$r_{fx} = 0.99, \quad r_{fy} = 0.17, \quad r_{gu} = -0.06, \quad r_{gv} = 0.98$$

정준변량 f와 면접시험(x)의 상관은 1에 가까워서, 정준변량 f를 「사람과의 대응방법」에 대한 능력이라고 생각해도 좋다는 것을 알 수 있다. 또 정준변량 g와 영업성적(v)의 상관도 1에 가까워서, 정준변량 g를 영업사원으로서의 「실력」이라고 표현해도 좋다는 것을 알 수 있다.

이상의 결론은 전 절에서 조사한 결과와 일치하는데, 구조계수라고 하는 수학적으로 명쾌한 지표로 정준변량의 해석을 가능케 한다는 데에 장점이 있다.

6.4 | 정준변량의 적격성을 나타내는 기여율과 용장성계수

데이터 중의 변량군 F, G의 관계를 조사하기 위해서 군마다 변량 f, g를 합성하고 그것들의 상관계수가 최대가 되도록 한다. 이때 f, g를 정준변량이라고 부른다. 이 정준변량 f, g로 데이터를 유기적으로 분석하고자 하는 것이 정준상관분석의 수법이다.

(주) 지금까지와 마찬가지로 두 개의 변량군의 이름을 F, G라고 하고 그것들에는 각각 변량 x, y가 포함되어 있다고 한다. 또 정준변량 f, g를 다음과 같이 쓴다.

$$f = ax + by, \quad g = pu + qv \ (a, b, u, v \text{는 가중치 계수})$$

그런데 정준상관분석에서 주의하지 않으면 안 되는 것이 있다. 그룹을 대표하는 정준변량 f, g가 각 그룹에 포함되는 변량을 대표하고 있지 않을 우려가 있다는 것이다. 정준변량 f, g를 구할 때에는 f, g 서로의 상관계수를 최대로 한다는 것에만 눈을 빼앗기고 있었다. 그러나 f가 그룹 F의 좋은 대표가 되어 있는지, g가 그룹 G의 좋은 대표가 되어 있는지 등은 체크하고 있지 않은 것이다.

정준변량 f, g가 그룹의 대표가 되어 있지 않을 「우려」는 인간 세계의 예로 생각하면 잘 알 수 있다.

지금 서로 친한 대통령 f, g를 모시는 두 나라 F, G가 있다고 한다. 두 나라의 대통령 f, g가 친밀하기 때문이라는 이유로 해서 그들을 조사하면 국민의 모습을 알 수 있는 것은 아니다. 이것은 대통령이 국민의 민의를 대표하고 있다고는 할 수 없기 때문이다. 대통령(정준변량)과 국민(원래의 변량)이 이반(離反)하고 있다면, 대통령이 민의를 반영하고 있지 않기 때문이다.

그래서 정준변량 f, g가 변량군 F나 G의 대표로 되어 있는지 어떤지를 조사하는 지표가 필요하게 된다. 그것이 **정준변량의 기여율**이다.

정준변량 f의 기여율이란 f가 어느 정도 변량 x, y와 친밀한지를 나타내는 지표이다. 마찬가지로 정준변량 g의 기여율이란 g가 어느 정도 변량 u, v와 친밀한지를 나타내는 지표이다.

구체적인 식으로 나타내 보자. 정준변량 $f = ax + by$의 기여율은

$$\frac{1}{2}\left\{\left(r_{fx}\right)^2 + \left(r_{fy}\right)^2\right\}$$

으로 정의된다. 여기에서 r_{fx}, r_{fy}는 각각 정준변량 f와 변량 x, y와의 상관계수이다. 분모의 2는 변량의 개수이다(지금 조사하고 있는 군 F에는 두 개의 변량 x, y가 포함되어 있으므로 2라고 하는 값이 된다).

정준변량 $g = pu + qv$의 기여율도 마찬가지로 다음과 같이 정의된다.

$$\frac{1}{2}\left\{\left(r_{gu}\right)^2 + \left(r_{gv}\right)^2\right\}$$

(주1) 주성분분석일 때의 기여율과는 겉보기가 다르지만 수학적으로는 비슷하다.

(주2) 기여율은 앞 절에서 조사한 구조계수의 제곱 평균(즉, 정준구조 벡터의 크기의 제곱을 차수로 나눈 값)으로 표현할 수 있다.

이 정의로부터 알 수 있듯이 기여율은 정준변량 f나 g가 변량군 x, y및 u, v의 좋은 대표인지 어떤지의 판단기준을 부여하는 것이다. 기여율이 1에 가까우면 정준변량 f는 x, y의 좋은 대표라고 할 수 있다. 역으로 0에 가까우면 대표라고는 할 수 없게 된다.

또한 수학적으로 표현되는 것인데, 구조계수가 하나만 돌출해 있는 경우보다도 도토리 키재기처럼 평균적으로 값을 가지고 있는 쪽이 기여율이 크게 된다.

따라서 정준변량이 「민주적으로 민의를 반영한 대표」일 때에는 기여율은 커지게 되는 것이다. 기여율은 바로 정준변량이 그룹의 대표인지 어떤지의 지표가 되어 있는 것이다.

그런데 이번에는 용장성계수(冗長性係數)라고 하는 지표를 알아보자. 이것은 기여율로 생각한 관계와는 역의 관계를 조사하는 것이다.

즉, 변량군 F에 포함되는 변량 x, y와 변량군 G의 정준변량 g와의 상관을 조사하는 것이다.

용장성계수는 정준변량과 상대 변량군과의 종합적인 연결의 강도를 나타내는 것이다.

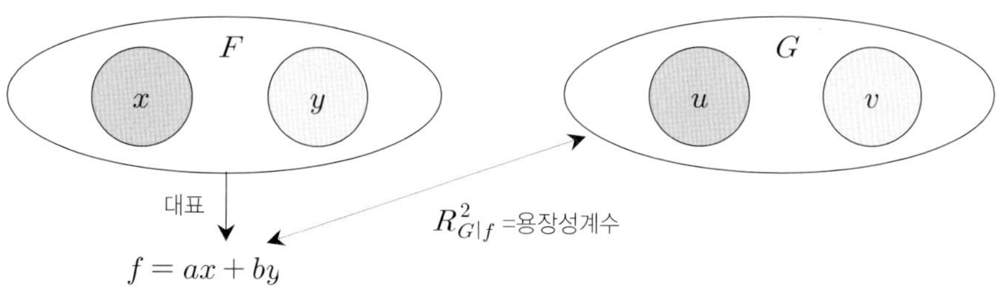

구체적인 식으로 표현해 보자. 정준변량 f와 상대의 군 G에 대한 용장성계수는 $R^2_{G|f}$ 라고 쓰며 다음과 같이 정의된다.

$$R^2_{G|f} = \frac{1}{2}\left\{(r_{fu})^2 + (r_{fv})^2\right\} \quad \cdots\cdots \text{③}$$

마찬가지로 정준변량 g와 상대의 군 F에 대한 용장성계수는 $R^2_{F|g}$ 라고 쓰며 다음과 같이 정의된다.

$$R^2_{F|g} = \frac{1}{2}\left\{(r_{gx})^2 + (r_{gy})^2\right\} \quad \cdots\cdots \text{④}$$

분모의 2는 변량군에 포함되는 변량의 수이다. 즉, 용장성계수는 정준변량과 상대의 군에 포함되는 변량과의 상관계수의 제곱 평균인 것이다. 따라서 용장성계수가 크면 정준변량과 다른 변량군 전체와의 연결이 크게 된다. 이 연결이 크면 한 쪽의 정준변량을 조사함으로써 다른 군의 데이터를 간파해서 분석할 수 있는 것이다.

전술한 바와 같이 정준상관분석은 중회귀분석을 일반화한 분석법이라는 것을 조사했다. 그 중회귀분석에서는 결정계수라고 하는 것을 생각했다. 이것은 중상관계수의 제곱으로 다음과 같이 표현되었다.

$$R^2 = (r_{yY})^2$$

여기에서 Y는 변량 y와 가장 상관이 크게 되도록 한 다른 변량군의 1차식(회귀방정식)이다. 그런데 ③, ④는 이것의 일반화가 되어 있는 것이다. 중회귀분석에서는 목적변량 y가 하나이지만 정준상관분석에서는 그것이 복수로 되어 있으므로 ③, ④와 같이 평균조작을 한 것이다.

그와 관련하여 제2절의 ④~⑥식을 이용하면 다음 ⑤식의 관계가 도출된다. 이 ⑤식으로부터 「용장성」이라고 하는 말의 유래를 간파할 수 있다.

$$\begin{aligned} R^2{}_{F|g} &= \frac{1}{2}\left\{(r_{gx})^2 + (r_{gy})^2\right\} = \frac{\lambda^2}{2}\left\{(r_{fx})^2 + (r_{fy})^2\right\} \\ &= \lambda^2 \times (\text{정준변량 } f\text{의 기여율}) \quad \cdots\cdots \text{⑤} \end{aligned}$$

(주1) $R^2{}_{G|f}$ 에 대해서도 같은 관계식이 성립한다.

(주2) λ^2 은 정준변량을 구할 때에 얻어지는 고유치이고, 그 제곱근 λ는 정준상관계수를 나타낸다.

용장성계수는 정준변량과 다른 변량군과의 종합적인 관련성을 나타내는 것이다. 그러나 이 ⑤식으로부터 자신의 변량과의 관련성(즉, 기여율)도 표현하고 있다는 것을 알 수 있다. 바꾸어 말하면, 변량군 F와 상대의 정준변량 g와의 관계정보는 변량군 F와 자신의 정준변량 f와의 관계정보와 겹쳐 있는 것이다.

이 중복의 관계를 「용장(redundancy)」이라고 표현한 것이 용장성계수라는 이름의 유래이다.

CHAPTER 7

판별분석의 원리

7.1 | 데이터를 그룹으로 나누는 판별분석

세상에는 흑백 판별하기가 어려운 일이 여러 가지 있는데, 어떻게든 그 판단을 하지 않으면 안 되는 경우가 있다. 그러한 때에 도움이 되는 것이 **판별분석**이라고 불리는 수법이다.

예를 들면, 다음과 같은 표가 있다고 한다. 이것은 인쇄회사인 K사에서 인쇄한 포스터에 대한 품질검사 평가표이다. 이 품질에 영향을 미치는 특성으로서 잉크 농도(x)와 열처리시간(y)의 두 개 변량을 생각하고 있다. 검사원이 육안으로 평가하여 합격여부를 판정한다.

표본 No.	잉크 농도(x)	열처리시간(y)	합격여부
1	13.6	11.4	불합격
2	14.7	17.3	합격
3	14.0	14.6	합격
4	14.9	11.9	불합격
5	12.4	16.8	합격
6	13.3	13.0	합격
7	12.7	14.0	불합격
8	13.9	17.4	합격
9	14.5	15.1	합격
10	15.1	14.3	불합격

이 표를 기초로 품질검사의 결과로부터 포스터의 합격과 불합격의 그룹을 합리적으로 판별하는 기준을 찾아보자. 그것을 찾으면 이 회사에서 인쇄한 새로운 포스터의 합격여부를 판정할 수 있다. 더욱이 두 그룹을 판별하는 합리적인 기준을 알면 합격을 위한 변량의 의미가 보이게 된다.

예를 들면, 품질검사에 합격하려면 잉크 농도와 열처리시간 중 어느 쪽이 중요한지 알 수 있다. 이와 같은 이해는 데이터 분석에 크게 도움이 된다.

그러면 이 표로부터 잉크 농도와 열처리시간의 산점도를 그려보면 다음과 같다.

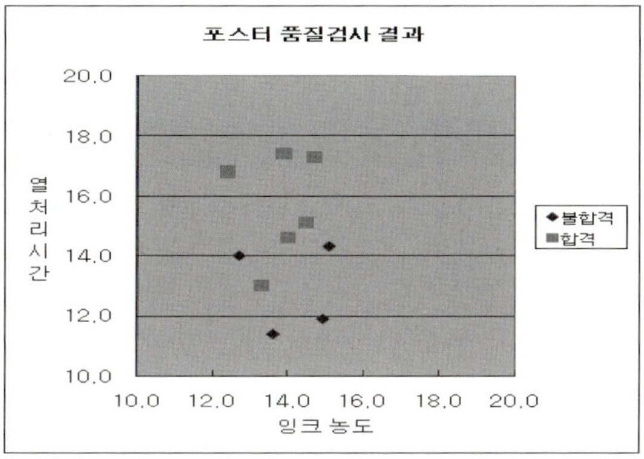

위와 같은 산점도를 **층별산점도**라고 부른다. 층별산점도는 종류에 따른 차이를 비교하는데 매우 유효하다.

포스터의 합격여부를 합리적으로 판별하는 기준을 찾는다고 하는 것은 이 그림에서 말하자면 합격과 불합격의 그룹을 나누는 직선이나 곡선을 합리적으로 긋는 것이라고 할 수 있다. 여기에서는 이 직선이나 곡선을 구하는 것이 목표가 된다.

판별분석에서 이용되는 유명한 무기로서 **선형판별함수**에 의한 방법과 **마하라노비스의 거리**에 의한 방법이 있다. 전자는 두 개의 그룹을 직선으로 분할하여 어느 쪽에 속하는지를 분석한다. 후자는 곡선으로 두 개의 그룹을 분할하여 어느 쪽에 속하는지를 분석한다. 마하라노비스의 거리는 변량마다의 흩어짐의 크기(표준편차)와 변량 간의 상관관계(상관계수)를 고려해서 계산되는 거리이다.

(주) 마하라노비스의 거리에 의한 판별분석에서도 특수한 경우에는 직선으로 분할하는 경우가 있다.

일러두기 : 경험으로 얻어진 판별법

다변량의 데이터로부터 사물의 흑백을 판별하는 방법으로서는 그 밖에도 여러 가지의 것들이 있다. 생활의 문화도를 나타내는 「엥겔 계수」, 습도와 온도로부터 쾌·불쾌를 측정하는 「불쾌지수」, 간단한 수학으로 지능의 고저를 단정하는 「지능지수」 등이다.

이것들은 경험으로부터 생겨난 판별법이다. 본 장에서 다루고 있는 판별결과와 이들 경험으로부터 얻은 판별법의 결과를 비교 검토해 보면 재미있을 것이다.

7.2 | 선형판별함수에 의한 판별

본 절과 다음 절에서는 판별분석의 중요한 수법인 선형판별함수에 의한 판별법을 알아보기로 한다. 먼저 본 절에서는 선형판별함수의 의미에 대해서 알아본다. 다음의 데이터는 앞에서 문제 삼았던 포스터의 품질검사 평가표이다.

표본 No.	잉크 농도(x)	열처리시간(y)	합격여부
1	13.6	11.4	불합격
2	14.7	17.3	합격
3	14.0	14.6	합격
4	14.9	11.9	불합격
5	12.4	16.8	합격
6	13.3	13.0	합격
7	12.7	14.0	불합격
8	13.9	17.4	합격
9	14.5	15.1	합격
10	15.1	14.3	불합격

이 데이터에 있어서 잉크 농도와 열처리시간의 득점에 대한 산점도를 그린 것이 아래의 그림이다. 그림에 보인 바와 같이 합격·불합격의 두 그룹은 하나의 직선으로 거의 분리되고 있다. 이와 같이 두 그룹을 분할하는 최적의 직선을 찾고자 하는 것이 **선형판별함수에 의한 판별분석**이다.

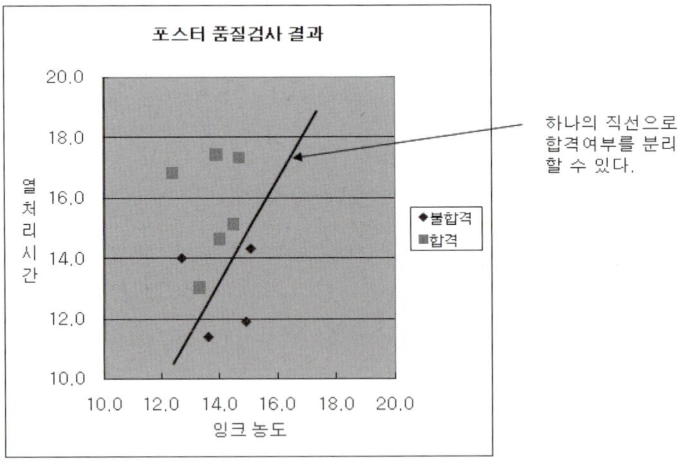

그런데 두 그룹을 분할하는 직선의 식이 다음의 식으로 주어졌다고 하자.

$$ax + by + c = 0 \quad \cdots\cdots ①$$

이때 좌변을 z로 등치(等値)한 다음의 방정식을 생각한다.

$$z = ax + by + c \quad \cdots\cdots ②$$

이것은 $x-y$ 평면과의 교차가 ①의 직선이 되는 평면 α를 나타낸다.

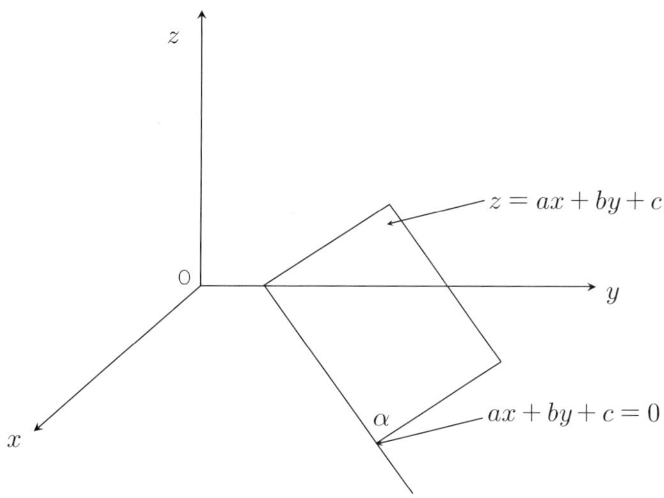

평면의 방정식 ②는 두 변량 x, y로부터 새로운 변량 z를 합성하는 식이라고 생각할 수 있다. 다음의 그림이 보이는 바와 같이 만일 분할직선 ①이 그룹을 확실히 두 그룹으로 나눈다면 어느 쪽의 그룹에 속하는가는 변량 z의 부호로 판별할 수 있다.

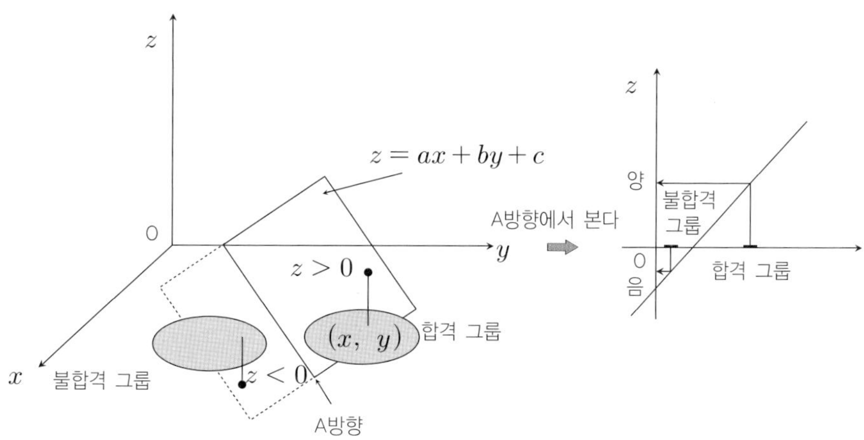

이 그림에 보이는 바와 같이 $z>0$이 되는 표본은 합격 그룹에 속한다. 그리고 $z<0$이 되는 표본은 불합격 그룹에 속한다. 이와 같이 그 부호에 의해서 어느 쪽 그룹에 속하는지를 판별할 수 있는 식 $z=ax+by+c$를 **선형판별함수**(linear discriminant function)라고 한다. 두 그룹을 분할하는 직선 $ax+by+c=0$을 구한다고 하는 것은 이 선형판별함수를 구하는 것과 같은 의미가 된다.

이와 관련하여 각 표본에 대한 z의 값을 **판별점수**라고 한다. 분석의 경우에 이용되므로 기억해 둘 필요가 있다.

일러두기 : 평면의 방정식

방정식 $z=ax+by+c$는 공간 속의 평면을 나타낸다. 이것은 1차방정식

$$px+qy+rz+s=0 \quad \cdots\cdots ③$$

이 평면을 나타낸다고 하는 일반적인 성질의 구체적인 예이다.

$$p=-a, \ q=-b, \ r=1, \ s=-c$$

라고 하면 ③은 선형판별함수 ②가 된다.

이야기를 처음의 포스터의 품질검사로 되돌아가자. 잉크 농도를 x, 열처리시간을 y로 해서 분할직선의 방정식이 ①의 식으로 표현되었다고 하자. 산점도에 있어서 이 직선에 수직하는 방향에 데이터의 분포를 투영해 본다.

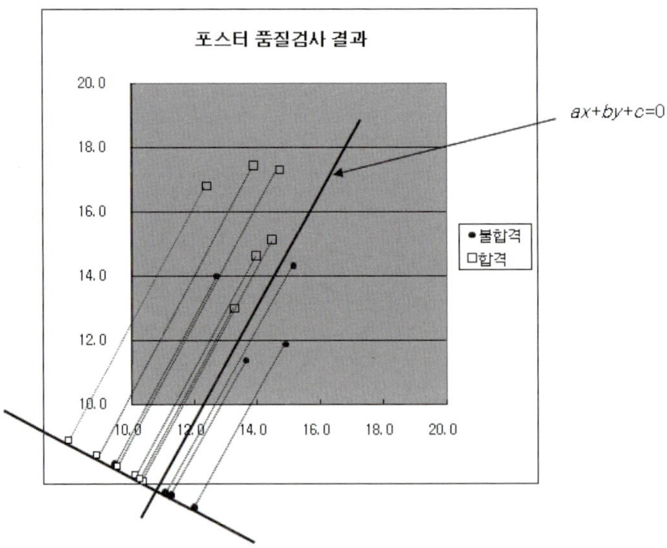

위의 그림으로부터 알 수 있듯이 분할직선에 수직 방향으로 분포를 투영하면 두 개의 그룹이 표본 하나를 제외하고는 잘 분리되어 보인다. 분할직선을 구하는 것과 두 개의 그룹이 분리되어 보이는 방향을 찾는 것과는 동일한 것이다.

데이터를 보는 각도를 바꾸어서 새로운 발견을 한다고 하는 기법은 다변량분석에서 흔히 사용된다. 판별분석도 그러하다. 두 개의 그룹이 나누어져 보이는 방향을 찾으면 분할직선을 그을 수 있게 된다. 이것이 선형판별분석의 중요한 아이디어가 된다.

이상의 논의는 2변량 x, y의 경우에 대해서였다. 이것을 n변량으로 일반화하는 것은 간단하다. 예를 들면, n이 3인 경우를 생각해 보자.

3변량 x, y, z가 되면 2변량의 분할직선에 대응하는 것은 평면

$$ax + by + cz + d = 0 \quad (a, b, c\text{는 상수})$$

이 된다.

곤란한 것은 이 경우의 선형판별함수는 지면에는 그릴 수 없다. 2변량일 때의 선형판별함수 $z = ax + by + c$는 평면이므로 어떻게든지 지면에 그릴 수 있었다. 그러나 3변량일 때의 선형판별함수 $w = ax + by + cz + d$는 4차원 공간에 있어서의 평면(이것을 **초평면**이라고 한다)을 나타낸다. 지면에 그릴 수 없는 것은 당연하다.

일러두기 : 초평면

n차원 공간을 생각했을 때, 그것에 포함되는 $n-1$ 이하 차원의 공간을 초평면(hyperplane)이라고 한다. 3차원 공간의 경우에는 평면이 된다.

이와 같은 경우에는 2변량의 경우로부터 이미지를 만드는 수밖에 없다.

일반적으로 구별하고 싶은 두 그룹의 분포가 중복되어 있는 경우에 어떻게 해서 분할직선을 그으면 좋을지, 그것이 문제이다. 이것에 답하는 것이 선형판별함수에 의한 판별분석의 진짜 목적이다.

그것을 해결하는 아이디어가 전술한 바와 같이 「분포를 보는 방향을 잘 선택한다」고 하는 것이다. 다음 절에서는 구체적으로 이 아이디어를 전개해 보기로 한다.

7.3 | 선형판별함수의 분산

데이터에 포함되는 표본을 2그룹으로 분할하는 직선을 발견하는 것이 「선형판별함수에 의한 판별분석」이라고 하는 것은 앞 절에서 조사했다. 더욱이 그 분할직선으로부터 얻어지는 선형판별함수를 이용하면 값의 부호로 어느 쪽의 그룹에 속하는지를 「판별」할 수 있다는 것도 알아 보았다. 그리고 분포를 보는 방향을 잘 고르면, 적절한 분할직선이 산점도상에 보인다는 것도 확인했다. 본 절에서는 이 분할직선과 선형판별함수를 구체적으로 구해 보도록 한다.

분할직선의 탐색

일반화한 이론을 조사하면 식이 번잡해진다. 그래서 다음 2변량의 데이터로 2그룹을 잘 분할하는 분할직선을 찾아 보도록 하자.

다음의 표와 같이 각 표본은 P, Q의 2그룹으로 나누어져 있다고 한다. 또한 최초의 m개 표본은 그룹 P에, 나머지는 그룹 Q에 속한다고 한다(바꾸어 늘어놓으면 모든 데이터는 이와 같이 된다).

번호	x	y	그룹
1	x_1	y_1	P
:	:	:	:
:	:	:	:
i	x_i	y_i	P
:	:	:	:
:	:	:	:
m	x_m	y_m	P
$m+1$	x_{m+1}	y_{m+1}	Q
:	:	:	:
:	:	:	:
j	x_j	y_j	Q
:	:	:	:
:	:	:	:
n	x_n	y_n	Q

먼저 산점도를 그려본다. 그것이 다음과 같이 되었다고 한다.

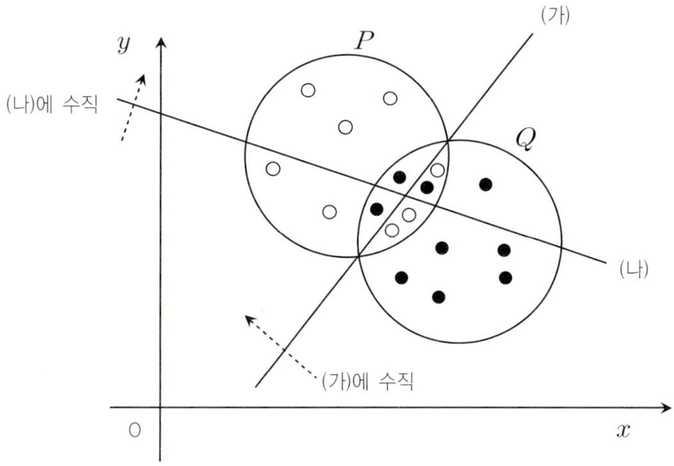

시험 삼아 위의 그림에 보이는 바와 같이 두 개의 직선 (가), (나)를 그어 보자.

분명히 (가)가 (나)보다도 '잘' 분할하고 있다. 여기에서 각 직선에 수직한 방향에 따라서 분포를 보도록 하자.

적절한 분할직선에 수직한 방향에 데이터를 투영하면, 2그룹의 분포는 2극화된다.

이 2극화를 식으로 표현해 보자. 그러기 위해서 표본과 분할직선까지의 거리를 구해 본다. 이것은 분할직선에 수직한 방향에 투영된 분포란 분할직선까지의 거리의 분포이기 때문이다.

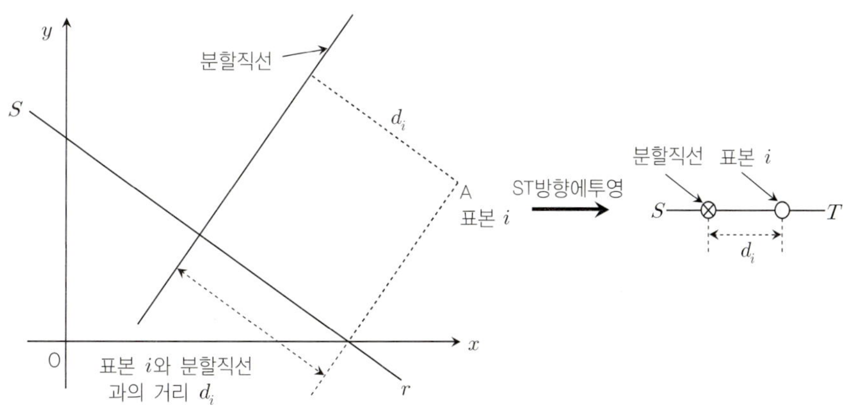

■ 분할직선까지의 거리

위의 그림을 기초로 i번째의 표본을 조사해 본다. 변량 x, y의 값은 각각 x_i, y_i라고 한다. 이 표본을 나타내는 산점도상의 점 $A(x_i, y_i)$와 분할직선까지의 거리를 구해 보자.

분할직선의 식을 다음과 같이 놓는다.

$$ax+by+c=0 \ (a, b, c\text{는 상수}) \ \cdots\cdots \ ①$$

i번째의 표본을 나타내는 점 A와 직선 ①까지의 거리 d_i는 수학의 공식으로부터 다음과 같이 표기할 수 있다.

$$\text{분할직선까지의 거리}\,(d_i)=\frac{|ax_i+by_i+c|}{\sqrt{a^2+b^2}}$$

여기에서 재미있는 사실은 절대치 부호 안의 값은 전술한 선형판별함수의 값(즉, 판별점수)이 되어 있다는 것이다. 즉, ①로부터 얻어지는 선형판별함수

$$z=ax+by+c \quad \cdots\cdots \ ②$$

의 변량 z를 이용하면 위의 거리는 다음과 같이 고쳐 쓸 수 있다.

$$d_i=\frac{|z_i|}{\sqrt{a^2+b^2}} \quad \cdots\cdots \ ③$$

여기에서 z_i는 i번째 표본의 판별점수로 다음과 같이 정의된다.

$$z_i=ax_i+by_i+c$$

판별점수 z_i는 분할직선과 표본과의 떨어진 상태를 나타낸다는 것을 ③은 의미하고 있는 것이다.

(주) 판별점수 z_i는 분할직선까지의 거리 그 자체는 아니다. 판별점수는 ③식에서 거리와 연결되어 있는 것이다.

선형판별함수에 의한 판별분석의 순서

1. 선형판별함수를 구한다.
2. 설명변수의 기여의 검정을 하고, 설명변수가 판별에 도움이 되고 있는지 어떤지를 조사한다.
3. 표준화 선형판별함수의 계수를 구하고, 계수의 절대값이 큰 설명변수가 판별에 큰 영향을 미치고 있는 것으로 한다.
4. 정답률이나 오판별률을 조사한다.
5. 판별점수를 조사하여, 판별에 실패한 데이터를 찾는다.

▪ 분할직선까지의 거리

여기에서 다변량분석에서 자주 이용되는 이 선형판별함수의 값 z(즉, 판별점수)의 분산을 조사해 보자. z는 분할직선과 표본과의 거리 지표를 부여하므로 그 분산에는 보물이 묻혀 있을지도 모른다. 분산을 조사한다고 하는 것은 중회귀분석이나 주성분분석 등에 이용한 다변량분석의 상투수단인 것이다.

그러면 판별점수 z의 분산 $s_z{}^2$을 조사해 보자.

$$\text{판별점수}\ z\text{의 분산}\quad s_z{}^2 = \frac{1}{n-1}\left\{\left(z_1 - \bar{z}\right)^2 + \left(z_2 - \bar{z}\right)^2 + \cdots + \left(z_n - \bar{z}\right)^2\right\}$$

여기에서 z의 평균을 $\bar{z}$로 나타낸다. 분수가 번거로우므로 이하에서는 { } 안의 편차제곱합 S_T를 조사하기로 한다.

$$S_T = \left(z_1 - \bar{z}\right)^2 + \left(z_2 - \bar{z}\right)^2 + \cdots + \left(z_n - \bar{z}\right)^2 \quad \cdots\cdots\cdots ④$$

이 S_T의 대소는 분산 $s_z{}^2$의 대소와 연동한다.

처음에 표로 조사한 바와 같이 표본은 1번에서 m번까지가 P 그룹, 나머지가 Q 그룹에 속한다고 한다. 따라서 S_T는 다음과 같이 두 개 그룹의 합으로 분해된다.

$$S_T = (z_1 - \bar{z})^2 + \cdots + (z_m - \bar{z})^2 + (z_{m+1} - \bar{z})^2 + \cdots + (z_n - \bar{z})^2$$

이번에는 그룹마다 그룹의 평균으로부터의 차(편차)의 관계로 고쳐 보자. 즉, $\overline{z_p}$를 그룹 P에 대한 z의 평균, $\overline{z_Q}$를 그룹 Q에 대한 z의 평균으로 해서

$$\begin{aligned} S_T = &(z_1 - \overline{z_P} + \overline{z_P} - \bar{z})^2 + \cdots + (z_m - \overline{z_P} + \overline{z_P} - \bar{z})^2 \\ &+ (z_{m+1} - \overline{z_Q} + \overline{z_Q} - \bar{z})^2 + \cdots + (z_n - \overline{z_Q} + \overline{z_Q} - \bar{z})^2 \end{aligned}$$

전개하여 정리하면 다음과 같이 된다.

$$\begin{aligned} &S_T = S_B + S_W \quad \cdots\cdots ⑤ \\ &S_B = n_P(\overline{z_P} - \bar{z})^2 + n_Q(\overline{z_Q} - \bar{z})^2 \quad \cdots\cdots ⑥ \\ &S_W = (z_1 - \overline{z_P})^2 + (z_2 - \overline{z_P})^2 + \cdots + (z_m - \overline{z_P})^2 \\ &\qquad + (z_{m+1} - \overline{z_Q})^2 + (z_{m+2} - \overline{z_Q})^2 + \cdots + (z_n - \overline{z_Q})^2 \quad \cdots\cdots ⑦ \end{aligned}$$

여기에서 n_P, n_Q는 각각 P, Q에 포함되는 표본의 수를 나타낸다($n_P = m$이다). 재미있는 것은, 판별점수 z의 편차제곱합 S_T는 이와 같이 두 개의 합으로 분해할 수 있다는 것이다.

그러면 ⑤식에서 표현된 S_B, S_W의 의미를 조사해 보자.

먼저 ⑥식으로 표현되는 S_B를 조사해 본다. $\overline{z_P}-\overline{z}$는 그룹 P의 평균 $\overline{z_P}$와 전체 평균 $\overline{z}$의 차이다. 따라서 $n_P(\overline{z_P}-\overline{z})^2$는 그룹 P 전체가 얼마만큼 데이터의 중심으로부터 떨어져 있는지를 나타내고 있다. 마찬가지로 $n_Q(\overline{z_Q}-\overline{z})^2$은 그룹 Q 전체가 얼마만큼 데이터의 중심으로부터 떨어져 있는지를 나타내고 있다. 즉, S_B는 두 그룹이 얼마만큼 떨어져 있는지를 나타내는 양이라고 생각된다.

다음에 ⑦식으로 표현되는 S_W를 조사해 본다. S_W의 앞부분의 합

$$(z_1-\overline{z_P})^2+(z_2-\overline{z_P})^2+\cdots+(z_m-\overline{z_P})^2$$

은 P 그룹에 대한 판별점수의 편차제곱합을 나타낸다. 그래서 S_W는 각 그룹에 대한 개개 데이터의 변동을 나타내고 있다고 생각된다. S_W가 작으면 그만큼 각 그룹은 밀집해서 보인다는 것을 나타낸다.

이상의 논의로부터 다음의 사실을 알았다. 즉, 판별점수의 편차제곱합 S_T(즉, 분산 ${s_z}^2$)는 두 그룹 간의 거리의 기준을 부여하는 부분(S_B)과 그룹 내의 변동을 나타내는 부분(S_W)으로 분리할 수 있는 것이다.

■ 거리를 크게 하는 분할직선을 구한다

③식, 즉 다음의 식으로 이야기를 돌리자.

$$d_i = \frac{|z_i|}{\sqrt{a^2+b^2}} \quad \cdots\cdots ③$$

이 식이 보이는 바와 같이 판별점수 z_i는 「분할직선과 표본과의 거리」의 지표를 부여한다.

그 판별점수의 흩어짐 상태(즉, 분산)는 전술한 바와 같이 S_B와 S_W로 분리된다. 이것은 「분할직선과 표본과의 거리」의 흩어짐 상태는 S_B와 S_W의 두 부분으로 분리된다고 하는 것을 의미한다.

이제 결론을 낼 준비가 갖추어졌다. 목적은 두 그룹 P, Q를 2극화하는 방향을 찾는 것이다. 그 2극화를 나타내는 「분할직선과 표본과의 거리」의 분포는 S_B와 S_W의 두 부분으로

분리되는 것이다. 그래서 그룹 간의 거리를 나타내는 S_B를 크게 하도록 분할직선의 방향을 찾으면, 두 그룹 P, Q가 2극화되는 것이다. 이것이 분할직선, 즉 선형판별함수의 결정원리이다.

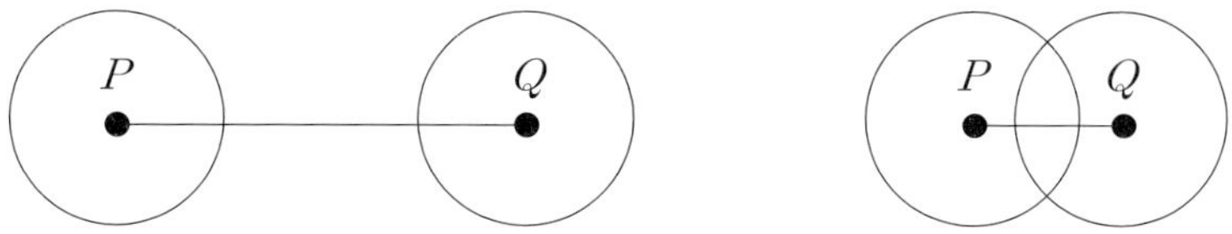

■ 선형판별함수를 구한다

그런데 선형판별함수, 즉

$$z = ax + by + c$$

의 계수 a, b를 크게 하면 당연히 S_B나 S_T는 그것에 따라서 커져 버린다. 그렇게 되면 S_B의 대소를 논의할 수 없다. 그래서 다음의 비 F를 생각한다.

$$F = \frac{S_B}{S_T} \quad \cdots\cdots \text{⑧}$$

비 F를 최대로 하는 경우가 2군의 거리 지표 S_B가 차지하는 비율을 최대로 하여 그룹을 2극화한다. 이것이 구하고 싶은 경우이다.

비 F를, 선형판별함수 $z = ax + by + c$를 이용해서 새로 써 보자. ④, ⑥을 ⑧에 대입하고 z를 $ax + by + c$로 치환해서 정리하면,

$$F = \frac{n_P\{a(\overline{x_P} - \overline{x}) + b(\overline{y_P} - \overline{y})\}^2 + n_Q\{a(\overline{x_Q} - \overline{x}) + b(\overline{y_Q} - \overline{y})\}^2}{(n-1)\{a^2{s_x}^2 + 2abs_{xy} + b^2{s_y}^2\}} \quad \cdots\cdots \text{⑨}$$

(주) ${s_x}^2$, ${s_y}^2$은 변량 x, y의 분산, s_{xy}는 그것들의 공분산이다. 또한 $\overline{x_P}$는 그룹 P에 대한 x의 평균이다. $\overline{x_Q}$ 등도 마찬가지이다.

F의 최대치를 구해 보자. 비 F의 최대치는 극치조건으로부터 다음의 식을 충족할 필요가 있다.

$$\frac{\partial F}{\partial a}=0,\ \ \frac{\partial F}{\partial b}=0 \quad \cdots\cdots \ ⑩$$

이로부터 얻어지는 두 개의 연립방정식을 풀면 계수 a, b의 값이 얻어진다. 이렇게 해서 F의 최대치가 구해지는 것이다.

이상으로 두 그룹을 분할하는 직선 ①, 그리고 선형판별함수 ②, 즉

$$ax+by+c=0 \quad \cdots\cdots \ ①$$
$$z=ax+by+c \quad \cdots\cdots \ ②$$

의 계수 a, b를 구하는 방법에 대한 원리를 알아보았다.

그런데 분할직선의 상수항 c는 미정인 채 그대로이다. 지금까지의 논의는 편차(변량과 평균의 차)에 주목하고 있으므로 상수항은 지워져서 표면에 나오지 않는 것이다.

이 상수 c를 정하려면 직선 ①이 지나는 1점을 부여하면 충분하다. 그래서 아래 그림과 같이 두 개의 그룹 P, Q의 x, y에 대한 평균의 중점 M을 지나도록 한다.

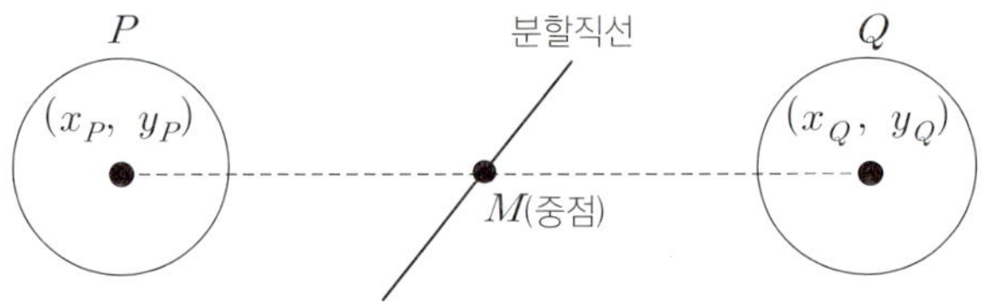

■ 입사시험의 예

이상의 이론을 이용해서 실제로 선형판별함수 ②를 구해 보자. 다음의 데이터는 K 대학교에서 실시한 취직을 위한 모의시험의 성적과 실제의 입사시험에 있어서 합격여부의 결과이다.

학생 No.	모의필기시험(x)	모의면접시험(y)	입사의 합격여부
1	50	70	합격
2	20	80	합격
3	50	50	불합격
4	70	60	합격
5	90	90	합격
6	50	90	합격
7	80	60	불합격
8	70	70	불합격
9	30	50	불합격
10	60	80	합격

P를 불합격, Q를 합격의 그룹으로 한다. 먼저 ⑨식, 즉

$$F = \frac{n_P\{a(\overline{x_P} - \overline{x}) + b(\overline{y_P} - \overline{y})\}^2 + n_Q\{a(\overline{x_Q} - \overline{x}) + b(\overline{y_Q} - \overline{y})\}^2}{(n-1)\{a^2 s_x^2 + 2abs_{xy} + b^2 s_y^2\}} \quad \cdots\cdots ⑨$$

에 포함되는 각 통계량을 계산해 보자. Excel을 이용하면 이것들은 표로부터 곧 계산된다.

이 표로부터 실제로 값을 구하면,

$$n = 10,\ n_P = 4,\ n_Q = 6$$
$$\overline{x} = 57,\ \overline{y} = 70$$
$$\overline{x_P} = 57.5,\ \overline{y_P} = 57.5,\ \overline{x_Q} = 56.7,\ \overline{y_Q} = 78.3$$
$$s_x^2 = 467.8,\ s_{xy} = 55.6,\ s_y^2 = 222.2$$

따라서 비 F는 구체적으로 다음과 같이 기술된다.

$$\frac{F = 4\{(57.5 - 57)a + (57.5 - 70)b\}^2 + 6\{(56.7 - 57)a + (78.3 - 70)b\}^2}{9\{467.8a^2 + 2 \cdot 55.6ab + 222.2b^2\}}$$

여기에 극치조건 ⑩을 적용하여 얻어지는 연립방정식을 풀면, 선형판별함수의 계수가 다음과 같이 구해진다.

$$a = 0.026,\ b = -0.189$$

더욱이 두 개의 그룹 P, Q에 대한 변량 x, y의 평균을 나타내는 점 $(\overline{x_P}, \overline{y_P})$, $(\overline{x_Q}, \overline{y_Q})$의 중점을, 분할직선 ①이 지나도록 c를 결정하면,

$$c = 11.328$$

따라서 다음의 직선이 분할직선 ①의 구체적인 식으로서 얻어진다.

$$0.026x - 0.189y + 11.328 = 0$$

또한 선형판별함수 ②는 다음과 같이 된다.

$$z = 0.026x - 0.189y + 11.328 \quad \cdots\cdots ⑪$$

이 분할직선을 산점도상에 그려보자. 두 개의 그룹을 잘 분할하고 있는 것을 알 수 있다.

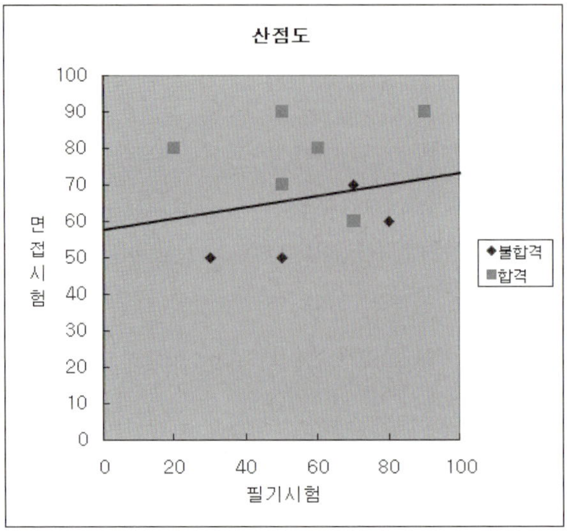

선형판별함수가 얻어지면 그룹을 나누기 위한 분석이 가능해진다. 즉, 그룹을 나누는 데 있어서 어떤 변량이 어떻게 영향을 미치고 있는지가 보이는 것이다. 예를 들면, ⑪의 계수를 살펴보자. 면접시험(y) 쪽이 필기시험(x)보다도 크게 판별함수에 기여하고 있다. 이로부터 합계점이 같은 학생이라도 면접이 좋은 쪽이 더 입사시험에 합격하기 쉽다는 것을 알 수 있다.

이상은 2변량의 경우에 대해서 조사했다. 그러나 3변량 이상이더라도 마찬가지이다. 다만, 계산은 복잡해지므로 실제로는 전용 통계분석 소프트웨어를 이용해서 분석한다.

7.4 | 마하라노비스의 거리

데이터를 그룹으로 나누는 수단으로서 전술한 선형판별함수에 의한 방법 이외에 또 하나의 방법이 있다. 마하라노비스(Mahalanobis)의 거리에 의한 방법이 그것이다. 마하라노비스는 인도의 수학자 이름이다. 이론의 창시자 이름을 딴 마하라노비스의 거리란 도대체 어떠한 것일까? 먼저 1변량의 경우부터 조사해 보기로 한다.

예로서 공장의 제품검사의 결과를 조사한다. 다음의 표는 양품으로 판단된 것과 불량품으로 판단된 것에 대한 검사에서의 득점을 늘어놓은 것이다.

양품	불량품
69	33
72	30
57	60
69	18
51	27
66	72
60	57
69	9
54	45
66	42

모두 100점 만점으로 환산되어 있다. 이것을 다음의 그림과 같이 플롯해 보자. 양품의 분포와 불량품의 분포가 겹쳐 있는 것을 알 수 있다.

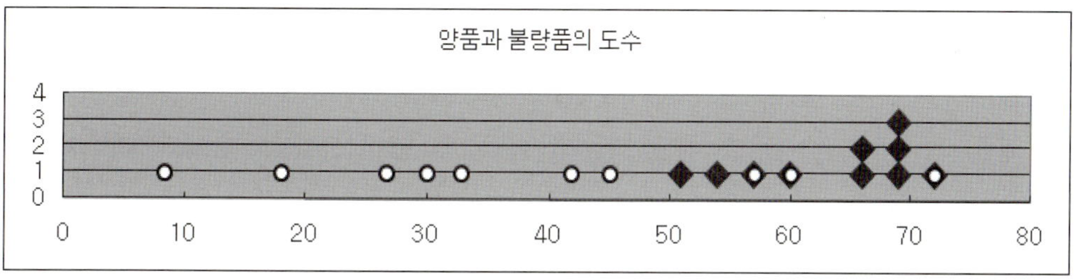

여기에 새로운 데이터로서 54점을 취한 표본 제품 A가 있다고 하자. 이 제품 A는 양품의 그룹에 들어갈까, 그렇지 않으면 불량품의 그룹에 들어갈까? 이 그림만으로는 판단할 수 없다.

그래서 각 그룹의 데이터가 정규분포에 따른다고 가정해서 정규분포 곡선을 그려보기로 한다. 그러기 위해서는 다음의 표와 같은 평균과 표준편차만을 계산해서 놓으면 충분하다. 이 표를 기초로 정규분포의 그래프를 2그룹 겹쳐서 그려보면 아래의 그림이 된다.

	양품	불량품
평균	63.3	39.3
표준편차	6.9	18.7

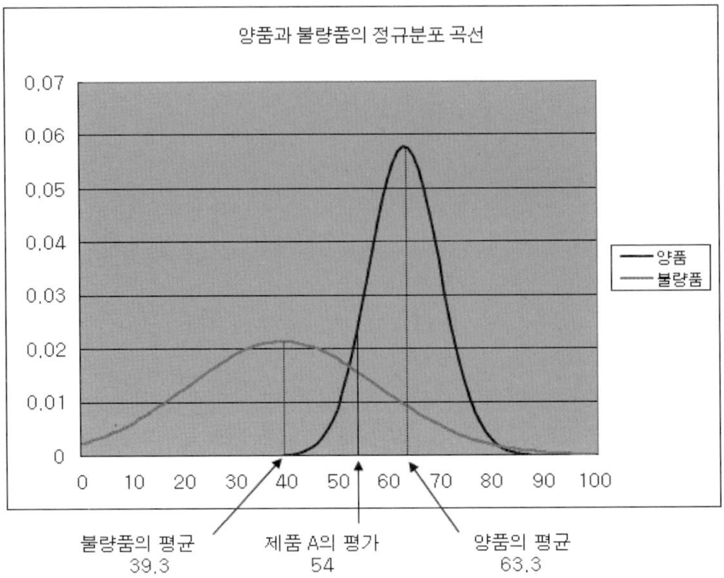

여기에서 54점을 취한 제품 A의 위치를 살펴보자. 단순히 좌표의 차라면, 양품의 그룹 중심에 가까운 위치에 있다. 그러나 양품의 분포는 표준편차가 작기 때문에 날카로운 산의 커브를 그리고 있다. 그래서 상대적으로는 「중심으로부터 멀다」고 해석할 수 있다. 단순히 좌표의 차만으로는 어느 쪽에 가까운지를 논의할 수 없는 것이다.

그래서 생각해 낸 것이 마하라노비스의 거리이다. 이것은 다음과 같이 정의된다.

$$\text{마하라 노비스의 거리(D)} = \frac{|x - \bar{x}|}{s_x} \quad \cdots\cdots ①$$

(주) | |는 절대치라고 불리는 기호이다. | | 안의 수치가 마이너스일 때에는 부호를 바꾸어서 플러스의 값으로 한다.

s_x는 변량 x의 표준편차, $\bar{x}$는 평균이다. 절대치 기호를 이용하는 것은 값을 플러스로 하고 싶기 때문이다. 간단히 말하면 ①은 표준화된 데이터의 절대치인 것이다. 마하라노비스는 분포의 퍼짐 정도를 이와 같이 해서 가미한 것이다.

분포가 정규분포라고 가정하고 있는 사실로부터, 그리고 데이터의 표준화를 실시하고 있는 사실로부터 마하라노비스의 거리가 같으면 확률적으로는 같은 위치에 있다.

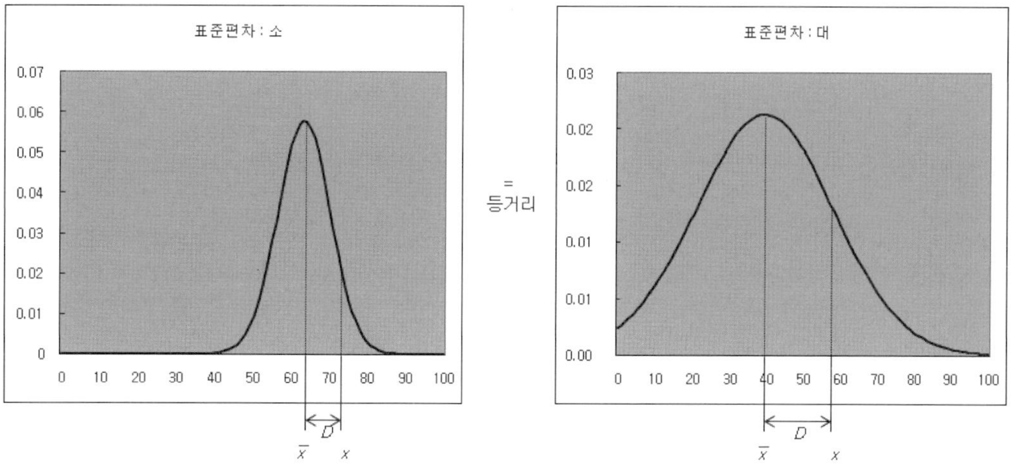

또한 마하라노비스의 거리가 클수록 확률적으로는 일어나기 어려운 위치에 존재하게 된다.

요컨대 1차원의 마하라노비스 거리는 표준편차를 단위로 하는 거리의 측정방법이라고 생각할 수 있다.

이 마하라노비스의 거리를 이용해서 지금 조사하고 있는 「54점을 취한 제품이 양품인지 불량품인지」를 판별하는 문제를 해결해 보자.

54점을 취한 제품 A가 어느 쪽의 그룹인지를 논의하기 위해서는 어느 쪽에 속할 확률이 큰지를 논의하면 된다. 그러면 지금 도입한 마하라노비스의 거리를 계산해 보자.

$$\text{양품 그룹에 대한 마하라노비스의 거리} = \frac{|54-63.3|}{6.9} = 1.35$$

$$\text{불량품 그룹에 대한 마하라노비스의 거리} = \frac{|54-39.3|}{18.7} = 0.79$$

이로부터 알 수 있듯이 제품 A는 불량품 그룹에 가까운 「거리」에 있으므로 제품 A는 검사에서 불량이라고 판단되는 그룹에 있다고 생각된다.

다변량의 마하라노비스 거리는 1변량의 경우에 대한 확장

앞에서는 1변량의 경우에 대한 마하라노비스의 거리를 조사했다. 정규분포에 따른다는 것을 가정한 다음에 다음과 같이 정의되는 거리였다.

$$D = \frac{|x-\bar{x}|}{s_x}$$

기하학적인 거리를 표준편차로 나눔으로써 분포의 퍼짐의 차이를 보정(補正)하고 있는 것이다.

그런데 이번에는 마하라노비스의 거리에 대해서 변량이 두 개인 경우를 조사해 보자. 2변량의 경우는 1변량의 경우를 잘 확장하면 되는데, 어떻게 하면 될까? 수학자 마하라노비스는 실로 교묘하게 그것을 실행했다. 거기에 그의 재능이 있다고 생각된다.

먼저 1변량의 마하라노비스의 거리를 다음과 같이 변형해 보자.

$$\begin{aligned} D^2 &= \frac{|x-\overline{x}|^2}{{s_x}^2} = \frac{(x-\overline{x})^2}{{s_x}^2} \\ &= (x-\overline{x})({s_x}^2)^{-1}(x-\overline{x}) \end{aligned}$$

마하라노비스는 이것을 벡터와 행렬의 관계로 발전시켰다. 즉, 다음과 같이 1차원의 벡터를 2차원으로 확장한 것이다.

1변량	2변량
왼쪽의 $(x-\overline{x})$	$(x-\overline{x} \quad y-\overline{y})$
오른쪽의 $(x-\overline{x})$	$\begin{pmatrix} x-\overline{x} \\ y-\overline{y} \end{pmatrix}$
$({s_x}^2)^{-1}$	$\begin{pmatrix} {s_x}^2 & s_{xy} \\ s_{xy} & {s_y}^2 \end{pmatrix}$

즉, 2변량의 마하라노비스의 거리를 다음과 같이 정의한다.

$$D^2 = (x-\overline{x} \quad y-\overline{y}) \begin{pmatrix} {s_x}^2 & s_{xy} \\ s_{xy} & {s_y}^2 \end{pmatrix}^{-1} \begin{pmatrix} x-\overline{x} \\ y-\overline{y} \end{pmatrix}$$

3변량 이상의 경우에 대해서도 확장은 용이하다. 예를 들어 3변량의 경우라면 다음과 같이 확장할 수 있다.

$$D^2 = (x-\overline{x} \quad y-\overline{y} \quad z-\overline{z}) \begin{pmatrix} {s_x}^2 & s_{xy} & s_{xz} \\ s_{xy} & {s_y}^2 & s_{yz} \\ s_{xz} & s_{yz} & {s_z}^2 \end{pmatrix}^{-1} \begin{pmatrix} x-\overline{x} \\ y-\overline{y} \\ z-\overline{z} \end{pmatrix}$$

2변량의 경우에 마하라노비스의 거리가 같은 점을 연결하면, 그것은 하나의 곡선(포물선)

이 된다. 이것은 지도에 있어서의 등고선과 같은 것이다. 이 곡선상에 위치하는 점은 그룹에 포함되는 정도가 같은 것이다.

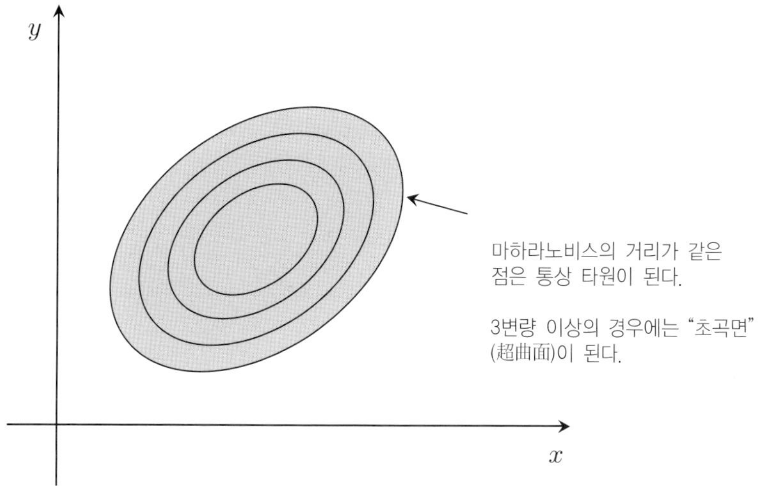

그런데 1변량일 때와 마찬가지로 마하라노비스의 거리가 큰 데이터는 그룹의 중심으로부터 떨어지게 된다.

바꾸어 말하면, 그 그룹에 속하기 어렵다고 생각된다. 역으로 마하라노비스의 거리가 작으면 그룹의 중심에 가까우므로 그 그룹에 속하기 쉽다고 생각된다.

이상의 논의로부터 알 수 있듯이 마하라노비스의 거리의 대소로 생각하고 있는 표본이 P, Q의 두 그룹 중 어느 쪽에 속하는지를 판별할 수 있다.

예를 들면, 어떤 표본에 대해서 P, Q의 두 그룹에 관한 마하라노비스의 거리를 각각 ${D_P}^2$, ${D_Q}^2$라고 한다. 이때 다음의 관계가 성립한다.

$${D_P}^2 > {D_Q}^2 \text{ 라면 표본은 그룹 } Q\text{에 속한다}$$

$${D_P}^2 < {D_Q}^2 \text{ 라면 표본은 그룹 } P\text{에 속한다}$$

마하라노비스의 거리가 같은 장소는 2군의 경계선(3변량이라면 경계곡면)이 된다. 이 곡선(곡면)의 어느 측에 있느냐에 따라서 그 표본이 속하는 그룹이 판단된다.

그러면 선형판별함수에 의한 판별에서도 이용한 다음의 데이터에 대해서 마하라노비스의 거리를 이용한 판별분석을 실시해 보자.

학생 No.	모의필기시험(x)	모의면접시험(y)	입사의 합격여부
1	50	70	합격
2	20	80	합격
3	50	50	불합격
4	70	60	합격
5	90	90	합격
6	50	90	합격
7	80	60	불합격
8	70	70	불합격
9	30	50	불합격
10	60	80	합격

먼저 각 그룹에 대한 평균, 분산, 공분산을 구해 보자.

그룹	평균 $\overline{x}$	평균 $\overline{y}$	분산 ${s_x}^2$	분산 ${s_y}^2$	공분산 s_{xy}
불합격	57.5	57.5	491.7	91.7	158.3
합격	56.7	78.3	546.7	136.7	13.3

이것을 마하라노비스 거리의 식

$$D^2 = (x - \overline{x} \quad y - \overline{y}) \begin{pmatrix} {s_x}^2 & s_{xy} \\ s_{xy} & {s_y}^2 \end{pmatrix} \begin{pmatrix} x - \overline{x} \\ y - \overline{y} \end{pmatrix}$$

에 대입하면 합격·불합격의 각 그룹에 대해서 구체적인 마하라노비스 거리의 식이 얻어진다.

이 계산은 Excel 등의 계산 소프트웨어를 이용하면 간단하다. 그 결과를 정리하면 다음의 표와 같다.

학생 No.	${D_{불합격}}^2$	${D_{합격}}^2$	${D_{불합격}}^2$-${D_{합격}}^2$	합부예상	합부실적	판정
1	1.739	0.588	1.152	합격	합격	○
2	9.400	2.923	6.473	합격	합격	○
3	0.491	6.881	-6.389	불합격	불합격	○
4	0.304	3.956	-3.653	불합격	합격	×
5	9.227	2.602	6.625	합격	합격	○
6	10.192	1.500	8.693	합격	합격	○
7	0.964	5.133	-4.170	불합격	불합격	○
8	1.365	1.247	0.118	합격	불합격	×
9	1.579	6.934	-5.355	불합격	불합격	○
10	4.440	0.035	4.405	합격	합격	○

$D_{불합격}{}^2 - D_{합격}{}^2$이 플러스라면 그 표본은 합격 그룹의 중심에 가까우므로 합격 그룹에 들어간다고 판단할 수 있다. 역으로 $D_{불합격}{}^2 - D_{합격}{}^2$이 마이너스라면 그 표본은 불합격이 된다고 판단된다. 다시 말하면, $D_{불합격}{}^2 - D_{합격}{}^2$이 판별함수가 되는 것이다.

> **알려두기 : 마하라노비스의 거리**
>
> 판별에 관한 일반적인 이론 중, 두 모집단 사이의 관련 또는 거리에 관여한 것으로서 마하라노비스의 연구에 의해 범거리라고 불리는 모수 Δ^2의 추정량으로서 D^2 통계량이 생겨났다. 이것은 Hotelling에 의한 T^2통계량 및 분류문제와 관련해서 발전한 Fisher에 의한 판별함수와 밀접하게 관련이 있는 것이다.

7.5 | 판별적중률과 오판별률

판별분석에서 중요한 것은 두 그룹의 어느 쪽에 속하는지 불분명한 「회색」의 영역에 있는 데이터의 판별이 가능하다고 하는 것이다. 그러나 당연히 판단 미스도 따른다. 그래서 어느 정도의 판단 미스가 있는지를 나타내는 지표가 필요하다. 그것이 **판별적중률**(判别的中率)이다.

판별적중률은 다음과 같이 정의된다.

$$\text{판별적중률} = \frac{\text{바르게 판정된 데이터 수}}{\text{전체 데이터 수}}$$

또한 판별 적중률의 반대 생각으로부터 **오판별률**이 정의된다.

$$\text{오판별률} = \frac{\text{오판별된 데이터 수}}{\text{전체 데이터 수}}$$

예를 들면, 앞에서 조사한 예에서 마하라노비스의 거리를 이용한 판별분석의 적중률을 조사해 보자.

학생 No.	합부예상	합부실격	판정
1	합격	합격	○
2	합격	합격	○
3	불합격	불합격	○
4	불합격	합격	×
5	합격	합격	○
6	합격	합격	○
7	불합격	불합격	○
8	합격	불합격	×
9	불합격	불합격	○
10	합격	합격	○

이 표로부터 앞에서 조사한 마하라노비스의 거리에 의한 판별적중률은 80%라는 것을 알 수 있다.

판별적중률은 50%를 밑돌지 않아야 한다고 알려져 있다. 실제로 전부 어긋났다고 하더라도 판별적중률은 50% 이상이 된다.

따라서 판별적중률이 예를 들어 60%가 되었다고 하더라도 분석이 성공했다고 하는 증거는 되지 않는다. 역시 적어도 80% 정도는 되어야 바람직하다. 기준으로서는 다음의 표가 자주 이용된다.

판별적중률(%)	평가
90% 이상	좋다
80~90%	약간 좋다
50~80%	재검토의 여지 있음

판별적중률은 매우 알기 쉬우므로 안이하게 쓰이는 경향이 있다. 그러나 조사한 데이터 수가 적을 때 등에는 판별분석의 타당성을 확실히 평가할 필요가 있다. 안이하게 이용하는 것은 위험하다.

P A R T

2

다변량분석 실제편

CHAPTER 8 상관분석
CHAPTER 9 분산분석
CHAPTER 10 회귀분석
CHAPTER 11 중회귀분석
CHAPTER 12 순서 회귀분석
CHAPTER 13 범주형 회귀분석
CHAPTER 14 로지스틱 회귀분석
CHAPTER 15 판별분석
CHAPTER 16 수량화이론
CHAPTER 17 주성분분석
CHAPTER 18 요인분석
CHAPTER 19 다차원척도법
CHAPTER 20 대응분석
CHAPTER 21 신뢰성분석
CHAPTER 22 비선형 정준상관분석

CHAPTER 8 **상관분석**

8.1 ❙ 상관관계의 파악

1. 상관계수와 산점도에 의한 파악

[예제 8-1]

다음의 데이터는 어떤 제품의 강도(y)와 제품 중에 포함된 경화제의 양(x)을 30개 측정한 것이다. 이 데이터를 그래프로 표현하고 경화제의 양 x와 강도 y의 관계를 파악하라.

데이터표

No.	1	2	3	4	5	6	7	8	9	10
경화제의 양(x)	29	32	29	28	25	28	31	31	32	23
강도(y)	50	49	46	51	44	46	52	52	51	42
No.	11	12	13	14	15	16	17	18	19	20
경화제의 양(x)	29	32	27	30	29	29	30	30	32	29
강도(y)	46	52	47	53	51	51	53	53	54	47
No.	21	22	23	24	25	26	27	28	29	30
경화제의 양(x)	29	29	28	28	26	31	26	33	27	32
강도(y)	50	53	49	46	47	53	45	48	47	48

■ 사고방식과 적용수법

2개의 양적인 변수(x와 y)가 있을 때, 이 2개의 변수 관계를 시각에 호소하여 파악하기 위해서는 산점도(散點圖) 혹은 상관도(相關圖)라고 하는 그래프를 적용한다.

■ 상관관계

2개의 변수 x와 y가 있을 때에, x의 변화에 따라서 y도 변화하는 관계를 상관관계라고 한다. x가 증가하면 y도 증가하는 관계를 **양의 상관관계**, x가 증가하면 y는 감소하는 관계를 **음의 상관관계**라고 한다. 어느 쪽의 관계도 보이지 않는 경우를 **무상관**이라고 한다.

상관관계와 인과관계는 다른 개념이다. **인과관계**란 원인과 결과의 관계이며, 이것은 데이터의 통계적 검토만으로는 입증할 수 없다. 데이터에 의거해서 검토할 수 있는 것은 상관관계이며, 인과관계는 데이터의 배후에 있는 이론적 지식이나 기술적 지식에 의해서 설명이 될 필요가 있다. 흔히 수학을 잘하는 사람은 물리도 잘한다고 일컬어지고 있다. 이것은 수학의 성적과 물리의 성적 사이에는 양의 상관관계가 존재한다는 것을 말하고 있는 것으로, 인과관계가 존재하고 있다는 것을 말하고 있는 것은 아니다.

■ 상관계수

2개의 변수 사이에 상관관계가 있는지 어떤지를 수치적으로 판단하는 데는 상관계수라고 불리는 지표를 이용한다.

상관계수는 통상 r이라는 기호로 표기되고, -1에서 1까지의 값을 취한다.

$$-1 \leqq r \leqq 1$$

상관계수의 부호가 양(+)일 때에는 양의 상관관계가 있다는 것을, 음(−)일 때에는 음의 상관관계가 있다는 것을 나타내고 있다. 상관관계의 강도는 상관계수의 절대값 $|r|$ 또는 자승값 r^2으로 평가한다. 어느 쪽도 1에 가까울수록 상관이 강하다는 것을 의미한다. 상관관계가 존재하지 않을 때에는 상관계수의 값은 0에 가까운 값이 된다.

변수 x와 y의 상관계수는 다음과 같은 순서로 산출할 수 있다.

1. x의 편차제곱의 합 $S(xx)$를 계산한다.

$$S(xx) = \sum_{i=1}^{n}(x_i - \bar{x})^2 = \sum_{i=1}^{n} x_i^2 - \left(\sum_{i=1}^{n} x_i\right)^2 / n$$

2. y의 편차제곱의 합 $S(yy)$를 계산한다.

$$S(yy) = \sum_{i=1}^{n}(y_i - \bar{y})^2 = \sum_{i=1}^{n} y_i^2 - \left(\sum_{i=1}^{n} y_i\right)^2 / n$$

3. x와 y의 편차곱의 합 $S(xy)$를 계산한다.

$$S(xy) = \sum_{i=1}^{n}(x_i - \bar{x})(y_i - \bar{y}) = \sum_{i=1}^{n} x_i y_i - \left(\sum_{i=1}^{n} x_i\right)\left(\sum_{i=1}^{n} y_i\right) / n$$

4. 상관계수 r을 계산한다.

$$r = \frac{S(xy)}{\sqrt{S(xx)S(yy)}}$$

■ 상관계수의 해석방법

상관계수로부터 상관관계의 강약을 판단하는 기준은 다음과 같다.

$0.8 \leqq |r|$: 강한 상관 있음

$0.6 \leqq |r| < 0.8$: 보통 상관 있음

$0.4 \leqq |r| < 0.6$: 약한 상관 있음

$|r| < 0.4$: 거의 상관 없음

그러나 이것은 어디까지나 기준인 것이고, 상관계수는 데이터 수와의 관계로 음미할 필요가 있다. 특히 데이터의 수가 적을 때에는, 모상관계수 ρ가 0인지 어떤지의 가설검정을 실시해야 한다.

■ 산점도

산점도 또는 상관도는 상관관계의 유무를 시각적으로 확인하기 위한 그래프이다. 2개의 변수 중 한쪽을 가로축으로 하고 다른 한쪽을 세로축으로 하여, 대응하는 데이터를 1점씩 타점(plot)함으로써 작성한다.

2. 상관분석의 실제

■ SPSS에 의한 해법

〈순서 1〉 데이터의 입력

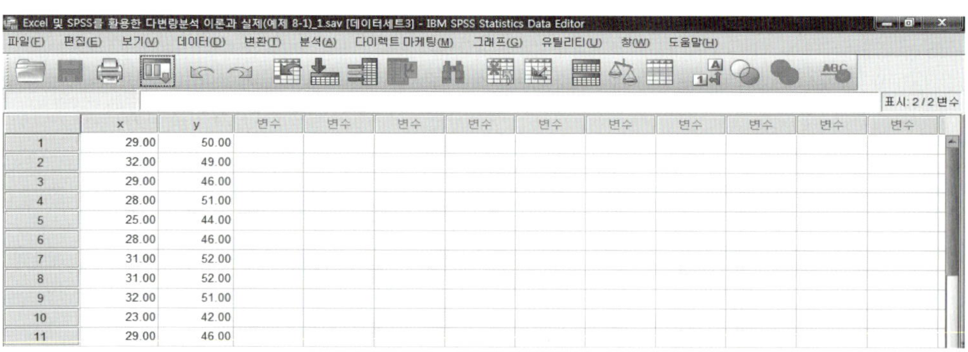

〈순서 2〉 상관분석의 선택

메뉴에서 [분석(A)]−[상관분석(C)]−[이변량 상관(B)]을 선택한다.

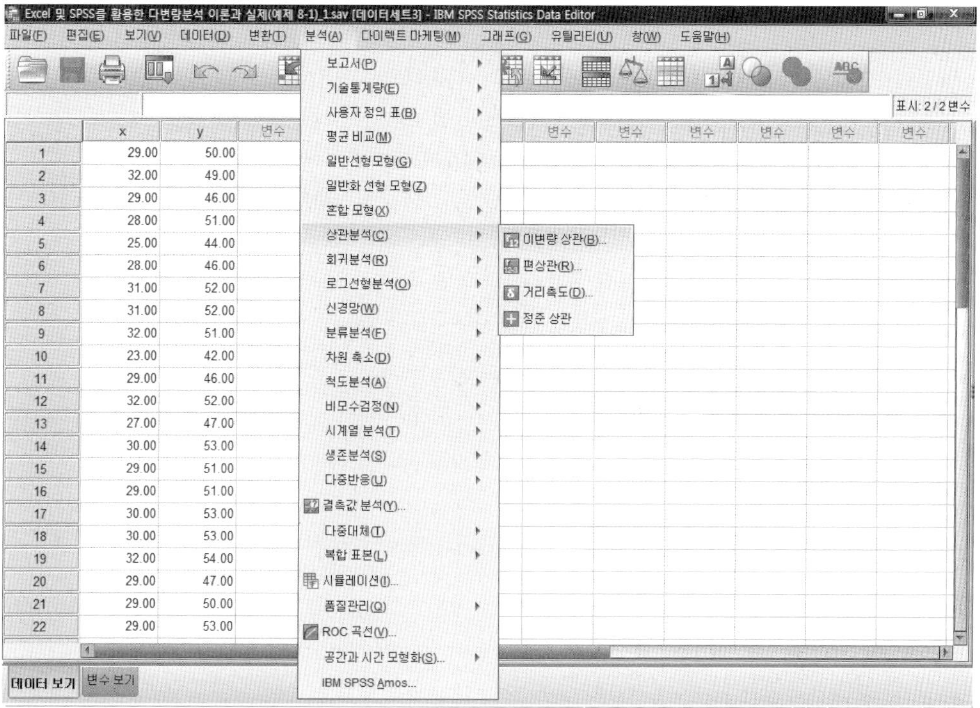

↓ (대화상자가 나타난다)

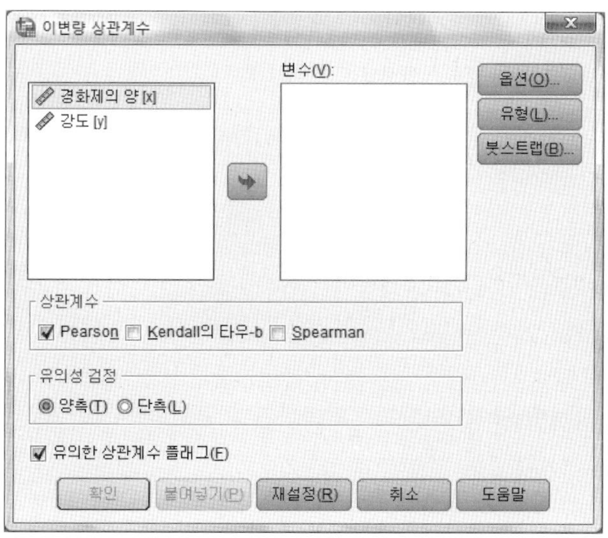

〈순서 3〉 변수의 선택

[변수(V)]로서 'x'와 'y'를 선택한다. [상관계수]는 이미 초기지정으로 [Pearson]이 선택되었고, [유의성 검정]도 [양측(T)]이 선택되어 있다.

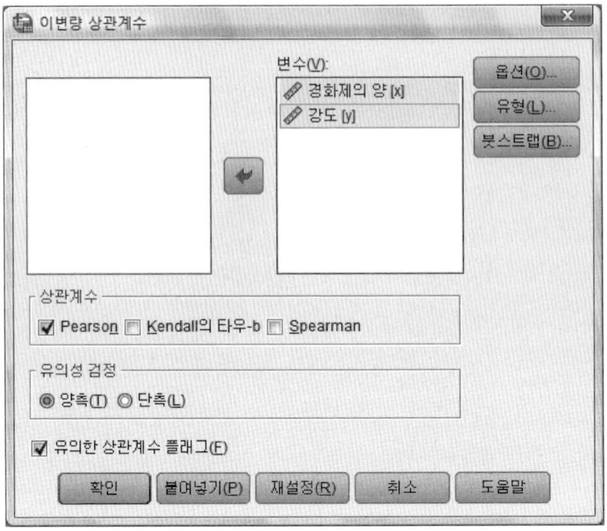

[옵션(O)] 버튼을 클릭하면, [이변량 상관계수 : 옵션] 대화상자가 나타난다.

〈순서 4〉 통계량의 선택

필요한 통계량으로서 [평균과 표준편차(M)]와 [교차곱 편차와 공분산(C)]을 선택한다.

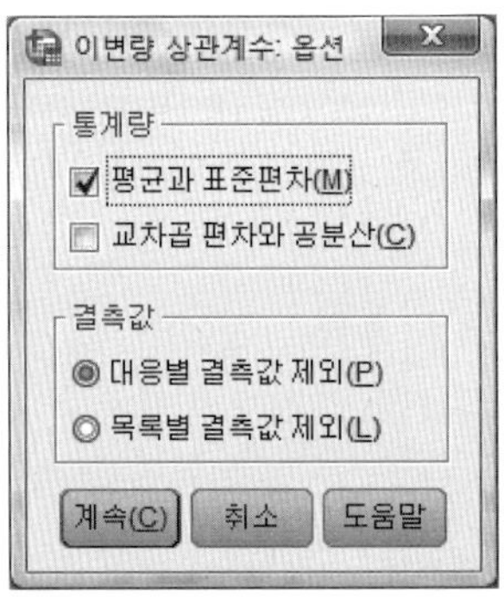

[계속] 버튼을 클릭하면 앞의 화면으로 되돌아간다. 여기에서 [확인] 버튼을 클릭하면 분석결과를 얻을 수 있다.

■ 분석결과

기술통계량

	평균	표준편차	N
경화제의 양	29.1333	2.33021	30
강도	49.2000	3.17751	30

상관계수

		경화제의 양	강도
경화제의 양	Pearson 상관계수	1	.681**
	유의확률 (양쪽)		.000
	제곱합 및 교차곱	157.467	146.200
	공분산	5.430	5.041
	N	30	30
강도	Pearson 상관계수	.681**	1
	유의확률 (양쪽)	.000	
	제곱합 및 교차곱	146.200	292.800
	공분산	5.041	10.097
	N	30	30

**. 상관계수는 0.01 수준(양쪽)에서 유의합니다.

■ 결과의 해석방법

x(경화제의 양)과 y(강도)는 상당히 강한 양의 상관관계(0.681)를 가지고 있으며, 통계적으로 매우 유의하다(**).

■ SPSS에 산점도의 작성

〈순서 1〉 그래프의 선택

메뉴에서 [그래프(G)]−[레거시 대화상자(L)]−[산점도/점도표(S)]를 선택한다.

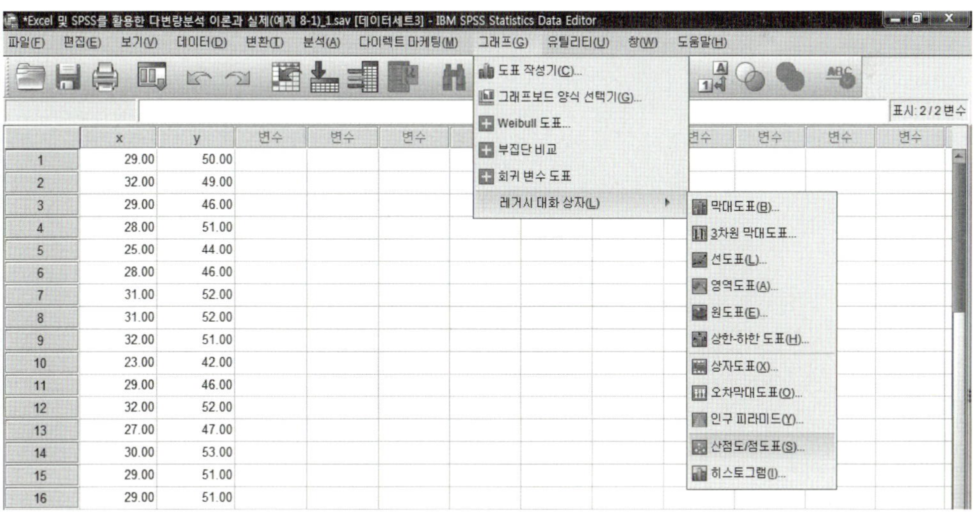

↓ (대화상자가 나타난다)

여기에서 초기지정된 상태대로 [단순 산점도]를 선택하고, [정의] 버튼을 클릭하면 [단순 산점도] 대화상자가 나타난다.

〈순서 2〉 변수의 선택

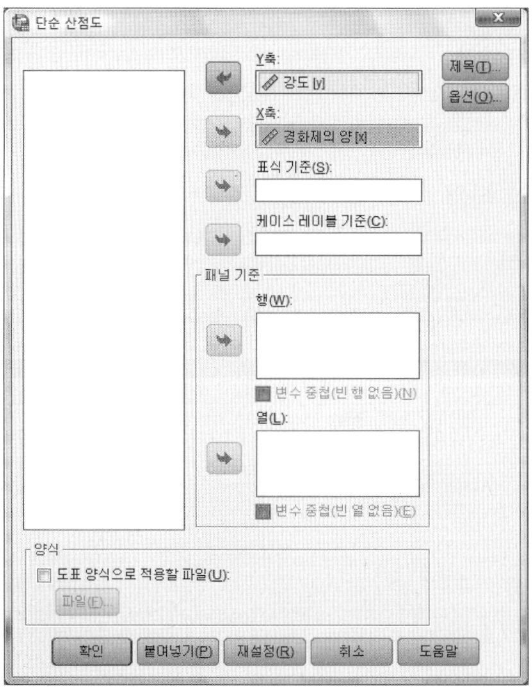

[Y−축]에는 'y'를, [X−축]에는 'x'를 선택한다. [제목(T)] 버튼을 클릭하면 [제목] 대화상자가 나타난다.

〈순서 3〉 제목의 입력

[제목]의 [첫째 줄(L)] 난에 '경화제의 양에 따른 강도의 변화'라는 제목을 입력한 후, [계속] 버튼을 클릭하면 앞의 화면으로 되돌아간다.

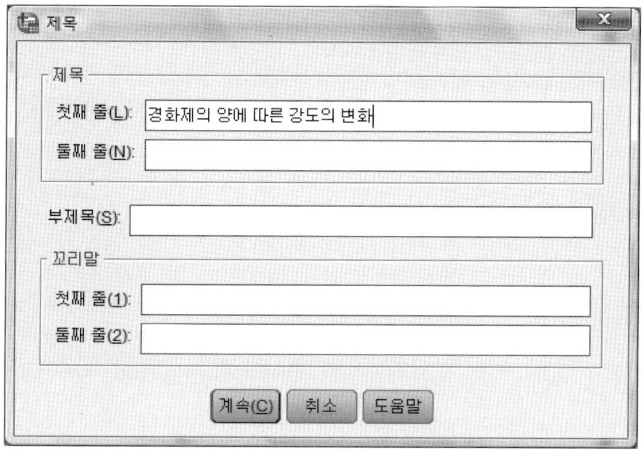

[단순 산점도] 대화상자에서 [확인] 버튼을 클릭하면, 다음과 같은 산점도가 작성된다.

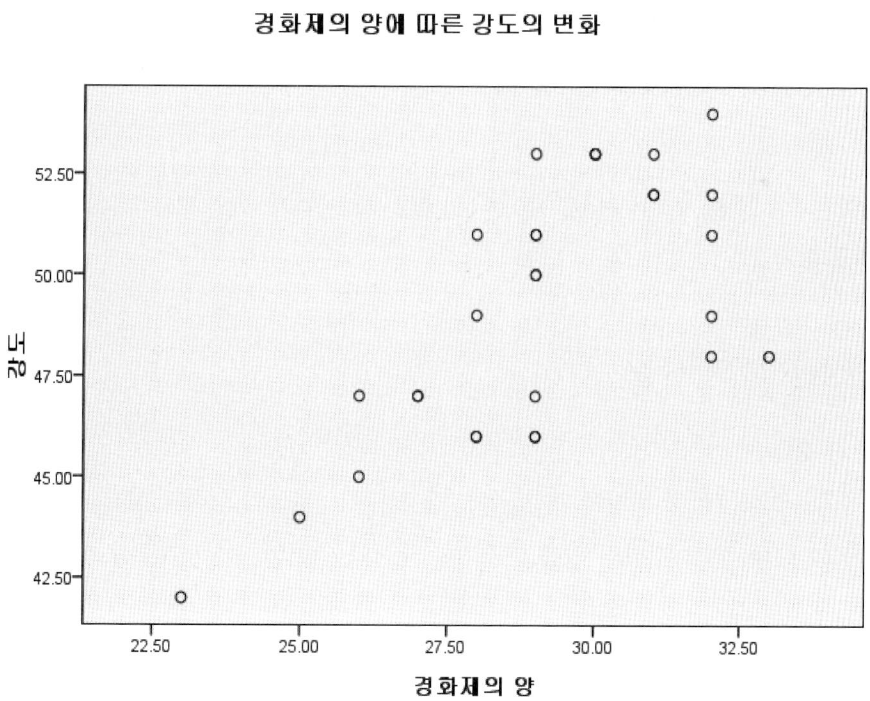

■ **산점도 관찰의 요점**

산점도를 관찰할 때의 요점은 다음과 같다.

1. 이상치(엄청나게 차이가 나는 값)는 없는가?
2. 두 개의 변수 x와 y 사이에는 어떠한 관계(직선관계, 곡선관계, 무관계)가 있는가?
3. 그룹이 형성되어 있지 않은가?

8.2 | 편상관계수의 산출

1. 편상관계수의 의미

세 개의 변량 y, x_1, x_2에 있어서 y와 x_1의 **편상관계수**(partial correlation coefficient)란 y로부터 x_2의 영향을 제거한 것과 x_1으로부터 x_2의 영향을 제거한 것의 상관계수를 말한다.

한편 2개의 변수 x와 y에 영향을 미치는 변수를 **제어변수**(control variable)라 하고 제어변수가 없는 편상관계수를 0차 상관이라고 한다. 즉, 보통의 상관계수를 일컫는다. 제어변수가 1개인 경우의 편상관계수를 1차 편상관이라고 한다.

그리고 x_1으로부터 x_2의 영향을 제거한 것과 y의 상관계수를 y와 x_1의 **부분상관계수**(part correlation coefficient)라고 한다.

> 2개의 변수에 영향을 미치는 변수를 제어변수라 하고, 제어변수가 1개인 편상관계수를 1차 편상관이라고 한다.

2. 편상관계수의 산출

[예제 8-2]

K 고등학교 3학년 학생 20명에 대한 국어, 영어, 수학 3과목의 성적과 성별 및 순위 데이터가 다음의 표와 같다. 수학의 영향을 제거한 국어와 영어의 편상관계수를 산출해 보자.

데이터표

번호	성별	순위	국어	수학	영어
1	남	12	69	42	63
2	남	4	70	44	61
3	남	11	59	43	54
4	남	13	58	46	55
5	여	5	67	43	58
6	여	14	64	40	57
7	여	7	55	50	45
8	여	16	68	51	58
9	여	6	61	39	53
10	남	15	65	50	56
11	여	1	54	40	47
12	여	2	56	48	52
13	남	10	64	44	54
14	남	17	59	41	55
15	여	19	64	43	68
16	여	20	62	44	51
17	여	3	49	45	46
18	남	18	62	48	61
19	남	9	57	40	47
20	남	8	58	41	49

■ SPSS에 의한 해법

〈순서 1〉 데이터의 입력

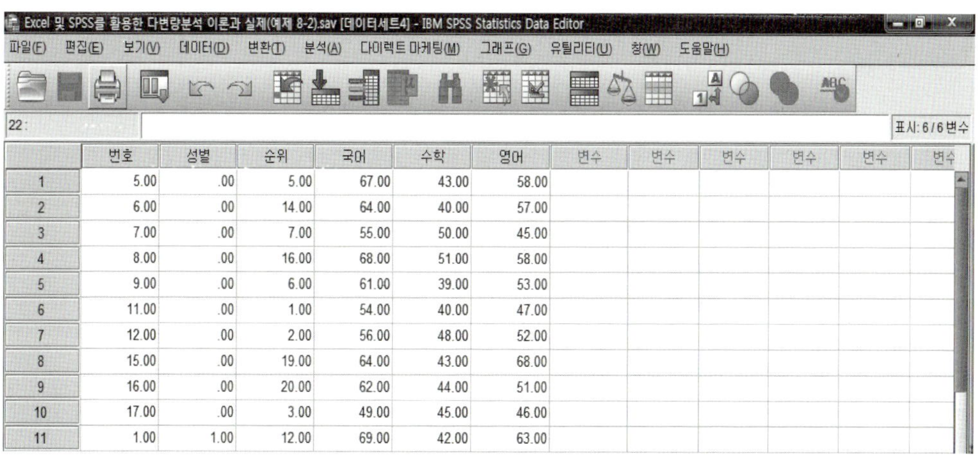

	번호	성별	순위	국어	수학	영어	변수	변수	변수	변수	변수	변수
1	5.00	.00	5.00	67.00	43.00	58.00						
2	6.00	.00	14.00	64.00	40.00	57.00						
3	7.00	.00	7.00	55.00	50.00	45.00						
4	8.00	.00	16.00	68.00	51.00	58.00						
5	9.00	.00	6.00	61.00	39.00	53.00						
6	11.00	.00	1.00	54.00	40.00	47.00						
7	12.00	.00	2.00	56.00	48.00	52.00						
8	15.00	.00	19.00	64.00	43.00	68.00						
9	16.00	.00	20.00	62.00	44.00	51.00						
10	17.00	.00	3.00	49.00	45.00	46.00						
11	1.00	1.00	12.00	69.00	42.00	63.00						

〈순서 2〉 편상관계수의 선택

메뉴에서 [분석(A)] - [상관분석(C)] - [편상관(R)]을 선택한다.

↓ (대화상자가 나타난다)

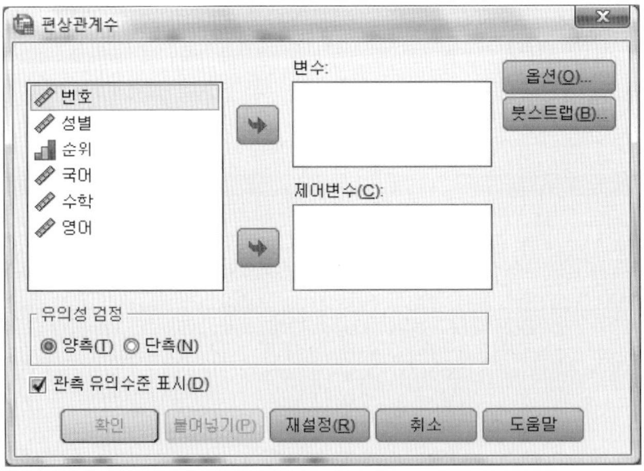

〈순서 3〉 변수의 선택 및 결과의 출력

[편상관계수] 대화상자에서 [변수]에 '국어'와 '영어'를 선택하고 [제어변수(C)]에 '수학'

을 선택한 다음 [확인] 버튼을 클릭하면 국어와 영어의 편상관계수가 산출된다.

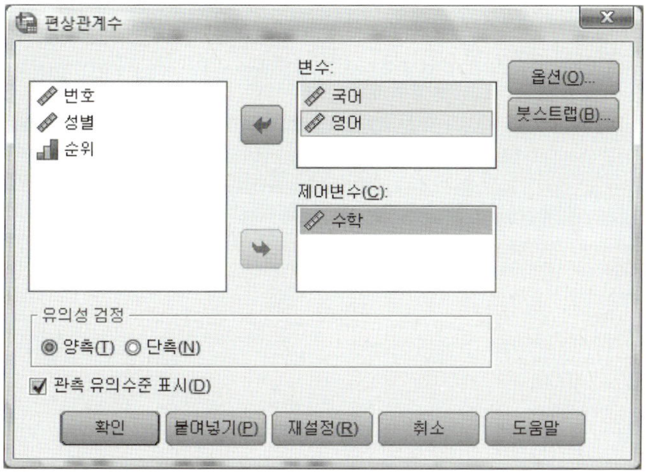

■ **분석결과**

상관관계

대조변수			국어	영어
수학	국어	상관관계	1.000	.785
		유의확률(양측)	.	.000
		자유도	0	17
	영어	상관관계	.785	1.000
		유의확률(양측)	.000	.
		자유도	17	0

■ **결과의 해석방법**

국어와 영어의 편상관계수는 0.785인 것을 알 수 있다. 편상관계수를 산출할 때에는 이론적인 뒷받침이 필요하다.

8.3 | 범주별 상관계수의 산출

1. 파일의 분할

앞의 예제 8-2의 데이터에 대해서 남녀 두 그룹으로 나누어 보도록 하자.

■ **SPSS에 의한 해법**

〈순서 1〉 파일분할의 선택

메뉴에서 [데이터(D)]－[파일분할(F)]을 선택한다.

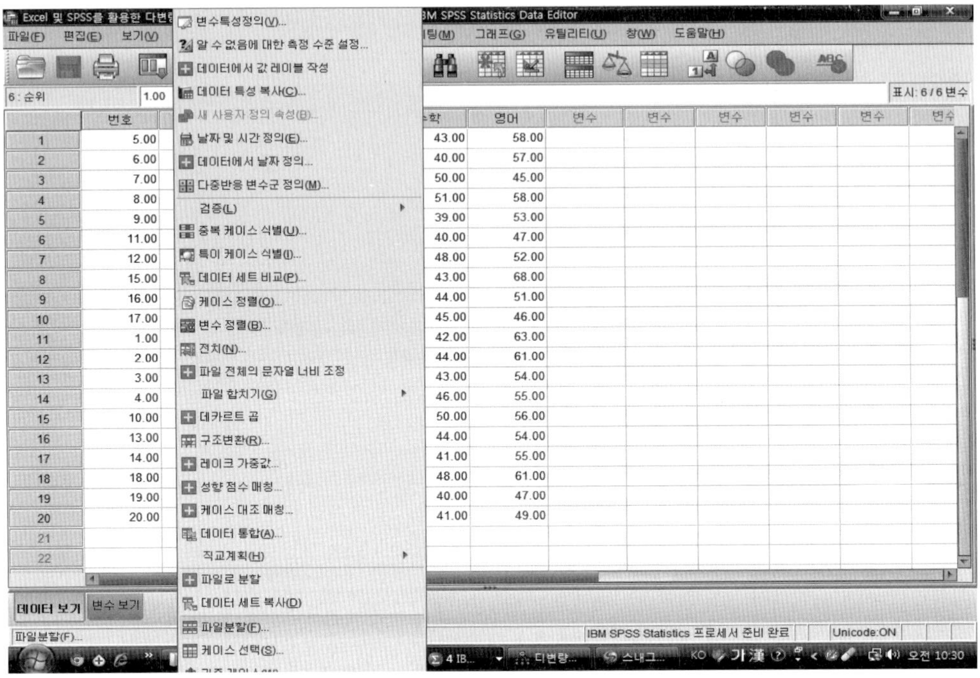

〈순서 2〉 변수의 선택

[파일분할] 대화상자가 나타나면 [분할 집단변수(G)]에 '성별'을 선택하고 [확인] 버튼을 클릭한다.

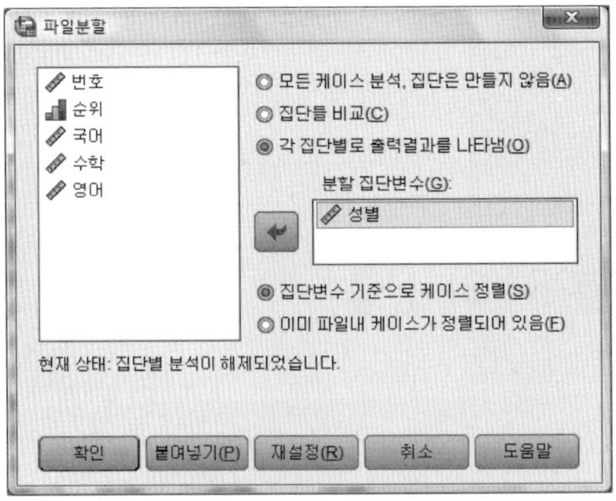

〈순서 3〉 파일분할의 결과

다음과 같이 남녀 두 그룹으로 나누어져 있음을 확인할 수 있다.

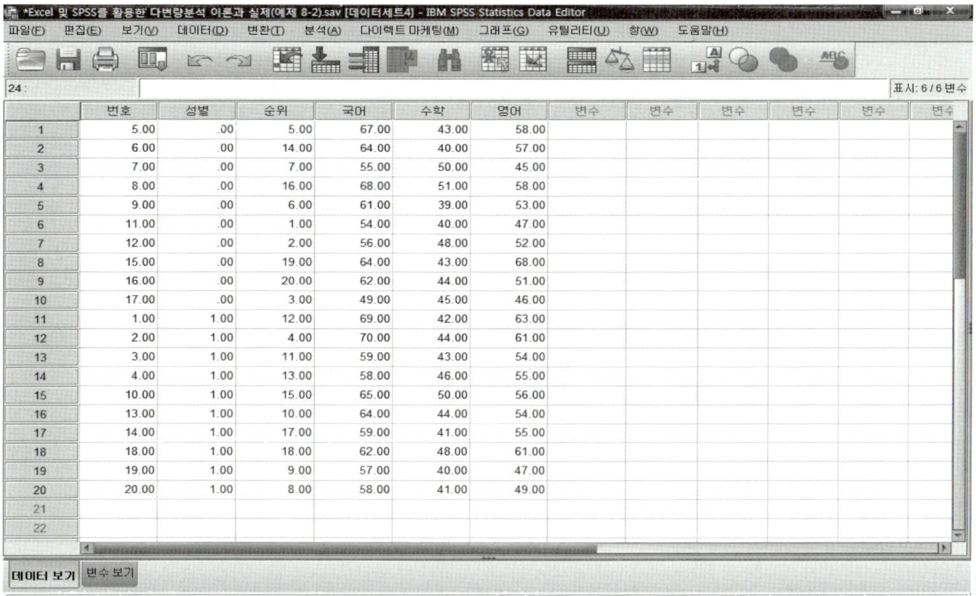

	번호	성별	순위	국어	수학	영어
1	5.00	.00	5.00	67.00	43.00	58.00
2	6.00	.00	14.00	64.00	40.00	57.00
3	7.00	.00	7.00	55.00	50.00	45.00
4	8.00	.00	16.00	68.00	51.00	58.00
5	9.00	.00	6.00	61.00	39.00	53.00
6	11.00	.00	1.00	54.00	40.00	47.00
7	12.00	.00	2.00	56.00	48.00	52.00
8	15.00	.00	19.00	64.00	43.00	68.00
9	16.00	.00	20.00	62.00	44.00	51.00
10	17.00	.00	3.00	49.00	45.00	46.00
11	1.00	1.00	12.00	69.00	42.00	63.00
12	2.00	1.00	4.00	70.00	44.00	61.00
13	3.00	1.00	11.00	59.00	43.00	54.00
14	4.00	1.00	13.00	58.00	46.00	55.00
15	10.00	1.00	15.00	65.00	50.00	56.00
16	13.00	1.00	10.00	64.00	44.00	54.00
17	14.00	1.00	17.00	59.00	41.00	55.00
18	18.00	1.00	18.00	62.00	48.00	61.00
19	19.00	1.00	9.00	57.00	40.00	47.00
20	20.00	1.00	8.00	58.00	41.00	49.00

2. 남녀별 상관계수의 산출

남녀 두 그룹으로 분할된 데이터에 대해서 국어, 수학, 영어 사이의 Pearson 상관계수를 구하면 다음과 같다.

성별 = 여

상관관계[a]

		국어	수학	영어
국어	Pearson 상관	1	-.038	.775**
	유의확률 (양측)		.917	.009
	N	10	10	10
수학	Pearson 상관	-.038	1	-.141
	유의확률 (양측)	.917		.698
	N	10	10	10
영어	Pearson 상관	.775**	-.141	1
	유의확률 (양측)	.009	.698	
	N	10	10	10

**. 상관관계가 0.01 수준에서 유의합니다(양측).

a. 성별 = 여

성별 = 남

상관관계[a]

		국어	수학	영어
국어	Pearson 상관	1	.290	.787**
	유의확률 (양측)		.416	.007
	N	10	10	10
수학	Pearson 상관	.290	1	.437
	유의확률 (양측)	.416		.206
	N	10	10	10
영어	Pearson 상관	.787**	.437	1
	유의확률 (양측)	.007	.206	
	N	10	10	10

**. 상관관계가 0.01 수준에서 유의합니다(양측).

a. 성별 = 남

다시 모든 케이스를 분석하고 싶은 경우에는 메뉴에서 [데이터(D)]−[파일분할(F)]을 선택하고, [파일분할] 대화상자에서 [모든 케이스 분석, 집단은 만들지 않음(A)]을 체크한 다음 [확인] 버튼을 클릭한다.

8.4 | 부분 데이터만의 상관계수 산출

1. 특정 데이터의 추출

앞의 예제 8−2의 데이터에 대해서 상위 10명만의 상관계수를 구하기 위하여 먼저 상위 10명만의 데이터를 추출해 보자.

■ SPSS에 의한 해법

〈순서 1〉 메뉴에서 [데이터(D)]−[케이스 선택]을 선택한다. [케이스 선택] 대화상자에서 [조건을 만족하는 케이스(C)]를 선택하고 [조건(I)] 버튼을 클릭한다.

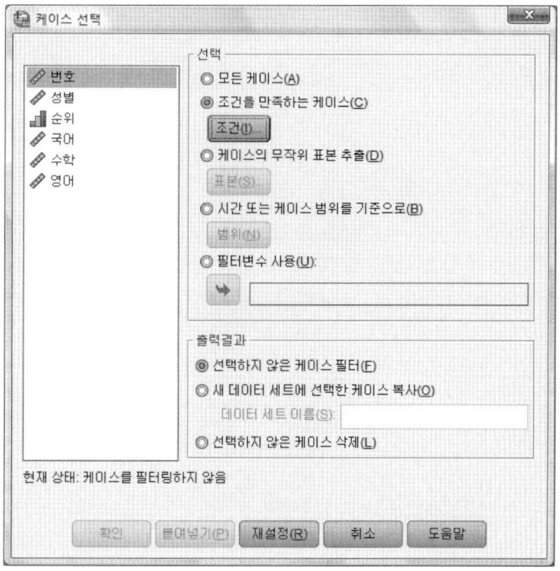

〈순서 2〉 [케이스 선택 : 조건] 대화상자에서 변수 중 '순위'를 선택하여 오른쪽 난으로 옮기고, 키보드를 이용하여 '순위 < = 10'라고 표시되도록 한다. [계속] 버튼을 클릭한다.

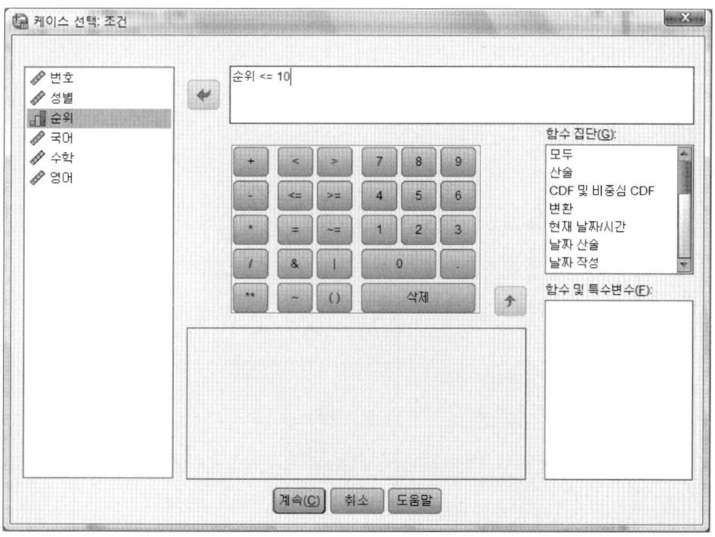

〈순서 3〉 [케이스 선택] 대화상자로 되돌아오면 '선택하지 않은 케이스 필터(F)'을 지정하고 [확인] 버튼을 클릭한다. 결과를 보면 순위가 10보다 큰 케이스 번호에 사선이 그어져 있다. 이것은 분석에서 제외된다는 것을 의미한다.

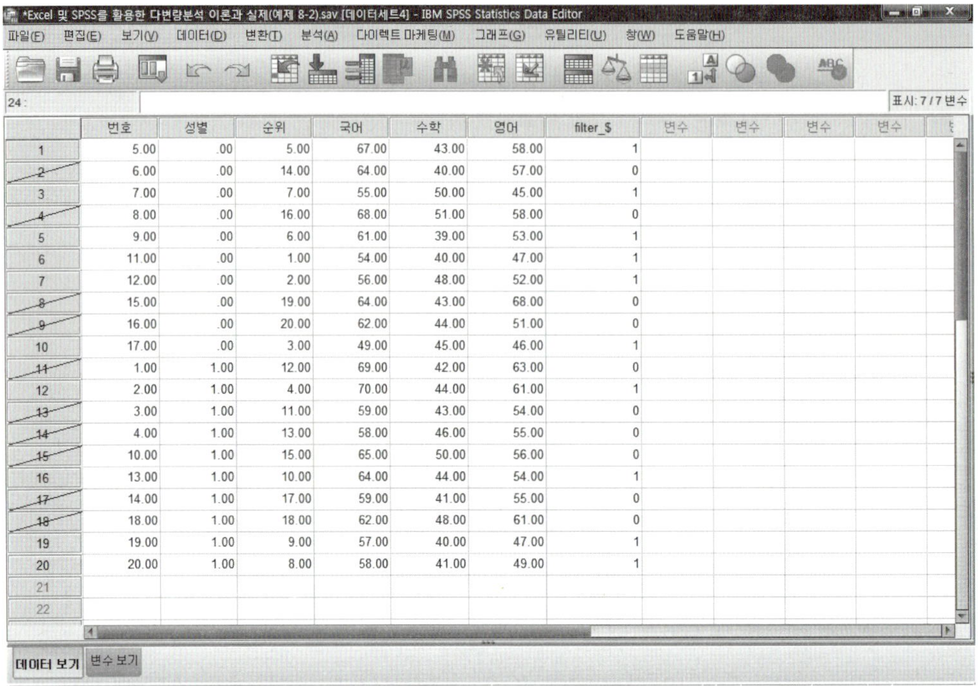

	번호	성별	순위	국어	수학	영어	filter_$
1	5.00	.00	5.00	67.00	43.00	58.00	1
2	6.00	.00	14.00	64.00	40.00	57.00	0
3	7.00	.00	7.00	55.00	50.00	45.00	1
4	8.00	.00	16.00	68.00	51.00	58.00	0
5	9.00	.00	6.00	61.00	39.00	53.00	1
6	11.00	.00	1.00	54.00	40.00	47.00	1
7	12.00	.00	2.00	56.00	48.00	52.00	1
8	15.00	.00	19.00	64.00	43.00	68.00	0
9	16.00	.00	20.00	62.00	44.00	51.00	0
10	17.00	.00	3.00	49.00	45.00	46.00	1
11	1.00	1.00	12.00	69.00	42.00	63.00	0
12	2.00	1.00	4.00	70.00	44.00	61.00	1
13	3.00	1.00	11.00	59.00	43.00	54.00	0
14	4.00	1.00	13.00	58.00	46.00	55.00	0
15	10.00	1.00	15.00	65.00	50.00	56.00	0
16	13.00	1.00	10.00	64.00	44.00	54.00	1
17	14.00	1.00	17.00	59.00	41.00	55.00	0
18	18.00	1.00	18.00	62.00	48.00	61.00	0
19	19.00	1.00	9.00	57.00	40.00	47.00	1
20	20.00	1.00	8.00	58.00	41.00	49.00	1

2. 특정 데이터만의 상관계수

위의 데이터에 대해서 국어, 수학, 영어 사이의 상위 10명만의 Pearson 상관계수를 구하면 그 결과는 다음과 같다.

상관관계

		국어	수학	영어
국어	Pearson 상관	1	-.156	.924**
	유의확률 (양측)		.666	.000
	N	10	10	10
수학	Pearson 상관	-.156	1	-.085
	유의확률 (양측)	.666		.815
	N	10	10	10
영어	Pearson 상관	.924**	-.085	1
	유의확률 (양측)	.000	.815	
	N	10	10	10

**. 상관관계가 0.01 수준에서 유의합니다(양측).

CHAPTER 9 분산분석

9.1 | 일원 분산분석

[예제 9-1]

다이어트 식품으로 알려진 A, B, C, D 네 가지 식품의 콜레스테롤 함유량을 비교하려고 한다. 각 식품별로 세 개의 제품을 추출하여 콜레스테롤 함유량을 측정한 결과가 다음과 같았다.

데이터 (단위 : mg)

A	3.6	4.1	4.0
B	3.1	3.2	3.9
C	3.2	3.5	3.5
D	3.5	3.8	3.8

네 가지 다이어트 식품의 콜레스테롤 함유량이 같다고 할 수 있는지를 5% 유의수준으로 검정하라.

■ 사고방식과 적용수법

우리의 일상생활 주변에서는 두 개 이상의 모집단의 평균을 동시에 비교해야 하는 경우가 흔히 발생하며, 이를 위해 사용되는 통계적 기법을 분산분석(analysis of variance : ANOVA)이라고 한다.

예를 들면 사무직 근로자와 생산직 근로자 그리고 서비스직 근로자 간의 평균임금을 비교하는 경우를 들 수 있다. 여기에서 근로자의 유형이 독립변수가 되고 임금이 종속변수가 되어 결국 분산분석이란 독립변수와 종속변수의 관계를 분석하는 기법인 것이다. 또한 독립변수를 **인자**(factor)라고도 하며 앞의 예에서는 인자의 세 가지 상태, 즉 사무직, 생산직, 서비스직의 **인자수준**(factor level)이 있다고 할 수 있다.

분산분석에는 단 하나의 인자를 분석대상으로 하는 **일원 분산분석**(one-way ANOVA)과 두 개의 인자를 분석대상으로 하는 **이원 분산분석**(two-way ANOVA)이 있다. 두 개 이상의 인자를 분석대상으로 하는 경우를 통틀어 **다원 분산분석**(multi-way ANOVA)이라고 하기도 한다.

이원 분산분석의 예로서 제품의 진열방법과 제품의 포장방법이 매출액에 어떤 영향을 미치는가를 분석하는 경우를 들 수 있다. 이때의 독립변수는 제품의 진열방법과 포장방법이 되며 두 개의 독립변수가 함께 매출에 미치는 영향을 분석한다.

▩ 분산분석표

분산분석이란 「측정치 전체의 분산을 몇 개의 요인효과에 대응하는 분산과, 그 나머지의 오차분산으로 나누어서 검정이나 추정을 실시하는 것」이라고 정의할 수 있다.

측정치는 문제 삼은 인자를 어떤 수준으로 선택해서 행해진 실험의 결과이다. 개개의 실험조건을 처리라고 부르고, 그 차이가 측정치에 어떻게 영향을 미치는가를 조사하는 것이 목적이다. 분산분석은 변동요인을 하나의 인자에 의한 효과(주효과)와 복수 인자의 복합효과(교호작용)의 두 종류의 요인효과로 나누어서, 그것들을 선형 모델의 모수(母數) 또는 변량이라 생각하고 그 추측을 행하는 것이다. 여기에서 요인효과는 주효과와 교호작용을 총칭해서 일컫고 있다.

측정치에 대한 변동의 크기는 **편차제곱의 합**(sum of squares)으로 헤아려진다. 전체의 변동을 나타내는 총 편차제곱의 합은 각각의 요인효과에 대한 편차제곱의 합(처리요인에 의한 변동)과 문제 삼은 요인으로는 설명할 수 없는 산포도의 크기를 나타내는 오차에 대한 편차제곱의 합(잔차요인에 의한 변동)으로 분해된다. 편차제곱의 합은 그 요인효과의 상대적인 크기를 나타내는 기여율을 계산하는 데도 이용된다. 편차제곱의 합을 그 자유도로 나눈 것은 **제곱평균** 또는 **불편분산**이라고 부른다.

어떤 요인효과에 대한 검정은 그 불편분산을 오차분산 등으로 나눈 분산비(F비)에 의해서 실시된다. 분산분석의 주요한 계산결과는 **분산분석표**(ANOVA table)로 정리된다.

분산분석표(일원 분산분석)

변동의 요인	편차제곱의 합 (S)	자유도 (ϕ)	분 산 (V)	분산비 (F)	분산의 기대치 $[E(V)]$
처 리	S_A	$a-1$	V_A	V_A / V_e	$\sigma_e^2 + n\sigma_A^2$
잔 차	S_e	$a(n-1)$	V_e		σ_e^2
계	S_T	$an-1$			

■ 검정의 순서

〈순서 1〉 가설의 설정

귀무가설 $H_0 = \mu_A = \mu_B = \mu_C = \mu_D$

(네 가지 식품의 콜레스테롤 평균함유량이 모두 같다)

대립가설 $H_1 = \mu_A,\ \mu_B,\ \mu_C,\ \mu_D$ 중 적어도 하나는 다르다.

〈순서 2〉 유의수준 $\boldsymbol{\alpha}$의 설정

$$\text{유의수준 } \alpha = 0.05$$

〈순서 3〉 검정통계량 $\boldsymbol{F}$값의 계산

$$F = \frac{V_A}{V_e}$$

여기에서

$$V_A = \frac{S_A}{a-1}$$

$$V_e = \frac{S_e}{a(n-1)}$$

〈순서 4〉 $\boldsymbol{p}$ 값의 산출

유의수준과 비교할 확률 p를 계산한다. p값은 F분포에 있어서 F 이상의 값이 발생할 확률이다.

〈순서 5〉 판정

[p값에 의한 판정]

p값 ≦ 유의수준 α → 귀무가설 H_0를 기각한다.

P값 > 유의수준 α → 귀무가설 H_0를 기각하지 않는다.

[기각치에 의한 판정]

$$F비 \geq F(\phi_A,\ \phi_e\ :\ \alpha) \rightarrow 귀무가설\ H_0를\ 기각한다.$$

$$F비 < F(\phi_A,\ \phi_e\ :\ \alpha) \rightarrow 귀무가설\ H_0를\ 기각하지\ 않는다.$$

■ SPSS에 의한 해법

〈순서 1〉 데이터의 입력

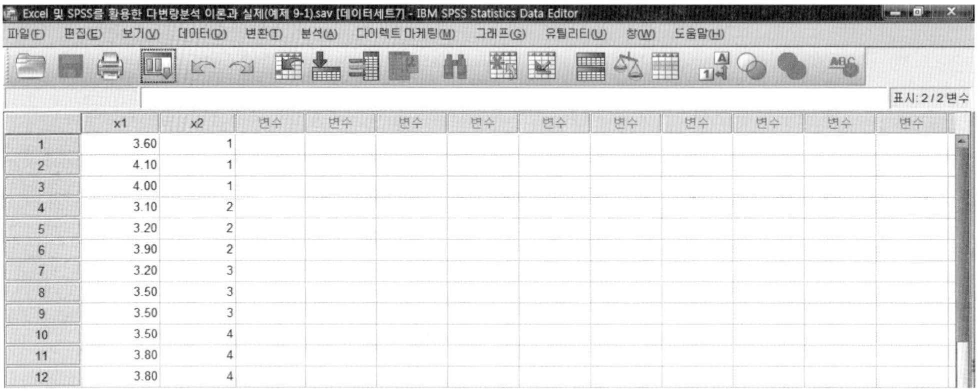

〈순서 2〉 일원배치 분산분석의 선택

메뉴에서 [분석(A)]－[평균 비교(M)]－[일원배치 분산분석(O)]을 선택한다.

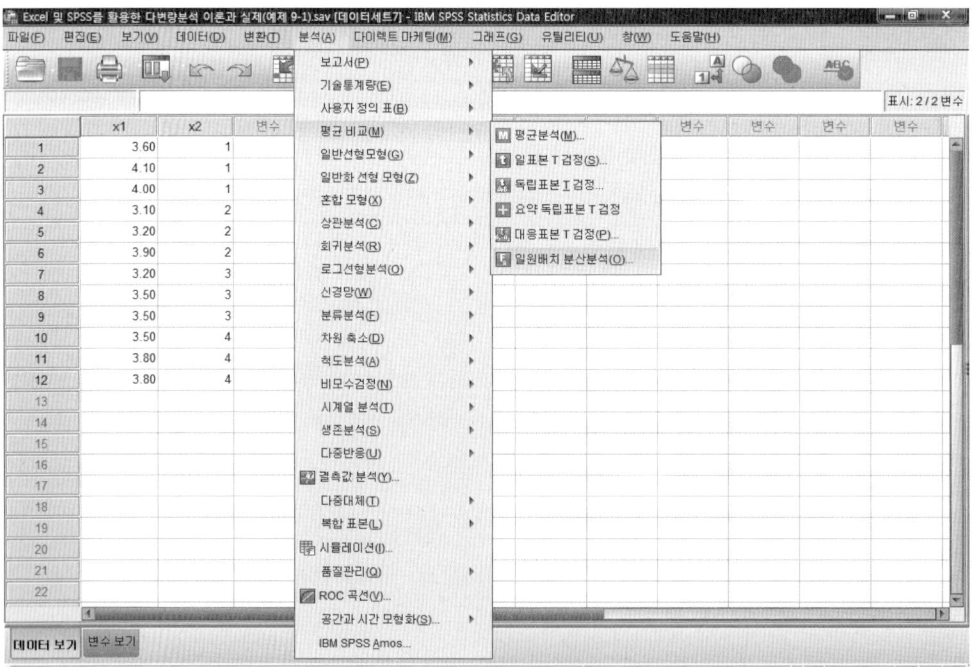

↓ (대화상자가 나타난다)

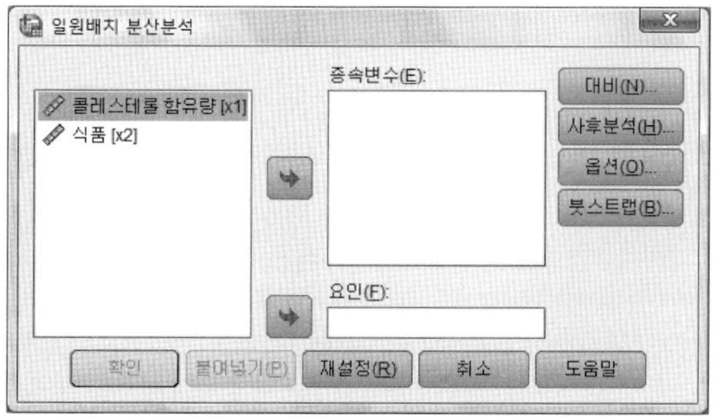

〈순서 3〉 변수의 선택

[종속변수(E)]로서 'x_1'(콜레스테롤 함유량)을 선택하고, [요인(F)]으로서 'x_2'(식품)을 선택한다.

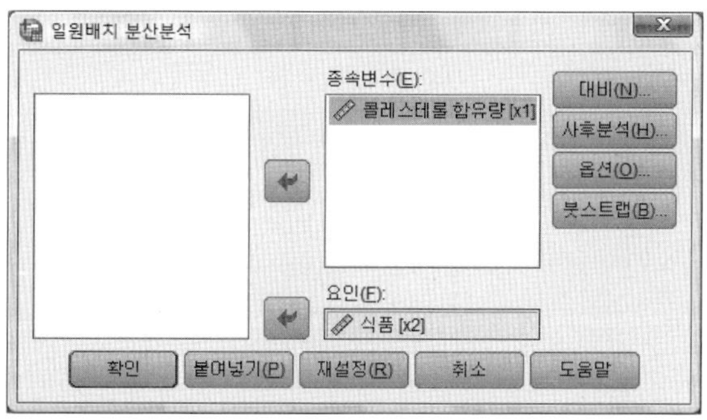

〈순서 4〉 [대비(C)] 버튼의 선택

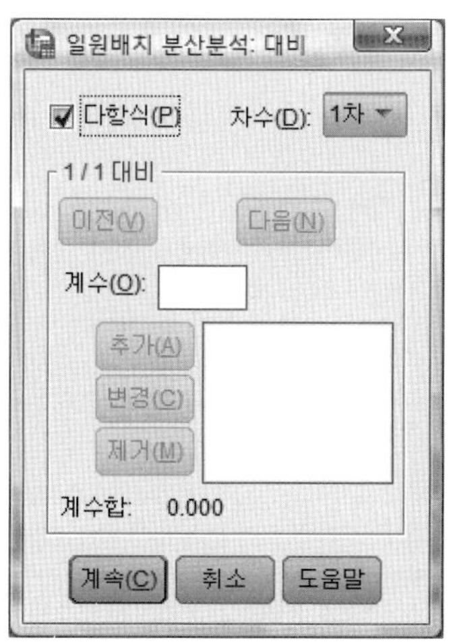

[일원배치 분산분석 : 대비] 대화상자는 대비(contrast)를 이용하여, 두 집단의 평균 차이를 비교하는 것이다. 이것은 일종의 사후검정(Post hoc test)과 유사한 방법이나 대비는 전체분석을 행하면서 특정 평균치들에 대하여 사전에 계획한 비교를 실행한다는 점에서 다르다. 여기에서 [다항식(P)]과 [차수(D)]는 '1차'를 선택한다. [계속] 버튼을 클릭하면 앞의 대화상자로 되돌아간다. 여기에서 [사후분석(H)] 버튼을 클릭한다.

〈순서 5〉 [사후분석(H)] 버튼의 선택

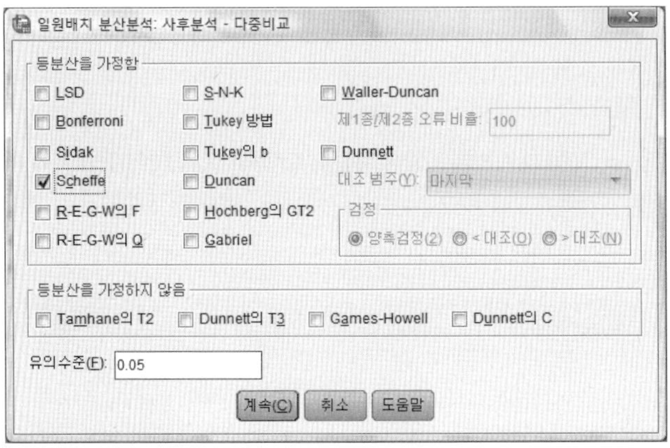

[일원배치 분산분석 : 사후분석-다중비교] 대화상자에서 [Scheffe]를 선택하고, [계속] 버튼을 클릭하면 앞의 대화상자로 되돌아간다. 여기에서 [옵션(O)] 버튼을 클릭한다.

〈순서 6〉 [옵션(O)] 버튼의 선택

[일원배치 분산분석 : 옵션] 대화상자에서 [통계량]으로서는 [기술통계(D)]와 [분산 동질성 검정(H)]을 선택한다. [계속] 버튼을 클릭하면 앞의 대화상자로 되돌아간다. 여기에서 [확인] 버튼을 클릭하면 다음과 같은 분석결과를 얻을 수 있다.

■ 분석결과

기술통계

콜레스테롤 함유량

	N	평균	표준 오차 편차	표준 오차 오류	평균에 대한 95% 신뢰구간		최소값	최대값
					하한값	상한값		
A	3	3.9000	.26458	.15275	3.2428	4.5572	3.60	4.10
B	3	3.4000	.43589	.25166	2.3172	4.4828	3.10	3.90
C	3	3.4000	.17321	.10000	2.9697	3.8303	3.20	3.50
D	3	3.7000	.17321	.10000	3.2697	4.1303	3.50	3.80
합계	12	3.6000	.32753	.09455	3.3919	3.8081	3.10	4.10

분산의 동질성 검정

콜레스테롤 함유량

Levene 통계량	자유도1	자유도2	유의확률
2.667	3	8	.119

ANOVA

콜레스테롤 함유량

			제곱합	자유도	평균제곱	F	유의확률
집단-간	(결합됨)		.540	3	.180	2.250	.160
	선형 항	대비	.054	1	.054	.675	.435
		편차	.486	2	.243	3.037	.104
집단-내			.640	8	.080		
전체			1.180	11			

사후검정

다중비교

종속변수: 콜레스테롤 함유량

Scheffe

(I) 식품	(J) 식품	평균차이(I-J)	표준오차	유의확률	95% 신뢰구간 하한	95% 신뢰구간 상한
A	B	.50000	.23094	.272	-.3066	1.3066
	C	.50000	.23094	.272	-.3066	1.3066
	D	.20000	.23094	.859	-.6066	1.0066
B	A	-.50000	.23094	.272	-1.3066	.3066
	C	.00000	.23094	1.000	-.8066	.8066
	D	-.30000	.23094	.655	-1.1066	.5066
C	A	-.50000	.23094	.272	-1.3066	.3066
	B	.00000	.23094	1.000	-.8066	.8066
	D	-.30000	.23094	.655	-1.1066	.5066
D	A	-.20000	.23094	.859	-1.0066	.6066
	B	.30000	.23094	.655	-.5066	1.1066
	C	.30000	.23094	.655	-.5066	1.1066

동질적 부분집합

콜레스테롤 함유량

Scheffe[a]

식품	N	유의수준 = 0.05에 대한 부분집합 1
C	3	3.4000
B	3	3.4000
D	3	3.7000
A	3	3.9000
유의확률		.272

동질적 부분집합에 있는 집단에 대한 평균이 표시됩니다.

a. 조화평균 표본크기 3.000을(를) 사용합니다.

■ 결과의 해석방법

먼저 기술통계의 결과치는 각 식품의 사례 수, 평균, 표준편차, 표준오차, 95% 신뢰구간, 최소값, 최대값 등을 나타내고 있다.

다음에 분산분석이 유용하기 위해서는 표본이 무작위로 추출되었으며 모집단은 동일한 분산을 가지고 있다는 가정을 충족시켜야 한다. 현재 분석하고 있는 자료가 이러한 가정을 충족시키고 있는지를 알아보기 위해 Levene 통계량을 사용한다. Levene 통계량 값이 2.667로서 충분히 크며 p값 = 0.119 > 유의수준 α = 0.05이므로 모집단의 분산이 동일하다는 귀무가설이 채택된다. 따라서 다음의 계속적인 분석이 가능하다.

분산분석의 결과에서

$$\text{유의확률 } p\text{값} = 0.160 > \text{유의수준 } \alpha = 0.05$$

이므로 귀무가설을 기각할 수 없다. 즉, 다이어트 식품별 콜레스테롤 함유량이 다르다고 할 수 없다. 우리는 1단계 분석에서 식품별로 콜레스테롤 함유량에 유의한 차이가 없음을 알았다. 이것은 사후분석을 통해 재확인할 수 있다.

Scheffe 통계량으로 계산된 사후검정을 보면 유의수준 0.05 아래에서 각 식품 간 콜레스테롤 함유량의 평균 차이가 유의하지 않음을 알 수 있다. 따라서 식품별 콜레스테롤 함유량에는 차이가 없다는 결론을 내릴 수 있다.

마지막으로 동일적 부분집합 분류에서 Subset에서는 통계적으로 평균 차이가 없는 동일한 집단을 나타내고 있다.

힌트

루빈(Levene)의 검정은 등분산성 검정의 일종이다. a개의 그룹의 모평균 $\mu_1, \mu_2, \cdots, \mu_a$, 모분산을 $\sigma_1^2, \sigma_2^2, \cdots, \sigma_a^2$라고 했을 때

$$\sigma_1^2 = \sigma_2^2 = \cdots = \sigma_a^2 = \sigma^2$$

이라고 하는 대전제를 등분산성이라고 한다.

일원배치 분산분석의 경우, 없어서는 안 될 대전제이다. 일원배치 분산분석을 할 때에는, 모평균의 차에 대한 검정

$$\text{귀무가설 } H_0 : \mu_1 = \mu_2 = \cdots = \mu_a$$

의 전에 등분산성의 검정

$$\text{귀무가설 } H_0 : \sigma_1^2 = \sigma_2^2 = \cdots = \sigma_a^2$$

을 해 두지 않으면 안 된다.

9.2 | 이원 분산분석

1. 반복 없는 이원 분산분석

[예제 9-2]

예제 9-1에서 각 다이어트 식품별로 측정된 세 개의 관측치가 세 곳의 상이한 실험실에서 측정된 결과라고 하자.

데이터

(단위 : mg)

식품 \ 실험실	1	2	3
A	3.6	4.1	4.0
B	3.1	3.2	3.9
C	3.2	3.5	3.5
D	3.5	3.8	3.8

다이어트 식품과 실험실에 따라서 콜레스테롤 함유량에 차이가 있는가를 5% 유의수준으로 검정하라.

■ 사고방식과 적용수법

본 예제에서 만일 세 곳의 실험실로 하여금 네 가지 식품에 대하여 모두 콜레스테롤 함유량을 측정하게 한다면, 실험실들의 측정기술 수준의 차이에 기인한 함유량이 각 식품에 모두 반영된다. 따라서 각 식품의 평균 콜레스테롤 함유량의 차이여부를 보다 효율적으로 판단할 수 있게 된다. 이와 같이 표본을 각 처리방법에 임의로 할당하기 전에 각 집단이나 블록 내에서 상대적으로 적은 변동을 갖도록 어떤 특성을 사용하여 표본을 배치하는 방법을 난괴법(randomized block design)이라 하며, 이를 분석하는 수법을 반복 없는 이원 분산분석이라고 한다.

■ 분산분석표

본 예제에서는 다음 두 가지의 질문이 있을 수 있다.

첫째, 식품에 따라 콜레스테롤 함유량의 차이가 발생하는가?

둘째, 실험실에 따라 콜레스테롤 함유량의 차이가 발생하는가?

위의 두 가지 내용을 이원 분산분석에서의 **주효과**(main effect)에 대한 검정이라고도 한다. 여기에 관련된 검정을 더욱 간편하게 하기 위해서는 **이원 분산분석표**(two-way ANOVA table)가 필요하다.

이원 분산분석표(반복 없는 이원 분산분석)

변동의 요인	편차제곱의 합	자유도	분산	F 비	분산의 기대치
인자 A(행)	S_A	$a-1$	V_A	V_A / V_e	$\sigma_e^2 + b\sigma_A^2$
인자 B(열)	S_B	$b-1$	V_B	V_B / V_e	$\sigma_e^2 + a\sigma_B^2$
잔 차	S_e	$(a-1)(b-1)$	V_e		σ_e^2
계	S_T	$ab-1$			

검정의 순서

반복 없는 이원 분산분석에서는 두 가지의 인자를 다루고 있으므로 두 가지 인자에 대한 가설검정을 별도로 해야 한다. 검정방법 및 순서는 일원 분산분석의 경우와 같다.

SPSS에 의한 해법

〈순서 1〉 데이터의 입력

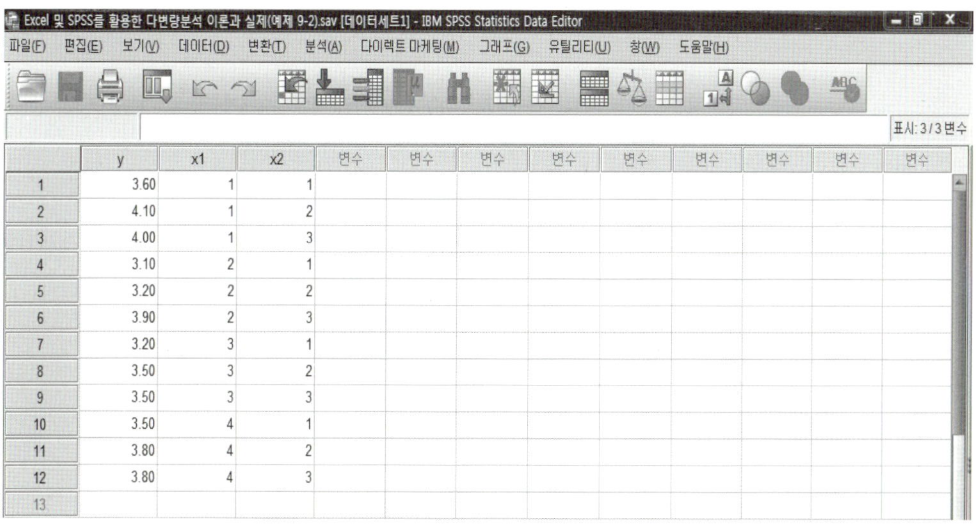

〈순서 2〉 일반선형모형 – 일변량의 선택

메뉴에서 [분석(A)] – [일반선형모형(G)] – [일변량(U)]을 선택한다.

Excel 및 SPSS를 활용한 다변량분석 이론과 실제(예제 9-2).sav [데이터세트1] - IBM SPSS Statistics Data Editor
파일(F) 편집(E) 보기(V) 데이터(D) 변환(T) 분석(A) 다이렉트 마케팅(M) 그래프(G) 유틸리티(U) 창(W) 도움말(H)
보고서(P)
기술통계량(E)
사용자 정의 표(B)
평균 비교(M)
일반선형모형(G)
일반화 선형 모형(Z)
혼합 모형(X)
상관분석(C)
회귀분석(R)
로그선형분석(O)
신경망(W)
분류분석(F)
차원 축소(D)
척도분석(A)
비모수검정(N)
시계열 분석(T)
생존분석(S)
다중반응(U)
결측값 분석(Y)...
다중대체(T)
복합 표본(L)
시뮬레이션(I)...
품질관리(Q)
ROC 곡선(V)...
공간과 시간 모형화(S)...
IBM SPSS Amos...
일변량(U)...
다변량(M)...
반복측도(R)...
분산성분(V)...
표시: 3/3 변수
데이터 보기
변수 보기

↓ (대화상자가 나타난다)

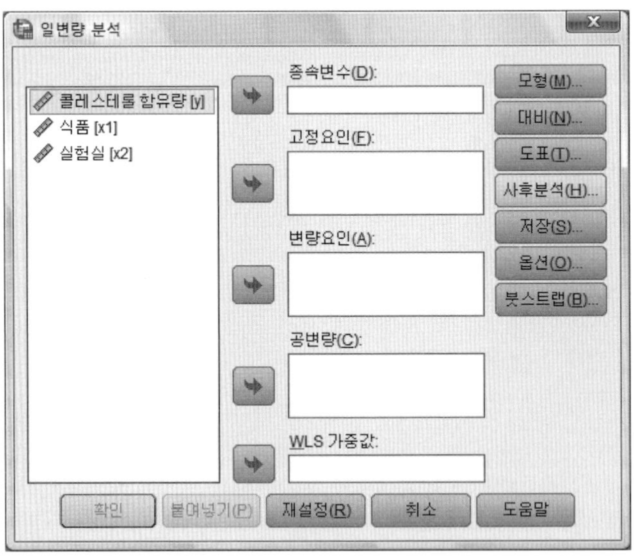
일변량 분석
콜레스테롤 함유량 [y]
식품 [x1]
실험실 [x2]
종속변수(D):
고정요인(F):
변량요인(A):
공변량(C):
WLS 가중값:
모형(M)...
대비(N)...
도표(T)...
사후분석(H)...
저장(S)...
옵션(O)...
붓스트랩(B)...
확인
붙여넣기(P)
재설정(R)
취소
도움말

〈순서 3〉 변수의 선택

[종속변수(D)]로서 'y'(콜레스테롤 함유량)을 선택하고, [모수요인(F)]으로서 'x_1'(식품)과 'x_2'(실험실)를 선택한다.

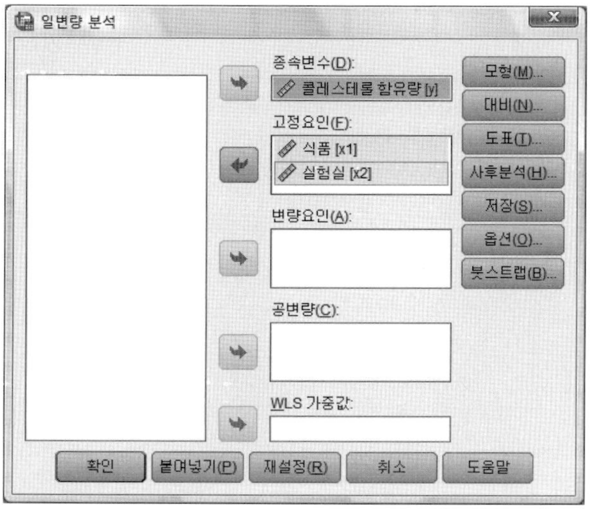

〈순서 4〉 모형의 설정

[모형(M)] 버튼을 클릭하면 [일변량 : 모형] 대화상자가 나타난다. [사용자 정의(C)] 버튼을 클릭하면 화면이 반전된다. [항 설정]에서 '주효과'를 선택하고 [모형(M)] 난에 'x_1'과 'x_2'를 지정한다. [계속] 버튼을 클릭하면 앞의 대화상자로 되돌아간다.

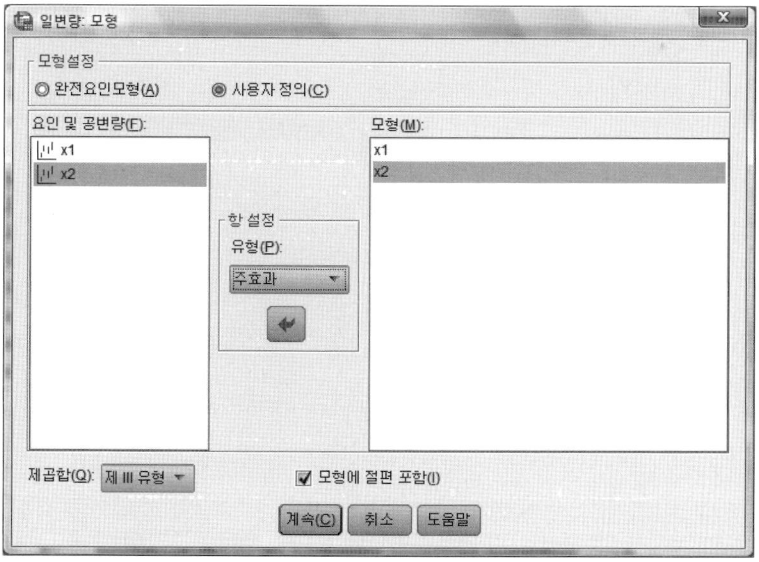

〈순서 5〉 옵션의 선택

[옵션(O)] 버튼을 클릭하여 대화상자가 나타나면 [기술통계량(D)]을 선택하고 [계속]을 클릭한다. 앞의 화면에서 [사후분석]을 클릭한다.

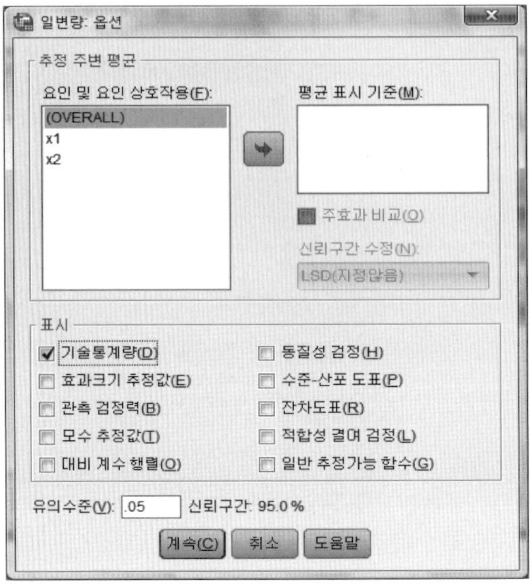

〈순서 6〉 사후분석의 선택

다음 화면에서 [사후검정변수] 난에 'x_1'과 'x_2'를 지정한다. [LSD]와 [Scheffe]를 선택하고 [계속]을 클릭한다. 앞의 화면으로 되돌아오면 [확인]을 클릭한다.

분석결과(1)

기술통계량

종속변수: 콜레스테롤 함유량

식품	실험실	평균	표준편차	N
A	실험실1	3.6000	.	1
	실험실2	4.1000	.	1
	실험실3	4.0000	.	1
	전체	3.9000	.26458	3
B	실험실1	3.1000	.	1
	실험실2	3.2000	.	1
	실험실3	3.9000	.	1
	전체	3.4000	.43589	3
C	실험실1	3.2000	.	1
	실험실2	3.5000	.	1
	실험실3	3.5000	.	1
	전체	3.4000	.17321	3
D	실험실1	3.5000	.	1
	실험실2	3.8000	.	1
	실험실3	3.8000	.	1
	전체	3.7000	.17321	3
전체	실험실1	3.3500	.23805	4
	실험실2	3.6500	.38730	4
	실험실3	3.8000	.21602	4
	전체	3.6000	.32753	12

개체-간 효과 검정

종속변수: 콜레스테롤 함유량

소스	제 III 유형 제곱합	자유도	평균제곱	F	유의확률
수정된 모형	.960[a]	5	.192	5.236	.034
절편	155.520	1	155.520	4241.455	.000
x1	.540	3	.180	4.909	.047
x2	.420	2	.210	5.727	.041
오차	.220	6	.037		
전체	156.700	12			
수정된 합계	1.180	11			

a. R 제곱 = .814 (수정된 R 제곱 = .658)

기술통계량에서는 식품별, 실험실별 평균 콜레스테롤 함유량과 총평균 3.60을 보여 주고 있다. 그리고 식품별 표준편차와 실험실별 표준편차도 출력되어 있다.

분산분석표에서 식품별 콜레스테롤 평균함유량에 대한 검정에서는,

$$\text{유의확률 } p\text{값} = 0.047 < \text{유의수준 } \alpha = 0.05$$

이므로 귀무가설 H_0를 기각한다. 즉 다이어트 식품별로 콜레스테롤 평균함유량이 모두 같다고는 할 수 없다.

그리고 실험실별 콜레스테롤 평균함유량에 대한 검정에서는,

$$\text{유의확률 } p\text{값} = 0.041 < \text{유의수준 } \alpha = 0.05$$

이므로 귀무가설 H_0를 기각한다. 즉, 실험실별로 콜레스테롤 평균함유량이 모두 같다고는 할 수 없다.

■ 분석결과(2)

다중비교

종속변수: 콜레스테롤 함유량

	(I) 실험실	(J) 실험실	평균차이(I-J)	표준오차	유의확률	95% 신뢰구간 하한	95% 신뢰구간 상한
Scheffe	실험실1	실험실2	-.3000	.13540	.166	-.7343	.1343
		실험실3	-.4500*	.13540	.044	-.8843	-.0157
	실험실2	실험실1	.3000	.13540	.166	-.1343	.7343
		실험실3	-.1500	.13540	.572	-.5843	.2843
	실험실3	실험실1	.4500*	.13540	.044	.0157	.8843
		실험실2	.1500	.13540	.572	-.2843	.5843
LSD	실험실1	실험실2	-.3000	.13540	.069	-.6313	.0313
		실험실3	-.4500*	.13540	.016	-.7813	-.1187
	실험실2	실험실1	.3000	.13540	.069	-.0313	.6313
		실험실3	-.1500	.13540	.310	-.4813	.1813
	실험실3	실험실1	.4500*	.13540	.016	.1187	.7813
		실험실2	.1500	.13540	.310	-.1813	.4813

관측평균을 기준으로 합니다.
오차항은 평균제곱(오차) = .037입니다.

*. 평균차이는 .05 수준에서 유의합니다.

다중비교

종속변수: 콜레스테롤 함유량

	(I) 식품	(J) 식품	평균차이(I-J)	표준오차	유의확률	95% 신뢰구간	
						하한	상한
Scheffe	A	B	.5000	.15635	.094	-.0906	1.0906
		C	.5000	.15635	.094	-.0906	1.0906
		D	.2000	.15635	.669	-.3906	.7906
	B	A	-.5000	.15635	.094	-1.0906	.0906
		C	.0000	.15635	1.000	-.5906	.5906
		D	-.3000	.15635	.379	-.8906	.2906
	C	A	-.5000	.15635	.094	-1.0906	.0906
		B	.0000	.15635	1.000	-.5906	.5906
		D	-.3000	.15635	.379	-.8906	.2906
	D	A	-.2000	.15635	.669	-.7906	.3906
		B	.3000	.15635	.379	-.2906	.8906
		C	.3000	.15635	.379	-.2906	.8906
LSD	A	B	.5000*	.15635	.019	.1174	.8826
		C	.5000*	.15635	.019	.1174	.8826
		D	.2000	.15635	.248	-.1826	.5826
	B	A	-.5000*	.15635	.019	-.8826	-.1174
		C	.0000	.15635	1.000	-.3826	.3826
		D	-.3000	.15635	.103	-.6826	.0826
	C	A	-.5000*	.15635	.019	-.8826	-.1174
		B	.0000	.15635	1.000	-.3826	.3826
		D	-.3000	.15635	.103	-.6826	.0826
	D	A	-.2000	.15635	.248	-.5826	.1826
		B	.3000	.15635	.103	-.0826	.6826
		C	.3000	.15635	.103	-.0826	.6826

관측평균을 기준으로 합니다.
오차항은 평균제곱(오차) = .037입니다.

*. 평균차이는 .05 수준에서 유의합니다.

다중비교 결과를 보면 실험실의 경우, [Scheffe]와 [LSD(최소유의차)] 모두 실험실1과 실험실3 사이에 유의차가 있는 것으로 나타났다. 그런데 식품의 경우, [Scheffe]에서는 유의차가 검출되지 않았는데 [LSD]에서는 A와 B, A와 C 사이에 유의차가 있는 것으로 나타났다.

분산분석의 결과 식품의 유의확률은 0.047로 귀무가설이 기각되지만, 유의수준 0.05에 근접하므로 유의차 검출에서 다중비교 방법에 따라 결과가 달리 나오고 있음을 알 수 있다.

[예제 9-3]

4개 회사에서 생산되는 소형차를 6명의 운전자에게 운전하게 하여 휘발유 리터당 주행거리를 측정한 결과가 다음과 같다.

차종별 운전자별 리터당 주행거리 (단위 : km/L)

차종 \ 운전자	1	2	3	4	5	6
가	15	10	13	14	17	9
나	17	12	18	13	15	12
다	17	7	9	13	8	12
라	10	12	8	7	9	11

차종에 따라 리터당 주행거리의 차이가 발생하는가? 그리고 운전자에 따라 리터당 주행거리의 차이가 발생하는가? 5% 유의수준으로 각각 검정하라.

■ SPSS에 의한 해법

〈순서 1〉 데이터의 입력

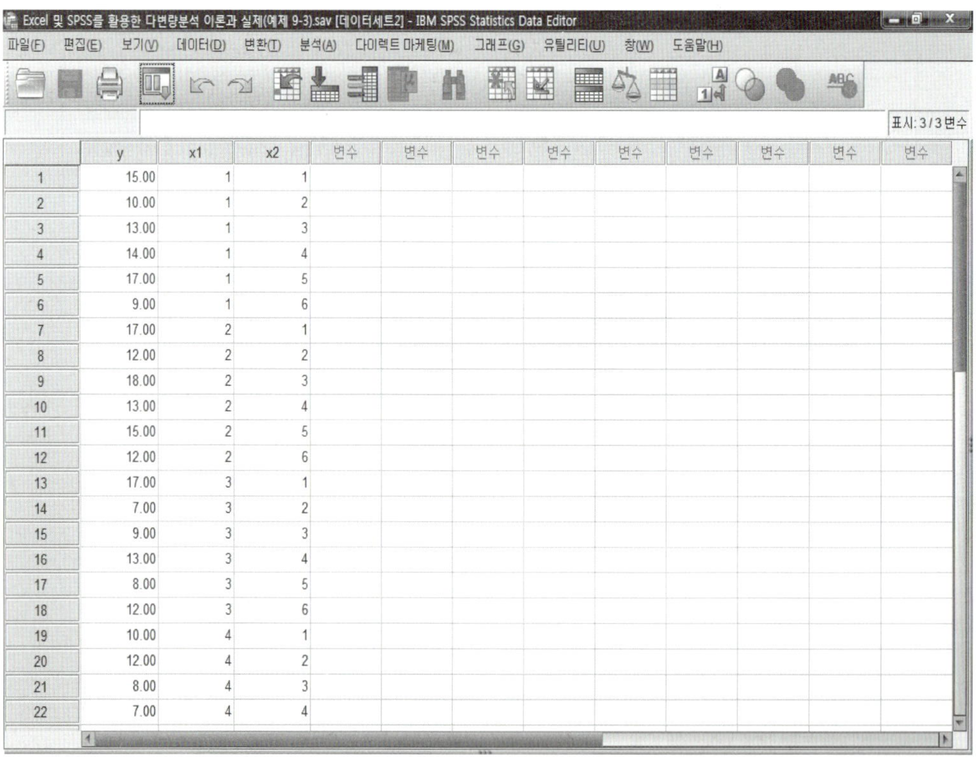

〈순서 2〉 일반선형모형 - 일변량의 선택

메뉴에서 [분석(A)] - [일반선형모형(G)] - [일변량(U)]을 선택한다.

여기에서부터의 순서는 예제 9-2와 같다.

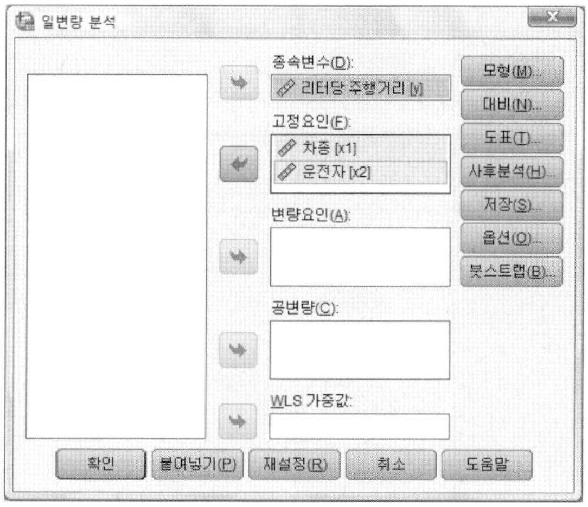

■ 분석결과(1)

개체-간 효과 검정

종속변수: 리터당 주행거리

소스	제 III 유형 제곱합	자유도	평균제곱	F	유의확률
수정된 모형	134.000[a]	8	16.750	2.094	.103
절편	3456.000	1	3456.000	432.000	.000
x1	87.000	3	29.000	3.625	.038
x2	47.000	5	9.400	1.175	.367
오차	120.000	15	8.000		
전체	3710.000	24			
수정된 합계	254.000	23			

a. R 제곱 = .528 (수정된 R 제곱 = .276)

분산분석표에서 차종별 리터당 주행거리에 대한 검정에서는,

$$\text{유의확률 } p\text{값} = 0.038 < \text{유의수준 } \alpha = 0.05$$

이므로 귀무가설 H_0를 기각한다. 즉, 차종별로 리터당 주행거리가 모두 같다고는 할 수 없다.

그리고 운전자별 리터당 주행거리에 대한 검정에서는,

$$\text{유의확률 } p\text{값} = 0.367 > \text{유의수준 } \alpha = 0.05$$

이므로 귀무가설 H_0를 기각할 수 없다. 즉 운전자별로 리터당 주행거리가 적어도 하나는 다르다고 할 수 없다.

■ 분석결과(2)

다중비교

종속변수: 리터당 주행거리

						95% 신뢰구간	
	(I) 차종	(J) 차종	평균차이(I-J)	표준오차	유의확률	하한	상한
Scheffe	가	나	-1.5000	1.63299	.838	-6.6283	3.6283
		다	2.0000	1.63299	.688	-3.1283	7.1283
		라	3.5000	1.63299	.247	-1.6283	8.6283
	나	가	1.5000	1.63299	.838	-3.6283	6.6283
		다	3.5000	1.63299	.247	-1.6283	8.6283
		라	5.0000	1.63299	.057	-.1283	10.1283
	다	가	-2.0000	1.63299	.688	-7.1283	3.1283
		나	-3.5000	1.63299	.247	-8.6283	1.6283
		라	1.5000	1.63299	.838	-3.6283	6.6283
	라	가	-3.5000	1.63299	.247	-8.6283	1.6283
		나	-5.0000	1.63299	.057	-10.1283	.1283
		다	-1.5000	1.63299	.838	-6.6283	3.6283
LSD	가	나	-1.5000	1.63299	.373	-4.9806	1.9806
		다	2.0000	1.63299	.240	-1.4806	5.4806
		라	3.5000*	1.63299	.049	.0194	6.9806
	나	가	1.5000	1.63299	.373	-1.9806	4.9806
		다	3.5000*	1.63299	.049	.0194	6.9806
		라	5.0000*	1.63299	.008	1.5194	8.4806
	다	가	-2.0000	1.63299	.240	-5.4806	1.4806
		나	-3.5000*	1.63299	.049	-6.9806	-.0194
		라	1.5000	1.63299	.373	-1.9806	4.9806
	라	가	-3.5000*	1.63299	.049	-6.9806	-.0194
		나	-5.0000*	1.63299	.008	-8.4806	-1.5194
		다	-1.5000	1.63299	.373	-4.9806	1.9806

관측평균을 기준으로 합니다.
오차항은 평균제곱(오차) = 8.000입니다.

*. 평균차이는 .05 수준에서 유의합니다.

분산분석의 결과 차종의 유의확률은 0.038로 귀무가설이 기각되지만, 유의수준 0.05에 근접하므로 유의차 검출에서 다중비교 방법에 따라 결과가 달리 나오고 있음을 알 수 있다. [Scheffe] 방법에서는 유의차가 나타나고 있지 않으나, [LSD] 방법에서는 차종 {가, 라}, {나, 다}, {나, 라} 사이에 유의차가 나타나고 있다.

다중비교

종속변수: 리터당 주행거리

	(I) 운전자	(J) 운전자	평균차이(I-J)	표준오차	유의확률	95% 신뢰구간 하한	95% 신뢰구간 상한
LSD	1	2	4.5000*	2.00000	.040	.2371	8.7629
		3	2.7500	2.00000	.189	-1.5129	7.0129
		4	3.0000	2.00000	.154	-1.2629	7.2629
		5	2.5000	2.00000	.230	-1.7629	6.7629
		6	3.7500	2.00000	.080	-.5129	8.0129
	2	1	-4.5000*	2.00000	.040	-8.7629	-.2371
		3	-1.7500	2.00000	.395	-6.0129	2.5129
		4	-1.5000	2.00000	.465	-5.7629	2.7629
		5	-2.0000	2.00000	.333	-6.2629	2.2629
		6	-.7500	2.00000	.713	-5.0129	3.5129

운전자별 리터당 주행거리에 대한 검정에서는,

$$\text{유의확률 } p\text{값} = 0.367 > \text{유의수준 } \alpha = 0.05$$

이므로 귀무가설 H_0가 채택되어 운전자별로 리터당 주행거리가 같다고 결론을 내렸다. 그러나 다중비교의 결과, [Scheffe] 방법에서는 유의차가 나타나고 있지 않으나, [LSD] 방법에서는 운전자 {1, 2} 사이에 유의차가 나타나고 있다.

이와 같이 유의차 검출에서 다중비교 방법에 따라 결과가 달리 나오고 있음에 유의해야 한다.

2. 반복 있는 이원 분산분석

[예제 9–4]

점포의 크기와 지역에 따라 생활필수품의 가격에 차이가 있는가를 알아보기 위하여 이원 분산분석을 하려고 한다. 점포의 크기를 인자 A로 하고 지역을 인자 B로 할 때 인자수준은 $a = 2$(대, 소), $b = 3$(서울, 중부, 남부)으로 한다. 따라서 전체 처리는 2×3 = 6개가 된다. 각 처리에서 2개의 표본을 추출한 결과 다음과 같은 데이터를 얻었다고 한다.

데이터

(단위 : 1,000원)

점포크기 \ 지역	B_1(서울)	B_2(중부)	B_3(남부)
A_1(소)	74	78	68
	78	74	72
A_2(대)	70	68	60
	74	72	64

사고방식과 적용수법

전술한 바와 같이 일원 분산분석은 모집단의 평균이 같은지에 대한 가설검정이며, 반복 없는 이원 분산분석은 블록화를 이용하여 비처리(non-treatment) 변동을 고려한 평균이 같은지에 대한 검정이다. 본 예제는 두 개의 처리효과를 검정하는 데 사용하는 반복 있는 이원 분산분석에 의해서 해결해야 한다.

이 검정은 반복을 완전 무작위화법으로 하는 경우에 해당된다.

분산분석표

반복 있는 이원 분산분석표는 다음과 같다.

이원 분산분석표(반복 있는 이원 분산분석)

변동의 요인	편차제곱의 합	자유도	분산	F비	분산의 기대치
인자 A(행)	S_A	$a-1$	V_A	V_A / V_e	$\sigma_e^2 + br\sigma_A^2$
인자 B(열)	S_B	$b-1$	V_B	V_B / V_e	$\sigma_e^2 + br\sigma_B^2$
$A \times B$(교호작용)	$S_{A \times B}$	$(a-1)(b-1)$	$V_{A \times B}$	$V_{A \times B} / V_e$	$\sigma_e^2 + br\sigma_{A \times B}^2$
잔 차	S_e	$ab(r-1)$	V_e		σ_e^2
계	S_T	$abr-1$			

검정의 순서

반복 있는 이원 분산분석에서의 가설검정은 세 가지로 나누어진다. 먼저 인자 간의 교호작용(interaction)이 있는지의 여부를 검정해야 한다. 만약 교호작용이 존재한다면 인자 A와 인자 B의 효과를 따로 검정하는 것은 의미가 없게 되며 처리의 수가 ab인 일원 분산분석으로 간주하여 ab개의 처리 간 평균의 동일성을 검정하거나 차이를 추정하면 된다.

만약 교호작용이 존재하지 않는다면 인자 A의 효과와 인자 B의 효과에 대하여 별도로 검정한다.

이원 분산분석의 모형은 다음과 같다.

$$Y_{ijk} = \mu.. + \alpha_i + \beta_j + (\alpha\beta)_{ij} + \varepsilon_{ijk}$$

여기에서

Y_{ijk} : 인자 A의 수준이 i이고 인자 B의 수준이 j인 처리에서 추출한 k번째의 관찰 값
$\mu..$: 총평균
α_i : 인자 A의 효과
β_j : 인자 B의 효과
$(\alpha\beta)_{ij}$: 교호작용 효과
ε_{ijk} : 오차

교호작용이 존재하는지를 검정하기 위한 가설은 다음과 같이 설정된다.

H_0 : 모든 $(\alpha\beta)_{ij} = 0$
H_1 : $(\alpha\beta)_{ij}$ 중 적어도 하나는 0이 아니다.

귀무가설처럼 모든 $(\alpha\beta)_{ij} = 0$이면 두 인자 간에 교호작용이 존재하지 않음을 의미하며, 대립가설은 교호작용이 존재함을 의미한다.

판정방법은 다음과 같다.

[p값에 의한 판정]

p값 ≦ 유의수준 α → 귀무가설 H_0를 기각한다.
p값 > 유의수준 α → 귀무가설 H_0를 기각하지 않는다.

[기각치에 의한 판정]

F비 ≧ $F((a-1)(b-1),\ ab(r-1)\ ;\ \alpha)$ → 귀무가설 H_0를 기각한다.
F비 < $F((a-1)(b-1),\ ab(r-1)\ ;\ \alpha)$ → 귀무가설 H_0를 기각하지 않는다.

■ SPSS에 의한 해법

〈순서 1〉 데이터의 입력

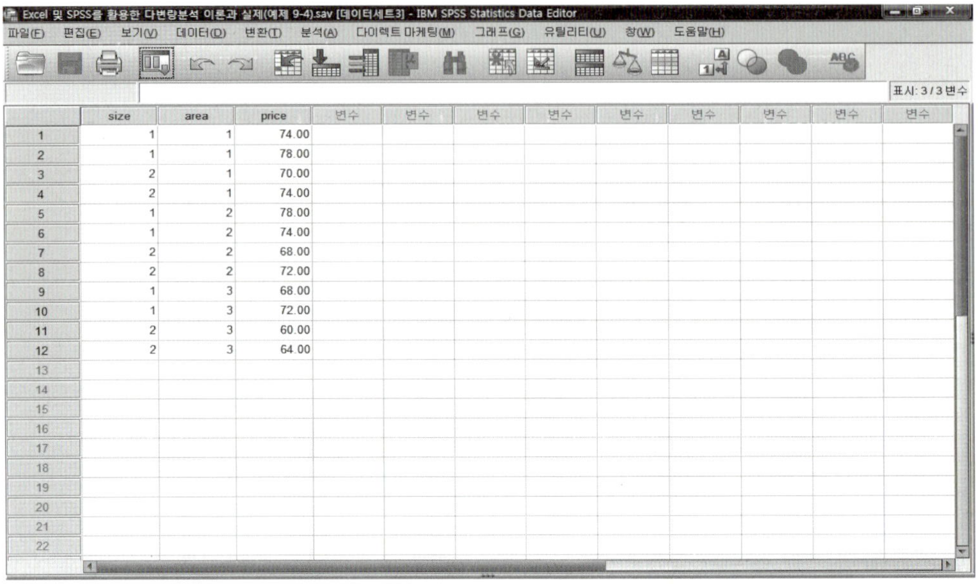

〈순서 2〉 일반선형모형－일변량의 선택

메뉴에서 [분석(A)]－[일반선형모형(G)]－[일변량(U)]을 선택한다.

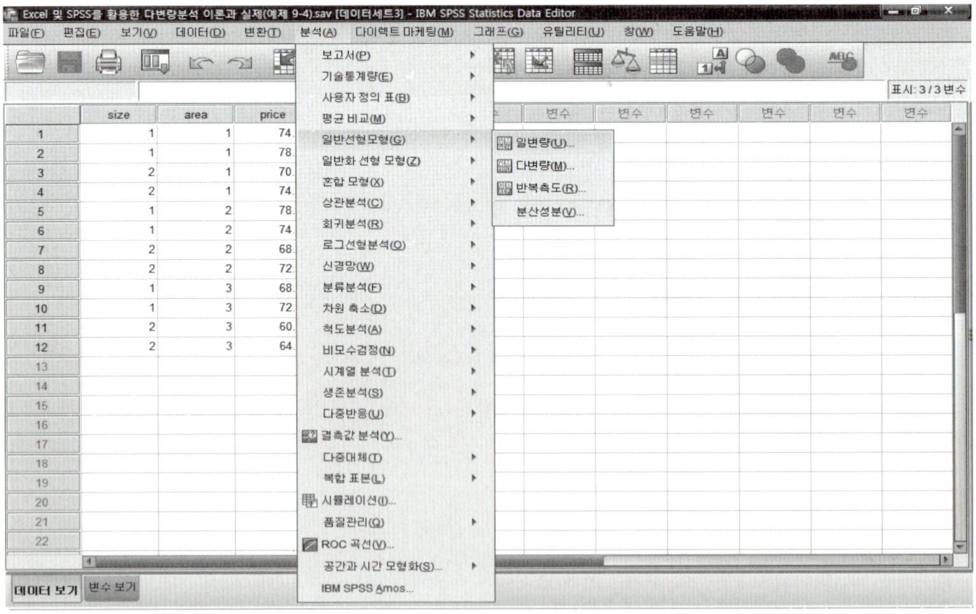

↓ (대화상자가 나타난다)

〈순서 3〉 변수의 선택

[종속변수(D)]로서 'price'(가격)를 선택하고, [모수요인(F)]으로서 'area'(지역)와 'size'(점포크기)를 선택한다.

〈순서 4〉 모형의 설정

[모형(M)] 버튼을 클릭하면 [일변량 : 모형] 대화상자가 나타난다.

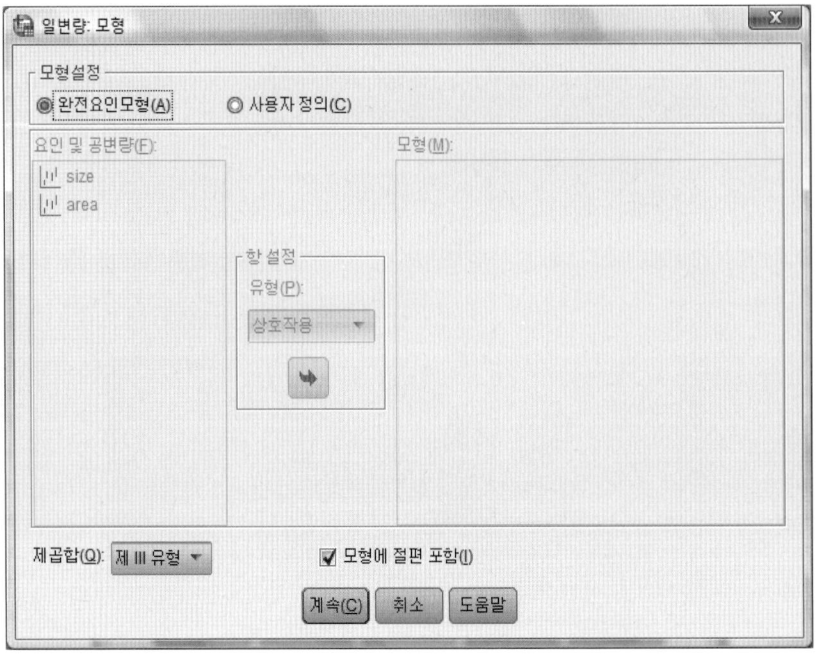

[사용자 정의(C)] 버튼을 클릭하면 화면이 반전된다. [항 설정]에서 '상호작용'을 선택하고 [모형(M)] 난에 'area'와 'size' 그리고 'area*size'를 지정한다. [계속] 버튼을 클릭하면 앞의 대화상자로 되돌아간다.

〈순서 5〉 옵션의 선택

[옵션]을 클릭하여 대화상자가 나타나면 [기술통계량(D)]을 선택하고 [계속] 버튼을 클릭한다. 앞의 화면에서 [확인]을 클릭하면 분석결과를 얻을 수 있다.

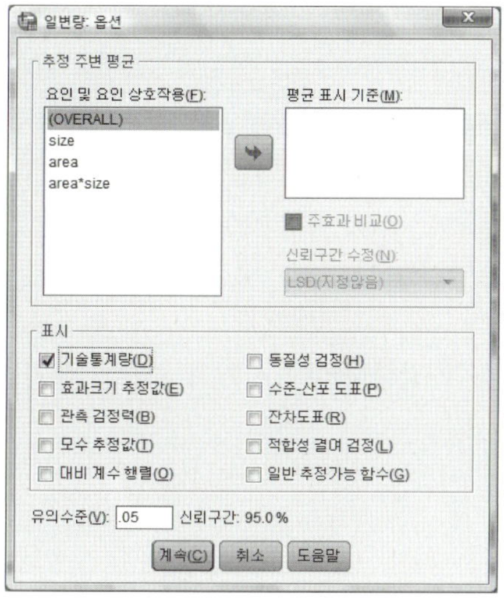

■ 분석결과

개체-간 효과 검정

종속변수: 가격

소스	제 III 유형 제곱합	자유도	평균제곱	F	유의확률
수정된 모형	268.000[a]	5	53.600	6.700	.019
절편	60492.000	1	60492.000	7561.500	.000
size	108.000	1	108.000	13.500	.010
area	152.000	2	76.000	9.500	.014
size * area	8.000	2	4.000	.500	.630
오차	48.000	6	8.000		
전체	60808.000	12			
수정된 합계	316.000	11			

a. R 제곱 = .848 (수정된 R 제곱 = .722)

■ 결과의 해석방법

① 교호작용의 검정

$$\text{유의확률 } p\text{값} = 0.630 > \text{유의수준 } \alpha = 0.05$$

이므로 귀무가설 H_0를 기각하지 않는다. 즉, 점포의 크기와 지역 간에 교호작용은 존재하지 않는다.

② 점포크기의 효과에 대한 검정

$$\text{유의확률 } p\text{값} = 0.010 < \text{유의수준 } \alpha = 0.05$$
$$F\text{비} = 13.5 > F(1,6\,;0.05) = 5.987$$

이므로 귀무가설 H_0를 기각한다. 즉, 점포의 크기에 따라 가격에 차이가 있다.

③ 지역의 효과에 대한 검정

$$\text{유의확률 } p\text{값} = 0.014 < \text{유의수준 } \alpha = 0.05$$
$$F\text{비} = 9.5 > F(2,\ 6\ ;\ 0.05) = 5.143$$

이므로 귀무가설 H_0를 기각한다. 즉, 지역적 위치가 생활필수품의 가격에 영향을 미친다.

■ 교호작용도의 작성

교호작용도(interaction plot) 혹은 상호작용도는 눈으로 교호작용을 확인할 수 있는 유용한 도구다. 평균의 교호작용도를 그리는 순서는 다음과 같다.

〈순서 1〉 도표의 선택

앞의 <순서 3>에서 [도표(T)] 버튼을 클릭한다.

〈순서 2〉 변수의 선택

(1) [일변량 : 프로파일 도표] 대화상자가 나타나면 [수평축 변수(H)]로서 'area'를, [선구분 변수(S)]로서 'size'를 선택한다.

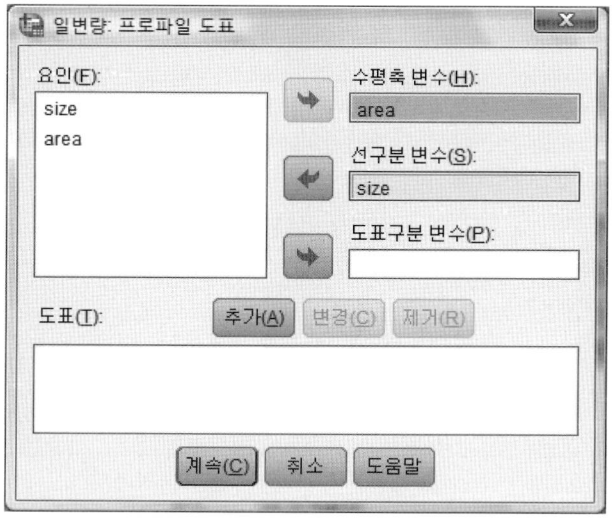

(2) [추가(A)] 버튼을 클릭한다.

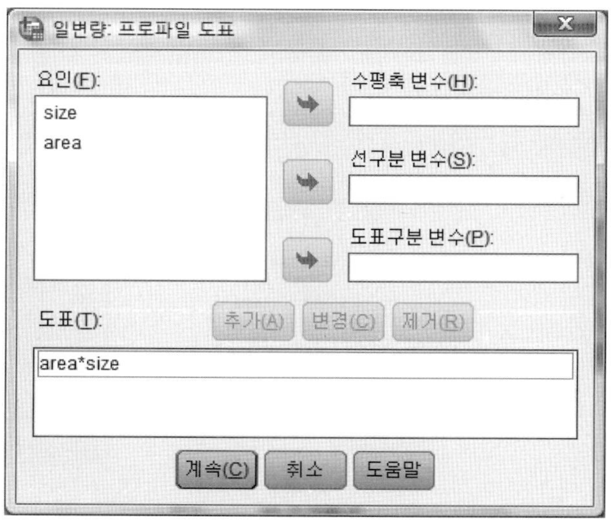

위와 같은 상태에서 다시 [수평축 변수(H)]로서 'size'를, [도표구분 변수(P)]로서 'area'를 선택한다.

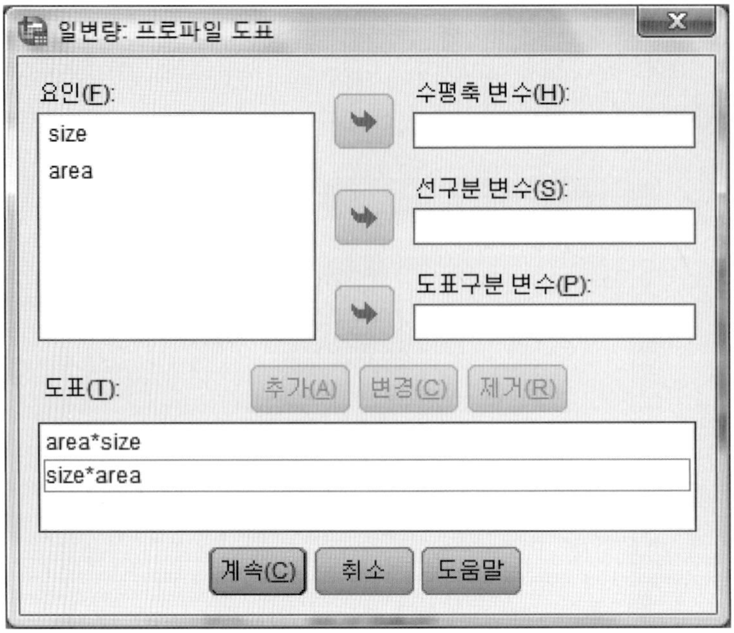

위와 같은 상태에서 [계속] 버튼을 클릭한다.

〈순서 3〉 도표의 작성

[일변량분석] 대화상자가 나타나면, [확인] 버튼을 클릭한다.

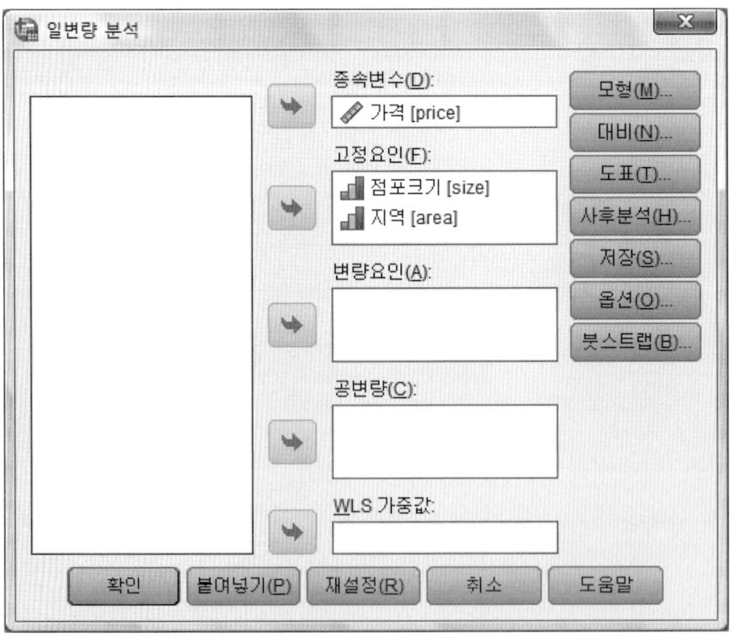

〈순서 4〉 도표의 완성

다음과 같은 [프로파일 도표]가 완성된다. 이 도표가 곧 교호작용도이다.

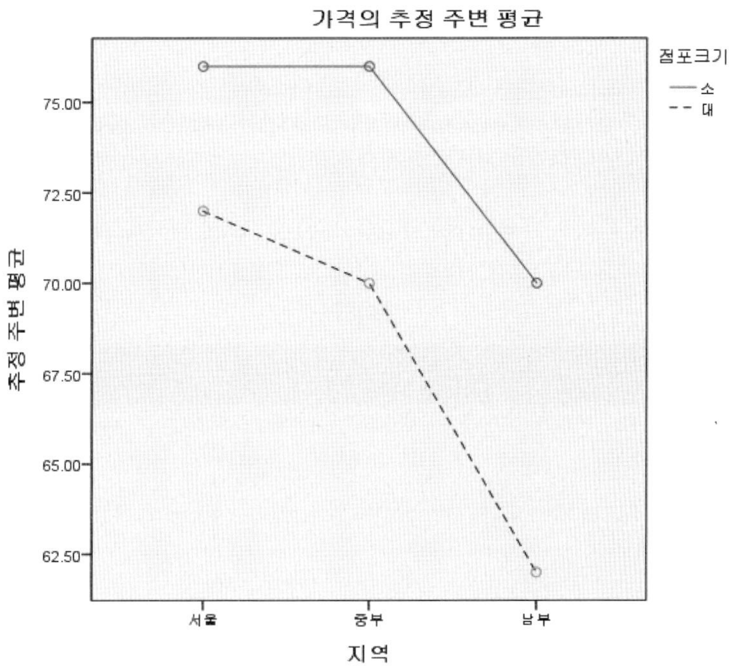

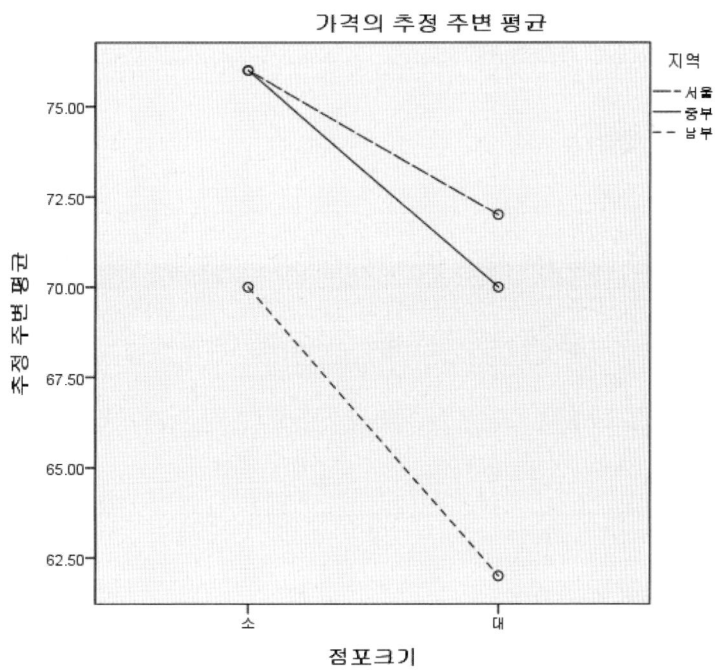

이 교호작용도에서 두 선이 교차되고 있지 않기 때문에 점포의 크기와 지역 간의 두 인자 간에 교호작용이 없음을 알 수 있다. 만약 교호작용이 있다면 두 선은 서로 교차하게 된다.

[예제 9-5]

빵의 맛에 영향을 주는 두 인자로 굽는 시간과 온도의 효과를 조사하고자 실험을 실시했다. 전문가가 빵의 맛에 대한 등급을 측정했으며 굽는 시간은 '짧다', '중간', '길다' 등으로 3개의 수준을 가진다. 굽는 온도 역시 '낮다', '중간', '높다' 등으로 3개의 수준을 가진다.

3명의 전문가가 각 경우마다 빵을 0에서 6까지의 등급으로 평가한 데이터가 다음과 같다.

데이터

굽는시간 \ 온도	낮다	중간	높다
짧다	0	0	4
	0	2	5
	3	4	6
중간	2	3	1
	3	6	2
	4	6	3
길다	4	1	0
	5	3	1
	6	5	2

시간과 온도에 따라서 빵의 맛에 영향을 주는지 5% 유의수준으로 검정하라.

■ SPSS에 의한 해법

〈순서 1〉 데이터의 입력

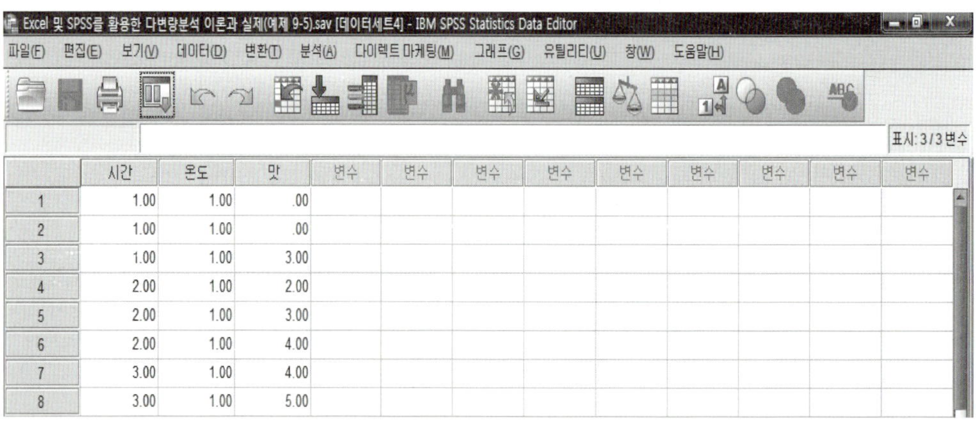

〈순서 2〉 일반선형모형－일변량의 선택

메뉴의 [분석(A)]－[일반선형모형(G)]－[일변량(U)]을 선택한다. 이하 순서는 예제 9－4와 같다.

■ 분석결과

개체-간 효과 검정

종속변수: 맛

소스	제 III 유형 제곱합	자유도	평균제곱	F	유의확률
수정된 모형	66.000[a]	8	8.250	3.908	.008
절편	243.000	1	243.000	115.105	.000
시간	2.000	2	1.000	.474	.630
온도	2.000	2	1.000	.474	.630
시간 * 온도	62.000	4	15.500	7.342	.001
오차	38.000	18	2.111		
전체	347.000	27			
수정된 합계	104.000	26			

a. R 제곱 = .635 (수정된 R 제곱 = .472)

① 교호작용의 검정

$$\text{유의확률 } p\text{값} = 0.001 < \text{유의수준 } \alpha = 0.05$$

이므로 귀무가설 H_0를 기각한다. 즉, 굽는 시간과 온도 사이에 교호작용은 존재한다.

② 시간의 효과에 대한 검정

$$\text{유의확률 } p\text{값} = 0.630 > \text{유의수준 } \alpha = 0.05$$

이므로 귀무가설 H_0를 기각하지 않는다. 즉, 굽는 시간에 따라 빵의 맛에 영향을 미치지 않는다.

③ 온도의 효과에 대한 검정

$$\text{유의확률 } p\text{값} = 0.630 > \text{유의수준 } \alpha = 0.05$$

이므로 귀무가설 H_0를 기각하지 않는다. 즉, 온도에 따라 빵의 맛에 영향을 미치지 않는다.

교호작용도 작성

〈순서 1〉 변수의 선택

예제 9-4에서와 같은 방법으로 다음과 같이 [일변량 : 프로파일 도표] 대화상자에서 변수를 선택한다. 다음과 같은 상태에서 [계속] 버튼을 클릭한다.

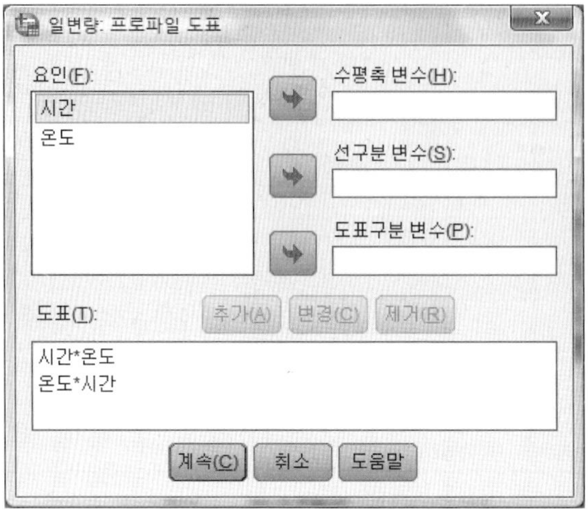

〈순서 2〉 그래프의 완성

[일변량분석] 대화상자가 나타나면, [확인] 버튼을 클릭한다. 프로파일 도표가 완성된다.

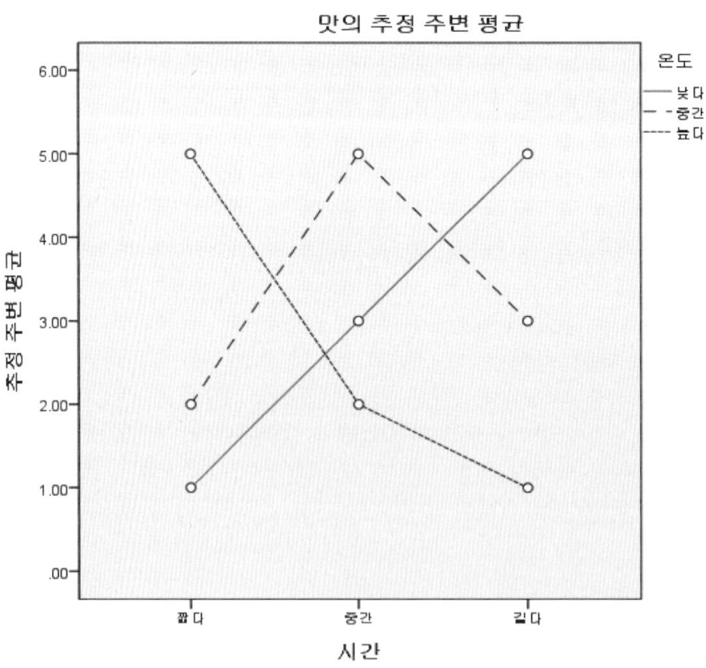

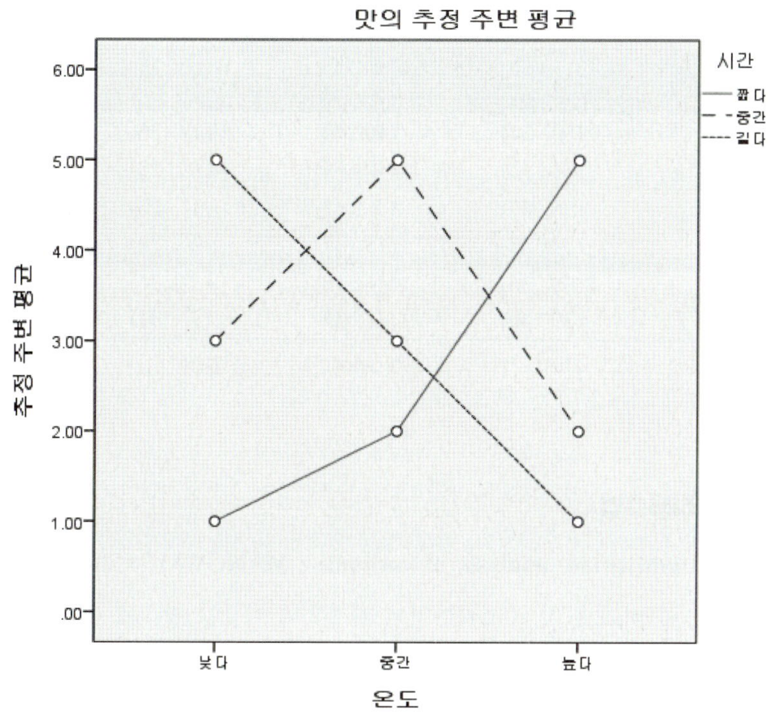

이 교호작용도에서 각 선이 교차하기 때문에 두 인자 사이에 교호작용이 있음을 알 수 있다.

> 교호작용도의 세로축은 반복 측정치 각 셀의 평균값을 의미한다. SPSS에서 교호작용도는 프로파일 도표로 출력된다.

9.3 | 다변량 분산분석

[예제 9-6]

K기업의 마케팅 담당자는 신제품의 전국적인 판매촉진활동을 계획하고 있다. 그는 가격(price)과 판매점(place)에 따른 신제품 판매량의 차이를 측정하고자 한다. 판매점마다 가격을 서로 다르게 하여 2주일 동안 판매량을 조사한 결과 다음과 같은 데이터를 수집했다. 유의수준 5%로 검정하라.

데이터

구분		판매점			
		1	2	3	4
가격	1(상)	(30, 34) (34, 31)	(40, 40) (40, 45)	(27, 26) (26, 28)	(25, 27) (23, 25)
	2(중)	(36, 37) (34, 34)	(46, 44) (48, 47)	(27, 26) (26, 29)	(29, 27) (26, 26)
	3(하)	(39, 36) (39, 40)	(46, 48) (47, 53)	(32, 34) (32, 31)	(30, 31) (33, 31)

㈜ 괄호 안의 첫 번째 숫자는 판매촉진 1주일 전의 판매량이고, 두 번째 숫자는 판매촉진 1주일 후의 판매량을 가리킨다.

■ 사고방식과 적용수법

다변량 분산분석(multivariate analysis of variance : MANOVA)은 이미 앞에서 단일변량 분산분석에서 설명한 바와 달리 종속변수의 수가 두 개 이상인 경우에 여러 모집단의 평균 벡터를 동시에 비교하는 분석기법이다. 예를 들면, 어떤 동물의 암컷과 수컷에서 몸무게, 길이, 가슴너비를 각각 측정한 후에 두 모집단의 크기에 차이가 있는지를 검토한다거나 세 종류의 산업에 속한 여러 회사들의 경영실태를 분석하기 위하여 유동성비율, 부채비율, 자본수익률 등을 자료로 하여 비교할 때 다변량 분산분석을 이용할 수 있다. 또한 다변량 분산분석에서는 종속변수의 조합에 대한 효과의 동시검정을 중요시한다. 그 이유는 대부분의 경우에 종속변수들은 서로 독립적이 아니고, 또한 이 변수들은 동일한 개체에서 채택되어서 상관관계가 있기 때문이다.

ANOVA와 MANOVA의 차이점은 실험개체를 대상으로 놓고 변수가 단수인가 혹은 복수인가에 달려 있다. MANOVA 설계의 특징은 종속변수가 벡터 변수라는 데에 있다. 이 종속변수는 각 모집단에 대하여 같은 공분산행렬을 가지며 다변량 정규분포를 이루고 있다고 가정한다. 공분산행렬이 같다는 것은 ANOVA에서 분산이 같다는 가정을 MANOVA로 연장시킨 것이다. MANOVA에 대한 연구의 초점은 모집단의 중심, 즉 평균 벡터 사이에 차이가 있는지의 여부에 대한 것이다. 즉, 모집단들의 종속변수(벡터)에 의해 구성된 공간에서 중심(평균)이 같은지의 여부를 조사하고자 한다.

다변량 분산분석은 요인의 수에 따라 단일변량의 경우와 마찬가지로 일원 다변량 분산분석(one-way MANOVA), 이원 다변량 분산분석(two-way MANOVA) 등으로 나누고 있다.

분석절차

다변량 분산분석에서의 귀무가설은 여러 모집단의 평균 벡터가 같다는 것을 기술한다. 이것의 분석절차는 일반적으로 다음과 같다.

1. 먼저 종속변수 사이에서 상관관계가 있는지의 여부를 조사한다. 만일에 상관관계가 없다면 변수들을 개별적으로 ANOVA 검정을 실시한다. 반대로 상관관계가 있으면 MANOVA 검정을 하게 된다.
2. 변수들의 기본 가정인 다변량 정규분포성과 등공분산성 등을 조사한다.
3. 모든 요인수준의 평균 벡터들이 같은지를 검정한다.
4. 만일에 모든 평균 벡터들이 같다는 귀무가설이 채택되면 검정은 거기서 끝난다. 그러나 귀무가설이 기각되어 모든 평균 벡터들이 반드시 같지 않다면, 변수들을 개별적으로 조사하여 어떤 변수가 얼마나 다른가를 조사하며 그리고 그 차이가 의미하는 것은 무엇인가를 규명한다.

SPSS에 의한 해법

〈순서 1〉 데이터의 입력

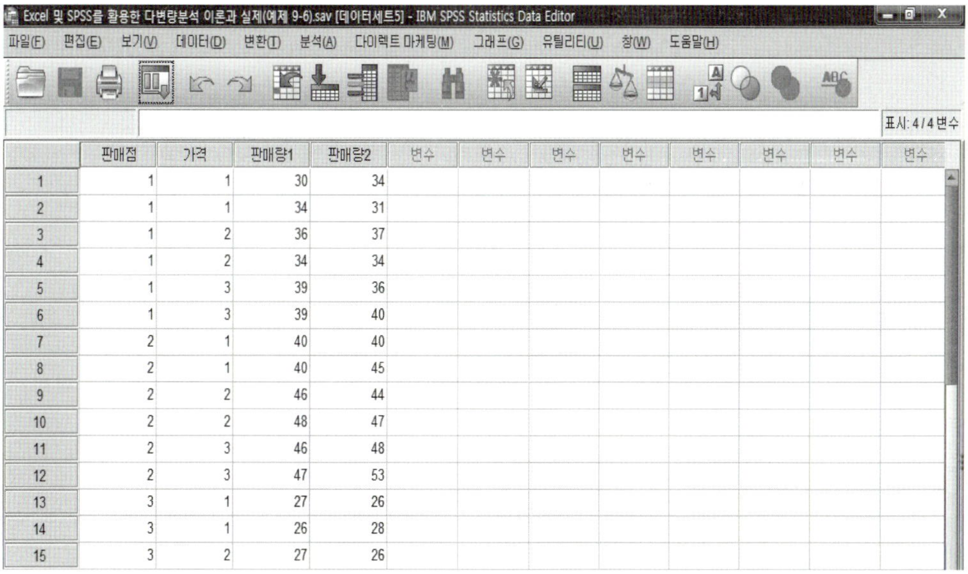

	판매점	가격	판매량1	판매량2	변수	변수	변수	변수	변수	변수	변수	변수
1	1	1	30	34								
2	1	1	34	31								
3	1	2	36	37								
4	1	2	34	34								
5	1	3	39	36								
6	1	3	39	40								
7	2	1	40	40								
8	2	1	40	45								
9	2	2	46	44								
10	2	2	48	47								
11	2	3	46	48								
12	2	3	47	53								
13	3	1	27	26								
14	3	1	26	28								
15	3	2	27	26								

(주1) '판매점'이라는 변수에는 1 = '판매점 1', 2 = '판매점 2', 3 = '판매점 3', 4 = '판매점 4'라고 하는 변수값 설명을 해놓는다.

(주2) '가격'이라는 변수에는 1 = '상', 2 = '중', 3 = '하'라고 하는 변수값 설명을 해놓는다.

〈순서 2〉 일반선형모형-다변량의 선택

메뉴에서 [분석(A)]-[일반선형모형(G)]-[다변량(M)]을 선택한다.

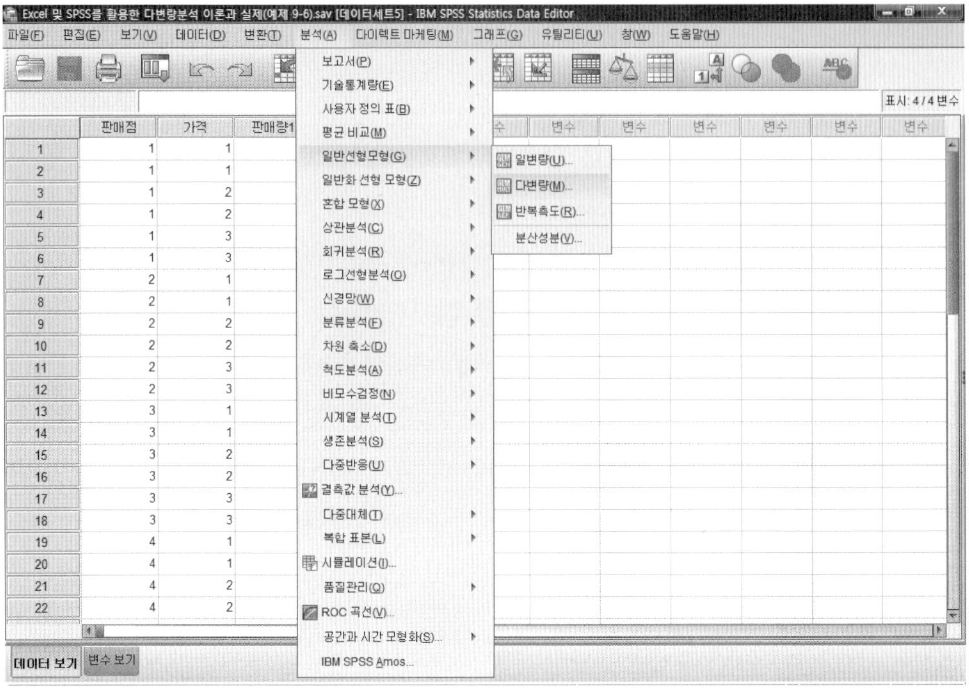

〈순서 3〉 변수의 선택

[다변량] 대화상자가 나타나면, [종속변수(D)]로서 '판매량 1'과 '판매량 2'를 선택한다. [고정요인(F)]으로서 '판매점'과 '가격'을 선택한다.

[다변량] 대화상자에서 [공변량(C)] 난은 통제변수를 선택하는 곳이다. [WLS 가중값] 난은 가중된 최소제곱분석에 대한 가중값이 있는 숫자변수를 나열한다. 여기에서 가중값이 0, 음수, 결측값이 있을 때는 분석에서 사례가 제외된다.

〈순서 4〉 옵션(O)의 선택

[옵션(O)] 버튼을 클릭하면 [다변량 : 옵션] 대화상자가 나타난다.

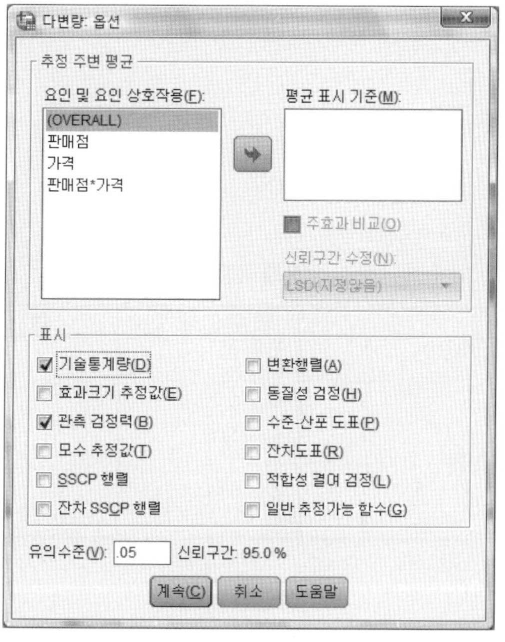

여기에서 원하는 출력으로서 [기술통계량], [관측 검정력]을 선택하고 [계속] 버튼을 클릭한다. 그 전의 화면으로 되돌아가면 [확인] 버튼을 클릭한다.

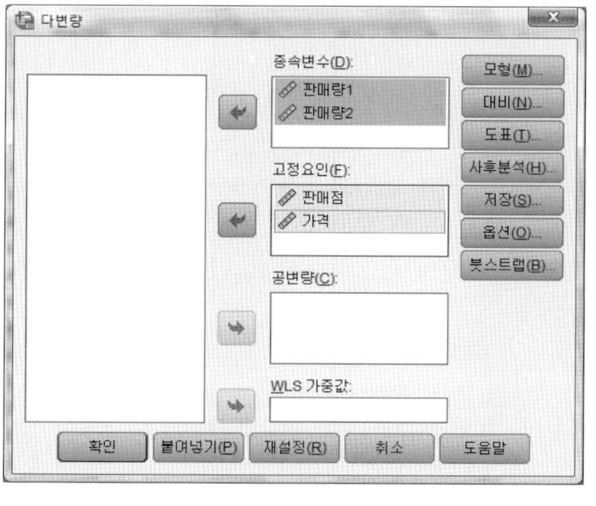

다음과 같은 분석결과를 얻게 된다.

■ 분석결과

분석결과로서는,

1. 개체-간 요인
2. 기술통계량
3. 다변량 검정
4. 개체-간 효과검정

등이 출력된다.

개체-간 요인

		변수값 설명	N
판매점	1	판매점1	6
	2	판매점2	6
	3	판매점3	6
	4	판매점4	6
가격	1	상	8
	2	중	8
	3	하	8

기술통계량

	판매점	가격	평균	표준 오차 편차	N
판매량1	판매점1	상	32.00	2.828	2
		중	35.00	1.414	2
		하	39.00	.000	2
		합계	35.33	3.445	6
	판매점2	상	40.00	.000	2
		중	47.00	1.414	2
		하	46.50	.707	2
		합계	44.50	3.564	6
	판매점3	상	26.50	.707	2
		중	26.50	.707	2
		하	32.00	.000	2
		합계	28.33	2.875	6
	판매점4	상	24.00	1.414	2
		중	27.50	2.121	2
		하	31.50	2.121	2
		합계	27.67	3.670	6
	합계	상	30.63	6.675	8
		중	34.00	8.832	8
		하	37.25	6.585	8
		합계	33.96	7.624	24

판매량2	판매점1	상	32.50	2.121	2
		중	35.50	2.121	2
		하	38.00	2.828	2
		합계	35.33	3.077	6
	판매점2	상	42.50	3.536	2
		중	45.50	2.121	2
		하	50.50	3.536	2
		합계	46.17	4.355	6
	판매점3	상	27.00	1.414	2
		중	27.50	2.121	2
		하	32.50	2.121	2
		합계	29.00	3.098	6
	판매점4	상	26.00	1.414	2
		중	26.50	.707	2
		하	31.00	.000	2
		합계	27.83	2.563	6
	합계	상	32.00	7.211	8
		중	33.75	8.276	8
		하	38.00	8.418	8
		합계	34.58	8.054	24

다변량 검정[a]

효과		값	F	가설 자유도	오차 자유도	유의확률	비중심 모수	관측 검정력[d]
절편	Pillai의 트레이스	.999	8174.133[b]	2.000	11.000	.000	16348.265	1.000
	Wilks의 람다	.001	8174.133[b]	2.000	11.000	.000	16348.265	1.000
	Hotelling의 트레이스	1486.206	8174.133[b]	2.000	11.000	.000	16348.265	1.000
	Roy의 최대근	1486.206	8174.133[b]	2.000	11.000	.000	16348.265	1.000
판매점	Pillai의 트레이스	1.040	4.336	6.000	24.000	.004	26.015	.942
	Wilks의 람다	.015	26.076[b]	6.000	22.000	.000	156.456	1.000
	Hotelling의 트레이스	61.149	101.914	6.000	20.000	.000	611.486	1.000
	Roy의 최대근	61.089	244.355[c]	3.000	12.000	.000	733.066	1.000
가격	Pillai의 트레이스	1.009	6.105	4.000	24.000	.002	24.420	.964
	Wilks의 람다	.090	12.842[b]	4.000	22.000	.000	51.370	1.000
	Hotelling의 트레이스	9.026	22.564	4.000	20.000	.000	90.256	1.000
	Roy의 최대근	8.902	53.415[c]	2.000	12.000	.000	106.829	1.000
판매점 * 가격	Pillai의 트레이스	.709	1.099	12.000	24.000	.404	13.193	.457
	Wilks의 람다	.373	1.167[b]	12.000	22.000	.363	14.001	.471
	Hotelling의 트레이스	1.456	1.213	12.000	20.000	.339	14.560	.473
	Roy의 최대근	1.283	2.566[c]	6.000	12.000	.078	15.396	.620

a. Design: 절편 + 판매점 + 가격 + 판매점 * 가격

b. 정확한 통계량

c. 해당 유의수준에서 하한값을 발생하는 통계량은 F에서 상한값입니다.

d. 유의수준 = .05을(를) 사용하여 계산

개체-간 효과 검정

소스	종속변수	제 III 유형 제곱합	자유도	평균제곱	F	유의확률	비중심 모수	관측 검정력[c]
수정된 모형	판매량1	1312.458[a]	11	119.314	58.440	.000	642.837	1.000
	판매량2	1431.833[b]	11	130.167	26.033	.000	286.367	1.000
절편	판매량1	27676.042	1	27676.042	13555.612	.000	13555.612	1.000
	판매량2	28704.167	1	28704.167	5740.833	.000	5740.833	1.000
판매점	판매량1	1105.458	3	368.486	180.483	.000	541.449	1.000
	판매량2	1268.833	3	422.944	84.589	.000	253.767	1.000
가격	판매량1	175.583	2	87.792	43.000	.000	86.000	1.000
	판매량2	152.333	2	76.167	15.233	.001	30.467	.994
판매점 * 가격	판매량1	31.417	6	5.236	2.565	.078	15.388	.620
	판매량2	10.667	6	1.778	.356	.893	2.133	.112
오차	판매량1	24.500	12	2.042				
	판매량2	60.000	12	5.000				
전체	판매량1	29013.000	24					
	판매량2	30196.000	24					
수정된 합계	판매량1	1336.958	23					
	판매량2	1491.833	23					

a. R 제곱 = .982 (수정된 R 제곱 = .965)

b. R 제곱 = .960 (수정된 R 제곱 = .923)

c. 유의수준 = .05을(를) 사용하여 계산

■ 결과의 해석방법

(1) 개체-간 요인

판매점과 가격에서 신제품 판매량의 차이를 측정한 케이스가 나타나 있다.

(2) 기술통계량

판매점 및 가격에 따른 판매촉진 1주일 전의 판매량과 판매촉진 1주일 후의 판매량이 나타나 있다.

(3) 다변량 검정

다변량 분산분석에서는 연구목적에 따라서 Pillai의 트레이스, Wilks의 람다, Hotelling의 트레이스, Roy의 최대근 등을 사용한다. 여기에서 Intercept는 상수를 의미하며, 종속변수를 독립변수에 의한 함수관계로 나타낼 때 필요하다. 여기에서는 Wilks 통계량값을 사용한다.

Wilks의 람다는 다음과 같이 계산된다.

$$\Lambda = \frac{\text{그룹 내 분산}}{\text{총분산}}$$

만일 람다 값이 작으면 귀무가설을 기각시킨다. 위의 결과에서 판매점의 람다 값은 0.015이며, 이것을 F 값으로 환산하면 26.076이 된다. 이때 유의확률은 0.000이므로 평균 벡터가 같다는 귀무가설을 기각시킨다. 그러므로 판매점에 따라 신제품 판매량은 차이가 있으며(p = 0.000 < 0.05), 또한 가격에 따라서도 차이가 있음을 알 수 있다(p = 0.000 < 0.05). 교호작용 효과를 검정하기 위하여 Wilks 람다 값의 F 확률을 살펴보면, Sig. of F = 0.363 > 0.05이므로 판매점 및 가격의 교호작용(상호작용) 효과는 없다고 볼 수 있다.

(4) 개체-간 효과검정

개체-간 효과검정에서 수정모형은 판매점, 가격에 답변한 케이스가 적은 경우 이를 수정하게 되는 것을 말한다. 판매촉진 1주일 전의 판매량과 1주일 후의 판매량 각각에 대해서 일원배치 분산분석을 실시하고 있다.

다변량검정에서의 통계량 계산

다변량검정에서는 다음 네 가지의 통계량이 언제나 등장한다.

Pillai의 트레이스, Wilks의 람다, Hotelling의 트레이스, Roy의 최대근

이 네 가지의 통계량은

H = 가설평방합적합행렬(假說平方合積合行列),

E = 오차평방합적합행렬(誤差平方合積合行列)

이라고 했을 때, $E^{-1}H$의 고유치(eigenvalue)

$$\lambda_1 \geqq \lambda_2 \geqq \cdots \geqq \lambda_S$$

를 다음 식에 대입하면 구해진다.

Pillai's trace $\cdots\ V = \sum_{i=1}^{s} \frac{\lambda_i}{1+\lambda_i}$

Wilks' lambda $\cdots\ \Lambda = \prod_{i=1}^{s} \frac{1}{1+\lambda_i}$

Hotelling's trace $\cdots\ U = \sum_{i=0}^{s} \lambda_i$

Roy's largest root $\cdots\ \Theta = \lambda_{\max}$

그러나 그러기 위해서는 고유치를 계산하지 않으면 안 되는데, 도저히 전자식 탁상 계산기로는 구해지지 않는다. 그래서 **SPSS Syntax** 명령문을 이용한다.

CHAPTER 10 회귀분석

10.1 | 회귀분석의 기초지식

1. 회귀분석의 개요

■ 회귀분석이란

회귀분석은 어떤 하나의 변수 값을, 다른 변수의 값을 사용해서

1. 예측하고 싶다.
2. 제어하고 싶다.

라고 하는 두 가지 경우에 주로 이용되는 수법이다.

예측하고 싶은 변수를 **목적변수**라 부르고, 예측에 사용하는 변수를 **설명변수**라고 부른다. 제어의 문제에 적용할 경우에는 목적변수가 결과로서 제어되는 변수이고 설명변수가 직접 제어하는 변수이다.

회귀분석에는 **단회귀분석**(simple regression analysis)과 **중회귀분석**(multiple regression analysis)이 있다. 설명변수가 하나인 경우가 단회귀분석이고 두 개 이상인 경우가 중회귀분석이다.

회귀분석을 적용할 수 있는 데이터의 타입은 목적변수가 양적 변수일 때이다. 설명변수 쪽은 양적 변수이거나 질적 변수이거나 상관없다. 다만 질적 변수를 쓸 경우에는 데이터 값이 0이나 1밖에 취하지 않는 **더미변수**라고 불리는 변수를 도입하여, 질적인 데이터를 변환하지 않으면 안 된다. 설명변수가 모두 질적인 경우에 이용되는 분석수법에 수량화이론 I류라고

불리는 수법이 있는데, 이것은 설명변수를 모두 더미변수로 해서 중회귀분석을 실시하는 것과 동등하다.

■ 회귀분석의 목표

단회귀분석은 목적변수 y를 1개의 설명변수 x의 1차식으로 나타내는 것, 즉

$$y = b_0 + b_1 x$$

라고 하는 y와 x 간의 관계식을 구하는 수법이다.

중회귀분석이란 목적변수 y를 p개의 설명변수 x_1, x_2, ⋯, x_p의 1차식으로 나타내는 것, 즉

$$y = b_0 + b_1 x_1 + b_2 x_2 + \cdots + b_p x_p$$

라고 하는 y와 x_1, x_2, ⋯, x_p 사이의 관계식을 구하는 수법이다.

회귀분석에서는 b_0를 절편 혹은 상수항이라 부르고, b_1, b_2, ⋯, b_p를 (편)회귀계수라고 부른다.

■ 회귀분석의 이론적 배경

단회귀분석을 통해서 회귀분석의 이론적 배경을 설명한다.

지금 체중과 신장의 두 변수에 대해서 n명분의 데이터가 얻어졌다고 한다. 체중은 y, 신장은 x라고 한다. x로부터 y를 예측하는 식을 만들고 싶다.

여기에서 n명의 데이터 x_i, $y_i (i = 1, 2, \cdots, n)$에

$$y_i = b_0 + b_1 x_i$$

라고 하는 직선을 적용하는 것을 생각한다. 구하고 싶은 것은 b_0와 b_1이다.

이 식을 써서 x로부터 y를 예측했다고 하면, 제 i번째 y의 예측치 Y_i는

$$Y_i = b_0 + b_1 x_i$$

가 된다. 따라서 (실제의 y값)과 (y의 예측치 Y)의 차 e는

$$e_i = y_i - (b_0 + b_1 x_i)$$

로 나타낼 수 있다.

실제의 y의 값이 예측치보다도 클 때에는 e는 양(+)이 되고, 작을 때에는 e는 음(−)이 된다. e를 **잔차**(residual)라고 한다.

데이터에 가장 잘 들어맞는 직선이란 "잔차 e의 합계가 최소가 되는 직선"이라고 생각할 수도 있지만, 이와 같은 직선은 y의 평균을 말하는 것으로 이것은 x와 무관하고 의미가 없다.

그래서 잔차 e를 거리처럼 생각해서 + − 의 부호가 사라지도록 e를 자승해서 평가하여, "e의 자승의 합계가 최소가 되는 직선"이 데이터에 가장 잘 들어맞는 직선이라고 생각하기로 한다. 이와 같은 방법을 **최소자승법**(least squares method)이라 부르고 이 사고방식이 회귀분석의 이론적인 배경으로 되어 있다.

2. 회귀분석과 SPSS

■ 회귀분석에 대한 예비적 해석

회귀분석을 실시하기 전에 그래프를 활용한 1변수마다, 2변수마다의 기본적인 해석을 행하여 데이터의 음미를 충분히 실시해 놓을 필요가 있다. 이와 같은 해석의 단계를 예비적 해석이라고 부른다.

예비적 해석에서는 하나의 변수마다의 분포, 두 변수 간의 관계, 이상치(이상적으로 차이가 나는 값)의 존재 등을 시각에 호소해서 검토하게 된다.

회귀분석 등의 다변량분석의 수법은 이상치의 영향을 받기 쉽고 또 두 변수 간의 관계에는 직선관계를 상정하고 있는 경우가 많다. 따라서 예비적 해석에 의해 이상치의 유무를 검토한다거나 두 변수 간의 관계를 검토하는 것은 극히 중요한 과정이 된다.

■ 1변수마다의 해석

예비적 해석의 제1단계는 1변수마다의 데이터 해석이다. 다변량 데이터를 구성하는 각 변수마다의 데이터 특징을 파악하기 위해서 1변수마다 기본통계량(평균이나 표준편차)의 산출과 그래프 표현을 실시한다.

평균과 표준편차의 값을 알면, 개개의 데이터가 이상치인지 어떤지를 판단할 수 있다.

$$평균 \pm 2.5 \times 표준편차$$

의 범위를 넘어서고 있는 데이터는 이상치(異常値)라고 생각한다.

데이터의 분석이나 이상치의 존재는 데이터를 그래프로 표현하여 시각적으로 음미하는 것도 필요하다. 이때에 이용하는 그래프로서는 히스토그램이나 도트 플롯이 유효하다.

■ **두 변수마다의 해석**

두 개의 양적 변수가 있어서 한쪽 변수의 데이터가 변화했을 때에 다른 한쪽 변수의 데이터도 그것에 따라서 변화하는 경우, 이들 두 변수 간에는 상관관계가 있다고 한다. 예를 들면 신장이 큰 사람은 체중이 무겁고, 신장이 작은 사람은 체중이 가볍다고 하는 경향이 있다면 신장과 체중 사이에는 상관관계가 있다고 한다. 상관관계 중에서도 한쪽 변수의 값이 커지면 다른 한쪽 변수의 값도 커진다고 하는 관계를 양(+)의 상관관계라 하고, 이것과는 역으로 한쪽 변수의 값이 커지면 다른 한쪽 변수의 값은 작아진다고 하는 관계를 음(−)의 상관관계라고 한다.

상관관계의 정도를 재는 지표가 **상관계수**(correlation coefficient)이다. 상관계수는 보통 r이라고 하는 기호로 표기된다. 상관계수는 −1에서 +1까지의 값을 취하며, 상관계수의 절대치 혹은 상관계수의 자승 값이 1에 가까울수록 상관관계가 강하다고 판단한다.

상관계수의 값이 플러스일 때에는 양(+)의 상관관계가 있다는 것을 시사하고, 상관계수의 값이 마이너스일 때에는 음(−)의 상관관계가 있다는 것을 시사하고 있다. 상관계수가 0에 가까울 때에는 그 두 변수 간에는 상관관계가 없게 된다.

두 양적 변수의 관계도 1변수마다의 해석을 실시할 때와 마찬가지로 그래프로 표현하여 시각적으로 음미하는 것이 필요하다. 이를 위한 그래프로서 산점도(scatter diagram)가 있다.

산점도를 관찰할 때의 요점은 다음의 세 가지이다.

1. 변수 사이에는 어떠한 관계가 있는가(직선적인가, 곡선적인가, 무관계인가)
2. 이상치(이상적으로 차이가 나는 값)는 없는가
3. 몇 개의 크러스터(그룹)가 형성되어 있지 않은가

SPSS에서는 그래프 기능을 사용해서 산점도를 간단히 작성할 수 있다.

10.2 ∣ 단회귀분석

1. 단회귀분석의 실례(實例)

[예제 10−1]

다음의 데이터는 어떤 회사에 근무하는 20명의 판매원에 대한 판매활동의 적성을 보는 시험의 득점(x)과 일정기간에 있어서의 판매실적(y)을 나타낸 것이다.

데이터표

No.	1	2	3	4	5	6	7	8	9	10
x	41	35	34	40	33	42	37	42	30	43
y	32	20	35	24	27	28	31	33	26	41
No.	11	12	13	14	15	16	17	18	19	20
x	38	38	46	36	32	43	42	30	41	45
y	29	33	36	23	22	38	26	20	30	30

이 데이터로부터 적성시험의 득점(x)으로 판매실적(y)을 예측하는 다음과 같은 1차식을 구하라.

$$y = b_0 + b_1 x$$

회귀식

SPSS에 의해서 구한 회귀식은 다음과 같이 된다.

$$y = 1.016 + 0.734x$$

회귀식의 유의성

회귀식이 얻어지면 그 식이 통계적으로 의미가 있는 것인지 검토할 필요가 있다. 먼저 통계적인 의미가 있다, 없다고 하는 것은 어떠한 것인가를 설명한다.

n개의 표본 데이터에 의거해서 얻어진 회귀식을

$$y = b_0 + b_1 x$$

라고 한다.

(주) 이 예제에서는 $n = 20$이다.

한편 대량(무한 개)의 표본을 사용했을 때에 얻어질 회귀식을

$$y = \beta_0 + \beta_1 x$$

라고 한다. 이 회귀식을 **모회귀식**이라고 한다.

우리들이 입수할 수 있는 것은 n개(유한 개)의 표본이며, 무한 개의 표본을 모으는 것은 불가능하다. 그래서 n개의 표본 데이터에 의거해서 얻어진 회귀식은 무한 개의 표본을 사용했을 때에 얻어질 회귀식과 그다지 크게 다르지 않을 것이라고 생각한다. 즉, b_0는 β_0의, b_1은 β_1의 추정치로 생각한다.

얻어진 회귀식에 통계적인 의미가 없다고 하는 것은,

"b_1이 0이 아닌 것은 우연의 오차에 의한 것으로, β_1은 0이라고 생각해야 한다"

는 것이다.

역으로, 통계적으로 의미가 있다고 하는 것은,

"b_1이 0이 아닌 것은 본질적인 것으로, β_1은 0이 아니라고 생각해야 한다"

는 것이다.

이와 같이 통계적인 의미의 있고 없음을 판단하기 위한 방법이 통계적 가설검정이다. 회귀식의 통계적 유의성을 검정하려면 분산분석표가 필요하게 된다. 분산분석표를 사용해서 검정함으로써 통계적 유의성을 판정한다. 여기에서 검정될 가설은, 회귀식은 의미가 없다고 하는 가설로 정식으로는 다음과 같은 내용이다.

귀무가설 H_0 : $\beta_1 = 0$ (회귀식에는 의미가 없다)

대립가설 H_1 : $\beta_1 \neq 0$ (회귀식에는 의미가 있다)

이 예제에서는 다음과 같은 분산분석표가 얻어진다.

ANOVA[a]

모형		제곱합	자유도	평균제곱	F	유의확률
1	회귀	241.766	1	241.766	10.629	.004[b]
	잔차	409.434	18	22.746		
	전체	651.200	19			

a. 종속변수: y

b. 예측자: (상수), x

이 분산분석표 중의 '유의확률'의 수치에 주목하여 다음과 같이 판정한다.

유의확률의 수치 ≦ 유의수준 $\alpha \rightarrow$ H_0를 기각한다(회귀식에는 의미가 있다)

유의확률의 수치 > 유의수준 α→ H_0를 기각하지 않는다(회귀식에는 의미가 없다)

유의수준 α는 일반적으로 0.05로 설정된다(α= 0.05).

'유의확률'이라고 하는 명칭은 p값이라고 부르는 것이 일반적이다.

이 예에서는

$$\text{유의확률의 수치} = 0.004 < \text{유의수준 } \alpha = 0.05$$

이므로 H_0를 기각한다. 즉, 회귀식에는 의미가 있다고 말할 수 있다.

회귀식의 유효성

회귀식의 유효성(실제로 도움이 되는지 어떤지)을 평가하려면, 기여율(=결정계수)을 계산해 보면 된다. 기여율은 목적변수 y의 변동 중에서 x를 사용한 회귀식에 의해서 설명이 되는 변동의 비율을 나타내는 지표로,

$$\text{기여율} = \frac{\text{회귀의 변동}}{\text{합계의 변동}}$$

으로 구해진다. 예를 들면, 기여율이 0.55이다라고 하는 것은, 목적변수 y가 갖는 정보 중 55%는 x의 변동으로 설명할 수 있다는 것을 나타내고 있다. 따라서 기여율이 1에 가까울수록 회귀식이 잘 들어맞게 되는 셈이 된다. 기여율은 R^2이라고 하는 기호로 표기된다. 기여율 R^2의 제곱근 R을 **중상관계수**(multiple correlation coefficient)라고 한다.

이 예에서는 $R^2 = 0.371$이 된다.

산점도

산점도(혹은 산포도) 작성은 회귀분석의 첫단계라고 할 수 있다. 산점도를 관찰함으로써 회귀모형을 직선으로 나타낼 것인지 아니면 곡선으로 나타낼 것인지를 결정한다. 여기에서 설명변수 x가 목적변수 y에 미치는 영향을 살펴보기 위하여 산점도를 작성하면 다음과 같다(산점도 작성방법은 제8장을 참조할 것).

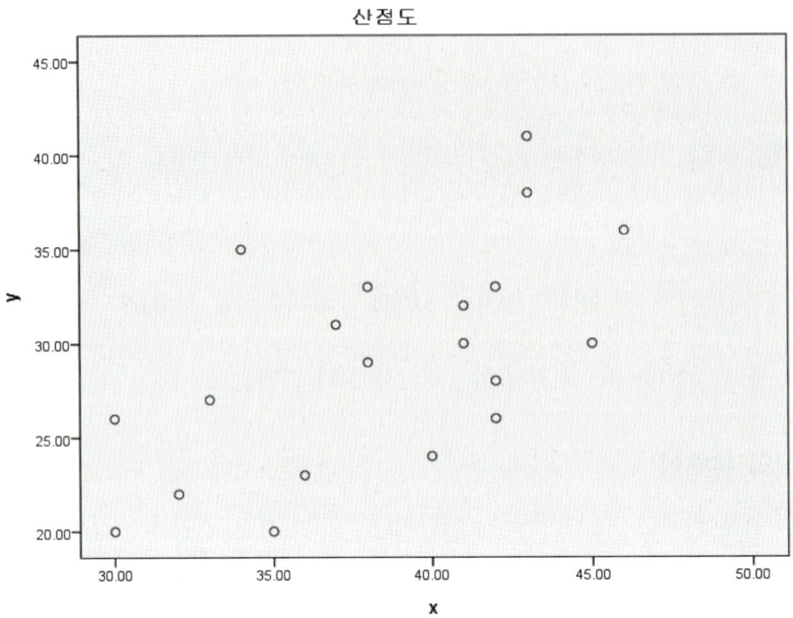

2. SPSS의 활용

〈순서 1〉 데이터의 입력

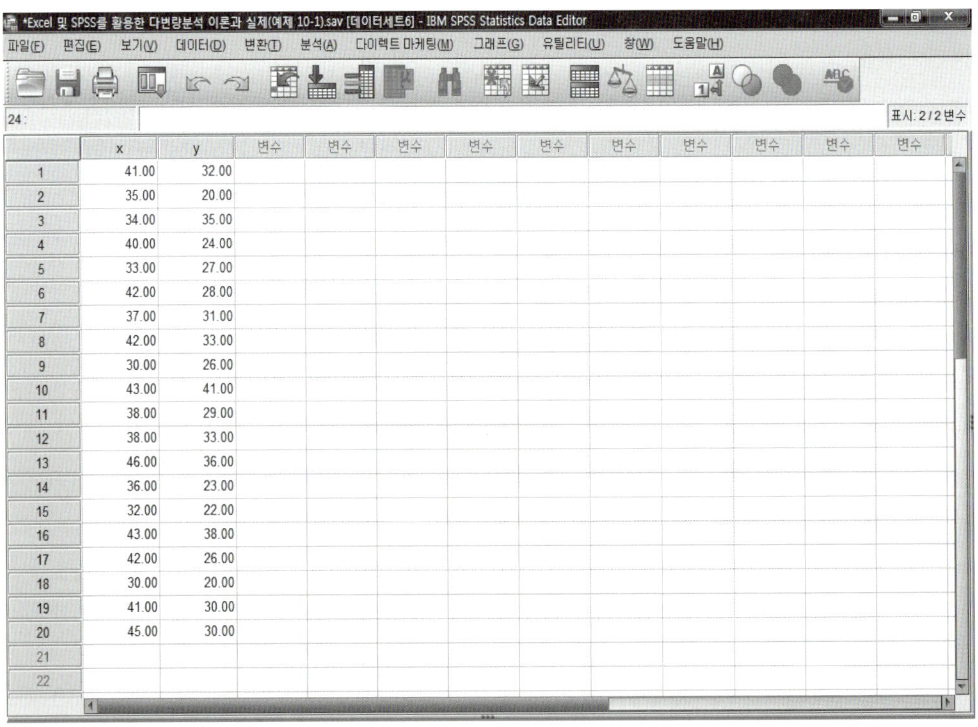

	x	y
1	41.00	32.00
2	35.00	20.00
3	34.00	35.00
4	40.00	24.00
5	33.00	27.00
6	42.00	28.00
7	37.00	31.00
8	42.00	33.00
9	30.00	26.00
10	43.00	41.00
11	38.00	29.00
12	38.00	33.00
13	46.00	36.00
14	36.00	23.00
15	32.00	22.00
16	43.00	38.00
17	42.00	26.00
18	30.00	20.00
19	41.00	30.00
20	45.00	30.00

〈순서 2〉 회귀분석의 선택

메뉴의 [분석(A)]−[회귀분석(R)]−[선형(L)]을 선택한다.

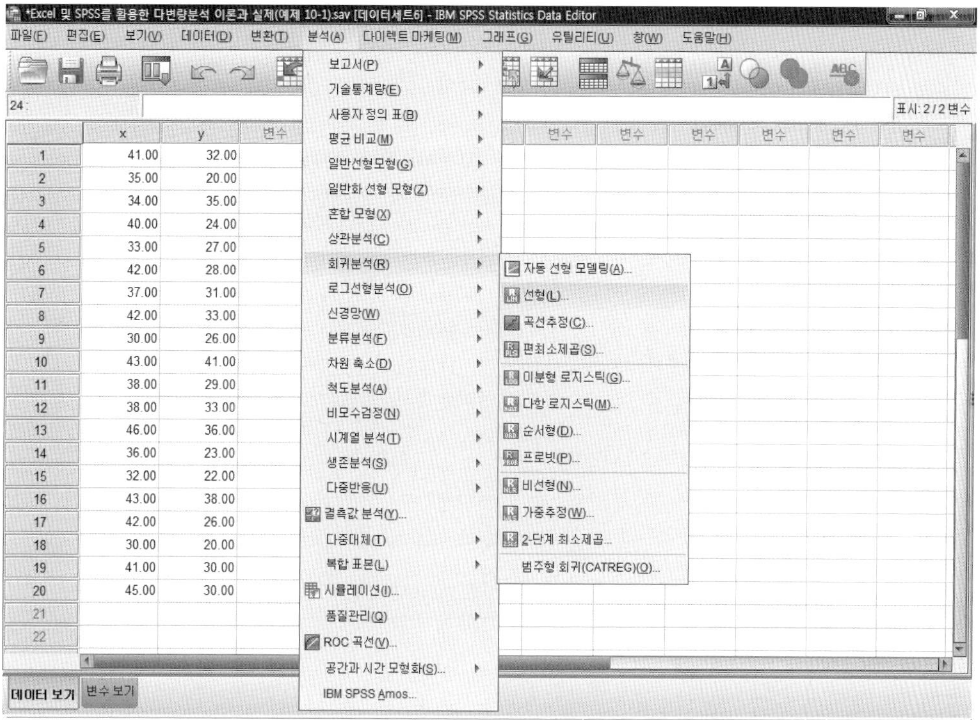

↓ (대화상자가 나타난다)

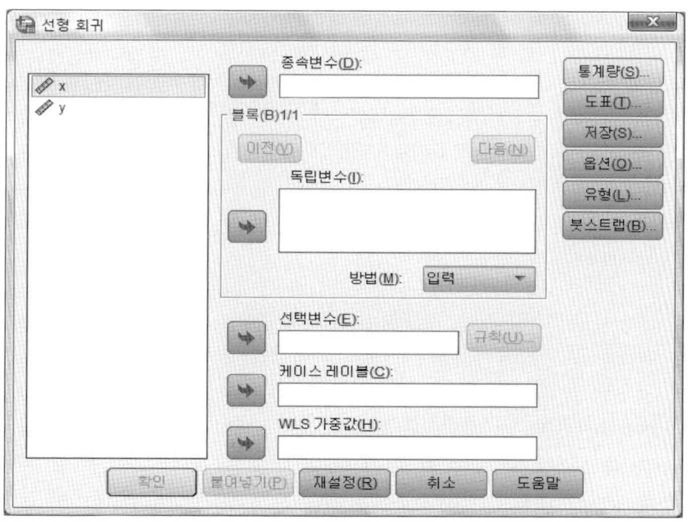

〈순서 3〉 변수의 선택

[종속변수(D)]로서 목적변수가 될 'y'를 선택한다.

[독립변수(I)]로서 설명변수가 될 'x'를 선택한다.

(주) 회귀분석에 있어서 종속변수와 목적변수, 독립변수와 설명변수는 같은 의미로 쓰인다.

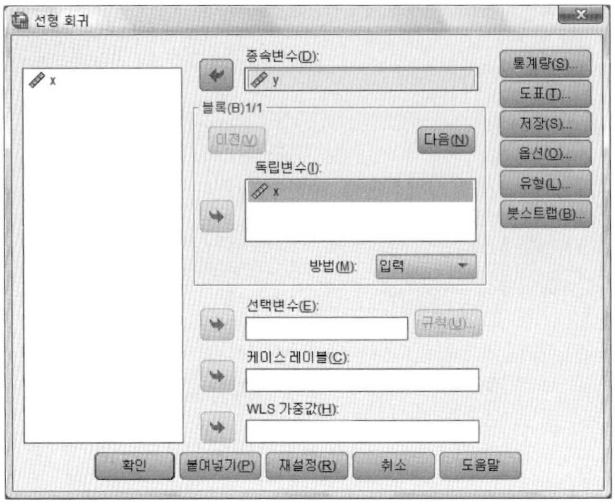

〈순서 4〉 방법의 선택

[통계량(S)] 버튼을 클릭하면 [선형 회귀분석 : 통계량] 대화상자가 나타난다.

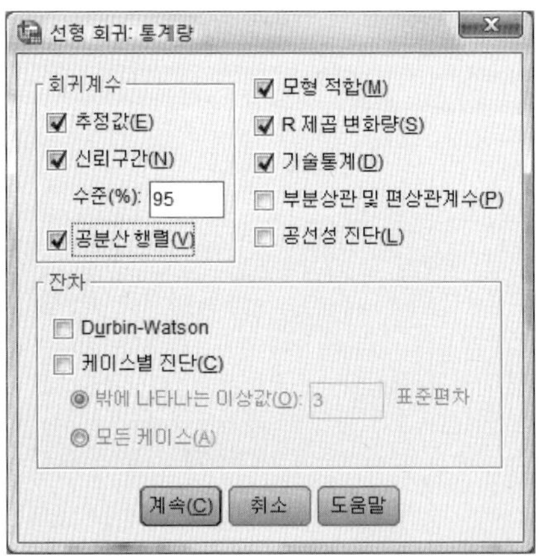

(주1) 추정값(E) : 회귀계수의 추정치를 표시한다.

(주2) 신뢰구간(N) : 각각의 비표준화 회귀계수에 대한 95% 신뢰구간을 표시한다.

(주3) 공분산행렬(V) : 비표준화 회귀계수에 대한 분산·공분산행렬

(주4) R제곱 변화량(S) : R제곱 변화량의 변경사항, F변화량 및 유의수준 등을 표시해 준다.

위와 같은 항목들을 선택하고 [계속] 버튼을 클릭한다. 앞의 화면으로 되돌아간다.

〈순서 5〉 도표의 선택

[선형 회귀분석] 대화상자에서 [도표(T)] 버튼을 클릭하면 [선형 회귀 : 도표] 대화상자가 나타난다.

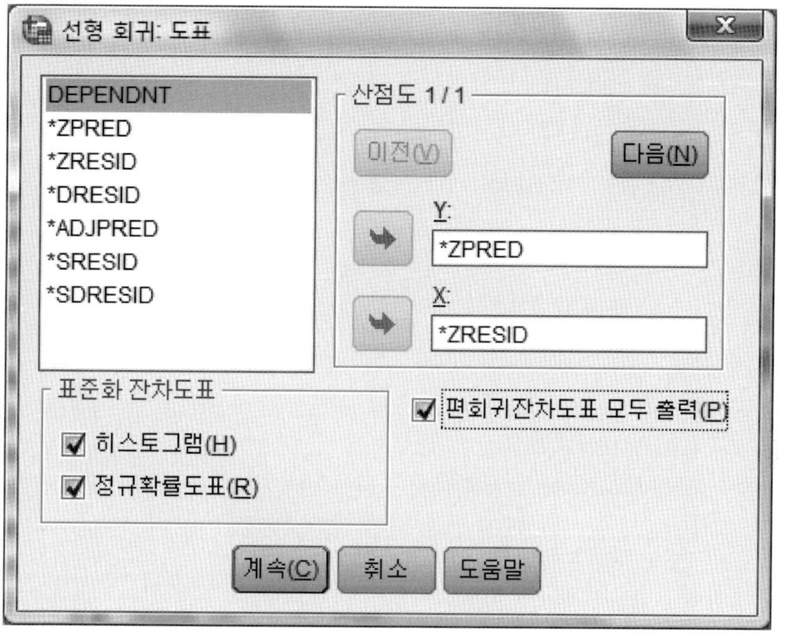

(주1) ZPRED : 표준예측치
(주2) ZRESID : 표준잔차

위와 같은 항목들을 선택하고 [계속] 버튼을 클릭한다. 앞의 화면으로 되돌아간다.

〈순서 6〉 저장의 선택

[선형 회귀분석] 대화상자에서 [저장(S)] 버튼을 클릭하면 [선형 회귀 : 저장] 대화상자가 나타난다.

다음과 같은 항목들을 선택하고 [계속] 버튼을 클릭한다. 앞의 화면으로 되돌아 간다.

여기에서 [확인] 버튼을 클릭하면 회귀분석이 실시된다.

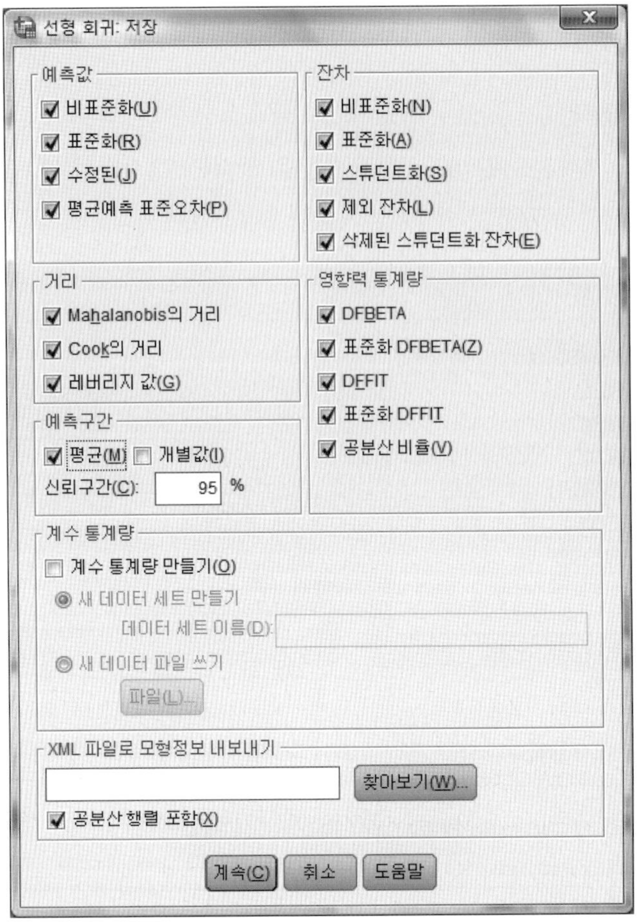

분석결과는 다음과 같다.

분석결과 및 결과의 해석방법

(1) 변수별 평균과 표준편차

기술통계량

	평균	표준 오차 편차	N
y	29.2000	5.85437	20
x	38.4000	4.86015	20

y(판매실적)의 평균이 29.2, 표준편차는 5.8544이고 x(시험득점)의 평균은 38.4, 표준편차는

4.8602를 나타내고 있다. N은 변수별 사례수가 각각 20임을 나타내고 있다.

(2) 두 변수 간의 상관계수

상관계수

		y	x
Pearson 상관	y	1.000	.609
	x	.609	1.000
유의확률 (단측)	y	.	.002
	x	.002	.
N	y	20	20
	x	20	20

y(판매실적)과 x(시험득점) 간의 상관계수는 0.609이고, 두 변수의 상관관계는 유의하다($p = 0.002$).

(3) 회귀식의 유효성

모형 요약[b]

모형	R	R 제곱	수정된 R 제곱	추정값의 표준오차	통계량 변화량				
					R 제곱 변화량	F 변화량	자유도1	자유도2	유의확률 F 변화량
1	.609[a]	.371	.336	4.76931	.371	10.629	1	18	.004

a. 예측자: (상수), x

b. 종속변수: y

회귀식의 유효성(실제로 도움이 되느냐 안 되느냐)을 평가하기 위한 지표로서 기여율(결정계수)이 있다. 기여율은 목적변수 y의 변동 중 회귀식에 의해서 설명되는 변동의 비율을 나타내는 지표로서 기여율이 1에 가까울수록 회귀식은 잘 들어맞고 있다고 하는 셈이 된다. 기여율은 R^2이라고 하는 기호로 표기된다. 기여율 R^2의 제곱근 R을 상관계수라고 한다.

이 예제에서는,

$$\text{상관계수} \quad R = 0.609$$
$$\text{기여율} \quad R^2 = 0.371$$

이다. 기여율이 0.371이라고 하는 것은 목적변수 y가 가지고 있는 정보 중 37.1%는 설명변수 x의 변동으로 설명할 수 있다는 것을 의미한다.

회귀식이 단계적으로 전개될 때 자유도를 고려하여 수정된 R^2(보통 R^{*2}으로 표기한다)을 사용하는데, 일반적으로 모집단의 결정계수를 추정할 때 쓰인다. 표본의 수가 충분히 클 경우에는 위의 R^2값과 동일하다.

$$R^{*2} = 1 - \frac{n-1}{n-p-1}(1-R^2)$$

(n을 표본의 크기, p를 설명변수의 수로 한다.)

이 예제에서는,

$$\text{수정된 } R^2 = 0.336$$

으로 계산된다.

회귀식의 유효성을 평가하기 위한 또 하나의 지표가 **잔차의 표준편차(추정값의 표준오차)**이다. 잔차란 실제의 y값과 회귀식에 의한 y의 예측치와의 차로서 이 잔차가 전체적으로 작은 회귀식일수록 유효한 회귀식이라고 볼 수 있다. 잔차가 작은지 어떤지를 보기 위한 지표가 잔차의 표준편차이다.

(주) 잔차의 합계와 평균은 반드시 0이 되어 평가지표가 될 수 없다.

[추정값의 표준오차]의 밑에 있는 수치가 잔차의 표준편차 값을 나타내고 있다.

이 예제에서는,

$$\text{잔차의 표준편차} = 4.7693$$

으로 되어 있다.

잔차를 관찰하는 요점은 다음과 같다.

1. 정규분포에 따르고 있다고 생각되는가
2. 잔차의 + − 기호의 수는 거의 같은가
3. 잔차의 중앙값은 0에 가까운가(평균은 반드시 0이 된다)
4. 잔차와 목적변수 y 사이에 무언가의 관계가 있는가
5. 잔차와 설명변수 x 사이에 무언가의 관계가 있는가

잔차를 검토할 때에는 잔차 그 자체보다도 잔차를 그 표준편차로 나눈 표준잔차를 검토하는 쪽이 원래 데이터의 단위나 수치의 대소를 고려하지 않아도 되므로 편리하다. 표준잔차의 값이 ±2.5를 넘어서고 있는 표본은 이상치일 가능성이 있다.

잔차를 검토하는 과정에서 이상치의 존재나 모델의 타당성을 확인할 수 있다. 모델의 타당성이란 직선관계를 상정해도 좋은지 어떤지를 말한다. 다만 단회귀분석의 경우는 y와 x의 산점도를 관찰함으로써 이상치의 유무나 직선관계인지 곡선관계인지 등을 발견할 수 있다.

잔차와 설명변수 x 사이에는 어떠한 경향도 보이지 않는 것이 바람직하다. 무언가의 경향이 있을 때에는 모델의 부적합이나 이상치의 존재를 의심할 필요가 있다.

(4) 단회귀분석의 분산분석표

ANOVA[a]

모형		제곱합	자유도	평균제곱	F	유의확률
1	회귀	241.766	1	241.766	10.629	.004[b]
	잔차	409.434	18	22.746		
	전체	651.200	19			

a. 종속변수: y

b. 예측자: (상수), x

위의 분산분석 결과는 회귀식의 유의성(통계적으로 의미가 있느냐 없느냐)을 검토하기 위해서 필요하다.

$$F\text{의 유의확률} = 0.004 < \text{유의수준} = 0.05$$

이므로 회귀식에는 의미가 있다고 하는 결론이 된다.

(5) 단회귀모형의 계수

계수[a]

		비표준화 계수		표준화 계수			B에 대한 95.0% 신뢰구간	
모형		B	표준오차	베타	t	유의확률	하한	상한
1	(상수)	1.016	8.710		.117	.908	-17.284	19.316
	x	.734	.225	.609	3.260	.004	.261	1.207

a. 종속변수: y

회귀식의 상수값은 1.016이며 x의 회귀계수는 0.734이다. 회귀계수의 유의성을 검정하는 t값 3.260의 확률적 표시인 유의확률이 0.004이므로, $\alpha=$ 0.05에서 이 회귀계수는 통계적으로 매우 유의하다고 볼 수 있다.

위의 결과로부터 산출된 회귀식은 다음과 같다.

$$y = 1.016 + 0.734x$$

회귀계수 B에 대한 95% 신뢰구간에 대해서 살펴보기로 한다. 시험득점을 1단위 늘리면 95%의 신뢰수준에서 판매실적은 0.261단위에서 1.207단위 사이로 증가한다. 회귀계수의 통계적 유의성을 신뢰구간으로 검정해 보면 이 신뢰구간이 0을 포함하고 있지 않으므로, 회귀계수가 0이라는 귀무가설을 기각한다.

(6) 상관계수 및 공분산

계수상관[a]

모형			x
1	상관계수	x	1.000
	공분산	x	.051

a. 종속변수: y

(7) 잔차 통계량

잔차 통계량[a]

	최소값	최대값	평균	표준편차	N
예측값	23.0348	34.7781	29.2000	3.56714	20
표준화 예측값	-1.728	1.564	.000	1.000	20
예측값의 표준오차	1.070	2.171	1.468	.354	20
수정된 예측값	22.2597	34.7414	29.1899	3.59599	20
잔차	-6.70455	9.02941	.00000	4.64211	20
표준화 잔차	-1.406	1.893	.000	.973	20
스튜던트화 잔차	-1.462	1.988	.001	1.022	20
삭제된 잔차	-7.25410	9.95676	.01007	5.11834	20
삭제된 스튜던트화 잔차	-1.514	2.187	.013	1.064	20
Mahal. 거리	.007	2.987	.950	.956	20
Cook의 거리	.000	.203	.051	.057	20
중심화된 레버리지 값	.000	.157	.050	.050	20

a. 종속변수: y

위의 분석결과는 잔차 통계량에 대한 내용을 보여 주고 있다. 이는 종속변수인 판매실적의 예측치를 기준으로 하고 있는 기술통계량들이다. 예측치를 기준으로 할 때의 최소값, 최대값, 평균, 표준편차, 사례수 등에 관한 내용이 나타나 있다. 예측값(*PRED)은 종속변수의 예측치에 대한 각 통계량을 의미하며 최소값은 23.0348, 최대값은 34.7781, 평균은 29.2000 그리고 표준편차는 3.5671이다.

(8) 잔차의 정규분포 히스토그램

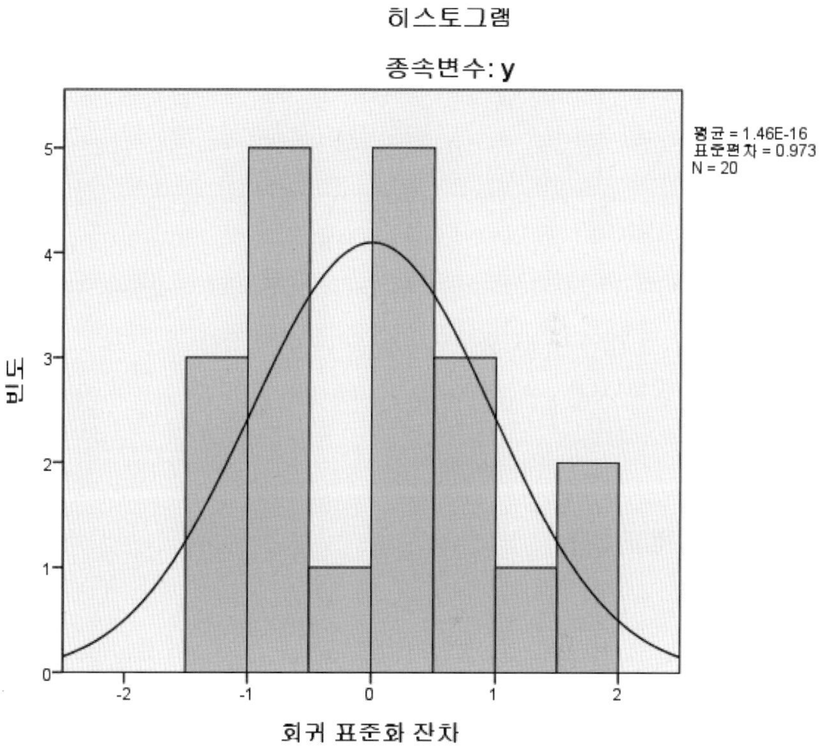

잔차가 정규분포를 해야 한다는 가정을 검정하기 위하여 잔차와 정규분포도를 비교한 그래프를 제시한다. 현재의 히스토그램을 살펴본 결과 정규분포를 나타내고 있는지의 여부는 알기 어렵다. 따라서 다음의 그래프를 검토하는 것이 더 좋을 것이다.

> 잔차란 실측치와 예측치의 차로서, 오차(error)라고도 한다. 회귀식이나 중회귀식은 최소자승법을 사용해서 잔차를 최소로 한다.

(9) 잔차의 정규분포 산점도

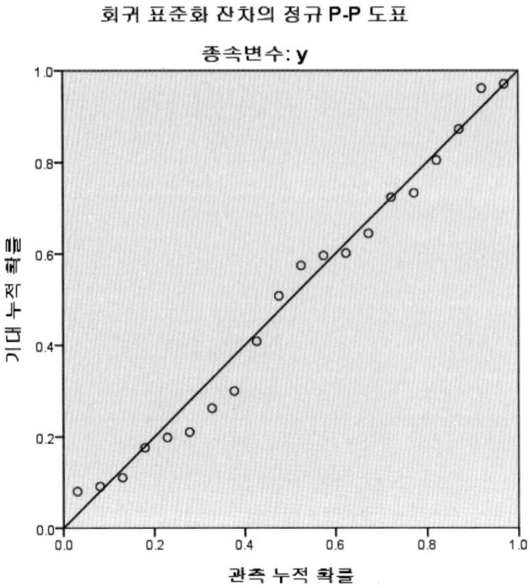

잔차의 정규분포 가정을 검증하기 위하여 관측 누적확률과 기대 누적확률 사이의 산점도를 작성한 것이다. 만일 두 개의 누적확률분포가 동일하다면 직선이 될 것이다. 위의 분석결과 표준화된 잔차들이 정규분포선상에 가까이 분포되어 있다고 볼 수 있으며 예측의 정도도 높다고 판단된다.

(10) 잔차의 예측 산점도

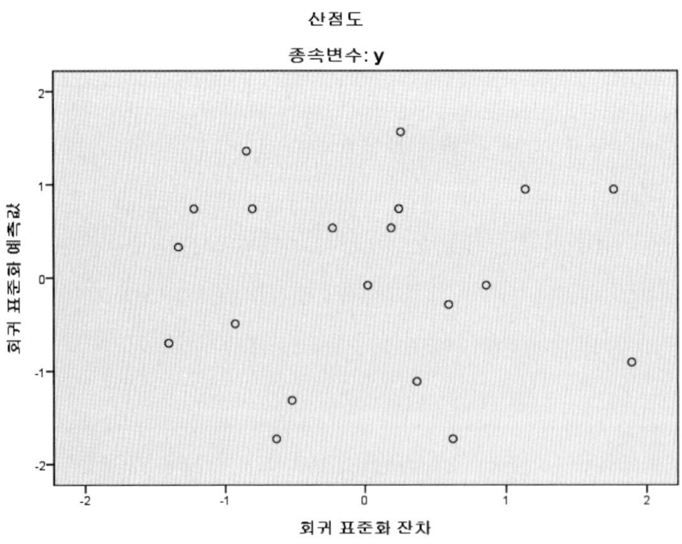

종속변수 오차항의 분산이 모든 독립변수의 값에 대하여 동일해야 한다는 가정을 검정하기 위하여 표준화된 잔차를 가로축으로, 표준화된 예측값을 세로축으로 산점도를 작성한다. 잔차의 모양이 가로축과 세로축의 0을 중심으로 무작위하게, 즉 예측값의 증감과 관계없이 특정한 추세를 보이고 있지 않으므로 위의 가정에 위배된다고 볼 수 없다.

CHAPTER 11 # 중회귀분석

11.1 중회귀분석의 실제

[예제 11-1]

다음의 데이터는 어떤 중학교 2학년 학생 15명의 공던지기, 악력(握力), 신장, 체중의 측정치를 가리킨다. 공던지기(y)가 기초적인 체력을 나타내는 악력(x_1), 신장(x_2), 체중(x_3) 등 세 개의 변수로 어느 정도 설명되는지, 중회귀분석을 실시해 보라.

데이터표

No.	악력(kg) (x_1)	신장(cm) (x_2)	체중(kg) (x_3)	공던지기(m) (y)
1	28	146	34	22
2	46	169	57	36
3	39	160	48	24
4	25	156	38	22
5	34	161	47	27
6	29	168	50	29
7	38	154	54	26
8	23	153	40	23
9	42	160	62	31
10	27	152	39	24
11	35	155	46	23
12	39	154	54	27
13	38	157	57	31
14	32	162	53	25
15	25	142	32	23

■ 중회귀분석

중회귀분석은 2개 이상의 설명변수(독립변수)가 목적변수(종속변수)에 미치는 영향을 분석한다. 예를 들면 본 예제와 같이 공던지기라는 목적변수를 악력, 신장, 체중 등의 설명변수로 어느 정도 설명할 수 있는지 분석할 수 있다.

■ 산점도

중회귀분석을 실시하기 전에 각 설명변수와 목적변수 사이의 산점도를 작성하여 이상치(어긋난 값)의 유무나 상관관계를 시각적으로 음미하는 것이 중요하다.

악력과 공던지기의 산점도

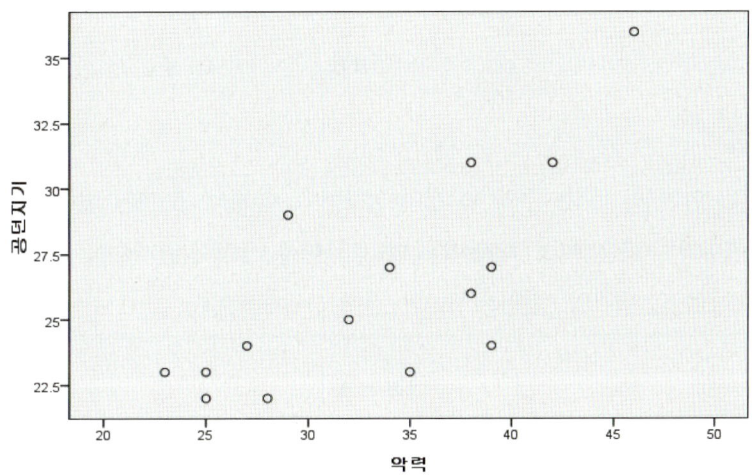

신장과 공던지기의 산점도

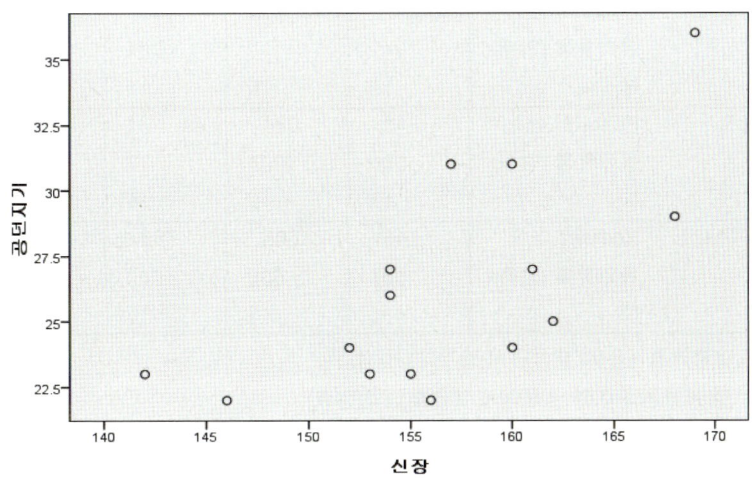

체중과 공던지기의 산점도

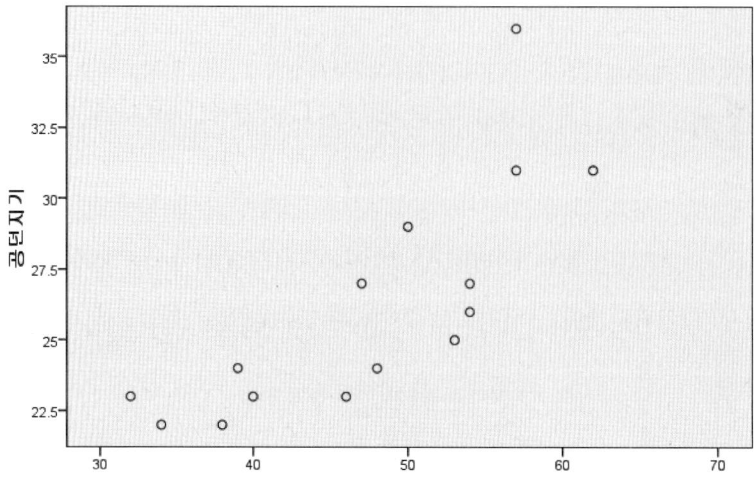

상관행렬

이 예제에서는 한 개의 목적변수와 세 개의 설명변수, 합해서 네 개의 변수가 등장한다. 이 경우에 두 변수의 조합은 여섯 가지이다. 따라서 여섯 개의 상관계수를 음미하게 된다.

이것을 보기 쉬운 행렬의 형태로 정리한 것이 상관행렬이다.

상관관계

		악력	신장	체중	공던지기
악력	Pearson 상관	1	.530*	.846**	.748**
	유의확률 (양측)		.042	.000	.001
	N	15	15	15	15
신장	Pearson 상관	.530*	1	.694**	.685**
	유의확률 (양측)	.042		.004	.005
	N	15	15	15	15
체중	Pearson 상관	.846**	.694**	1	.788**
	유의확률 (양측)	.000	.004		.000
	N	15	15	15	15
공던지기	Pearson 상관	.748**	.685**	.788**	1
	유의확률 (양측)	.001	.005	.000	
	N	15	15	15	15

*. 상관관계가 0.05 수준에서 유의합니다(양측).

**. 상관관계가 0.01 수준에서 유의합니다(양측).

상관행렬은 메뉴의 [분석(A)]－[상관분석(C)]－[이변량 상관(B)]을 선택하여 계산한다.

■ 회귀식

SPSS에 의해서 구한 회귀식은 다음과 같이 된다.

$$y = -13.217 + 0.201x_1 + 0.171x_2 + 0.125x_3$$

■ 회귀식의 유의성

회귀식의 유의성을 검토하기 위한 분산분석표는 다음과 같다.

ANOVA[a]

모형		제곱합	자유도	평균제곱	F	유의확률
1	회귀	157.904	3	52.635	8.213	.004[b]
	잔차	70.496	11	6.409		
	전체	228.400	14			

a. 종속변수: 공던지기

b. 예측자: (상수), 체중, 신장, 악력

$$\text{유의확률} = 0.004 < \text{유의수준} = 0.05$$

이므로 회귀식에는 의미가 있다고 할 수 있다.

그리고 이 검정에 있어서의 가설은 다음과 같이 표기된다.

귀무가설 $H_0 : \beta_1 = \beta_2 = \beta_3 = 0$ (회귀식에는 의미가 없다)

대립가설 H_1 : 적어도 하나의 j에 대해서 $\beta_j \neq 0$ (회귀식에는 의미가 있다)

■ 회귀식의 유효성

회귀식의 유효성을 보는 지표에 기여율(결정계수)이 있다는 것은 단회귀분석의 경우에서 설명했다.

중회귀분석의 경우도 마찬가지로 중요한 지표이지만, 기여율은 다음과 같은 문제점을 안고 있다. 그것은 기여율은 설명변수의 수를 늘릴수록 그 변수가 유용한 것이든 아니든 높은 값이 되어 간다고 하는 성질을 갖고 있다는 사실이다.

그래서 무의미한 변수를 설명변수로서 사용했을 때에는 수치가 내려가도록 자유도(degree of freedom)로 조정한 기여율이 사용된다. 이것을 **자유도조정필**(自由度調整畢) **기여율(수정된 R 제곱)**이라고 한다. 자유도조정필 기여율을 R^{*2}으로 표기하면, 기여율 R^2과의 사이에는 다음과 같은 관계가 성립한다.

$$R^{*2} = 1 - \frac{n-1}{n-p-1}(1-R^2)$$

(n을 표본의 크기, p를 설명변수의 수로 한다. 이 예제에서는 $n=15$, $p=3$)

자유도를 다시 한번 조정한 기여율을 **자유도이중조정필**(自由度二重調整畢) **기여율**(R^{**2}라고 표기한다)이라 하고, 이 지표도 자주 쓰인다.

$$R^{**2} = 1 - \frac{n+p+1}{n+1} \times \frac{n-1}{n-p-1}(1-R^2)$$

이 예제에서는,

기여율	R^2	= 0.691
자유도조정필 기여율	R^{*2}	= 0.607
자유도이중조정필 기여율	R^{**2}	= 0.534

으로 계산된다.

■ 편회귀계수의 t값과 p값

각 설명변수의 목적변수 y에 대한 영향력의 대소는 편회귀계수 값의 대소로 판단해서는 안 된다. 예를 들면,

$$y = 2x_1 + 10x_2$$

라고 하는 회귀식이 얻어졌을 때에, x_2쪽이 x_1보다 y에 대한 영향력이 강하다고 생각해서는 안 된다. 왜냐하면 편회귀계수의 값은 x_1, x_2의 단위를 취하는 방법에 따라서 변화해 버리기 때문이다. 가령 x_2가 m(미터) 단위일 때에 이것을 cm(센티미터) 단위로 고치면 편회귀계수의 10은 0.1이 된다. 또 x_1과 x_2의 단위가 다른 경우 등은 비교할 수도 없다.

그래서 편회귀계수의 유의성을 판단하기 위한 t값과 p값이 얻어진다.

계수[a]

모형		비표준화 계수		표준화 계수	t	유의확률
		B	표준오차	베타		
1	(상수)	-13.217	17.604		-.751	.469
	악력	.201	.184	.348	1.093	.298
	신장	.171	.132	.306	1.300	.220
	체중	.125	.167	.281	.750	.469

a. 종속변수: 공던지기

t값이 높은 변수일수록 목적변수 y를 예측하는 데에 공헌도가 높다고 생각한다.

$$t\text{값} = \frac{\text{편회귀계수의 값}}{\text{계수의 표준오차}}$$

p값에 의해서 편회귀계수의 유의성을 판정할 수도 있다. 유의하지 않은 변수는 목적변수 y를 예측하는 데에 불필요한 변수이다라고 결론짓는다. 모든 변수가 필요한지, 불필요한 변수는 없는지를 검토하는 것은 중회귀분석에 있어서 변수선택의 문제로 뒤에서 상세히 설명한다.

또한 t값 대신에 F값을 이용하는 경우도 있다.

$$F\text{값} = (t\text{값})^2$$

편회귀계수의 부호는 데이터의 배후에 있는 기술적·이론적 지식에 비추어서 검토한다. 편회귀계수의 부호가 상식과 어긋날 때는 그 원인의 하나로 설명변수끼리의 상관이 높은 것을 생각할 수 있다. 설명변수끼리의 상관이 높은 것을 **다중공선성**이 존재한다고 한다.

SPSS에 의한 중회귀분석

〈순서 1〉 데이터의 입력

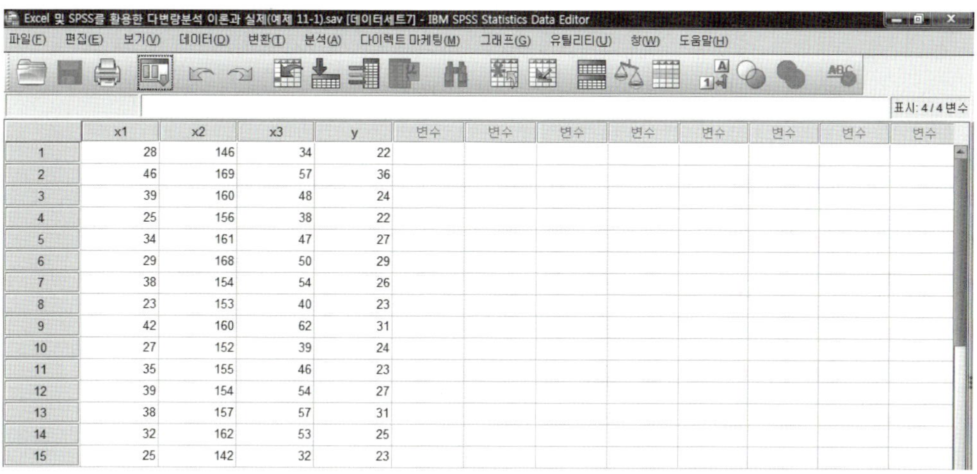

	x1	x2	x3	y
1	28	146	34	22
2	46	169	57	36
3	39	160	48	24
4	25	156	38	22
5	34	161	47	27
6	29	168	50	29
7	38	154	54	26
8	23	153	40	23
9	42	160	62	31
10	27	152	39	24
11	35	155	46	23
12	39	154	54	27
13	38	157	57	31
14	32	162	53	25
15	25	142	32	23

〈순서 2〉 회귀분석의 선택

메뉴에서 [분석(A)]－[회귀분석(R)]－[선형(L)]을 선택한다.

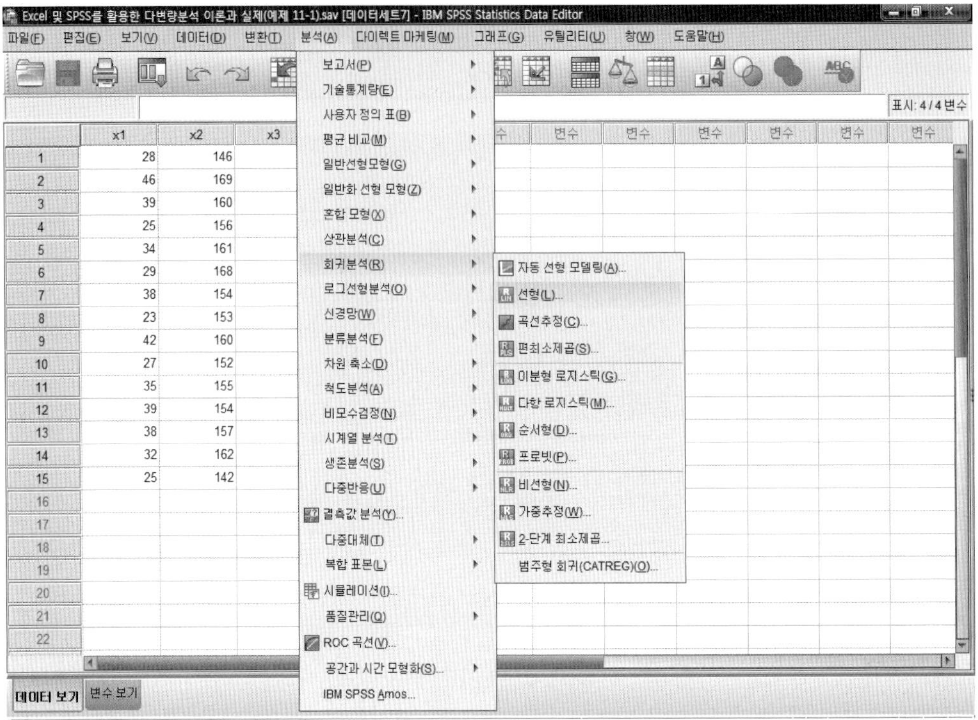

↓ (대화상자가 나타난다)

〈순서 3〉 변수의 선택

[종속변수(D)]로서 목적변수가 될 y를 선택한다.

[독립변수(I)]로서 설명변수가 될 x_1, x_2, x_3를 선택한다.

(주) 중회귀분석에 있어서 종속변수와 목적변수, 독립변수와 설명변수는 같은 의미로 쓰인다.

이때에 독립변수의 진입방식에 대한 옵션 기능으로서는 [방법(M)] 난의 '입력'(초기지정값)을 선택한다. 여기에서 [확인] 버튼을 클릭하면 중회귀분석이 실시되어 다음과 같은 분석결과를 얻게 된다.

▪ 분석결과 및 결과의 해석방법

(1) 입력된 변수 또는 제거된 변수

입력/제거된 변수[a]

모형	입력된 변수	제거된 변수	방법
1	체중, 신장, 악력[b]	.	입력

a. 종속변수: 공던지기

b. 요청된 모든 변수가 입력되었습니다.

(2) 기여율 R^2

모형 요약

모형	R	R 제곱	수정된 R 제곱	추정값의 표준오차
1	.831[a]	.691	.607	2.532

a. 예측자: (상수), 체중, 신장, 악력

회귀식의 유효성(실제로 도움이 되느냐 안 되느냐)을 평가하기 위한 지표로서 기여율(결정계수)이 있다. 기여율은 목적변수 y의 변동 중 회귀식에 의해서 설명되는 변동의 비율을 나타내는 지표로서 기여율이 1에 가까울수록 회귀식은 잘 들어맞고 있다고 볼 수 있다. 기여율은 R^2라고 하는 기호로 표기된다. 기여율 R^2의 제곱근 R을 중상관계수라고 한다.

이 예제에서는,

$$\text{중상관계수} \quad R = 0.831$$

$$\text{기여율} \quad R^2 = 0.691$$

이다. 기여율이 0.691이라고 하는 것은 목적변수 y가 가지고 있는 정보 중 69.1%는 설명변수의 변동으로 설명할 수 있다는 것을 의미한다.

그런데 기여율은 설명변수의 수를 늘릴수록 그 변수가 유용한 것이든 아니든 높은 값이 되어 간다고 하는 문제점을 안고 있다. 그래서 무의미한 변수를 설명변수로서 사용했을 때에는 그 수치가 내려가도록 자유도로 조정한 자유도조정필 기여율(수정된 R제곱) R^{*2}을 사용한다.

$$R^{*2} = 1 - \frac{n-1}{n-p-1}(1-R^2)$$

이 예제에서는,

$$\text{수정된 } R^2 = 0.607$$

로 계산된다.

(3) 잔차의 표준편차

회귀식의 유효성을 평가하기 위한 또 하나의 지표가 잔차의 표준편차(추정값의 표준오차)이다. 잔차란 실제의 y값과 회귀식에 의한 y의 예측치와의 차로서 이 잔차가 전체적으로 작은 회귀식일수록 유효한 회귀식이라고 볼 수 있다. 잔차가 작은지 어떤지를 보기 위한 지표가 잔차의 표준편차이다.

(주) 잔차의 합계와 평균은 반드시 0이 되어 평가지표가 될 수 없다.

모형요약에서 [추정값의 표준오차]의 밑에 있는 수치가 잔차의 표준편차 값을 나타내고 있다. 이 예제에서는,

$$\text{잔차의 표준편차} = 2.53$$

으로 되어 있다.

(4) 분산분석표

ANOVA[a]

모형		제곱합	자유도	평균제곱	F	유의확률
1	회귀	157.904	3	52.635	8.213	.004[b]
	잔차	70.496	11	6.409		
	전체	228.400	14			

a. 종속변수: 공던지기

b. 예측자: (상수), 체중, 신장, 악력

위의 분산분석 결과는 회귀식의 유의성(통계적으로 의미가 있느냐 없느냐)을 검토하기 위해서 필요하다.

$$F\text{의 유의확률} = 0.004 < \text{유의수준} = 0.05$$

이므로 회귀식에는 의미가 있다고 하는 결론이 된다.

(5) 편회귀계수의 t 값과 p 값

계수[a]

모형		비표준화 계수		표준화 계수	t	유의확률
		B	표준 오차 오류	베타		
1	(상수)	-13.217	17.604		-.751	.469
	악력	.201	.184	.348	1.093	.298
	신장	.171	.132	.306	1.300	.220
	체중	.125	.167	.281	.750	.469

a. 종속변수: 공던지기

편회귀계수의 유의성을 판단하기 위하여 t값과 p값(유의확률)이 필요하다. t값이 큰 변수일수록 목적변수 y를 예측(설명)하는 데 있어서의 공헌도가 높다고 생각한다.

또한 p값에 의해서 편회귀계수의 유의성을 판정할 수 있다. 유의하지 않은 변수는 목적변수 y를 예측하는 데에 불필요한 변수라고 결론을 짓는다. 모든 변수가 필요한지, 불필요한 변수는 없는지를 검토하는 것은 변수선택의 문제로서 중회귀분석에 있어서 매우 중요하다.

위의 표에서 [t] 아래의 수치가 각 변수의 t값을 나타내고, [유의확률] 아래의 수치가 각 변수의 p값을 나타내고 있다.

t값 대신에 F값을 이용하는 경우도 있다.

$$F\text{값} = (t\text{값})^2$$

경험적으로는 F값이 2 이상이면 유효한 변수, 2 미만이면 불필요한 변수로서 선택할 것을 권하고 있지만 이 기준은 어디까지나 경험적인 것이다. 유효한 변수를 간과할 위험성을 적게 하고 싶다면 F값이 1 이상의 것은 선택하더라도 무방할 것이다.

이 예제에서는 설명변수 x_1(악력)과 x_2(신장)의 F값은 1 이상 2 미만으로 유효한 변수로 판정할 수 있지만, x_3(체중)의 F값은 1 미만으로 일단은 유효하지 않은 변수로 볼 수 있다.

> 설명변수 중에 불필요한 것은 없는지 검토하는 것이 변수 선택의 문제이다. 불필요한 변수를 포함한 회귀식, 혹은 유효한 변수를 포함하고 있지 않은 회귀식은 모두 예측정밀도가 나빠진다. 따라서 유효한 변수와 불필요한 변수를 선별하여 최적의 회귀식을 탐색하는 것은 중회귀분석에서 매우 중요하다.

11.2 | 더미변수를 포함한 중회귀분석

1. 더미변수

[예제 11-2]

예제 11-1의 데이터는 학생 15명이 여학생 7명과 남학생 8명으로 구성되어 있다는 것을 새롭게 알았다. 남녀 성별을 나타내는 데이터(x_4)를 추가한 것이 다음의 데이터표 1이다.

성별의 정보를 새로 설명변수로서 추가하여 중회귀분석을 실시하라.

데이터표 1

No.	악력(kg) (x_1)	신장(cm) (x_2)	체중(kg) (x_3)	성별 (x_4)	공던지기(m) (y)
1	28	146	34	남	22
2	46	169	57	여	36
3	39	160	48	여	24
4	25	156	38	남	22
5	34	161	47	남	27
6	29	168	50	남	29
7	38	154	54	여	26
8	23	153	40	남	23
9	42	160	62	여	31
10	27	152	39	남	24
11	35	155	46	여	23
12	39	154	54	여	27
13	38	157	57	여	31
14	32	162	53	남	25
15	25	142	32	남	23

더미변수의 도입

이와 같은 데이터를 중회귀분석하려면, x_4와 같은 질적 변수를 수치로 변환하지 않으면 안 된다. 이때에 사용하는 것이 **더미변수**(dummy variable)라고 불리는 것이다.

더미변수는 0이나 1의 어느 한쪽 값밖에 취하지 않는 인공변수이다. x_4도 두 종류(남, 여)이기 때문에 다음과 같이 수치화해서 중회귀분석을 실시하도록 한다.

$$\text{여자라면} \quad x_4 = 0$$
$$\text{남자라면} \quad x_4 = 1$$

이렇게 하면 앞의 데이터표 1은 다음의 데이터표 2와 같이 바꾸어 쓸 수 있다. 이것을 데이터로 해서 중회귀분석을 실시하면 된다.

그런데 혈액형과 같이 네 종류(A, B, O, AB)가 있을 때에는 어떻게 될 것인가? 두 종류일 때의 방법을 연장해서,

$$\text{A형이라면} \quad x_1 = 0$$
$$\text{B형이라면} \quad x_1 = 1$$

$$\text{O형이라면} \quad x_1 = 2$$

$$\text{AB형이라면} \quad x_1 = 3$$

으로 해서는 안 된다.

이와 같은 때에는 세 개의 더미변수를 사용해서,

	x_1	x_2	x_3
A형	1	0	0
B형	0	1	0
O형	0	0	1
AB형	0	0	0

으로 한다. 어느 것인가 기준이 되는 혈액형(위의 예에서는 AB형)을 정하여 그것을 (0, 0, 0)으로 하고, 다른 혈액형은 어딘가 하나의 변수 값을 1, 다른 변수의 값을 0으로 한다. 기준은 분석자가 임의로 정하면 된다.

일반적으로 K종류의 카테고리가 있을 때에는 $K-1$개의 더미변수를 이용해서 질적 데이터를 수치로 바꾸어 놓는다.

더미변수와 양적 변수가 설명변수 중에 섞여 있는 중회귀분석을 더미변수를 포함한 중회귀분석이라고 부른다.

데이터표 2

No.	악력(kg) (x_1)	신장(cm) (x_2)	체중(kg) (x_3)	성별 (x_4)	공던지기(m) (y)
1	28	146	34	1	22
2	46	169	57	0	36
3	39	160	48	0	24
4	25	156	38	1	22
5	34	161	47	1	27
6	29	168	50	1	29
7	38	154	54	0	26
8	23	153	40	1	23
9	42	160	62	0	31
10	27	152	39	1	24
11	35	155	46	0	23
12	39	154	54	0	27
13	38	157	57	0	31
14	32	162	53	1	25
15	25	142	32	1	23

■ 중회귀분석의 결과

이 예제에서는 다음과 같은 회귀식이 얻어진다.

$$y = -10.379 + 0.413x_1 + 0.0845x_2 + 0.165x_3 + 3.255x_4$$

(기여율 0.722)

(자유도조정필 기여율 0.611)

이 회귀식은

$$y = -10.379 + 0.413x_1 + 0.0845x_2 + 0.165x_3 \quad \text{(여학생일 때)}$$

$$y = -10.379 + 3.255 + 0.413x_1 + 0.0845x_2 + 0.165x_3 \quad \text{(남학생일 때)}$$

라고 하는 두 개의 회귀식으로 나누어서 나타낼 수 있다.

더미변수를 사용함으로써 여학생의 경우와 남학생의 경우에 대한 두 개의 중회귀식을 하나의 식으로 나타내고 있다.

■ 분석의 전략

이 예제와 같이 질적 데이터와 양적 데이터가 설명변수 중에 섞여 있는 경우의 분석 전략으로서는,

1. 질적 데이터를 무시하고, 양적 데이터만으로 중회귀분석을 실시한다
2. 질적 데이터를 더미변수를 도입하여 중회귀분석을 실시한다
3. 질적 데이터의 정보에 의거하여 층별하고 나서 중회귀분석을 실시한다
4. 상기 1에서 3까지의 결과를 비교검토한다

라고 하는 스텝을 생각할 수 있다.

이 예제에서 말하자면 다음과 같이 된다.

1. 성별의 차이를 무시하고, 중회귀분석을 실시한다.
2. 성별의 차이를 더미변수로서 나타내어 중회귀분석을 실시한다.
3. 성별로 중회귀분석을 실시한다.
4. 상기 1에서 3까지의 결과를 비교검토한다.

예제 11－1은 1을 실시한 것이 되고, 본 예제(예제 11－2)는 2를 실시한 것이 된다. 3과 4는 독자 스스로 시도해 보기 바란다.

2. SPSS의 활용

SPSS에 의한 더미변수를 포함한 중회귀분석

〈순서 1〉 데이터의 입력

예제 11－1의 데이터에 변수 x_4(성별)를 추가하여 여자이면 '0', 남자이면 '1'을 입력한다.

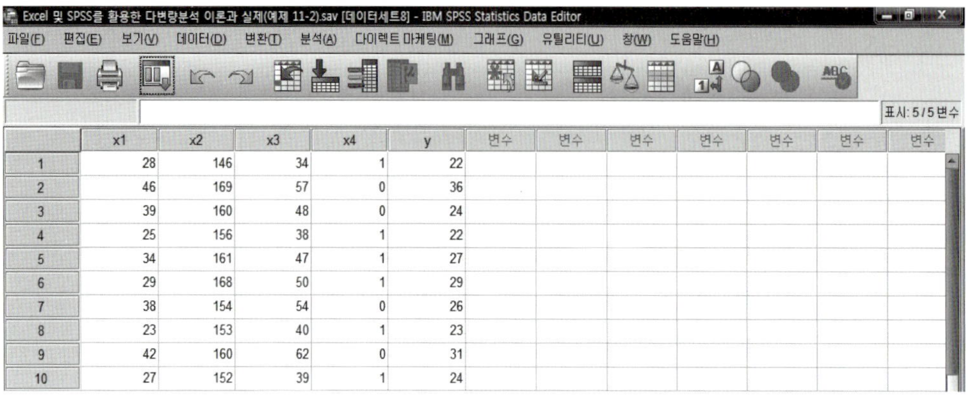

〈순서 2〉 회귀분석의 선택

메뉴에서 [분석(A)]－[회귀분석(R)]－[선형(L)]을 선택한다.

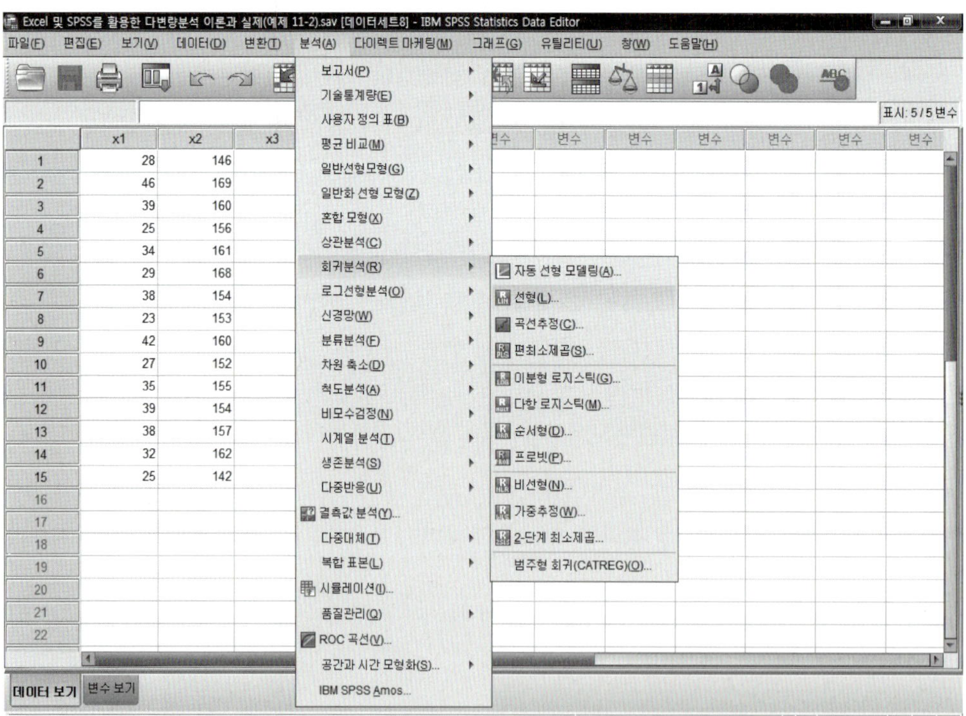

↓ (대화상자가 나타난다)

〈순서 3〉 변수의 선택

[종속변수(D)]로서 목적변수가 될 y를 선택한다.

[독립변수(I)]로서 설명변수가 될 x_1, x_2, x_3, x_4를 선택한다.

(주) 중회귀분석에 있어서 종속변수와 목적변수, 독립변수와 설명변수는 같은 의미로 쓰인다.

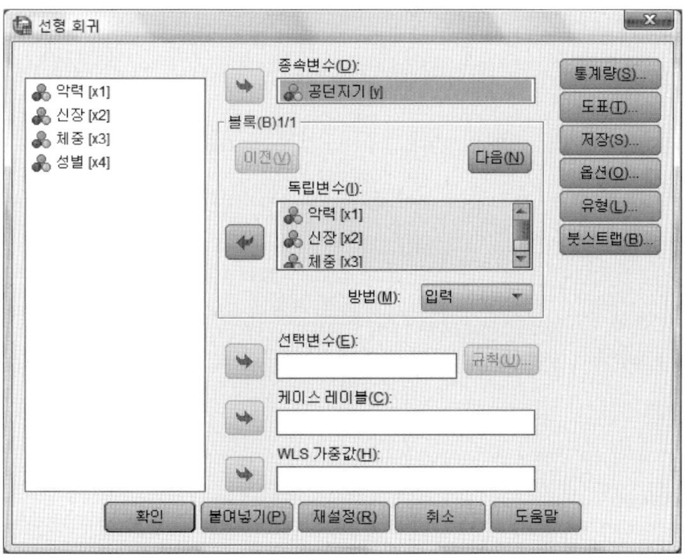

이때에 독립변수의 진입방식에 대한 옵션 기능으로서는 [방법(M)] 난의 '입력'(초기지정값)을 선택한다. 여기에서 [확인] 버튼을 클릭하면 중회귀분석이 실시되어 다음과 같은 분석 결과를 얻게 된다.

▦ 분석결과 및 결과의 해석방법

(1) 입력된 변수 또는 제거된 변수

입력/제거된 변수[a]

모형	입력된 변수	제거된 변수	방법
1	성별, 신장, 체중, 악력[b]	.	입력

a. 종속변수: 공던지기

b. 요청된 모든 변수가 입력되었습니다.

(2) 기여율 R^2

모형 요약

모형	R	R 제곱	수정된 R 제곱	추정값의 표준오차
1	.850[a]	.722	.611	2.520

a. 예측자: (상수), 성별, 신장, 체중, 악력

이 예제에서는,

중상관계수 $R = 0.850$

기여율 $R^2 = 0.722$

자유도조정필 기여율

(수정된 R제곱) $R^{*2} = 0.611$

이다. 기여율이 0.722라고 하는 것은 목적변수 y가 가지고 있는 정보 중 72.2%는 설명변수의 변동으로 설명할 수 있다는 것을 의미한다.

예제 11-1의 경우에는 자유도조정필 기여율(수정된 R제곱) R^{*2}의 값이 0.607인 데 비하여, 이 예제의 경우에는 0.611로 증가한 것으로 보아 새로운 변수 x_4(성별)는 유효한 변수로 판정할 수 있다.

(3) 잔차의 표준편차

회귀식의 유효성을 평가하기 위한 또 하나의 지표가 잔차의 표준편차(추정값의 표준오차)

이다. 잔차란 실제의 y값과 회귀식에 의한 y의 예측치와의 차로서 이 잔차가 전체적으로 작은 회귀식일수록 유효한 회귀식이라고 볼 수 있다. 잔차가 작은지 어떤지를 보기 위한 지표가 잔차의 표준편차이다.

이 예제에서는,

$$\text{잔차의 표준편차} = 2.52$$

로 되어 있다.

(4) 분산분석표

ANOVA[a]

모형		제곱합	자유도	평균제곱	F	유의확률
1	회귀	164.919	4	41.230	6.495	.008[b]
	잔차	63.481	10	6.348		
	전체	228.400	14			

a. 종속변수: 공던지기

b. 예측자: (상수), 성별, 신장, 체중, 악력

위의 분산분석 결과는 회귀식의 유의성(통계적으로 의미가 있느냐 없느냐)을 검토하기 위해서 필요하다.

$$F\text{의 유의확률} = 0.008 < \text{유의수준} = 0.05$$

이므로 회귀식에는 의미가 있다고 하는 결론이 된다.

(5) 편회귀계수의 t값과 p값

계수[a]

모형		비표준화 계수		표준화 계수	t	유의확률
		B	표준오차	베타		
1	(상수)	-10.379	17.727		-.585	.571
	악력	.413	.272	.713	1.517	.160
	신장	.085	.155	.151	.547	.597
	체중	.165	.170	.372	.971	.354
	성별	3.255	3.097	.416	1.051	.318

a. 종속변수: 공던지기

편회귀계수의 유의성을 판단하기 위하여 t값과 p값(유의확률)이 필요하다. t값이 큰 변수일수록 목적변수 y를 예측(설명)하는 데 있어서 공헌도가 높다고 생각한다.

또한 p값에 의해서 편회귀계수의 유의성을 판정할 수 있다. 유의하지 않은 변수는 목적변수 y를 예측하는 데에 불필요한 변수라고 결론을 짓는다.

t값 대신에 F값을 이용하는 경우도 있다.

$$F\text{값} = (t\text{값})^2$$

경험적으로는 F값이 2 이상이면 유효한 변수, 2 미만이면 불필요한 변수로서 선택할 것을 권하고 있지만 이 기준은 어디까지나 경험적인 것이다. 유효한 변수를 간과할 위험성을 적게 하고 싶다면 F값이 1 이상의 것은 선택하더라도 무방할 것이다.

이 예제에서는 설명변수 x_1(악력)과 x_4(성별)의 F값은 1 이상 2 미만으로 유효한 변수로 판정할 수 있지만, x_2(신장), x_3(체중)의 F값은 1 미만으로 일단은 유효하지 않은 변수로 볼 수 있다.

11.3 | 중회귀분석의 제문제

1. 설명변수의 선택

■ 중요한 변수와 불필요한 변수

목적변수 y를 예측하기 위해서 중회귀분석의 적용을 생각했을 때에, 설명변수로 쓰고자 하고 있는 변수가 세 개(x_1, x_2, x_3) 있다고 한다. 이때 세 개의 변수를 모두 쓰지 않더라도 x_1과 x_2의 두 설명변수로 y를 예측할 수 있어, x_3는 불필요한 것은 아닌가 하는 것을 검토하는 것이 변수 선택의 문제이다.

불필요한 변수를 포함한 회귀식, 그것과는 역(逆)으로 유효한 변수를 포함하고 있지 않은 회귀식은 어느 쪽이라 하더라도 예측정밀도가 나빠진다. 따라서 유효한 변수와 불필요한 변수를 선별하여, 최적의 회귀식을 탐색하는 것은 중회귀분석을 적용하는 데 있어서의 과제이다.

■ 좋은 회귀식

회귀식의 유효성을 나타내는 지표에 기여율이 있다. 그러나 기여율이 높은 회귀식일수록 좋은 회귀식이라고 말할 수는 없다. 그 이유는 세 개의 설명변수(x_1, x_2, x_3)를 사용한 회귀식의 기여율은 그 중 두 개의 설명변수(x_1, x_2)를 사용한 회귀식의 기여율보다도, x_3가 목적변수와는 본질적으로 무관하더라도 높아진다고 하는 성질을 갖고 있기 때문이다. 기여율을 높게 하고 싶으면 어떠한 변수라도 좋으니 설명변수의 수를 늘리면 되는 것이다. 도움이 되지 않는 변수의 수를 늘리면, 회귀식의 기여율은 외견상 높아지지만 예측정밀도가 나빠진다거나 회귀계수가 불안정(데이터를 바꾸어서 다시 중회귀분석을 실시하면 편회귀계수의 값이 크게 바뀐다)하게 된다거나 한다.

이와 같은 사정으로부터 기여율이 높아지는 회귀식을 찾는다고 하는 사고방식은 채택할 수 없다. 그래서 기여율이 아니라 자유도조정필(自由度調整畢) 기여율을 이용한다. 자유도조정필 기여율은, 도움이 되지 않는 변수를 설명변수로 사용하면, 그 값이 저하한다고 하는 성질을 갖고 있기 때문이다. 자유도조정필 기여율이 높아지는 회귀식을 찾도록 하면 된다.

그리고 또한 자유도조정필 기여율을 한번 더 조정한 자유도이중조정필(自由度二重調整畢) 기여율이 높아지는 회귀식이 좋은 회귀식이라고 하는 사고방식이 있다.

유효한 변수를 가능한 한 간과하지 않도록 하면 불필요한 변수를 채택할 위험성이 증가하고, 한편 불필요한 변수를 가능한 한 채택하지 않도록 하면 유효한 변수를 간과할 위험성이 증가한다. 자유도이중조정필 기여율 쪽이 자유도조정필 기여율보다도 불필요한 변수로 간주할 기준이 엄해지고 있다.

설명변수의 선택방법

중회귀분석에 있어서 설명변수의 선택방법으로서 다음과 같은 것이 제창되고 있다.

1. 모든 가능한 회귀
2. 축차변수선택법
3. 대화형변수선택법

모든 가능한 회귀(all possible regression)라고 하는 것은 모든 설명변수의 편성에 대해서 회귀식을 작성하여 어느 회귀식이 좋은지를 검토하는 방법이다. 설명변수의 수를 p라고 하면 $2^p - 1$가지의 회귀식을 산출해서 검토한다.

이 방법은 설명변수의 수가 적을 때에 가장 좋은 방법이다. 그런데 설명변수의 수가 커지면 계산양은 방대해져 검토할 회귀식의 수도 많아져 버린다. 예를 들면 설명변수의 수가 4일 때에는 회귀식은 15가지 산출된다. 5일 때에는 31가지나 된다. 설명변수의 수가 4에서 5까지가 한도일 것이다.

축차변수선택법(step-wise regression)은 각 편회귀계수의 유의성에 의거해서 유효한 변수와 불필요한 변수를 양분하는 방법이다.

이 방법에는 변수증가법, 변수감소법, 변수증감법, 변수감증법이라고 불리는 네 가지의 방법이 있다. 변수증가법과 변수감소법은 각각 결점을 갖고 있어 그 결점을 수정한 것이 변수증감법과 변수감증법이다.

변수증감법은 먼저 목적변수와 가장 관계가 강한 설명변수를 하나 선택한다. 다음에 그 변수와 짝을 지었을 때에 가장 기여율이 높아지는 변수를 선택한다. 이것을 순차 반복한다. 이 과정에서 일단 선택한 변수 중에 불필요한 변수가 나왔을 때에는 그 변수를 제거한다고 하는 방법이다.

변수감증법은 먼저 모든 설명변수를 이용한 회귀식을 작성한다. 다음에 목적변수와 가장 관계가 약한 설명변수를 하나 제거한다. 이것을 순차 반복한다. 이 과정에서 일단 제거한 변수 중에 유효한 변수가 나왔을 때에는 그 변수를 다시 선택한다고 하는 방법이다.

대화형변수선택법은 컴퓨터와 대화하면서 변수증감법(변수감증법)을 실시하는 방법이다.

이상의 어느 방법도 각각 장점과 단점이 있어 현재로서는, 분석자가 통계적인 변수선택의 기준에 기술적·이론적 지식을 더해서 컴퓨터와 대화하면서 변수선택을 실시하는 대화형변수선택법이 가장 좋은 방법이라고 할 수 있을 것이다.

■ 변수선택의 통계적 기준

설명변수가 목적변수 y의 예측(설명)에 도움이 되는지 어떤지는 F값이라고 불리는 통계량을 이용한다. F값은 다음과 같이 구해진다.

$$F\text{값} = \left(\frac{\text{편회귀계수}}{\text{편회귀계수의 표준오차}}\right)^2 = (t\text{값})^2$$

이 F값(t값)에 대해서 유의성을 판정하여 유의하면 유효한 변수로 판정하고 유의하지 않으면 불필요한 변수로 판정한다. 유의한지 유의하지 않은지의 판정에는 p값이 자주 이용되지만 실무적으로는 일일이 검정을 실시하는 것이 아니라,

F값이 2 이상이면 유효한 변수, 2 미만이면 불필요한 변수

로서 변수의 선택을 실시하면 좋은 회귀식이 얻어진다고 일컬어지고 있다.

다만 이 기준은 어디까지나 경험적인 것이므로 유효한 변수를 간과할 위험성을 적게 하고 싶다면 F값이 1 이상의 것은 선택한다고 하는 태도라도 상관없다. 그리고 유효한 변수를 간과할 위험성을 적게 하고자 하면, 불필요한 변수를 선택할 위험성이 높아진다고 하는 것에 유의해 둘 필요가 있다.

[예제 11-3]

예제 11-1의 데이터에 모든 가능한 회귀(all possible regression)와 축차변수선택법(step-wise regression)을 적용하여 회귀식을 음미하라.

■ SPSS에 의한 모든 가능한 회귀의 실시

독립변수의 진입방식에 대한 옵션 기능으로서 [방법(M)] 난의 '입력'(초기지정값)을 선택하고, 강제투입방식에 의해서 모든 가능한 설명변수의 편성 패턴으로 중회귀분석을 실시하여 정리하면 다음과 같다.

설명변수의 편성 패턴			회귀계수			기여율 R^2	자유도조정필 R^{*2}	이중조정필 R^{**2}
			x_1	x_2	x_3			
x_1	x_2	x_3	0.201	0.171	0.125	0.691	0.607	0.534
x_1	x_2		0.310	0.225		0.676	0.622	0.574
	x_2	x_3		0.149	0.268	0.658	0.601	0.551
x_1		x_3	0.165		0.243	0.644	0.585	0.533
x_1			0.433			0.559	0.525	0.496
	x_2			0.383		0.470	0.429	0.393
		x_3			0.350	0.621	0.592	0.566

상기의 결과를 기여율이 높은 순으로 바꾸어 늘어놓으면 다음과 같이 된다.

설명변수의 편성 패턴			회귀계수			기여율 R^2	자유도조정필 R^{*2}	이중조정필 R^{**2}
			x_1	x_2	x_3			
x_1	x_2	x_3	0.201	0.171	0.125	0.691	0.607	0.534
x_1	x_2		0.310	0.225		0.676	0.622	0.574
	x_2	x_3		0.149	0.268	0.658	0.601	0.551
x_1		x_3	0.165		0.243	0.644	0.585	0.533
		x_3			0.350	0.621	0.592	0.566
x_1			0.433			0.559	0.525	0.496
	x_2			0.383		0.470	0.429	0.393

모든 변수를 이용한 (x_1, x_2, x_3)의 회귀식의 기여율이 가장 높은 것은 당연하므로, 자유도조정필 기여율이나 자유도이중조정필 기여율로 보았을 때에 가장 높은 편성을 찾아 간다. 그렇게 하면 (x_1, x_2)를 이용한 회귀식이 가장 높은 값을 보이고 있다.

x_1, x_2, x_3 각각의 변수는 단독으로도 기여율이 결코 낮지 않지만 그 중에서 x_3의 기여율이 단독으로는 가장 높음을 알 수 있다. 따라서 이 예제에서는 x_1, x_2, x_3의 모든 변수가 유효한 변수라고 볼 수 있다.

■ SPSS에 의한 축차변수선택법의 실시

SPSS에 의해서 축차변수선택법을 실시하려면, 메뉴에서 [분석(A)]－[회귀분석(R)]－[선형(L)]을 선택하고, 이때에 나타나는 대화상자에서 [단계 선택]을 지정하면 된다.

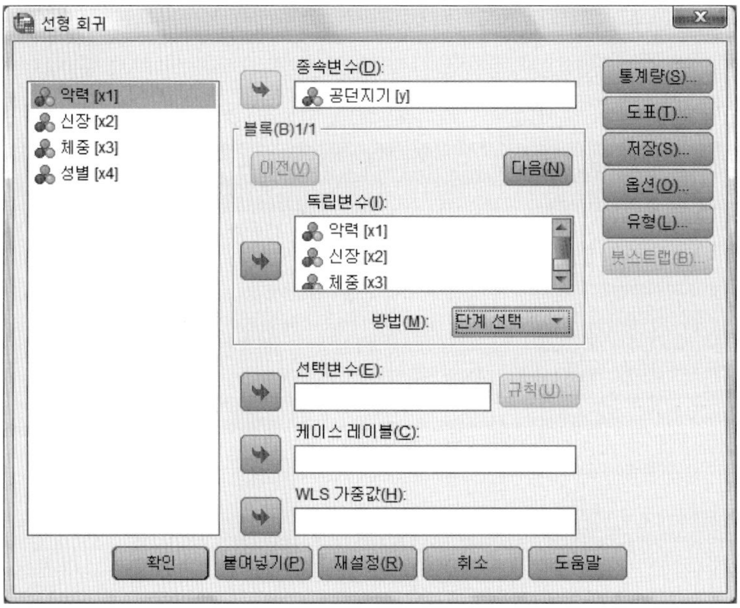

이때에 유효한 변수와 불필요한 변수를 판단하는 기준을 정하지 않으면 안 된다. 경험적으로 무난한 기준은 설명변수의 F값이 2 이상이면 유효하다고 판단하고, 2 미만이면 불필요하다고 판단하는 것이다. 이 기준은 [옵션] 대화상자에서 설정할 수 있다.

[옵션(O)] 버튼을 클릭하면 다음과 같은 대화상자가 나타난다.

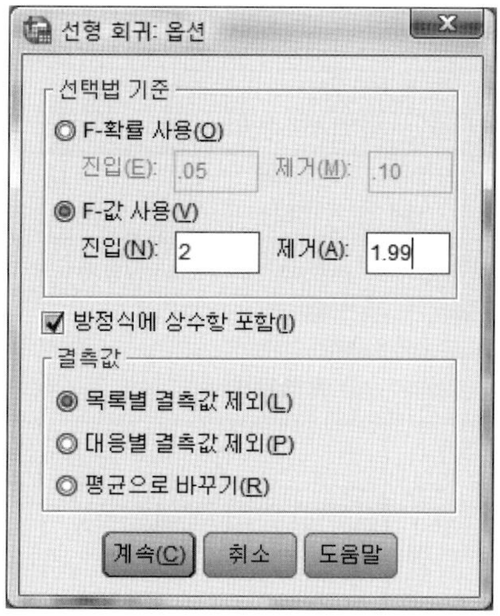

[선택법 기준]으로서 [*F* 값 사용(F)]의 [진입(E)] 난에 '2', [제거(A)] 난에 '1.99'를 입력한다. [계속] 버튼을 클릭하면 앞의 대화상자가 나타난다. 여기에서 [확인] 버튼을 클릭하면 다음과 같은 분석결과를 얻을 수 있다.

■ 분석결과

입력/제거된 변수[a]

모형	입력된 변수	제거된 변수	방법
1	체중	.	단계선택 (기준: 입력에 대한 F >= 2.000, 제거에 대한 F <= 1.990).

a. 종속변수: 공던지기

모형 요약

모형	R	R 제곱	수정된 R 제곱	추정값의 표준오차
1	.788[a]	.621	.592	2.581

a. 예측자: (상수), 체중

ANOVA[a]

모형		제곱합	자유도	평균제곱	F	유의확률
1	회귀	141.799	1	141.799	21.286	.000[b]
	잔차	86.601	13	6.662		
	전체	228.400	14			

a. 종속변수: 공던지기

b. 예측자: (상수), 체중

계수[a]

모형		비표준화 계수		표준화 계수	t	유의확률
		B	표준오차	베타		
1	(상수)	9.596	3.660		2.622	.021
	체중	.350	.076	.788	4.614	.000

a. 종속변수: 공던지기

제외된 변수[a]

모형		베타 입력	t	유의확률	편상관계수	공선성 통계량
						공차
1	악력	.285[b]	.882	.395	.247	.284
	신장	.267[b]	1.139	.277	.312	.518
	성별	.107[b]	.433	.673	.124	.505

a. 종속변수: 공던지기

b. 모형내의 예측자: (상수), 체중

축차변수선택법에 의한 변수선택 결과 x_3(체중)만 선택되고 나머지 설명변수는 선택되지 않았다. 설명변수 x_1과 x_2가 선택되지 않았을 때, "$x_1 \cdot x_2$는 y와 무관하다"고 즉시 결론을 내려서는 안 된다. $x_1 \cdot x_2$가 각각 x_3와 관계가 강할 때에는, y를 설명하는 데에 x_3를 사용하면 설명변수 x_1과 x_2는 이미 불필요하다고 생각되는 경우가 존재하기 때문이다. 설명변수끼리의 관계도 변수의 선택에 영향을 준다고 하는 것을 알아 둘 필요가 있다.

2. 다중공선성

(1) 설명변수 간의 음미

■ 설명변수끼리의 관계

중회귀분석에서는 설명변수끼리는 서로 독립일 것이 요구되고 있다. 서로 독립이란 서로 무관하다고 하는 것이다. 그러나 계획적으로 수집한 데이터라면 모를까 과거의 기록 등을 데이터로서 활용할 경우에는 설명변수끼리 무관하다고 하는 상태로는 되지 않는 쪽이 압도적으로 많다. 그래서 설명변수끼리의 상관관계를 잘 검토해 놓는 것이 중요하다. 이를 위해서는 다음과 같은 것을 실시하면 된다.

1. 설명변수끼리의 산점도 작성과 관찰
2. 설명변수끼리의 상관행렬 산출과 관찰
3. 설명변수끼리의 상관행렬에 대한 행렬식의 산출

■ 상관행렬의 행렬식

중회귀분석의 계산은 상관행렬의 역행렬을 구한다고 하는 행렬연산이 된다. 설명변수끼리의 상관계수가 ±1이 되면, 상관행렬의 역행렬이 구해지지 않아 회귀계수가 구해지지 않는다고 하는 사태가 생기고 만다. 또 상관계수가 ±1은 아니더라도 극히 ±1에 가까우면, 신용할 수 없는 불가해한 회귀계수가 산출된다. 이와 같은 사실로부터 설명변수끼리는 독립이 바람직하다고 되어 있는 것이다.

그런데 상관행렬의 역행렬이 구해지지 않거나 혹은 해가 불안정하다고 하는 것은, 상관행렬의 행렬식 값이 0 또는 극히 0에 가까워진다는 것을 의미한다. 그래서 상관행렬이 산출되었다고 하면 상관행렬의 행렬식을 계산해 놓으면 좋다.

공선성이 존재할 때에는 상관행렬 혹은 분산공분산행렬의 역행렬에 곤란한 일이 일어나므로, 편회귀계수를 구할 수 없다.

■ 상관행렬의 관찰

상관행렬의 관찰에 관한 테크닉을 소개하기로 한다. 먼저 다음의 상관행렬을 보기 바란다.

상관행렬

	x_1	x_2	x_3	x_4	x_5	x_6
x_1	1.0000	−0.0496	−0.0054	0.9785	0.0549	0.7322
x_2	−0.0496	1.0000	0.9433	−0.0883	0.9333	0.0151
x_3	−0.0054	0.9433	1.0000	−0.0287	0.9800	0.0976
x_4	0.9785	−0.0883	−0.0287	1.0000	0.0408	0.7585
x_5	0.0549	0.9333	0.9800	0.0408	1.0000	0.1415
x_6	0.7322	0.0151	0.0976	0.7585	0.1415	1.0000

이 상관행렬을 막연히 바라보고 있어서는 정보의 이해가 어렵다. 그래서 상관계수가 높은 것끼리 가까이 늘어서도록 행과 열을 바꾸어 넣어 본다. 그것이 다음의 상관행렬이다.

행과 열을 바꾸어 넣은 상관행렬

	x_1	x_2	x_3	x_4	x_5	x_6
x_1	1.0000	0.9785	0.7322	−0.0054	0.0549	−0.0496
x_4	0.9785	1.0000	0.7585	−0.0287	0.0408	−0.0883
x_6	0.7322	0.7585	1.0000	0.0976	0.1415	0.0151
x_3	−0.0054	−0.0287	0.0976	1.0000	0.9800	0.9433
x_5	0.0549	0.0408	0.1415	0.9800	1.0000	0.9333
x_2	−0.0496	−0.0883	0.0151	0.9433	0.9333	1.0000

이 행렬을 보면 6개의 변수가 (x_1, x_4, x_6)과 (x_3, x_5, x_2)의 두 그룹으로 나누어지는 것을 알 수 있다.

이와 같은 것을 수학적으로 실행하기 위한 수법으로서, 주성분분석이나 수량화이론 IV류 등이 있다.

(2) 다중공선성의 문제

■ 다중공선성이란

회귀분석에서 설명변수끼리 다음과 같은 관계가 존재하는 상태를 다중공선성(multicollinearity)이 존재한다고 한다.

1. 어떤 두 개의 설명변수끼리의 상관계수가 1 또는 −1이다.
2. 어떤 두 개의 설명변수끼리의 상관계수가 1 또는 −1에 가깝다.
3. 어떤 세 개 이상의 설명변수끼리의 관계를 1차식으로 나타낼 수 있다.

$$c_1x_1 + c_2x_2 + \ldots + c_px_p = \text{상수 (일정)}$$

4. 어떤 세 개 이상의 설명변수끼리의 관계를 1차식의 근사식으로 나타낼 수 있다.

$$c_1x_1 + c_2x_2 + \ldots + c_px_p \fallingdotseq \text{상수 (일정)}$$

상기 **1** 또는 **3**의 상태에 있는 데이터에 중회귀분석을 적용하면,

「편회귀계수가 구해지지 않는다」

고 하는 현상을 일으킨다.

상기 **2** 또는 **4**의 상태에 있는 데이터에 중회귀분석을 적용하면,

「편회귀계수의 부호가 회귀계수의 부호와 맞지 않는다」
「편회귀계수의 값이 크게 변동한다」
「기여율은 높은데 개개의 편회귀계수는 통계적으로 유의하지 않다」

라고 하는 불가해(不可解)한 현상을 일으킨다.

중회귀분석에 있어서는 **1**에서 **4**까지의 상태가 일어나지 않도록 설명변수의 편성을 생각해서 적용하지 않으면 안 된다.

다중공선성이 일어나고 있는지 어떤지의 기준으로서 전술한 상관행렬의 행렬식 값이 이용된다. 이 값이 0에 가까울 때는 다중공선성의 상태에 있다.

다중공선성의 문제에 대처하려면,

(A) 서로 관계를 가진 설명변수의 일부를 제거한다
(B) 다중공선성을 약하게 하는 데이터를 추가한다

라고 하는 조치를 취하는 것을 생각할 수 있다.

그리고 중회귀분석용의 통계 패키지를 평가할 때에는 이 다중공선성에 대한 배려가 어떻게 되어 있는지를 평가 요점의 하나로서 받아들일 필요가 있다. 단지 에러 메시지를 출력하는 것이 아니라(조작 미스인지, 다중공선성에 의한 것인지는 초심자에게는 이해할 수 없다), 다중공선성을 의심해 보는 주의(注意) 메시지가 나오는 소프트웨어가 바람직하다.

■ SPSS에 의한 다중공선성과 독립성 검정

예제 11－1의 데이터에 대해서 다중공선성과 독립성 검정을 실시하기로 한다. SPSS에 의해서 다중공선성과 독립성을 검정하려면, 메뉴에서 [분석(A)]－[회귀분석(R)]－[선형(L)]을 선택하고 [종속변수(D)]와 [독립변수(I)]를 선택한 다음에 필요한 통계량을 지정하면 된다.

위의 [회귀분석] 대화상자에서 [통계량(S)] 버튼을 클릭하면 다음과 같은 대화상자가 나타난다.

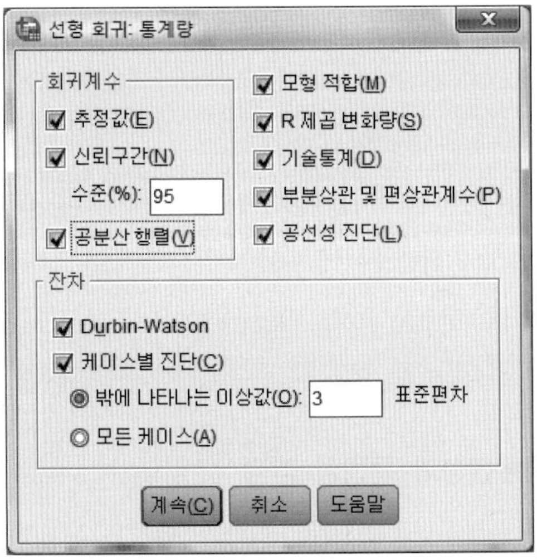

[선형 회귀 : 통계량] 대화상자에서 [회귀계수]의 모든 항목, [잔차]의 모든 항목 [모형적합(M)] 등의 모든 항목을 지정한 다음에 [계속] 버튼을 클릭한다.

앞의 화면으로 되돌아가서 [확인] 버튼을 클릭하면, 다음과 같은 분석결과를 얻게 된다.

■ 분석결과

모형 요약[b]

모형	R	R 제곱	수정된 R 제곱	추정값의 표준오차	통계량 변화량					Durbin-Watson
					R 제곱 변화량	F 변화량	자유도1	자유도2	유의확률 F 변화량	
1	.831[a]	.691	.607	2.532	.691	8.213	3	11	.004	2.665

a. 예측자: (상수), 체중, 신장, 악력

b. 종속변수: 공던지기

ANOVA[a]

모형		제곱합	자유도	평균제곱	F	유의확률
1	회귀	157.904	3	52.635	8.213	.004[b]
	잔차	70.496	11	6.409		
	전체	228.400	14			

a. 종속변수: 공던지기

b. 예측자: (상수), 체중, 신장, 악력

계수[a]

모형		비표준화 계수		표준화 계수	t	유의확률	B에 대한 95.0% 신뢰구간		상관계수			공선성 통계량	
		B	표준오차	베타			하한	상한	0차	편상관	부분상관	공차	VIF
1	(상수)	-13.217	17.604		-.751	.469	-51.963	25.528					
	악력	.201	.184	.348	1.093	.298	-.204	.607	.748	.313	.183	.277	3.608
	신장	.171	.132	.306	1.300	.220	-.119	.461	.685	.365	.218	.506	1.976
	체중	.125	.167	.281	.750	.469	-.242	.492	.788	.220	.126	.200	5.011

a. 종속변수: 공던지기

■ 결과의 해석방법

다중공선성이란 설명변수 간의 상관관계가 존재하는 것을 의미한다. 다중공선성이 있는 설명변수의 일부는 제거되어야 한다. 다중공선성을 검사하기 위해서는 공차한계(tolerance)를 이용한다. R_i^2값이 매우 크다는 것은 i번째 독립변수가 투입되었을 때 회귀식의 설명력이 매우 크다는 것을 의미한다. 따라서 $1-R_i^2$은 i번째 설명변수가 회귀분석에 투입되었을 때, 이미 투입된 설명변수가 설명하지 못하는 총변동 부분을 의미하는 것이다. $1-R_i^2$을 공차한계라 한다. 그러므로 다중공선성이 낮을수록 공차한계값이 높게 나타난다. 공차한계의 최대값은 1이므로 위의 경우 공차한계값이 높다고는 볼 수 없다. 따라서 이 예제에서는 다중공선성이 다소 있다고 볼 수 있다.

잔차의 독립성에 관한 검정은 Durbin−Watson 테스트로 실시한다. 이것을 이용하여 자기상관관계가 존재하는가를 검정해 보자.

$$H_0 : \rho = 0$$
$$H_1 : \rho > 0$$

설명변수 3($k = 3$), 관측수 15($n = 15$)의 Durbin−Watson 임계치는 0.82 ≦ D ≦ 1.75이다. 검정통계량 d가 $d < 0.82$이면 H_1을 채택하고, d가 $d > 1.75$이면 H_0를 채택한다. 그리고 d가 $0.82 < d < 1.75$이면 불확정적이다. 예에서 제시된 d값이 2.665로서 $d = 2.665 > 1.75$이므로 H_0를 채택할 수 있다. 따라서 자기상관이 없다고 결론을 지을 수 있다.

[예제 11−4]

다음의 데이터에 대하여 모든 가능한 회귀(all possible regression)로 중회귀분석을 실시하라.

데이터표

No.	x_1	x_2	x_3	y_4
1	10	20	15	30
2	12	24	17	32
3	14	28	19	30
4	16	32	19	33
5	18	36	22	30
6	20	40	24	35
7	22	44	24	35
8	24	48	25	37
9	26	52	25	37
10	28	56	26	39

이 데이터의 설명변수 간 상관행렬은 다음과 같이 된다.

	x_1	x_2	x_3
x_1	1.000	1.000	0.966
x_2	1.000	1.000	0.966
x_3	0.966	0.966	1.000

■ 분석결과에 대해서

설명변수의 편성 패턴			회귀계수			기여율 R^2	자유도조정필 R^{*2}	이중조정필 R^{**2}
			x_1	x_2	x_3			
x_1	x_2	x_3	해 없음	해 없음	해 없음	해 없음	해 없음	해 없음
x_1	x_2		해 없음	해 없음		해 없음	해 없음	해 없음
	x_2	x_3		0.419	−0.567	0.844	0.799	0.763
x_1		x_3	0.838		−0.567	0.844	0.799	0.763
x_1			0.491			0.815	0.792	0.773
	x_2			0.246		0.815	0.792	0.773
		x_3			0.712	0.687	0.648	0.616

x_1과 x_2의 상관계수가 1이라는 데에 주의할 필요가 있다. 이 두 개의 설명변수를 동시에 사용하고 있는 패턴 (x_1, x_2, x_3)와 (x_1, x_2)의 경우에는 다중공선성 때문에 해가 구해지지 않는다고 하는 현상이 발생하고 있다.

이와 같은 경우에는 x_1이나 x_2의 어느 쪽인가 한쪽만을 사용하면 된다. 어느 쪽을 사용해도 본질적으로는 같다는 것을 기여율로부터 이해할 수 있다. 상관계수가 1이라고 하는 것은 x_1의 정보가 x_2로 완전히 대용된다고 하는 것을 의미하고 있으므로, 양쪽을 모두 사용하는 것은 무의미하다.

다음에, x_3의 회귀계수에 대한 부호에 주목하기 바란다. x_3을 단독으로 이용할 때에는 양(+)인데 x_2과 함께 사용하면 음(−)이 되어 버린다. 이것은 x_2과 x_3의 상관계수가 0.966으로 특히 1에 가깝기 때문에 부호 역전이 일어나고 있는 것이다.

[예제 11-5]

다음의 데이터에 대해서 모든 가능한 회귀로 중회귀분석을 실시하라.

데이터표

No.	x_1	x_2	x_3	y	No.	x_1	x_2	x_3	y
1	10	20	70	30	6	20	50	30	35
2	12	25	63	32	7	22	15	63	35
3	14	10	76	30	8	24	10	66	37
4	16	30	54	33	9	26	20	54	37
5	18	45	37	30	10	28	30	42	39

이 데이터의 설명변수 간 상관행렬은 다음과 같이 된다.

	x_1	x_2	x_3
x_1	1.000	0.020	−0.421
x_2	0.020	1.000	−0.915
x_3	−0.421	−0.915	1.000

또한 설명변수 사이에

$$x_1 + x_2 + x_3 = 100$$

이라고 하는 관계가 성립하고 있다.

■ 분석결과에 대해서

설명변수의 편성 패턴			회귀계수			기여율 R^2	자유도조정필 R^{*2}	이중조정필 R^{**2}
			x_1	x_2	x_3			
x_1	x_2	x_3	해 없음	해 없음	해 없음	해 없음	해 없음	해 없음
x_1	x_2		0.492	−0.019		0.821	0.770	0.728
	x_2	x_3		−0.511	−0.492	0.821	0.770	0.728
x_1		x_3	0.511		0.019	0.821	0.770	0.728
x_1			0.491			0.815	0.792	0.773
	x_2			−0.014		0.004	−0.121	−0.223
		x_3			−0.068	0.096	−0.017	−0.110

설명변수 x_1, x_2, x_3의 사이에 1차식으로 나타낼 수 있는 관계($x_1 + x_2 + x_3 = 100$)가 성립하기 때문에 이들 3개의 설명변수를 동시에 사용하는 중회귀분석의 해는 다중공선성으로 인해서 구해지지 않는다. 이와 같은 경우 x_1, x_2, x_3의 어느 것 하나를 제거하고 회귀식을 작성하면 된다. 어느 변수를 제거해도 본질적으로는 변하지 않는다.

11.4 | 회귀진단

1. 잔차와 회귀계수의 관찰

■ 회귀진단이란

회귀분석은 회귀식을 산출하여 기여율을 검토하면 그것으로 끝이라고 하는 것은 아니다.

자신이 생각했던 모델과 데이터가 잘 들어맞고 있는지 어떤지도 검토할 필요가 있다. 회귀분석에 있어서 모델과 데이터의 적합성을 검토하는 작업을 **회귀진단**(regression diagnostics)이라고 한다. 회귀진단에서는,

1. 모델의 타당성
2. 개개 데이터의 영향도

등을 분명히 한다. 이를 위한 방법을 소개하기로 한다.

산점도의 관찰

산점도의 관찰은 회귀진단을 위한 방법이라고 하기보다도 회귀분석에 들어가기 전에 예비적 분석으로서 실시할 만한 것이지만, 회귀진단의 목적과 중복되는 곳이 있으므로 산점도 관찰의 중요성을 수치예로서 해설하기로 한다.

수치예로 드는 다음의 데이터는 F. J. Anscombe이 교훈적으로 제공하고 있는 것("Graphs in statistical analysis", *American Statistician*, 27, 1973, pp. 17~21)이다.

Anscombe의 데이터

A		B		C		D	
x	y	x	y	x	y	x	y
4	4.26	4	3.10	4	5.39	8	5.25
5	5.68	5	4.74	5	5.73	8	5.56
6	7.24	6	6.13	6	6.08	8	5.76
7	4.82	7	7.26	7	6.42	8	6.58
8	6.95	8	8.14	8	6.77	8	6.89
9	8.81	9	8.77	9	7.11	8	7.04
10	8.04	10	9.14	10	7.46	8	7.71
11	8.33	11	9.26	11	7.81	8	7.91
12	10.84	12	9.13	12	8.15	8	8.47
13	7.58	13	8.74	13	12.74	8	8.84
14	9.96	14	8.10	14	8.84	19	12.50

이 4조의 데이터는 거의 같은 회귀식이 얻어지도록 되어 있다. 그러나 산점도를 관찰해 보면 모양이 상당히 다르다는 것을 발견할 수 있다. 통계량에만 의존해서 산점도의 작성과 음미를 소홀히 해서는 안 된다는 것을 이 사례는 시사하고 있다.

A

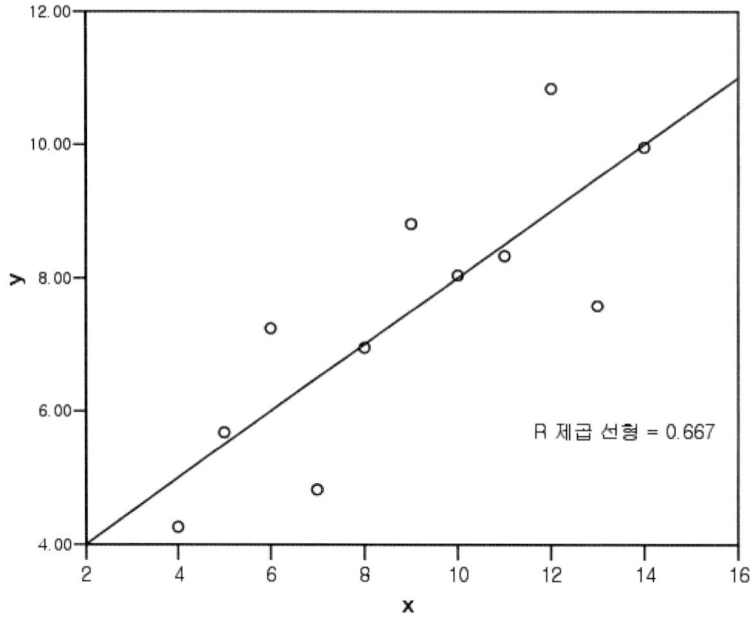

B

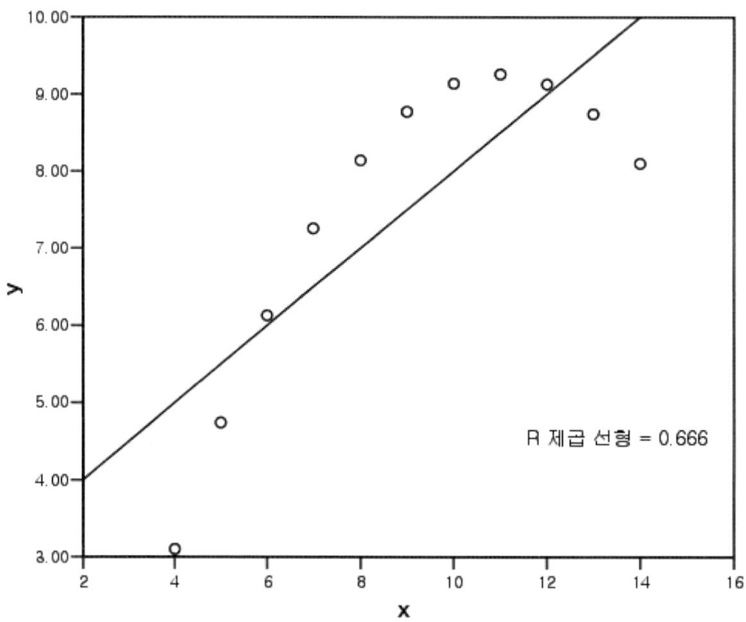

C

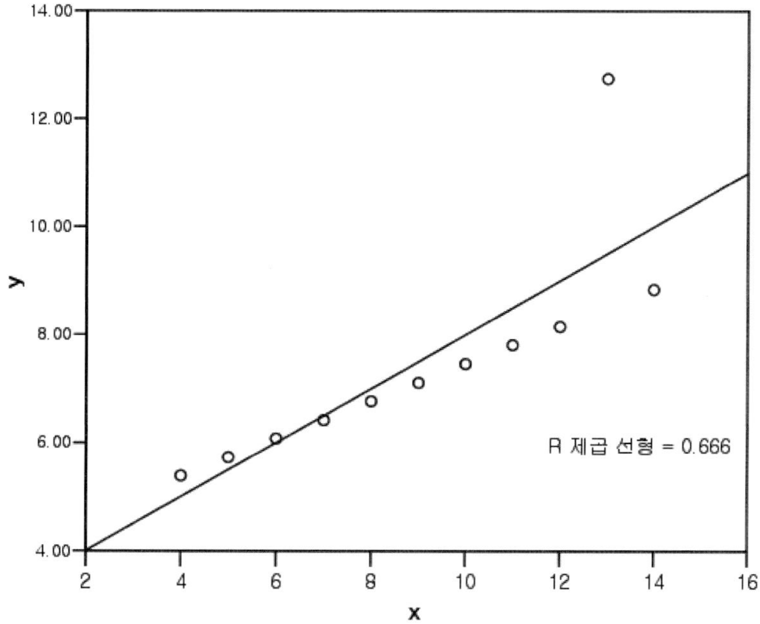
14.00
12.00
10.00
y
8.00
6.00
4.00
R 제곱 선형 = 0.666
2
4
6
8
10
12
14
16
x

D

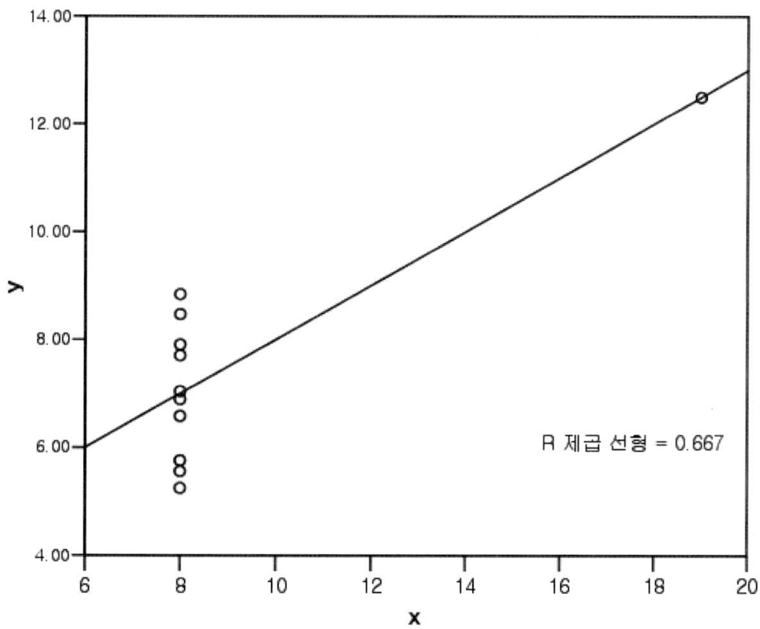
14.00
12.00
10.00
y
8.00
6.00
4.00
R 제곱 선형 = 0.667
6
8
10
12
14
16
18
20
x

■ 잔차의 관찰

분석 도구를 사용해서 잔차와 설명변수의 산점도로부터 무엇을 알 수 있는지 살펴보기로 한다.

다음의 데이터는,

$$y = 30 - x_1 + 0.5x_2 + {x_2}^2 + \text{오차}$$

라고 하는 모델로 작성한 인공적인 수치 데이터이다. ${x_2}^2$이라고 하는 자승의 항이 들어가 있는 것에 주목할 필요가 있다.

데이터표

No.	x_1	x_2	y	No.	x_1	x_2	y
1	16	2	10	6	3	9	100
2	5	15	246	7	2	17	320
3	12	10	129	8	15	0	5
4	14	5	46	8	9	2	23
5	0	16	287	10	7	0	32

이 데이터에 대해서,

$$y = b_0 + b_1x_1 + b_2x_2$$

라고 하는 ${x_2}^2$이 들어가 있지 않은 회귀식을 생각해서 중회귀분석을 실행하면, 잔차와 설명변수의 산점도는 다음과 같이 된다(다음의 산점도는 Excel에 의해서 작성된 것임).

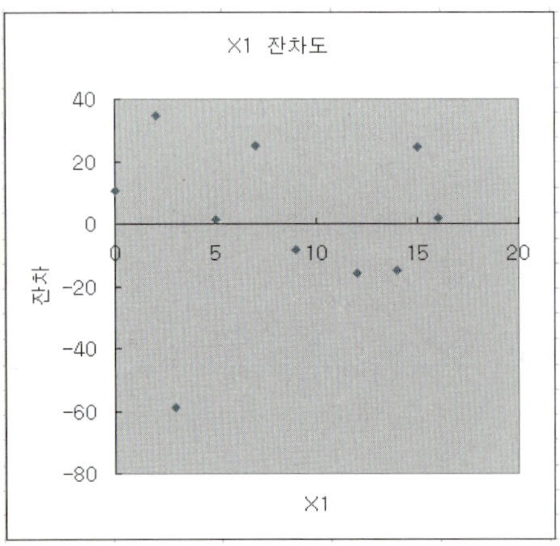

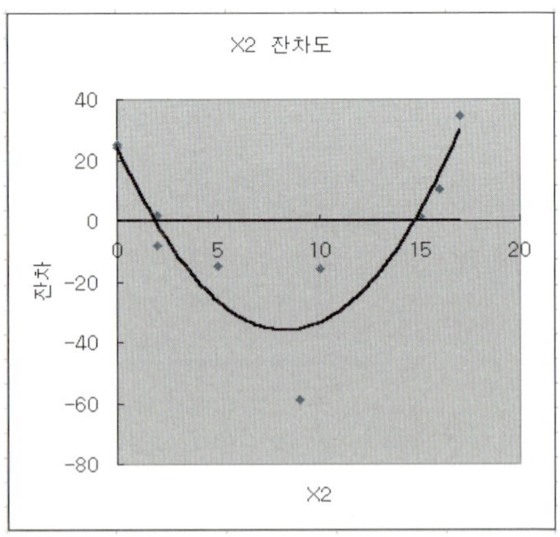

본래 잔차와 설명변수의 산점도에는 어떠한 경향도 보이지 않는 것이 바람직하다. x_1과 잔차의 산점도에는 어떠한 경향도 보이지 않는다. 그러나 x_2와 잔차의 산점도에는 2차적인 경향이 보인다. 이것은 회귀식의 모델에 x_2를 자승한 항을 추가해야 한다는 것을 시사하고 있다.

개개 데이터의 영향도

개개의 데이터가 회귀계수에 어떠한 영향을 미치고 있는가를 보는 것은 이상치의 존재를 확인하는 의미에서도 중요하다. 여기에서 영향도에 대한 조사방법을 단회귀분석의 수치예로서 해설하기로 한다.

먼저 다음과 같은 데이터를 2조 준비한다.

제 1조

No.	x	y	No.	x	y
1	10	20	6	60	124
2	20	43	7	70	144
3	30	61	8	80	161
4	40	80	9	90	183
5	50	200	10	100	203

제 2조

No.	x	y	No.	x	y
1	10	10	6	20	30
2	10	20	7	30	10
3	10	30	8	30	20
4	20	10	9	30	30
5	20	20	10	90	100

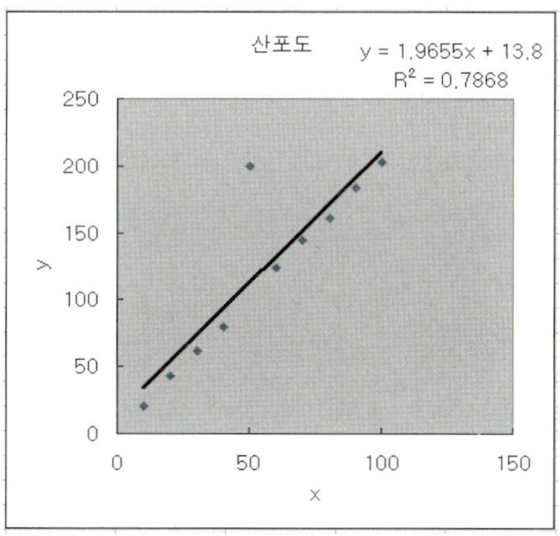

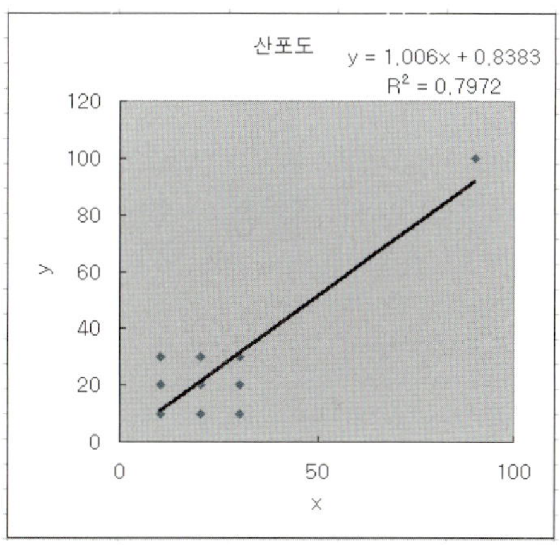

산점도(Excel에 의해서 작성된 것임)로부터 제 1조에서는 No. 5의 데이터가 이상치로 되어 있고, 제 2조에서는 No. 10의 데이터가 이상치로 되어 있다는 것을 알 수 있다.

개개의 데이터가 회귀계수에 어떠한 영향을 미치고 있는가를 보려면, 레버리지(leverage ; 영향도)라고 일컬어지는 통계적 지표가 흔히 쓰인다. 그러나 Excel에서 이것을 산출하려면 상당한 시간이 걸리므로, 데이터를 1개씩 제거했을 때의 회귀계수를 산출하여 그 변화를 본다고 하는 방법으로 실행하고자 한다. 또한 기여율과 잔차도 동시에 보기로 한다(잔차는 어느 데이터도 제거하지 않고 산출한다).

(주) 다음의 두 표는 2조의 데이터를 Excel에 의해서 처리한 결과를 다시 정리한 것이다.

제 1조의 데이터에 대해서

	A	D	E	F
1	제거하는 데이터	잔차	회귀계수	기여율
2	1	13.4545	1.8533	0.7115
3	2	10.1091	1.9084	0.7470
4	3	11.7636	1.9222	0.7673
5	4	12.4182	1.9396	0.7806
6	5	-87.9273	2.0249	0.9995
7	6	7.7273	1.9707	0.7884
8	7	7.3818	1.9808	0.7855
9	8	10.0364	2.0024	0.7806
10	9	7.6909	2.0089	0.7647
11	10	7.3455	2.0267	0.7424

제 2조의 데이터에 대해서

	A	D	E	F
1	제거하는 데이터	잔차	회귀계수	기여율
2	1	0.8982	1.0024	0.7852
3	2	-9.1018	1.0427	0.8105
4	3	-19.1018	1.0829	0.8652
5	4	10.9581	0.9888	0.8075
6	5	0.9581	1.0045	0.7951
7	6	-9.0419	1.0202	0.8115
8	7	21.0180	1.0200	0.8670
9	8	11.0180	1.0133	0.8164
10	9	1.0180	1.0067	0.7972
11	10	-8.6228	0.0000	0.0000

제 1조를 보면 산점도상에서 이상치로 보이는 No. 5의 잔차가 커져 있는 것을 알 수 있다. 이 데이터를 제거했을 때의 기여율이 다른 데이터를 제거했을 때의 기여율에 비해서 극단적으로 커져 있다. 회귀계수는 어느 경우도 2.0 전후로 그다지 변화하고 있지 않다.

제 2조를 보면 산점도상에서 이상치로 보이는 No. 10의 데이터를 제거했을 때의 기여율이

다른 데이터를 제거했을 때의 기여율에 비해서 극단적으로 작아져 있다. 회귀계수도 크게 변화하고 있다.

따라서 No. 10의 데이터는 회귀계수와 기여율에 큰 영향을 미치고 있다는 것을 알 수 있다. 의외로 잔차는 그다지 커져 있지 않다.

2. Excel의 활용

■ 통계함수에 의한 회귀계수의 관찰

데이터를 1개씩 제거했을 때의 회귀계수를 산출하는 데는 Excel의 통계함수를 사용하면 편리하다. 그 방법을 전술한 제1조의 데이터를 사용해서 해설한다.

〈순서 1〉 데이터의 입력과 복사

① 설명변수 x의 데이터를 B2에서 B11까지, 목적변수 y의 데이터를 C2에서 C11까지 입력한다.

② 이 데이터를 B12에서부터 복사해서 완전히 같은 데이터를 1조 만든다(원래의 데이터의 마지막 행과 복사된 데이터의 최초의 행이 이어지도록 한다).

	A	B	C	D	E	F	G
1	No.	x	y				
2	1	10	20				
3	2	20	43				
4	3	30	61				
5	4	40	80				
6	5	50	200				
7	6	60	124				
8	7	70	144				
9	8	80	161				
10	9	90	183				
11	10	100	203				
12	1	10	20				
13	2	20	43				
14	3	30	61				
15	4	40	80				
16	5	50	200				
17	6	60	124				
18	7	70	144				
19	8	80	161				
20	9	90	183				
21	10	100	203				
22							

〈순서 2〉 통계함수의 입력

	A	B	C	D	E	F	G
1	No.	x	y	잔차	회귀계수	기여율	
2	1	10	20	13.4545	1.8533	0.7115	
3	2	20	43	10.1091	1.9084	0.7470	
4	3	30	61	11.7636	1.9222	0.7673	
5	4	40	80	12.4182	1.9396	0.7806	
6	5	50	200	-87.9273	2.0249	0.9995	
7	6	60	124	7.7273	1.9707	0.7884	
8	7	70	144	7.3818	1.9808	0.7855	
9	8	80	161	10.0364	2.0024	0.7806	
10	9	90	183	7.6909	2.0089	0.7647	
11	10	100	203	7.3455	2.0267	0.7424	
12	1	10	20				
13	2	20	43				
14	3	30	61				
15	4	40	80				
16	5	50	200				
17	6	60	124				
18	7	70	144				
19	8	80	161				
20	9	90	183				
21	10	100	203				
22							

[셀의 입력내용]

D2; =TREND($C$2:$C$11,$B$2:$B$11,B2,TRUE) − C2 (D2를 D3에서 D11까지 복사)

* D2에서 D11까지에는 어느 데이터도 제거하지 않고 작성되는 회귀식의 잔차가 계산된다.

E2; =INDEX(LINEST(C3:C11,B3:B11,TRUE,TRUE),1,1) (E2를 E3에서 E11까지 복사)

* E2에는 No.1의 데이터를 제거한 회귀식의 회귀계수가 계산된다. LINEST의 데이터 범위를 (C3:C11,B3:B11)로 하고 있는 것이 포인트이다.

F2; = INDEX(LINEST(C3:C11,B3:B11,TRUE,TRUE),3,1) (F2를 F3에서 F11까지 복사)

* F2에는 No.1의 데이터를 제거한 회귀식의 기여율이 계산된다.

〈순서 3〉 제 2조의 데이터에 대한 처리

제 1조의 데이터에 대한 처리방법과 똑같이 처리하여 그 결과를 비교한다.

	A	B	C	D	E	F	G
1	No.	x	y	잔차	회귀계수	기여율	
2	1	10	10	0.8982	1.0024	0.7852	
3	2	10	20	-9.1018	1.0427	0.8105	
4	3	10	30	-19.1018	1.0829	0.8652	
5	4	20	10	10.9581	0.9888	0.8075	
6	5	20	20	0.9581	1.0045	0.7951	
7	6	20	30	-9.0419	1.0202	0.8115	
8	7	30	10	21.0180	1.0200	0.8670	
9	8	30	20	11.0180	1.0133	0.8164	
10	9	30	30	1.0180	1.0067	0.7972	
11	10	90	100	-8.6228	0.0000	0.0000	
12	1	10	10				
13	2	10	20				
14	3	10	30				
15	4	20	10				
16	5	20	20				
17	6	20	30				
18	7	30	10				
19	8	30	20				
20	9	30	30				
21	10	90	100				
22							

CHAPTER 12 순서 회귀분석

12.1 | 순서 회귀분석의 기초지식

직업상 거의 매일 술을 마시지 않으면 안 되는 사람에게 숙취에 잘 듣는 약이 있다면 얼마나 좋겠는가? 그래서 20명의 피험자들에게 다음과 같은 앙케트 조사를 실시했다.

표 12-1 앙케트 조사표

[질문 1] : 이 숙취약은 잘 듣는가?
1. 잘 듣는다 2. 조금 듣는다 3. 별로 듣지 않는다 (숙취약)

[질문 2] : 귀하는 술을 어느 정도 마십니까?
1. 거의 매일 2. 일주일에 여러 번 3. 한 달에 여러 번 (음주횟수)

[질문 3] : 귀하의 업무는?
1. 사무직 2. 기술직 3. 관리직 (직종)

[질문 4] : 귀하의 연령은?
( )세 (연령)

이 앙케트 조사의 목적은

"술을 마시는 횟수나 업무의 종류로부터 숙취약의 효과를 조사한다"

는 것이다.

예를 들면,

"매일 술을 마시는 사람은 숙취약을 먹어도 별로 효과가 없는 것은 아닌가?"

라든가

"사무직으로 일주일에 여러 번 술을 마시는 사람이 이 숙취약을 먹으면 어느 정도 듣는지 예측 또는 판별하고 싶다"

라고 하는 것 등이다.

이와 같은 때에는 **순서 회귀분석**을 실시하면 된다. 목적변수가 순위 데이터이므로 순서 회귀분석이라고 부른다.

■ 순서 회귀분석의 용도

순서 회귀분석을 실시하면 무엇을 알 수 있는가? 이 분석은 설명변수와 목적변수의 관계를 여러 가지 모델 식을 사용해서 표현한다. 모델 식의 계수를 보면 어느 설명변수가 목적변수에 큰 영향을 미치는지 알 수 있다. 이 분석은 판별분석으로서도 이용할 수 있다.

순서 회귀분석의 이미지를 그림으로 표현하면 다음과 같다.

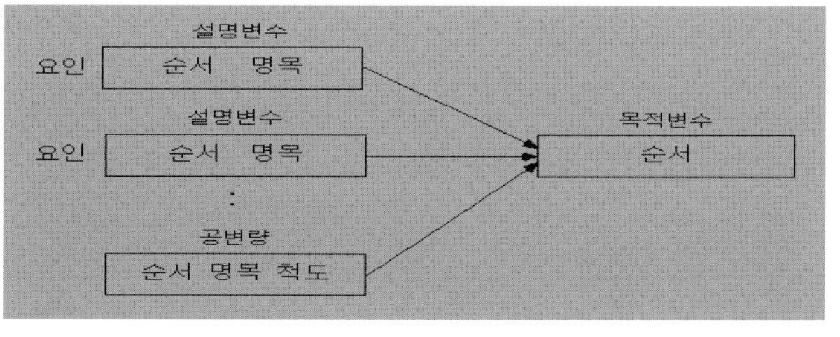

그림 12-1 순서 회귀분석의 이미지

따라서 <표 12-1>의 앙케트 조사에서 문제 삼은 세 가지 질문의 경우, 다음과 같은 관계를 조사할 수 있다.

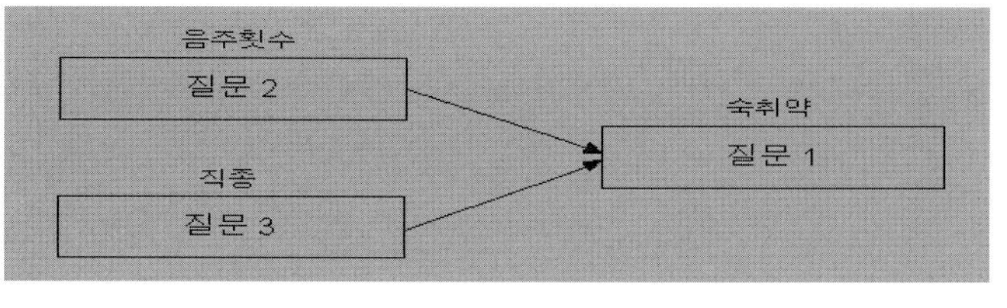

그림 12-2 세 가지 질문 간의 관계

순서 회귀분석의 모델 식은 응답변수(=목적변수)의 범주(category) 상태에 따라서 몇 가지 종류가 있다.

(1) 로짓(Logit)

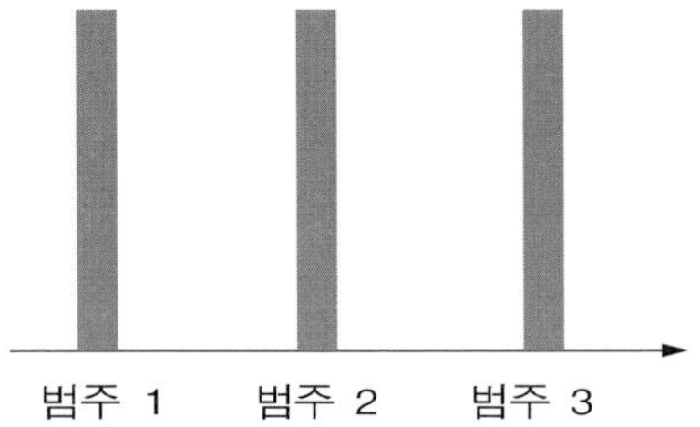

$$\log\frac{\gamma_j}{1-\gamma_j} = \theta_j - (\beta_1 x_1 + \beta_2 x_2 + \cdots + \beta$$

(2) 상보 로그 마이너스 로그(Complementary log-log)

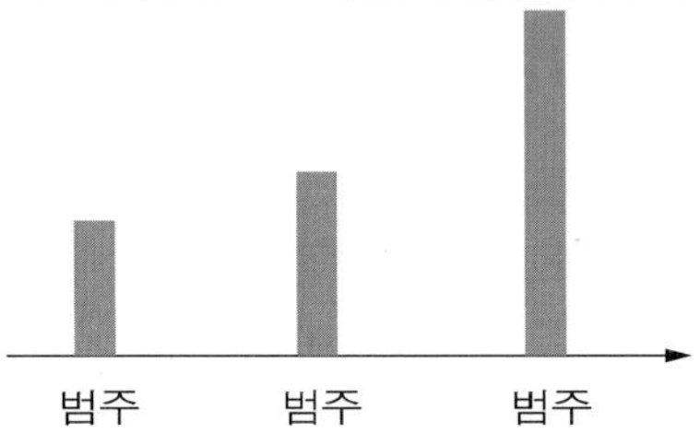

$$\log(-\log(1-\gamma_j)) \\ = \theta_j - (\beta_1 x_1 + \beta_2 x_2 + \cdots + \beta_k x_k)$$

(3) 음의 로그 마이너스 로그(Negative log-log)

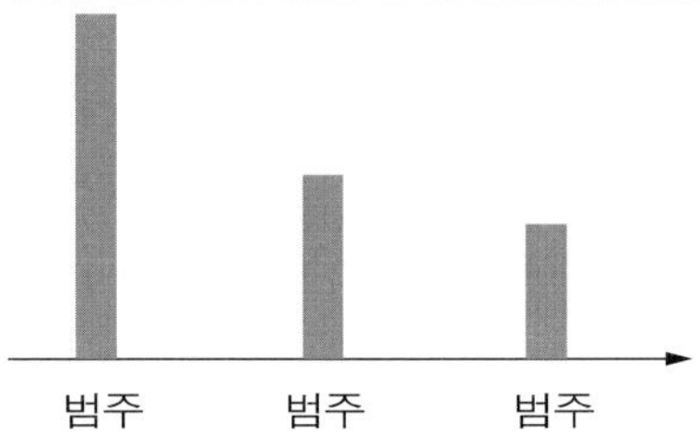

$$-\log(-\log(\gamma_j)) \\ = \theta_j - (\beta_1 x_1 + \beta_2 x_2 + \cdots + \beta_k x_k)$$

(4) 프로빗(Probit)

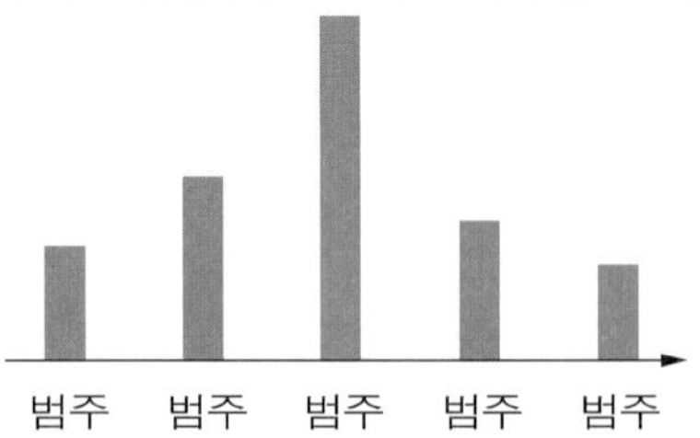

$$\Phi^{-1}(\gamma_j) = \theta_j - (\beta_1 x_1 + \beta_2 x_2 + \cdots + \beta_k x_k$$

(5) 코칫(Cauchit=inverse Cauchy)

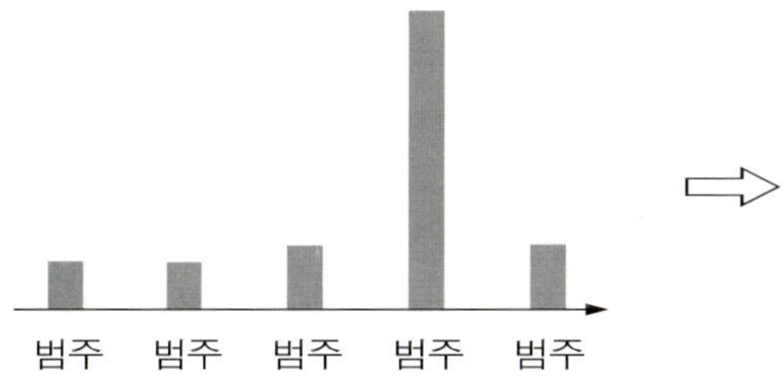

$$\tan(\pi(\gamma_j - 0.5)) = \theta_j - (\beta_1 x_1 + \beta_2 x_2 + \cdots + \beta_k x_k)$$

12.2 | 순서 회귀분석의 실제

<표 12-1>의 앙케트 조사표에 의한 조사 결과는 다음과 같다.

표 12-2 앙케트 조사의 결과

피험자	질문 1	질문 2	질문 3	질문 4
1	2	1	1	24
2	1	2	1	51
3	1	3	1	22
4	3	1	1	35
5	2	2	1	42
6	1	3	1	28
7	2	1	1	33
8	1	2	1	46
9	3	1	2	25
10	1	2	2	32
11	2	3	2	54
12	1	3	2	48
13	2	2	2	34
14	2	1	2	29
15	2	2	2	40
16	3	1	3	48
17	1	1	3	54
18	3	1	3	57
19	1	2	3	42
20	2	1	3	39

■ SPSS에 의한 해법

〈순서 1〉 데이터의 입력

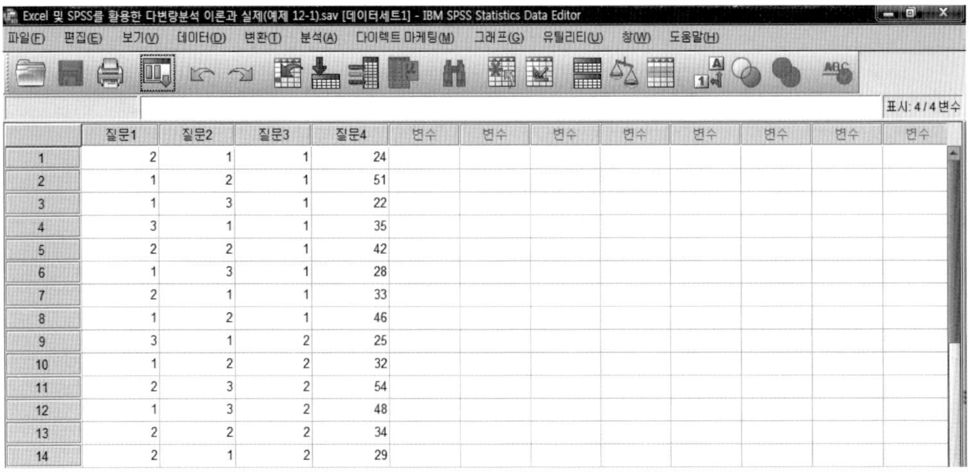

〈순서 2〉 회귀분석의 선택

메뉴에서 [분석(A)] − [회귀분석(R)] − [순서형(D)]을 선택한다.

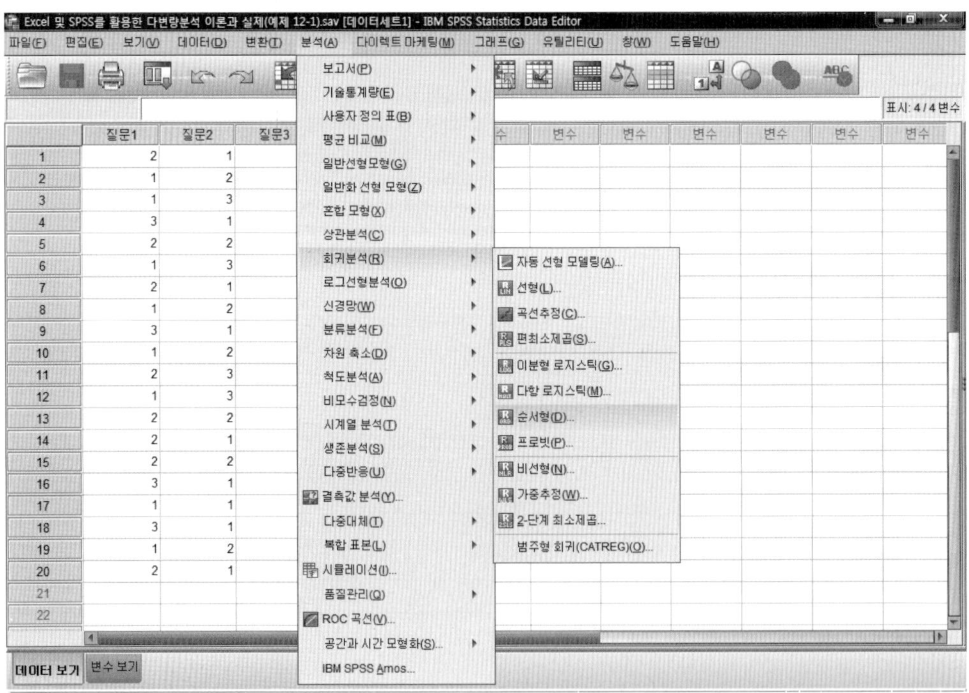

〈순서 3〉 변수의 선택

다음과 같은 대화상자가 나타나면 [종속변수(D)] 난에 '질문 1'을, [요인(F)] 난에 '질문 2'와 '질문 3'을 이동하고 [출력결과(T)] 버튼을 클릭한다.

〈순서 4〉 출력결과 선택

다음과 같은 화면이 나타나면 [적합도 통계량(F)], [요약 통계량(S)], [모수 추정값(P)]과 [저장 변수]의 모든 항목을 선택하여 체크한다. [계속]을 클릭한다.

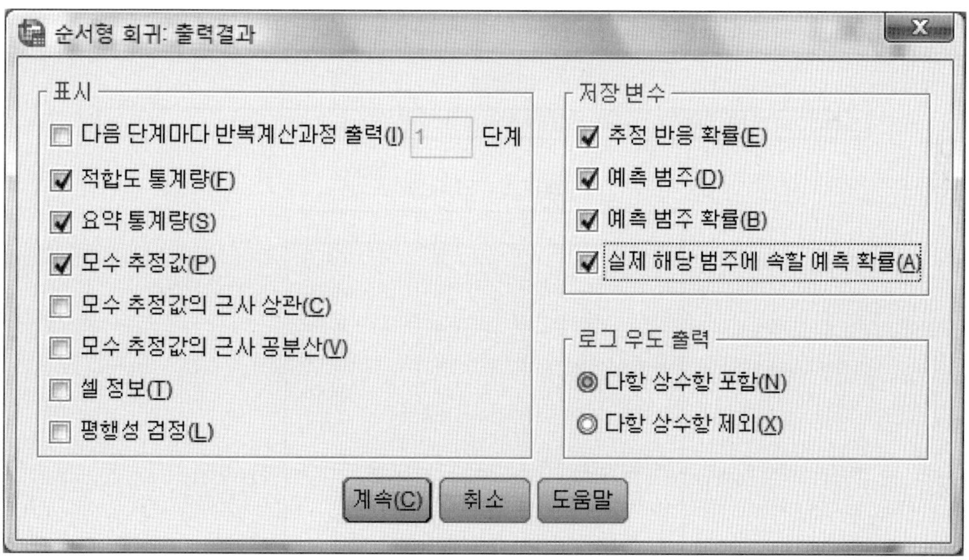

〈순서 5〉 순서 회귀분석의 실행

다음의 화면에서 [확인] 버튼을 클릭하면 출력결과를 얻을 수 있다.

■ 분석결과 및 결과의 해석방법

(1) 순서 회귀분석-(첫째)

PLUM - 순서형 회귀

경고

9 (37.5%) 셀(즉, 예측자 변수값 조합 옆 종속변수 수준)은 빈도가 0입니다.

케이스 처리 요약

		N	주변 퍼센트
질문1	1	8	40.0%
	2	8	40.0%
	3	4	20.0%
질문2	1	9	45.0%
	2	7	35.0%
	3	4	20.0%
질문3	1	8	40.0%
	2	7	35.0%
	3	5	25.0%
유효		20	100.0%
결측		0	
전체		20	

모형 적합 정보

모형	-2 로그 우도	카이제곱	자유도	유의확률
절편 만	27.863			
최종	16.144	11.718	4	.020

연결함수: 로짓.

적합도

	카이제곱	자유도	유의확률
Pearson	4.264	10	.935
편차	5.158	10	.880

연결함수: 로짓.

유사 R-제곱

Cox 및 Snell	.443
Nagelkerke	.505
McFadden	.278

연결함수: 로짓.

모든 편성

질문 1 … 세 가지, 질문 2 … 세 가지, 질문 3 … 세 가지

를 생각하면 전부해서 3 × 3 × 3 = 27가지가 된다.

이 앙케트 조사의 경우는 다음의 24가지에 대해서 분석한다.

잘 듣는다(숙취약=1)

	사무직	기술직	관리직
거의 매일	0	0	1
주에 여러 번	2	1	1
월에 여러 번	2	1	

조금 듣는다(숙취약=2)

	사무직	기술직	관리직
거의 매일	2	1	1
주에 여러 번	1	2	0
월에 여러 번	0	1	

별로 듣지 않는다(숙취약=3)

	사무직	기술직	관리직
거의 매일	1	1	2
주에 여러 번	0	0	0
월에 여러 번	0	0	

데이터가 없는 셀(=도수가 0인 셀)이 9개이므로

$$9/24 \times 100\% = 37.5\%$$

검정통계량의 카이제곱과 유의확률의 관계는 다음과 같다.

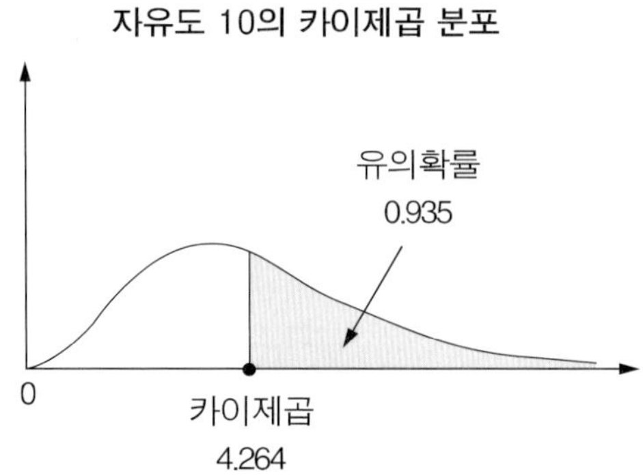

그림 12-3 검정통계량 카이제곱과 유의확률의 관계

유사 R－제곱은 전술한 순서 회귀분석의 모델 식에 대한 적합도를 나타낸다. 이 값이 1에 가까울수록 모델 식의 적합도가 좋다는 것을 나타내므로, 이 값은 중회귀분석의 결정계수와 같은 의미가 된다.

(2) 순서 회귀분석－(둘째)

모수 추정값

		B 추정값	표준오차	Wald	자유도	유의확률	95% 신뢰구간 하한	95% 신뢰구간 상한
임계값	[질문1 = 1]	2.099	1.716	1.496	1	.221	-1.265	5.464
	[질문1 = 2]	5.079	2.062	6.066	1	.014	1.037	9.120
위치	[질문2=1]	4.317	1.767	5.967	1	.015	.853	7.781
	[질문2=2]	.955	1.461	.427	1	.513	-1.908	3.818
	[질문2=3]	0[a]	.	.	0	.	.	.
	[질문3=1]	.173	1.268	.019	1	.891	-2.311	2.657
	[질문3=2]	1.520	1.368	1.233	1	.267	-1.162	4.201
	[질문3=3]	0[a]	.	.	0	.	.	.

연결함수: 로짓.

a. 현재 모수는 중복되므로 0으로 설정됩니다.

링크 함수는 로짓이므로 B 추정값을 보면 모델 식은 다음과 같다.

[질문 1 = 1]

$$\log\frac{\gamma_1}{1-\gamma_1} = 2.099 - (4.317\,x_1 + 0.173\,x_2)$$

$$\log\frac{\gamma_1}{1-\gamma_1} = 2.099 - (4.317\,x_1 + 1.520\,x_2)$$

$$\log\frac{\gamma_1}{1-\gamma_1} = 2.099 - (4.317\,x_1 + 0.000\,x_2)$$

$$\log\frac{\gamma_1}{1-\gamma_1} = 2.099 - (0.955\,x_1 + 0.173\,x_2)$$

$$\log\frac{\gamma_1}{1-\gamma_1} = 2.099 - (0.955\,x_1 + 1.520\,x_2)$$

$$\log\frac{\gamma_1}{1-\gamma_1} = 2.099 - (0.954\,x_1 + 0.000\,x_2)$$

$$\log\frac{\gamma_1}{1-\gamma_1} = 2.099 - (0.000\,x_1 + 0.173\,x_2)$$

$$\log\frac{\gamma_1}{1-\gamma_1} = 2.099 - (0.000\,x_1 + 1.520\,x_2)$$

[질문 1 = 2]

$$\log\frac{\gamma_2}{1-\gamma_2} = 5.079 - (4.317\,x_1 + 0.173\,x_2)$$

$$\log\frac{\gamma_2}{1-\gamma_2} = 5.079 - (4.317\,x_1 + 1.520\,x_2)$$

$$\log\frac{\gamma_2}{1-\gamma_2} = 5.079 - (4.317\,x_1 + 0.000\,x_2)$$

$$\log\frac{\gamma_2}{1-\gamma_2} = 5.079 - (0.955\,x_1 + 0.173\,x_2)$$

$$\log\frac{\gamma_2}{1-\gamma_2} = 5.079 - (0.955\,x_1 + 1.520\,x_2)$$

$$\log\frac{\gamma_2}{1-\gamma_2} = 5.079 - (0.954\,x_1 + 0.000\,x_2)$$

$$\log\frac{\gamma_2}{1-\gamma_2} = 5.079 - (0.000\,x_1 + 0.173\,x_2)$$

$$\log\frac{\gamma_2}{1-\gamma_2} = 5.079 - (0.000\,x_1 + 1.520\,x_2)$$

임계값을 심리학에서는 역치(閾値)라고 한다.

질문 1=3에 대해서는 순서 회귀분석-(셋째)에서 다룬다.

검정통계량 Wald에 대해서 살펴보기로 한다. 이것은 다음의 귀무가설을 검정하고 있다.

$$\text{귀무가설 } H_0 \text{ : B(모집단의 [질문 } 2=1\text{]에 대한 } x_1 \text{의 계수)} = 0$$

이 검정통계량이 Wald이다. 이것이 순서 회귀분석의 핵심 부분이다.

검정통계량 Wald 5.967은

$$\text{유의확률 } 0.015 < \text{유의수준 } 0.05$$

이므로 기각역에 속하는 것을 알 수 있다.

따라서 귀무가설 H_0는 기각되므로 B≠0, 즉 거의 매일 술을 마시는 사람 [질문 2=1]에게는 이 숙취약이 효과가 있다는 것을 알 수 있다.

(3) 순서 회귀분석-(셋째)

	EST1_1	EST2_1	EST3_1	PRE_1	PCP_1	ACP_1	변수	변수	변수	변수
1	.08	.56	.36	2	.56	.56				
2	.73	.26	.02	1	.73	.73				
3	.87	.12	.01	1	.87	.87				
4	.08	.56	.36	2	.56	.36				
5	.73	.26	.02	1	.73	.26				
6	.87	.12	.01	1	.87	.87				
7	.08	.56	.36	2	.56	.56				
8	.73	.26	.02	1	.73	.73				
9	.02	.30	.68	3	.68	.68				
10	.41	.52	.07	2	.52	.41				
11	.64	.33	.03	1	.64	.33				
12	.64	.33	.03	1	.64	.64				
13	.41	.52	.07	2	.52	.52				
14	.02	.30	.68	3	.68	.30				
15	.41	.52	.07	2	.52	.52				
16	.10	.58	.32	2	.58	.32				
17	.10	.58	.32	2	.58	.10				
18	.10	.58	.32	2	.58	.32				
19	.76	.23	.02	1	.76	.76				
20	.10	.58	.32	2	.58	.58				
21										
22										
23										

(주1) EST1_1 : 질문 1의 1 잘 듣는다

EST2_1 : 질문 1의 2 조금 듣는다

EST3_1 : 질문 1의 3 별로 듣지 않는다

EST1_1, EST2_1, EST3_1 등은 추정량으로서 예측확률을 가리킨다.

PRE_1 : 예측 범주(category)

PCP_1 : 예측 범주 확률

ACP_1 : 실제 범주 확률

(주2) "예측 범주가 1이 되는 사람" = "숙취약이 잘 듣는 사람"을 의미한다.

여기에서 EST는 estimator(=추정량)를 가리킨다.

가령 첫 번째 행의 경우, 전술한 모델 식으로부터 예측확률 EST1_1, EST2_1, EST3_1은 다음과 같이 구한다.

$$\log\frac{\gamma_1}{1-\gamma_1}=2.099-(4.317+0.173)=-2.391$$

$$\gamma_1=\frac{\text{EXP}(-2.391)}{1+\text{EXP}(-2.391)}=0.083862$$

➡ EST1_1 $=\gamma_1=0.083862 \fallingdotseq 0.08$

$$\log\frac{\gamma_2}{1-\gamma_2}=5.079-(4.317+0.173)=0.589$$

$$\frac{\gamma_2}{1-\gamma_2}=\text{EXP}(0.589)$$

$$\gamma_2=\frac{\text{EXP}(0.589)}{1+\text{EXP}(0.589)}=0.643136$$

➡ EST2_1 $=\gamma_2-\gamma_1=0.643136-0.083862=0.559274 \fallingdotseq 0.56$

➡ EST3_1 $=$ 1－EST1_1－EST2_1 $=1-0.083862-0.559274=0.356864 \fallingdotseq 0.36$

세 개의 예측확률 EST1_1, EST2_1, EST3_1 중 가장 확률이 높은 범주가 예측 범주이다.

예를 들면, 피험자 7의 경우에 가장 높은 확률은 EST2_1의 0.56이므로 피험자 7의 PRE_1＝2라고 판정한다. 예측 범주를 보면 이 숙취약이 잘 듣는 사람은

사무직으로 주에 여러 번 술을 마시는 사람
사무직으로 월에 여러 번 술을 마시는 사람
기술직으로 월에 여러 번 술을 마시는 사람
관리직으로 주에 여러 번 술을 마시는 사람

등인 것 같다.

■ 중회귀분석, 순서 회귀분석, 범주형 회귀분석의 차이

(1) 중회귀분석 모델의 도식

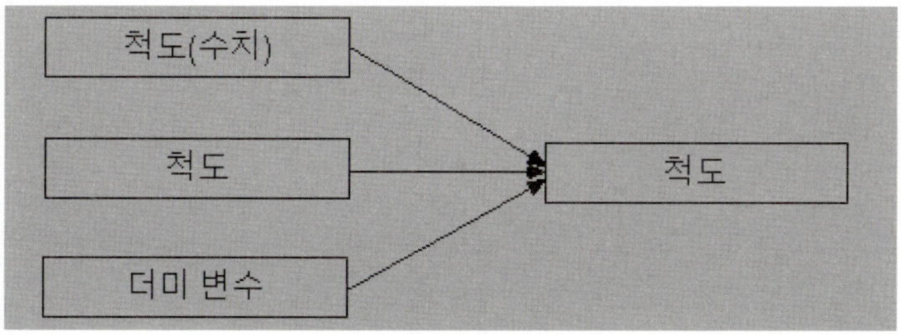

(2) 순서 회귀분석 모델의 도식

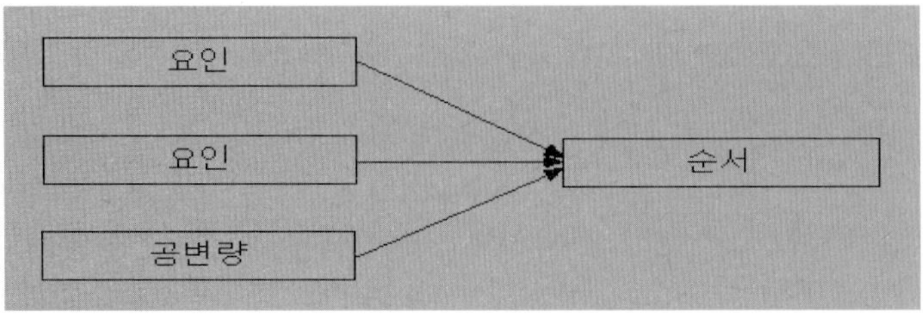

(3) 범주형 회귀분석 모델의 도식

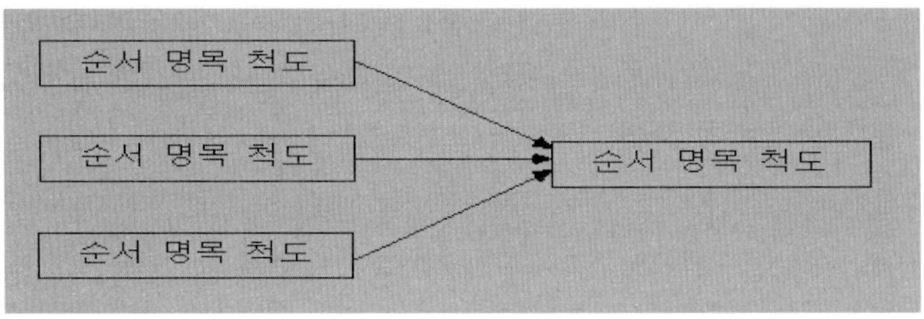

CHAPTER 13 범주형 회귀분석

13.1 | 범주형 회귀분석의 기초지식

SPSS 아카데미에서는 매 분기별로 여러 가지 통계처리 강습회를 개최하고 있다. 이 강습회를 더욱 충실하게 하기 위해서 강습회가 끝나면 수강생들에게 다음과 같은 앙케트 조사를 실시하고 있다.

표 13-1 앙케트 조사표

[질문 1] : 귀하는 이 강습회의 내용을 이해할 수 있었습니까?
1. 전혀 이해 못했다　2. 별로 이해 못했다
3. 조금 이해했다　4. 잘 이해했다　(내용이해도)

[질문 2] : 귀하는 강습회의 교재에 만족하셨습니까?
1. 만족 못했다　2. 어느 쪽도 아니다　3. 만족했다　(교재만족도)

[질문 3] : 귀하는 강습회의 시설을 어떻게 생각하셨습니까?
1. 나쁘다　2. 어느 쪽도 아니다　3. 좋다　(시설충실도)

[질문 4] : 귀하는 이 강습회의 강사에 대해서 어떻게 생각하셨습니까?
1. 좋지 않다고 생각한다　2. 어느 쪽도 아니다　3. 좋다고 생각한다　(강사만족도)

[질문 5] : 귀하는 이 강습회에 만족하셨습니까?
1. 만족하지 못했다　2. 어느 쪽도 아니다　3. 만족했다　(종합만족도)

이 앙케트 조사로부터 우리가 알고 싶은 것은

종합만족도	와	내용이해도 교재만족도 시설충실도 강사만족도

의 관계에 대해서이다.

앙케트 조사의 결과는 다음과 같다.

표 13-2 앙케트 조사의 결과

피험자	질문 1	질문 2	질문 3	질문 4	질문 5
1	4	3	2	3	3
2	1	2	2	1	2
3	3	3	3	3	2
4	4	3	3	3	3
5	2	2	2	2	2
6	4	3	3	3	3
7	1	3	1	2	1
8	3	1	3	3	2
9	2	2	2	2	2
10	4	3	3	3	3
11	2	2	2	2	2
12	2	3	3	2	2
13	1	1	2	2	1
14	4	3	3	3	3
15	1	2	2	1	1
16	3	3	3	3	3
17	1	2	2	1	2
18	4	3	2	3	3

■ 범주형 회귀분석의 용도

범주형 회귀분석에서 중요한 것은 다음과 같은 각 질문의 범주에 대한 수량화와 이 수량화로부터 구하는 다음의 회귀식이다.

질문 1의 범주	순서		수량화
전혀 이해 못했다	1		−1.040
별로 이해 못했다	2	➡	−0.872
조금 이해했다	3		0.457
잘 이해했다	4		1.219

목적변수		설명변수		설명변수		설명변수		설명변수
질문 5	$= b_1 \times$	질문 1	$+ b_2 \times$	질문 2	$+ b_3 \times$	질문 3	$+ b_4 \times$	질문 4

따라서 계수 b_1, b_2, b_3, b_4가 다음과 같이 구해지면 계수의 크기로부터 질문 1, 질문 2, 질문 3, 질문 4가 질문 5에 미치는 영향의 크기를 알 수 있다.

종합만족도 =1.215× 내용이해도 +0.227× 교재만족도 +0.150× 시설충실도 −0.431× 강사만족도

범주형 회귀분석의 이미지를 도시해 보면 다음과 같이 된다.

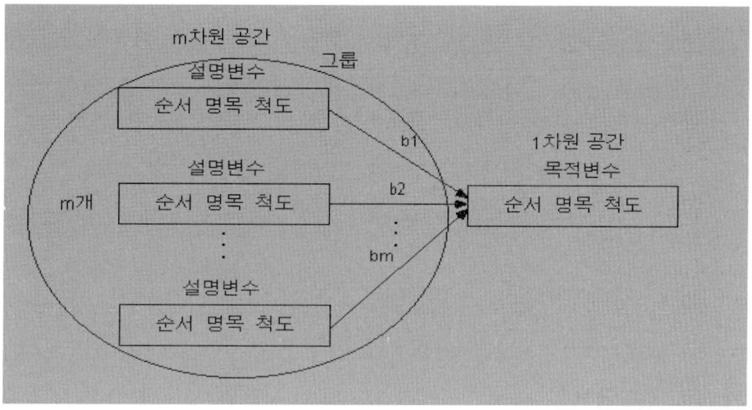

그림 13-1 범주형 회귀분석의 이미지

즉, m개의 설명변수와 1개의 목적변수와의 관계를 조사하고 있다.

<표 13−1>의 앙케트 조사의 경우 {질문 1, 질문 2, 질문 3, 질문 4}와 {질문 5}의 상관계수가 최대가 되도록 계수 b_1, b_2, b_3, b_4를 구한다. 따라서 계수의 절대값이 큰 질문이 질문 5와 밀접한 관계에 있는 것이다.

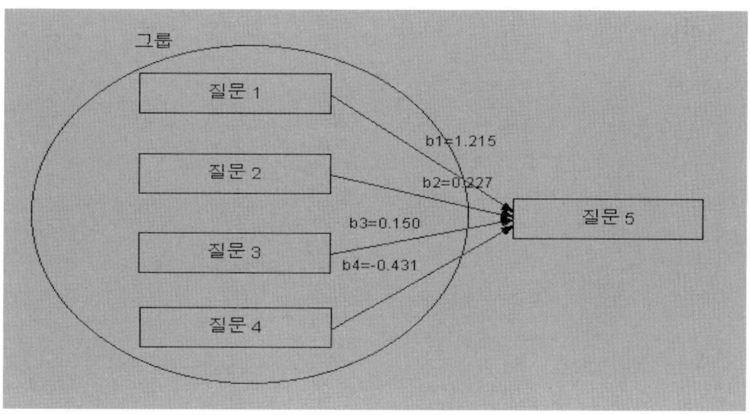

그림 13-2 {질문 1, 질문 2, 질문 3, 질문 4}와 {질문 5}의 관계

13.2 | 범주형 회귀분석의 실제

■ SPSS에 의한 해법

〈순서 1〉 데이터의 입력

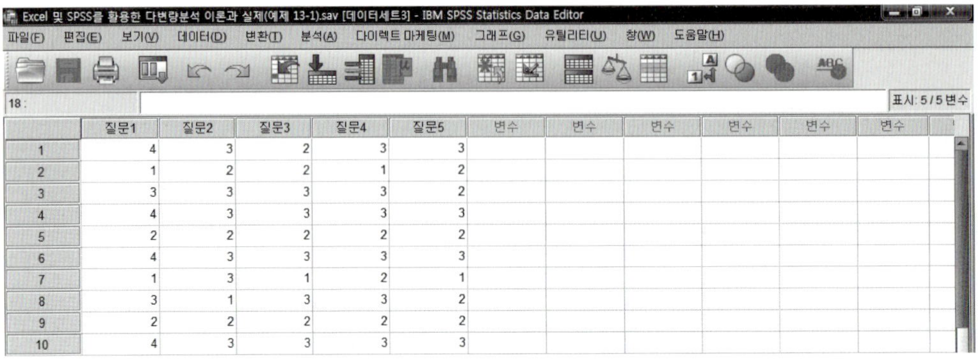

〈순서 2〉 범주형 회귀의 선택

메뉴에서 [분석(A)] – [회귀분석(R)] – [범주형 회귀(CATREG)]를 선택한다.

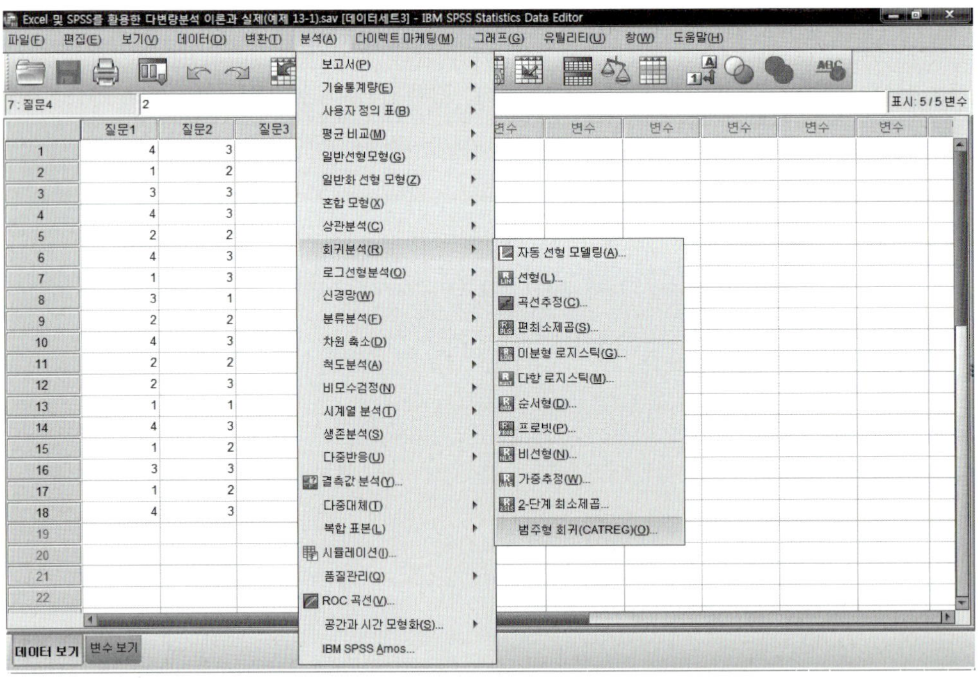

〈순서 3〉 변수의 선택

(1) 다음의 화면이 나타나면 '질문 5'를 클릭해서 [종속변수(D)] 난에 이동한다.

(2) [종속변수(D)] 난이 위와 같이 되면 [척도 정의(E)]를 클릭한다.

(3) [척도 정의] 화면은 다음과 같이 되어 있다. '질문 5'의 답은 1~3이므로, '내부 마디'가 2는 너무 많다.

(4) '내부 마디'를 '1'로 변경하고 [계속] 버튼을 클릭한다.

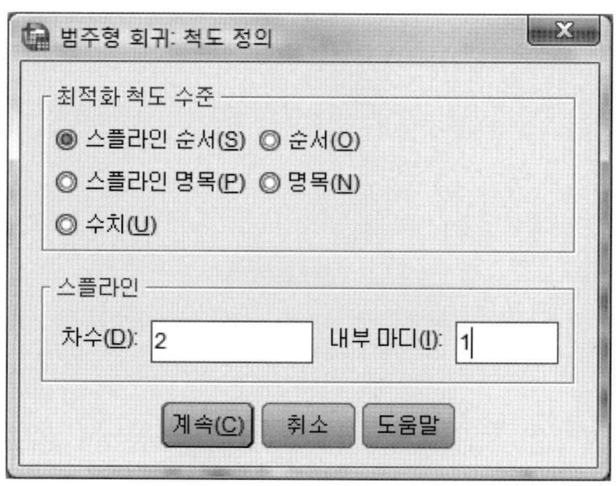

(5) 다음의 화면이 되면 왼쪽 난의 '질문 1'을 클릭해서 [독립변수(I)] 난 안에 이동한다. '질문 1'의 답은 1~4이므로, '내부 마디'는 '2'의 그대로 상관없다.

(6) 계속해서 '질문 2', '질문 3', '질문 4'를 클릭해서 [독립변수(I)] 난으로 이동하고, 같은 방법으로 [척도 정의(E)]를 클릭한다.

(7) [척도 정의]의 화면이 되면 '내부 마디'를 '1'로 변경하고 [계속] 버튼을 클릭한다.

(8) [독립변수(I)] 난이 위와 같이 되면 [이산화(C)]를 클릭한다.

〈순서 4〉 [이산화] 화면은 다음과 같이 되어 있다. 이 데이터는 범주의 수가 7 미만이므로, 이대로 [취소] 버튼을 클릭한다.

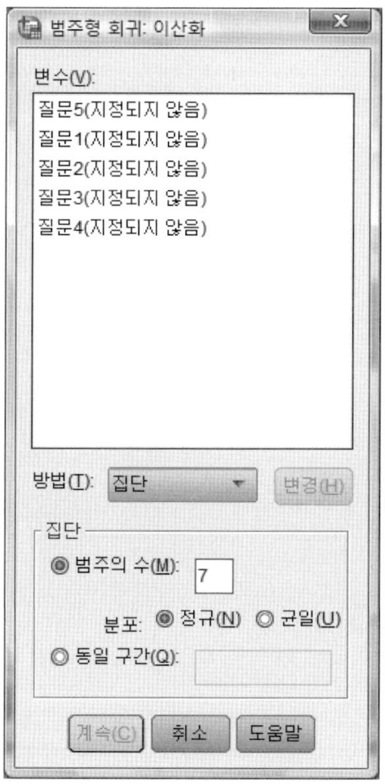

〈순서 5〉 다음의 화면이 되면 [옵션(O)] 버튼을 클릭한다.

〈순서 6〉 [옵션]의 화면은 다음과 같이 되어 있다. 명목변수가 있을 때는 '임의(D)'를 체크하지만, 이 데이터에는 명목변수는 없으므로, 이대로 [계속] 버튼을 클릭한다.

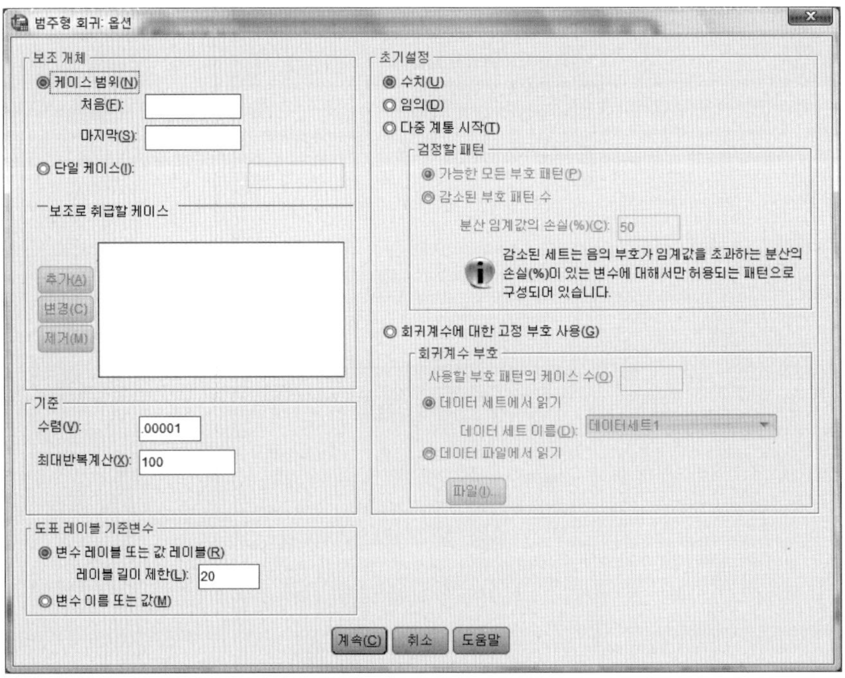

〈순서 7〉 앞의 화면으로 되돌아오면 [출력결과(U)] 버튼을 클릭한다. [출력결과] 화면이 되면 변수를 다음과 같이 [범주 수량화(T)]의 난에 이동하고 [계속] 버튼을 클릭한다.

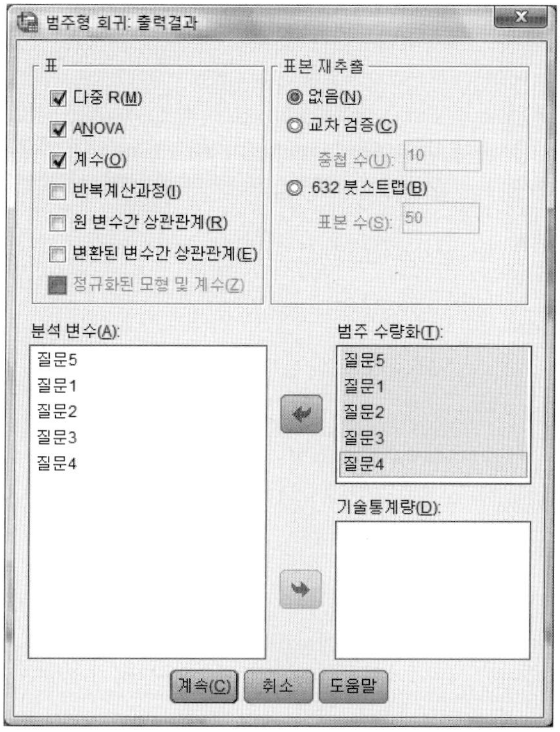

〈순서 8〉 다음의 화면으로 되돌아오면 [저장(V)] 버튼을 클릭한다.

〈순서 9〉 [저장]의 화면은 다음과 같이 되어 있다. [활성 데이터 세트에 변환된 변수 저장(V)]을 체크하고 [계속] 버튼을 클릭한다.

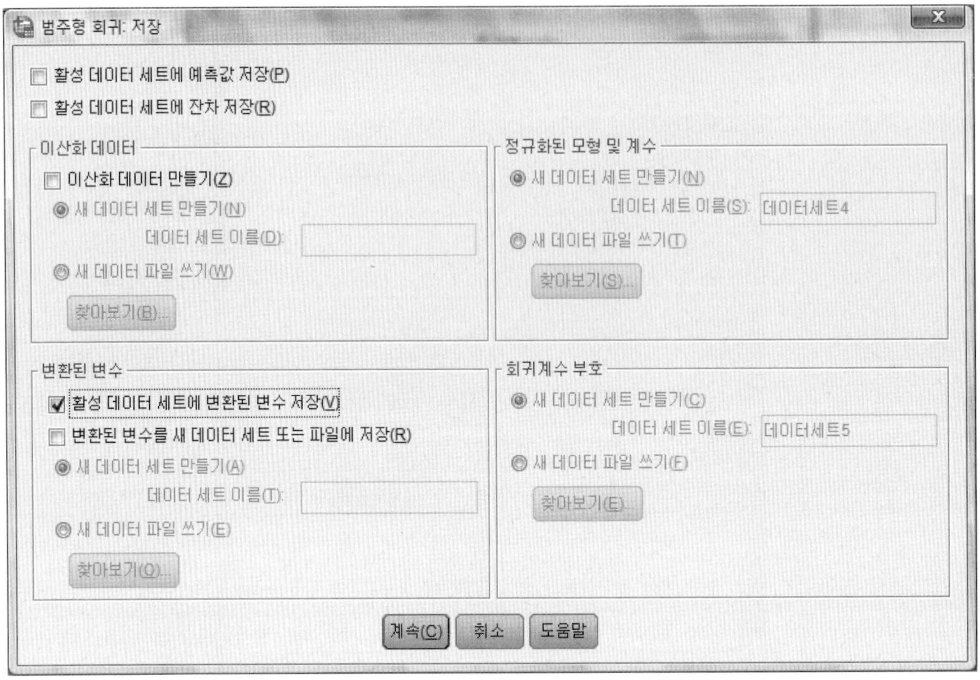

〈순서 10〉 다음의 화면이 되면 [도표(T)] 버튼을 클릭한다.

〈순서 11〉 [도표]의 화면이 되면 변수를 다음과 같이 [변환도표(T)] 난으로 이동하고 [계속] 버튼을 클릭한다. 앞의 화면으로 되돌아가면 [확인] 버튼을 클릭한다.

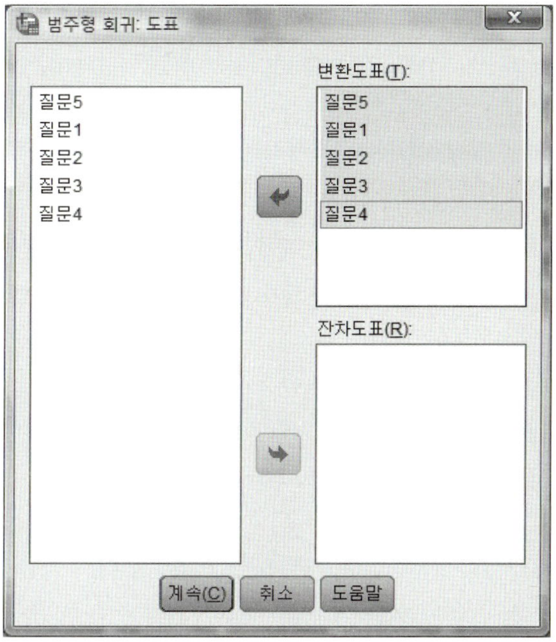

■ 분석결과 및 결과의 해석방법

(1) 범주형 회귀분석-(첫째)

모형 요약

다중 R	R 제곱	수정된 R 제곱	겉보기 예측 오차
.943	.890	.812	.110

종속변수: 질문5
예측자: 질문1 질문2 질문3 질문4

ANOVA

	제곱합	자유도	평균제곱	F	유의확률
회귀	16.012	7	2.287	11.506	.000
잔차	1.988	10	.199		
전체	18.000	17			

종속변수: 질문5
예측자: 질문1 질문2 질문3 질문4

중상관계수(=다중 R) 0.943은 1에 가까우므로 적합도가 좋다고 생각된다.

결정계수(=R 제곱) 0.890과 중상관계수 0.943 사이에는 $0.890=(0.943)^2$의 관계가 성립한다. 결정계수의 해석은 중상관계수와 마찬가지로 1에 가까울수록 중회귀식의 적합도가 좋다고 생각된다. 결정계수 R 제곱은 다음과 같이 표현된다.

$$R \text{ 제곱} = \frac{S_R}{S_T} = \frac{\text{예측치의 제곱합}}{\text{관측치의 제곱합}}$$

결정계수 R 제곱이나 중상관계수 R은 어떠한 설명변수를 추가하더라도 단순히 증가해 버리는 경향이 있다. 그래서 이 점을 개량하기 위해서 자유도의 개념을 도입한

$$\text{수정된 } R \text{ 제곱} = 1 - \frac{N-1}{N-p-1}(1-R^2)$$

을 수정된 R 제곱이라고 한다. $N-p-1$, $N-1$은 각각

$$\text{오차의 제곱합} = S_E = \sum_{i=1}^{N}(y_i - Y_i)^2$$

$$\text{관측치의 제곱합} = S_T = \sum_{i=1}^{N}(y_i - \bar{y})^2$$

의 자유도이다. 여기에서 p는 설명변수의 수이고, N은 표본의 수이다.

따라서 R 제곱과 수정된 R 제곱의 관계는

$$R \text{ 제곱} \geqq \text{수정된 } R \text{ 제곱}$$

이다. R 제곱과 수정된 R 제곱의 차는 작은 편이 좋다고 생각되지만, 어느 정도 작으면 좋은지에 대한 기준은 없다. 분산분석은 다음의 귀무가설을 검정하고 있다.

귀무가설 H_0 : 구한 관계식은 예측에 도움이 되지 않는다

출력결과를 보면

유의확률 0.000 < 유의수준 0.05

이므로 검정통계량(=F) 11.506은 자유도 (7, 10)의 F 분포에 대한 기각역에 포함된다. 따라서 귀무가설 H_0는 기각되므로 구한 관계식은 예측에 도움이 되는 것으로 판단된다.

(2) 범주형 회귀분석-(둘째)

계수

	표준화 계수		자유도	F	유의확률
	베타	붓스트랩 (1000) 표준오차 추정값			
질문1	.865	.591	2	2.148	.168
질문2	.223	.266	3	.708	.569
질문3	.146	.201	1	.528	.484
질문4	-.062	.626	1	.010	.923

종속변수: 질문5

상관관계 및 공차

	상관관계			중요도	공차	
	0차 자기상관	편상관	부분상관		변환 후	변환 전
질문1	.913	.661	.292	.888	.114	.143
질문2	.461	.508	.196	.116	.769	.646
질문3	.319	.383	.138	.052	.889	.587
질문4	.815	-.066	-.022	-.057	.125	.183

종속변수: 질문5

여기서 베타는 표준화 계수를 가리킨다.

회귀식은 다음과 같이 된다.

종합만족도 =0.865× 내용이해도 +0.223× 교재만족도 +0.146× 시설충실도 −0.062× 강사만족도

범주형 회귀분석의 이미지를 도시하면 다음과 같다.

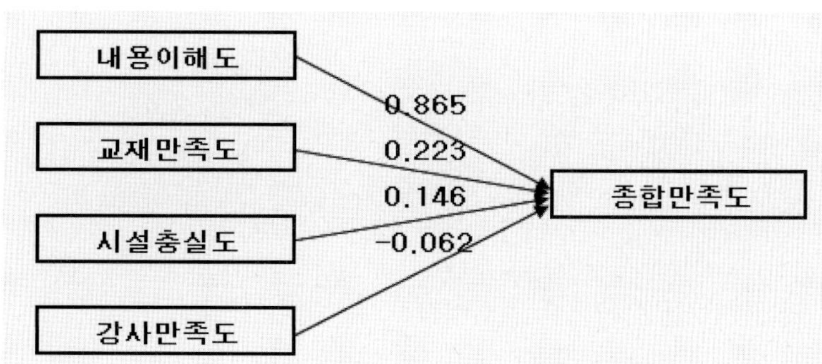

그림 13-3 범주형 회귀분석의 이미지

이 그림을 경로도형(path diagram)이라고 한다.

표준화 계수가 가장 큰 질문이 질문 5에 가장 큰 영향을 미치고 있다. 따라서 강습회의 '종합만족도'에 가장 큰 영향을 미치는 것은 '내용이해도'이다.

역으로 '강사만족도'는 '종합만족도'에 그다지 영향을 미치고 있지 못하다.

(3) 범주형 회귀분석-(셋째)

질문1[a]

범주	빈도	수량화
1	5	-1.030
2	4	-.799
3	3	.196
4	6	1.293

a. 최적화 척도법 수준: 스플라인 순서 (차수 2, 내부 마디 2).

질문2[a]

범주	빈도	수량화
1	2	-2.751
2	6	.025
3	10	.535

a. 최적화 척도법 수준: 스플라인 순서 (차수 2, 내부 마디 1).

질문3[a]

범주	빈도	수량화
1	1	-4.123
2	9	.243
3	8	.243

a. 최적화 척도법 수준: 스플라인 순서 (차수 2, 내부 마디 1).

질문4[a]

범주	빈도	수량화
1	3	-1.000
2	6	-1.000
3	9	1.000

a. 최적화 척도법 수준: 스플라인 순서 (차수 2, 내부 마디 1).

질문5[a]

범주	빈도	수량화
1	3	-1.316
2	8	-.565
3	7	1.210

a. 최적화 척도법 수준: 스플라인 순서 (차수 2, 내부 마디 1).

질문 5의 3개 범주를 다음과 같이 수량화하고 있다.

만족하지 못했다	어느 쪽도 아니다	만족했다
⇩	⇩	⇩
−1.316	−0.565	1.210

이 값은 다음과 같이 평균이 0, 분산이 1로 표준화되어 있다.

평균

$$3 \times (-1.136) + 8 \times (-0.565) + 7 \times (1.210) = 0$$

분산

$$\frac{3\times(-1.316-0)^2+8\times(-0.565-0)^2+7\times(1.210-0)^2}{18}=1$$

(4) 범주형 회귀분석-(넷째)

질문 1～질문 5의 각 범주에 대한 수량화를 앙케트 조사의 피험자에 적용하면, 다음과 같이 된다. 예를 들면, 피험자 1의 경우는 다음과 같다.

피험자	질문 5	질문 1	질문 2	질문 3	질문 4	
	3	4	3	2	3	← 질문의 답
1	⇩	⇩	⇩	⇩	⇩	
	1.21	1.29	0.54	0.24	1.00	← 수량화

	TRA1_1	TRA2_1	TRA3_1	TRA4_1	TRA5_1	변수
1	1.21	1.29	.54	.24	1.00	
2	-.57	-1.03	.03	.24	-1.00	
3	-.57	.20	.54	.24	1.00	
4	1.21	1.29	.54	.24	1.00	
5	-.57	-.80	.03	.24	-1.00	
6	1.21	1.29	.54	.24	1.00	
7	-1.32	-1.03	.54	-4.12	-1.00	
8	-.57	.20	-2.75	.24	1.00	
9	-.57	-.80	.03	.24	-1.00	
10	1.21	1.29	.54	.24	1.00	
11	-.57	-.80	.03	.24	-1.00	
12	-.57	-.80	.54	.24	-1.00	
13	-1.32	-1.03	-2.75	.24	-1.00	
14	1.21	1.29	.54	.24	1.00	
15	-1.32	-1.03	.03	.24	-1.00	
16	1.21	.20	.54	.24	1.00	
17	-.57	-1.03	.03	.24	-1.00	
18	1.21	1.29	.54	.24	1.00	
19						
	⇧	⇧	⇧	⇧	⇧	
	질문 5	질문 1	질문 2	질문 3	질문 4	

질문 5의 세 범주에 대한 수량화 도표를 그리면 다음과 같다.

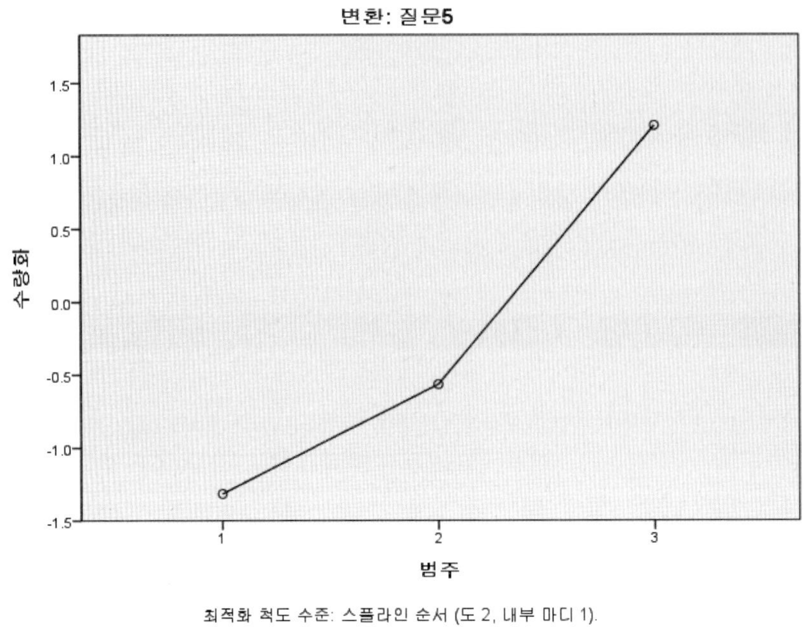

범주형 회귀분석과 선형 중회귀분석의 차이

(1) 범주형 회귀분석의 출력

<표 13-2>의 데이터를 연속적인 숫자 데이터로 해서 범주형 회귀분석을 실시한 결과는 다음과 같다.

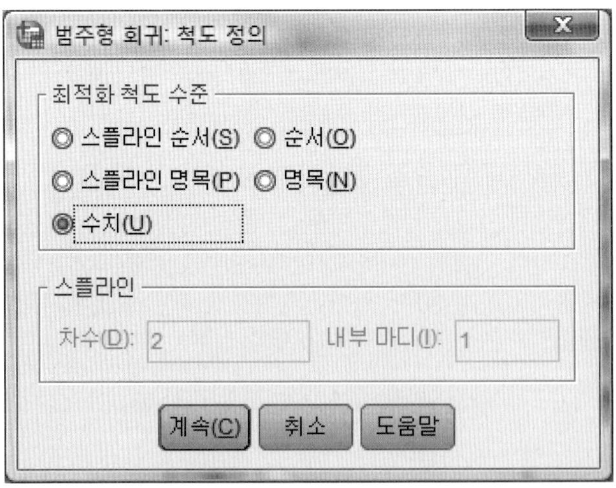

계수

	표준화 계수		자유도	F	유의확률
	베타	붓스트랩 (1000) 표준오차 추정값			
질문1	1.260	.469	1	7.225	.019
질문2	.105	.175	1	.360	.559
질문3	.083	.151	1	.299	.594
질문4	-.538	.448	1	1.440	.252

종속변수: 질문5

표준화한 계수 베타를 보면 다음과 같이 되어 있다.

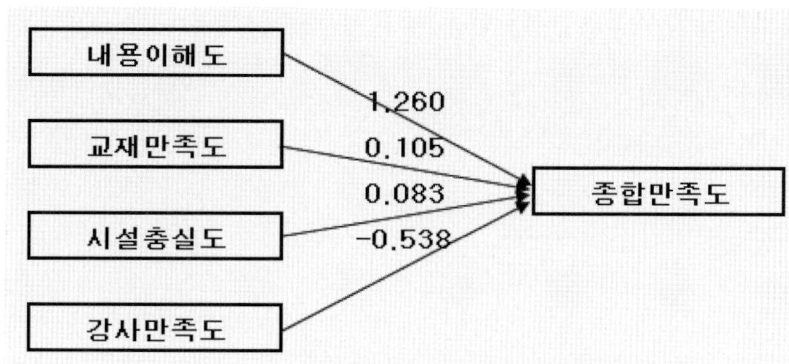

그림 13-4 표준화계수 베타(범주형 회귀분석)

(2) 선형 중회귀분석의 출력

계수[a]

모형		비표준화 계수		표준화 계수	t	유의확률
		B	표준오차	베타		
1	(상수)	1.012	.472		2.145	.051
	질문1	.735	.165	1.252	4.465	.001
	질문2	.111	.137	.107	.811	.432
	질문3	.102	.167	.084	.610	.552
	질문4	-.507	.236	-.531	-2.145	.051

a. 종속변수: 질문5

<표 13-2>의 데이터를 그대로 수치 데이터로 해서 중회귀분석을 실시했다. 선형 중회귀분석의 결과에 대한 표준화 계수 베타를 주목하면 다음과 같다.

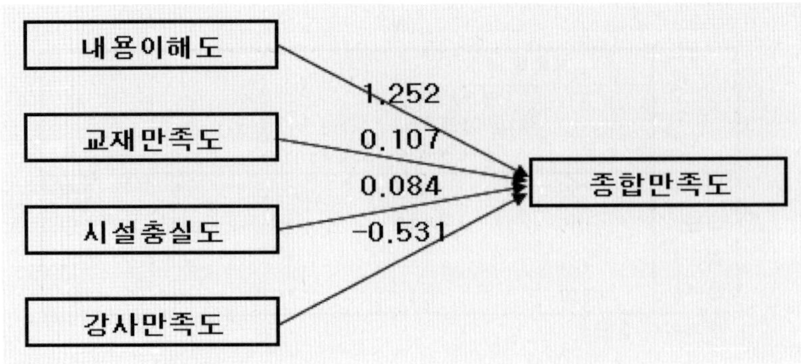

그림 13-5 표준화계수 베타(선형 중회귀분석)

이상의 사실로부터 수치 데이터일 때는 범주형 회귀분석과 중회귀분석은 거의 같은 분석이라는 것을 알 수 있다.

CHAPTER 14 로지스틱 회귀분석

14.1 | 로지스틱 회귀분석의 기초지식

■ 로지스틱 회귀분석이란

회귀분석은 전술한 바와 같이 어떤 하나의 변수 값을, 다른 변수의 값을 사용해서

1. 예측하고 싶다
2. 제어하고 싶다

라고 하는 두 가지 경우에 주로 이용되는 수법이다.

회귀분석은 설명변수가 하나인 단회귀분석이든 두 개 이상인 중회귀분석이든 그 목적변수가 주로 양적인 데이터로 이루어진 경우에 사용된다. 그러나 목적변수가 질적인 경우에는 회귀분석을 사용하는 데에 무리가 있으므로, 판별분석이나 로지스틱 회귀분석을 사용하는 것이 바람직하다. 다음 장에서 다루게 될 판별분석은 목적변수(주로 집단)를 주어진 것으로 보고 집단 간의 차이를 가장 크게 하는 설명변수들의 선형결합을 추출하여 집단 분류에 이용된다. 로지스틱 회귀분석은 목적변수가 질적인 경우(이변량 데이터)에 사용되는 분석기법이다.

로지스틱 회귀분석과 판별분석의 차이점은 다음과 같다. 첫째, 판별분석에서는 설명변수들이 정규분포에 따르며 집단 간 분산공분산이 동일하다고 가정하고 있으나, 로지스틱 회귀분석에서는 이러한 가정을 엄격하게 적용하지 않는다. 둘째, 판별분석에 있어서 그러한 가정이 충족된다고 하더라도 많은 사람들이 로지스틱 회귀분석을 선호한다. 그것은 로지스틱 회귀분석이 선형 회귀분석과 유사하고, 비선형적인 효과를 통합하고 있으며 전반적인 진단을 내릴

수 있기 때문이다. **로지스틱 회귀분석**(logistic regression analysis)이란 단지 두 개의 값만을 가지는 목적변수(예를 들면, 성별이나 주택소유의 유무 등과 같은 명목척도)와 설명변수들 사이의 인과관계를 분석하는 하나의 통계기법이다. 그리고 이와 같이 목적변수가 이원적인 경우를 흔히 비선형 회귀분석이라고 한다.

가령 소득수준(x)에 따라서 여행을 하는지(1), 못하는지(0) 여부를 예측하기 위한 확률에 대한 비율을 **오즈 비**(odds ratio)라고 부른다.

$$\Psi = \frac{P(y=1/x)}{P(y=0/x)} = e^{\beta_0 + \beta_1 x}$$

양변에 자연 로그를 취하면 다음과 같은 로지트 모형이 된다.

$$\ln \frac{P(y=1/x)}{P(y=0/x)} = \beta_0 + \beta_1 x$$

로지트 모형(logit model)이란 두 개의 반응 범주를 취하는 y를 공변량(covariate) x로 설명하기 위한 모형이다.

여기에서 회귀계수는 확률에 대한 비율, 즉 오즈 비의 변화를 측정한다. 이것은 로그로 표현되었기 때문에 결과 수치가 나오면 다시 환원해서 해석을 해야 한다. 로지스틱 회귀분석은 이러한 로지트 모형에서 파생되었으며, 양자는 동일한 개념으로 쓰이기도 한다.

로지스틱 회귀분석은 설명변수들의 효과를 분석하기 위해서, 어떤 사건이 발생한 경우(1)와 발생하지 않은 경우(0)를 예측하기보다는 사건이 발생할 확률을 예측한다. 목적변수는 0(실패)과 1(성공)로 나타내며, 따라서 예측값은 0과 1 사이의 값을 갖게 된다. 로지스틱 반응함수에서 설명변수와 목적변수의 관계는 S자 모양의 비선형(nonlinear)을 보이고 있다. 설명변수의 수준이 높으면 성공할 확률은 증가한다. 설명변수가 하나인 로지스틱 회귀모형을 나타내면 다음과 같다.

$$E(y) = \frac{\exp(\beta_0 + \beta_1 x)}{1 + \exp(\beta_0 + \beta_1 x)} = \pi$$

여기에서 $E(y)$는 특별한 의미를 갖고 있다. 즉, y가 1의 값을 취할 확률(어떤 사건이 발생할 확률) π를 의미한다. $E(y)$는 x가 커짐에 따라(작아짐에 따라) 확률 $E(y)$의 증가율(감소율)은 낮아지는 S자 모양의 비선형 관계를 가정한다. 로지스틱 반응함수는 회귀계수 β에 대하여 비선형이기 때문에, 선형화하기 위해서는 자연 로그를 취하는 **로지트 변환**(logit transformation)을 사용한다. π의 로지트 변환이란 $\ln(\pi/(1-\pi))$를 의미한다. 설명변수가 두 개인 경우의 선형 로지스틱 모형은 다음과 같다.

$$\ln\left(\frac{\pi}{1-\pi}\right)=\beta_0+\beta_1x_1+\beta_2x_2$$

예컨대 회귀계수 β_1의 해석은 다음과 같을 수 있다. 다른 설명변수(x_2)의 수준을 일정하게 했을 때, 해당 설명변수(x_1)를 한 단위 증가시키면 $\exp(\beta_1)$만큼 평균적으로 증가하게 된다는 것을 의미한다. 만약에 β_1 = 2.0이라면 설명변수를 한 단위 증가시키면 어떤 사건이 발생할 확률이 발생하지 않을 확률보다 2.0배 높아진다는 것을 의미한다.

■ 로지스틱 회귀분석의 추정과 검정

로지스틱 회귀계수는 다른 선형 회귀계수와 마찬가지로 목적변수와 설명변수들 사이의 관계를 설명하고 주어진 설명변수의 수준에서 목적변수를 예측하는 데 사용된다. 그러나 회귀계수의 추정방법에는 차이가 있다. 선형 회귀분석에서는 잔차의 제곱합을 최소화하지만, 로지스틱 회귀분석에서는 우도(likelihood), 즉 사건발생 가능성을 크게 한다.

이와 같은 목적을 달성하기 위해서, 데이터로부터 로지스틱 회귀계수(β_0, β_1, ⋯, β_k)를 추정하는 방법은 다음과 같다. 로지스틱 회귀계수를 추정하는 방법은 설명변수의 수준에서 반복적인 목적변수의 관측여부에 따라서 달라진다. 그런데 각 설명변수의 수준에서 비교적 많은 목적변수의 반복적인 관측이 있으면 **가중최소자승법**을 사용하고, 반복적인 관찰이 없거나 아주 작은 경우에는 **최대우도추정법**을 사용한다.

(1) 가중최소자승법

가중최소자승법은 주어진 설명변수의 수준에서 반복적인 목적변수의 관측 데이터가 수집된 경우에 사용된다. 가령 설명변수가 하나인 경우 관찰된 x수준이 c개 있다고 하자. 각 수준 $x_i(i = 1, 2, \cdots, c)$에서 목적변수 y에 대한 반복적인 관찰 회수를 n_i라고 하자. 이때 설명변수 x_i수준에서 y값이 1인 회수를 r_i(i = 1, 2, ⋯, c)라고 했을 때, x_i에서 y값이 1을 취할 표본비율은,

$$p_i=\frac{r_i}{n_i}$$

가 된다. 이때 어떤 사건이 발생할 확률 π_i는 표본비율 p_i로 대체되어 사용된다. 따라서 가중최소자승법에서는 표본비율 p_i를 로지트 변환시킨 $\ln(p_i/(1-p_i))$를 목적변수로 사용한다. 로

지트 변환은 비선형함수를 선형함수로 변환할 수 있으나 목적변수의 분산이 일정하지 않으므로 가중치

$$w_i = n_i p_i \frac{p_i}{1-p_i}$$

를 사용하여 분석하게 된다. 표본비율을 사용한 로지트 반응함수는 다음과 같다.

$$p_i' = \ln\left(\frac{p_i}{1-p_i}\right) = \beta_0 + \beta_1 x_{1i} + \cdots + \beta_k x_{ki}$$

(2) 최대우도추정법

설명변수의 각 수준에서 y의 반복적인 관측이 아주 작거나 없으면 표본비율을 사용할 수 없기 때문에 설명변수의 각 수준에서 하나의 y값에 대하여 최대우도추정법을 사용하여 로지스틱 반응함수를 추정한다. 일단 최대우도추정법에 의해서 회귀계수가 구해지면 로지스틱 회귀모형이 데이터에 대하여 어느 정도 설명력이 있는지를 검정한다. 로지스틱 회귀모형에서는 중회귀모형에서 사용한 F검정과 유사한 우도값 검정(likelihood value test)을 실시한다. 그 순서는 다음과 같다.

〈순서 1〉 가설설정

귀무가설 $H_0 : \beta_1 = \beta_2 = \cdots = \beta_k = 0$

대립가설 H_1 : 적어도 하나의 j에 대해서 $\beta_j \neq 0$

〈순서 2〉 우도비 검정통계량 산출

일반적으로 추정된 모형의 적합성은 우도값 검정에 의해서 판단된다. 우도값은 로그 −2배 또는 −2Log Likelihood(−2LL)라고 한다. −2LL는 데이터에 모형이 얼마나 적합한지에 대한 정도를 나타낸다. 그 값이 작으면 작을수록 더 적합하다고 할 수 있다. 축차변수선택법(단계선택)에서 −2LL의 변화량은 모형에서 제거된 항의 계수가 0이라는 가설을 검정한다.

우도값의 식은 다음과 같다.

$$\Lambda = -2\ln\frac{L_0}{L} = -2\ln L_0 + 2\ln L$$

여기에서 L은 k개의 설명변수들에 대한 정보를 모두 이용한 우도를 나타내며, L_0는 k개의 설명변수들이 목적변수의 변화에 전혀 영향을 미치지 못한다고 가정했을 때의 우

도를 나타낸다. 따라서 모형에 포함된 설명변수들이 중요한 변수가 아니라면 우도비 L_0/L는 거의 같아져서 우도비 대수함수인 검정통계량 Λ의 값이 0에 가까운 작은 값을 갖게 된다. 이러한 경우에 우리들은 모형이 적합하지 못하다고 결론을 내릴 수 있다. 반면에 중요한 설명변수가 포함되어 있을 때에는 검정통계량 Λ의 값은 커지게 된다. 검정통계량 Λ의 표본분포는 귀무가설이 참일 때, 자유도 $df = k$인 χ^2분포에 따른다.

〈순서 3〉 기각치 설정 및 의사결정

유의수준 α에서 기각치 χ^2값($df = k$)과 검정통계량의 값을 비교하여 귀무가설 채택 여부를 결정한다.

$$\Lambda \leqq \chi^2 \text{이면 } H_0\text{를 채택한다.}$$

$$\Lambda > \chi^2 \text{이면 } H_0\text{를 기각한다.}$$

그리고 추정된 계수의 통계적 유의성 판단은 Wald 통계량으로 한다.

〈순서 4〉 ***p***값 계산

SPSS에서는 추정 회귀계수의 유의성을 검정하는 값을 자동적으로 계산해 준다.

14.2 | 로지스틱 회귀분석의 실례(實例)

[예제 14-1]

일반적으로 주택소유의 여부는 인구통계학적 변수들 중 가족수, 연령, 가계소득 등과 같은 변수들에 의해 영향을 받으며, 이들 변수들에 의해 예측되어질 수 있을 것으로 보아 다음과 같이 직장인 50명에 대하여 설문조사를 실시했다.

설문지

y - 귀하는 주택을 소유하고 있습니까?	예( )	아니오( )
x_1 - 귀하의 가족수는 몇 명입니까?	( )명	
x_2 - 귀하의 연령은 얼마입니까?	( )세	
x_3 - 귀하의 연간 가계소득은 얼마입니까?	( )만 원	

로지스틱 회귀분석을 위해 다음과 같은 연구가설을 설정하였다.

[연구가설 1] 가족수는 주택의 소유여부에 유의적인 영향을 미친다.
[연구가설 2] 연령은 주택의 소유여부에 유의적인 영향을 미친다.
[연구가설 3] 연간 가계소득은 주택의 소유여부에 유의적인 영향을 미친다.

수집된 데이터는 다음과 같이 정리되었다.

데이터

번호	y	x_1	x_2	x_3	번호	y	x_1	x_2	x_3
1	1	6	61	3,128	26	1	5	47	3,340
2	0	2	32	3,000	27	0	2	24	2,592
3	1	3	35	3,240	28	0	2	28	2,352
4	0	2	26	2,664	29	1	4	57	3,392
5	0	2	25	2,312	30	1	4	44	3,112
6	1	7	59	3,450	31	0	5	75	2,904
7	1	5	46	4,420	32	1	5	58	3,432
8	1	6	99	3,780	33	0	4	49	2,240
9	1	5	57	3,450	34	0	4	43	2,376
10	1	4	64	2,344	35	0	5	44	2,944
11	1	7	72	3,248	36	1	4	48	3,528
12	1	7	67	3,350	37	0	2	23	2,376
13	0	2	33	2,472	38	0	7	56	2,832
14	0	2	23	2,496	39	1	2	30	2,848
15	0	3	33	2,192	40	1	7	78	3,112
16	1	4	59	3,496	41	1	5	37	3,328
17	1	3	60	3,352	42	1	6	60	3,544
18	1	4	77	3,200	43	0	2	30	2,864
19	0	3	32	2,128	44	1	2	32	3,200
20	1	3	55	3,128	45	1	5	65	2,920
21	0	3	37	3,050	46	1	10	64	3,072
22	1	5	45	3,128	47	0	2	31	2,680
23	0	3	34	2,980	48	0	5	64	2,504
24	0	2	35	2,870	49	1	4	39	3,544
25	0	3	35	3,050	50	0	2	29	3,216

■ SPSS에 의한 해법

〈순서 1〉 데이터의 입력

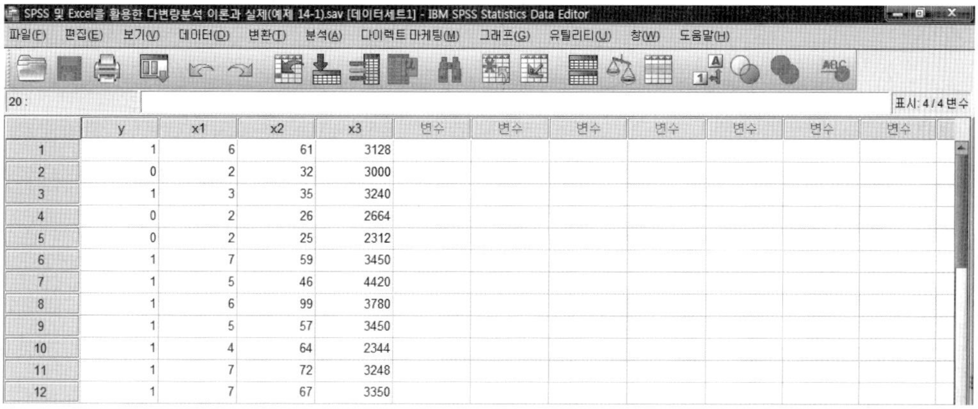

〈순서 2〉 로지스틱의 선택

메뉴에서 [분석(A)]－[회귀분석(R)]－[이분형 로지스틱(G)]을 선택한다.

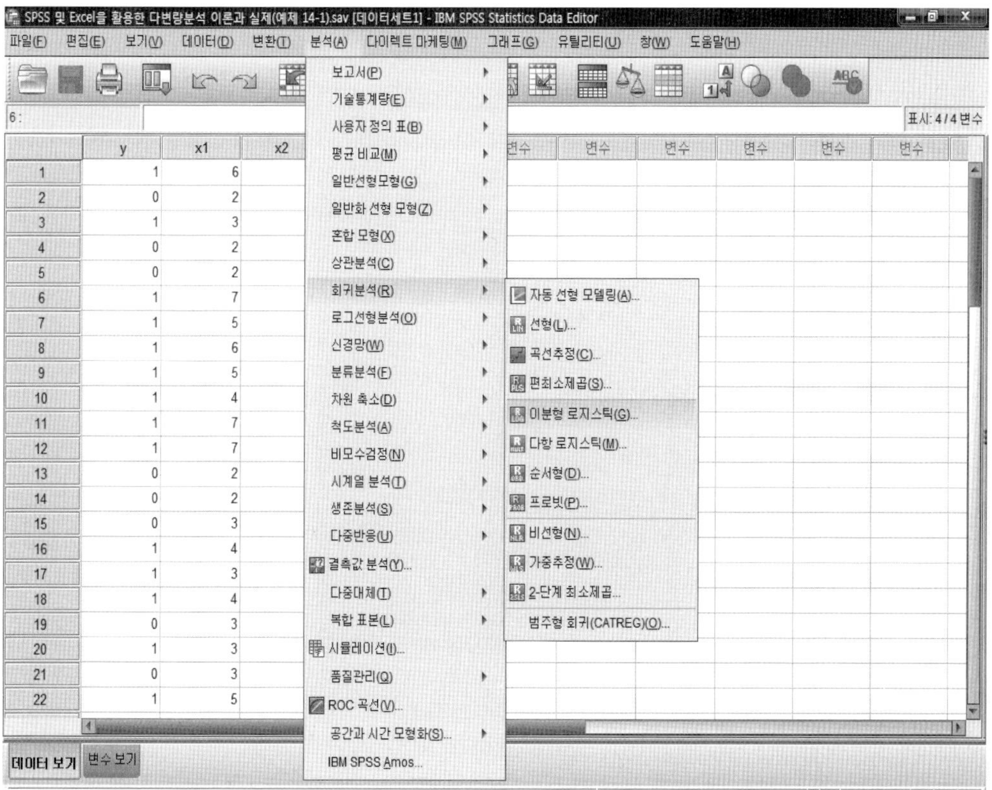

〈순서 3〉 변수의 선택

[이분형 로지스틱] 대화상자가 나타나면 [종속변수(D)]로서 'y'를 선택하고, [공변량(C)]으로서 'x_1', 'x_2', 'x_3'를 선택한다.

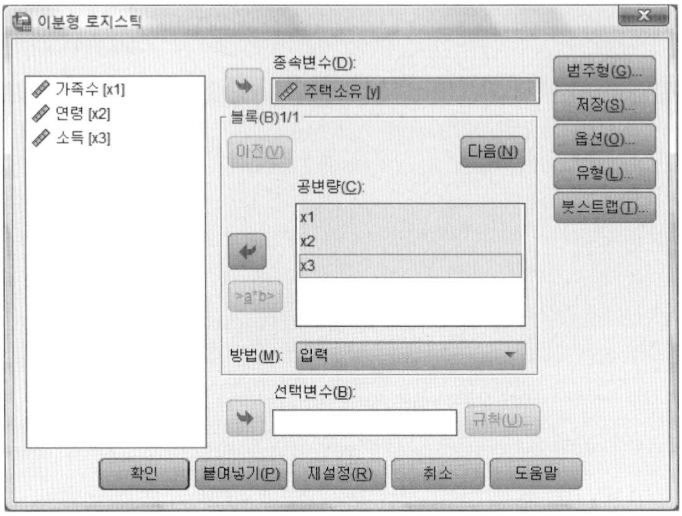

〈순서 4〉 새 변수로 저장

[이분형 로지스틱] 대화상자에서 [저장(S)] 버튼을 클릭하면 다음과 같은 대화상자가 나타난다. [예측값], [잔차], [영향력]의 모든 항목을 지정하여 새 변수로 저장할 수 있다.

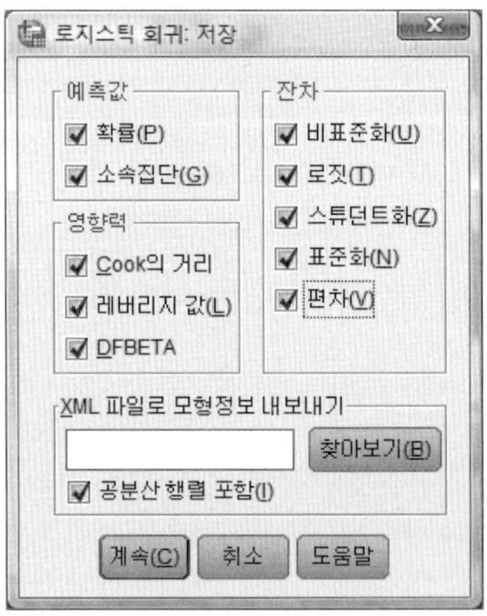

[계속] 버튼을 클릭하면 앞의 대화상자로 되돌아간다.

〈순서 5〉 옵션의 선택

[이분형 로지스틱] 대화상자에서 [옵션(O)] 버튼을 클릭하면 다음과 같은 대화상자가 나타난다.

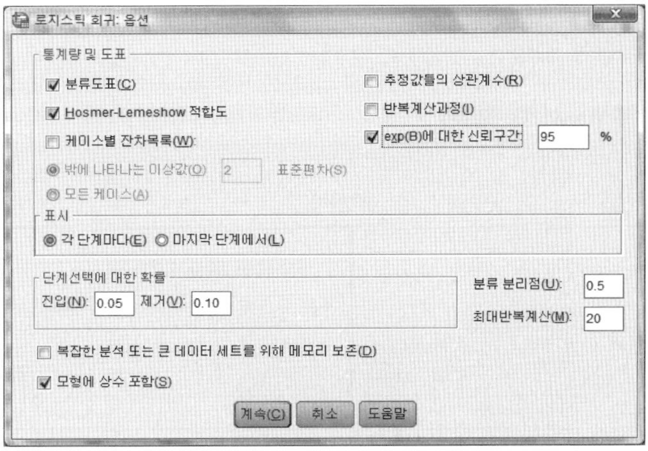

(주1) 분류도표(C) : 목적변수의 실제값 및 예측값에 대한 히스토그램

(주2) 각 단계마다(E) : 각 단계마다 도표, 표, 통계량 등을 출력한다. 이 항목은 디폴트이다.

[계속] 버튼을 클릭하면 [이분형 로지스틱] 대화상자로 되돌아간다. 여기에서 [확인] 버튼을 클릭하면 다음과 같은 분석결과를 얻을 수 있다.

■ 분석결과 및 결과의 해석방법

(1) 케이스 처리 요약 및 종속변수 코딩

케이스 처리 요약

가중되지 않은 케이스[a]		N	퍼센트
선택 케이스	분석에 포함	50	100.0
	결측 케이스	0	.0
	전체	50	100.0
비선택 케이스		0	.0
전체		50	100.0

a. 가중값을 사용하는 경우에는 전체 케이스 수의 분류표를 참조하십시오.

종속변수 인코딩

원래 값	내부 값
주택 무소유	0
주택 소유	1

로지스틱 회귀분석의 기술통계량이 나타나 있다. 50개의 사례가 분석에 포함되어 있으며 결측값(무응답치)은 없다. 목적변수의 원래 변수값은 0(주택 무소유자)과 1(주택 소유자)이었으며 이로서 변수값 그대로 코딩되어 분석에 이용됐음을 알 수 있다.

(2) 회귀모형의 적합성 검정

블록 0: 시작 블록

분류표[a,b]

관측됨			예측: 주택소유 - 주택 무소유	예측: 주택소유 - 주택 소유	예측: 분류정확 %
0 단계	주택소유	주택 무소유	0	23	.0
		주택 소유	0	27	100.0
	전체 퍼센트				54.0

a. 모형에 상수항이 있습니다.

b. 절단값은 .500입니다.

방정식의 변수

		B	S.E.	Wald	자유도	유의확률	Exp(B)
0 단계	상수항	.160	.284	.319	1	.572	1.174

방정식에 없는 변수

			점수	자유도	유의확률
0 단계	변수	x1	13.269	1	.000
		x2	15.866	1	.000
		x3	24.135	1	.000
	전체 통계량		28.519	3	.000

모형이 관측한 데이터를 얼마나 잘 분류했는가를 알 수 있는 방법은 로지스틱 모형이 얼마나 잘 분석되었는가, 혹은 모수 추정치가 주어졌을 때에 표본의 결과에 대한 정확성을 살펴보는 것이다. 모수 추정치가 주어졌을 경우에 관측된 결과의 확률을 우도(likelihood)라고 하는데, 우도는 1보다 작은 수로서 추정된 모형이 얼마나 데이터에 적합한가에 대한 측정치로 우도의 로그 −2배(−2LL)를 이용한다. 관측된 결과의 우도가 높을 때 모형이 적합하다고 할 수 있다.

위의 결과는 변수를 포함시키지 않은 상태에서 상수만 포함된 경우의 적합도를 나타내고 있다. 모형이 얼마나 적합한가를 측정하는 다른 방법은 **적합도 통계량**(goodness-of-fit statistic)인데, 이는 관측된 확률과 모형에 의해 예측된 확률을 비교함으로써 가능하다. 적합도 통계량은 다음과 같은 수식으로 구해진다.

$$\chi^2 = \sum \frac{(잔차)_i^2}{P_i}$$

여기에서 잔차는 관측치 Y_i와 예측치 P_i 사이의 차이를 나타낸다.

블록 1: 방법 = 입력

모형 계수의 총괄 검정

		카이제곱	자유도	유의확률
1 단계	단계	40.801	3	.000
	블록	40.801	3	.000
	모형	40.801	3	.000

모형 요약

단계	-2 로그 우도	Cox와 Snell의 R-제곱	Nagelkerke R-제곱
1	28.194[a]	.558	.745

a. 모수 추정값이 .001보다 작게 변경되어 계산반복수 7에서 추정을 종료하였습니다.

= Hosmer와 Lemeshow 검정 =

단계	카이제곱	자유도	유의확률
1	12.781	8	.120

설명변수가 포함되어 있는 모형의 적합성을 나타내고 있다. 모형에 나타난 통계량(Chi-square) 40.801은 상수만 포함된 경우의 −2LL 값과 설명변수가 포함된 경우의 −2LL 값의 차이를 뜻한다. 모형의 자유도는 두 모형의 모수 차이로서 설명변수의 수를 말한다. 앞의 모형에서는 설명변수의 수가 0이며, 현재의 모형에서는 설명변수의 수가 3이므로 자유도는 3이 된다.

블록(Block)은 모형 구축과정에서 −2LL 값의 변화를 나타낸다. 위의 결과는 상수만을 포함하는 모형과 상수와 3개의 설명변수를 갖는 모형을 의미한다. 모형과 블록의 카이제곱값은 동일하다. 여기에서 카이제곱값은 40.801, 자유도는 3이고 유의확률은 0.000($< \alpha = 0.05$)이므로 통계적으로 유의하다.

마지막으로 모형의 적합도 검정결과가 나와 있다. 유의확률은 0.120($> \alpha = 0.05$)이므로 모형이 적합하다고 할 수 있다.

Hosmer와 Lemeshow 검정에 대한 분할표

		주택소유 = 주택 무소유		주택소유 = 주택 소유		전체
		관측됨	예측됨	관측됨	예측됨	
1 단계	1	5	4.985	0	.015	5
	2	5	4.930	0	.070	5
	3	3	4.591	2	.409	5
	4	5	3.650	0	1.350	5
	5	4	2.608	1	2.392	5
	6	0	1.385	5	3.615	5
	7	1	.572	4	4.428	5
	8	0	.150	5	4.850	5
	9	0	.097	5	4.903	5
	10	0	.033	5	4.967	5

여기에서 유의할 것은 적합도 검정에서 유의확률의 값이 0.05보다 커야 모형이 적합하다고 하는 귀무가설을 채택한다는 점이다. 따라서 y(주택 소유)와 x_1(가족수), x_2(연령), x_3(소득)의 관계를 나타내는 모형은 적합하다고 결론을 지을 수 있다.

(3) 분류표

분류표[a]

관측됨			예측: 주택소유 - 주택 무소유	예측: 주택소유 - 주택 소유	예측: 분류정확 %
1 단계	주택소유	주택 무소유	21	2	91.3
		주택 소유	2	25	92.6
	전체 퍼센트				92.0

a. 절단값은 .500입니다.

모형이 얼마나 적합한가를 평가하는 한 가지 방법은 예측값 및 관측값의 분석결과를 비교하는 것이다. 왼쪽의 관측값은 응답자 50명이 주택 소유의 유무에 대해 응답한 변수값이다. 그리고 위쪽의 예측값은 로지스틱 회귀분석 결과 설명변수의 조건 하에서 계산된 수치이다. 분석결과로부터 주택을 소유하고 있지 않은 23명 중에서 역시 주택을 소유하지 않을 것이라고 옳게 예측한 확률은 91.3%(21/23)이다. 주택 소유자인 경우에 옳게 분류한 확률은

92.6%(25/27)를 보이고 있다. 전체적으로 옳게 분류한 확률은 92.0%이다.

(4) 로지스틱 회귀모형의 계수 설명

방정식의 변수

		B	S.E.	Wald	자유도	유의확률	Exp(B)	EXP(B)에 대한 95% 신뢰구간	
								하한	상한
1 단계[a]	x1	-.106	.402	.069	1	.793	.900	.409	1.978
	x2	.094	.058	2.669	1	.102	1.099	.981	1.230
	x3	.006	.002	8.912	1	.003	1.006	1.002	1.010
	상수항	-22.450	6.964	10.394	1	.001	.000		

a. 변수가 1: x1, x2, x3 단계에 입력되었습니다.

[X1 B −.106 유의확률 .793] X1(가족수)의 회귀계수는 −0.106이며, 이 회귀계수의 통계적 유의성을 검정하는 값인 Wald 통계량 0.069의 확률적 표시인 **유의확률이** 0.793이므로, $\alpha =$ 0.05에서 통계적으로 유의하지 않다.

[X2 B .094 유의확률 .102] X2(연령)의 회귀계수는 0.094이며, 이 회귀계수는 통계적으로 유의하지 않다(**유의확률** 0.102 > α = 0.05).

[X3 B .006 유의확률 .003] X3(소득)의 회귀계수는 0.006이며, 이 회귀계수는 통계적으로 유의하다(**유의확률** 0.003 < α = 0.05).

[상수항 B −22.450 Sig .001] 회귀식의 상수는 −22.450이며, **유의확률** = 0.001 < α = 0.05이므로 통계적으로 유의하다.

위의 분석결과로부터 회귀식은 다음과 같다.

$$y = -22.450 - 0.106x_1 + 0.094x_2 + 0.006x_3$$

[X3 Exp(B) 1.006] 회귀식에서는 X3(소득)의 계수가 유의하므로, 이에 관해서만 설명하기로 한다. Exp(0.006) = 1.006이며, 다른 변수의 값을 일정하게 놓고 소득이 1단위 증가하면 주택을 소유할 확률은 소유하지 않을 확률보다 1.006배 늘어난다.

로지스틱 회귀분석에서 중회귀분석의 경우처럼 설명변수들의 중요도를 결정하기가 어렵다. 각 설명변수의 공헌도는 그 모형에 있는 다른 설명변수들에 의존한다. 특히 설명변수들의 상관관계가 높을 때 문제가 된다. 목적변수와 각각의 설명변수들 사이의 편상관을 알아볼 때 쓰이는 통계량이 바로 R이다. R은 −1과 +1 사이에서 값을 가진다. 작은 R값은 그 설명변수가 모형에 적은 공헌도를 가지고 있음을 의미한다. R통계량을 구하는 공식은 다음과 같다. 식에서 K는 그 설명변수에 대한 자유도를 나타낸다. Wald 통계량이 $2K$보다 작으면 R은 0으로 정의된다.

$$R = \pm\sqrt{\frac{Wald\text{통계량} - 2K}{-2LL_{(0)}}}$$

(5) 집단 분류표

```
       8 +                                                                                                    +
         |                                                                                                    |
         |                                                                                                    |
F        |                                                                                                    |
R      6 +0                                                                                                 1 +
E        |0                                                                                                 1 |
Q        |0                                                                                                11 |
U        |0                                                                                                11 |
E      4 +00                                                                                               11 +
N        |00                                                                                               11 |
C        |00                                                                                               111|
Y        |00                                                                                               111|
       2 +00                                                                  1                     1      111+
         |00                                                                  1                     1      111|
         |000 0    1 10      0 0     00         00   00        0    1       1 1         11    1  1 10   1  111|
         |000 0    1 10      0 0     00         00   00        0    1       1 1         11    1  1 10   1  111|
Predicted ---------+---------+---------+---------+---------+---------+---------+---------+---------+----------
  Prob:   0        .1        .2        .3        .4        .5        .6        .7        .8        .9         1
  Group:  0000000000000000000000000000000000000000000000000011111111111111111111111111111111111111111111111111

          Predicted Probability is of Membership for 주택    소유
          The Cut Value is .50
          Symbols: 0 - 주택 무소유
                   1 - 주택    소유
          Each Symbol Represents .5 Cases.
```

각 사례에 대한 분류를 나타내는 것으로 앞의 분류표에 대한 구체적인 설명이라고 할 수 있다. 만일 성공적으로 두 집단을 분류하는 모형이라면 주택을 소유하는 경우에는 0.5의 오른쪽에 있어야 하고, 반면에 주택을 소유하지 않는 경우에는 0.5의 왼쪽에 있어야 한다. 두 집단이 위 그림의 양쪽 끝으로 밀집되면 될수록 더 좋다고 볼 수 있다. 오른쪽의 2명과 왼쪽의 2명은 잘못 분류되고 있음을 알 수 있다.

(6) 새로운 변수

원래의 데이터 보기 화면에 13개의 새로운 변수가 생성되어 있음을 알 수 있다.

Name	Contents
PRE_1	Predicted Value
PGR_1	Predicted Group
COO_1	Cook's Distance
LEV_1	Leverage
RES_1	Residual
LRE_1	Logit Residual
SRE_1	Studentized Residual
ZRE_1	Standardized Residual
DEV_1	Deviance
DFB0_1	Dfbeta for the constant
DFB1_1	Dfbeta for X1
DFB2_1	Dfbeta for X2
DFB3_1	Dfbeta for X3

로지스틱 회귀분석 결과 13개의 새로운 변수가 생성된다. 예측값, 영향력 정도, 잔차 등이 새로운 변수로 저장된 것을 나타내고 있다.

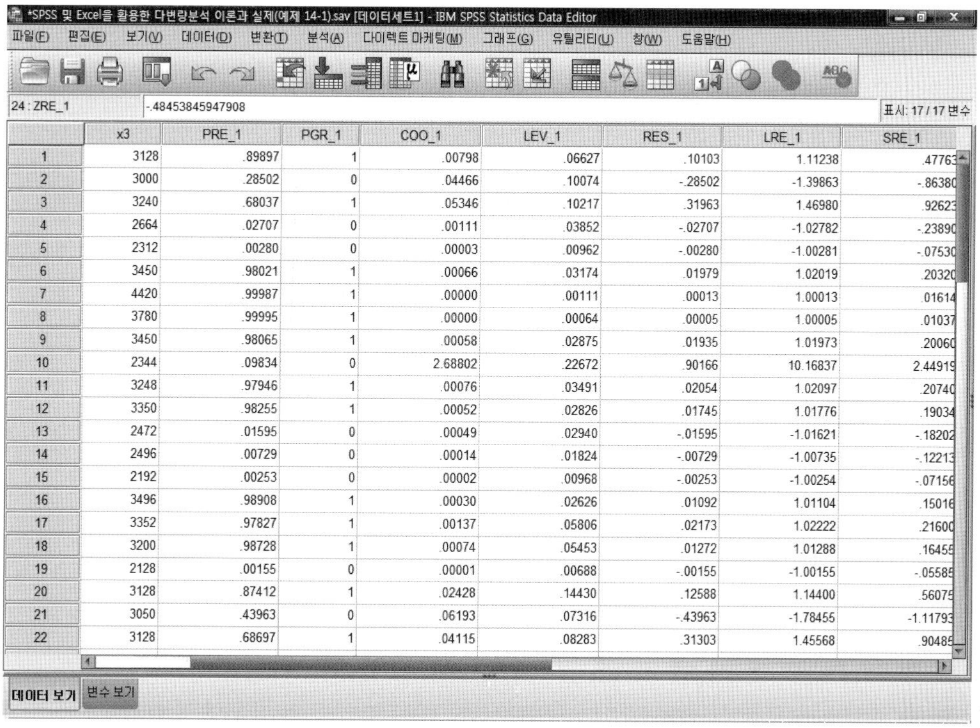

	x3	PRE_1	PGR_1	COO_1	LEV_1	RES_1	LRE_1	SRE_1
1	3128	.89897	1	.00798	.06627	.10103	1.11238	.47763
2	3000	.28502	0	.04466	.10074	-.28502	-1.39863	-.86380
3	3240	.68037	1	.05346	.10217	.31963	1.46980	.92623
4	2664	.02707	0	.00111	.03852	-.02707	-1.02782	-.23890
5	2312	.00280	0	.00003	.00962	-.00280	-1.00281	-.07530
6	3450	.98021	1	.00066	.03174	.01979	1.02019	.20320
7	4420	.99987	1	.00000	.00111	.00013	1.00013	.01614
8	3780	.99995	1	.00000	.00064	.00005	1.00005	.01037
9	3450	.98065	1	.00058	.02875	.01935	1.01973	.20060
10	2344	.09834	0	2.68802	.22672	.90166	10.16837	2.44919
11	3248	.97946	1	.00076	.03491	.02054	1.02097	.20740
12	3350	.98255	1	.00052	.02826	.01745	1.01776	.19034
13	2472	.01595	0	.00049	.02940	-.01595	-1.01621	-.18202
14	2496	.00729	0	.00014	.01824	-.00729	-1.00735	-.12213
15	2192	.00253	0	.00002	.00968	-.00253	-1.00254	-.07156
16	3496	.98908	1	.00030	.02626	.01092	1.01104	.15016
17	3352	.97827	1	.00137	.05806	.02173	1.02222	.21600
18	3200	.98728	1	.00074	.05453	.01272	1.01288	.16455
19	2128	.00155	0	.00001	.00688	-.00155	-1.00155	-.05585
20	3128	.87412	1	.02428	.14430	.12588	1.14400	.56075
21	3050	.43963	0	.06193	.07316	-.43963	-1.78455	-1.11793
22	3128	.68697	1	.04115	.08283	.31303	1.45568	.90485

CHAPTER 15

판별분석

15.1 | 판별분석의 기초지식

1. 판별분석의 개요

판별분석이란

판별분석(discriminant analysis)은 어떤 관측대상이 소속하는 그룹을 예측하기 위한 수법이다. 그룹의 예측이란, 예를 들면 양품 그룹과 불량품 그룹, 구입자 그룹과 비구입자 그룹 어느 쪽에 속하는가를 예측하는 것이다.

이와 같은 예측을 판별이라 하고, 그룹의 수가 둘인 경우를 2군의 판별, 그룹의 수가 셋 이상의 경우를 다군(多群)의 판별이라고 한다.

k개($k \geq 2$)의 그룹이 존재하고 있고, 어느 그룹에 속하는지 알고 있는 관측대상에 대해 몇 개의 데이터가 수집되어 있다고 한다. 이때에 어느 그룹에 속하는지 불분명한 대상이 얻어졌을 경우, 이미 수집되어 있는 데이터에 의거해서 그 대상이 소속하는 그룹을 예측하는 것이 판별분석이다.

판별과 분류는 비슷한 개념이지만 별개의 문제이다. 관측되어 있는 데이터에 의거해서 대상을 몇 개의 그룹으로 나누는 것이 분류이다. 분류의 경우에 대상이 몇 개의 그룹으로 나누어지는가는 데이터를 보기 전까지는 불분명하다. 이에 비해서 존재하는 그룹의 수를 알고 있고 새로운 대상이 그 중의 어느 그룹에 속하는지를 결정하는 것이 판별이다. 분류의 문제에 이용되는 수법에 **군집분석**(cluster analysis)이 있다.

2군의 판별분석

판별분석은 2군의 판별과 다군의 판별로 크게 나누어진다.

2군의 판별분석을 실시하는 방법에는,

1. 마하라노비스(Mahalanobis)의 거리에 의한 방법
2. 선형판별함수에 의한 방법
3. 중회귀분석에 의한 방법
4. 로지스틱 모델(logistic model)에 의한 방법

등이 있다. 위의 **1**에서 **3**까지는 같은 결과가 얻어진다.

마하라노비스의 거리에 의한 판별

다음의 데이터는 관측대상의 수가 20개인 2변량 데이터이다.

데이터표

No.	x_1	x_2	소속그룹
1	31	213	A
2	43	244	A
3	42	238	A
4	53	254	A
5	55	256	A
6	40	237	A
7	48	252	A
8	55	254	A
9	59	270	A
10	56	257	A
11	40	99	B
12	50	120	B
13	56	113	B
14	26	67	B
15	41	95	B
16	62	137	B
17	49	108	B
18	50	112	B
19	67	152	B
20	42	92	B

20개의 대상은 A와 B의 두 그룹으로 나누어져 있다.

여기에서 그룹이 불분명한 새로운 관측대상 No. 21과 22의 데이터가 얻어졌다고 하자.

No.	x_1	x_2	소속그룹
21	55	150	?
22	40	200	?

No. 21과 22는 x_1과 x_2의 산점도상에서 다음과 같은 위치에 존재하고 있다.

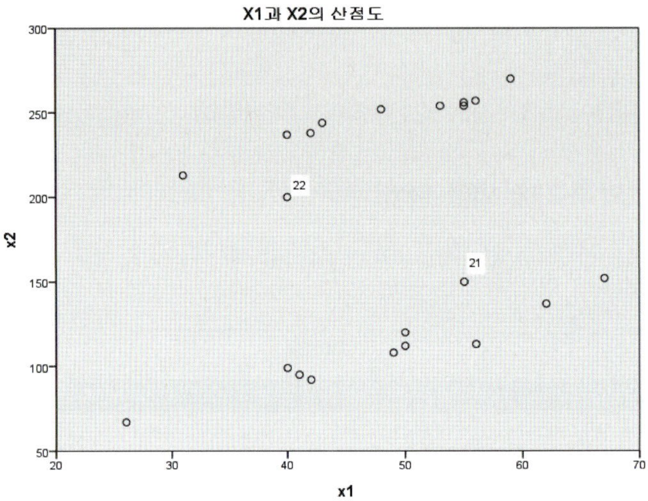

No. 21과 22는 각각 어느 쪽의 그룹에 속한다고 판정하는 것이 타당할까? 시각적으로 판단하면 No. 21은 B 그룹에, No. 22는 A 그룹에 속한다고 판정하는 것이 자연스러울 것이다.

이와 같은 시각적 판단을 수치적 판단으로 대치해서 실행하려면 거리의 개념을 도입하면 된다. 먼저 각 그룹의 중심(重心)의 위치를 구한다. 중심은 x_1과 x_2의 평균을 좌표로 하는 점이 된다. 여기에서 No. 21의 위치에서 각 그룹의 중심까지의 거리를 구하여, 거리가 짧은 쪽의 그룹에 속한다고 판정하고자 하는 것이 거리를 이용한 판별분석의 사고방식이다.

개개의 대상으로부터 중심까지의 거리는 자를 사용해서 측정하는 거리가 아니라 **마하라노비스(Mahalanobis)의 거리**라고 하는 수학적으로 정의된 거리를 이용한다.

마하라노비스의 거리는 변수마다의 산포도(散布度)의 크기(표준편차)와 변수 간의 상관관계(상관계수)를 고려해서 계산되는 거리이다. No. 21의 위치에서 A 그룹 중심까지의 마하라노비스 거리와 B 그룹 중심까지의 마하라노비스 거리를 계산에 의해서 구하여, 거리가 짧은 쪽의 그룹에 No. 21의 표본은 속한다고 판별하는 방법이 마하라노비스의 거리에 의한 판별이다.

일반적으로는 개개의 대상으로부터 A 그룹 중심까지의 마하라노비스 거리를 D_A^2, B 그룹 중심까지의 마하라노비스 거리를 D_B^2이라 하고 다음과 같은 규칙에 따라서 판별한다.

$D_A^2 < D_B^2$이면 관측대상은 그룹 A에 속한다고 판정한다.

$D_A^2 > D_B^2$이면 관측대상은 그룹 B에 속한다고 판정한다.

($D_A^2 = D_B^2$이면 판정은 보류한다)

■ 선형판별함수에 의한 판별

마하라노비스의 거리에 의한 2군의 판별규칙은 다음과 같이 쓸 수 있다.

$D_A^2 - D_B^2 < 0$이면 관측대상은 그룹 A에 속한다고 판정한다

$D_A^2 - D_B^2 > 0$이면 관측대상은 그룹 B에 속한다고 판정한다

여기에서,

$$z = D_A^2 - D_B^2$$

라고 놓으면 이 판별 규칙은 z의 값이 플러스인가 마이너스인가에 의해서 판별하는 것과 같다. 이 식을 판별함수라 한다. 판별에 사용하는 변수를 x_1, x_2, x_3, ⋯, x_p라고 하면, 각 변수의 분산과 변수 간의 상관계수가 두 그룹 사이에 같을 때에 z는 다음과 같은 1차식으로 나타내진다.

$$z = b_0 + b_1x_1 + b_2x_2 + b_3x_3 + \cdots + b_px_p$$

변수의 1차식으로 나타내지는 이와 같은 판별함수를 선형판별함수라 하고, z의 값이 플러스인가 마이너스인가에 의해서 판별하는 것을 선형판별함수에 의한 2군의 판별이라고 한다.

2. 판별분석과 회귀분석

■ 판별분석의 데이터

판별분석이 적용되는 다변량 데이터는 중회귀분석과 마찬가지로 설명변수와 목적변수로 나누어진다. 그룹을 나타내는 변수가 목적변수이고 그룹의 판별에 사용하는 변수가 설명변수

이다.

중회귀분석이 적용되는 데이터와 판별분석이 적용되는 데이터의 차이는 목적변수가 양적이냐 질적이냐 하는 점이다. 목적변수의 데이터가 양적 변수일 때에는 중회귀분석을 적용하고, 질적 변수일 때에는 판별분석을 적용하게 된다.

판별분석에 있어서의 설명변수는 양적 변수인 것이 기본이다. 설명변수가 질적 변수일 때의 수법에는 수량화이론 II류라고 불리는 것이 있다.

판별분석과 중회귀분석

판별분석은 목적변수가 질적 변수로 되어 있는 점이 중회귀분석과의 차이이기 때문에, 목적변수의 데이터를 수치화하면 판별의 문제를 중회귀분석으로도 처리하는 것이 가능케 된다.

판별분석에 있어서의 목적변수 y는 개개의 관측대상이 소속하는 그룹을 표시하는 변수이기 때문에, 그룹명을 다음과 같이 수치로 대치한다.

A 그룹 → 목적변수 $y = 1$

B 그룹 → 목적변수 $y = 0$

이렇게 해서 중회귀분석을 적용하면

$$z = b_0 + b_1x_1 + b_2x_2 + b_3x_3 + \cdots + b_px_p$$

라고 하는 회귀식이 구해지므로 이 회귀식에 의해서 계산되는 y의 값을 사용해서 2군의 판별을 실시할 수 있다.

판별의 규칙은 다음과 같이 된다.

$y > c$이면 관측대상은 그룹 A에 속한다고 판정한다.

$y < c$이면 관측대상은 그룹 B에 속한다고 판정한다.

c는,

$$c = \frac{n_1}{n_1 + n_2}$$

여기에서 A 그룹의 관측대상 수를 n_1, B 그룹의 관측대상 수를 n_2라 한다.

▪ 목적변수의 수치화

앞의 규칙은, 각 그룹의 관측대상 수 n_1, n_2가 바뀌면 판정기준 c의 값도 바뀐다. 그래서 c가 0이 되도록 한다. 다음에 보이는 4가지 방법으로 목적변수 y를 수치화하면, 어느 방법을 이용하더라도 c가 0이 된다.

A 그룹의 관측대상 수를 n_1, B 그룹의 관측대상 수를 n_2라 한다.

1. A 그룹 → $y = \frac{n_2}{n_1 + n_2}$ B 그룹 → $y = -\frac{n_1}{n_1 + n_2}$
2. A 그룹 → $y = n_2$ B 그룹 → $y = -n_1$
3. A 그룹 → $y = \frac{1}{n_1}$ B 그룹 → $y = -\frac{1}{n_2}$
4. A 그룹 → $y = 1$ B 그룹 → $y = -\frac{n_1}{n_2}$

상기 1에서 4까지의 어느 방법에 의해서도 y의 평균이 0이 되므로 y의 값이 플러스인가 마이너스인가로 그룹을 판별할 수 있다.

▪ 3군의 판별분석

3군의 판별문제일 때에 2군일 때의 방법을 단순히 확장해서,

A 그룹 → 목적변수 y = 2
B 그룹 → 목적변수 y = 1
C 그룹 → 목적변수 y = 0

로 수치화해서 중회귀분석으로 처리하면 안 된다.

3군의 판별문제에 대한 전략으로서는 다음의 세 가지 방법을 생각할 수 있다.

(가) 목적변수를 다음과 같이 수치화해서 2군의 판별분석을 세 가지 실시한다.

1. A와 (B, C)의 판별

   A 그룹 → 목적변수 y = 1
   B와 C 그룹 → 목적변수 y = 0

2. B와 (A, C)의 판별

   B 그룹 → 목적변수 y = 1
   A와 C 그룹 → 목적변수 y = 0

3. C와 (A, B)의 판별

C 그룹 → 목적변수 y = 1

A와 B 그룹 → 목적변수 y = 0

(나) 3개의 그룹 중 2개씩의 편성에 대해서 2군의 판별분석을 실시한다.

1. A와 B의 판별
2. A와 C의 판별
3. B와 C의 판별

(다) 다군(多群)의 판별문제에 적용되는 정준판별분석(중판별분석)을 적용한다.

15.2 | 판별분석의 실제

1. 판별분석의 실례(實例)

[예제 15-1]

인쇄회사인 K사에서는 어떤 포스터를 인쇄하고 있다. 완성된 포스터의 품질은 검사원이 육안으로 평가하고 있다. 이 품질에 영향을 미치는 특성으로서 잉크 농도(x_1), 점도(x_2), 열처리시간(x_3)의 세 개 변수가 생각되고 있다. 이들 세 개의 설명변수와 품질에 관한 데이터를 20조 수집했다. 데이터는 다음과 같다. 세 개의 변수로 품질을 판별하는 식을 만들고 싶다. 판별분석을 적용하라.

데이터표

No.	x_1	x_2	x_3	품 질
1	15.7	32.0	22.4	양
2	16.8	34.4	21.1	양
3	13.6	35.0	11.4	양
4	19.9	35.7	15.8	양
5	14.7	33.4	17.3	양
6	19.4	33.8	17.5	양
7	17.9	34.4	19.2	양
8	16.8	33.8	23.4	양
9	19.8	33.0	22.5	양

No.	x_1	x_2	x_3	품 질
10	19.2	32.4	23.9	양
11	14.0	31.9	14.6	불량
12	15.2	31.3	19.9	불량
13	14.9	35.4	11.9	불량
14	17.4	31.4	23.9	불량
15	12.4	32.1	16.8	불량
16	13.3	34.2	13.0	불량
17	12.7	33.4	14.0	불량
18	13.9	31.5	17.4	불량
19	14.5	32.6	15.1	불량
20	15.1	32.2	14.3	불량

■ 목적변수의 수치화

품질을 표시하는 변수를 y로 해서 다음과 같이 수치화한다.

품질이 양일 때 → $y = 1$

품질이 불량일 때 → $y = -1$

그러나 SPSS에서는 다음과 같이 수치화해도 괜찮다.

품질이 양일 때 → $y = 1$

품질이 불량일 때 → $y = 2$

이렇게 해서 원래의 데이터를 다음과 같이 바꿔 쓴다.

바꿔 쓴 데이터표

No.	x_1	x_2	x_3	y
1	15.7	32.0	22.4	1
2	16.8	34.4	21.1	1
3	13.6	35.0	11.4	1
4	19.9	35.7	15.8	1
5	14.7	33.4	17.3	1
6	19.4	33.8	17.5	1
7	17.9	34.4	19.2	1
8	16.8	33.8	23.4	1
9	19.8	33.0	22.5	1
10	19.2	32.4	23.9	1
11	14.0	31.9	14.6	2
12	15.2	31.3	19.9	2

No.	x_1	x_2	x_3	y
13	14.9	35.4	11.9	2
14	17.4	31.4	23.9	2
15	12.4	32.1	16.8	2
16	13.3	34.2	13.0	2
17	12.7	33.4	14.0	2
18	13.9	31.5	17.4	2
19	14.5	32.6	15.1	2
20	15.1	32.2	14.3	2

위의 데이터에 대해서 판별분석을 적용한다.

■ 산점도의 관찰

판별분석을 적용하기 전에 두 개의 변수를 사용했을 때에 양품과 불량품의 판별이 어느 정도 가능한지, 산점도 혹은 산포도에 의해 검토한다.

산점도는 판별분석에 필요불가결한 그래프이다. 이 산점도에 의해 두 개의 변수에 의한 그룹의 판별이 어느 정도 가능한지를 시각적으로 검토할 수 있다.

산점도는 두 개 요인의 상관관계를 보고 싶을 때, 적용하는 그래프이다. 산포도, 상관도라고 부르기도 한다.

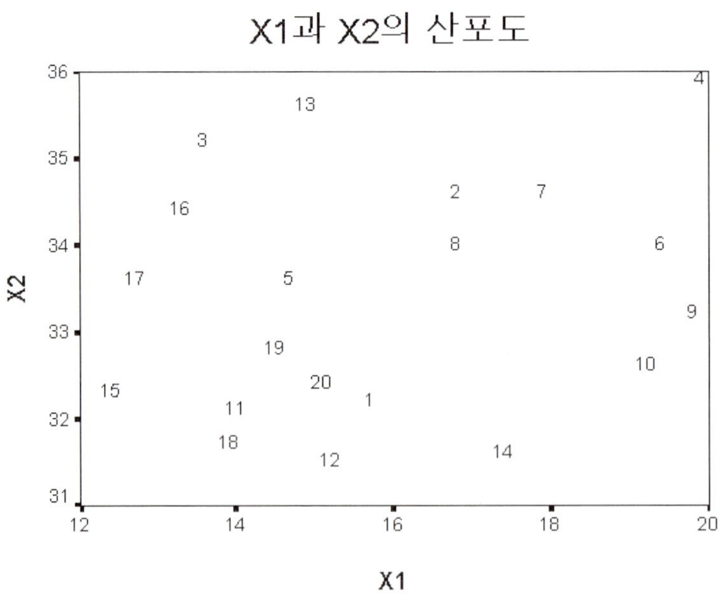

X1과 X3의 산포도

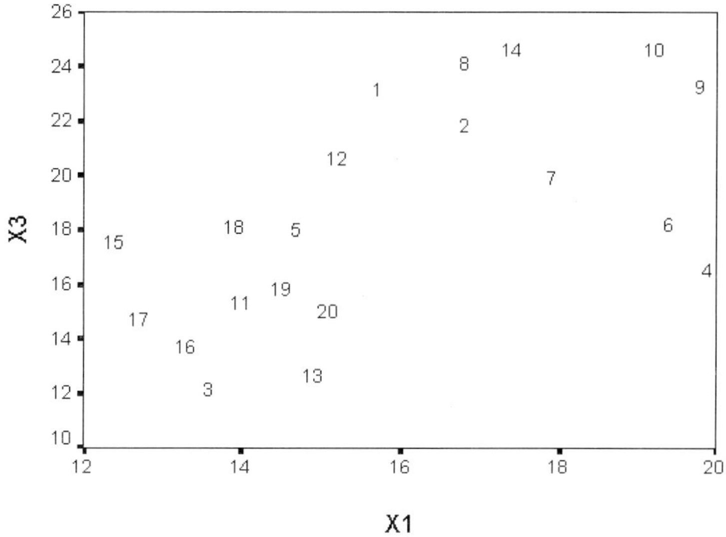

X2와 X3의 산포도

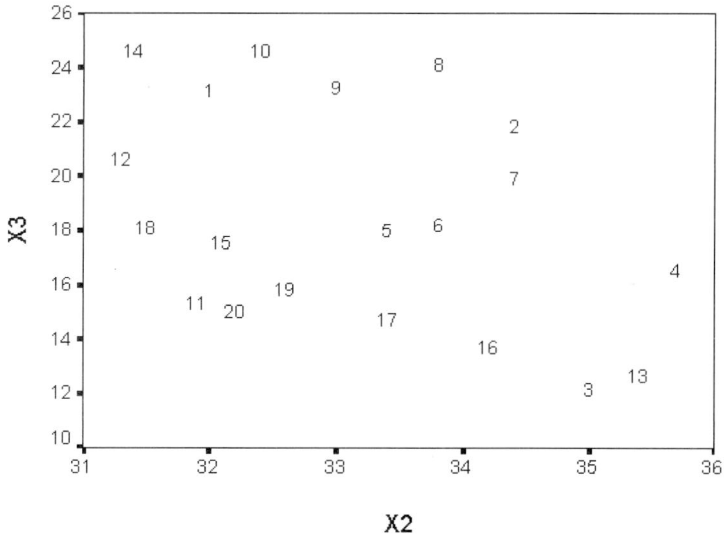

위의 산점도 혹은 산포도에서 x_2와 x_3가 양과 불량을 비교적 잘 분리하고 있는 것을 알 수 있다.

2. SPSS에 의한 해법

〈순서 1〉 데이터의 입력

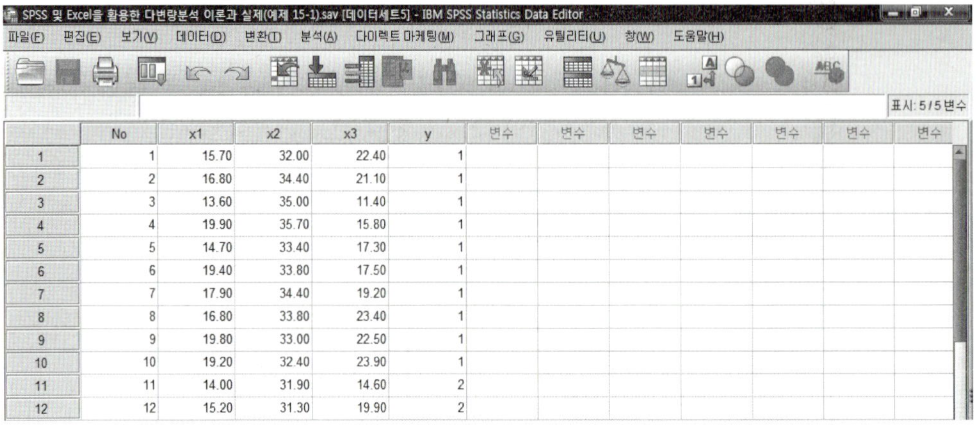

〈순서 2〉 판별분석의 선택

메뉴의 [분석(A)] – [분류분석(F)] – [판별분석(D)]을 선택한다.

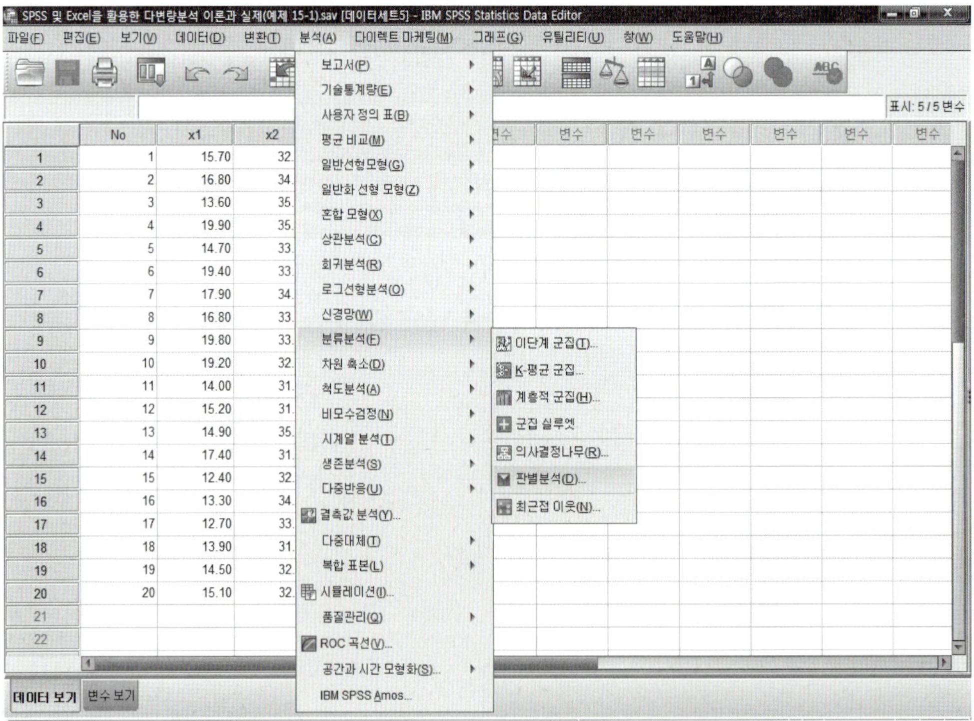

↓ (대화상자가 나타난다)

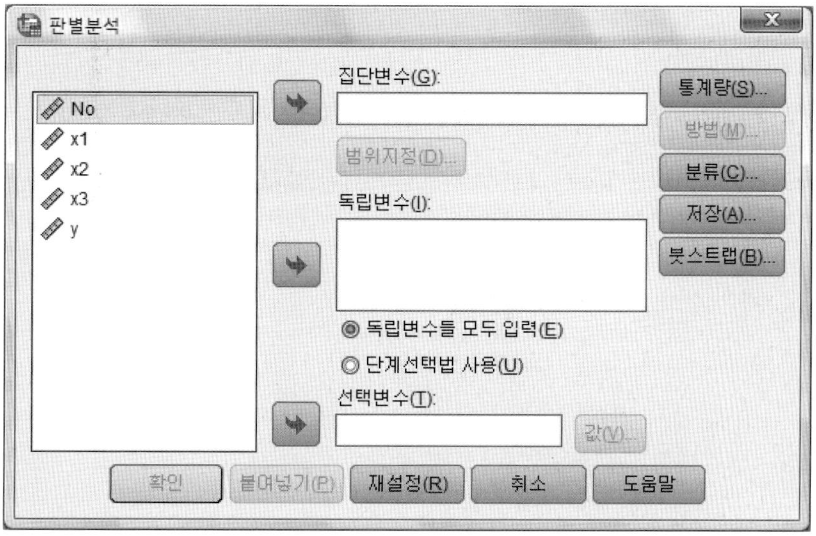

〈순서 3〉 변수의 선택

[집단변수]로서 'y'를 선택한다. [독립변수]로서 'x_1', 'x_2', 'x_3'를 선택한다.

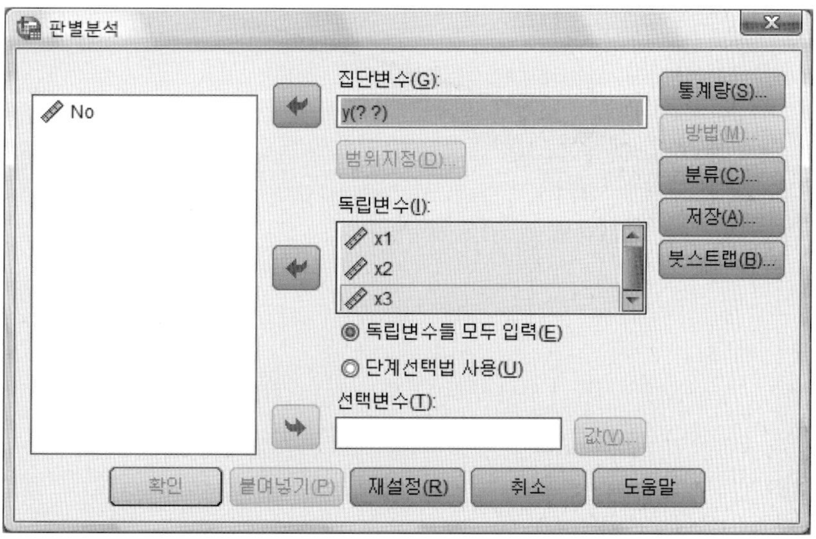

〈순서 4〉 집단변수의 범위지정

[집단변수] 난의 'y(? ?)'에 마우스 포인터를 놓고 클릭하면 [범위지정(D)] 버튼이 밝게 반전된다. 이 버튼을 클릭하면 [판별분석 : 범위지정] 대화상자가 나타난다.

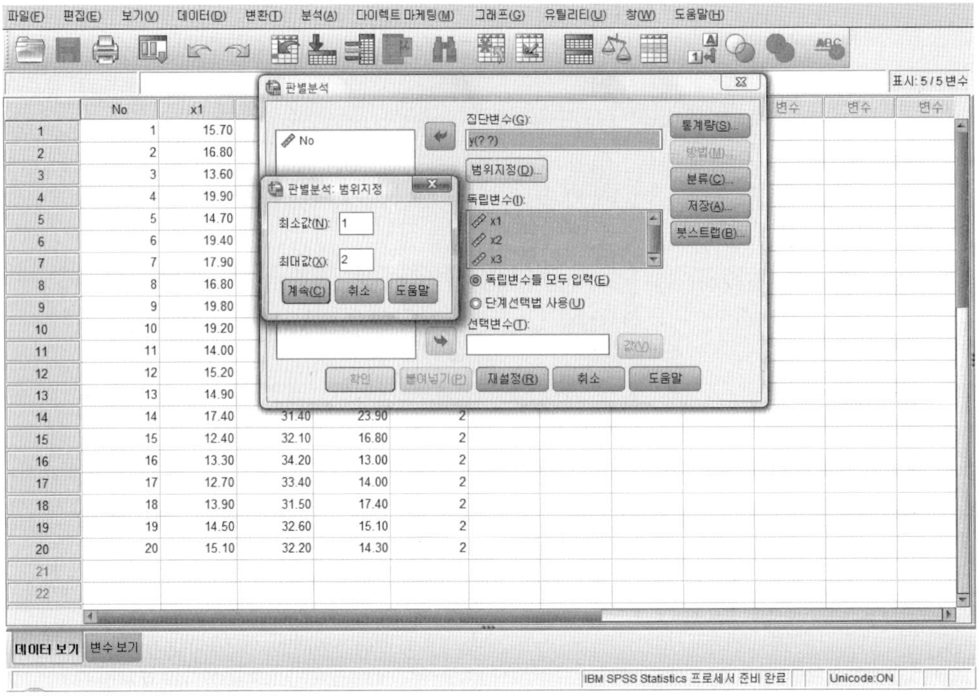

[판별분석 : 범위지정] 대화상자에서 [최소값] 난에는 품질이 양호한 경우의 변수값 '1'을, [최대값] 난에는 품질이 불량인 경우의 변수값 '2'를 입력한다. [계속] 버튼을 클릭하면 앞의 [판별분석] 대화상자로 되돌아간다.

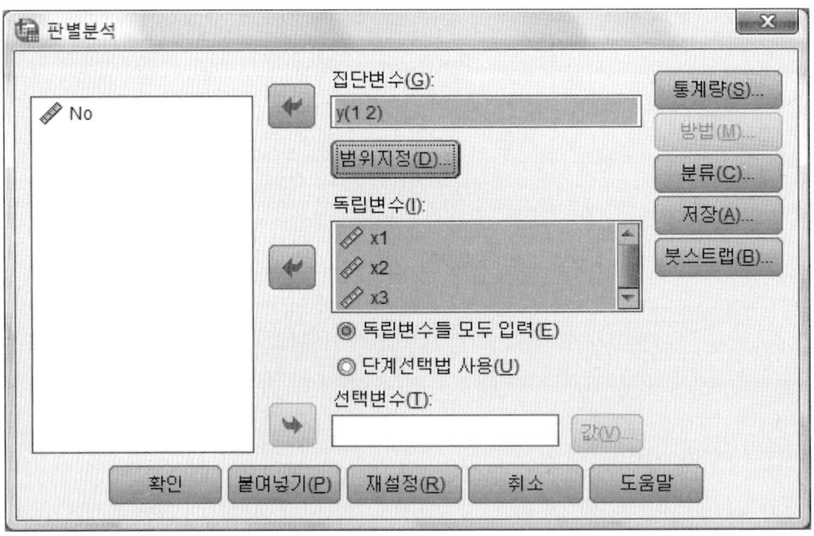

독립변수(설명변수)를 투입하는 방법은 위의 대화상자에서 보는 바와 같이 두 가지가 있다. 초기지정값으로 지정되어 있는 [독립변수들 모두 입력(E)]은 선택된 독립변수를 한꺼번에 투입하는 방식이다. [단계선택법 사용(U)]은 독립변수를 한꺼번에 투입하는 것이 아니고, 선택된 독립변수의 수만큼 단계적으로 투입하는 방식이다. 본 예제에서는 초기지정값으로 지정되어 있는 [독립변수들 모두 입력(E)]을 적용할 예정이다.

[선택변수] 난에서는 특정값을 가지는 케이스의 부집단으로 분석을 제한할 수 있다. [선택변수] 난에 특정변수를 지정하고, [값(V)] 버튼을 클릭하여 특정값을 입력하면 된다. 그러나 본 예제에서는 모든 사례를 판별분석 대상으로 하고 있어 특정변수를 지정할 수 없으므로 적용하지 않는다.

〈순서 5〉 통계량 선택

위의 대화상자에서 [통계량(S)] 버튼을 클릭하면 다음과 같은 [판별분석 : 통계량] 대화상자가 나타난다.

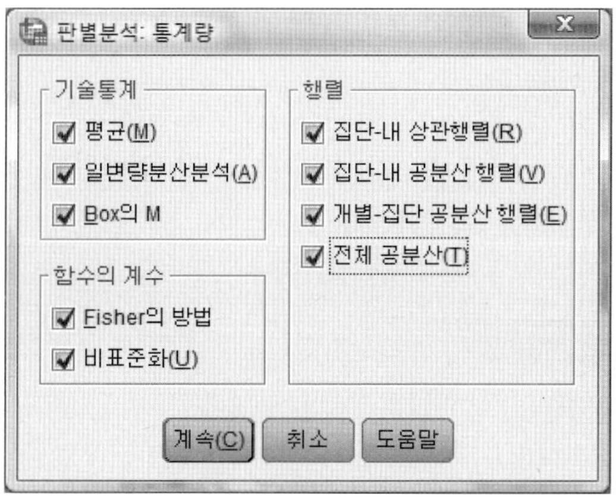

여기에서 [기술통계], [함수의 계수], [행렬]에 해당되는 모든 항목을 선택한다. [계속] 버튼을 클릭하면 앞의 [판별분석] 대화상자로 복귀한다.

〈순서 6〉 분류방법의 선택

[판별분석] 대화상자에서 [분류(C)] 버튼을 클릭하면 다음과 같은 [판별분석 : 분류] 대화상자가 나타난다.

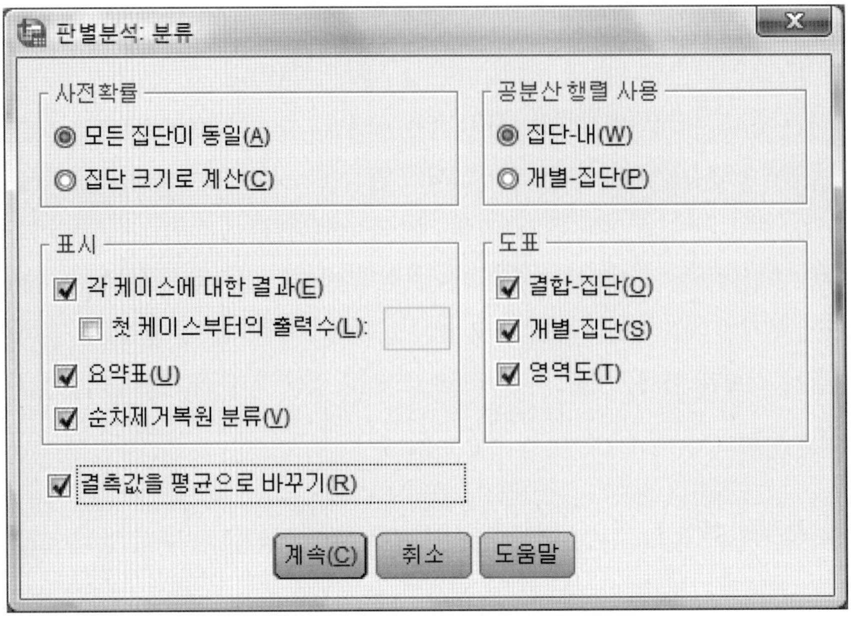

위와 같은 항목들을 지정하고 [계속] 버튼을 클릭하면, [판별분석] 대화상자로 복귀한다.

〈순서 7〉 새 변수로 저장

[판별분석] 대화상자에서 [저장(A)] 버튼을 클릭하면 다음과 같은 대화상자가 나타난다.

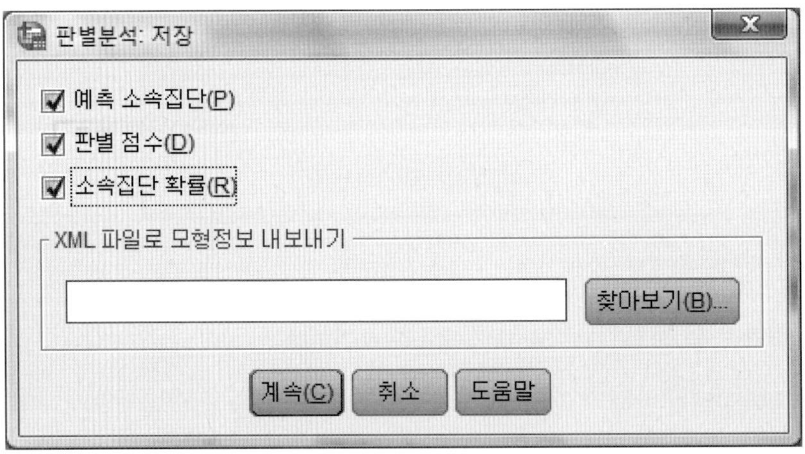

위와 같이 모든 항목을 지정하고 [계속] 버튼을 클릭하면, [판별분석] 대화상자로 복귀한다. 여기에서 [확인] 버튼을 클릭하면 분석결과를 얻을 수 있다.

분석결과와 결과의 해석방법

(1) 집단별 평균 및 표준편차

집단통계량

y		평균	표준편차	유효 N(목록별)	
				가중되지 않음	가중됨
양	x1	17.3800	2.23199	10	10.000
	x2	33.7900	1.14353	10	10.000
	x3	19.4500	3.98253	10	10.000
불량	x1	14.3400	1.44776	10	10.000
	x2	32.6000	1.34495	10	10.000
	x3	16.0900	3.58405	10	10.000
전체	x1	15.8600	2.40513	20	20.000
	x2	33.1950	1.35975	20	20.000
	x3	17.7700	4.07045	20	20.000

품질의 양·불량 두 집단의 데이터 개수와 집단별 평균, 표준편차가 제시되어 있다. 품질이 양호한 경우와 불량인 경우의 $X1$(잉크 농도)의 평균은 각각 17.38, 14.34이다. $X2$(점도)의 평균은 각각 33.79, 32.60이며 $X3$(열처리시간)의 평균은 각각 19.45, 16.09로 차이를 보이고 있으나 두 집단 간의 평균 차이가 통계적으로도 유의한지는 검정을 통해서 알 수 있다.

(2) 집단평균의 동질성 검정

집단평균의 동질성에 대한 검정

	Wilks의 람다	F	자유도1	자유도2	유의확률
x1	.580	13.057	1	18	.002
x2	.798	4.544	1	18	.047
x3	.821	3.933	1	18	.063

$X1$, $X2$, $X3$에 대한 Wilks 람다와 이것을 F통계량으로 환산한 값이 제시돼 있다.

$$\text{Wilks}'\Lambda = \frac{\text{집단 내 분산}(SSW)}{\text{총분산}(SST)}$$

의 값이 크면 F통계량값이 작아지고, Wilks 람다 값이 작으면 F통계량값이 커진다. F통계량값이 클수록 전체 분산의 비율이 크므로 판별력이 높아지게 된다. 3개의 변수 중에서 $X1$, $X2$는 F통계량값의 유의확률이 유의수준 $\alpha = 0.05$보다 작으므로 y(품질)에 대한 $X1$, $X2$

의 평균 차이는 유의하다고 볼 수 있다. 그러나 $X3$는 평균 차이가 유의하지 않은 것으로 밝혀졌다. 집단 간의 분산이 작을수록 Wilks 람다 값은 1에 가까워져서 집단 간에는 차이가 없음을 확인할 수 있다.

(3) 집단 내 통합행렬

집단-내 행렬 통합[a]

		x1	x2	x3
공분산	x1	3.539	-.277	3.261
	x2	-.277	1.558	-3.421
	x3	3.261	-3.421	14.353
상관관계	x1	1.000	-.118	.458
	x2	-.118	1.000	-.723
	x3	.458	-.723	1.000

a. 공분산행렬의 자유도는 18입니다.

각 집단 내 통합행렬의 공분산행렬과 상관행렬이 제시되어 있다.

(4) 공분산행렬

공분산행렬[a]

y		x1	x2	x3
양	x1	4.982	-.019	3.356
	x2	-.019	1.308	-3.208
	x3	3.356	-3.208	15.861
불량	x1	2.096	-.534	3.167
	x2	-.534	1.809	-3.634
	x3	3.167	-3.634	12.845
전체	x1	5.785	.690	5.778
	x2	.690	1.849	-2.189
	x3	5.778	-2.189	16.569

a. 전체 공분산행렬은 19의 자유도를 가집니다.

전체 공분산행렬이 나타나 있다.

(5) 공분산행렬의 동일성 검정(Box의 검정)

로그 행렬식

Y	순위	로그 행렬식
양	3	3.630
불량	3	2.443
집단-내 통합값	3	3.267

인쇄된 판별값의 순위와 자연로그는 집단 공분산행렬의 순위 및 자연로그를 나타냅니다.

검정 결과

Box의 M		4.143
F	근사법	.564
	자유도1	6
	자유도2	2347.472
	유의확률	.759

모집단 공분산행렬이 동일하다는 영가설을 검정합니다.

판별분석은 다변량 정규분포를 가정하고 또한 각 집단의 공분산이 동일하다는 가정 하에 성립된다. 집단에 대한 공분산행렬의 동일성 검정은 Box 검정을 통하여 이루어진다. 공분산이 동일하다는 귀무가설은 유의확률(0.759) > 0.05이므로 채택된다.

귀무가설이 채택된 경우에는 판별분석이 유효하지만, 기각되는 경우에는 적절한 조치가 필요하다. 공분산이 동일하다는 가정이 위반되는 경우에는 독립변수(설명변수)를 표준화시켜서 변형할 수 있다. 그러나 두 공분산행렬에 큰 차이가 없을 경우에는 선형판별함수를 그대로 사용해도 무방하다고 할 수 있다. 그리고 공분산행렬이 같지 않다는 결과는 정규분포의 가정도 위반되었다는 것을 의미할 수도 있다. 이 경우에는 각 독립변수의 정규분포성을 검정하여 위반 시에는 이를 시정하고 Box의 M검정을 재시도하는 것이 좋을 것이다. 데이터가 다변량 정규분포를 이루고 있으나 공분산행렬이 같지 않은 경우에는 선형판별함수 대신에 비선형판별함수의 이용이 바람직하다.

(6) 정준판별함수의 요약

고유값

함수	고유값	분산의 %	누적 %	정준 상관
1	1.800[a]	100.0	100.0	.802

a. 첫 번째 1 정준 판별함수가 분석에 사용되었습니다.

Wilks의 람다

함수의 검정	Wilks의 람다	카이제곱	자유도	유의확률
1	.357	16.986	3	.001

정준상관관계는 판별함수와 집단 간의 관련정도(0.802)를 나타내는 것으로 이 값이 클수록 판별력이 우수하다고 할 수 있다. 고유치는 집단 간의 분산을 집단 내의 분산으로

나눈 값이다. 고유치가 클수록 우수한 판별함수라고 할 수 있다. 고유치(eigenvalue)는 집단 간 분산을 집단 내 분산으로 나눈 비율이므로, 고유치가 여러 개인 경우 고유치의 상대적인 크기는 판별함수가 총분산을 어느 정도 설명해 주고 있는가를 나타낸다. 여기에서는 판별함수의 고유치가 1.800으로 총분산의 100%를 설명하고 있다고 말해 주고 있다.

그리고 정준상관(canonical correlation)은 판별함수의 판별능력을 나타내는 것으로서, 이 값이 1에 가까울수록 판별함수의 판별능력이 높다는 것을 의미한다. 이것은 일원 분산분석의 에타(η)와 같은 것으로서 설명력을 나타낸다. 집단의 수가 두 개일 때 Wilks의 람다 값은 집단 내 분산을 총분산으로 나눈 비율을 나타낸다. 그러나 집단의 수가 세 개 이상일 때에는 각 판별함수의 (집단 내 분산)/(총분산)의 곱을 나타낸다. 따라서 Wilks의 람다 값이 작을수록 그 판별함수의 설명력은 높아진다. 이 람다 값과 자유도를 고려한 χ^2 통계량값으로 환산한 값과 그 확률값이 제공되므로 이것들을 이용하여 판별함수의 유의성을 검정할 수 있다. 여기에서 $\chi^2 = 16.986$의 확률값 $0.001 < \alpha = 0.05$이므로 판별함수는 유의한 것으로 나타났다.

(7) 표준화된 정준판별함수

표준화 정준 판별함수 계수

	함수
	1
x1	.281
x2	1.189
x3	1.080

판별함수의 계수를 표준화시켜 제시하고 있다. 이것을 함수로 나타내면,

$$D = 0.281X1 + 1.189X2 + 1.080X3$$

이다. 여기에 데이터를 대입할 때에는 데이터도 표준화시켜야 한다. 이 판별식에서 계수의 절대값 크기는 변수들 간의 상대적인 중요도를 나타내고 있다. 즉, $X1$, $X2$, $X3$의 계수에 대한 절대값 크기를 비교해 보면 $X2 > X3 > X1$ 순으로 설명력이 높은 것을 알 수 있다.

(8) 구조행렬

구조행렬

	함수
	1
x1	.635
x2	.375
x3	.348

판별변수와 표준화 정준 판별함수 간의 집단-내 통합 상관행렬. 변수는 함수내 상관행렬의 절대값 크기순으로 정렬되어 있습니다.

구조행렬에서는 판별함수와 변수들 간의 상관관계를 보여주고 있다. 이 상관관계가 높을수록 판별점수도 높아진다. $X1$의 상관계수(0.635)가 가장 크기 때문에 이 판별함수에서 가장 영향력이 큰 변수라고 볼 수 있다.

(9) 정준판별함수(비표준화된 판별함수)

정준 판별함수 계수

	함수
	1
x1	.149
x2	.953
x3	.285
(상수)	-39.055

비표준화 계수

표준화하지 않은 정준판별함수는 $D = -39.055 + 0.149X1 + 0.953X2 + 0.285X3$이다. 이 판별함수는 원시자료(raw data)를 그대로 입력하여 판별점수를 구한다. 그리고 판별함수의 계수는 표준화되어 있지 않으므로 독립변수의 상대적인 중요성을 판단하는 데 이용해서는 안 된다.

(10) 함수의 집단 중심값

정준판별함수의 판별식에 의해 구해진 판별점수가 분류기준보다 크면 집단 1(양)로 분류하고, 분류기준보다 작으면 집단 2(불량)로 분류한다. 위의 결과에 **집단 중심값**(group centroids) 혹은 각 집단의 평균 판별점수가 나타나 있다. 집단 1의 평균 판별점수는 1.273이고 집단 2의 평균 판별점수는 −1.273이다. 분류 기준은 이 두 집단 중심점의 평균이므로 {1.273 + (−1.273)} / 2 = 0이다. 그러므로 0보다 큰 값을 갖는 경우는 집단 1(품질 양호)에 분류되고, 0보다 작은 값을 가지면 집단 2(품질 불량)에 분류된다.

함수의 집단 중심값

y	함수
	1
양	1.273
불량	-1.273

표준화하지 않은 정준 판별함수가 집단 평균에 대해 계산되었습니다.

그런데 두 집단의 표본수가 다른 경우에는 다음과 같이 계산된다.

$$분류기준 = \frac{n_2 C_1 + n_1 C_2}{n_1 + n_2}$$

여기에서 C_1과 C_2는 각 집단의 중심점이다.

(11) 분류통계량

집단에 대한 사전확률

y	사전확률	분석에 사용된 케이스	
		가중되지 않음	가중됨
양	.500	10	10.000
불량	.500	10	10.000
전체	1.000	20	20.000

분류 함수 계수

	y	
	양	불량
x1	-5.260	-5.640
x2	55.284	52.859
x3	15.729	15.003
(상수)	-1041.968	-942.562

Fisher의 선형 판별함수

각 집단별 판별점수를 결정하는 Fisher의 선형판별함수를 보여 주고 있다.

집단 1(품질 양호) $Y = -1041.968 - 5.260X1 + 55.284X2 + 15.729X3$

집단 2(품질 불량) $Y = -942.562 - 5.640X1 + 52.859X2 + 15.003X3$

여기에서 판별하고자 하는 집단의 변수값들을 한 개씩 대입하면 케이스별 각 집단 판별점수를 구할 수 있다.

(12) 케이스별 통계량

케이스별 통계량

	케이스번호	실제집단	최대집단					두 번째로 큰 최대집단			판별 점수
			예측집단	P(D>d | G=g)		P(G=g | D=d)	중심값까지의 제곱 Mahalanobis 거리	집단	P(G=g | D=d)	중심값까지의 제곱 Mahalanobis 거리	함수 1
				확률	자유도						
원래값	1	1	1	.265	1	.599	1.242	2	.401	2.047	.158
	2	1	1	.335	1	.997	.931	2	.003	12.322	2.238
	3	1	2**	.402	1	.751	.703	1	.249	2.913	-.434
	4	1	1	.248	1	.998	1.333	2	.002	13.690	2.427
	5	1	2**	.246	1	.571	1.347	1	.429	1.917	-.112
	6	1	1	.806	1	.932	.060	2	.068	5.291	1.028
	7	1	1	.557	1	.991	.345	2	.009	9.814	1.860
	8	1	1	.294	1	.997	1.101	2	.003	12.921	2.322
	9	1	1	.632	1	.989	.229	2	.011	9.142	1.751
	10	1	1	.829	1	.978	.047	2	.022	7.627	1.489
	11	2	2	.253	1	.998	1.305	1	.002	13.599	-2.415
	12	2	2	.981	1	.964	.001	1	.036	6.600	-1.296
	13	2	1**	.323	1	.673	.979	2	.327	2.421	.283
	14	2	1**	.315	1	.664	1.010	2	.336	2.373	.268
	15	2	2	.573	1	.991	.317	1	.009	9.664	-1.836
	16	2	2	.626	1	.881	.238	1	.119	4.233	-.785
	17	2	2	.937	1	.969	.006	1	.031	6.885	-1.351
	18	2	2	.459	1	.994	.548	1	.006	10.793	-2.013
	19	2	2	.796	1	.980	.067	1	.020	7.861	-1.531
	20	2	2	.437	1	.995	.605	1	.005	11.044	-2.051
교차 검증값[b]	1	1	2**	.278	3	.612	3.852	1	.388	4.759	
	2	1	1	.301	3	.997	3.655	2	.003	15.036	
	3	1	2**	.269	3	.976	3.928	1	.024	11.329	
	4	1	1	.029	3	.999	9.018	2	.001	22.370	
	5	1	2**	.605	3	.679	1.845	1	.321	3.345	
	6	1	1	.138	3	.857	5.516	2	.143	9.093	
	7	1	1	.916	3	.989	.514	2	.011	9.570	
	8	1	1	.091	3	.998	6.466	2	.002	18.686	
	9	1	1	.467	3	.985	2.549	2	.015	10.891	
	10	1	1	.458	3	.968	2.596	2	.032	9.425	
	11	2	2	.485	3	.998	2.448	1	.002	14.862	
	12	2	2	.666	3	.951	1.573	1	.049	7.516	
	13	2	1**	.241	3	.949	4.200	2	.051	10.054	
	14	2	1**	.299	3	.926	3.677	2	.074	8.742	
	15	2	2	.553	3	.988	2.094	1	.012	10.956	
	16	2	2	.444	3	.820	2.680	1	.180	5.714	
	17	2	2	.683	3	.958	1.495	1	.042	7.740	
	18	2	2	.752	3	.993	1.206	1	.007	11.100	
	19	2	2	.958	3	.975	.312	1	.025	7.660	
	20	2	2	.361	3	.994	3.207	1	.006	13.360	

원 데이터의 경우 제곱 Mahalanobis 거리는 정준 함수를 기준으로 결정됩니다. 교차검증 데이터의 경우 제곱 Mahalanobis 거리는 관측에 따라 결정됩니다.

**. 오분류 케이스

b. 분석시 해당 케이스에 대해서만 교차 검증이 수행됩니다. 교차 검증시 각 케이스는 해당 케이스를 제외한 모든 케이스로부터 파생된 함수별로 분류됩니다.

각 케이스(사례)에 대한 실제집단과 예측집단에 속할 확률과 판별점수가 제시되어 있다. 여기에서 **표시는 잘못 판별된 케이스를 표시하고 있는데 판별결과를 보면,

실제는 양인데 불량으로 판별한 케이스가 2개(No. 3, 5)

실제는 불량인데 양으로 판별한 케이스가 2개(No. 13, 14)

로 모두 4개의 오판별이 있다. 따라서 오판별률은 0.2(= 4/20)가 된다.

표에서 최대집단은 판별식에 의해서 속할 확률이 가장 높은 집단을 가리키며, 두 번째로 큰 최대집단은 그 다음으로 높은 집단이다. 예를 들면, 첫 번째 케이스 1은 실제로 집단 1에 속하며 판별분석에 의해서도 집단 1에 속하고 있다. 집단 1에 속할 확률은 0.599이며 집단 2에 속할 확률은 0.401이다. 이 두 확률을 합하면 물론 1이 된다. 이것은 집단이 두 개일 경우 어느 한 집단에는 반드시 속하게 됨을 의미한다. 표의 마지막 열에는 판별점수(discriminant scores)가 제시되어 있는데, 분류기준 혹은 집단 중심점과 비교하여 판별하게 된다. 첫 번째 케이스는 판별점수가 0.158로서 0보다 크므로 집단 1로 판별되었다. 집단 중심점과 비교할 경우에는 판별점수가 집단 1의 중심점에 가까우면 집단 1로, 집단 2의 중심점에 가까우면 집단 2로 판별된다.

(13) 히스토그램(집단 1)

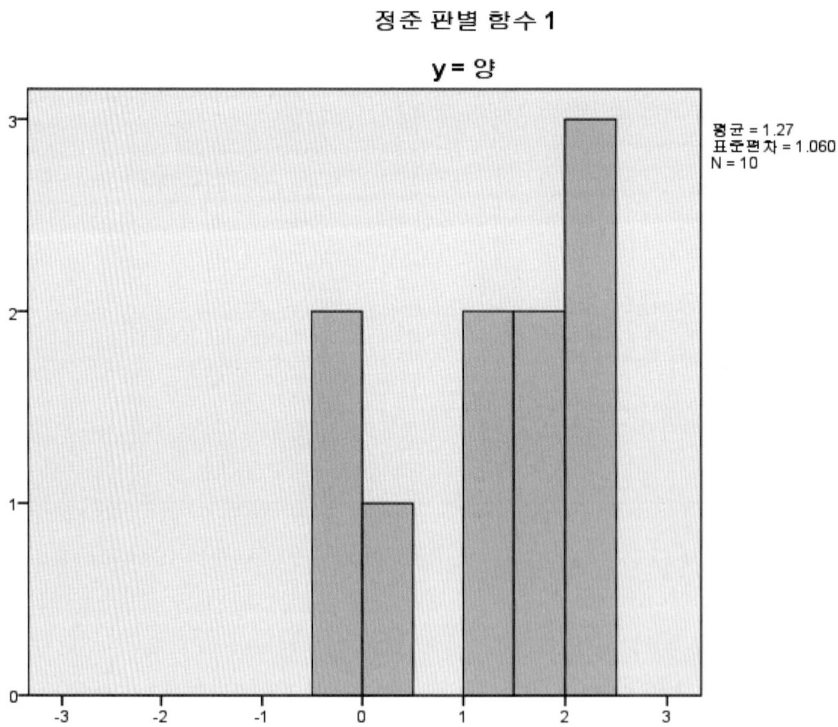

가로축의 0을 기준으로 0보다 크면 집단 1(품질 양호), 0보다 작으면 집단 2로 판별되는데 여기에서는 두 개의 케이스(No. 3의 판별점수 = −0.434, No. 5의 판별점수 = −0.112)가 집단 2로 잘못 판별되고 있음을 보여 주고 있다. 여기에서 세로축은 빈도수를 의미한다.

(14) 히스토그램(집단 2)

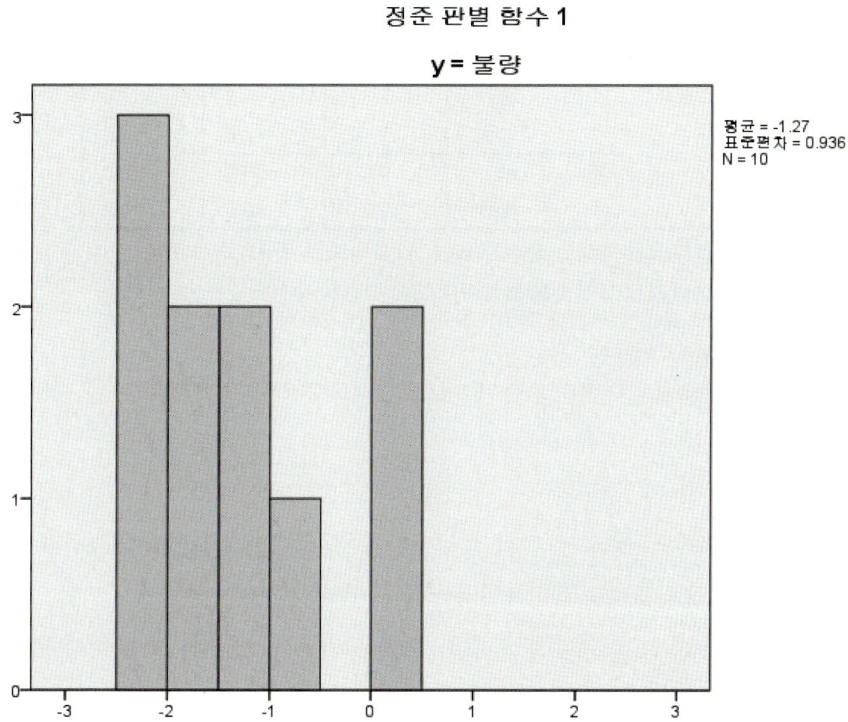

이 그래프에서 집단 2의 케이스는 'Y = 불량'으로 표시되고 있다. 가로축의 0을 중심으로 왼쪽에 속하면 집단 2, 오른쪽에 속하면 집단 1로 판별된다. 오른쪽에 있는 두 개의 케이스(No. 13의 판별점수 = 0.283, No. 14의 판별점수 = 0.268)는 오판별된 경우에 해당된다.

판별분석의 절차

① 그룹 간에 차가 있는지 어떤지를 검정한다.
② 분산공분산행렬의 상등성(相等性)을 검정하고 기각되지 않을 때는 선형판별함수에 의한 방법을, 기각될 때는 마하라노비스의 거리에 의한 방법을 채택한다.
③ 선형판별함수에 의한 방법
④ 마하라노비스의 거리에 의한 방법

(15) 판별적중률

분류 결과[a,c]

		y	예측 소속집단 양	예측 소속집단 불량	전체
원래값	빈도	양	8	2	10
		불량	2	8	10
	%	양	80.0	20.0	100.0
		불량	20.0	80.0	100.0
교차 검증값[b]	빈도	양	7	3	10
		불량	2	8	10
	%	양	70.0	30.0	100.0
		불량	20.0	80.0	100.0

a. 원래의 집단 케이스 중 80.0%이(가) 올바로 분류되었습니다.

b. 분석시 해당 케이스에 대해서만 교차 검증이 수행됩니다. 교차 검증 시 각 케이스는 해당 케이스를 제외한 모든 케이스로부터 파생된 함수별로 분류됩니다.

c. 교차검증 집단 케이스 중 75.0%이(가) 올바로 분류되었습니다.

앞의 표는 판별한 결과를 정리한 것이다. 집단 1에 속한 10개 중 8개가 집단 1로 판별되었고, 2개가 집단 2로 판별되었으므로 집단 1의 판별적중률은 80%이다. 집단 2의 경우에도 10개 중 8개를 집단 2로, 2개를 집단 1로 판별하여 판별적중률은 역시 80%이다. 따라서 전체의 판별적중률은 80%이다. 여기에서 판별적중률은 회귀분석의 적합도를 나타내는 기여율(결정계수) R^2의 개념과 비슷하다고 볼 수 있다. 회귀분석에 있어서의 R^2은 선형 회귀식이 얼마나 데이터를 잘 적합시켰는가를 나타내는 것이며, 판별분석에 있어서의 판별적중률은 판별식이 관측대상을 얼마나 잘 판별하는가를 나타내는 정도라고 할 수 있다.

15.3 | 새로운 관측대상의 판별

예제 15-1에서 검사원이 최근에 제작된 포스터 3매에 대하여 검사를 실시했는데, 검사결과는 다음과 같다. 본 예제의 판별기준에 따라 판별분석을 실시해 보자.

데이터

No.	x_1	x_2	x_3
1	18.7	35.4	23.8
2	13.2	31.2	16.3
3	19.7	33.3	22.1

여기에서는 분석결과 중 표준화하지 않은 정준판별함수

$$D = -39.055 + 0.149X1 + 0.953X2 + 0.285X3$$

를 이용한다. 왜냐하면 위의 데이터가 표준화된 데이터가 아니기 때문이다.

이 3매의 포스터가 어느 그룹에 속할 것인가를 알기 위해서는 다음과 같은 순서에 의해 SPSS의 Syntax 명령문 편집기에서 입력하면 된다.

〈순서 1〉 명령문 편집기 호출

메뉴에서 [파일(F)]－[새 파일(N)]－[명령문(S)]을 선택한다.

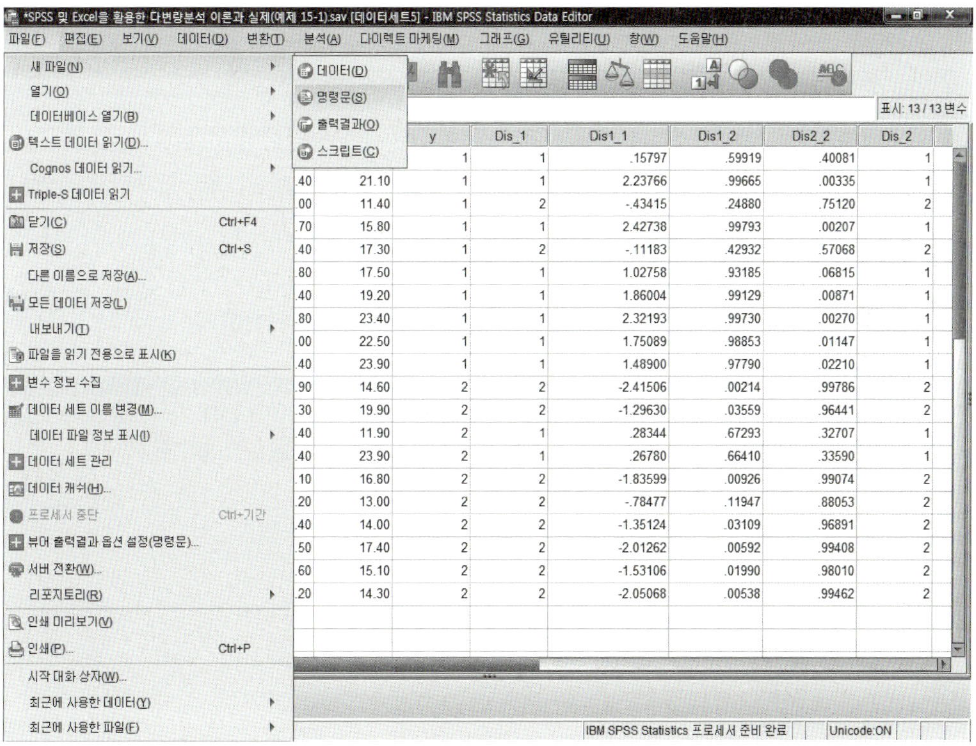

다음과 같은 Syntax 명령문 편집기가 나타난다. 사용자는 SPSS 통계 실행 명령어를 입력할 수 있다.

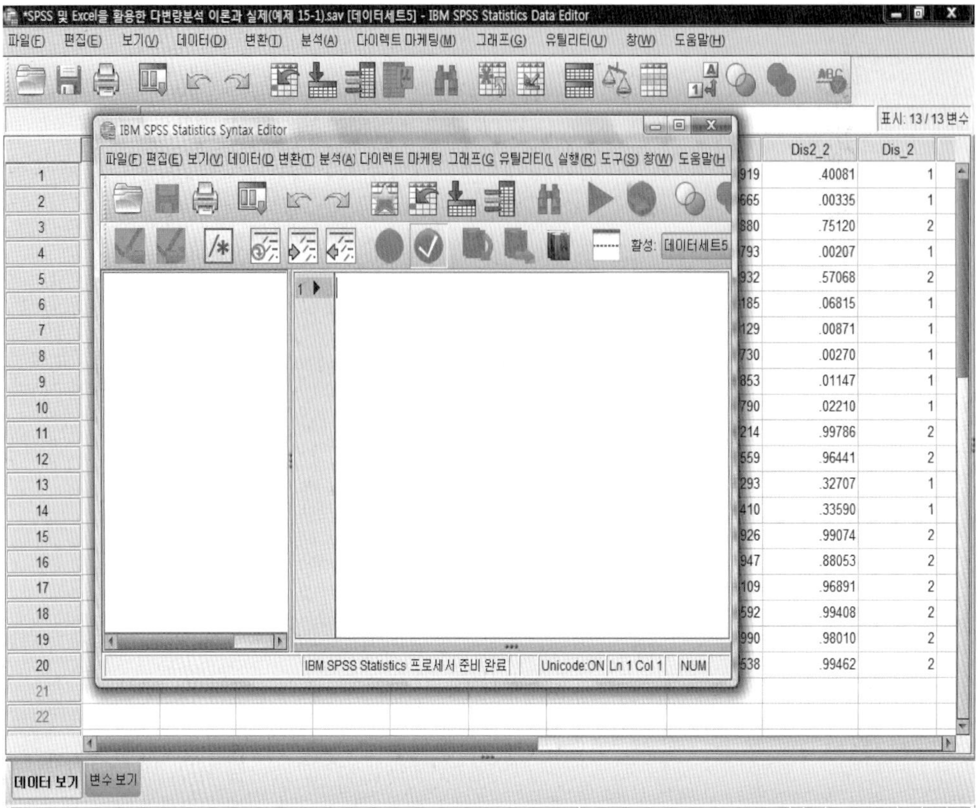

〈순서 2〉 프로그램 작성

새로운 관측대상을 판별하기 위한 프로그램을 다음과 같이 입력한다.

〈순서 3〉 프로그램 실행

위와 같이 프로그램을 작성한 후, 프로그램의 상단부터 끝부분까지 범위를 지정한 다음에 메뉴에서 [실행(R)] – [끝까지(T)]를 선택한다.

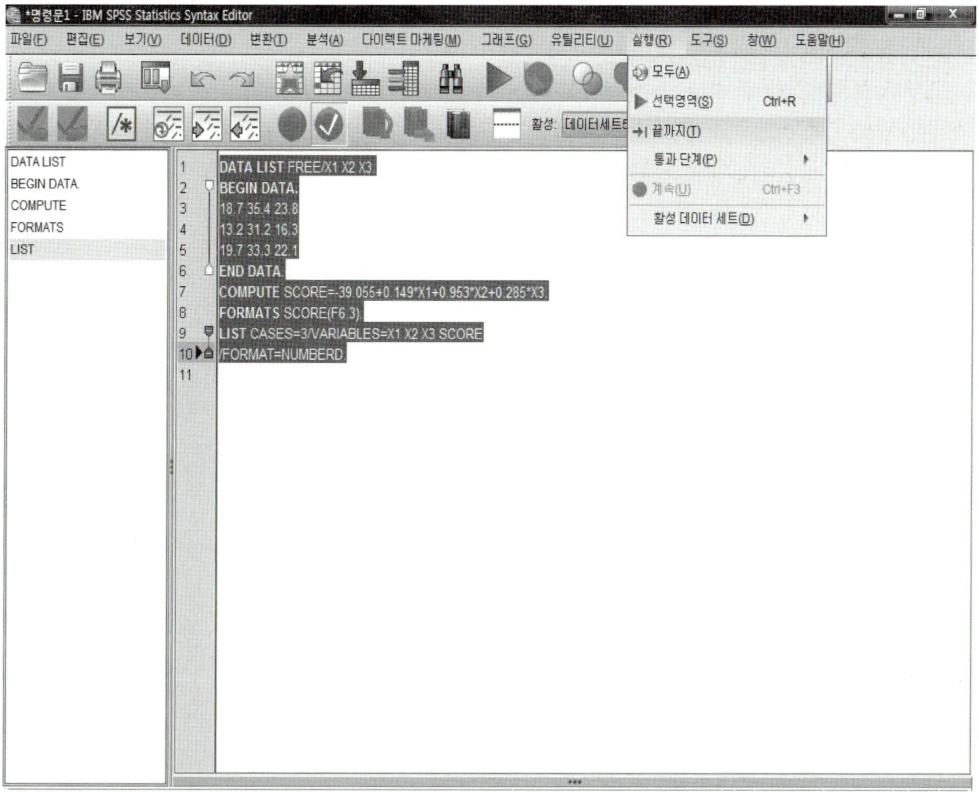

분석결과는 다음과 같다.

> 판별과 분류는 비슷하지만 다르다. 관측된 데이터에 의해서 대상을 몇 개 그룹으로 나누는 것이 분류이다. 이에 비해서 존재하는 그룹의 수를 알고 있고 새로운 대상이 그 중의 어떤 그룹에 속하는지 결정하는 것이 판별이다.

■ 분석결과 및 결과의 해석방법

분석결과는 [IBM SPSS Statistics Viewer]에 나타난다. 그와 동시에 새로운 파일이 만들어지면서 [SPSS 데이터 편집기]에도 입력한 데이터와 Score가 출력되는 것을 확인할 수 있다.

(1) [IBM SPSS Statistics Viewer]의 결과목록

```
              X1        X2        X3  SCORE

     1     18.70     35.40     23.80  4.251
     2     13.20     31.20     16.30 -2.709
     3     19.70     33.30     22.10  1.914


Number of cases read:  3    Number of cases listed:  3
```

(2) [SPSS 데이터 편집기]에 작성된 자료목록(data list) 및 분석결과

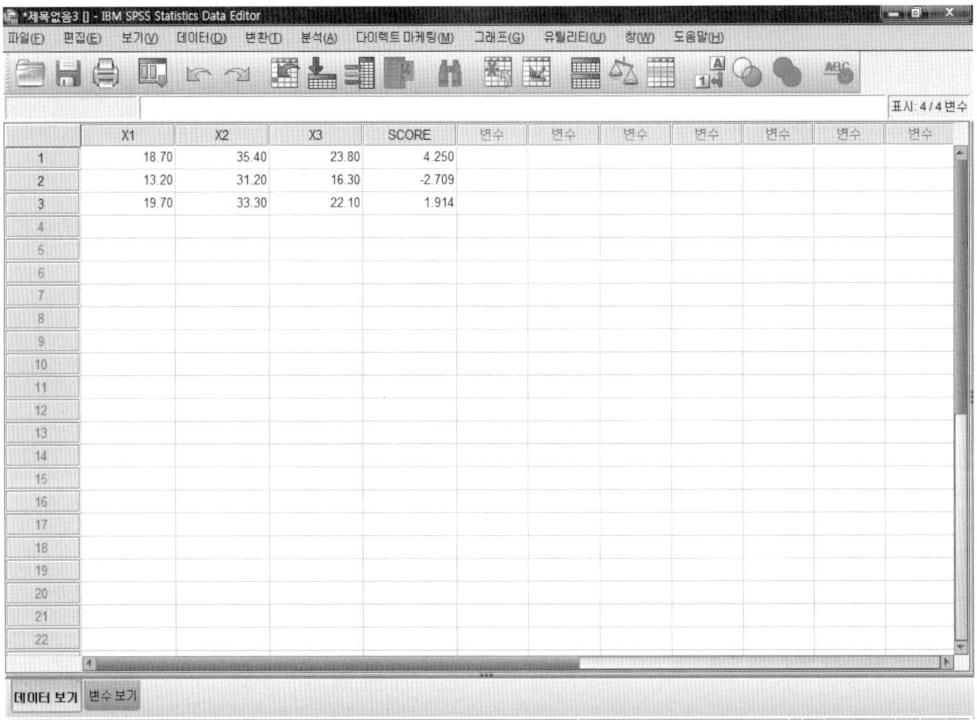

분석결과 포스터 1과 3은 판별점수가 0보다 크므로 품질이 양호한 것으로 판별되고, 포스터 2의 판별점수는 0보다 작으므로 품질이 불량한 것으로 판별되었다.

CHAPTER 16 수량화이론

16.1 | 수량화이론 I류

1. 수량화이론 I류와 회귀분석

■ 수량화이론이란

수량화이론(quantification theory)은 명목척도나 순서척도로 측정되는 질적 데이터를 다루기 위한 수법의 집합으로, 일본의 하야시 치키오(林 知己夫)가 중심으로 발전시켜 온 이론이다. 유명한 것으로서 수량화이론 I류, II류, III류, IV류 등이 있다. 중회귀분석과 관계가 깊은 것이 I류, 판별분석과 관계가 깊은 것이 II류이다.

수량화이론은 L. Guttman의 예측의 이론으로부터 출발하여 전개된 독창적인 이론이다. 결과적으로는 더미변수법과 아주 유사한 것인데, 더미변수법이 아직 보급되어 있지 않았던 1949~1954년경에 이미 오늘날의 체계적인 형태를 갖추고 있었다는 점에서 높이 평가할 만하다. 더미변수의 경우와 마찬가지로 양적 변수를 질적 변수와 나란히 함께 취급할 수가 있다.

수량화이론은 단지 질적인 것에 1, 2, 3, 4 등 기계적으로 수치를 범주내용의 단계순으로 부여하여 해석하는 것이 아니라, 질적인 것에 어떻게 수치를 부여하면(즉, 수량화하면) 더 나은 최적의 데이터 해석이 가능할 것인가의 사고방식에 의거하여 개발되었다.

[예제 16-1]

다음과 같은 앙케트(의견조사)를 실시해서 데이터를 수집했다고 하자.

(Q1) 귀하는
「때로는 가족보다도 업무 쪽을 우선하는 경우가 있다」라고 하는 사고방식에 찬성하십니까?
(Y) 예 (N) 아니오

(Q2) 귀하는 다음의 어느 사고방식에 가장 가깝습니까?
(A) 급료가 낮더라도 긍지를 가질 수 있는 일을 하고 싶다.
(B) 긍지를 가질 수 없는 일이더라도 급료가 높은 편이 좋다.
(C) 고통이 없고 안정되어 있으면 그것으로 좋다.

(Q3) 귀하의 연령을 대답해 주십시오.
( ) 세

이 앙케트 결과가 20명분 모아졌다고 하면, 다음에 보이는 것과 같은 데이터표 1의 형태로 정리할 수 있다. 수량화이론 I류를 사용해서 Q3인 연령을 Q1과 Q2의 회답으로부터 예측하는 식을 구하라.

데이터표 1

No.	Q1	Q2	Q3	No.	Q1	Q2	Q3
1	Y	A	43	11	N	B	32
2	Y	A	38	12	N	B	33
3	Y	A	39	13	N	B	29
4	Y	A	40	14	N	B	24
5	Y	A	37	15	N	B	22
6	Y	C	32	16	N	C	21
7	Y	B	37	17	N	C	28
8	N	A	29	18	N	C	23
9	N	B	28	19	N	C	20
10	N	B	20	20	N	C	27

이와 같은 데이터가 얻어졌을 때에 Q1과 Q2의 답으로부터 연령을 예측하는 식을 만들고자 하는 수법이 **수량화이론 I류**이다. 수량화이론의 세계에서는 Q1이나 Q2를 **아이템**(item)이라 부르고 있다. 또 Q1 중의 선택지(選擇肢)인 Y, N이나 Q2의 선택지인 A, B, C 등을 **카테고리**(category)라고 부른다.

■ (0,1) 데이터

앞의 데이터표 1을 다음과 같이 바꿔 써 본다.

데이터표 2

아이템	Q1		Q2			Q3
No.	Y	N	A	B	C	y
1	1	0	1	0	0	43
2	1	0	1	0	0	38
3	1	0	1	0	0	39
4	1	0	1	0	0	40
5	1	0	1	0	0	37
6	1	0	0	0	1	32
7	1	0	0	1	0	37
8	0	1	1	0	0	29
9	0	1	0	1	0	28
10	0	1	0	1	0	20
11	0	1	0	1	0	32
12	0	1	0	1	0	33
13	0	1	0	1	0	29
14	0	1	0	1	0	24
15	0	1	0	1	0	22
16	0	1	0	0	1	21
17	0	1	0	0	1	28
18	0	1	0	0	1	23
19	0	1	0	0	1	20
20	0	1	0	0	1	27

이 데이터표는,

Q1에서 Y라고 대답한 사람은 Y의 열에 1, N의 열에 0

Q1에서 N라고 대답한 사람은 N의 열에 1, Y의 열에 0

Q2에서 A라고 대답한 사람은 A의 열에 1, B와 C의 열에 0

Q2에서 B라고 대답한 사람은 B의 열에 1, A와 C의 열에 0

Q2에서 C라고 대답한 사람은 C의 열에 1, A와 B의 열에 0

라고 입력해서 정리한 것이다.

이와 같이 (0, 1) 데이터를 사용해서 표현함으로써 질적 데이터를 수치화할 수 있다.

■ (0, 1) 데이터의 중회귀분석

Q1과 Q2의 답으로 Q3의 답인 연령을 예측하는 식을 만든다고 하는 문제는, (0, 1) 데이터로 바꿔 쓴 데이터표 2에서 Q1과 Q2를 x_1과 x_2, Q3를 y로 표현한다.

더욱이 카테고리인 Y, N, A, B, C를 각각 x_{11}, x_{12}, x_{21}, x_{22}, x_{23}로 바꾸어 표현하면

x_{11}에서 x_{23}까지를 설명변수, 연령 y를 목적변수로 하는 중회귀분석의 문제로 바꿔 놓을 수 있다.

아이템	Q1		Q2			Q3
No.	Y	N	A	B	C	y

↓

아이템	x_1		x_2			Q3
No.	x_{11}	x_{12}	x_{21}	x_{22}	x_{23}	y

이렇게 해서 데이터표 2를 중회귀분석에 적용하면 될 듯 싶은데, 실은 잘 되지 않는다. 왜냐하면, 설명변수 사이에는

$$x_{11} + x_{12} = 1$$
$$x_{21} + x_{22} + x_{23} = 1$$

이라고 하는 선형관계가 성립하고 있어, 바로 다중공선성 때문에 해가 구해지지 않는 것이다.

그래서 x_{11}과 x_{12} 중의 하나(여기에서는 x_{12})를 삭제하고, x_{21}, x_{22}, x_{23} 중의 하나(여기에서는 x_{21})를 삭제한다. 데이터표 2를 이와 같이 해서 바꿔 쓰면 다음의 데이터표 3이 얻어진다.

데이터표 3

No.	x_{11}	x_{22}	x_{23}	y	No.	x_{11}	x_{22}	x_{23}	y
1	1	0	0	43	11	0	1	0	32
2	1	0	0	38	12	0	1	0	33
3	1	0	0	39	13	0	1	0	29
4	1	0	0	40	14	0	1	0	24
5	1	0	0	37	15	0	1	0	22
6	1	0	1	32	16	0	1	1	21
7	1	1	0	37	17	0	1	1	28
8	0	0	0	29	18	0	1	1	23
9	0	1	0	28	19	0	1	1	20
10	0	1	0	20	20	0	1	1	27

이 데이터에 중회귀분석을 적용하면 된다.

■ 더미변수

그런데 중회귀분석에서 더미변수(dummy variable)라고 하는 것을 소개했다. 데이터표 3은 데이터표 1에 있어서 다음과 같은 더미변수를 도입해서 바꿔 쓴 것에 지나지 않는다.

	x_{11}
Y	1
N	0

	x_{22}	x_{23}
A	0	0
B	1	0
C	0	1

실은 수량화이론 I류라고 하는 수법은 설명변수가 모두 더미변수로 되어 있는 중회귀분석이라고 생각하면 된다.

2. 수량화이론 I류의 실제

■ SPSS에 의한 해법

수량화이론 I류를 SPSS에서 실행하려면 질적 데이터에 더미변수를 도입하여, 중회귀분석을 실시하면 된다. 예제 16-1을 실제로 SPSS에서 실행해 보자.

〈순서 1〉 데이터의 입력

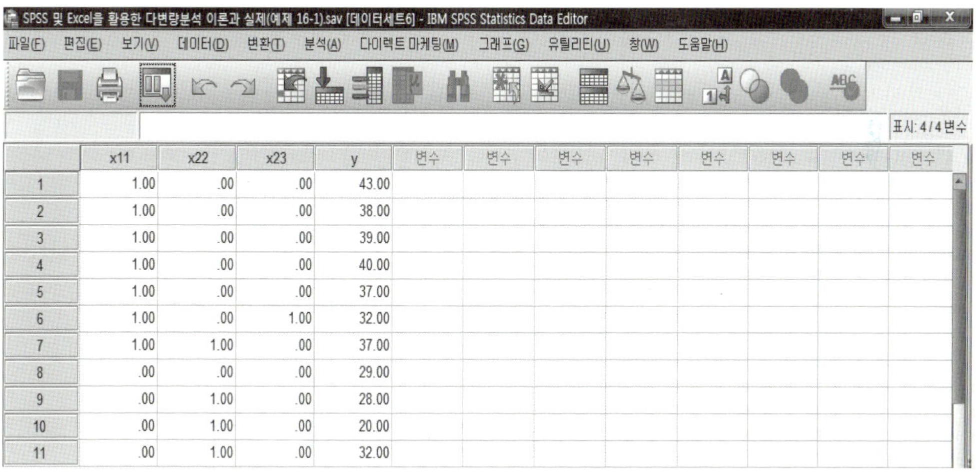

〈순서 2〉 중회귀분석의 실행

메뉴에서 [분석(A)]−[회귀분석(R)]−[선형(L)]을 선택한다.

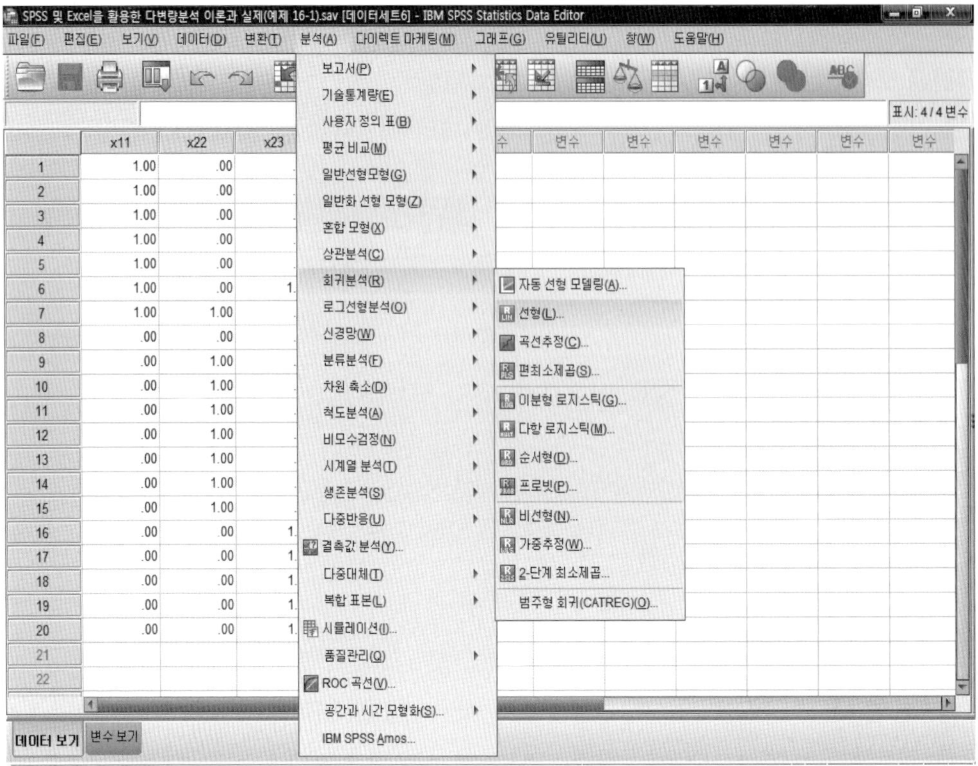

〈순서 3〉 변수의 선택

[선형 회귀] 대화상자가 나타나면, [종속변수(D)]와 [독립변수(I)]를 다음과 같이 선택한다.

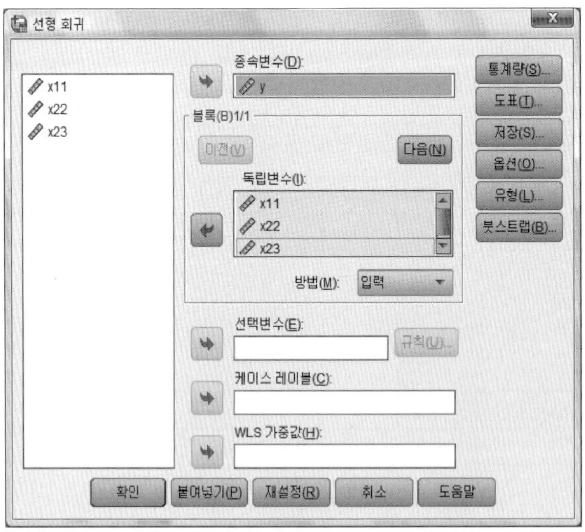

여기에서 [확인] 버튼을 클릭하면 중회귀분석이 실시된다.

분석결과 및 결과의 해석방법

모형 요약

모형	R	R 제곱	수정된 R 제곱	추정값의 표준오차
1	.878[a]	.772	.729	3.73565

a. 예측자: (상수), x23, x11, x22

ANOVA[a]

모형		제곱합	자유도	평균제곱	F	유의확률
1	회귀	754.519	3	251.506	18.023	.000[b]
	잔차	223.281	16	13.955		
	전체	977.800	19			

a. 종속변수: y

b. 예측자: (상수), x23, x11, x22

계수[a]

모형		비표준화 계수		표준화 계수	t	유의확률
		B	표준오차	베타		
1	(상수)	29.675	2.478		11.977	.000
	x11	9.590	2.343	.654	4.093	.001
	x22	-2.749	2.612	-.193	-1.052	.308
	x23	-6.107	2.663	-.400	-2.293	.036

a. 종속변수: y

분석결과 회귀식은 통계적으로 유의하며(유의확률 = 0.000 < 0.05), 총변동에 대한 설명력이 77.2%(R 제곱 0.772) 정도이다. 회귀식은

$$y = 29.675 + 9.590x_{11} - 2.749x_{22} - 6.107x_{23}$$

이다. 세 개의 회귀계수 중에서 x_{11}과 x_{23}은 유의하나 x_{22}는 유의수준 0.05에서 유의하지 않다(유의확률 = 0.308 > 0.05).

위의 회귀식에 의해서 Q1과 Q2의 회답결과가 얻어지면 다음과 같은 대응표에 의해서 x_{11}, x_{22}, x_{23}의 자리에 1 또는 0을 대입함으로써 연령의 예측치를 얻을 수 있다.

	x_{11}
Y	1
N	0

	x_{22}	x_{23}
A	0	0
B	1	0
C	0	1

■ 더미변수의 선택

중회귀분석의 경우에 설명변수의 선택이라고 하는 문제가 있었다. 수량화이론에 있어서도 같은 문제가 생긴다. 수량화이론 I류의 문제를 더미변수의 도입에 의해서 중회귀분석으로 계산했을 때에는, 어느 더미변수가 중요하며 어느 더미변수가 불필요한가 하는 것이 문제가 된다. 이 문제에 대한 어프로치는 중회귀분석의 경우와 기본적으로는 같다.

다만 세 개 이상의 카테고리에 대응하는 더미변수의 중요성을 편회귀계수의 t값으로 판단하는 데는 다음과 같은 것에 주의할 필요가 있다.

앞의 예에서는 Q2에 대한 더미변수의 도입을 다음과 같이 했다.

	x_{22}	x_{23}
A	0	0
B	1	0
C	0	1

A를 기준으로 했다

이 결과 x_{22}와 x_{23}의 편회귀계수, t값, p값은 다음과 같다.

계수[a]

모형		비표준화 계수		표준화 계수	t	유의확률
		B	표준오차	베타		
1	(상수)	29.675	2.478		11.977	.000
	x11	9.590	2.343	.654	4.093	.001
	x22	-2.749	2.612	-.193	-1.052	.308
	x23	-6.107	2.663	-.400	-2.293	.036

a. 종속변수: y

x_{22}의 p값(유의확률)은 0.05보다 크고, x_{23}의 p값은 0.05보다 작다. 이러한 사실로부터 x_{22}는 불필요한 변수이고, x_{23}는 중요한 변수라고 판단해서는 안 된다. 그 이유는 다음과 같다.

이제 Q2에 대해서 다음과 같은 더미변수를 도입한다.

	x_{21}	x_{23}
A	1	0
B	0	0
C	0	1

B를 기준으로 했다

중회귀분석을 실시하면 다음과 같은 결과가 얻어진다.

이번에는 x_{21}의 p값이나 x_{23}의 p값 모두 0.05보다 커져 있다.

계수[a]

모형		비표준화 계수		표준화 계수	t	유의확률
		B	표준오차	베타		
1	(상수)	26.926	1.353		19.903	.000
	x11	9.590	2.343	.654	4.093	.001
	x21	2.749	2.612	.180	1.052	.308
	x23	-3.358	2.020	-.220	-1.662	.116

a. 종속변수: y

더욱이 Q2에 대해서, 다음과 같은 더미변수를 도입한다.

	x_{21}	x_{22}
A	1	0
B	0	0
C	0	1

C를 기준으로 했다

중회귀분석을 실시하면 다음과 같은 결과가 얻어진다.

계수[a]

모형		비표준화 계수		표준화 계수	t	유의확률
		B	표준오차	베타		
1	(상수)	23.568	1.574		14.971	.000
	x11	9.590	2.343	.654	4.093	.001
	x21	6.107	2.663	.400	2.293	.036
	x22	3.358	2.020	.235	1.662	.116

a. 종속변수: y

이 경우에 x_{21}의 p값은 0.05보다 작고, x_{22}의 p값은 0.05보다 커져 있다.

이와 같이 기준을 어디에 두는가에 따라서 회귀계수의 t값, p값은 바뀌는 것이다. 그러나 기여율은 변하지 않는다. 따라서 변수의 선택은 더미변수 단위로 행하는 것이 아니라 아이템 단위로 행할 필요가 있다.

다만 카테고리 단위로 할당된 더미변수에 중요한 것과 불필요한 것이 있다고 하는 것은, 데이터의 배후에 있는 기술적 지식, 이론적 지식에 의해서 그 의미를 검토해 볼 가치가 있다.

■ 카테고리 스코어

회귀식

$$y = 29.675 + 9.590x_{11} - 2.749x_{22} - 6.107x_{23}$$

를 보면, x_{12}와 x_{21}이 포함되어 있지 않다. 이것을

$$y = b_0^* + b_{11}^*x_{11} + b_{12}^*x_{12} + b_{21}^*x_{21} + b_{22}^*x_{22} + b_{23}^*x_{23}$$

과 같이 x_{12}와 x_{21}이 포함된 형태로 나타내고 싶은 경우(그렇게 할 필요는 수학적으로는 없지만)에는, 제 i 아이템 제 j 카테고리의 관측치를 n_{ij}라 하고 더미변수를 도입해서 구한 회귀식의 편회귀계수를 b_{ij}라 하면, 새로운 편회귀계수 b_{ij}^*는 다음과 같이 해서 구할 수 있다.

$$\alpha_i = -\frac{\sum_{j=1}(b_{ij} \times n_{ij})}{n}$$

$$b_{ij}^* = b_{ij} + \alpha_i$$

$$b_0^* = b_0 - \sum_i \alpha_i$$

이렇게 해서

$$y = 29.675 + 9.590x_{11} - 2.749x_{22} - 6.107x_{23}$$

를

$$y = 30.100 + 6.234x_{11} - 3.357x_{12} + 2.931x_{21} + 0.183x_{22} - 3.175x_{23}$$

으로 바꿔 쓸 수 있다.

16.2 | 수량화이론 II류

1. 수량화이론 II류와 회귀분석

■ 수량화이론 II류란

수량화이론 I류에서는 설명변수는 질적 변수, 목적변수는 양적 변수라고 하는 형식의 데이터를 다루었다. 이에 비해서 설명변수는 질적 변수, 목적변수도 질적 변수라고 하는 형식의 데이터를 다루는 것이 **수량화이론 II류**이다.

중회귀분석이 수치 데이터를 예측하는 데 비해서, 판별분석은 그룹을 예측(판별)하는 수법이었다. 이것과 마찬가지로 수량화이론 I류가 수치 데이터를 예측하는 데 비해서, 수량화이론 II류는 그룹을 예측(판별)하는 수법이다.

[예제 16–2]

다음과 같은 앙케트(의견조사)를 실시해서 데이터를 수집했다고 하자.

(Q1) 이 상품의 기능은 어떻게 해서 알게 되었습니까?
(A) 광고나 잡지의 기사를 보고
(B) 아는 사람으로부터 전해 듣고

(Q2) 이 상품의 어느 점을 가장 중시합니까?
(A) 가 격
(B) 디자인
(C) 기 능

(Q1) 이 상품에 구입하고 싶다고 생각하게 하는 매력이 있습니까?
(A) 있다
(B) 없다

이 앙케트 결과는 데이터표 1과 같이 정리할 수 있다고 한다.

Q1과 Q2의 답으로부터 Q3의 답인 그룹(매력을 느끼는 그룹과 매력을 느끼지 않는 그룹)을 예측하는 것을 생각하기로 한다. 이 문제에 대해서는 수량화이론 II류를 적용할 수 있다. 수량화이론 II류는 정준판별분석에 있어서 모든 설명변수가 질적 변수인 경우에 상당한다. 이 수법은 최종적으로는 행렬의 고유치 문제에 귀착한다.

판별분석의 경우와 마찬가지로 수량화이론 II류도 2군의 판별과 3군 이상인 다군의 판별로 나누어서 생각할 수 있다.

데이터표 1

No.	Q1	Q2	그룹
1	A	A	A
2	A	A	A
3	A	A	A
4	A	A	A
5	A	B	A
6	A	B	A
7	A	B	A
8	A	B	A
9	B	A	A
10	B	A	A
11	A	B	B
12	A	C	B
13	B	B	B
14	B	B	B
15	B	B	B
16	B	C	B
17	B	C	B
18	B	C	B
19	B	C	B
20	B	C	B

여기에서는 2군의 판별을 다루기로 한다.

■ 수량화이론 II류에서 중회귀분석으로

판별분석의 경우에 2군의 판별문제는 질적인 목적변수 y를 수치화함으로써, 중회귀분석의 문제로서 풀 수 있다는 것을 소개했다. 수량화이론 II류도 마찬가지로 2군의 판별문제라면 중회귀분석을 이용할 수 있다. 이것을 데이터표 1을 바꿔 씀으로써 실행해 보자.

데이터표 1을 데이터표 2와 같이 바꿔 쓴다.

데이터표 2

아이템	Q1		Q2			Q3
No.	A	B	A	B	C	y
1	1	0	1	0	0	A
2	1	0	1	0	0	A
3	1	0	1	0	0	A
4	1	0	1	0	0	A
5	1	0	0	1	0	A
6	1	0	0	1	0	A
7	1	0	0	1	0	A
8	1	0	0	1	0	A
9	0	1	1	0	0	A
10	0	1	1	0	0	A
11	1	0	0	1	0	B
12	1	0	0	0	1	B
13	0	1	0	1	0	B
14	0	1	0	1	0	B
15	0	1	0	1	0	B
16	0	1	0	0	1	B
17	0	1	0	0	1	B
18	0	1	0	0	1	B
19	0	1	0	0	1	B
20	0	1	0	0	1	B

데이터표 2는,

Q1에서 A라고 대답한 사람은 A의 열에 1, B의 열에 0
Q1에서 B라고 대답한 사람은 B의 열에 1, A의 열에 0

Q2에서 A라고 대답한 사람은 A의 열에 1, B와 C의 열에 0
Q2에서 B라고 대답한 사람은 B의 열에 1, A와 C의 열에 0
Q2에서 C라고 대답한 사람은 C의 열에 1, A와 B의 열에 0

라고 입력해서 정리한 것이다.

데이터표 2의 기호를

아이템	Q1		Q2			Q3
No.	A	B	A	B	C	y

↓

아이템	x_1		x_2			Q3
No.	x_{11}	x_{12}	x_{21}	x_{22}	x_{23}	y

로 대치한다.

여기에서 x_{12}와 x_{21}를 제외하고 생각하면, 데이터표 2는 데이터표 1에

	x_{11}
A	1
B	0

	x_{22}	x_{23}
A	0	0
B	1	0
C	0	1

라고 하는 더미변수를 도입한 것과 같은 것이다.

그런데 목적변수 y도 질적 변수이기 때문에 이것도 수치화한다. A 그룹에 속하는 관측대상의 수를 n_1, B 그룹에 속하는 관측대상의 수를 n_2로 해서,

$$\text{A 그룹} \rightarrow y = 1$$
$$\text{B 그룹} \rightarrow y = -\frac{n_1}{n_2}$$

로 수치화한다. 이 예에서는 $n_1 = n_2 = 10$이므로,

$$\text{A 그룹} \rightarrow y = 1$$
$$\text{B 그룹} \rightarrow y = -1$$

로 수치화한다.

이와 같이 하면 데이터표 2는 데이터표 3과 같이 바꿔 쓸 수 있어 중회귀분석의 문제로서 풀 수 있다.

데이터표 3

No.	x_{11}	x_{22}	x_{23}	y
1	1	0	0	1
2	1	0	0	1
3	1	0	0	1
4	1	0	0	1
5	1	1	0	1
6	1	1	0	1
7	1	1	0	1
8	1	1	0	1
9	0	0	0	1
10	0	0	0	1
11	1	1	0	−1
12	1	0	1	−1
13	0	1	0	−1
14	0	1	0	−1
15	0	1	0	−1
16	0	0	1	−1
17	0	0	1	−1
18	0	0	1	−1
19	0	0	1	−1
20	0	0	1	−1

중회귀분석을 적용하여,

$$y = b_0 + b_1 x_{11} + b_2 x_{22} + b_3 x_{23}$$

라고 하는 회귀식이 얻어졌다면 이것을 판별식으로써 사용하여,

$y > 0$이면 관측대상은 A 그룹에 속한다

$y < 0$이면 관측대상은 B 그룹에 속한다

고 판별하면 된다.

2. 수량화이론 II류의 실제

■ SPSS에 의한 해법

SPSS에서는 질적 변수로 구성되는 설명변수에 더미변수를 도입하고, 역시 질적 변수인 목적변수도 수치화함으로써 수량화이론 II류 문제를 중회귀분석의 문제로서 처리한다.

전술한 앙케트 결과의 데이터표를 SPSS로 분석해 보기로 한다.

〈순서 1〉 데이터 입력

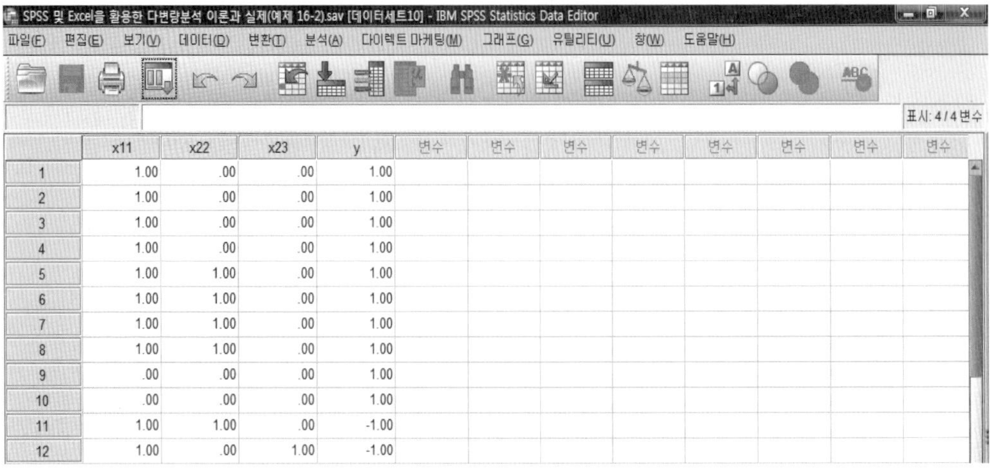

〈순서 2〉 중회귀분석의 실행

메뉴에서 [분석(A)] – [회귀분석(R)] – [선형(L)]을 선택한다.

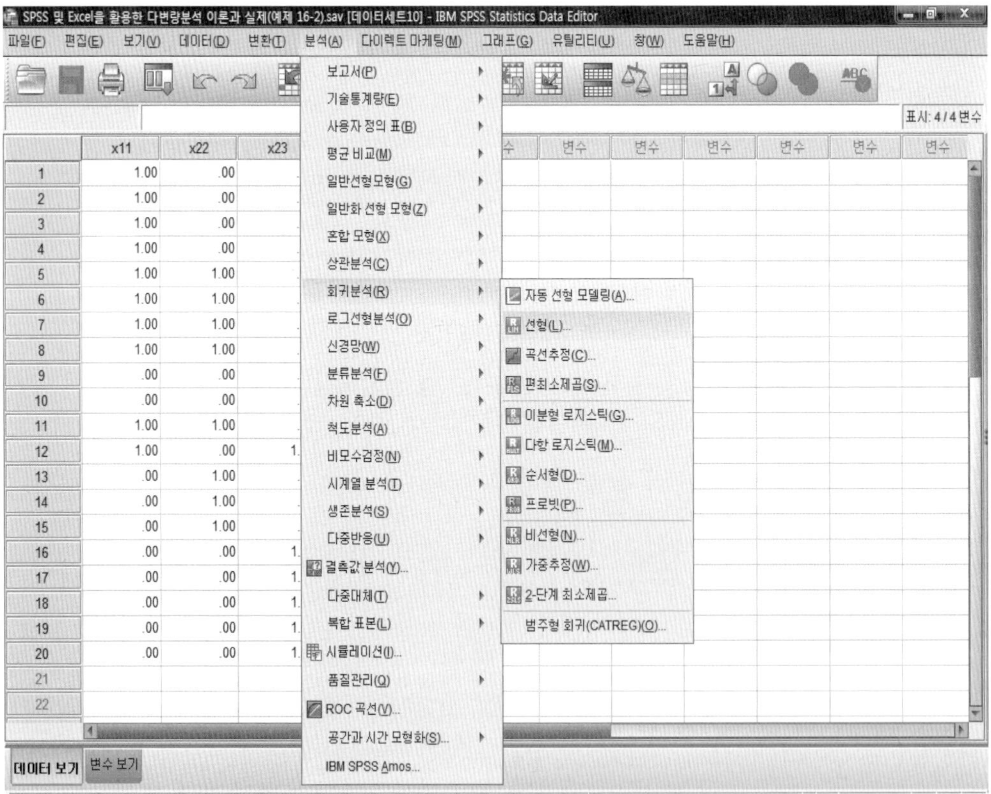

〈순서 3〉 변수의 선택

[선형 회귀] 대화상자가 나타나면, [종속변수(D)]와 [독립변수(I)]를 다음과 같이 선택한다.

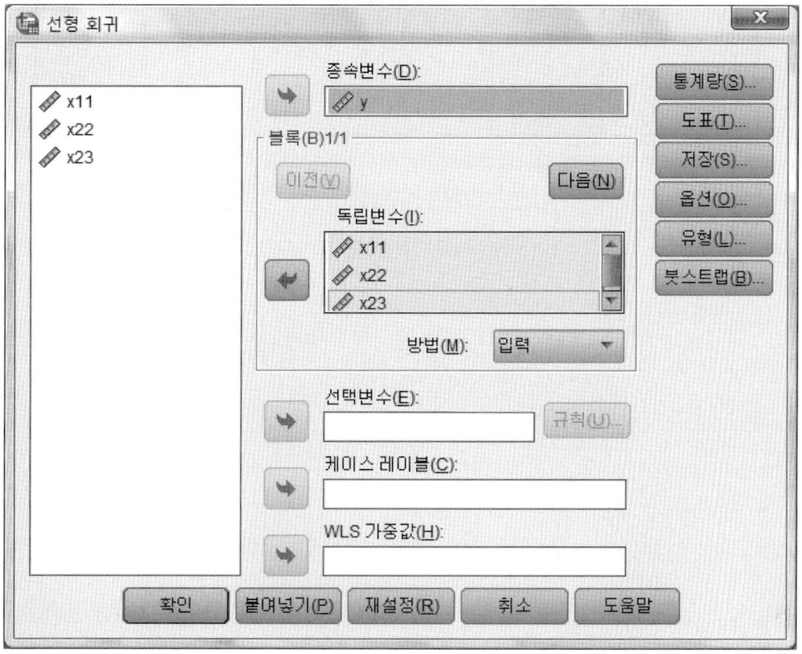

여기에서 [확인] 버튼을 클릭하면 중회귀분석이 실시된다.

■ 분석결과 및 결과의 해석방법

모형 요약

모형	R	R 제곱	수정된 R 제곱	추정값의 표준 오차
1	.843[a]	.711	.657	.60069

a. 예측자: (상수), x23, x11, x22

ANOVA[a]

모형		제곱합	자유도	평균제곱	F	유의확률
1	회귀	14.227	3	4.742	13.143	.000[b]
	잔차	5.773	16	.361		
	전체	20.000	19			

a. 종속변수: y

b. 예측자: (상수), x23, x11, x22

계수[a]

모형		비표준화 계수 B	비표준화 계수 표준오차	표준화 계수 베타	t	유의확률
1	(상수)	.505	.316		1.599	.129
	x11	.742	.299	.371	2.484	.024
	x22	-.969	.325	-.475	-2.985	.009
	x23	-1.629	.378	-.746	-4.314	.001

a. 종속변수: y

실행결과로부터

$$y = 0.505 + 0.742x_{11} - 0.969x_{22} - 1.629x_{23}$$

라고 하는 회귀식(판별식)이 얻어졌다.

$y > 0$이면 관측대상은 A 그룹에 속한다.

$y < 0$이면 관측대상은 B 그룹에 속한다.

고 판단한다.

그리고 이 경우에는 기여율보다도 오판별률이 문제이다.

■ 판별의 실행과 결과

회귀식을 사용해서 목적변수의 값을 예측하고 그 값의 플러스, 마이너스에 의해서 그룹의 판별을 실시한다. 판별방식은 다음과 같다.

$y \times$ 예측치 < 0 오판별(*표시)

$y \times$ 예측치 > 0 정판별

■ 오판별률

No. 11의 판별대상이 진짜는 B 그룹인데 A 그룹이라고 오판별되어 있다. 따라서,

$$\text{오판별률} = \frac{1}{20} = 0.05$$

가 된다.

No.	x_{11}	x_{22}	x_{23}	y	예측치	오판별
1	1	0	0	1	1.247	
2	1	0	0	1	1.247	
3	1	0	0	1	1.247	
4	1	0	0	1	1.247	
5	1	1	0	1	0.278	
6	1	1	0	1	0.278	
7	1	1	0	1	0.278	
8	1	1	0	1	0.278	
9	0	0	0	1	0.505	
10	0	0	0	1	0.505	
11	1	1	0	−1	0.278	*
12	1	0	1	−1	−0.381	
13	0	1	0	−1	−0.464	
14	0	1	0	−1	−0.464	
15	0	1	0	−1	−0.464	
16	0	0	1	−1	−1.124	
17	0	0	1	−1	−1.124	
18	0	0	1	−1	−1.124	
19	0	0	1	−1	−1.124	
20	0	0	1	−1	−1.124	

CHAPTER 17 주성분분석

17.1 | 주성분분석의 기초지식

1. 주성분분석의 개요

■ 주성분분석이란

주성분분석(principal component analysis)이란 해석하고자 하는 다차원의 데이터를 거기에 포함된 정보의 손실을 가능한 한 적게 해서 2 혹은 3차원의 데이터로 축약하는 수법이다. 주성분분석을 활용하면 관측대상이 어떠한 위치에 있는지 시각적으로 파악할 수 있게 된다.

주성분분석은 다음과 같은 목적으로 이용된다.

1. 다수의 지표를 통합한 종합적인 지표를 작성한다.
2. 관측대상을 몇 개의 그룹으로 나눈다.
3. 중회귀분석이나 판별분석을 위한 데이터를 다른 관점에서 음미한다.

■ 주성분분석의 계산

주성분분석은 수집한 다변량 데이터로부터 새로운 변수를 만들어내는 것을 목적으로 한 수법으로, 중회귀분석이나 판별분석의 경우와 같은 목적변수와 설명변수라고 하는 구별은 없다. 이제 변수의 수가 p개(x_1, x_2, $\cdots$, x_p), 관측대상의 수가 n개인 다변량 데이터가 있다고 한다.

관측대상	x_1	x_2	x_3	…	x_p
1					
2					
.					
.			데 이 터		
.					
n					

이 데이터를 기초로 p개보다 적은 m개의 새로운 변수 $z_1, z_2, \cdots, z_m$을 만들어내는 것을 생각한다. 새로운 변수 $z_1, z_2, \cdots, z_m$은 원래의 변수 $x_1, x_2, \cdots, x_p$를 결합한 변수로, 다음과 같은 식으로 나타낼 수 있도록 하고 싶다.

$$z_1 = a_{11}x_1 + a_{12}x_2 + \cdots + a_{1p}x_p$$

$$z_2 = a_{21}x_1 + a_{22}x_2 + \cdots + a_{2p}x_p$$

$$\cdots\cdots\cdots$$

$$z_m = a_{m1}x_1 + a_{m2}x_2 + \cdots + a_{mp}x_p$$

계산에 의해서 구하고 싶은 것은 $x_1, x_2, \cdots, x_p$의 각 계수 $a_{11}, a_{12}, \cdots, a_{mp}$이다.

여기에서 새로운 변수는 다음과 같은 성질을 갖는 것으로 하고 싶다.

1. z_1은 x_1에서 x_p까지의 정보가 최대한 집약되도록 한다(p개의 변수가 갖고 있는 정보를 하나의 변수 z_1에 집약하고자 하는 것이므로, 정보의 손실이 생긴다. 이 손실을 최소한으로 억제하고자 한다).
2. z_2는 $x_1, x_2, \cdots, x_p$의 정보가 z_1의 다음에 가능한 한 많이 집약되도록 한다. 게다가 z_1과는 독립이 되도록 한다.
3. z_3는 $x_1, x_2, \cdots, x_p$의 정보가 z_1과 z_2의 다음에 가능한 한 많이 집약되도록 한다. 게다가 z_1 및 z_2와는 독립이 되도록 한다.
4. 이하 z_4에서 z_m까지 마찬가지로 생각한다.

이와 같은 성질을 충족시키도록 $a_{11}, a_{12}, \cdots, a_{mp}$를 산출하고자 하는 것이 주성분분석의 계산이다.

그런데 **1**은 z_1의 분산이 최대가 되도록 하는 것과 같은 의미를 갖는다. 그러나 그러기 위해서는 a_{11}, a_{12}, $\cdots$, a_{1p}를 한없이 크게 하면 되는데, 그렇게 해서는 z_1이 정해지지 않는다. 그래서,

$$a_{11}^2 + a_{12}^2 + \cdots + a_{1p}^2 = 1$$

이라고 하는 조건을 붙인다.

2는 z_1과는 독립이고 또한 분산이 최대가 되도록 하는 것과 같은 의미를 갖는다. 이 경우도,

$$a_{21}^2 + a_{22}^2 + \cdots + a_{2p}^2 = 1$$

이라고 하는 조건을 붙인다.

3과 **4**도 마찬가지로 생각한다.

이와 같은 조건 하에서 a_{11}, a_{12}, $\cdots$, a_{mp}를 구하는 것은, x_1, x_2, $\cdots$, x_p의 분산공분산행렬(각 변수의 분산과 공분산을 요소로 하는 행렬)의 고유치(eigenvalue)와 고유벡터(eigenvector)를 계산하는 것에 귀착하고, a_{11}, a_{12}, $\cdots$, a_{mp}는 바로 고유벡터가 되는 것이다.

이상의 사실로부터 주성분분석을 실시하는 데는 행렬의 고유치와 고유벡터를 계산하기 위한 도구가 필요하게 된다.

그런데 새로운 변수 z_1, z_2, $\cdots$, z_m의 식이 구해지면 그 식에 x_1, x_2, $\cdots$, x_p의 구체적인 수치를 대입함으로써 관측대상마다 새로운 변수의 값을 구할 수 있다.

이 수치를 **주성분점수**(스코어)라고 부르고 있다.

관측대상	z_1	z_2	z_3	…	z_p
1					
2					
.					
.					
.		주성분 스코어			
.					
.					
.					
n					

주성분분석의 효용

새로운 변수 z_1, z_2, $\cdots$, z_m이 구해지면 p개의 변수를 m개로 집약할 수 있게 된다. 이러한 사실은 어떠한 장점을 가져오는 것일까?

이제 6개의 변수로 이루어지는 다변량 데이터가 있다고 하자. 이들 변수의 관계를 파악하기 위해서 산점도를 이용하기로 하면, 두 변수마다 15매의 산점도를 관찰하지 않으면 안 되게 된다. 주성분분석에 의해서, 예를 들면 이 데이터를 2개의 새로운 변수로 집약할 수 있다고 하면 6변수의 정보를 1매의 산점도에 표현할 수 있어 정보의 이해가 훨씬 용이해진다. 또 이 산점도상에서 관측대상을 몇 개의 그룹으로 나눌 수 있다고 하는 효용가치가 있다.

데이터의 표준화

다변량 데이터는 각 변수가 같은 단위로 측정되어 있는 경우와 변수의 단위가 다른 경우가 있다. 변수의 단위가 다르다고 하는 것은, 신장이라고 하는 변수는 cm의 단위로 측정되고 체중이라고 하는 변수는 kg의 단위로 측정되어 있는 경우 등을 말한다.

이와 같은 경우에는 변수마다 데이터를 표준화하고 나서 주성분분석을 적용하는 것이 좋다. 왜냐하면 주성분분석은 측정단위를 어떻게 취하느냐에 따라서 영향을 받기 때문이다. 물건의 길이를 나타내는 변수이더라도 cm의 단위로 기술된 데이터와 m의 단위로 기술된 데이터에서는 주성분분석의 결과가 달라지므로, 데이터는 표준화해 놓은 편이 무난하다. 데이터의 표준화란,

"각 데이터로부터 평균을 빼고 표준편차로 나눈다."

는 것으로 표준화된 데이터는 평균 0, 표준편차 1이 된다. 변수마다 데이터를 표준화함으로써 변수 간 단위의 상위를 소거할 수 있다.

분산공분산행렬

이제 세 개의 설명변수 x_1, x_2, x_3로 이루어지는 다변량 데이터가 있다고 한다. 이것들을 기초로 각 변수마다 분산(variance)과 두 변수마다 공분산(covariance)을 계산하여 다음과 같은 형태로 정리한 행렬을 **분산공분산행렬**이라고 한다.

	x_1	x_2	x_3
x_1	x_1의 분산	x_1과 x_2의 공분산	x_1과 x_3의 공분산
x_2	x_1과 x_2의 공분산	x_2의 분산	x_2와 x_3의 공분산
x_3	x_1과 x_3의 공분산	x_2와 x_3의 공분산	x_3의 분산

■ 주성분분석의 종류

데이터를 표준화하지 않고 직접 원 데이터에 대해서 주성분분석을 적용하는 방법을 「분산공분산행렬로부터 출발하는 주성분분석」이라 하고, 표준화한 데이터에 대해서 주성분분석을 적용하는 방법을 「상관행렬로부터 출발하는 주성분분석」이라고 한다.

어느 쪽의 행렬로부터 출발하느냐의 판단기준은 다음과 같이 생각할 수 있다.

1. 각 변수의 측정단위가 다르다. → 상관행렬
2. 각 변수의 산포도(散布度) 차이를 반영시키고 싶다. → 분산공분산행렬
3. 각 변수의 산포도 차이를 반영시키고 싶지 않다. → 상관행렬
4. 그 밖에 → 양쪽 적용

2. 고유치와 고유벡터

■ 고유치 문제

n행 n열로 이루어진 행렬 A가 있다고 한다.

이제,

$$A\boldsymbol{x} = \lambda \boldsymbol{x}$$

가 성립하는 미지의 벡터 $\boldsymbol{x}$와 상수 λ를 구하는 것을 **고유치 문제**라고 하다.

$\boldsymbol{x}$를 고유벡터라 하고, λ를 고유치라고 한다.

이 문제는,

$$(A - \lambda I)\boldsymbol{x} = \mathbf{0} \quad (\mathbf{0}\text{는 제로벡터})$$

로 되는 방정식을 푸는 문제로 귀착한다.

이 방정식에 대해 $\boldsymbol{x} = \mathbf{0}$의 자명한 해가 아닌 의미 있는 해를 구하고 싶다. 이를 위해서는,

$$|A - \lambda I| = 0$$

가 성립할 필요가 있고, 이것을 전개하면 λ에 관한 n차 방정식이 된다. 따라서 n개의 해가 구해진다(λ가 n개 구해진다).

고유치와 고유벡터를 구체적으로 구하는 방법으로서는 **야코비법**(Jacobi method), **멱승법**(冪乘法), **하우스홀더법**(Householder method) 등의 계산방법이 있다.

다변량분석의 이론은 고유치 문제로 귀착하는 경우가 많기 때문에, 다변량분석을 실시하려면 고유치 문제가 풀려야 한다. 즉 행렬의 고유치와 고유벡터를 산출할 수 있는 프로그램이 필요하다.

■ 상관행렬의 고유치와 고유벡터

주성분분석은 상관행렬 또는 분산공분산행렬의 고유치와 고유벡터를 구하는 문제이므로, 여기에서 상관행렬의 고유치에 대해서 몇 개의 수치 예를 보기로 한다.

[수치 예 1]

상관행렬

	x_1	x_2
x_1	1	0.9
x_2	0.9	1

↓

고유치

1	2
1.9	0.1

고유벡터

1	0.7071	0.7071
2	0.7071	−0.7071

제1주성분 $z_1 = 0.7071x_1 + 0.7071x_2$ z_1의 분산 $= 1.9$

제2주성분 $z_2 = 0.7071x_1 - 0.7071x_2$ z_2의 분산 $= 0.1$

[수치 예 2]

상관행렬

	x_1	x_2
x_1	1	0.2
x_2	0.2	1

↓

고유치

1	2
1.2	0.8

고유벡터

1	0.7071	0.7071
2	0.7071	−0.7071

제1주성분 $z_1 = 0.7071x_1 + 0.7071x_2$ z_1의 분산 $= 1.2$

제2주성분 $z_2 = 0.7071x_1 - 0.7071x_2$ z_2의 분산 $= 0.8$

수치 예 1과 수치 예 2로부터 알 수 있듯이 두 변량의 경우에는 상관행렬의 고유벡터는 상관계수에 관계없이 특정한 값이 된다. 구체적으로는 다음과 같은 공식으로서 나타낼 수 있다.

상관행렬

	x_1	$x_2 x_2$
x_1	1	r
x_2	r	1

(r > 0일 때)

고유치

1	2
$1 + r$	$1 - r$

고유벡터

1	$\frac{1}{\sqrt{2}}$	$\frac{1}{\sqrt{2}}$
2	$\frac{1}{\sqrt{2}}$	$-\frac{1}{\sqrt{2}}$

제1주성분 $z_1 = \frac{1}{\sqrt{2}}x_1 + \frac{1}{\sqrt{2}}x_2$ z_1의 분산 $= 1 + r$

제2주성분 $z_2 = \frac{1}{\sqrt{2}}x_1 - \frac{1}{\sqrt{2}}x_2$ z_2의 분산 $= 1 - r$

(r < 0일 때)

고유치

1	2
$1 - r$	$1 + r$

고유벡터

1	$\frac{1}{\sqrt{2}}$	$\frac{1}{\sqrt{2}}$
2	$-\frac{1}{\sqrt{2}}$	$\frac{1}{\sqrt{2}}$

제1주성분 $z_1 = \frac{1}{\sqrt{2}}x_1 - \frac{1}{\sqrt{2}}x_2$ z_1의 분산 $= 1 - r$

제2주성분 $z_2 = \frac{1}{\sqrt{2}}x_1 + \frac{1}{\sqrt{2}}x_2$ z_2의 분산 $= 1 + r$

[수치 예 3]

상관행렬

	x_1	x_2
x_1	1	−0.3
x_2	−0.3	1

고유치

1	2
1.3	0.7

고유벡터

1	0.7071	0.7071
2	−0.7071	0.7071

제1주성분 $z_1 = 0.7071x_1 - 0.7071x_2$ z_1의 분산 $= 1.3$

제2주성분 $z_2 = 0.7071x_1 + 0.7071x_2$ z_2의 분산 $= 0.7$

[수치 예 4]

상관행렬

	x_1	x_2	x_3
x_1	1	0.9	0.2
x_2	0.9	1	0.5
x_3	0.2	0.5	1

↓

		1	2	3
고유치		2.1226	0.8321	0.0453
고유벡터	1	0.6139	−0.4674	0.6362
	2	0.6747	−0.1078	−0.7302
	3	0.4098	0.8775	0.2492

제1주성분 $z_1 = 0.6139x_1 + 0.6747x_2 + 0.4098x_3$ z_1의 분산 = 2.1226

제2주성분 $z_2 = -0.4674x_1 - 0.1078x_2 + 0.8775x_3$ z_2의 분산 = 0.8321

제3주성분 $z_3 = 0.6362x_1 - 0.7302x_2 + 0.2492x_3$ z_3의 분산 = 0.0453

3변량 이상의 경우에는 특수한 상관행렬을 제외하고, 2변량일 때와 같은 고유치를 구하기 위한 간단한 공식은 없다. 고유벡터도 상관행렬에 따라서 바뀐다.

[수치 예 5]

상관행렬

	x_1	x_2	x_3
x_1	1	0.02019	−0.42126
x_2	0.02019	1	−0.91526
x_3	−0.42126	−0.91526	1

		1	2	3
고유치		2.0153	0.9847	0
고유벡터	1	0.3050	0.9084	0.2860
	2	0.6410	−0.4179	0.6438
	3	−0.7044	0.0130	0.7097

이 행렬은 중회귀분석에 있어서 다중공선성을 일으키는 설명변수 간의 상관행렬이다. 이와 같은 경우에는 고유치의 하나가 0이 되는 데에 주목할 필요가 있다. 따라서 고유치에 0에 가까운 것이 있는지 어떤지는 다중공선성의 존재에 관한 기준이 된다.

[수치 예 6]

상관행렬

	x_1	x_2	x_3	x_4
x_1	1	0	0.9	0
x_2	0	1	0	0.2
x_3	0.9	0	1	0
x_4	0	0.2	0	1

↓

	1	2	3	4
고유치	1.9	1.2	0.8	0.1

고유벡터

1	0.7071	0	0	0.7071
2	0	0.7071	0.7071	0
3	0.7071	0	0	−0.7071
4	0	0.7071	−0.7071	0

제1주성분 $z_1 = 0.7071x_1 + 0.7071x_3$ z_1의 분산 = 1.9

제2주성분 $z_2 = 0.7071x_2 + 0.7071x_4$ z_2의 분산 = 1.2

제3주성분 $z_3 = 0.7071x_2 - 0.7071x_4$ z_3의 분산 = 0.8

제4주성분 $z_4 = 0.7071x_1 - 0.7071x_3$ z_4의 분산 = 0.1

상관이 있는 x_1, x_3가 제1주성분과 제4주성분에, x_2, x_4가 제2주성분과 제3주성분에 결합되어 있다.

17.2 | 주성분분석의 시각적 표현

[예제 17-1]

다음의 데이터를 사용해서 주성분분석을 실시해 보자. 이 데이터는 1988년의 주요 선진국 6개국에 대한 국민 1인당 국민총생산(GNP)과 국민 1인당 무역수지에 대한 수출입초과액에 대해서 조사한 것이다.

표 17-1 국가의 풍요도 비교

	국민 1인당 총생산(천 달러) x_1	국민 1인당 무역수지(백 달러) x_2
일본	23.3	5.24
미국	19.8	-5.23
영국	14.7	-7.95
독일	19.7	11.70
프랑스	16.9	-2.44
이태리	14.4	-2.14

자료 : 「國民比較統計」 日本銀行調査統計局

주성분분석은 몇 개의 변량을 종합적으로 취급하는 기법이다. 먼저 변량과 변량의 관계를 살펴보기로 하자.

그러기 위한 가장 좋은 방법은 산점도를 그려 보는 것이다. SPSS를 사용해서 산점도를 그려 보자.

■ 산점도를 그리는 방법

〈순서 1〉 데이터의 입력(17-1.sav)

산점도를 그리기 위해서 데이터는 다음과 같이 입력해 놓는다.

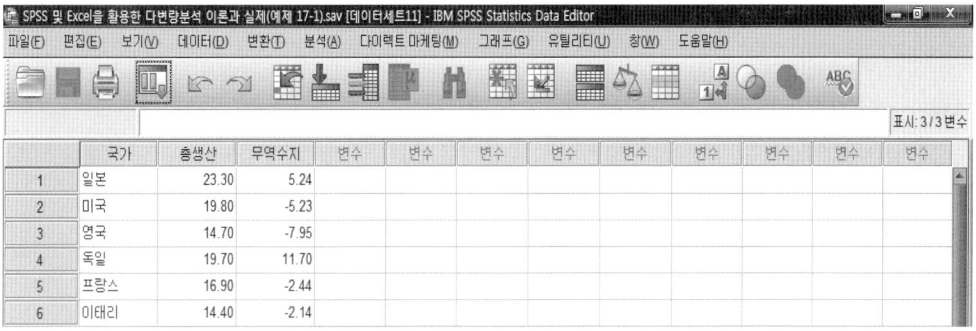

〈순서 2〉 산점도 메뉴의 선택

메뉴에서 [그래프]-[레거시 대화상자]-[산점도/점도표(S)]를 선택한다.

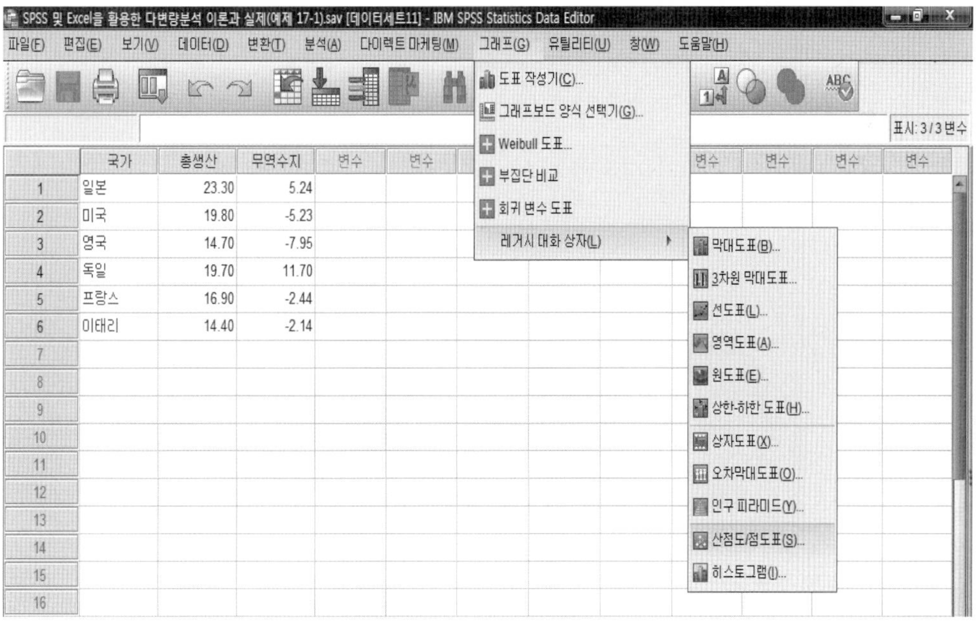

〈순서 3〉 산점도 유형의 선택

[산점도/점도표] 화면이 나타나면 [단순 산점도]를 선택하고 [정의]를 클릭한다.

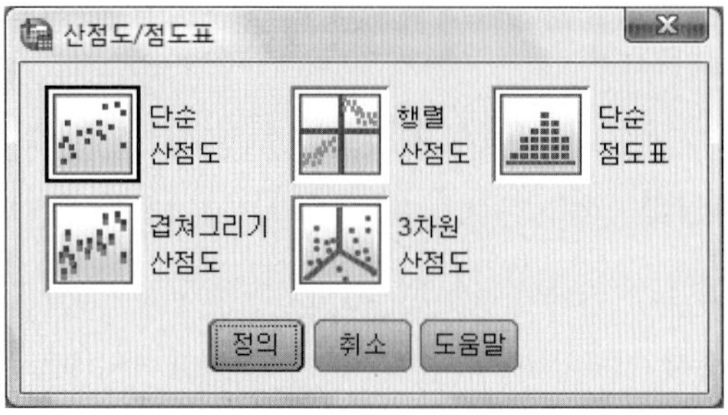

〈순서 4〉 변수의 선택

[단순 산점도]의 화면이 나타나면 [Y축] 난에 '무역수지'를, [X축] 난에 '총생산'을 이동한다. 다음은 [확인] 버튼을 클릭한다.

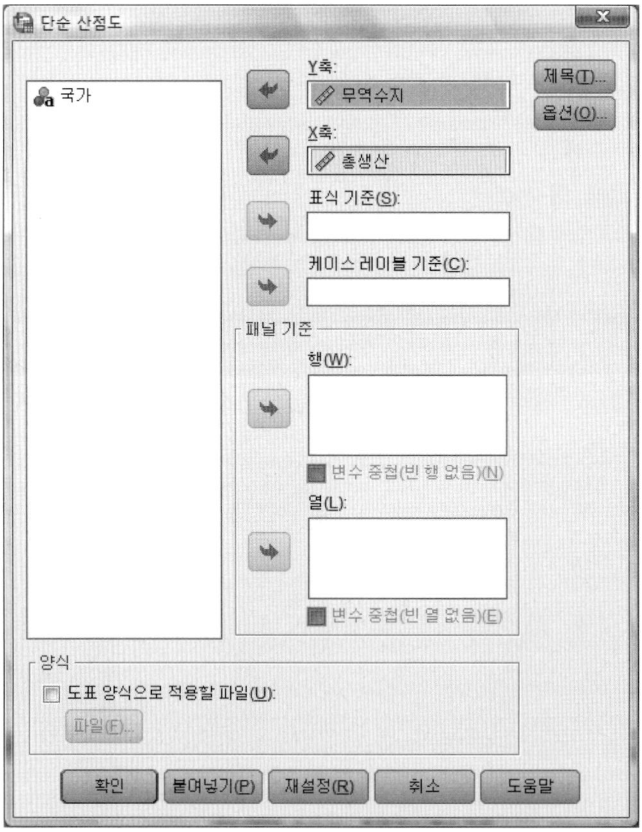

■ 분석결과

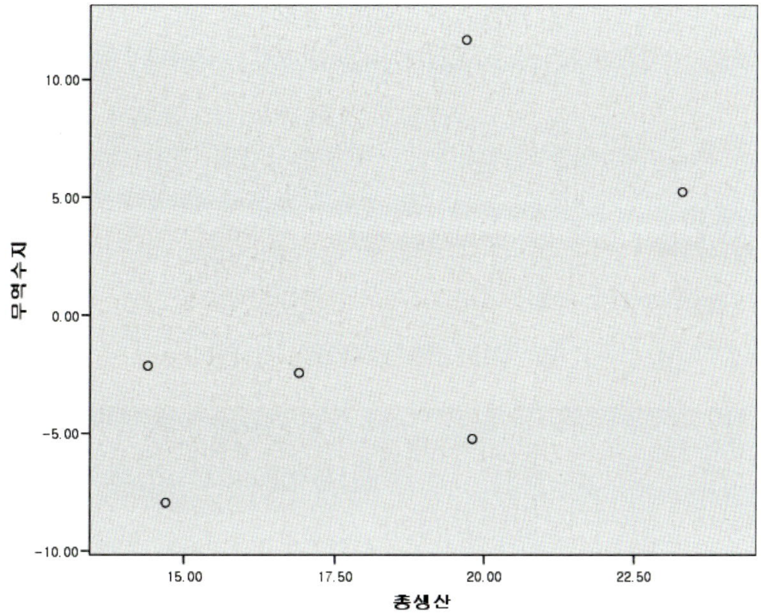

■ 결과의 해석방법

이 그림을 보고 있으면, 6개의 데이터는 다음과 같은 하나의 새로운 좌표축 z상에 표현할 수 있다는 생각이 든다. 이 새로운 좌표축을 '주성분'이라고 한다. 정확히 말하면 제1주성분이다.

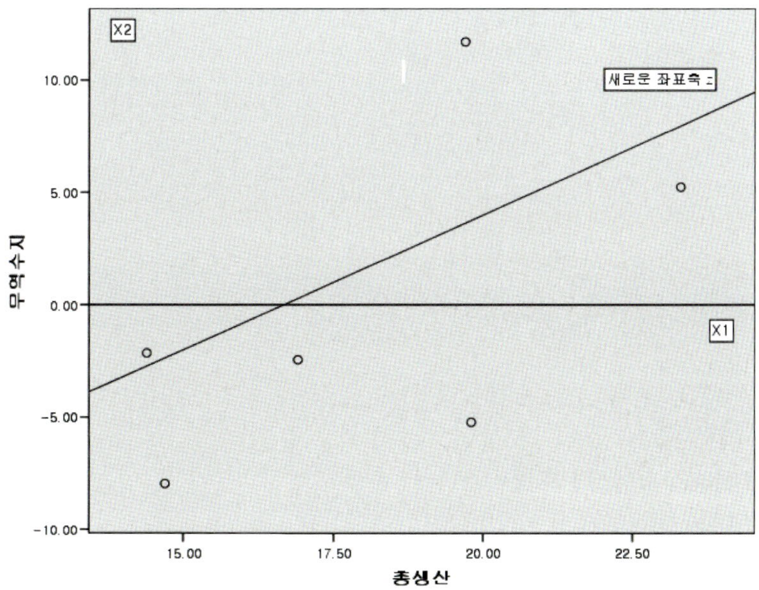

17.3 | 분산공분산행렬에 의한 주성분분석

주성분을 구하는 방법에는 분산공분산행렬에 의한 방법과 상관행렬에 의한 방법 두 가지가 있다.

여기에서는 분산공분산행렬에 의한 방법에 대해서 생각해 보기로 한다.

■ 분산공분산행렬에 의한 주성분분석의 절차

〈순서 1〉 요인분석 메뉴의 선택

메뉴에서 [분석(A)]-[차원 축소(D)]-[요인분석(F)]을 선택한다.

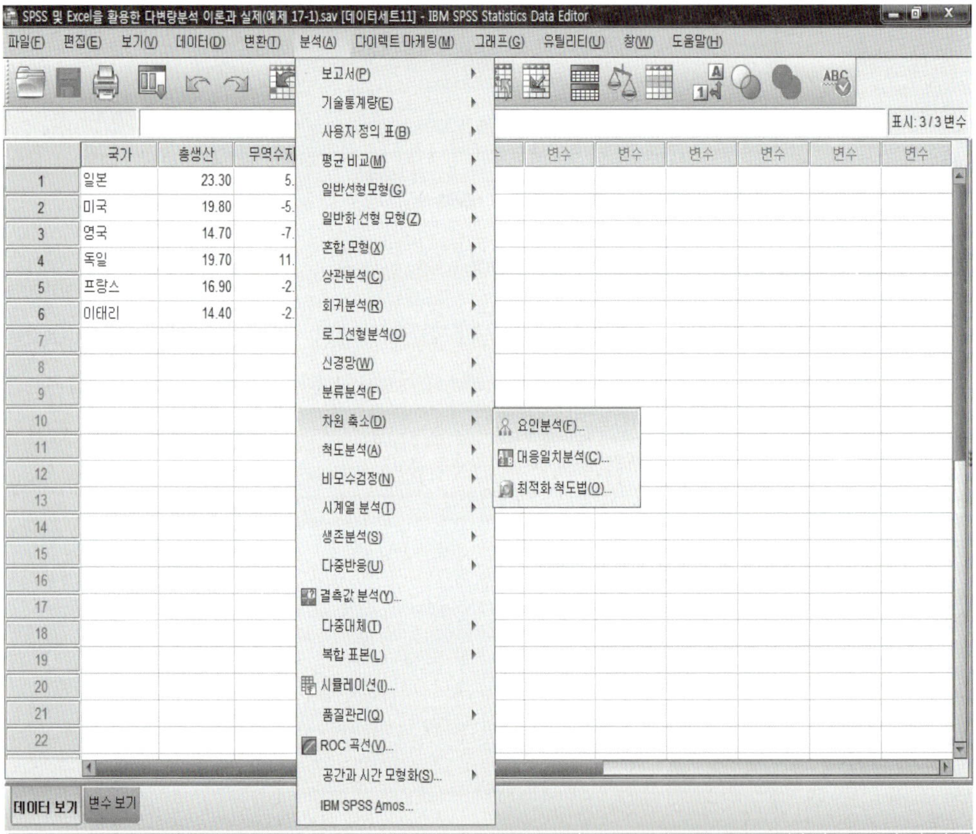

〈순서 2〉 변수의 선택

[요인분석] 대화상자에서 [변수(V)] 난에 '총생산', '무역수지'를 이동한다. 그리고 [요인추출(E)] 버튼을 클릭한다.

〈순서 3〉 요인추출 방법 선택

[요인분석 : 요인추출] 대화상자에서 [방법(M)] 난에 '주성분'으로 되어 있는 것을 확인한다.

〈순서 4〉 분석 방법 선택

[요인분석 : 요인추출] 대화상자에서 [분석]의 [공분산행렬(V)]을 체크하고 [계속] 버튼을 클릭한다.

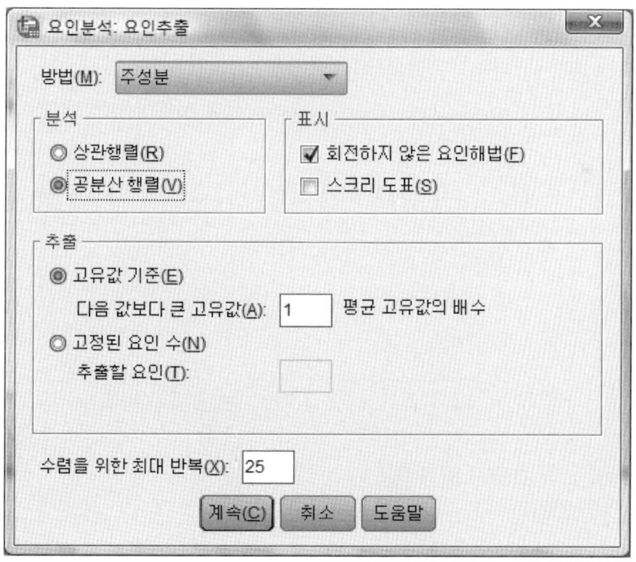

〈순서 5〉 주성분분석의 실행

앞의 [요인분석] 화면으로 되돌아오면 [확인] 버튼을 클릭한다.

■ 분석결과

성분행렬[a]

	원래 값	재척도화
	성분	성분
	1	1
총생산	2.354	.684
무역수지	7.239	.994

추출 방법: 주성분 분석.

a. 추출된 1 성분

여기에서 원래 값의 성분은 고유벡터를 가리키고, 재척도화의 성분은 요인부하량을 가리킨다.

■ 결과의 해석방법

SPSS의 출력을 보면

	고유벡터	요인부하량
총 생 산	2.354	0.684
무역수지	7.239	0.994

로 되어 있는데, 이것이 구하는 주성분의 계수이다.

즉,

$$\text{주성분 } z = 2.354 \times \text{총생산} + 7.239 \times \text{무역수지}$$

가 된다.

고유벡터의 크기는

$$\sqrt{(2.345)^2 + (7.239)^2} = \sqrt{57.942}$$

이므로, 고유벡터의 크기를 1로 하면

$$\begin{aligned}\text{주성분} &= \frac{2.354}{\sqrt{57.942}} \times \text{총생산} + \frac{7.239}{\sqrt{57.942}} \times \text{무역수지} \\ &= 0.3093 \times \text{총생산} + 0.9510 \times \text{무역수지}\end{aligned}$$

가 된다.

이 고유벡터를 각 변량의 $\sqrt{\text{분산}}$ 으로 나눈 것이 요인부하량이다.

$$0.684 = \frac{2.345}{\sqrt{11.835}}$$

$$0.994 = \frac{7.239}{\sqrt{53.065}}$$

참고로 각 변량에 대한 기술통계량을 구하면 다음과 같다.

기술통계량

	N	최소값	최대값	평균	표준편차	분산
총생산	6	14.40	23.30	18.1333	3.44016	11.835
무역수지	6	-7.95	11.70	-.1367	7.28456	53.065
유효수 (목록별)	6					

그런데 이 주성분

$$\text{주성분 } z = 2.354 \times \text{총생산} + 7.239 \times \text{무역수지}$$

는 무엇을 나타내고 있는 것일까?

예를 들면, 총생산을 늘려 보자. 그러면 그것에 2.354를 곱한 것이 주성분 z이므로, 주성분 z도 증가한다. 역으로, 무역수지가 마이너스라고 한다면 어떻게 될까?

그것에 7.239를 곱한 것이 주성분 z이므로, 주성분 z는 감소한다.

이러한 사실로부터

"주성분은 '국가의 풍요도'를 나타내고 있다."

고 생각할 수 있다.

주성분분석에서 가장 중요한 것은 주성분의 의미를 간파하는 것이다.

고유벡터

$$2.345 = \sqrt{57.9422} \times 0.3093$$

$$7.239 = \sqrt{57.9422} \times 0.9510$$

요인부하량

$$0.684 = \frac{\sqrt{57.9422} \times 0.3093}{\sqrt{11.835}}$$

$$0.994 = \frac{\sqrt{57.9422} \times 0.9510}{\sqrt{53.065}}$$

17.4 | 주성분점수

주성분

$$\text{주성분 } z = 2.354 \times \text{총생산} + 7.239 \times \text{무역수지}$$

는 '국가의 풍요도'를 나타내고 있다는 것을 알 수 있었다.

그렇다면 가장 풍요로운 나라는 어디일까? 그를 위해서 '주성분점수'를 계산해 보자. 그러면 가장 풍요로운 나라를 찾아낼 수 있다.

1. 주성분점수를 구하는 방법

〈순서 1〉 요인분석 메뉴의 선택

메뉴에서 [분석(A)]-[차원 축소(D)]-[요인분석(F)]을 선택한다.

〈순서 2〉 변수의 선택

[요인분석] 대화상자에서 [변수(V)] 난에 '총생산', '무역수지'를 이동한다. 그리고 [요인추출(E)] 버튼을 클릭한다.

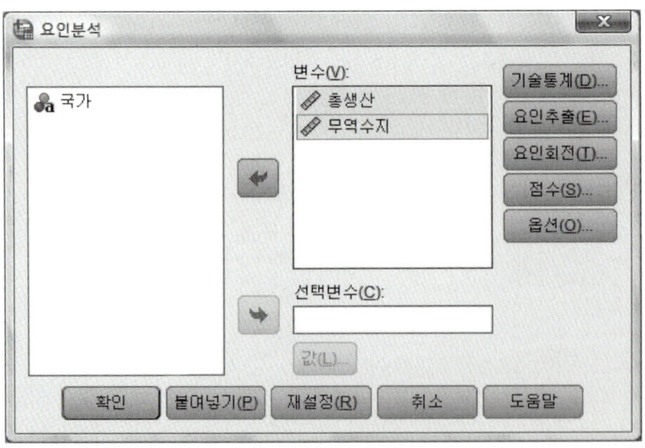

〈순서 3〉 요인추출 및 분석 방법 선택

[요인분석 : 요인추출] 대화상자에서 [방법(M)] 난에 '주성분'으로 되어 있는 것을 확인한다. [분석]의 [공분산행렬(V)]을 체크하고 [계속] 버튼을 클릭한다.

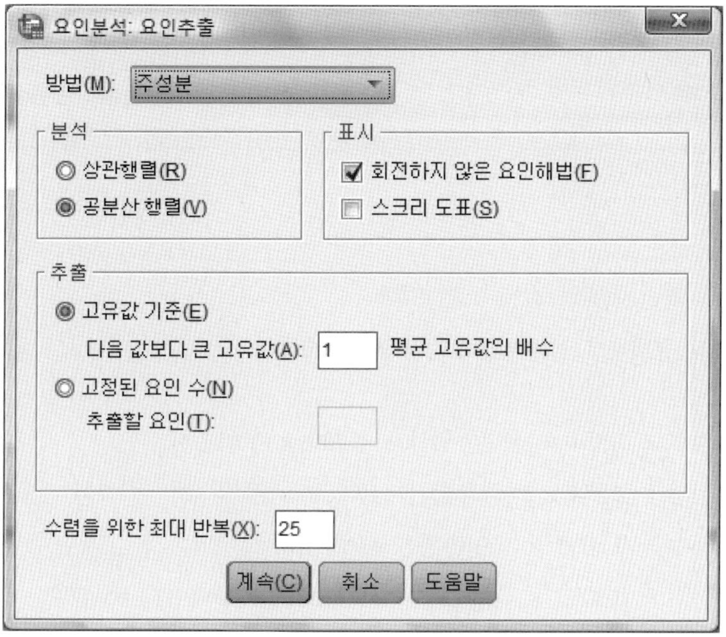

〈순서 4〉 주성분점수 저장

순서 2의 화면으로 되돌아오면 [점수(S)]를 클릭하고, 다음의 화면에서 [변수로 저장(S)], [요인점수 계수행렬 표시(D)]을 체크한다. 그리고 [계속] 버튼을 클릭한다.

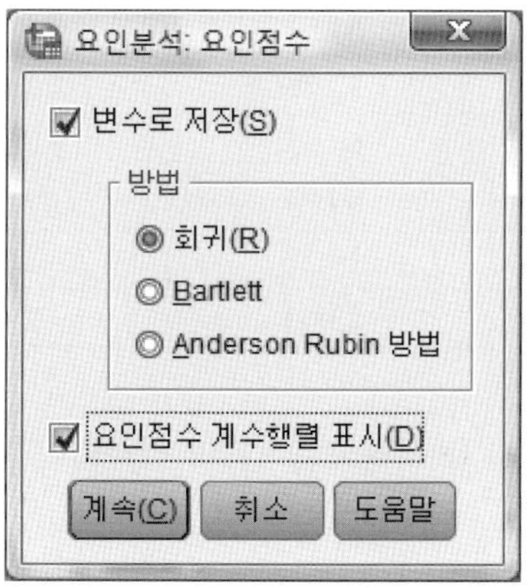

다시 한 번 순서 2의 화면으로 되돌아오면 다음은 [확인] 버튼을 클릭한다.

■ **분석결과**

	국가	총생산	무역수지	FAC1_1	변수
1	일본	23.30	5.24	.88164	
2	미국	19.80	-5.23	-.56859	
3	영국	14.70	-7.95	-1.11563	
4	독일	19.70	11.70	1.54242	
5	프랑스	16.90	-2.44	-.33787	
6	이태리	14.40	-2.14	-.40197	
7					

⇧ 주성분점수

데이터 보기 화면은 위와 같이 되어 있다.

주성분점수의 정의는 다음과 같이 여러 가지 있다.

(1) 주성분점수 = 2.354 × 국민총생산 + 7.239 × 무역수지

(2) 주성분점수 = 2.354 × 국민총생산 + 7.239 × 무역수지 - 41.741

(3) 주성분점수 = 0.3093 × 국민총생산 + 0.9510 × 무역수지

(4) 주성분점수 = 0.3093 × 국민총생산 + 0.9510 × 무역수지 - 5.477

(1)~(4)의 각각의 식에 데이터를 대입해 본다.

	주성분점수			
	(1)의 경우	(2)의 경우	(3)의 경우	(4)의 경우
일본	93.27	51.53	12.19	6.71
미국	9.17	-32.58	1.15	-4.33
영국	-22.64	-64.38	-3.01	-8.49
독일	131.48	89.74	17.22	11.74
프랑스	22.47	-19.27	2.91	-2.57
이태리	18.71	-23.03	2.42	-3.06

위에서 (2)와 (4)는 평균치가 0이 되도록, (1)과 (3)을 각각 수정한 것이다.

그런데 이들 주성분점수를 표준화하면, 어떤 방법으로 주성분점수를 정의하더라도 다음의 표와 같이 일치한다.

	주성분점수
일본	0.88
미국	-0.57
영국	-1.12
독일	1.54
프랑스	-0.34
이태리	-0.40

즉, SPSS에 의한 출력은 이 표준화된 주성분점수를 계산하고 있는 것이다.

그런데 이 주성분은 '국가의 풍요도'를 나타내고 있는 것인데, 그렇다면 어떤 나라가 가장 풍요로운 나라일까?

SPSS를 사용해서 주성분점수를 크기순으로 늘어놓아 보자.

2. 주성분점수에 의한 순위 매김

〈순서 1〉 케이스 정렬 메뉴의 선택

메뉴에서 [데이터(D)]-[케이스 정렬]을 선택한다.

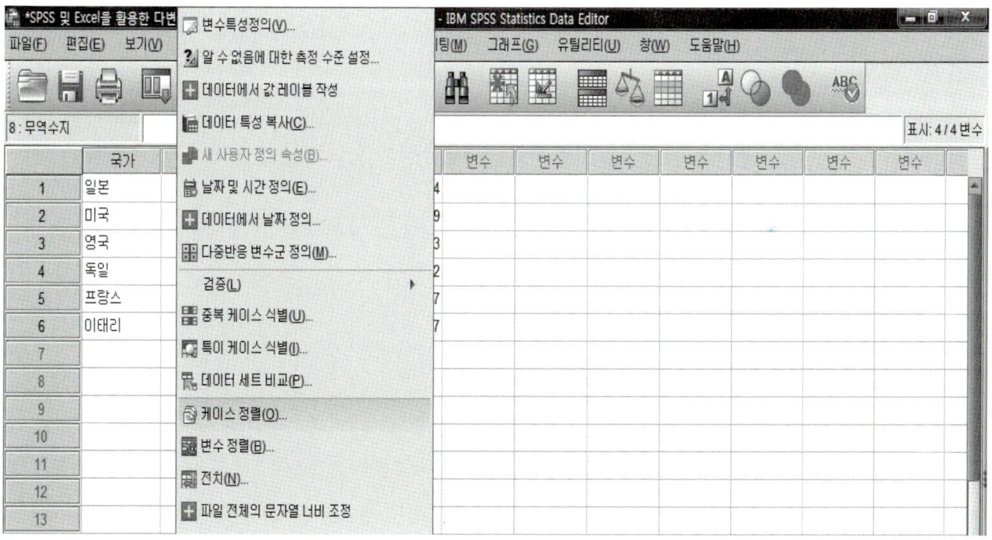

〈순서 2〉 케이스 정렬

[케이스 정렬] 대화상자에서 [정렬기준(S)] 난에 'FAC1_1'을 이동한다. 다음은 [확인] 버튼을 클릭한다.

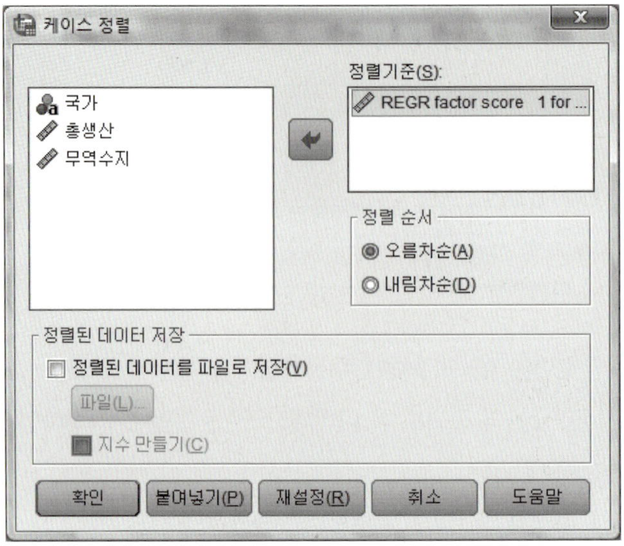

■ **분석결과**

	국가	총생산	무역수지	FAC1_1	변수
1	영국	14.70	-7.95	-1.11563	
2	미국	19.80	-5.23	-.56859	
3	이태리	14.40	-2.14	-.40197	
4	프랑스	16.90	-2.44	-.33787	
5	일본	23.30	5.24	.88164	
6	독일	19.70	11.70	1.54242	
7					

작은 값으로부터 큰 값의 순으로 늘어서 있으므로, 가장 풍요로운 나라는 독일로 나타났다.

17.5 ı 상관행렬에 의한 주성분분석

다음은 상관행렬을 이용해서 주성분분석을 실시해 보자.

1. 상관행렬에 의한 주성분분석의 절차

〈순서 1〉 요인분석 메뉴의 선택

메뉴에서 [분석(A)]-[차원 축소(D)]-[요인분석(F)]을 선택한다.

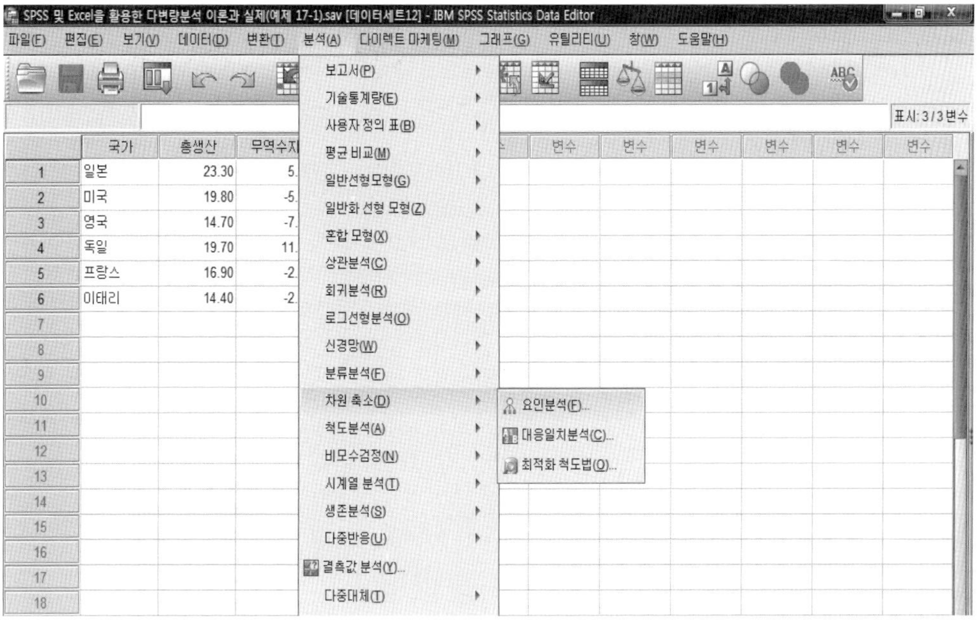

〈순서 2〉 변수의 선택

[요인분석] 대화상자에서 [변수(V)] 난에 '총생산', '무역수지'를 이동한다. 그리고 [요인추출(E)] 버튼을 클릭한다.

〈순서 3〉 요인추출 방법 선택

[요인분석 : 요인추출] 대화상자에서 [방법(M)] 난에 '주성분'으로 되어 있는 것을 확인한다. [분석] 중 [상관행렬(R)]을 체크하고 [계속] 버튼을 클릭한다.

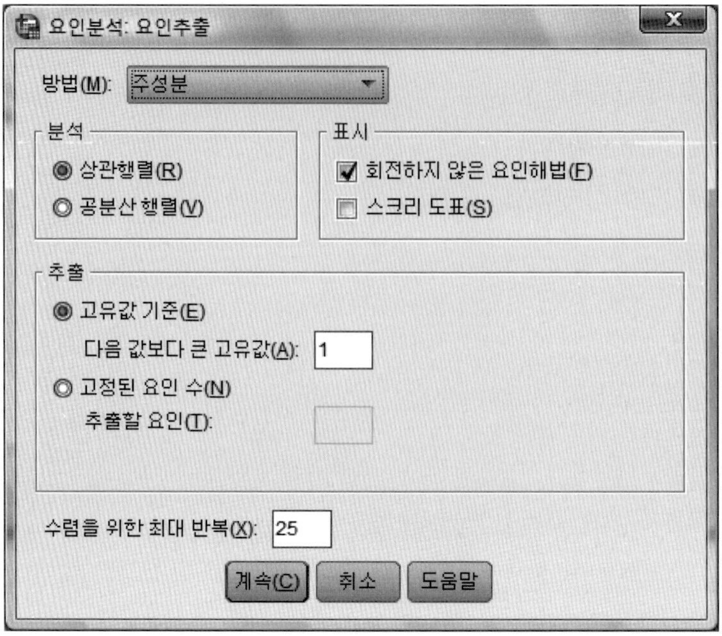

〈순서 4〉 주성분점수 저장

순서 2의 화면으로 되돌아오면 [점수(S)]를 클릭하고, 다음의 화면에서 [변수로 저장(S)], [요인점수 계수행렬 표시(D)]를 체크한다. 그리고 [계속] 버튼을 클릭한다.

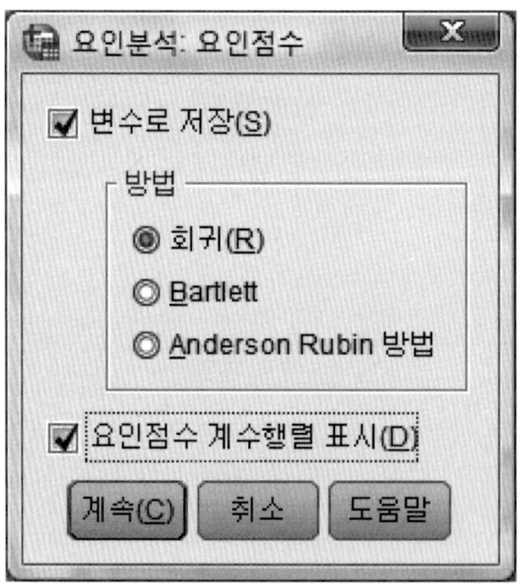

다시 한 번 순서 2의 화면으로 되돌아오면 다음은 [확인] 버튼을 클릭한다.

분석결과

공통성

	초기	추출
총생산	1.000	.799
무역수지	1.000	.799

추출 방법: 주성분 분석.

설명된 총분산

성분	초기 고유값			추출 제곱합 적재량		
	전체	% 분산	누적 %	전체	% 분산	누적 %
1	1.598	79.920	79.920	1.598	79.920	79.920
2	.402	20.080	100.000			

추출 방법: 주성분 분석.

성분행렬[a]

	성분
	1
총생산	.894
무역수지	.894

요인추출 방법: 주성분 분석.
a. 추출된 1 성분

성분점수 계수행렬

	성분
	1
총생산	.559
무역수지	.559

요인추출 방법: 주성분 분석.

요인 점수.

결과의 해석방법

성분행렬을 보면

총생산 ········· 0.894
무역수지 ······ 0.894

로 되어 있다.

따라서 주성분은

$$\text{주성분 } z = 0.894 \times \text{총생산} + 0.894 \times \text{무역수지}$$

로 되어 있다는 것을 알 수 있다.

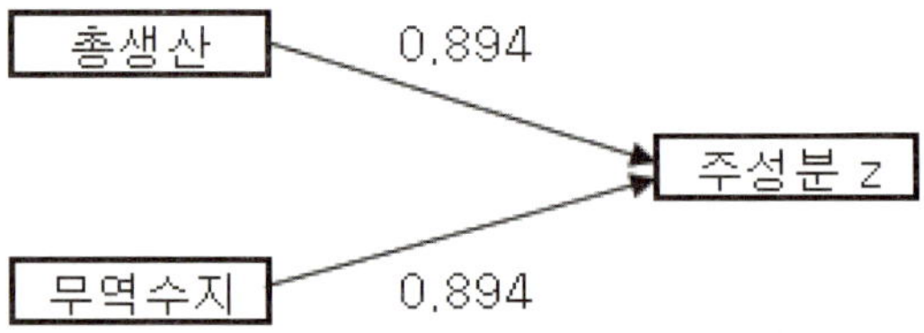

2. 상관행렬에 의한 주성분점수를 구하는 방법

〈순서 1〉 요인분석 메뉴의 선택

메뉴에서 [분석(A)]-[차원 축소(D)]-[요인분석(F)]을 선택한다.

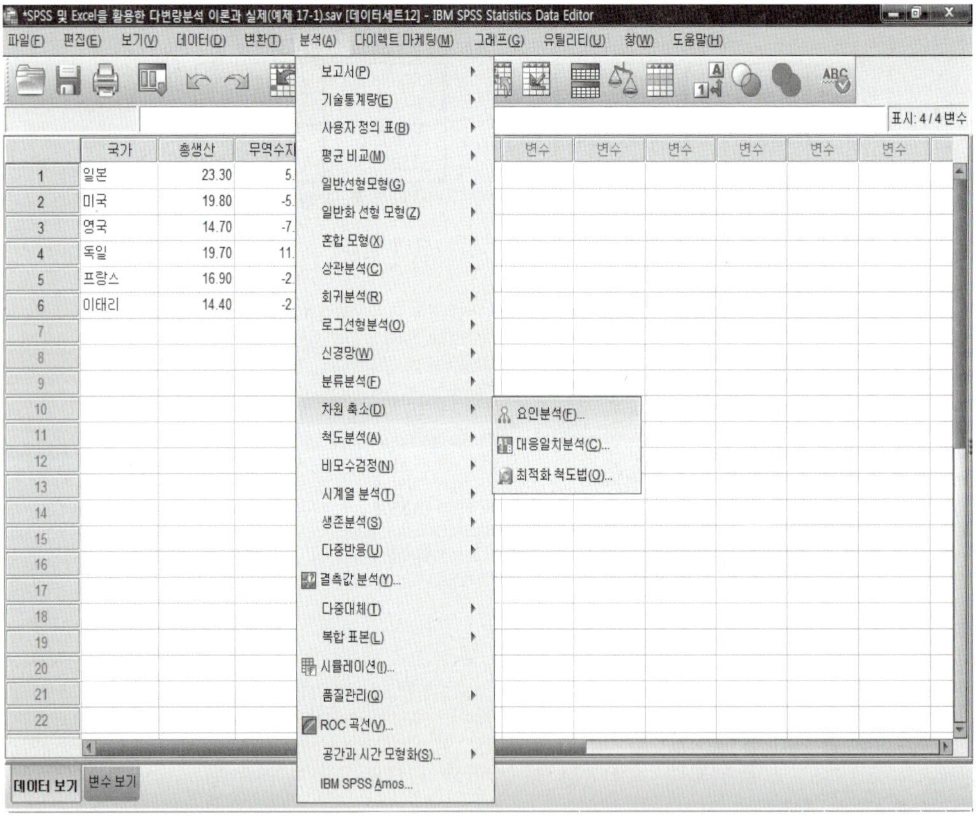

〈순서 2〉 변수의 선택

[요인분석] 대화상자에서 [변수(V)] 난에 '총생산', '무역수지'를 이동한다. 그리고 [요인 추출(E)] 버튼을 클릭한다.

〈순서 3〉 요인추출 방법 선택

[요인분석 : 요인추출] 대화상자에서 [방법(M)] 난에 '주성분'으로 되어 있는 것을 확인한다. [분석] 중 [상관행렬(R)]을 체크하고 [계속] 버튼을 클릭한다.

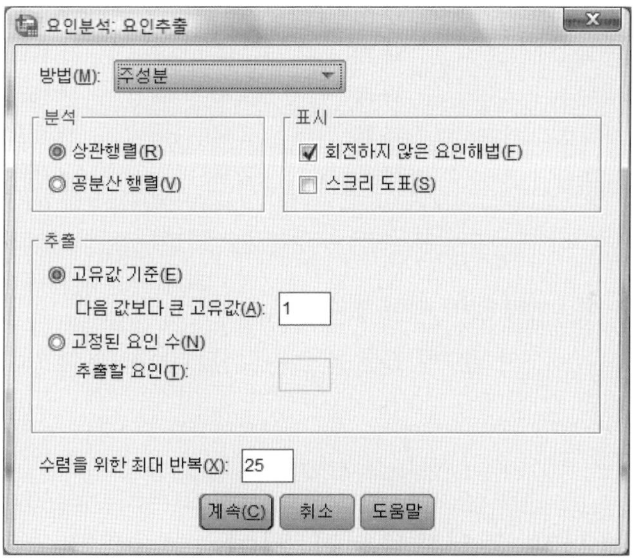

〈순서 4〉 주성분점수 저장

순서 2의 화면으로 되돌아오면 [점수(S)]를 클릭하고, 다음 화면에서 [변수로 저장], [요인점수 계수행렬 표시]를 체크한다. 그리고 [계속] 버튼을 클릭한다.

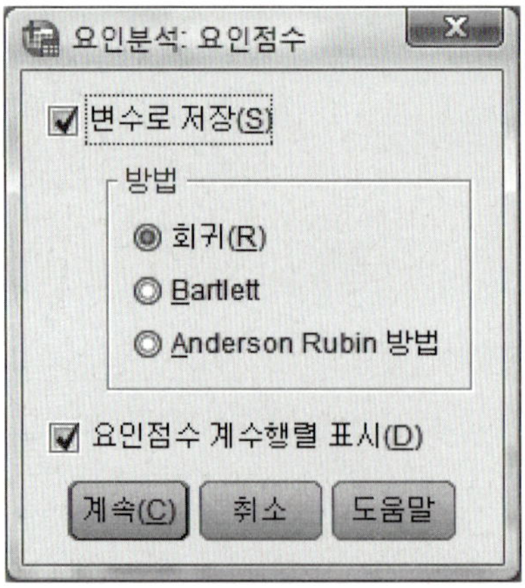

다시 순서 2의 화면으로 되돌아오면 다음은 [확인] 버튼을 클릭한다.

■ 분석결과

	국가	총생산	무역수지	FAC1_1	변수
1	일본	23.30	5.24	1.25280	
2	미국	19.80	-5.23	-.12009	
3	영국	14.70	-7.95	-1.15808	
4	독일	19.70	11.70	1.16350	
5	프랑스	16.90	-2.44	-.37736	
6	이태리	14.40	-2.14	-.76077	
7					

데이터 보기 화면은 위와 같이 되어 있다.

이 주성분점수는 주성분의 변수가 있는 곳에 표준화된 데이터를 대입하고, 다시 표준화한 것이다.

17.6 | 회귀분석과 주성분분석의 차이

예제 17-1의 데이터에 대해서 회귀분석을 실행해 보자. 독립변수가 총생산 1개뿐이므로, 이것은 단(순)회귀분석이 된다.

	국민 1인당 총생산(천 달러) x_1	국민 1인당 무역수지(백 달러) x_2
일본	23.3	5.24
미국	19.8	-5.23
영국	14.7	-7.95
독일	19.7	11.70
프랑스	16.9	-2.44
이태리	14.4	-2.14

〈순서 1〉 회귀분석 메뉴의 선택

메뉴에서 [분석(A)]-[회귀분석(R)]-[선형(L)]을 선택한다.

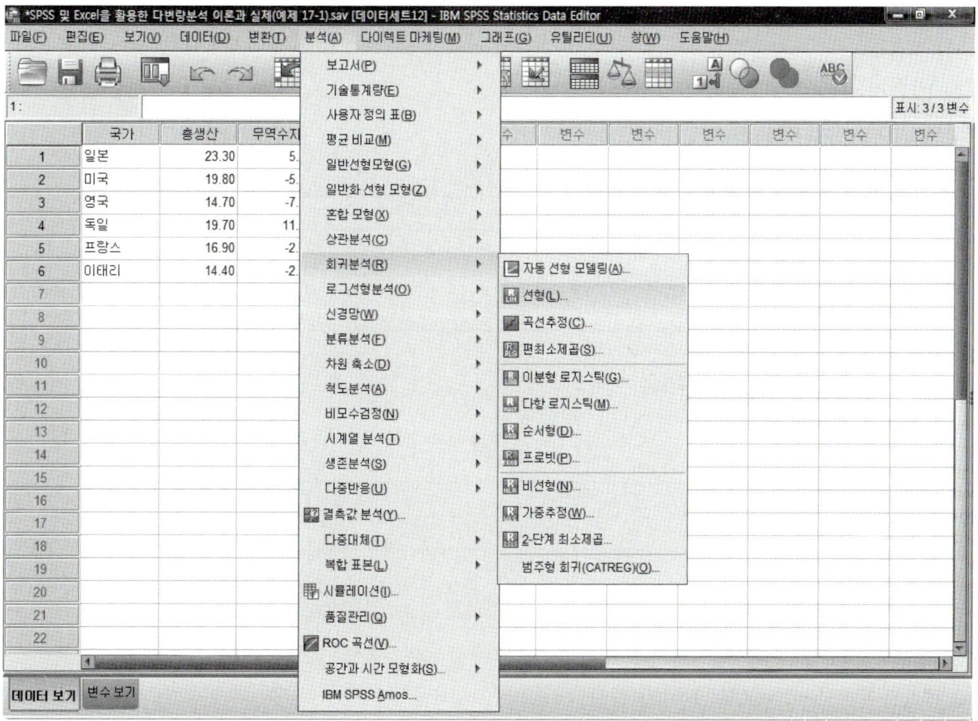

〈순서 2〉 변수의 선택

다음의 화면에서 [종속변수(D)] 난에 '무역수지'를, [독립변수(I)] 난에 '총생산'을 이동한다. 다음은 [확인] 버튼을 클릭한다.

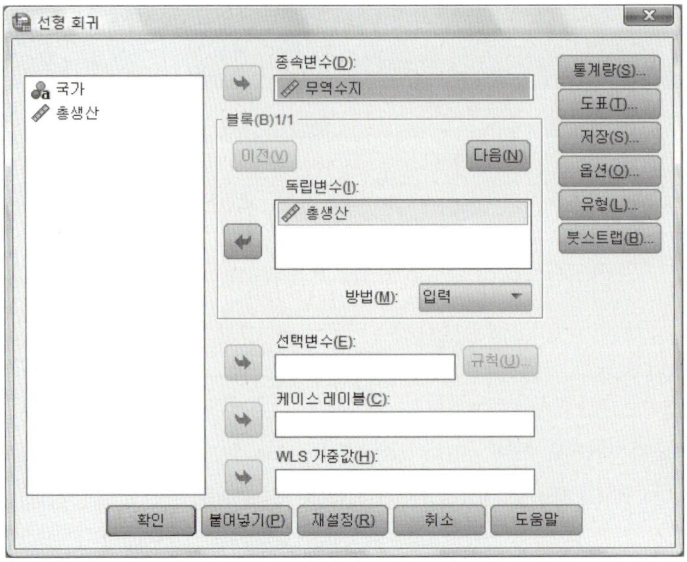

■ 분석결과

ANOVA[a]

모형		제곱합	자유도	평균제곱	F	유의확률
1	회귀	95.010	1	95.010	2.231	.210[b]
	잔차	170.314	4	42.579		
	전체	265.324	5			

a. 종속변수: 무역수지

b. 예측자: (상수), 총생산

계수[a]

모형		비표준화 계수		표준화 계수	t	유의확률
		B	표준오차	베타		
1	(상수)	-23.114	15.611		-1.481	.213
	총생산	1.267	.848	.598	1.494	.210

a. 종속변수: 무역수지

■ 결과의 해석방법

SPSS의 출력으로부터 총생산과 무역수지의 회귀식은 다음과 같다.

$$\text{무역수지} = 1.267 \times \text{총생산} - 23.114$$

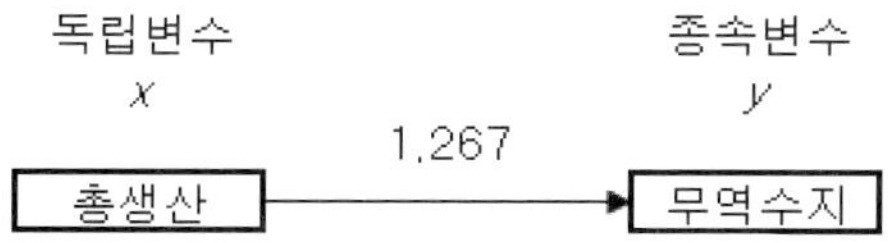

위의 회귀식을 산점도상에 그리면 다음과 같다.

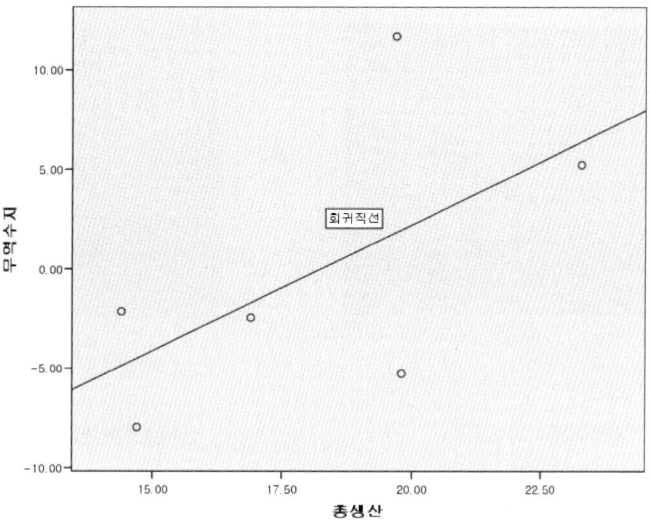

이 그림과 주성분석의 그림을 비교해 보면 상당히 비슷하다.

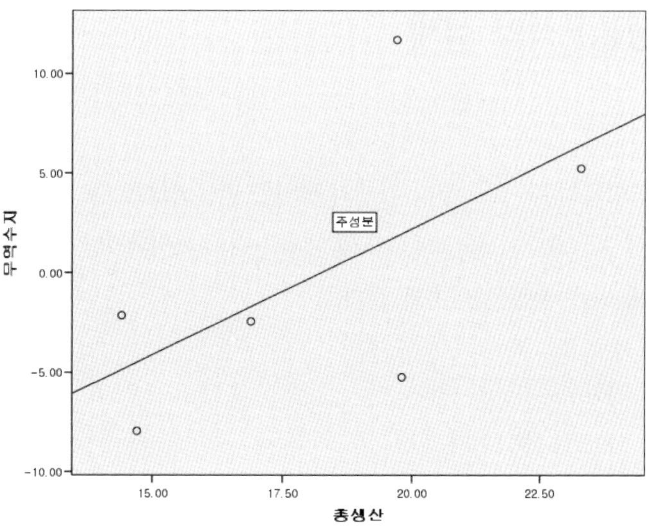

주성분분석은 회귀분석과 같은 것인가? 그렇지 않다.

회귀분석에서는 관측치와 예측치의 차이가 최소가 되도록 계수를 구하는 데 비해서, 주성분분석에서는 주성분에 내린 수선(垂線)의 길이를 최소가 되도록 구하는 것이다. 이것을 그림으로 표현하면 다음과 같이 된다.

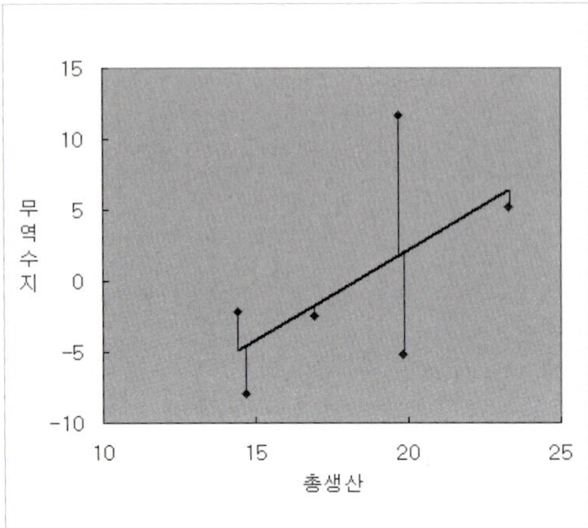

〈회귀분석의 경우〉

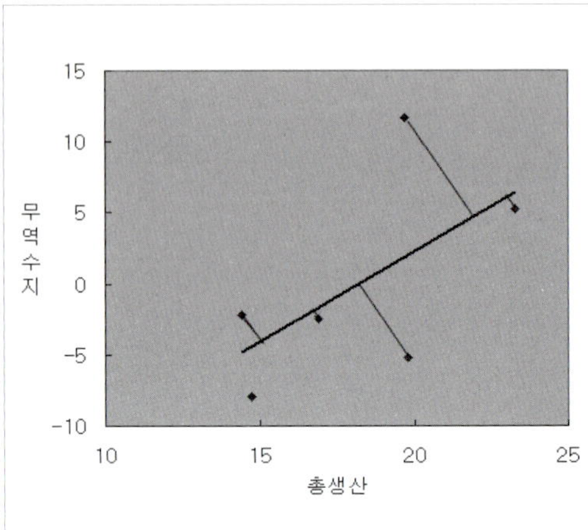

〈주성분분석의 경우〉

회귀분석과 주성분분석은 전혀 다른 것이다. 변수의 수를 늘리면 좀더 분명히 알 수 있다.

17.7 | 주성분분석의 실제

[예제 17-2]

어떤 서점에서 6항목의 관점으로부터 가게의 평가를 받는 앙케트 조사를 고객을 상대로 실시했다. 6항목 모두 1점(대단히 불만)에서 7점(대단히 만족)까지의 7단계 평가로 점수를 매기도록 했다. 평가해 받은 항목은 다음과 같다.

1. 점원의 인사성은 밝았는가
2. 점원의 태도는 좋았는가
3. 점원의 설명은 친절했는가
4. 책의 품목은 충분히 갖추어져 있었는가

5. 책은 찾기 쉽게 배치되어 있었는가

6. 책은 깨끗이 보존되어 있었는가

20명의 앙케트 조사결과를 일람표로 한 것이 다음의 데이터표와 같다. 주성분분석을 사용해서 종합지표를 작성하라.

표 17-2 앙케트 조사결과 데이터표

No.	인사	태도	설명	품목	배치	보존
1	6	4	6	3	3	4
2	3	5	6	3	3	2
3	3	5	3	2	3	4
4	4	4	2	3	4	3
5	1	4	1	5	5	4
6	3	1	4	4	5	4
7	3	4	3	2	3	2
8	3	2	5	1	1	1
9	5	5	4	5	3	4
10	5	3	4	1	1	1
11	5	5	5	4	4	4
12	2	3	2	3	4	6
13	5	5	6	2	3	3
14	3	4	5	3	2	1
15	4	5	5	3	2	3
16	7	6	6	4	4	4
17	6	6	5	6	6	5
18	5	4	2	2	2	4
19	3	3	3	3	4	4
20	5	7	7	7	7	7

<표 17-2>의 데이터를 SPSS로 분석해 보기로 한다.

〈순서 1〉 데이터의 입력

다음과 같이 데이터를 입력한다. 본 예제의 데이터는 순서척도의 데이터이지만, 여기에서는 간격척도의 데이터로서 취급한다.

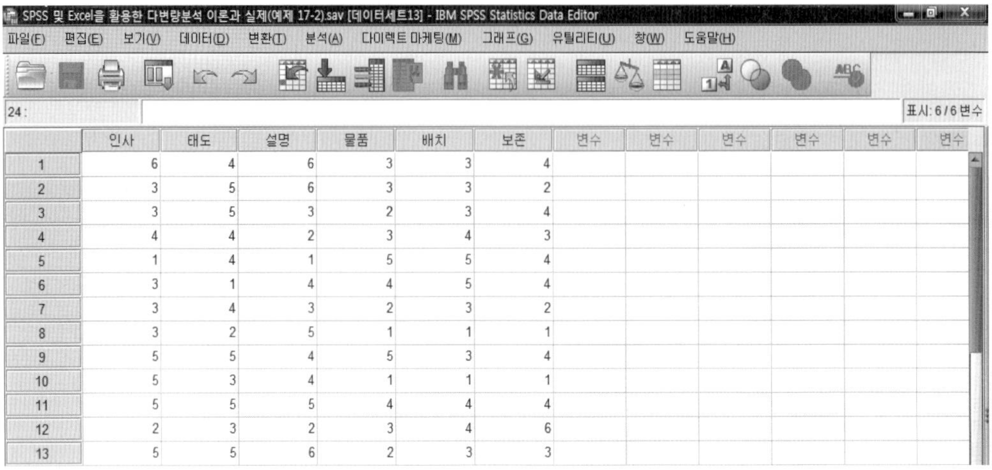

〈순서 2〉 요인분석 메뉴의 선택

메뉴에서 [분석(A)]-[차원 축소(D)]-[요인분석(F)]을 선택한다.

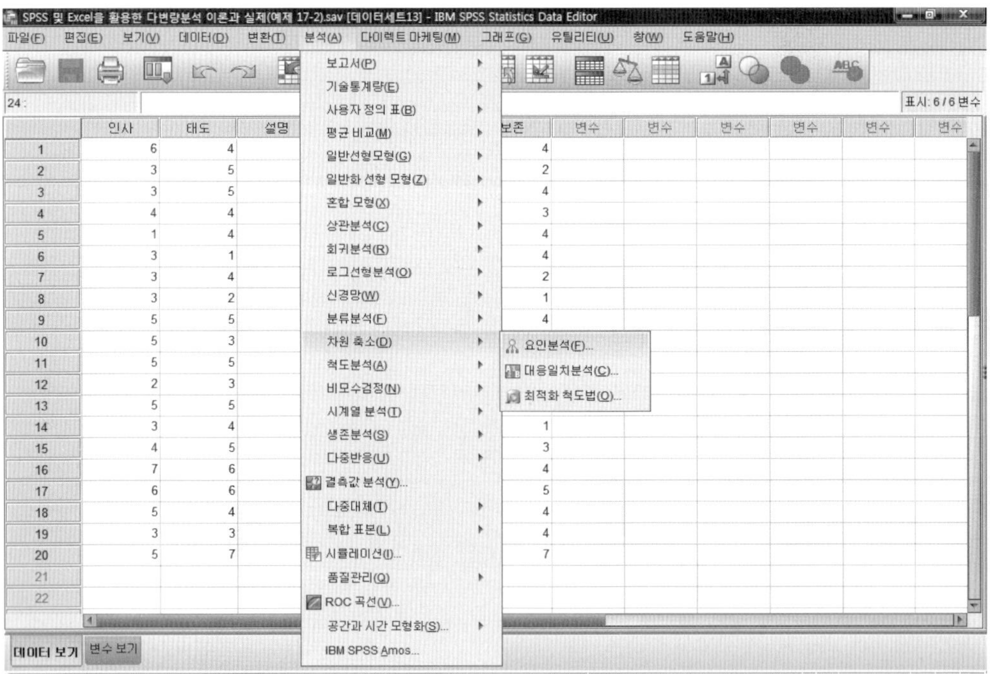

〈순서 3〉 변수의 선택

[요인분석] 대화상자에서 [변수(V)] 난에 '인사', '태도', …, '보존'을 이동한다. [요인추출(E)]을 클릭한다.

〈순서 4〉 요인추출 방법의 결정

[요인추출] 대화상자에서 초기지정 상태대로 유지하고 [계속] 버튼을 클릭한다.

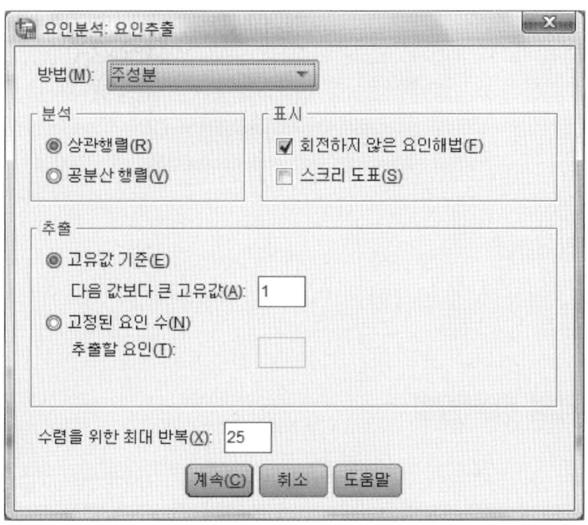

〈순서 5〉 적재값 도표의 선택

순서 3의 대화상자로 되돌아오면 [요인회전(T)]을 클릭한다. 다음의 화면에서 [적재량 도표(L)]를 체크하고 [계속] 버튼을 클릭한다.

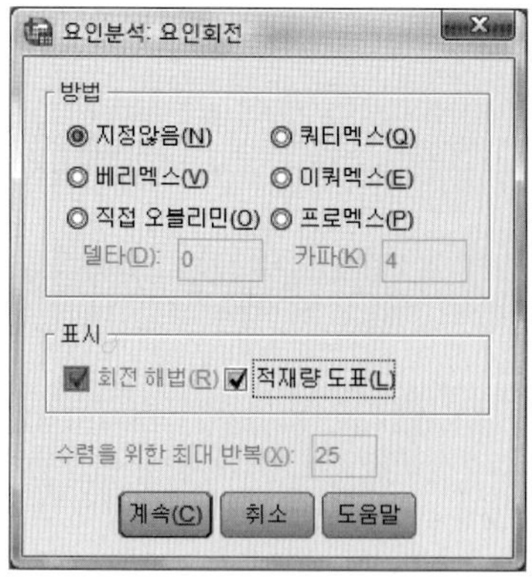

〈순서 6〉 주성분점수의 선택

순서 3의 대화상자로 되돌아오면 [점수(S)]를 클릭한다. 다음의 화면에서 [변수로 저장(S)], [요인점수 계수행렬 표시(D)]를 체크하고 [계속]을 클릭한다.

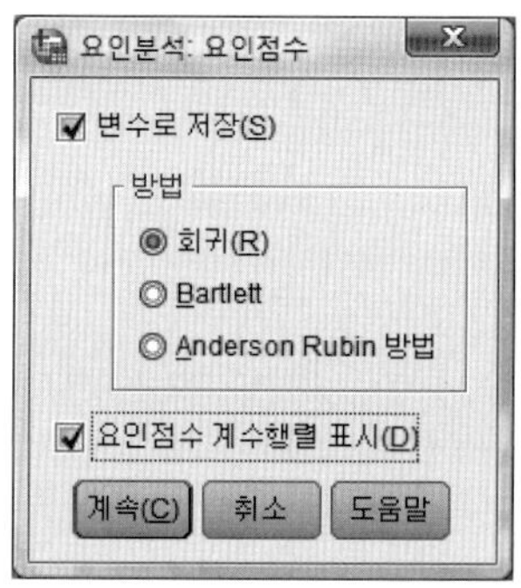

〈순서 7〉 주성분분석의 실행

순서 3의 대화상자로 되돌아오면 [확인] 버튼을 클릭한다.

■ 분석결과 및 결과의 해석방법

설명된 총분산

	초기 고유값			추출 제곱합 적재량		
성분	전체	% 분산	누적 %	전체	% 분산	누적 %
1	3.080	51.327	51.327	3.080	51.327	51.327
2	1.676	27.940	79.267	1.676	27.940	79.267
3	.492	8.203	87.470			
4	.431	7.181	94.651			
5	.219	3.646	98.297			
6	.102	1.703	100.000			

추출 방법: 주성분 분석.

제1주성분에는 원래 6개의 변수가 가지고 있는 정보의 51.327%가 집약되어 있음을 알 수 있다. 또 제2주성분까지 약 79.267%가 집약되어 있는 것을 알 수 있다.

성분행렬ª

	성분	
	1	2
인사	.468	.728
태도	.740	.372
설명	.402	.762
품목	.898	-.246
배치	.840	-.447
보존	.800	-.409

요인추출 방법: 주성분 분석.
a. 추출된 2 성분

제1주성분은 모든 변수와 플러스의 상관이 있으므로, 종합적인 만족도를 나타내는 것이라고 생각할 수 있다.

제2주성분은 인사, 태도, 설명과 플러스의 상관이 있고, 품목, 배치, 보존과는 마이너스의 상관이 있으므로, 이것은 점원의 서비스에 만족하는 타입인가 가게의 기능에 만족하는 타입인가를 나타내는 것이라고 생각할 수 있다.

다음의 성분도표를 보면, 6개의 변수는 크게 두 개 그룹으로 나누어지는 것을 간파할 수 있다. (설명, 인사, 태도), (품목, 배치, 보존)은 가까이 위치하고 있어 서로 관계가 강하다는 것을 알 수 있다.

성분 도표

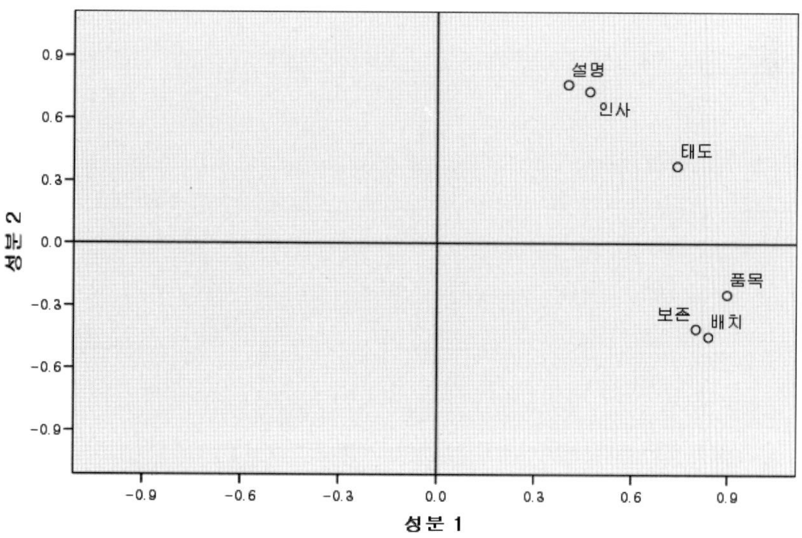

주성분점수 FAC1_1을 가로축으로 하고, FAC2_1을 세로축으로 하여 산점도를 작성하면 다음과 같이 된다.

	인사	태도	설명	물품	배치	보존	FAC1_1	FAC2_1
1	6	4	6	3	3	4	.24168	1.04143
2	3	5	6	3	3	2	-.22116	.64232
3	3	5	3	2	3	4	-.31237	-.38845
4	4	4	2	3	4	3	-.26066	-.64072
5	1	4	1	5	5	4	.07450	-2.29550
6	3	1	4	4	5	4	-.18755	-1.28172
7	3	4	3	2	3	2	-.81299	-.23579
8	3	2	5	1	1	1	-1.70436	.58778
9	5	5	4	5	3	4	.52900	.17902
10	5	3	4	1	1	1	-1.40988	1.05176
11	5	5	5	4	4	4	.59730	.37124
12	2	3	2	3	4	6	-.13801	-1.84154
13	5	5	6	2	3	3	-.04103	1.15913
14	3	4	5	3	2	1	-.81206	.54164
15	4	5	5	3	2	3	-.21038	.67794
16	7	6	6	4	4	4	1.04798	1.37825
17	6	6	5	6	6	5	1.76250	.12812
18	5	4	2	2	2	4	-.53609	-.06632
19	3	3	3	3	4	4	-.28901	-.97084
20	5	7	7	7	7	7	2.68258	-.03776

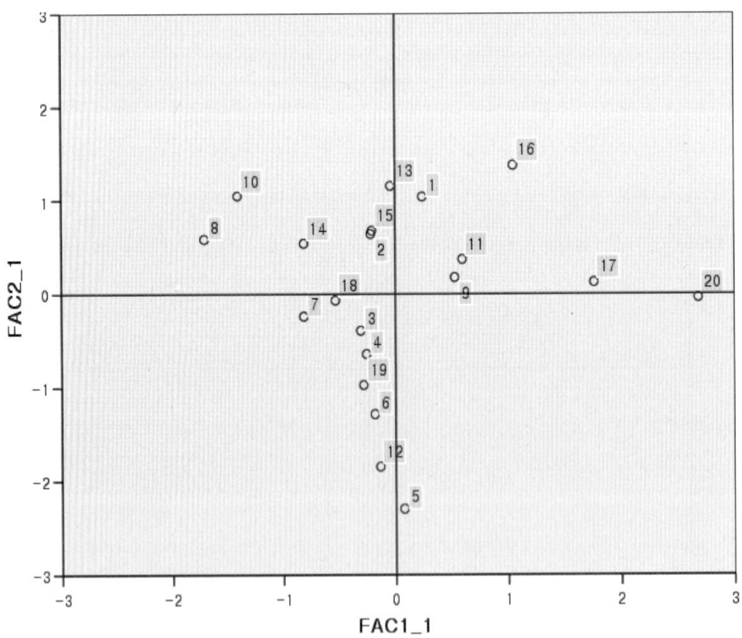

가로축이 제1주성분 점수, 세로축이 제2주성분 점수이다. 제1주성분은 종합적인 만족도를 의미한다고 생각되므로, 가로축의 오른쪽 끝에 위치하고 있는 No. 20의 회답자가 종합적으로 가장 높은 평가점을 매기고 있다는 것을 알 수 있다. 또 세로축의 아래쪽에 위치하고 있는 No. 5의 회답자는 품목 등 가게의 기능적인 항목에 대한 만족도가 높고, 점원의 서비스에는 만족하고 있지 않다는 것을 알 수 있다. 참고로 이 두 명의 원시자료는 다음과 같이 되어 있다.

No.	인사	태도	설명	품목	배치	보존
5	1	4	1	5	5	4
20	5	7	7	7	7	7

주성분점수의 산점도로부터 고객은 대략 세 개의 그룹으로 나누어지는 것을 알 수 있다.

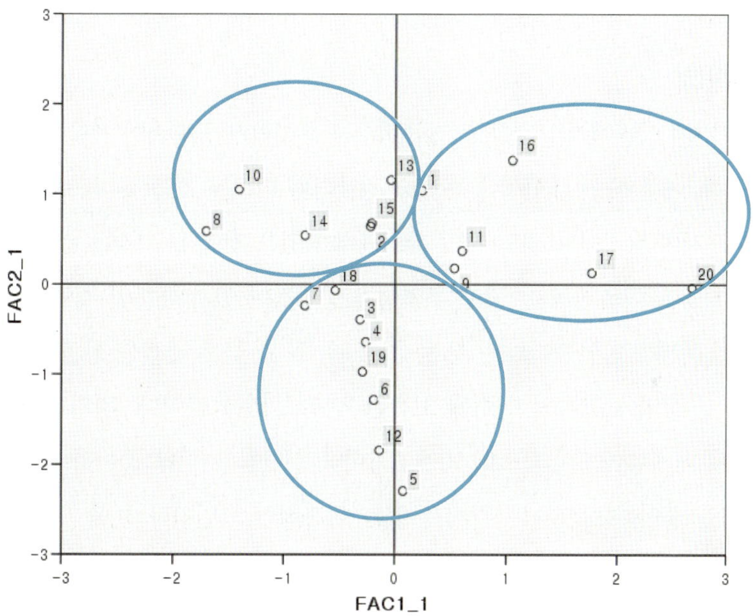

CHAPTER 18 **요인분석**

18.1 | 요인분석의 기초지식

■ 요인분석이란

두 개의 변수 간에 상관이 있는 경우, 그들 변수는 무엇인가 공통적인 것을 측정하고 있다고 생각할 수 있다. 예를 들면 대학생에 대해서 컴퓨터를 다루는 것을 좋아하는 정도와 수학을 좋아하는 정도 사이에는 어느 정도 양의 상관관계가 있을 것인데, 그것은 컴퓨터를 좋아하게 되는 것과 수학을 좋아하게 되는 것에 무엇인가 공통점이 있기 때문일 것이다. 그 공통점은 가령 논리적인 문제해결을 좋아하는 것 등을 들 수 있다. 물론 완전한 상관이 아닌 한, 그러한 공통적인 것 이외에 각각의 변수에 고유한 부분도 있을 것이다. 위의 예에서 컴퓨터를 좋아하는 것에 대해서는 일반적으로 기계조작이나 장난감 놀이를 좋아하는지 어떤지 하는 것 등이 수학을 좋아하는 것과는 관계가 없는 독자적인 요인이라고 할 수 있다.

많은 변수가 서로 복잡하게 상관하고 있는 경우에도 그들의 상관관계를 설명할 수 있는 몇 가지의 공통적인 성분을 생각하여, 개개의 변수를 그러한 공통적인 성분을 반영하는 부분과 각각의 변수에 독자적인 부분으로 나누어서 생각할 수 있다. **요인분석**(factor analysis)에서는 공통적인 성분을 **공통요인**(common factor) 또는 단지 **요인**(factor)이라 부르고, 독자적인 성분을 **독자요인**(unique factor)이라고 부른다.

요인분석의 목적은 변수 간의 상관행렬로부터 공통요인을 끄집어내어 그 공통요인을 이용해서 변수 간의 상관관계를 설명하고, 공통요인과의 관계에 의해서 각 변수의 성질을 간결한 형태로 기술하는 것이다. 또 요인분석의 결과를 변수나 관측대상의 분류를 위해서 이용하는 경우도 많다.

■ 공통요인에 의한 상관의 설명

요인분석의 기본적인 개념을 설명하기 위해서 변수가 다섯 개만 있는 인공적인 데이터를 예로서 들기로 한다.

표 18-1 상관행렬

	X_1	X_2	X_3	X_4	X_5
X_1 : 문장이해	1.00	0.60	0.50	0.44	0.24
X_2 : 대화	0.60	1.00	0.44	0.40	0.23
X_3 : 작문	0.50	0.44	1.00	0.30	0.14
X_4 : 수학의 응용문제	0.44	0.40	0.30	1.00	0.52
X_5 : 수학의 계산문제	0.24	0.23	0.14	0.52	1.00

위의 표에는 다섯 가지 테스트 득점 간의 상관계수가 표시되어 있다. 이 표를 보면 문장이해의 득점 X_1과 대화의 득점 X_2 사이의 상관계수가 0.60으로 가장 높고, 작문의 득점 X_3도 이들 두 가지 테스트의 득점과 0.50, 0.44라고 하는 비교적 높은 상관계수를 갖고 있다. 한편 수학의 응용문제 득점 X_4는 이들 세 가지 테스트의 득점과도 어느 정도의 상관이 있지만 그보다도 수학의 계산문제 득점 X_5와의 상관 쪽이 0.52로 더 높게 되어 있다.

이들의 상관관계에 의거해서 다섯 가지의 변수를 대략적으로 분류한다면 <그림 18. 1>과 같이 중복이 있는 두 개의 군(群)이 만들어진다.

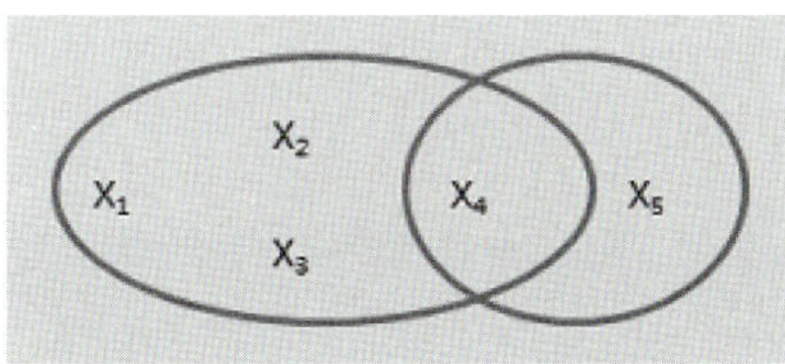

그림 18-1 다섯 가지 변수의 분류

또 앞에서 말한 바와 같이 상관의 설명으로서 공통요인이라고 하는 것을 생각하면, 이와 같은 관계는 <그림 18.2>와 같이 나타낼 수도 있다. 다시 말하면 X_1, X_2, X_3가 공통적으로 갖고 있고 또한 X_4에도 약간 반영되어 있는 요인 1과, X_4와 X_5의 상관을 만들어내고 있는 요인 2라고 하는 두 가지의 공통요인을 생각하면 <표 18.1>의 상관관계에 대한 설명이 가능하다.

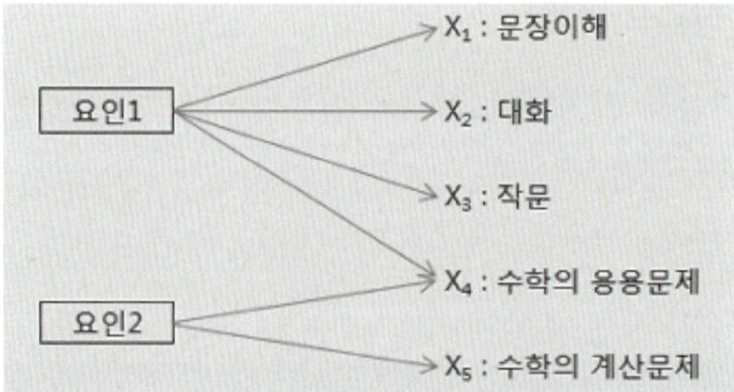

그림 18-2 공통요인에 의한 상관관계의 설명

그렇다면 <그림 18.2>에 나타내 보인 두 가지의 요인은 어떠한 변수인가를 생각해 보기로 한다. 요인 1은 문장이해, 대화, 작문이라고 하는 테스트에 공통적으로 포함되고 수학의 응용문제 득점과도 어느 정도 관계가 있는 변수이기 때문에 언어적인 능력을 나타내는 것이라고 일단 생각할 수 있다. 한편 요인 2는 두 가지의 수학 테스트에 공통적으로 포함되어 있으므로 수학적인 능력을 나타내는 요인이라고 간주해도 좋을 것이다.

요인이 구체적으로 어떤 변수인가 하는 것은 그 요인을 반영하고 있는 변수에 공통적으로 존재하는 특징으로부터 추측되게 된다. 이러한 것을 요인의 해석이라고 한다.

■ 요인분석의 용도

요인분석이 회귀분석이나 판별분석 등의 다른 다변량분석법과 다른 점은 설명변수와 목적변수가 지정되지 않고 변수들 간의 상호작용을 분석하는 데 있다. 요인분석은 주로 다음과 같은 경우에 사용된다.

1. 데이터의 양을 줄여 정보를 요약하는 경우
2. 변수들 내부에 존재하는 구조를 발견하고자 하는 경우
3. 요인으로 묶이지 않는 중요도가 낮은 변수를 제거하고자 하는 경우
4. 같은 개념을 측정하는 변수들이 동일한 요인으로 묶이는지를 확인(측정도구의 타당성 검정)하고자 하는 경우
5. 요인분석을 통하여 얻어진 요인들을 회귀분석이나 판별분석에서 설명변수로 활용하고자 하는 경우

요인분석의 절차

표본상관행렬 R을 계산(표본분산공분산행렬 S를 계산)

↓

추출할 요인수를 정한다

↓

공통성을 추정한디

↓

요인부하량행렬의 추정(주축요인추출법, 최대우도법 등)

↓

요인의 회전

↓

요인득점의 추정

■ 요인 수의 결정

실제의 분석에 있어서는 특정의 요인 수 m이 문제가 되는 경우는 적고, 데이터에 적합하다고 간주할 수 있는 최소의 요인 수를 정하는 것이 필요하다. 적합도검정을 축차적(逐次的)으로 행함으로써 이 목적을 달성할 수 있다. 즉, 먼저 $m = 0$ 혹은 $m = 1$ 등의 작은 요인수로 적합도의 검정을 실시하는 것으로부터 출발하여 만일 그것이 기각되었다면 $m = m + 1$에서 적합도의 검정을 실시한다. 이 절차를 자유도가 플러스인 범위의 m에 대해서 귀무가설이 기각되지 않을 때까지 반복한다. 만일 자유도가 플러스인 범위의 m에 있어서 귀무가설이 받아들여지지 않은 경우에는 주어진 데이터에 적합한 요인분석 모형은 존재하지 않는다고 판단한다.

■ 요인의 회전

요인분석의 목적은 특정변수 간의 상호관련을 통해서 잠재적인 구조를 탐색하는 데 있다. 이 목적을 위해서 요인부하량행렬이나 요인구조행렬의 추정치 등으로부터 요인의 해석이 실시된다. 그런데 직교해(orthogonal solution)에 한해서 보더라도 요인부하량행렬은 일의적으로는 정해지지 않는다.

변수들이 여러 요인에 대하여 비슷한 요인부하량을 나타낼 경우에 변수들이 어느 요인에 속하는지를 분류하기가 어렵다. 따라서 변수들의 요인부하량이 어느 한 요인에 높게 나타나도록 하기 위해서 요인축을 회전시킨다. 회전방식은 몇 가지가 있는데 크게 **직각회전**(orthogonal rotation)과 **사각회전**(oblique rotation)으로 나누어진다.

(1) 직각회전방식

회전축이 직각을 유지하며 회전하므로 요인들 간의 상관계수가 0이 된다. 따라서 요인들 간의 관계가 상호 독립적이어야 한다거나 상호 독립적이라고 간주할 수 있는 경우에 사용된다. 또는 요인점수를 이용하여 회귀분석이나 판별분석을 추가적으로 실시하고자 할 때 다중공선성(多重共線性)을 피하기 위한 경우 등에 유용하게 사용된다. 그러나 사회과학 분야에 있어서는 서로 다른 두 개의 요인(개념)이 완전히 독립적인 경우는 극히 드물기 때문에 사각회전방식(斜角回轉方式)이 이용된다. 직각회전방식에는 Varimax, Quartimax, Equimax 등이 있는데 이 중에서 Varimax방식이 가장 널리 이용된다. Varimax방식은 요인분석의 목적이 각 변수들의 분산구조보다 각 요인의 특성을 알고자 하는 데 더 유용하다.

(2) 사각회전방식

대부분의 사회과학 분야에서는 요인들 간에 독립적인 경우는 매우 드물고 어느 정도의 상관관계는 항상 존재하기 마련이다. 사각회전방식은 요인을 회전시킬 때 요인들이 서로 직각을 유지하지 않으므로 직각회전방식에 비해서 높은 요인부하량은 더 높아지고, 낮은 요인부하량은 더 낮아지도록 요인을 회전시키는 방법이다. 비직각회전방식에는 Oblimin(=Oblique), Covarimin, Quartimin, Biquartimin 등이 있는데 이 중에서 주로 Oblimin방식이 많이 이용되고 있다.

■ 요인분석과 주성분분석의 차이

요인분석은 모든 변수가 '동일한 보조'로 나타나는 경우에 적합한 변수지향형 기법이라고 하는 점에서 주성분분석과 다소 비슷한 목적을 가지고 있다. 이러한 사고방식은 잘 하면 데이터의 더 좋은 이해를 돕는 '요인'이라고 불리는 새로운 변수를 이끌어내고자 하는 것이다. 그러나 주성분분석이 기초가 되는 모형에 의존하지 않는 변수의 직교변환을 찾아내기 위한 기법인 데 반해서, 요인분석은 완전한 통계적 모형에 의거해서 변수의 분산에 대한 설명보다도 그것들의 공분산구조의 설명을 주제로 하고 있다. 공통요인으로는 설명되지 않는 분산은 잔차항으로 설명할 수 있다.

요인분석 모형을 구성하려면 다수의 가정을 두지 않으면 안 된다. 이들 가정은 응용상 반드시 현실적인 것은 아니다. 요인분석 모형에서는 요인의 존재라고 하는 중요한 가정을 두고 있다. 한 조(組)의 배후에 있는 '관측불능'의 변수라고 하는 개념은 특히 심리학적 연구와 같은 몇 가지 연구분야에서는 타당하지만 그 이외의 많은 연구영역에서는 현실감이 부족하다.

또한 요인분석 모형에서는 요인의 수 m을 알고 있는 것으로 가정하고 있다. 실제로는 m이 미지인 경우가 많지만 $m = 1$을 출발점으로 해서 축차적으로 다른 값이 검토된다. 그러나 m의 정확한 값을 고르는 것은 용이하지 않다. 검정의 수단이 없는 것은 아니지만 그 검정은 상당히 복잡하고 모형의 가정에 구속되므로, 외적 조건을 생각해서 m의 값을 고르는 경우가 많다. 요인의 형태가 m의 변화에 의해서 완전히 변해 버린다고 하는 점은 상당히 불안하다. 대조적으로 주성분분석에 의해서 이끌어내지는 성분은 일의적(一意的)이어서 고려할 가치가 있다고 생각되는 성분 수가 바뀌어도 그것들의 성분은 불변이다.

일반적으로 주성분분석에 비해서 요인분석에 의한 사후검토분석(follow-up analysis)은 더욱 어려운 것으로 되어 있다. 따라서 많은 학자들은 주성분분석이 요인분석보다 더 선호되고 있다고 결론짓고 있다.

18.2 | 요인분석의 시각적 표현

[예제 18-1]

다음의 데이터를 사용해서 요인분석을 실행해 보자. 이 데이터는 생활습관에 관한 앙케트 조사의 일부이다.

앙케트 조사

표 18-2 앙케트 조사의 질문표

문1	스포츠를 하고 있습니까?		
	(1) 전혀 하고 있지 않다	(2) 별로 하고 있지 않다	(3) 어느 쪽도 아니다
	(4) 가끔 하고 있다	(5) 자주 하고 있다	
문2	다이어트를 하고 있습니까?		
	(1) 전혀 하고 있지 않다	(2) 별로 하고 있지 않다	(3) 어느 쪽도 아니다
	(4) 가끔 하고 있다	(5) 자주 하고 있다	
문3	스트레스를 느끼고 있습니까?		
	(1) 전혀 느끼지 않는다	(2) 별로 느끼지 않는다	(3) 어느 쪽도 아니다
	(4) 가끔 느낀다	(5) 스트레스가 쌓여 있다	

표 18-3 앙케트 조사의 결과 데이터

회답자	문1	문2	문3
A	4	3	2
B	3	3	4
C	1	2	4
D	3	4	2
E	2	1	5
F	5	4	2

요인분석은 몇 개의 변량 배후에 숨어 있는 공통요인을 찾아내는 수법이다. 먼저 변량 간의 관계를 살펴보도록 하자. 그 가장 좋은 방법은 '산점도'를 그려 보는 것이다. 통계처리의 첫걸음은 그래프 표현이다.

요인분석의 경로도형

이 데이터의 경우에 세 개의 변수 '스포츠', '다이어트', '스트레스'의 배후에 숨어 있는 공통요인을 발견하는 것이 목적이다.

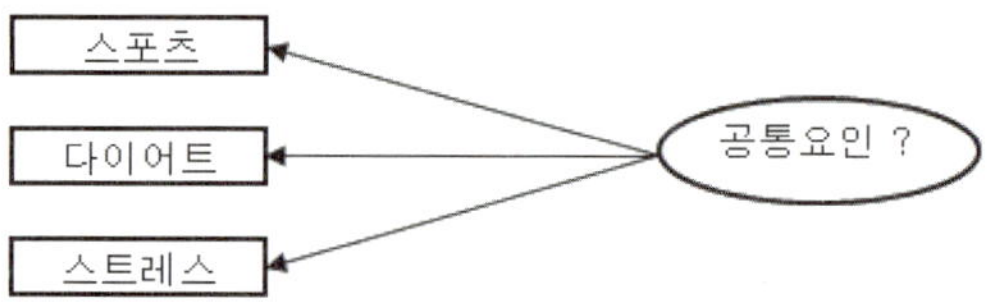

우선

스포츠와 다이어트의 산점도

스포츠와 스트레스의 산점도

다이어트와 스트레스의 산점도

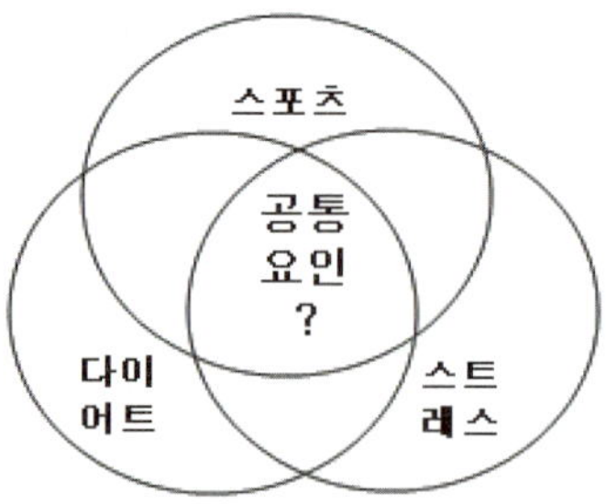

공통요인으로 무엇이 숨겨져 있을까?

▪ 산점도 그리는 방법

〈순서 1〉 데이터의 입력(18-1.sav)

데이터는 다음과 같이 입력해 놓는다.

〈순서 2〉 산점도 메뉴의 선택

메뉴에서 [그래프]-[레거시 대화상자]-[산점도/점도표]를 선택한다.

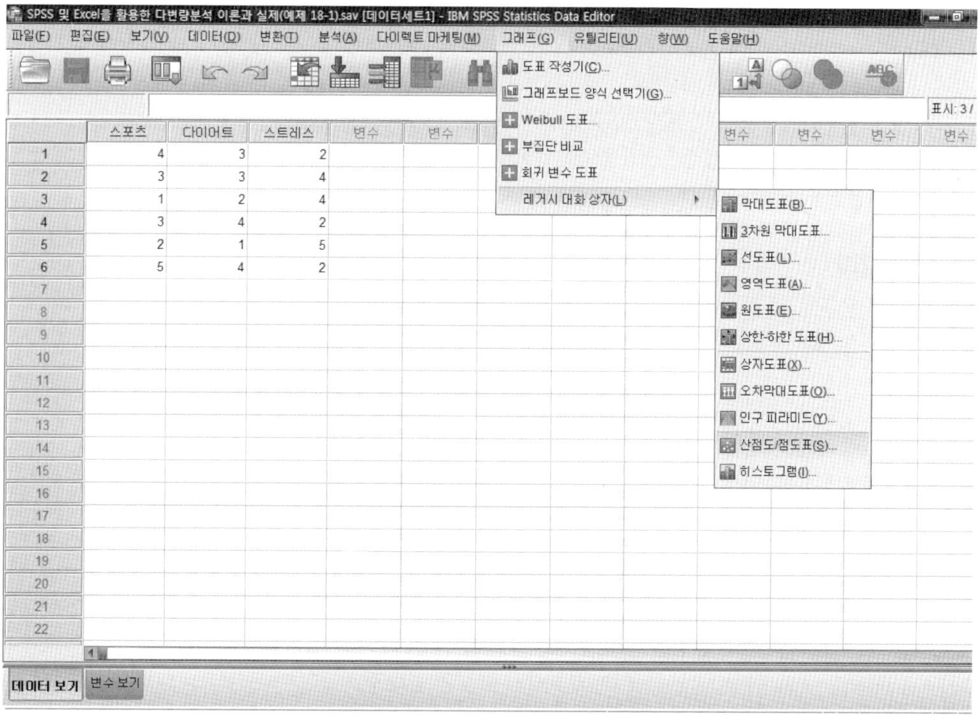

〈순서 3〉 산점도 유형의 선택

[산점도/점도표] 화면이 나타나면 [단순 산점도]를 선택하고 [정의]를 클릭한다.

〈순서 4〉 변수의 선택

[단순 산점도]의 화면이 나타나면 [Y축]에 '스포츠', [X축]에 '다이어트'를 이동한다. 다음에 [확인] 버튼을 클릭한다.

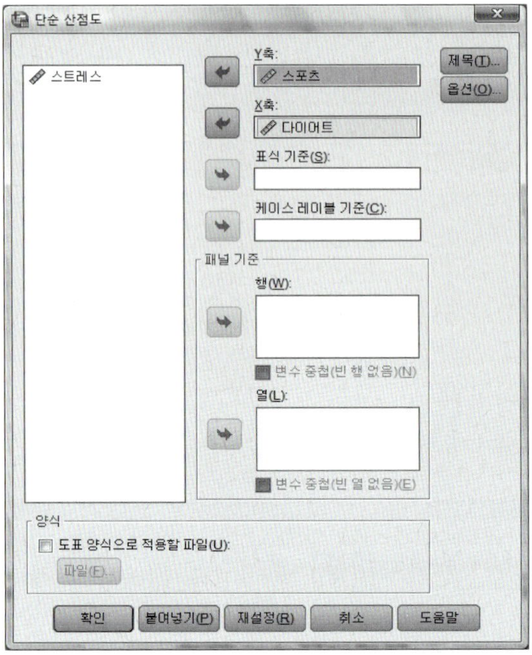

■ 분석결과

다음과 같은 그래프가 그려진다.

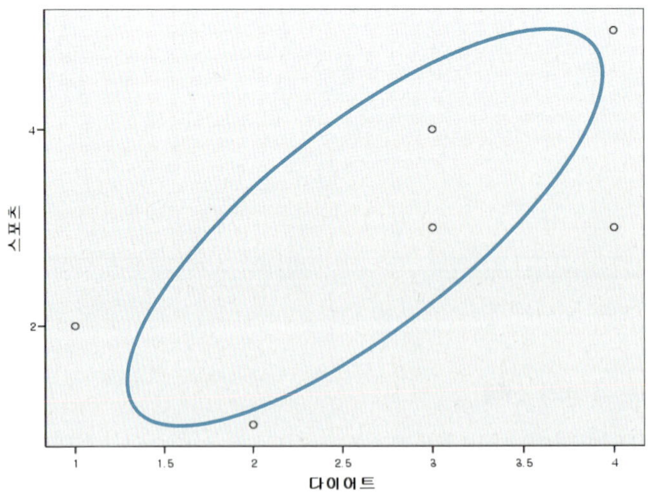

스포츠와 다이어트의 사이에 플러스의 상관이 있어 보인다. 과연 스포츠와 다이어트의 배후에 있는 것은 무엇인가?

이어서 스포츠와 스트레스의 산점도를 그려 보자. 순서 1에서 순서 3까지는 앞에서와 똑같다.

〈순서 1〉 변수의 선택

[단순 산점도]의 화면이 나타나면 [Y축]에 '스포츠', [X축]에 '스트레스'를 이동한다. 다음에 [확인] 버튼을 클릭한다.

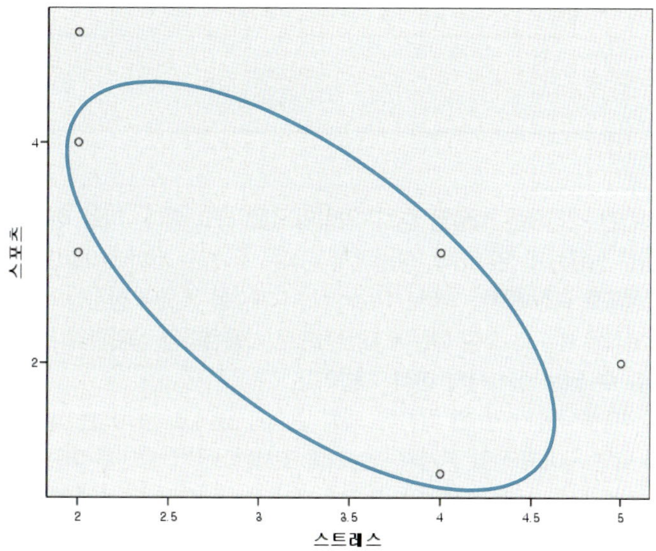

스포츠와 스트레스의 사이에 마이너스의 상관이 있어 보인다. 과연 스포츠와 스트레스의 사이에는 무엇이 숨겨져 있는 것인가?

마지막으로 다이어트와 스트레스의 산점도를 그려 보자. 순서 1에서 순서 3까지는 앞에서와 똑같다.

〈순서 2〉 변수의 선택

[단순 산점도]의 화면이 나타나면 [Y축]에 '다이어트', [X축]에 '스트레스'를 이동한다. 다음에 [확인] 버튼을 클릭한다.

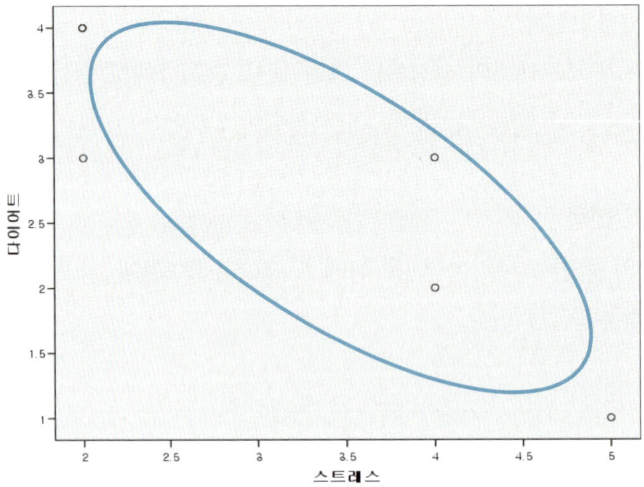

길라잡이

남의 일에 사사건건 참견하는 사람을 흔히 '약방의 감초'라고 한다. 이와 마찬가지로 통계분석의 감초가 있다. 바로 상관관계 분석이다. 상관관계 분석은 두 변수 사이에 어떠한 관계가 존재하는지를 상관관계의 정도로 측정해주는 피어슨(Pearson) R계수를 통하여 상관성의 존재 유무와 정도를 파악한다. 분산분석은 변수의 속성 때문에 제한적으로 사용된다면 상관관계 분석은 변수의 속성에 관계없이 분석할 수 있는 잡식성의 분석 기법이다.

가령 특성요인도를 작성하면 한 특성에 대해 관계가 있다고 생각되는 많은 요인이 떠오른다. 이 경우 특성과 요인 사이에 정말 관계가 있는가를 조사한다든지, 요인을 어떤 값으로 하면 특성이 어떻게 되느냐 하는 등의 상관관계를 알 필요가 생긴다. 산점도는 두 변수에 대해서 특성(결과)과 요인(원인)의 관계를 규명하고 이 관계를 시각적으로 표현하고자 할 때 사용된다. 산점도는 주로 문제해결을 위한 사전 원인조사 단계에서 쓰인다.

다이어트와 스트레스의 사이에도 마이너스의 상관이 있어 보인다. 과연 다이어트와 스트레스의 사이에는 무엇이 숨겨져 있는 것인가?

18.3 | 상관계수

산점도를 사용해서 변량 간의 관계를 탐색해 보았는데, 이번에는 그 관계를 수치로 알아보도록 하자. 그러기 위해서는 '상관계수'가 편리하다.

〈순서 1〉 이변량 상관분석 메뉴의 선택

데이터를 입력한 다음, [분석(A)]의 메뉴 중에서 [상관분석(C)]을 선택하고, 서브메뉴 중에서 [이변량 상관(B)]을 선택한다.

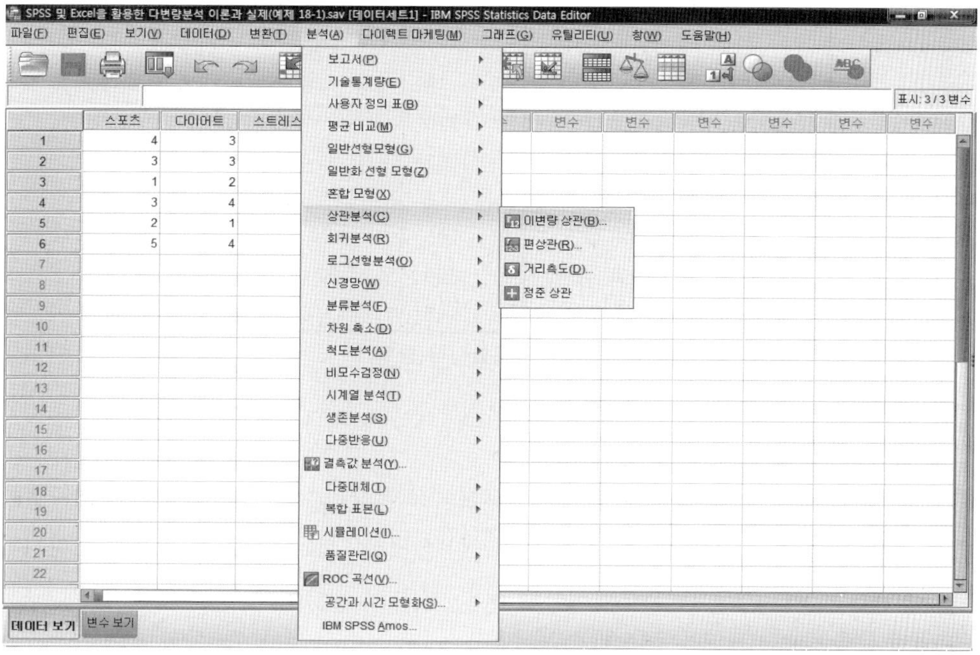

〈순서 2〉 변수의 선택

[이변량 상관계수] 대화상자가 나타나면 세 개의 변량을 [변수(V)] 난으로 이동한다. 다음에 [확인] 버튼을 클릭한다.

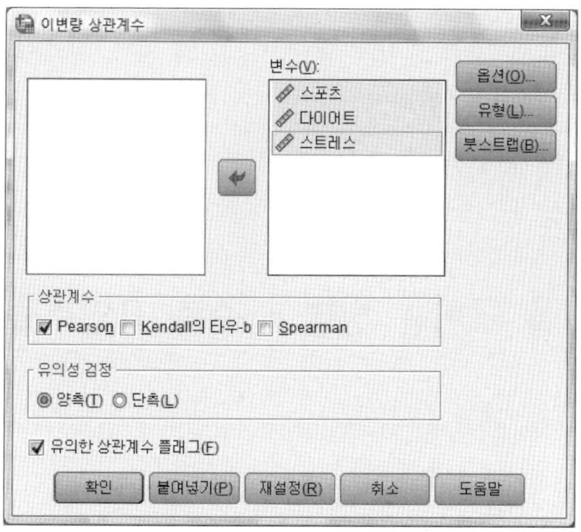

■ **분석결과**

상관관계

		스포츠	다이어트	스트레스
스포츠	Pearson 상관	1	.726	-.745
	유의확률 (양측)		.102	.089
	N	6	6	6
다이어트	Pearson 상관	.726	1	-.880*
	유의확률 (양측)	.102		.021
	N	6	6	6
스트레스	Pearson 상관	-.745	-.880*	1
	유의확률 (양측)	.089	.021	
	N	6	6	6

*. 상관관계가 0.05 수준에서 유의합니다(양측).

■ **결과의 해석방법**

SPSS의 출력을 보면 스포츠와 다이어트 사이에는 강한 플러스의 상관(0.726)이 있는 것을 알 수 있다. 이러한 사실은 "스포츠를 해서 건강한 신체가 되고 싶다고 하는 기분과, 다이어트를 통해서 건강한 생활을 보내고 싶다고 하는 기분"의 발로이다.

역으로 스포츠와 스트레스 사이에는 강한 마이너스의 상관이 있다. 즉, "스포츠를 하고 있을 때는 스트레스가 감소하고, 스트레스가 쌓여 있을 때는 스포츠를 하고 있지 않다"고 하는 것을 나타내고 있다고 볼 수 있다.

다이어트와 스트레스에 대해서는 어떠한가? 다이어트와 스트레스 사이에도 강한 마이너스의 상관이 있으므로 "스트레스가 쌓여 있을 때는 무의식중에 과식을 해서, 다이어트를 잊어버리고 있다"라고 추측할 수 있을 것이다. 따라서 "이 세 개의 변량 간에 무엇인가 공통적인 요인이 숨겨져 있는 것은 아닌가?"라고 생각할 수 있다. 그것이 바로 공통요인인 것이다.

다음에 그 공통요인을 찾아보도록 하자.

18.4 | 공통요인을 구하는 방법 - 주축 요인추출법

공통요인을 구하는 방법은 매우 간단하다.

■ 요인분석의 절차 – 주축 요인추출법 –

〈순서 1〉 요인분석 메뉴의 선택

메뉴에서 [분석(A)]-[차원 축소)]-[요인분석(F)]을 선택한다.

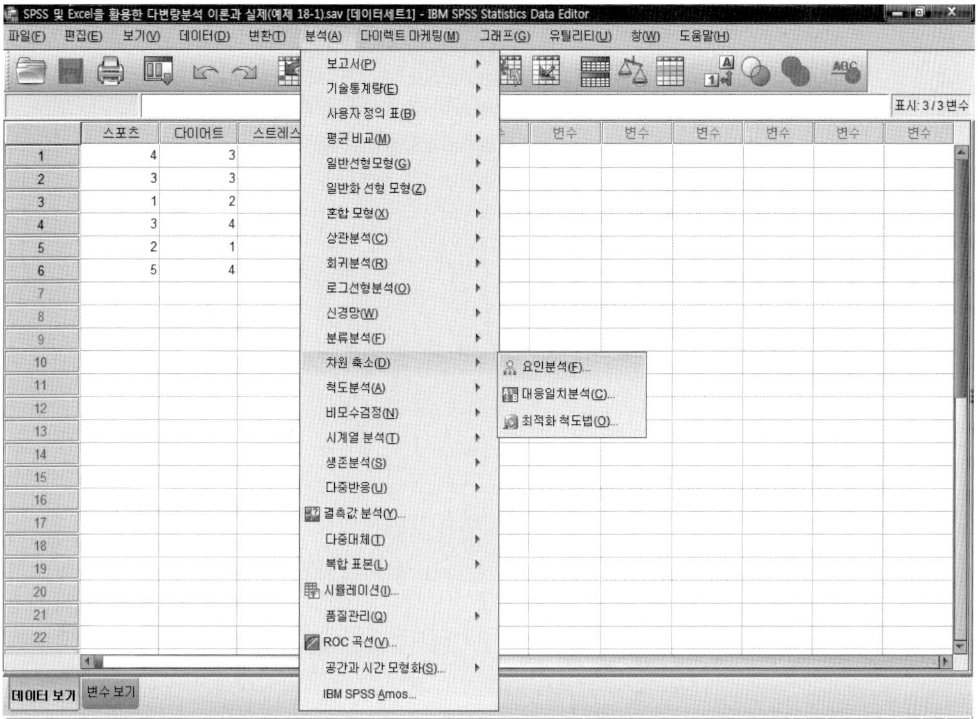

〈순서 2〉 변수의 선택

[요인분석] 대화상자에서 [변수(V)] 난에 '스포츠', '다이어트', '스트레스'를 이동한다. 그리고 [요인추출(E)] 버튼을 클릭한다.

〈순서 3〉 요인추출 방법 선택

[요인분석 : 요인추출] 대화상자에서 [방법(M)] 중에 '주축 요인추출'을 선택하고 [계속] 버튼을 클릭한다.

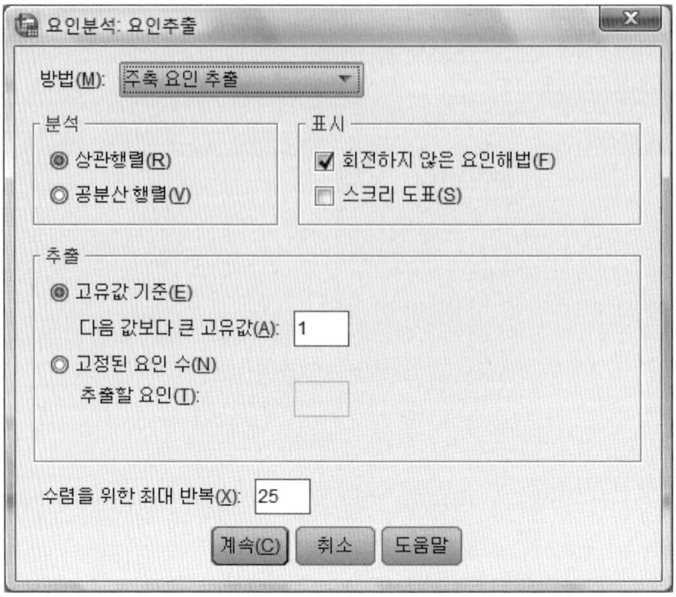

(참고) 요인분석에서는 주축 요인추출법과 최대우도법이 자주 이용되고 있다.

〈순서 4〉 요인분석의 실행

다음의 화면으로 되돌아오면 [확인] 버튼을 클릭한다.

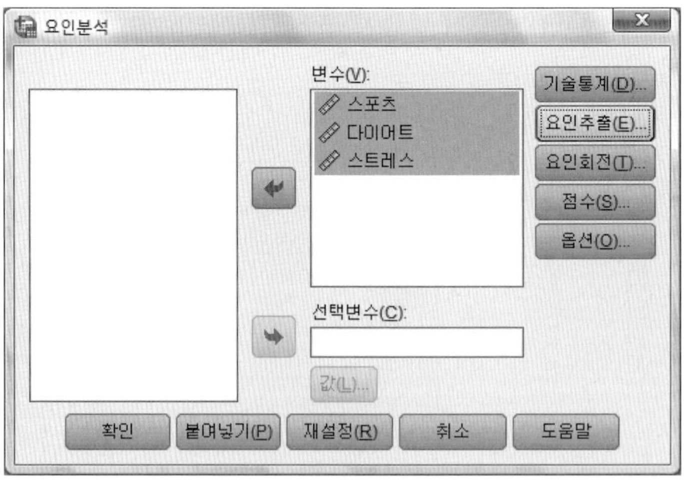

분석결과

설명된 총분산

요인	초기 고유값			추출 제곱합 적재량		
	전체	% 분산	누적 %	전체	% 분산	누적 %
1	2.569	85.628	85.628	2.374	79.128	79.128
2	.311	10.379	96.007			
3	.120	3.993	100.000			

추출 방법: 주축요인추출.

요인행렬[a]

	요인
	1
스포츠	.784
다이어트	.926
스트레스	-.949

추출 방법: 주축 요인추출.

a. 추출된 1 요인 8의 반복 계산이 요구됩니다.

이렇게 해서 출력된 세 개의 수치를 요인부하 또는 요인부하량이라고 한다.

결과의 해석방법

따라서 경로도형으로 표현하면 다음과 같이 된다.

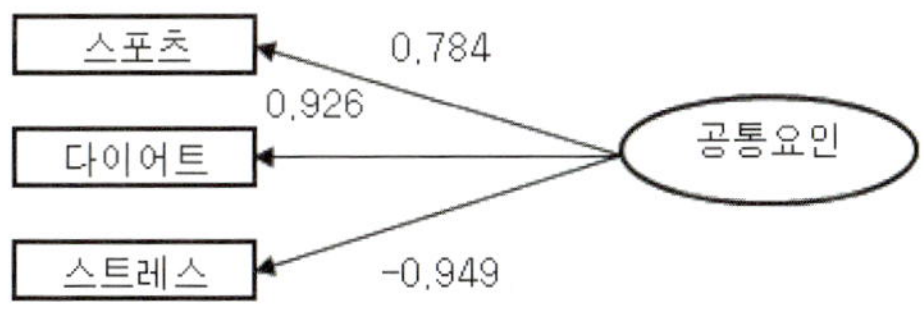

그러면 문제는 "이 공통요인의 정체는 무엇인가?"라고 하는 것이 된다.

그래서 요인부하량

$$\begin{pmatrix} 0.784 \\ 0.926 \\ -0.949 \end{pmatrix}$$

의 크기나 플러스·마이너스를 보면서, 공통요인은

"건강에 대한 자각?"

이라고 간파할 수 있는 것이다. 이 주변의 내용은 주성분분석과 매우 비슷하다.

18.5 | 요인의 회전

실은 요인분석을 실행할 때 변량이 세 개 있는 경우는 거의 없다. 다음의 예제와 같이 변량이 많이 있는 데이터의 경우가 일반적이다.

[예제 18-2]

다음의 <표 18.4>는 의료에 관한 데이터로서 K아파트 단지 주민 30명에 대한 의식조사의 결과이다. 스트레스, 건강행동, 건강습관, 사회지원, 사회역할, 건강도, 생활환경, 의료기관 등에 관한 조사결과이다. 이 데이터를 사용해서 요인분석을 실시해 보자.

표 18-4 사회의료의 질을 향상시키기 위한 변수

No.	스트레스	건강행동	건강습관	사회지원	사회역할	건강도	생활환경	의료기관
1	3	0	5	4	8	3	2	3
2	3	0	1	2	5	3	2	2
3	3	1	5	8	7	3	3	3
4	3	2	7	7	6	3	2	3
5	2	1	5	8	4	2	2	4
6	7	1	2	2	6	4	5	2
7	4	1	3	3	5	3	3	3
8	1	3	6	8	8	2	3	2
9	5	4	5	6	6	3	3	3
10	3	1	5	3	6	3	3	3
11	5	1	4	7	5	5	3	3
12	6	1	2	7	6	3	4	3
13	4	0	0	2	7	3	3	3
14	5	0	0	0	5	3	3	2
15	7	2	3	4	8	4	4	3
16	3	0	1	8	5	3	3	3
17	0	1	3	8	7	3	3	3
18	4	0	5	6	5	3	3	2
19	5	1	7	6	7	4	4	3
20	3	1	5	0	5	3	3	3
21	3	1	6	8	6	3	2	3
22	1	1	3	3	4	1	3	3
23	5	0	0	8	8	5	4	5
24	5	1	3	2	6	4	3	3
25	4	2	2	6	7	3	3	2
26	4	0	3	6	6	3	3	3
27	3	2	4	8	8	2	3	2
28	5	1	5	7	5	3	3	3
29	7	2	0	2	4	4	3	4
30	3	3	8	7	7	3	3	3

이 데이터를 앞에서와 같이 요인분석하면 다음과 같은 요인행렬을 얻는다.

■ 분석결과

요인행렬[a]

	요인		
	1	2	3
스트레스	.842	.160	-.192
건강행동	-.245	.458	-.322
건강습관	-.543	.413	-.100
사회지원	-.398	.582	.301
사회역할	-.033	.484	-.095
건강도	.754	.335	.248
생활환경	.580	.289	-.246
의료기관	.195	.151	.522

추출 방법: 주축 요인추출.

a. 추출된 3 요인 17의 반복계산이 요구됩니다.

■ 결과의 해석방법

이 출력을 보면 요인이 세 개 추출되고 있다. 이들 요인이 무엇을 의미하고 있는지를 간파하지 않으면 안 된다.

예를 들면, 제1요인의 요인부하량을 보면

$$\begin{bmatrix} 0.842 \\ -0.245 \\ -0.543 \\ -0.398 \\ -0.033 \\ 0.754 \\ 0.580 \\ 0.195 \end{bmatrix}$$

로 되어 있다. 절대치가 0.5 이상인 변량이 다수 섞여 있음을 알 수 있다. 성질이 서로 다른 변량이 제1요인을 구성하고 있어 의미부여에 어려움이 따른다.

이와 같은 때에는 요인의 회전을 실시하면 더 나은 결과를 얻을 수 있다.

요인의 회전이란 요인의 축을 약간 회전시킴으로써 요인의 의미를 간파하기 쉽도록 하고자 하는 것이다. 예를 들면, 다음과 같은 이미지를 말한다.

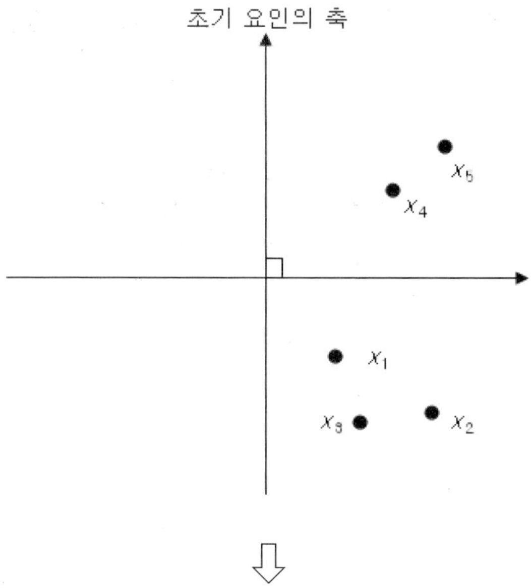

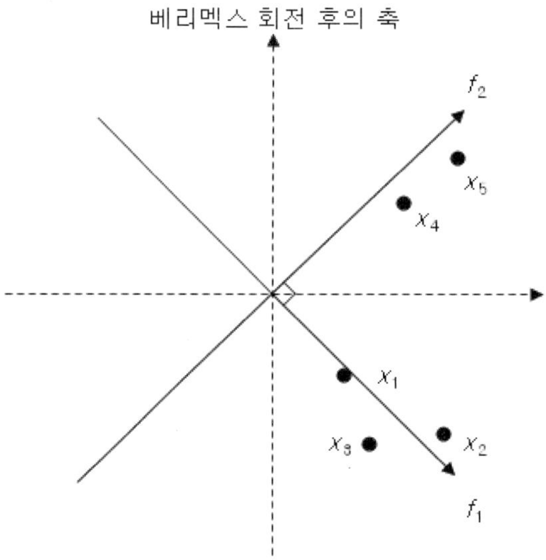

SPSS에서는 다음과 같이 된다.

■ 요인회전의 절차

〈순서 1〉 요인분석 메뉴의 선택

메뉴에서 [분석(A)]-[차원 축소]-[요인분석(F)]을 선택한다.

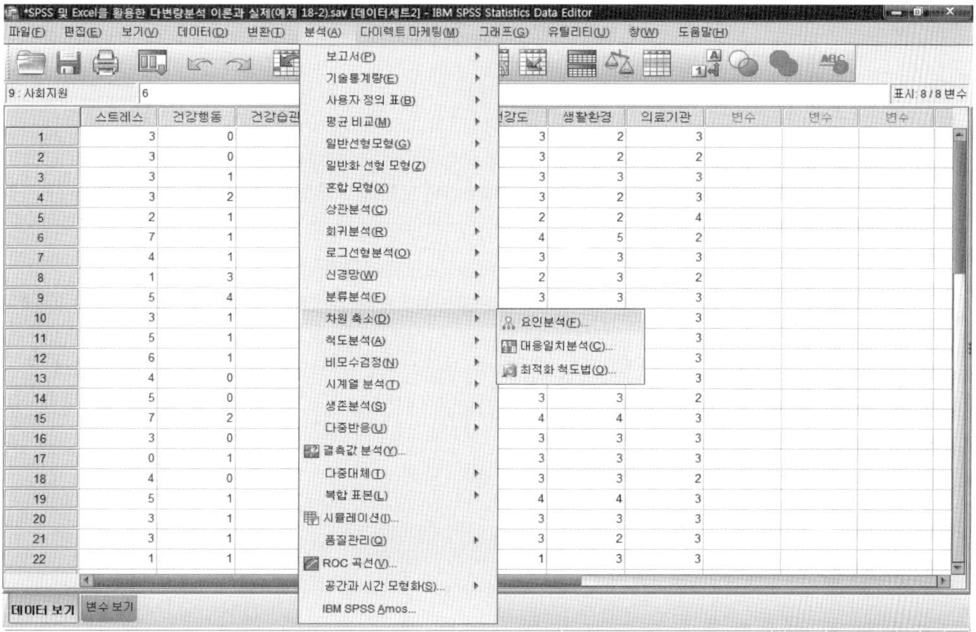

〈순서 2〉 변수의 선택

[요인분석] 대화상자에서 [변수(V)] 난에 '스트레스', '건강행동', …, '의료기관'을 이동한다. 그리고 [요인추출(E)] 버튼을 클릭한다.

〈순서 3〉 요인추출 방법 선택

[요인분석 : 요인추출] 대화상자에서 [방법(M)] 중에 '주축 요인추출'을 선택하고 [계속] 버튼을 클릭한다.

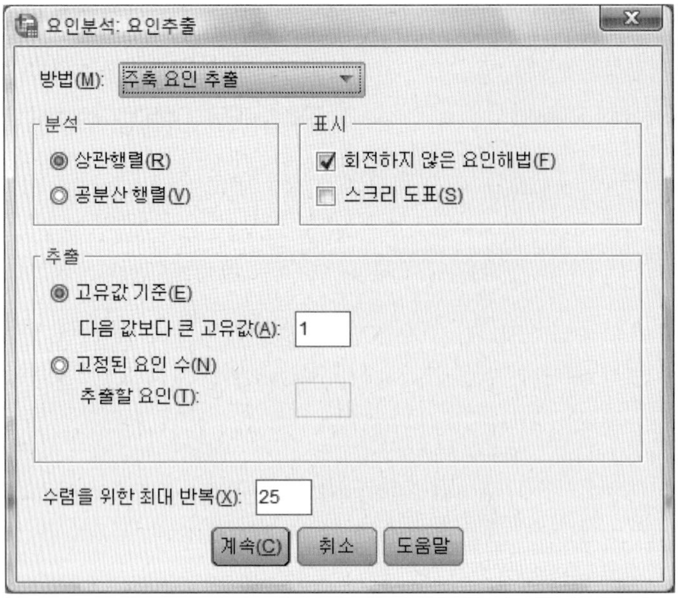

〈순서 4〉 요인회전 방법 선택

[요인분석] 대화상자로 되돌아오면 [요인회전(T)] 버튼을 클릭한다. 다음 화면에서 [방법] 중에 '베리멕스(V)'를 선택하고, [표시] 중에 해당 항목을 모두 선택한 다음 [계속] 버튼을 클릭한다.

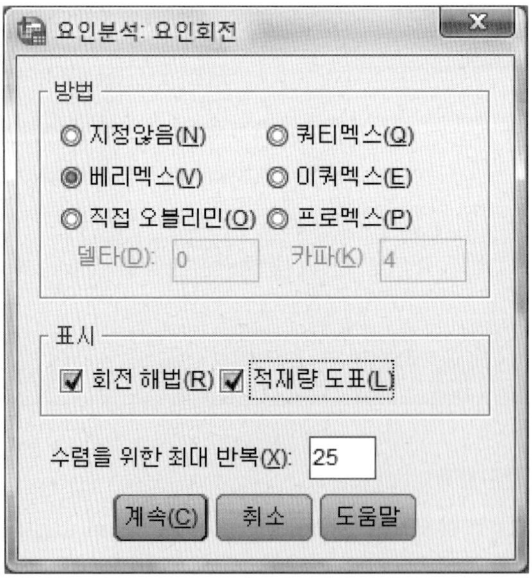

〈순서 5〉 요인점수의 저장

[요인분석] 대화상자로 되돌아오면 [점수(S)] 버튼을 클릭한다. 아래 화면에서 다음과 같은 항목을 선택한 다음 [계속] 버튼을 클릭한다.

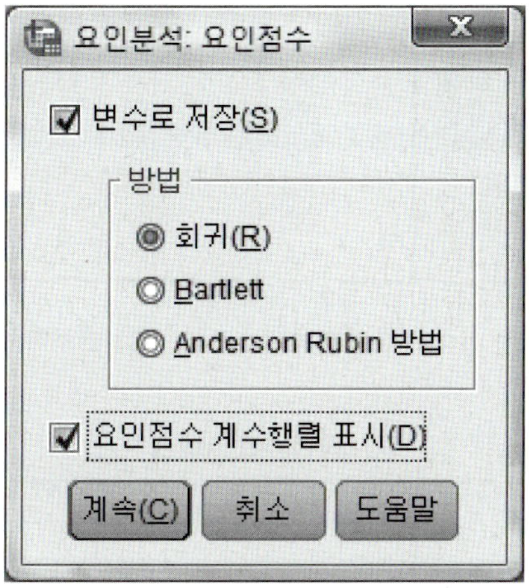

〈순서 6〉 요인분석의 실행

[요인분석] 대화상자로 되돌아오면 [확인] 버튼을 클릭한다.

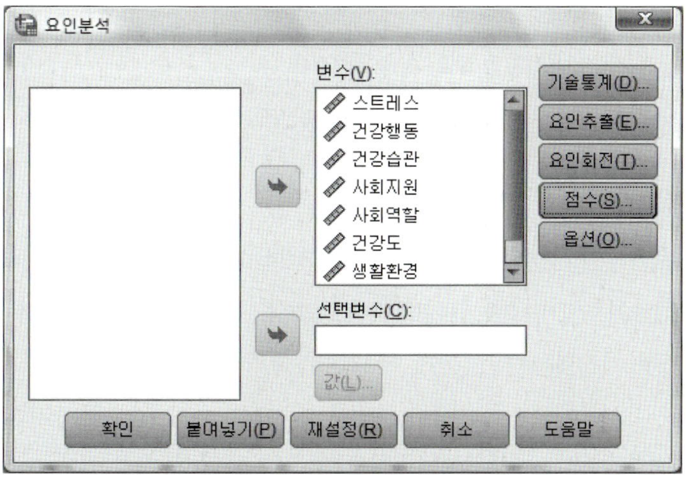

주의

요인분석에서는

주축 요인추출법 ⇒ 베리멕스 회전
최대우도법 ⇒ 프로멕스 회전

을 자주 사용한다.

■ **분석결과**

요인행렬[a]

	요인		
	1	2	3
스트레스	.842	.160	-.192
건강행동	-.245	.458	-.322
건강습관	-.543	.413	-.100
사회지원	-.398	.582	.301
사회역할	-.033	.484	-.095
건강도	.754	.335	.248
생활환경	.580	.289	-.246
의료기관	.195	.151	.522

요인추출 방법: 주축 요인추출.

a. 3 요인이 추출되었습니다. 17의 반복계산이 요구됩니다.

회전된 요인행렬[a]

	요인		
	1	2	3
스트레스	.864	-.156	.035
건강행동	.029	.569	-.221
건강습관	-.318	.606	-.087
사회지원	-.250	.625	.366
사회역할	.160	.466	.042
건강도	.714	-.045	.480
생활환경	.689	.074	-.032
의료기관	.071	-.039	.572

요인추출 방법: 주축 요인추출.
회전 방법: Kaiser 정규화가 있는 베리멕스.

a. 5 반복계산에서 요인회전이 수렴되었습니다.

■ **결과의 해석방법**

회전된 요인행렬을 보면 요인부하량의 값이 조금 달라져 있음을 알 수 있다.

제1요인은 '스트레스', '건강도', '생활환경'이라고 하는 변량의 요인부하량이 특히 크게 되어 있다. 이러한 사실로부터

제1요인 = '건강에 대한 자각과 환경'

이라고 간파할 수 있다.

제2요인은 '건강행동', '건강습관', '사회지원'의 요인부하량이 크므로

제2요인 = '건강생활과 사회환경'

을 나타내고 있다고 볼 수 있다.

제3요인은 '의료기관'의 요인부하량이 특히 크므로

제3요인 = '의료기관(혹은 의료환경)'

을 나타내고 있는 것으로 간주할 수 있다.

이와 같이 요인회전이라고 하는 수법은 대단히 강력한 수단이라고 하는 것을 알 수 있다. 앞의 순서 6에서 [옵션(O)] 버튼을 클릭하여 [크기순 정렬(S)]을 체크하여 실행하면 요인부하량의 출력이 크기순으로 되어 편리하다.

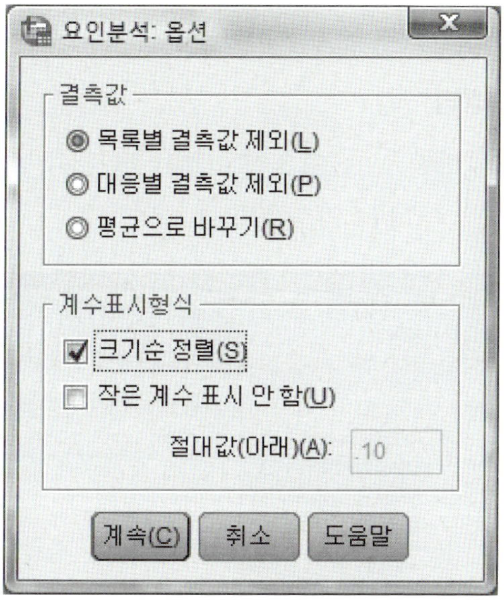

회전된 요인행렬[a]

	요인		
	1	2	3
스트레스	.864	-.156	.035
건강도	.714	-.045	.480
생활환경	.689	.074	-.032
사회지원	-.250	.625	.366
건강습관	-.318	.606	-.087
건강행동	.029	.569	-.221
사회역할	.160	.466	.042
의료기관	.071	-.039	.572

요인추출 방법: 주축 요인추출.
회전 방법: Kaiser 정규화가 있는 베리멕스.
a. 5 반복계산에서 요인회전이 수렴되었습니다.

18.6 | 요인점수

예제 18-1의 요인분석의 결과, 공통요인으로서 '건강에 대한 자각'이 부상했다.

그렇다면 6명의 '건강에 대한 자각'은 각각 어느 정도일까? 그것을 측정하는 것이 '요인점수'이다.

> 요인점수의 추정법에는 Anderson–Rubin's method, 최소자승법 등 여러 가지가 알려져 있다.

■ 요인점수를 구하는 방법

〈순서 1〉 요인분석 메뉴의 선택

메뉴에서 [분석(A)]-[차원 축소]-[요인분석(F)]을 선택한다.

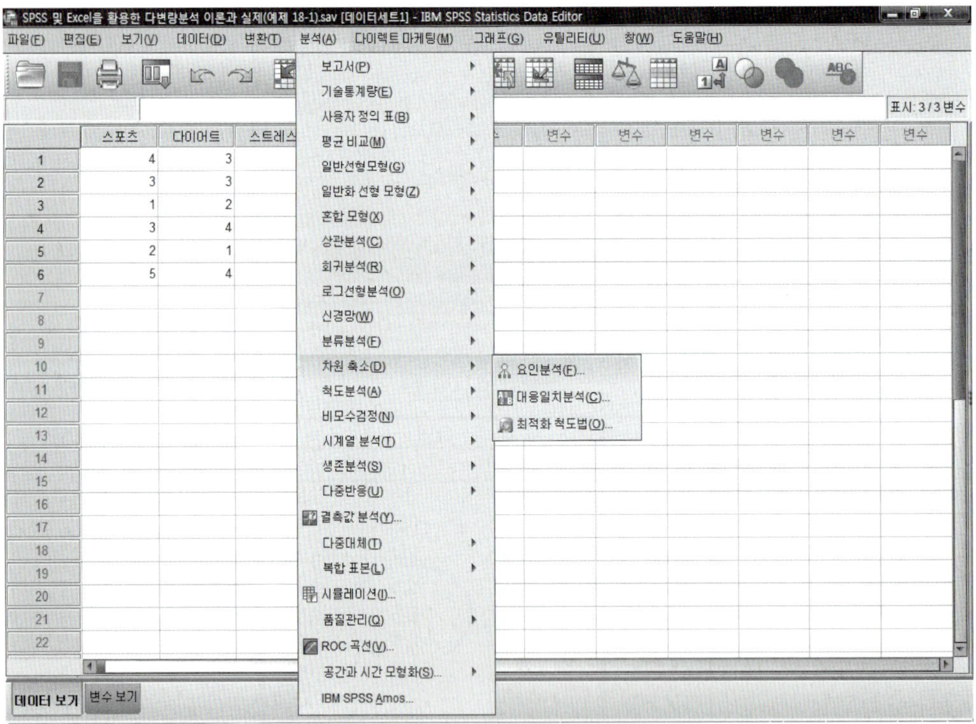

〈순서 2〉 변수의 선택

[요인분석] 대화상자에서 [변수(V)] 난에 '스포츠', '다이어트', '스트레스'를 이동한다. 그리고 [요인추출(E)] 버튼을 클릭한다.

〈순서 3〉 요인추출 방법 선택

[요인분석 : 요인추출] 대화상자에서 [방법(M)] 중에 '주축 요인추출'을 선택하고 [계속] 버튼을 클릭한다.

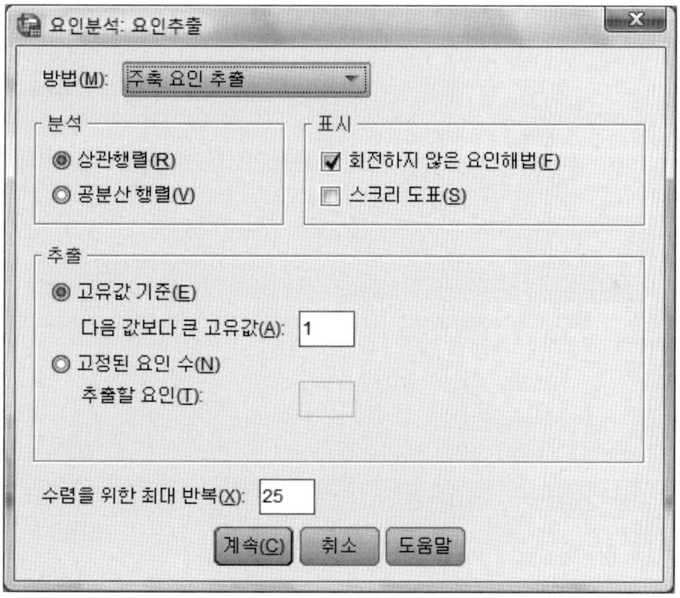

〈순서 4〉 요인점수의 저장

[요인분석] 대화상자로 되돌아오면 [점수(S)] 버튼을 클릭한다. 아래 화면에서 다음과 같은 항목을 선택한 다음 [계속] 버튼을 클릭한다.

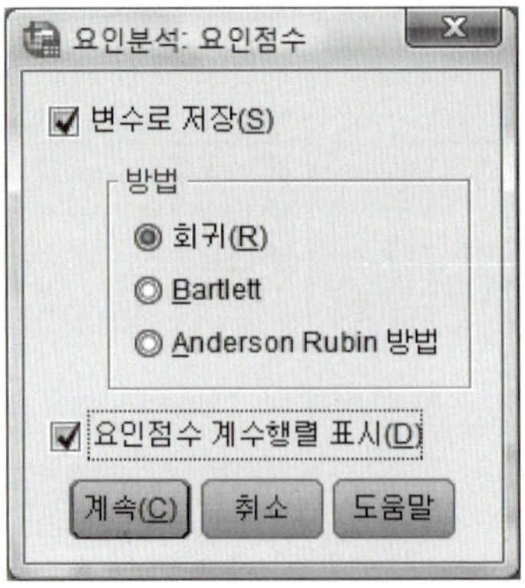

〈순서 5〉 요인분석의 실행

다음의 화면으로 되돌아오면 [확인] 버튼을 클릭한다.

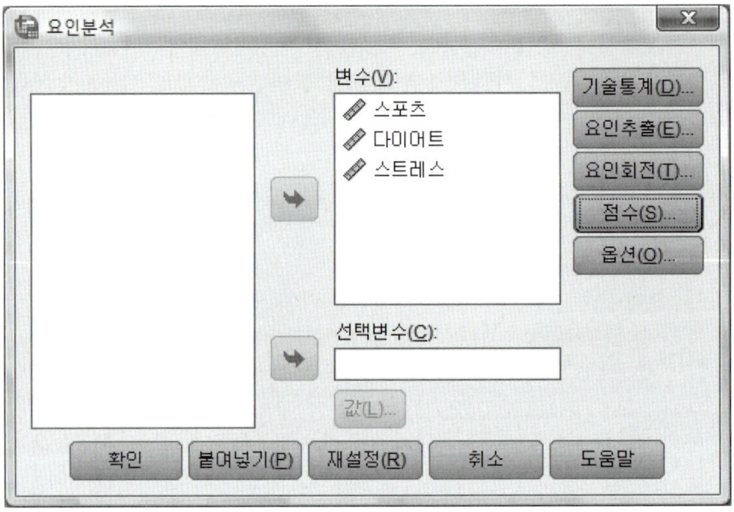

■ 분석결과

	스포츠	다이어트	스트레스	FAC1_1	변수
1	4	3	2	.60630	
2	3	3	4	-.28413	
3	1	2	4	-.76440	
4	3	4	2	.84050	
5	2	1	5	-1.40281	
6	5	4	2	1.00455	
7					

■ **결과의 해석방법**

이 출력결과를 보면 요인점수가 가장 높은 사람은 No. 6이므로, 이 사람이 건강에 대한 자각을 가장 강하게 갖고 있다는 것을 알 수 있다.

역으로 No. 5의 사람은 요인점수가 −1.40281로 가장 낮다. No. 5의 사람은 그다지 자신의 건강에 마음을 쓰고 있는 것 같지 않다.

18.7 | 최대우도법에 의한 요인분석

요인분석에는

주축 요인추출법에 의한 요인분석
최대우도법에 의한 요인분석

의 두 가지가 자주 이용되고 있다.

여기에서는 최대우도법(最大尤度法)을 사용해서 요인분석을 실행해 보자.

■ **요인분석의 절차 − 최대우도법 −**

〈순서 1〉 요인분석 메뉴의 선택

메뉴에서 [분석(A)]-[차원 축소]-[요인분석(F)]을 선택한다.

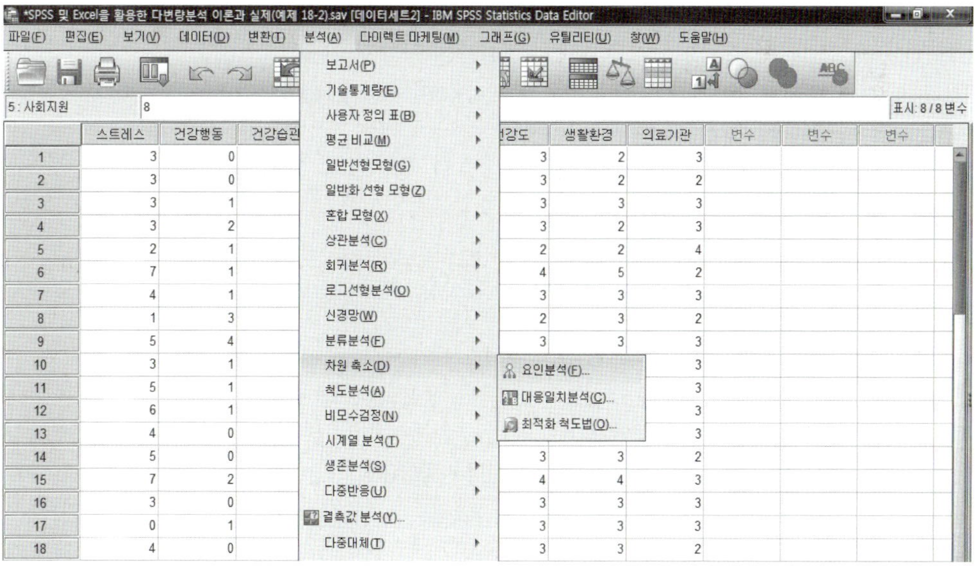

〈순서 2〉 변수의 선택

[요인분석] 대화상자에서 [변수(V)] 난에 '스트레스', '건강행동', …, '의료기관'을 이동한다. 그리고 [요인추출(E)] 버튼을 클릭한다.

〈순서 3〉 요인추출 방법 선택

[요인분석 : 요인추출] 대화상자에서 [방법(M)] 중에 '최대우도'를 선택하고 [계속] 버튼을 클릭한다.

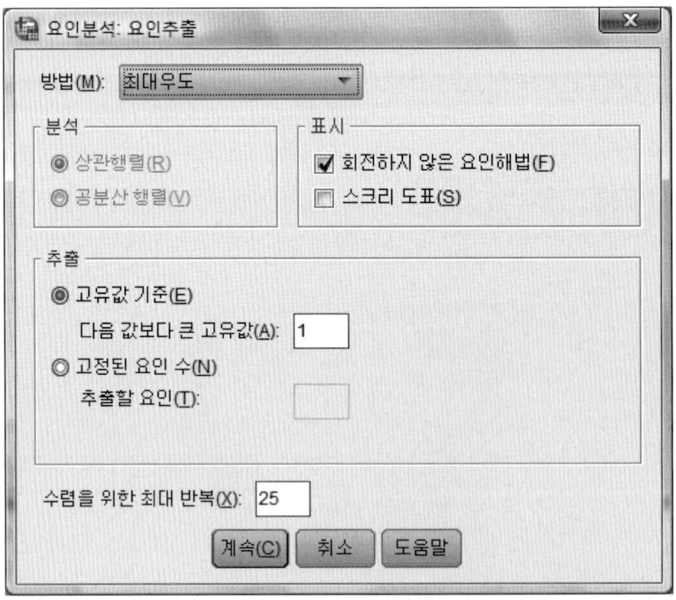

〈순서 4〉 요인회전 방법 선택

[요인분석] 대화상자로 되돌아오면 [요인회전(T)] 버튼을 클릭한다. 다음 화면에서 [방법] 중에 [프로멕스(P)]를 선택하고, [표시] 중에 해당 항목을 모두 선택한 다음 [계속] 버튼을 클릭한다.

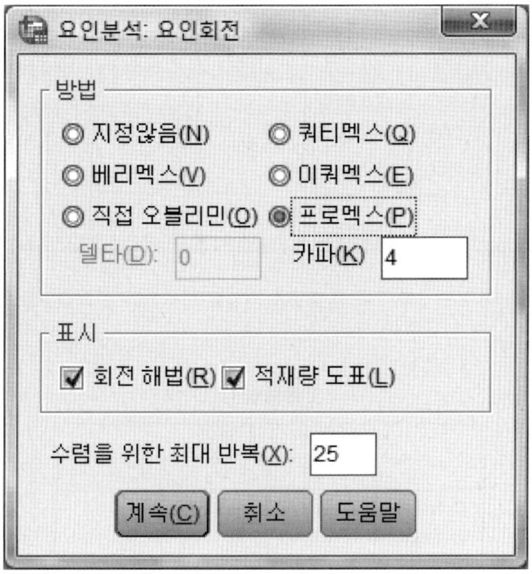

〈순서 5〉 요인분석의 실행

다음의 화면으로 되돌아오면 [확인] 버튼을 클릭한다.

■ 분석결과 및 결과의 해석방법

설명된 총분산

요인	초기 고유값			추출 제곱합 적재량			회전 제곱합 적재량[a]
	전체	% 분산	누적 %	전체	% 분산	누적 %	전체
1	2.533	31.660	31.660	2.089	26.113	26.113	1.979
2	1.741	21.763	53.423	1.191	14.889	41.002	1.493
3	1.213	15.161	68.585	.772	9.647	50.649	1.051
4	.903	11.285	79.870				
5	.557	6.968	86.837				
6	.487	6.092	92.929				
7	.380	4.747	97.676				
8	.186	2.324	100.000				

추출 방법: 최대우도.

a. 요인이 상관된 경우 전체 분산을 구할 때 제곱합 적재량이 추가될 수 없습니다.

요인행렬[a]

	요인		
	1	2	3
스트레스	.976	.040	-.073
건강행동	-.028	.774	-.102
건강습관	-.369	.567	.135
사회지원	-.307	.379	.418
사회역할	-.020	.315	.362
건강도	.733	-.092	.512
생활환경	.588	.089	.049
의료기관	.145	-.099	.409

추출 방법: 최대우도.

a. 추출된 3 요인 20의 반복계산이 요구됩니다.

패턴 행렬[a]

	요인		
	1	2	3
스트레스	.962	-.112	-.038
건강행동	.287	.667	-.334
건강습관	-.162	.626	-.051
사회지원	-.227	.575	.293
사회역할	.034	.457	.270
건강도	.572	.062	.578
생활환경	.587	.035	.051
의료기관	.025	.078	.448

추출 방법: 최대우도.

회전 방법: Kaiser 정규화가 있는 프로멕스.

a. 6 반복계산에서 요인회전이 수렴되었습니다.

패턴 행렬이 요인회전 후의 요인부하량이다.

회전된 요인행렬[a]

	요인		
	1	2	3
스트레스	.864	-.156	.035
건강행동	.029	.569	-.221
건강습관	-.318	.606	-.087
사회지원	-.250	.625	.366
사회역할	.160	.466	.042
건강도	.714	-.045	.480
생활환경	.689	.074	-.032
의료기관	.071	-.039	.572

요인추출 방법: 주축 요인추출.
회전 방법: Kaiser 정규화가 있는 베리멕스.
a. 5 반복계산에서 요인회전이 수렴되었습니다.

주축 요인추출법에 의한 요인분석결과와 비교해 보면, 최대우도법에 의한 분석결과는 다음과 같은 면에서는 상당히 유사하다.

제1요인은 '스트레스', '건강도', '생활환경'이라고 하는 변량의 요인부하량이 특히 크게 되어 있다. 이러한 사실로부터

제1요인 = '건강에 대한 자각과 환경'

이라고 간파할 수 있다.

제2요인은 '건강행동', '건강습관', '사회지원'의 요인부하량이 크므로

제2요인 = '건강생활과 사회환경'

을 나타내고 있다고 볼 수 있다.

그런데 제3요인의 요인부하량을 보면 최대우도법에 의한 분석결과에서는 변량 '건강도'가 제1요인과 제3요인에 거의 같은 부하량으로 작용하고 있음을 볼 수 있다. 그리고 변량 '의료기관'은 요인에도 작용하고 있지 않다. 즉, 최대우도법에서는 요인분석이 제대로 이루어지지 않고 있다.

18.8 | 요인분석과 주성분분석의 차이

요인분석과 주성분분석의 차이는 어디에 있는가? 다음의 경로도형이 그 차이를 보이고 있다.

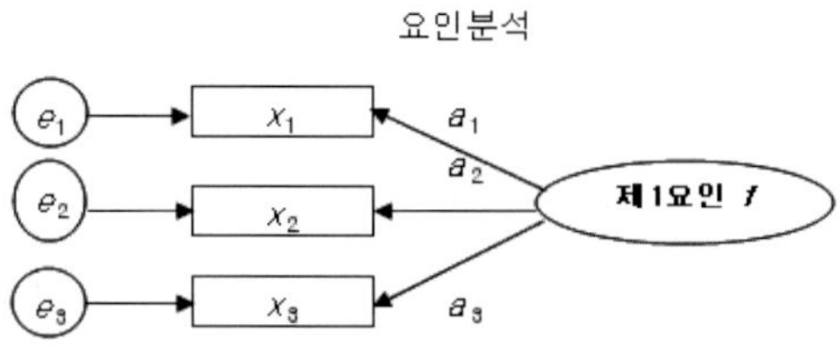

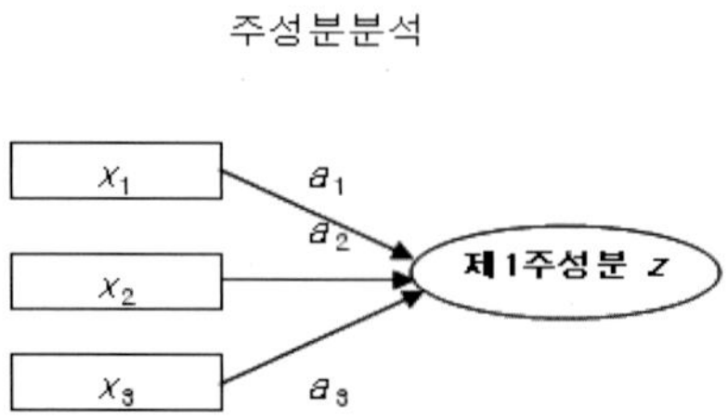

모델의 식으로 표현하면 각각 다음과 같다.

요인분석의 모델

$$x_1 = a_1 f + e_1$$
$$x_2 = a_2 f + e_2$$
$$x_3 = a_3 f + e_3$$

주성분분석의 모델

$$z = a_1 x_1 + a_2 x_2 + a_3 x_3$$

즉, 차이는 오차의 취급에 있다.

오차를 생각하는 것이 요인분석이고, 오차를 생각하지 않는 것이 주성분분석인 것이다.

CHAPTER 19 다차원척도법

19.1 | 다차원척도법의 기초지식

1. 다차원척도법의 개요

■ 다차원척도법이란

다차원척도법(multidimensional scaling ; MDS)이란 대상(object)에 대한 피험자(subject)의 선호도를 나타내는 데이터라든가 대상과 대상 사이의 유사성(혹은 친근성) 데이터가 주어졌을 때, 적당한 성질과 차원을 갖는 공간에 대상과 피험자의 공간배치를 각각 혹은 동시에 정하는 방법이다. 바꾸어 말하여 공간배치를 정한다고 하는 것은 다차원의 순서척도, 간격척도 혹은 비율척도를 정하는 것이다.

다차원척도법을 정의하면, 먼저 넓은 의미로서는 대상(자극, 변수, 항목, 피험자 등)을 하나의 수치가 아니라 여러 개의 수치의 조(組)에 의해서 표현하는 방법을 가리킨다. 이런 의미에서는 요인분석, 주성분분석, 대응분석(제20장 참조) 등도 일종의 다차원척도법이다. 이에 비해서 더 좁은 의미로서의 다차원척도법이란 유사성 데이터(혹은 비유사성 데이터)에 거리 모형을 적용시키는 방법을 말한다. 이하에서는 후자의 좁은 의미로서의 다차원척도법에 한정해서 설명하기로 한다.

다차원척도법은 간단히 말하면, 대상 간의 유사성 측도(測度)에 의거해서 대상을 다차원 공간 속에 배치시키는 방법이다. 다차원척도법은 유사성이 작은(비유사성이 큰) 대상끼리는 멀리, 유사성이 큰(비유사성이 작은) 대상끼리는 가깝게 위치를 정한다.

다차원척도법의 목적

다차원척도법의 모형이나 기법은 그야말로 다종다양한데, 그것들은 다음과 같은 공통적인 두 가지의 목적을 갖는다.

(i) 데이터 속에 잠재해 있는 패턴(pattern), 구조를 찾아낸다.
(ii) 그 구조를 소수 차원의 공간에 기하학적으로 표현한다.

여기에서 (i)은 다변량분석이나 일반적인 데이터 분석에 있어서도 공통적인 목적이다. 다차원척도법의 특유한 목적은 (ii)에 있다. 그런데 기하학적 표현은 구조를 가능한 한 시각적으로 이해하기 쉬운 것이 실용상 매우 중요하다.

다차원척도법을 이해하는 입장은 크게 나누어 다음과 같은 두 가지를 들 수 있을 것이다.

(a) 데이터 축소(data reduction)의 목적으로 다차원척도법을 이용한다. 즉, 데이터에 포함되는 정보를 끄집어내기 위해서 다차원척도법을 탐색수단으로써 사용한다.
(b) 다차원척도법에 의해서 얻은 결과를, 데이터가 만들어진 현상이나 과정에 고유의 구조로서 의미를 부여한다.

이와 같은 두 가지의 입장은 상대적인 것이어서 엄밀히 구별할 수 없다. 분석대상인 현상, 사상(事像)에 대해서 연구(관찰, 경험)가 과거에 축적되어 있는 경우에는 (b)의 입장을 취하는 일이 많다. 그러나 현시점에서는 (b)의 입장에서 얻은 다차원척도법의 결과를, 장래에 연구가 진행된 시점에서 다시 보게 되면, 실은 (a)의 입장에서 이용한 경우가 많다. 입장 (b)를 진척시켜 가면 특정한 현상이나 과정을 설명하기 위한 다차원척도법의 모형이 구축된다. 이것은 모형의 정치성(精緻性)이라고 할 수 있는데, 그 반면 (a)의 입장보다도 범용성을 상실하게 된다. 다차원척도법의 큰 응용성은 (a)의 입장에 있다. 또 심리학에서 발생한 다차원척도법이 널리 데이터 축소의 방법으로서 행동과학 전반에 보급된 이유도 (a)의 입장에 있다. 그런데 (ii)의 공간적 표현이란 잠재구조를 연속적인 구조로서 포착하는 것을 의미한다. 실제로 데이터의 분석을 진척시켜 가면 (a), (b)의 어느 쪽 입장이든지 연속적인 구조에만 집착하는 것은 비현실적이다. 그래서 다음의 입장이 나오게 된다.

(iii) 그 구조를 비공간적 표현, 이산적 구조(離散的 構造, 예를 들면 clustering graph)에 의해서 포착한다. 군집분석의 결과를 다차원척도법에 의해서 도출된 공간적 표현의 위에 써넣는 것은 (ii)와 (iii)을 병용한 일례이다.

다차원척도법의 기초개념

다차원척도법에 있어서 거리가 정의된 공간(예를 들면 유클리디안 공간)에 대상의 공간배치, 즉 대상의 좌표를 정하는 것을 목적으로 하는 경우에는 관측해서 얻어진 데이터로부터 거리에 대응하는 측도를 만들어 놓지 않으면 안 된다. 이 거리에 대응하는 측도로서 관측해서 얻어진 데이터의 값 그대로를 부여하는 수도 있을 것이고, 관측해서 얻어진 데이터의 배경에 심리적 모형을 설정하여 그 모형 하에서 얻어지는 값을 부여할 수도 있을 것이다. 어느 쪽이든 좌표공간의 거리에 대응하는 측도의 값 그 자체 혹은 값의 차가 통상 우리들이 알고 있는 수치로서 의미를 갖든가, 값 그 자체나 값의 차도 우리가 알고 있는 수치로서 의미를 갖지 않을 수가 있다. 그런데 그 값의 대소관계만은 의미를 갖는다고 하는 것은, 그 측도를 정할 때에 미리 실험자가 명확하게 이해해 두어야 할 중요한 문제이다.

관측한 데이터로부터 어떤 방법에 의해서 거리에 대응하는 측도가 주어졌을 경우, 그 측도를 거리가 정의된 좌표공간에 있어서의 거리에 의해서 표현할 수 있기 위한 조건은 어떤 것이 있는가? 단, 얻어진 측도(예를 들면, (비)유사성, (비)선호성)를 거리에 의해서 표현할 수 있다고 하는 의미는 다음과 같은 두 종류 중 어느 하나라고 할 수 있다.

(i) 얻어진 측도의 값이 대응하는 거리의 값과 일치한다.

(ii) 얻어진 측도에 있어서의 순위관계가 대응하는 거리에 있어서의 순위관계와 일치한다.

그런데 다차원순위척도법을 제외하면 대상의 공간배치, 즉 대상의 좌표를 정하는 것을 주요한 목적으로 하는 다차원척도법은 얻어진 측도의 성질에 따라 통상 다음과 같이 분류된다.

(a) 계량적 다차원척도법(metric MDS)

(b) 준계량적 다차원척도법(semimetric MDS)

(c) 비계량적 다차원척도법(nonmetric MDS)

데이터와 거리의 관계

다차원척도법을 통하여 어떻게 유사성 데이터로부터 공간의 위치를 구할 것인가? 유감스럽게도 그 절차는 평균, 표준편차, 상관계수 등의 기술통계량을 계산한다거나 히스토그램·산점도를 그리는 방법에 비하면 훨씬 어렵다. 분산분석이나 회귀분석과 같이 복잡해 보이는 데이터 분석법에서조차 다차원척도법과는 비교가 되지 않는다.

다차원척도법에서는 가장 간단한 경우에도 컴퓨터의 도움이 없이는 실행할 수 없다. 게다가 언뜻 보아 별로 관련이 없어 보이는 계산기법이 실제로 여러 가지 이용되고 있다.

수학적으로는 2차원공간(평면)이나 3차원공간이 아니라 일반적으로 R차원공간(R = 1, 2, 3, 4, …)에서 다차원척도법을 실행할 수 있다. 4차원공간은 통상적인 의미에서는 시각화할 수 없다. 그러나 그것을 시각적으로 제시하는 방법은 불완전하지만 여러 가지 있으며 수학적 취급도 그다지 곤란한 것은 아니다. 이와 같은 사정은 5차원, 6차원, 일반적으로 R차원공간의 경우에도 마찬가지로 적용된다. 단 R이 커짐에 따라서 결과를 그림으로 나타내는 방법이 점점 불완전해진다는 것을 알아 둘 필요가 있다.

유사성 데이터는 대상의 집합에 대해서 구해진다. 대상을 문자 i 혹은 j로 표현한다. i와 j는 대상이 I개 존재하는 경우에는 각각 1에서 I까지의 값을 취하는 것으로 한다. 대상 i와 j를 결부시키는 유사성 데이터의 값을 δ_{ij}로 나타낸다. δ_{ij}를 행렬의 형태로 늘어놓은 것을 Δ로 표현한다. 예를 들면 $I = 4$로 하면

$$\Delta = \begin{bmatrix} \delta_{11} & \delta_{12} & \delta_{13} & \delta_{14} \\ \delta_{21} & \delta_{22} & \delta_{23} & \delta_{24} \\ \delta_{31} & \delta_{32} & \delta_{33} & \delta_{34} \\ \delta_{41} & \delta_{42} & \delta_{43} & \delta_{44} \end{bmatrix}$$

라고 표현된다. δ_{ij}와 δ_{ji} 간에는 의미적인 차이가 없는 경우가 없고, 또 δ_{ii}에는 전혀 의미가 없는 경우가 많기 때문에 Δ 는 부분적으로밖에 관측되지 않는 경우가 많다. 즉, 결측값을 포함하는 경우가 많다. 또 경우에 따라서는 같은 자극쌍에 대해서 반복관측이 이루어져 행렬의 요소가 몇 개 다른 값에 대응하는 경우도 있다. 단, 여기에서는 설명의 편의상 데이터가 결측값을 포함하지 않는 행렬에 의해서 표현되는 것으로 가정한다.

대상은 하나의 점으로 표현된다. <그림 19-1> (a)에서 표시되고 있는 바와 같이 i번째의 대상에 대응하는 점을 x_i로 나타낸다. 점 x_1, …, x_I의 전체를 X로 나타낸다. 좌표계를 도입함으로써 <그림 19-1> (b)에 보이고 있는 점을 좌표를 이용해서 나타낼 수 있다. 2차원공간의 경우, x_i의 좌표를 $(x_{i1},\ x_{i2})$라고 쓴다. 일반적인 R차원공간의 경우는

$$x_1 \quad = (x_{11},\ \cdots,\ x_{1r},\ \cdots,\ x_{1R})$$

$$\cdots\cdots$$

$$x_i \quad = (x_{i1},\ \cdots,\ x_{ir},\ \cdots,\ x_{iR})$$

$$\cdots\cdots$$

$$x_I \quad = (x_{I1},\ \cdots,\ x_{Ir},\ \cdots,\ x_{IR})$$

라고 쓴다. 엄밀히 말하면 점은 기하학적인 실체이며, 점을 나타내는 좌표와는 다른 것이다. 관례에 따라 점 그 자체와 그 좌표를 같은 것으로 생각해서 이야기를 진척시킨다.

다차원척도법에서는 X에 포함되는 점 간의 거리가 중요한 역할을 한다. x_i와 x_j 두 점 간의 거리를,

$$d(x_i,\ x_j) = x_i\text{에서 } x_j\text{까지의 거리}$$

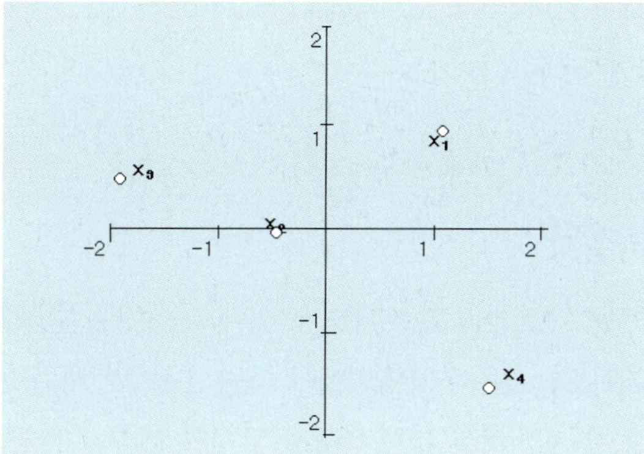

(a)

$x_1 = (1,\ 1)$
$x_2 = (-0.5,\ 0)$
$x_3 = (-2,\ 0.5)$
$x_4 = (1.5,\ -1.5)$

(b)

그림 19-1 기하학적 배치와 수치좌표의 관계

로 나타낸다. 이것을 단순화해서 $d_{ij} = d(x_i,\ x_j)$로 나타낼 수도 있다. 특별한 언급이 없는 한, 거리는 통상의 유클리디안 거리를 의미하는 것으로 한다. 주지하는 바와 같이 유클리디안 거리는 피타고라스의 정리

$$d_{ij} = \sqrt{(x_{i1} - x_{j1})^2 + \cdots + (x_{iR} - x_{jR})^2}$$

을 이용해서 계산할 수 있다. 위의 식은 다수 항의 합을 취하는 기호를 이용해서 간단히

$$d_{ij} = \sqrt{\sum_{r=1}^{R} (x_{ir} - x_{jr})^2}$$

라고 표현할 수 있다. d_{ij}를 데이터와 같은 형태로 늘어놓으면 여러 가지로 편리하다. I = 4로 하면,

$$\begin{bmatrix} d_{11} & d_{12} & d_{13} & d_{14} \\ d_{21} & d_{22} & d_{23} & d_{24} \\ d_{31} & d_{32} & d_{33} & d_{34} \\ d_{41} & d_{42} & d_{43} & d_{44} \end{bmatrix}$$

라고 표현된다. 여기에서 다음과 같은 사항을 확인할 수 있다.

$$\text{모든 } i \text{에 대해서} \qquad d_{ii} = 0$$

$$\text{모든 } i,\ j \text{에 대해서} \qquad d_{ij} = d_{ji} \ (\text{대칭성})$$

즉, 거리행렬의 주대각요소(主對角要素 ; 左上에서 右下에 이르는 요소)는 0이 되며, 게다가 거리행렬은 대칭이 아니면 안 된다.

2. 다차원척도법의 실행절차

다차원척도법을 실행하려면 데이터를 적합한 형태로 수집하고, 다차원척도법의 절차를 잘 알고 있어야 한다. 특히 유의해야 할 점은 좌표평면에서 차원 수를 몇 개로 할 것인지 정하는 문제이다. 그리고 차원의 이름을 결정하는 것도 중요한 문제의 하나이다. 끝으로 분석결과에 대한 신뢰성과 타당성 검정도 중요하다. 다차원척도법의 실행절차는 다음과 같다.

(1) 문제의 정의

문제의 정의를 위해서 다차원척도법의 결과가 어디에 사용될 것인지에 대하여 정확히 파악해야 한다. 이 책에서는 몇 개의 예제를 통하여 다차원척도법에 대한 문제의 정의를 설명하고자 한다.

(2) 입력 데이터의 수집

다차원척도법에서의 입력 데이터는 유사성 또는 선호도의 데이터가 이용된다. 유사성이나 선호도의 데이터는 정량적인 데이터와 정성적인 데이터로 대별되는데, 정량적인 데이터는 유사성이나 선호도가 간격척도나 비율척도로 측정된 데이터이며, 정성적인 데이터는 순서척도에 의해서 얻어진 데이터를 말한다.

(3) 다차원척도법의 선택

다차원척도법은 주로 사람들의 심리상에 위치한 관측대상들의 상대적인 위치를 도표화하여 나타내는 기법이다. 다차원척도법의 종류로는 전통적 다차원척도법, 반복 다차원척도법, 가중 다차원척도법 등이 있다.

전통적 다차원척도법(classical MDS)은 비유사성 데이터 행렬이 단 한 개인 경우로 가장 간단한 다차원척도법이다. **반복 다차원척도법**(replicated MDS)은 두 개 이상의 데이터 행렬을 분석하는 경우에 사용되는 기법이다. **가중 다차원척도법**(weighted MDS)은 개인별 또는 세부적인 집단별 평가가 가능한 다차원척도법으로 **INDISCAL**(individual difference scaling)이라고도 한다.

(4) 차원 수 결정

다차원척도법은 입력 데이터를 이용하여 공간상에서 관측대상들 간의 상대적인 거리를 가능한 한 정확히 자리매김함으로써 다차원 평가공간을 형성한다. 관측대상들의 상대적인 거리의 정확도를 높이기 위해서, 다차원 공간에의 **적합**(fitting)은 더 이상 개선이 안 될 때까지 반복적으로 계속된다. 이 적합의 정도를 **스트레스 값**(stress value)으로 나타낸다. 즉, 스트레스 값은 불일치의 정도(badness of fits)로 볼 수 있다. 스트레스 값의 크기에 따라 차원 수 결정이 적절한지 어떤지를 판단하게 된다.

스트레스 값은 실제 거리와 추정된 거리 사이의 오차 정도를 나타내는 것으로 다음과 같은 공식에 의해서 계산된다.

$$S = \sqrt{\frac{\sum_{1=i,i=j}^{n} (d_{ij} - \widehat{d_{ij}})^2}{\sum_{1=i,i=j}^{n} (d_{ij})^2}}$$

d_{ij} = 관측대상 i부터 j까지의 실제 거리

$\widehat{d_{ij}}$ = 프로그램에 의해서 추정된 거리

분석 프로그램에 의해 추정된 거리가 실제 거리와 일치하면, $(d_{ij} - \widehat{d_{ij}})$는 0이 되어 스트레스 값은 0이 된다. 이것은 곧 추정이 완벽함을 의미한다. **크러스컬**(J. B. Kruskal)은 추정이 잘 되었는지의 여부를 나타내는 적합정도를 다음과 같은 표로 제시하고 있다. 스트레스 값이

줄어드는 방향으로 분석과정을 반복해 가면 관측대상들의 좌표가 변한다.

표 19-1 크러스컬의 스트레스 값

스트레스 값	적합 정도
0.2 이상	매우 나쁘다
0.2	나쁘다
0.1	보통이다
0.05	좋다
0.025	매우 좋다
0	완벽하다

이론적으로 n개의 관측대상에 대해 $n-1$차원에서 완벽한 적합이 이루어질 수 있다. 그러나 3차원이 넘는 포지셔닝 맵(positioning map)은 시각적인 제한 때문에 분석이 거의 불가능하다.

(5) 차원의 이름과 포지셔닝 맵

차원의 수가 정해지면 그 다음에 차원의 이름을 결정해야 한다. 요인분석에서 요인의 이름을 결정하는 것과 같은 원리에 의해서 다차원척도법에서도 각 차원의 이름을 결정해야 한다. 차원의 이름을 정하는 방법은 관측대상들에 대해 잘 알고 있는 전문가에 의한 방법, 회귀분석을 통한 방법, 점수 간의 상관계수가 큰 속성을 차원의 이름으로 정하는 방법 등이 있다.

각 차원의 이름을 정하고 나면 포지셔닝 맵을 얻을 수 있다. 포지션이란 가령 소비자들이 특정 대상에 대해서 느끼는 심리적 공간상의 위치를 말한다. 포지셔닝 맵은 시장과 경쟁구조에 대한 기초적인 진단을 통하여 소비자들의 인지 → 선호 → 선택에 이르는 일련의 과정을 일관성 있게 이해할 수 있게 해준다. 그러므로 포지셔닝 맵은 신제품개발, 시장세분화, 마케팅 믹스 전략 등에 이용될 수 있다.

(6) 신뢰성과 타당성 검정

다차원척도법의 분석결과에 대해 신뢰성과 타당성 검정을 위해서는 모형의 적합도지수(index of fit)를 알아 보아야 한다. 모형의 적합도지수는 회귀분석에서의 결정계수 R^2과 유사한 개념이다. 적합도지수는 0과 1 사이의 값을 가지며, 보통 0.6 이상이면 설명력이 높다고 할 수 있다.

스트레스 값은 다차원척도법에서 쓰이는 적합의 정도를 나타내는 양이다.

스트레스 값이 1 → 최악의 경우
스트레스 값이 0 → 완벽한 경우

같은 것으로 S 스트레스(S-stress)가 있다.

19.2 | 다차원척도법의 실제

1. 전통적 다차원척도법

전통적 다차원척도법(classical MDS)은 가령 소비자가 인지한 관측대상을 전체적인 상황으로 나타내기 위해서 포지셔닝 맵(positioning map)을 그릴 때에 유용한 기법이다. 입력되는 데이터 행렬이 하나인 경우에 이 기법이 사용된다.

[예제 19-1]

미국 국내의 주요 도시의 위치를 나타내는 지도가 주어져 있다고 하자. 이 지도로부터 주요 도시 간 거리(비행거리)를 측정한 데이터표가 다음과 같다. 그렇다면 이 데이터로부터 원래의 지도를 재현시킬 수 있는 방법을 모색해 보자.

데이터표

(단위 : 마일)

도시	애틀랜타	시카고	덴버	휴스톤	로스앤젤레스	마이아미	뉴욕	샌프란시스코	시애틀	워싱턴
애틀랜타	0									
시카고	587	0								
덴버	1,212	920	0							
휴스톤	701	940	879	0						
로스앤젤레스	1,936	1,745	831	1,374	0					
마이아미	604	1,188	1,726	968	2,339	0				
뉴욕	748	713	1,631	1,420	2,451	1,092	0			
샌프란시스코	2,139	1,858	949	1,645	347	2,594	2,571	0		
시애틀	2,182	1,737	1,021	1,891	959	2,734	2,408	678	0	
워싱턴	543	597	1,494	1,220	2,300	923	205	2,442	2,329	0

이 문제는 다차원척도법에 의해서 해결할 수 있다.

■ SPSS에 의한 해법

〈순서 1〉 데이터의 입력

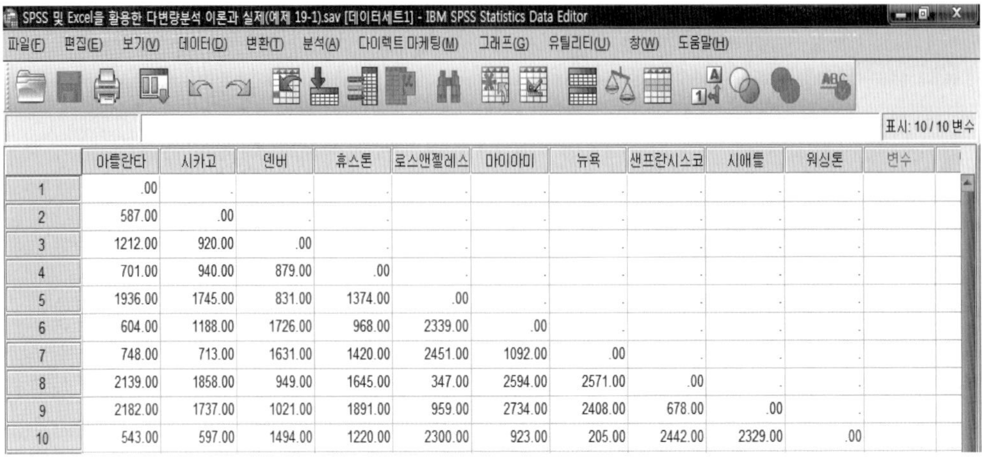

〈순서 2〉 다차원척도법의 선택

메뉴에서 [분석(A)] – [척도분석] – [다차원척도법(M)]을 선택한다.

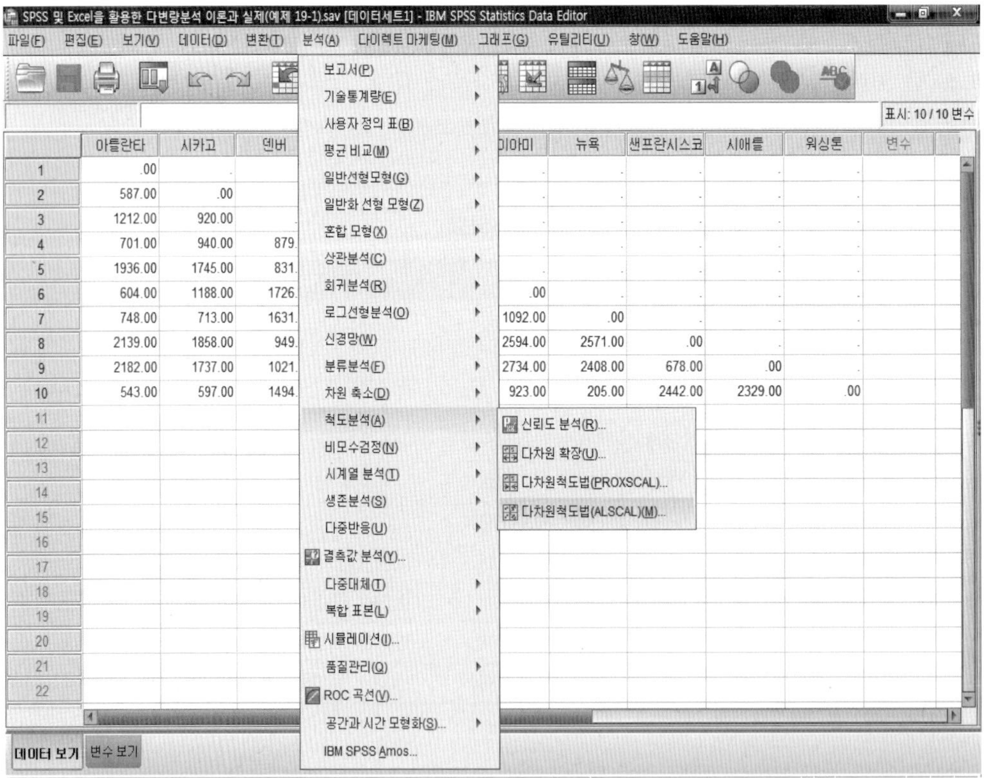

↓ (대화상자가 나타난다)

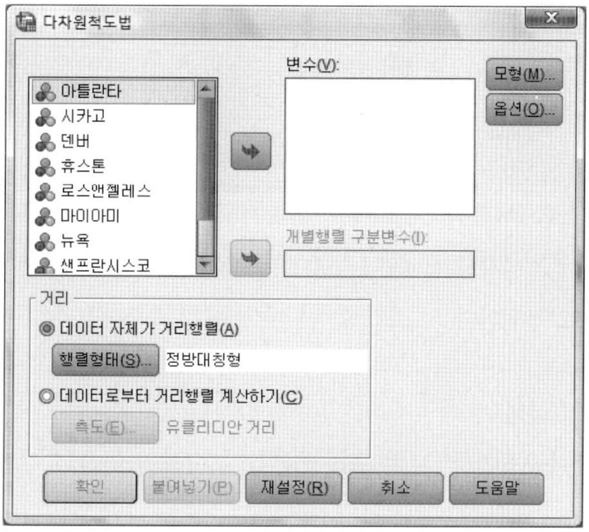

〈순서 3〉 변수의 선택

분석할 [변수(V)]로서 '아틀랜타'에서 '워싱턴'까지의 모든 변수를 택한다.

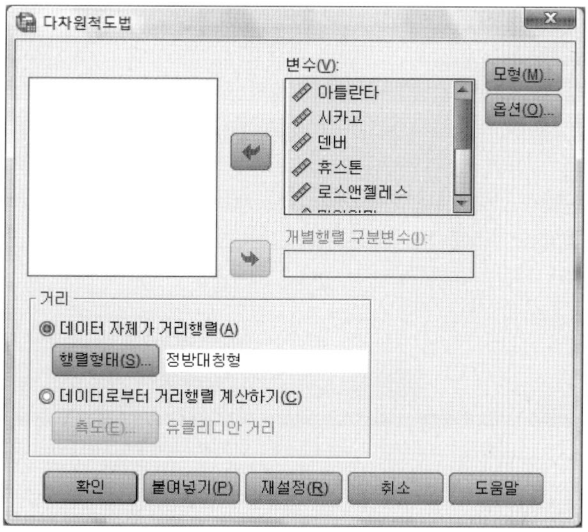

〈순서 4〉 데이터의 형태 지정

상이성 거리행렬의 입력형태를 정하기 위해서 위의 [거리] 상자의 [행렬형태(S)] 버튼을 클릭하면, 다음과 같은 대화상자가 나타난다.

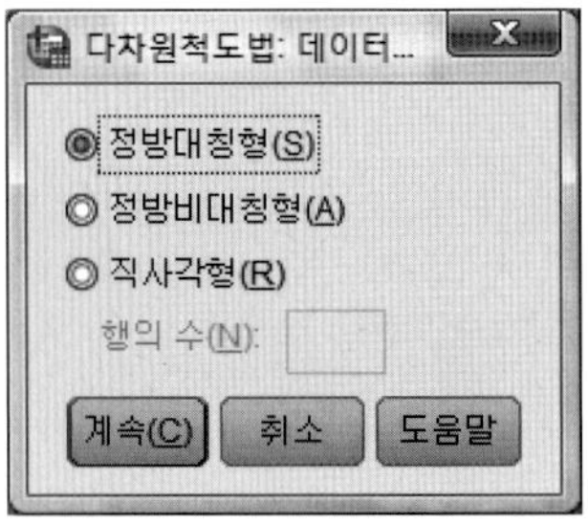

위의 대화상자에서 초기지정 상태인 [정방대칭형(S)]을 지정한 채로 [계속] 버튼을 클릭하면, 앞의 화면으로 복귀한다.

〈순서 5〉 입력모형의 결정

[다차원척도법] 대화상자에서 [모형(M)] 버튼을 클릭하면 다음과 같은 대화상자가 나타난다.

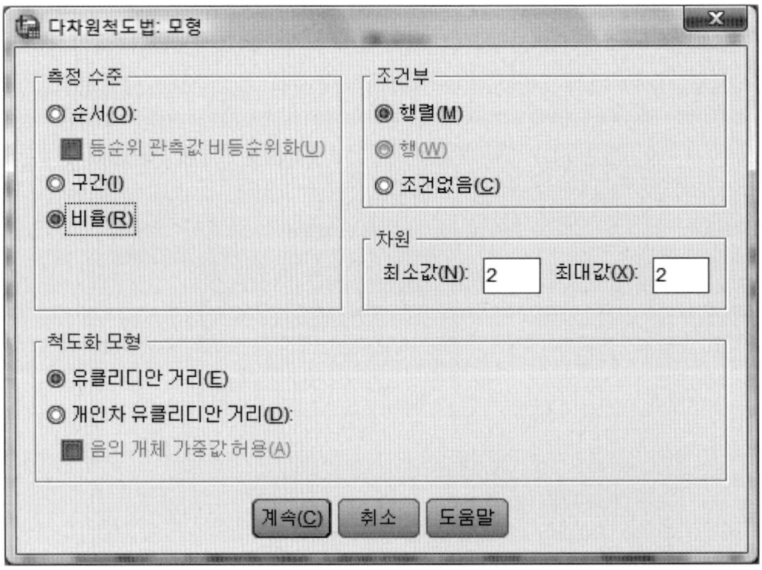

[측정 수준]은 [비율(R)]을 지정하고 나머지는 초기지정 상태 그대로 [계속] 버튼을 클릭하면, 앞의 화면으로 복귀한다.

〈순서 6〉 결과 형식의 선택

[다차원척도법] 대화상자에서 [옵션(O)] 버튼을 클릭하면 다음과 같은 대화상자가 나타난다.

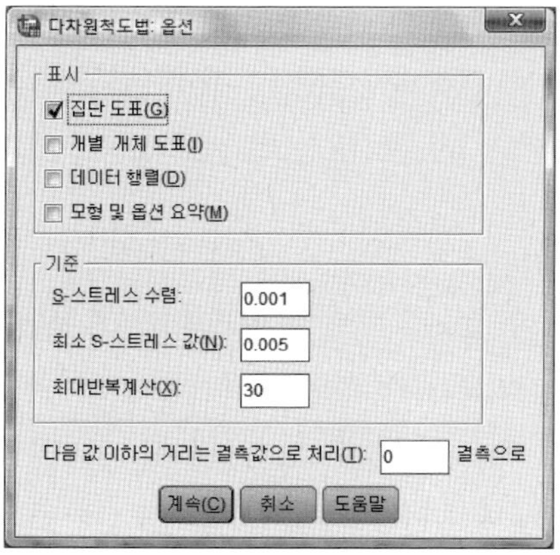

[표시]에서 [집단 도표(G)]를 지정하고 나머지는 초기지정 상태 그대로 [계속] 버튼을 클릭하면, 앞의 화면으로 복귀한다. 여기에서 [확인] 버튼을 클릭한다.

분석결과 및 결과의 해석방법

(1) 반복과정

```
Iteration history for the 2 dimensional solution (in squared distances)

              Young's S-stress formula 1 is used.

             Iteration     S-stress      Improvement

                1            .00308

                   Iterations stopped because
                   S-stress is less than   .005000


                          Stress and squared correlation (RSQ) in distances

                RSQ values are the proportion of variance of the scaled data (disparities)
                          in the partition (row, matrix, or entire data) which
                          is accounted for by their corresponding distances.
                            Stress values are Kruskal's stress formula 1.


             For  matrix
  Stress  =   .00298      RSQ =  .99996
```

위의 결과는 반복적인 실행과정을 나타내고 있다. 모두 1회의 반복이 이루어졌으며, 스트레스 값의 향상이 1회에 0.00308로서 0.005보다 작게 되어 종료되었음을 보여 주고 있다. 현재

스트레스 값은 0.00298로서, 이 모형은 매우 적합하다는 것을 보여 준다. 그리고 RSQ는 0.6 이상의 값을 나타내고 있어 모형이 적합하다는 것을 다시 한번 확인시켜 주고 있다.

(2) 좌표값

Stimulus Coordinates

Stimulus Number	Stimulus Name	Dimension 1	Dimension 2
1	아틀	.9575	-.1905
2	시카	.5090	.4541
3	덴버	-.6416	.0337
4	휴스	.2151	-.7631
5	로스	-1.6036	-.5197
6	마이	1.5101	-.7752
7	뉴욕	1.4284	.6914
8	샌프	-1.8925	-.1500
9	시애	-1.7875	.7723
10	워싱	1.3051	.4469

Abbreviated Name	Extended Name
로스	로스앤젤레스
마이	마이아미
샌프	샌프란시스코
시애	시애틀
시카	시카고
아틀	아틀란타
워싱	워싱톤
휴스	휴스톤

2차원 평면에서 각 도시의 좌표값을 나타내고 있다. 예를 들어 아틀랜타의 경우 (0.9575, −0.1905)의 값을 보이고 있다.

(3) 포지셔닝 맵

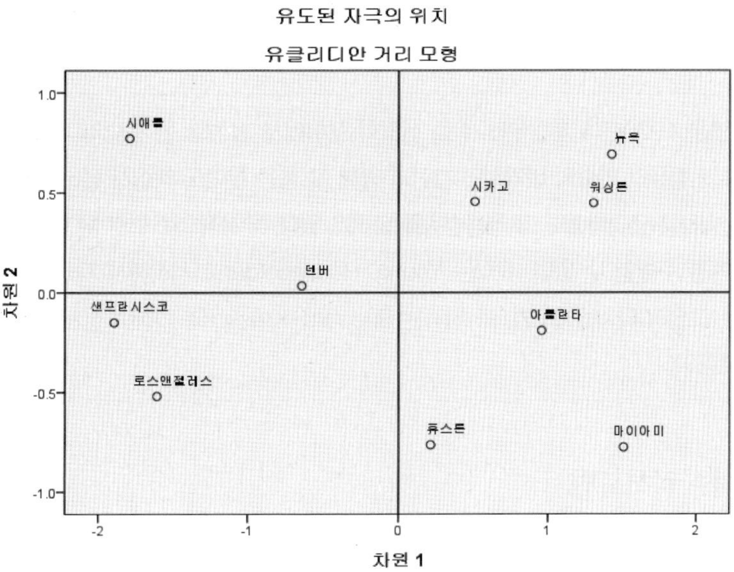

위의 도표는 (2)의 좌표값을 2차원 평면상에 나타낸 것이다. 이것을 통하여 각 도시의 위치와 거리관계를 알 수 있다. 문제의 각 도시 간 거리 데이터로부터 원래의 지도를 재현시킨 셈이다.

(4) 유클리드 모형에 의한 선형 적합 산점도

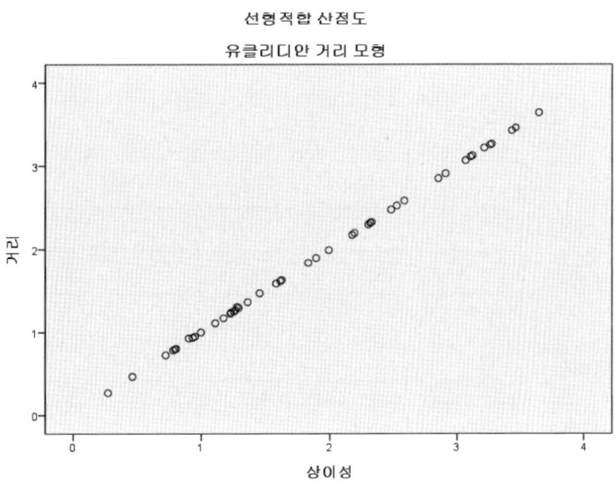

이 산점도에서 각 도시들을 유클리디안 거리로 나타내고 있다. 이 도시들은 대각선상에 선형

적으로 위치하고 있어 모형이 적절함을 말해 주고 있다. 도시들 간의 거리가 2차원 평면상에 정보의 손실 없이 얼마나 잘 위치했는가를 판단하는 데 선형 적합도의 산점도를 이용할 수 있다.

> 다차원척도법은 1930년대 후반부터 주로 심리학 분야에서 발전해 온 방법이다. 그 후 수십년간 이론적 진보와 컴퓨터 기술의 비약적인 발전과 함께 그 응용 분야도 착실히 넓혀와서 현재는 사회과학뿐만 아니라 자연과학에도 그 적용범위를 넓히고 있다. 역사적으로 보면 MDS의 발전단계로서 크게 두 단계를 구별할 수 있다. 하나는 Young-Householder로 시작해서 Torgerson에 의하여 완결을 보는 고전적 다차원척도법, 또 하나는 Shepard-Kruskal에 의하여 창시된 비계량 다차원척도법의 흐름이다.

2. 반복 다차원척도법

반복 다차원척도법(replicated MDS)은 두 개 이상의 데이터 행렬을 분석하는 경우에 사용되는 기법으로서 전통적 다차원척도법을 확장한 것이다. 이 기법은 유클리디안 거리 모형을 응용해서 여러 개의 비유사성 데이터 행렬을 동시에 분석할 수 있다.

[예제 19-2]

다음은 국내의 창고형 대형 유통 할인점 5개의 기업 이미지가 어느 정도로 유사한지를 측정하는 설문지 양식이다. 측정대상 기업은 롯데마트, e마트, 홈플러스, 킴스클럽, 하나로마트 등이다.

	매우 유사하다 1	2	3	4	5	6	전혀 다르다 7
롯데마트-e마트	: ______	: ______	: ______	: ______	: ______	: ______	:
롯데마트-홈플러스	: ______	: ______	: ______	: ______	: ______	: ______	:
롯데마트-킴스클럽	: ______	: ______	: ______	: ______	: ______	: ______	:
				……………			
킴스클럽-하나로마트	: ______	: ______	: ______	: ______	: ______	: ______	:

(주) 데이터 입력시 행렬의 대각선은 0이 된다.

평가되는 데이터를 쌍으로 묶어서 계산하면 모두 ${}_5C_2 = 10$이 된다. 예제로서 두 사람에 대한 설문조사 결과를 정리하면 다음과 같다.

	롯데마트	e마트	홈플러스	킴스클럽	하나로마트
롯데마트	0				
e마트	2	0			
홈플러스	7	6	0		
킴스클럽	3	2	4	0	
하나로마트	1	2	6	3	0
롯데마트	0				
e마트	1	0			
홈플러스	7	6	0		
킴스클럽	2	3	5	0	
하나로마트	2	2	7	1	0

■ SPSS에 의한 해법

〈순서 1〉 데이터의 입력

위의 설문조사 결과를 다음과 같이 입력한다.

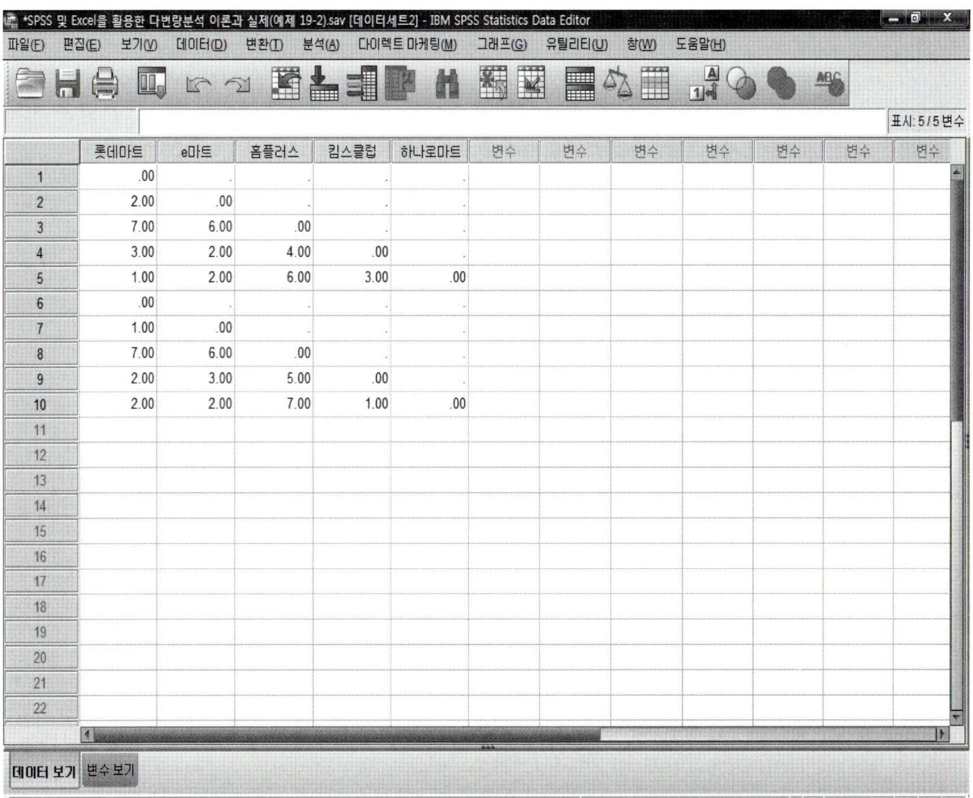

	롯데마트	e마트	홈플러스	킴스클럽	하나로마트
1	.00	.	.	.	.
2	2.00	.00	.	.	.
3	7.00	6.00	.00	.	.
4	3.00	2.00	4.00	.00	.
5	1.00	2.00	6.00	3.00	.00
6	.00	.	.	.	.
7	1.00	.00	.	.	.
8	7.00	6.00	.00	.	.
9	2.00	3.00	5.00	.00	.
10	2.00	2.00	7.00	1.00	.00

〈순서 2〉 다차원척도법의 선택

메뉴에서 [분석(A)] – [척도분석] – [다차원척도법(M)]을 선택한다.

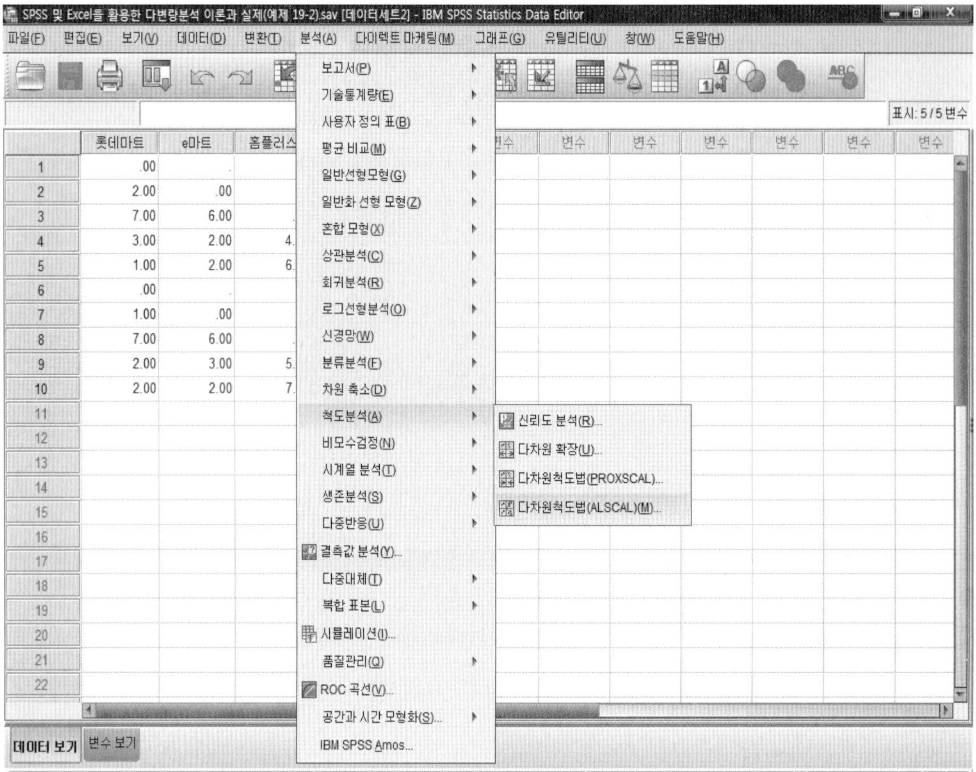

↓ (대화상자가 나타난다)

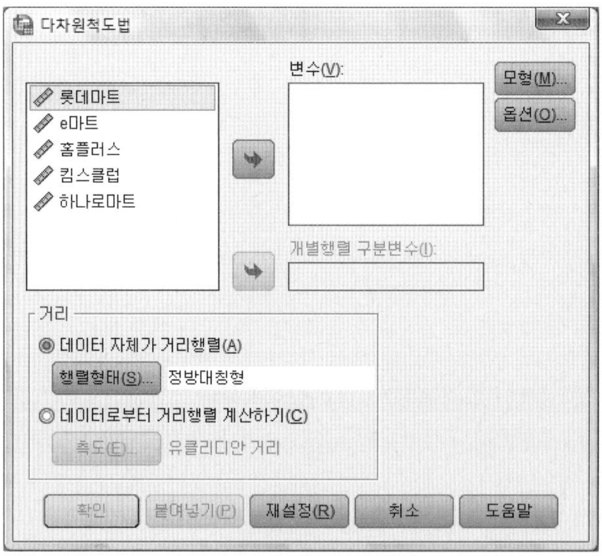

〈순서 3〉 변수의 선택

[변수]로서 '롯데마트', 'e마트', '홈플러스', '킴스클럽', '하나로마트' 등을 선택한다.

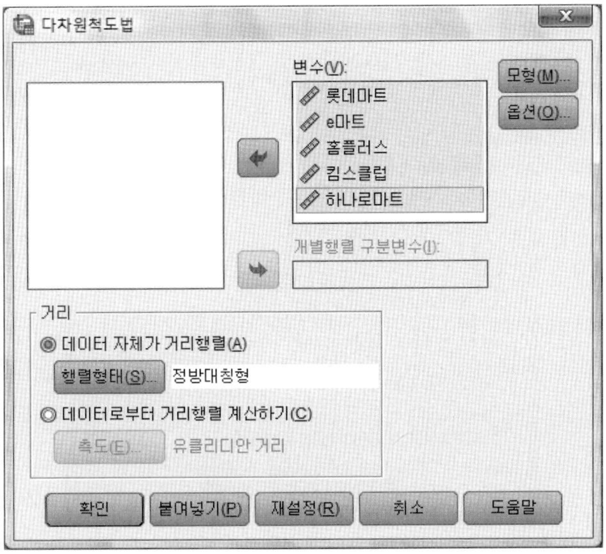

〈순서 4〉 입력모형의 결정

[다차원척도법] 대화상자에서 [모형(M)] 버튼을 클릭하면 다음과 같은 대화상자가 나타난다.

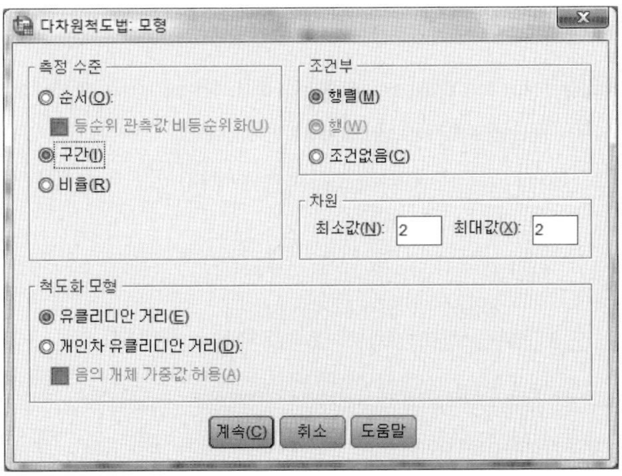

[측정 수준]은 [구간]을 지정하고 나머지는 초기지정 상태 그대로 [계속] 버튼을 클릭하면, 앞의 화면으로 복귀한다.

〈순서 5〉 결과 형식의 선택

[다차원척도법] 대화상자에서 [옵션(O)] 버튼을 클릭하면 다음과 같은 대화상자가 나타난다.

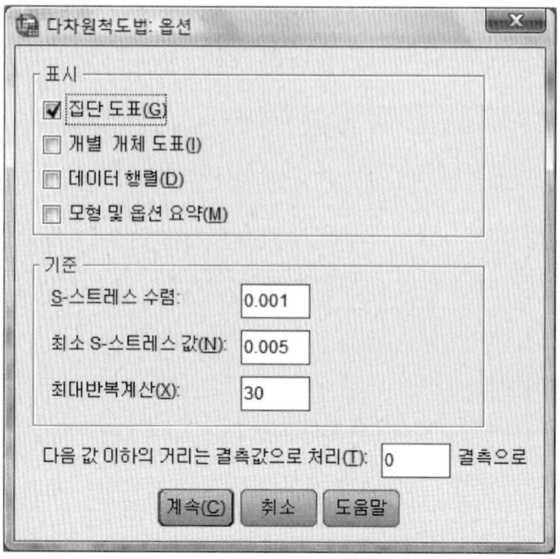

[표시]로서 [집단 도표(G)]를 지정하고 나머지는 초기지정 상태 그대로 [계속] 버튼을 클릭하면, 앞의 화면으로 복귀한다. 여기에서 [확인] 버튼을 클릭한다.

분석결과 및 결과의 해석방법

(1) 반복과정

```
Iteration history for the 2 dimensional solution (in squared distances)

              Young's S-stress formula 1 is used.

             Iteration     S-stress      Improvement

                1           .11559
                2           .11400         .00159
                3           .11373         .00027

                    Iterations stopped because
             S-stress improvement is less than    .001000


          Stress and squared correlation (RSQ) in distances

RSQ values are the proportion of variance of the scaled data (disparities)
          in the partition (row, matrix, or entire data) which
           is accounted for by their corresponding distances.
            Stress values are Kruskal's stress formula 1.

     Matrix    Stress    RSQ    Matrix    Stress    RSQ
       1        .107     .954     2        .132     .941


     Averaged (rms) over  matrices
  Stress  =  .12002      RSQ = .94742
```

반복적인 실행결과를 나타내는 것으로 모두 3회의 반복이 일어났다. 스트레스 값의 향상이 마지막회 0.00027로서 0.001보다 작게 되어 끝나고 있음을 보여 주고 있다. 현재 스트레스 값은 0.12002로서 이 모형은 보통이다. 그리고 RSQ는 0.94742로서 0.6 이상의 값을 보여 주고 있어서 모형이 적합하다는 것을 확인시켜 주고 있다.

> MDS의 발전과정에서 잊어서는 안 될 것은 MDS에서 개인차의 표현이다. 대개의 방법은 계량, 비계량에 한하지 않고 원칙적으로 단일 데이터 행렬을 표현하는 방법이다. 데이터 행렬이 복수 개 있는 경우라도 그 사이의 차는 단지 랜덤 변동에 의한 것으로 간주하고 모두 통합한 표현을 하나만 구한다. 이에 비해서 데이터 행렬 간의 조직적인 차를 어떠한 형태로 표현하는 MDS를 개인차 다차원척도법이라고 부른다.

(2) 좌표값

```
                    Stimulus Coordinates

                          Dimension

Stimulus   Stimulus      1        2
 Number      Name

    1       롯데      1.2130    .0646
    2       e마트      .6499    .6289
    3       홈플     -2.5420    .1869
    4       킴스      -.2010   -.3808
    5       하나       .8802   -.4995

           Abbreviated  Extended
           Name           Name

           롯데          롯데마트
           킴스          킴스클럽
           하나          하나로마트
           홈플          홈플러스
```

2차원 평면에서 기업 간의 좌표값을 나타내고 있다. 예를 들면 롯데마트의 경우 (1.2130, 0.0646)의 값을 보이고 있다. 각 기업 간의 좌표값을 통해 동일 차원으로 간주될 수 있다는 것이 추측 가능하다. 다시 말하면 롯데마트와 e마트는 1차원의 좌표값이 양(+)의 값을 갖고, 2차원의 좌표값도 양(+)의 값을 갖고 있어 동일 차원에 포지셔닝될 것이라고 예측할 수 있다.

(3) 포지셔닝 맵

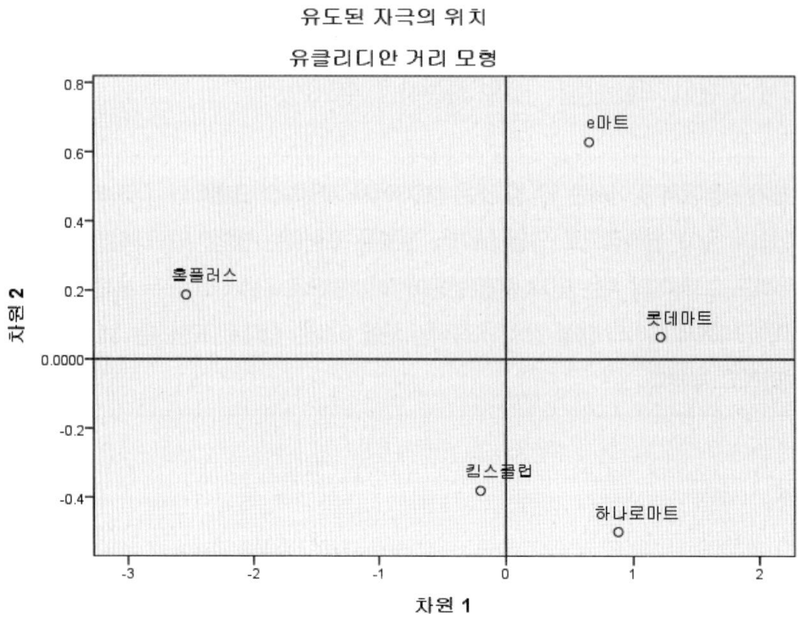

2차원 평면상에 나타난 결과를 보면 두 사람이 느끼는 기업의 이미지 측면에서 프라이스 클럽과 e마트의 이미지가 동일한 것으로 나타났다.

(4) 유클리드 모형에 의한 선형 적합 산점도

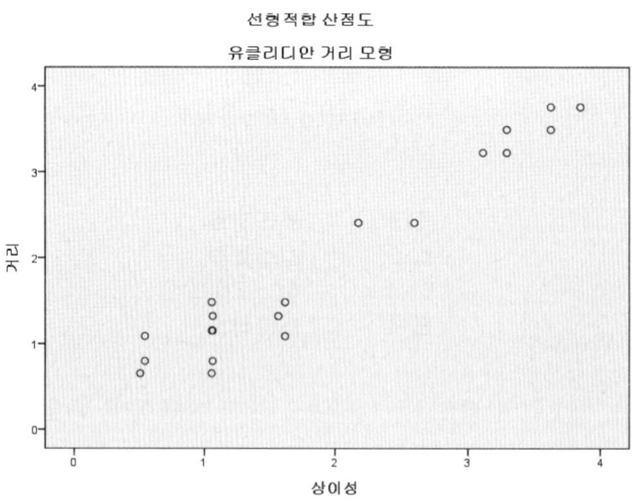

이 산점도에서 각 기업에 대한 데이터들을 유클리디안 거리로 나타내고 있는 바, 이들은 선형적으로 나타나고 있어 모형이 적합함을 보여 주고 있다.

3. 비대칭 행렬 데이터의 다차원척도법

데이터 자체가 거리행렬이 아니고 데이터로부터 거리행렬을 계산하지 않으면 안 되는 경우에도 다차원척도법을 적용해서 유클리디안 거리 모형을 구할 수 있다.

이때에는 비교대상의 요인에 의거해서 각 대상 간의 상이성 거리를 계산할 수 있다. 상이성 거리란 데이터로부터 계산된 거리행렬로서 일반적인 유클리디안 거리를 가리킨다.

[예제 19-3]

다음의 데이터표는 1998년 4월 1일자 동아일보의 기사내용을 인용한 것이다. 미국의 경제예측기관인 와튼 계량경제예측연구소(WEFA)가 1998년 3월 중 국가별 위험도를 조사한 결과이다. 이 조사결과에 대한 국가별 포지셔닝 맵을 작성해 보자.

WEFA가 조사한 국가별 위험도

구분	경제 성장	물가	금리	환율	금융 시장	재정 건전도	외채	노사 관계	기업 신뢰	행정 규제 완화	사회 안정	정치 안정
미국	8	7	7	7	9	8	9	9	9	9	9	9
독일	7	8	6	6	9	6	10	8	7	7	8	9
호주	6	8	7	6	9	7	7	6	8	8	8	8
일본	2	8	9	5	3	7	10	8	6	7	8	8
중국	6	6	6	7	6	6	6	6	7	6	6	5
홍콩	4	7	6	7	6	6	8	7	5	7	7	6
인도	4	3	3	3	7	4	5	6	5	5	6	5
인도네시아	2	1	3	1	3	4	2	3	2	4	2	2
말레이시아	5	5	4	4	5	6	6	5	5	7	7	7
파키스탄	4	3	3	3	2	2	2	3	3	3	3	3
필리핀	4	4	5	5	3	5	4	5	5	5	5	5
싱가포르	6	6	5	6	7	8	9	7	7	8	9	9
대만	6	7	6	7	6	7	8	8	7	8	7	6
태국	4	5	3	4	4	4	2	6	4	8	4	4
베트남	6	5	3	3	2	4	3	5	4	3	5	4
한국	3	3	5	3	2	6	3	4	4	5	4	3

(주) 10점 만점으로 점수가 낮을수록 국가 위험도가 높다는 것을 의미하고 있다.

■ SPSS에 의한 해법

〈순서 1〉 데이터의 입력 및 상이성 거리 계산

(1) 첫 번째 열에 국가 위험도를 나타내는 요인 변수를 입력한다. 나머지 각 열에 국가별로 위험도 수치를 입력한다. 국가별 위험도의 요인은 경제성장, 물가, 금리, …, 정치안정 등 12가지로서 10점 만점으로 평가되었다. 평점이 낮을수록 국가 위험도가 높다는 것을 의미하고 있다.

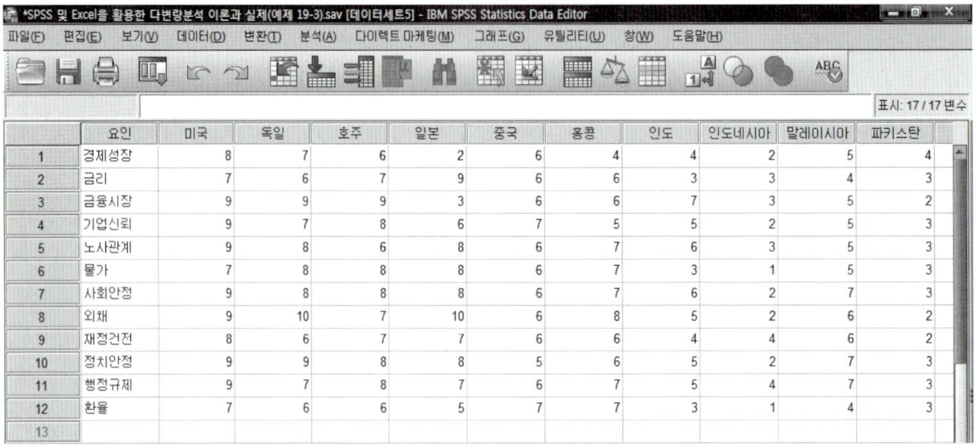

	요인	미국	독일	호주	일본	중국	홍콩	인도	인도네시아	말레이시아	파키스탄
1	경제성장	8	7	6	2	6	4	4	2	5	4
2	금리	7	6	7	9	6	6	3	3	4	3
3	금융시장	9	9	9	3	6	6	7	3	5	2
4	기업신뢰	9	7	8	6	7	5	5	2	5	3
5	노사관계	9	8	6	8	6	7	6	3	5	3
6	물가	7	8	8	8	6	7	3	1	5	3
7	사회안정	9	8	8	8	6	7	6	2	7	3
8	외채	9	10	7	10	6	8	5	2	6	2
9	재정건전	8	6	7	7	6	6	4	4	6	2
10	정치안정	9	9	8	8	5	6	5	2	7	3
11	행정규제	9	7	8	7	6	7	5	4	7	3
12	환율	7	6	6	5	7	7	3	1	4	3
13											

(2) 메뉴에서 [분석(A)]－[상관분석(C)]－[거리측도(D)]를 선택한다. [거리] 대화상자가 나타나면 다음과 같이 입력·지정한다.

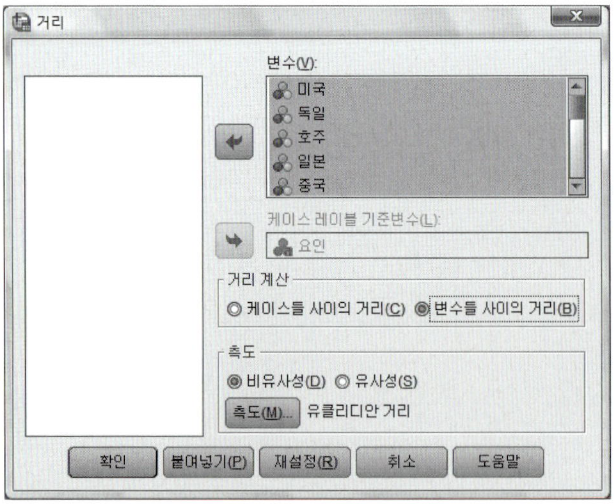

(3) [측도(M)] 버튼을 클릭하면 [거리 : 비유사성 측도] 대화상자가 나타나는데, 초기지정 상태에서 [계속] 버튼을 클릭한다. 원래의 화면에서 [확인] 버튼을 클릭하면 상이성 거리행렬이 구해진다.

(4) 상이성 거리행렬

근접행렬

	유클리디안 거리															
	미국	독일	호주	일본	중국	홍콩	인도	인도네시아	말레이지아	파키스탄	필리핀	싱가포르	대만	태국	베트남	한국
미국	.000	4.359	4.899	9.950	8.660	8.246	12.884	20.809	10.198	19.442	13.528	4.796	5.916	14.832	16.093	16.643
독일	4.359	.000	4.359	8.602	7.483	6.245	10.817	18.868	8.426	17.292	11.916	4.243	5.292	13.379	14.071	15.166
호주	4.899	4.359	.000	8.660	5.916	5.831	10.100	17.578	7.348	16.186	10.536	4.583	4.796	11.832	13.229	13.528
일본	9.950	8.602	8.660	.000	8.832	6.245	11.874	17.205	8.775	16.093	10.392	7.746	7.071	12.845	13.342	12.728
중국	8.660	7.483	5.916	8.832	.000	4.123	7.000	13.342	5.196	11.533	5.831	6.782	4.000	8.062	8.718	9.055
홍콩	8.246	6.245	5.831	6.245	4.123	.000	7.874	14.457	5.292	13.038	7.280	5.568	3.317	9.055	10.344	10.344
인도	12.884	10.817	10.100	11.874	7.000	7.874	.000	9.000	5.099	8.246	5.385	9.849	9.110	6.164	6.708	7.141
인도네시아	20.809	18.868	17.578	17.205	13.342	14.457	9.000	.000	11.446	4.583	8.367	17.493	16.062	8.185	7.746	5.477
말레이지아	10.198	8.426	7.348	8.775	5.196	5.292	5.099	11.446	.000	10.198	5.000	6.403	6.245	6.633	7.416	7.681
파키스탄	19.442	17.292	16.186	16.093	11.533	13.038	8.246	4.583	10.198	.000	6.557	16.279	14.595	7.071	4.796	5.385
필리핀	13.528	11.916	10.536	10.392	5.831	7.280	5.385	8.367	5.000	6.557	.000	10.392	8.602	5.000	4.690	4.000
싱가포르	4.796	4.243	4.583	7.746	6.782	5.568	9.849	17.493	6.403	16.279	10.392	.000	4.472	12.124	13.038	13.416
대만	5.916	5.292	4.796	7.071	4.000	3.317	9.110	16.062	6.245	14.595	8.602	4.472	.000	10.050	11.402	11.662
태국	14.832	13.379	11.832	12.845	8.062	9.055	6.164	8.185	6.633	7.071	5.000	12.124	10.050	.000	6.083	5.745
베트남	16.093	14.071	13.229	13.342	8.718	10.344	6.708	7.746	7.416	4.796	4.690	13.038	11.402	6.083	.000	5.292
한국	16.643	15.166	13.528	12.728	9.055	10.344	7.141	5.477	7.681	5.385	4.000	13.416	11.662	5.745	5.292	.000

이것은 상이성 행렬입니다.

상이성 거리행렬에서 미국과 인도네시아 사이의 거리가 20.809로 가장 멀고, 홍콩과 대만 사이가 3.317로 가장 가깝다.

〈순서 2〉 다차원척도법의 적용

(1) 메뉴에서 [분석(A)]－[척도분석]－[다차원척도법(M)]을 선택한다.

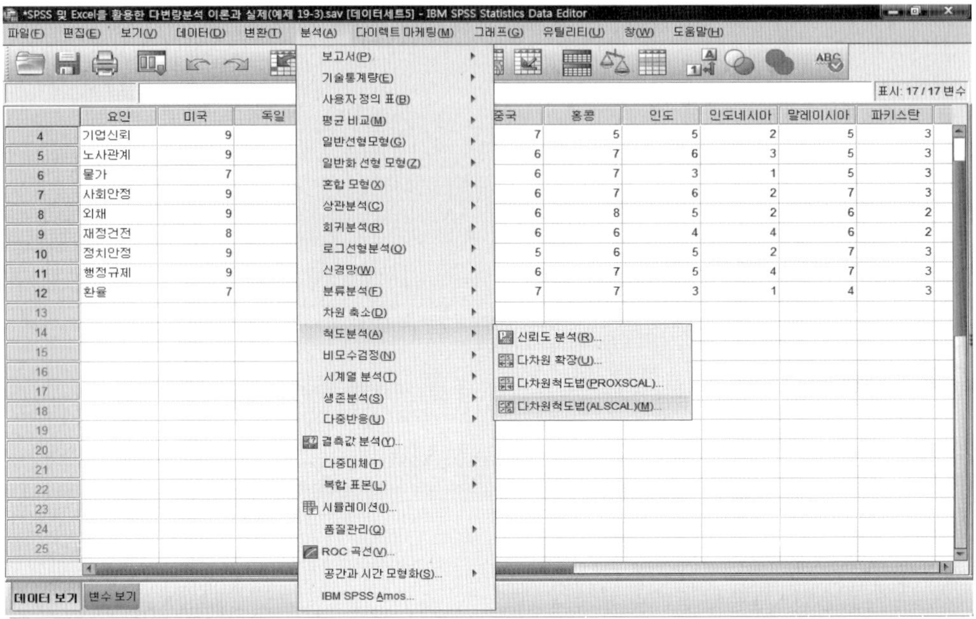

(2) [다차원척도법] 대화상자에서 다음과 같이 입력·지정하고 [측도] 버튼을 클릭한다.

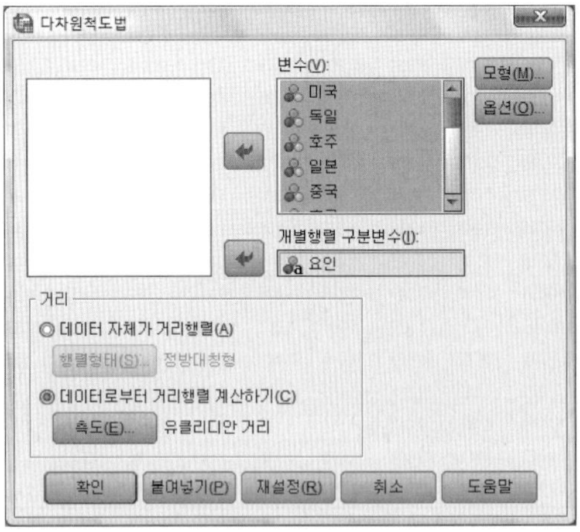

(3) [다차원척도법 : 데이터로부터 측도 계산하기] 대화상자에서 다음과 같이 지정하고 [계속] 버튼을 클릭한다.

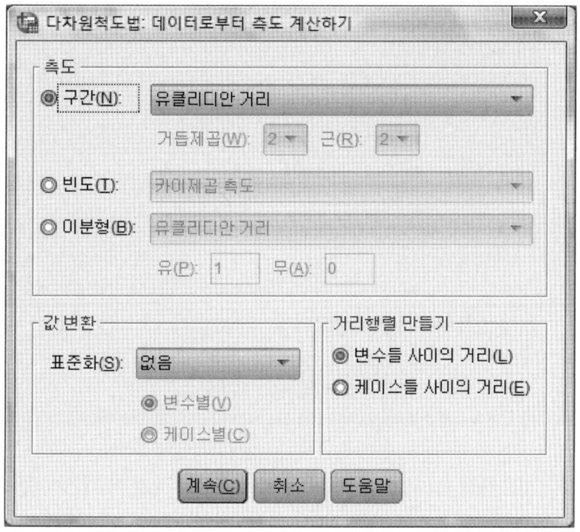

(4) 원래의 화면에서 [모형(M)] 버튼을 클릭하여 [다차원척도법 : 모형] 대화상자가 나타나면, 다음과 같이 지정하고 [계속] 버튼을 클릭한다. [조건없음(C)]을 지정함으로써 모든 행렬의 값을 비교할 수 있도록 한다.

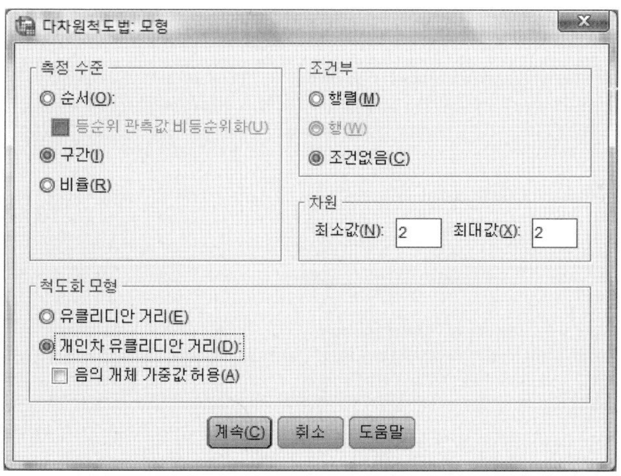

(5) 원래의 화면에서 [옵션(O)] 버튼을 클릭하면 [다차원척도법 : 옵션] 대화상자가 나타난다.

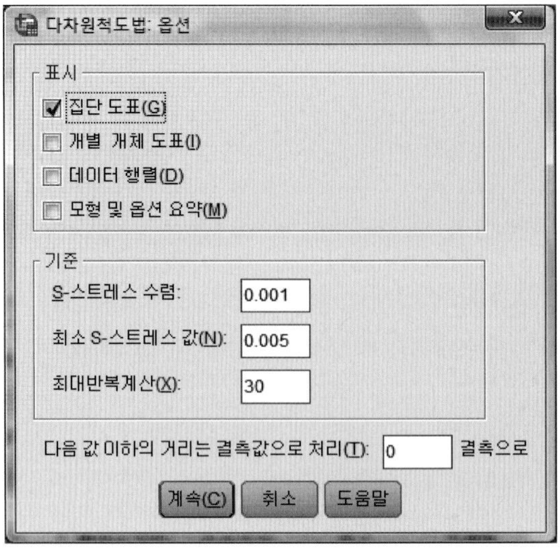

[출력]으로서 [집단 도표(G)]를 지정하고 나머지는 초기지정 상태 그대로 [계속] 버튼을 클릭하면, 앞의 화면으로 복귀한다. 여기에서 [확인] 버튼을 클릭한다.

■ 분석결과 및 결과의 해석방법

(1) 반복과정

```
Iteration history for the 2 dimensional solution (in squared distances)

                Young's S-stress formula 1 is used.

              Iteration     S-stress      Improvement

                  0           .52118
                  1           .50979
                  2           .40062         .10918
                  3           .39542         .00520
                  4           .39449         .00093

                       Iterations stopped because
              S-stress improvement is less than   .001000


                              Stress and squared correlation (RSQ) in distances

                    RSQ values are the proportion of variance of the scaled data (disparities)
                              in the partition (row, matrix, or entire data) which
                               is accounted for by their corresponding distances.
                                 Stress values are Kruskal's stress formula 1.


   Unconditional  over  matrices
 Stress  =   .318      RSQ =  .615
```

반복적인 실행결과를 나타내는 것으로 모두 4회의 반복이 일어났다. 스트레스 값의 향상이 마지막에 0.00093로서 0.001보다 작게 끝나고 있다. 현재의 스트레스 값은 0.318(> 0.2)로서 이 모형은 적합정도가 매우 나쁘다. 그러나 RSQ는 0.615(> 0.6)로서 모형의 설명력은 상당히 높다고 할 수 있다.

(2) 좌표값

Stimulus Coordinates

Stimulus Number	Stimulus Name	Dimension 1	Dimension 2
1	미국	-1.1861	-1.6705
2	독일	-1.1535	-1.3704
3	호주	-.6612	-1.5003
4	일본	-1.3733	.9281
5	중국	-.1136	-.5240
6	홍콩	-.7465	-.0299
7	인도	.7289	-.6879
8	인도_1	1.6807	1.1130
9	말레	-.0965	.0868
10	파키	1.4119	1.2468
11	필리	.5111	.8676
12	싱가	-1.0888	-.7915
13	대만	-.8324	-.4051
14	태국	1.1044	.2657
15	베트	.8621	1.2076
16	한국	.9530	1.2639

2차원 평면에서 각국의 좌표값을 나타내고 있다. 예를 들면 미국의 경우 (−1.1861, −1.6705)의 값을 보이고 있다. 각 나라 간의 좌표값을 통해 동일 차원으로 간주될 수 있다는 것이 추측 가능하다. 다시 말하면 미국, 독일, 호주, 중국, 홍콩, 싱가포르, 대만 등은 1차원의 좌표값이 음(−)의 값을 갖고, 2차원의 좌표값도 음(−)의 값을 갖고 있어 동일 차원에 포지셔닝될 것이라고 예측할 수 있다. 그리고 인도네시아, 파키스탄, 필리핀, 태국, 베트남, 한국 등은 1차원의 좌표값이 양(+)의 값을 갖고, 2차원의 좌표값도 양(+)의 값을 갖고 있어 동일 차원에 포지셔닝될 것으로 예측된다.

(2) 국가별 포지셔닝 맵

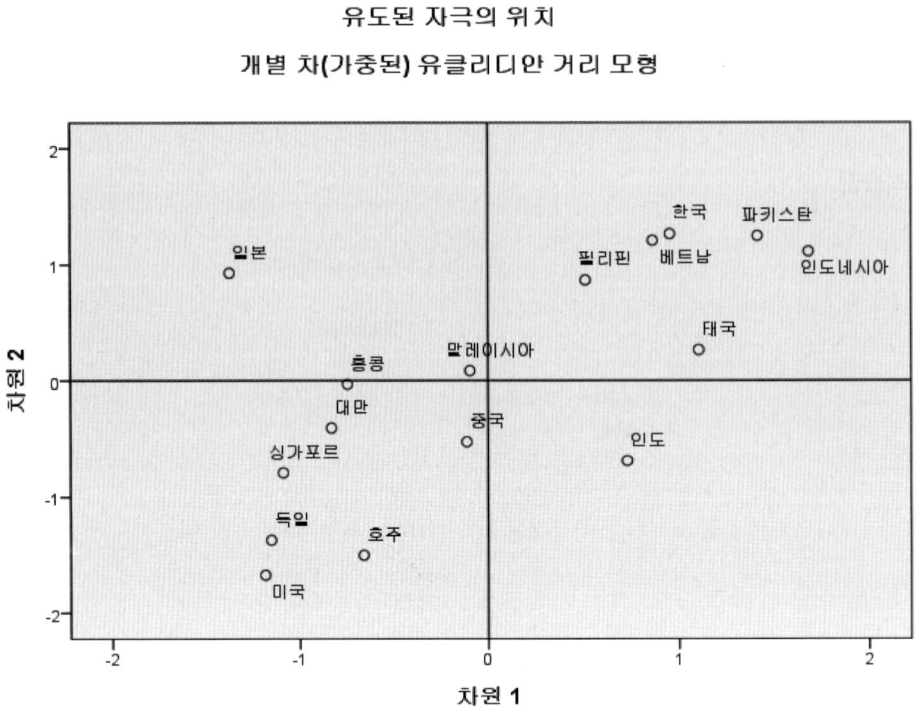

분석결과 (미국, 독일, 호주, 중국, 홍콩, 싱가포르, 대만), (인도네시아, 파키스탄, 필리핀, 태국, 베트남, 한국), (일본, 말레이지아) 등이 각각 동일한 포지션에 있다는 것을 알 수 있다. 다차원척도법에서 중요한 것은 포지셔닝 맵의 형상만이 의미를 가지고 있고, 차원의 방향에는 의미가 없다는 것이다. 그러므로 필요에 따라서는 차원의 방향을 적절히 회전시켜서 해석할 수 있다.

CHAPTER 20 대응분석

20.1 | 대응분석과 분할표

1. 분할표의 시각화

■ 대응분석이란

대응분석(correspondence analysis)은 앙케트의 질문에 대한 회답의 패턴에 주목하여, 패턴이 비슷한 회답자(개인 또는 집단)와 비슷하지 않은 회답자를 분류하기 위한 기법이다. 이 기법은 질문항목끼리의 관계도 동시에 분석할 수 있다.

대응분석은 다음과 같은 세 가지 타입의 데이터표에 적용할 수 있다.

1. 분할표
2. 아이템·카테고리형 데이터표
3. (0, 1)형 데이터표

이 책에서는 분할표와 (0, 1)형 데이터표를 다루기로 한다.

대응분석은 다음과 같이 두 가지의 기법으로 나눌 수 있다.

(A) 단순대응분석(일반적으로는 이것을 대응분석이라고 부른다)

(B) 다중대응분석

분할표를 처리할 때는 (A)의 단순대응분석을 이용한다. 아이템·카테고리형 데이터표나 (0, 1)형 데이터표를 처리할 때는 (B)의 다중대응분석을 이용한다.

■ 간단한 예

어떤 고등학교의 2학년생에게 국어, 영어, 수학, 과학, 사회의 5과목 중에서 어느 과목을 가장 좋아하는지 질문했다. 그 결과를 클래스마다 사람 수를 집계한 것이 다음의 분할표다. 클래스는 모두해서 5개(A, B, C, D, E)가 있다.

	A	B	C	D	E
국어	8	22	5	6	20
영어	7	7	12	6	13
수학	21	11	7	7	6
과학	8	5	6	8	5
사회	6	5	20	23	6

이 분할표를 관찰하면, 다음과 같은 것을 알 수 있다.

- B와 E는 국어를 좋아하는 학생이 많다고 하는 점에서 비슷하다.
- C와 D는 사회를 좋아하는 학생이 많다고 하는 점에서 비슷하다.
- C와 E는 영어를 좋아하는 학생이 많다고 하는 점에서 비슷하다.
- A는 수학을 좋아하는 학생이 많다.
- 과학은 어느 클래스에서도 좋아하는 학생이 적다.

그런데 이 분할표에 대응분석을 적용하면 다음과 같은 그래프가 작성된다.

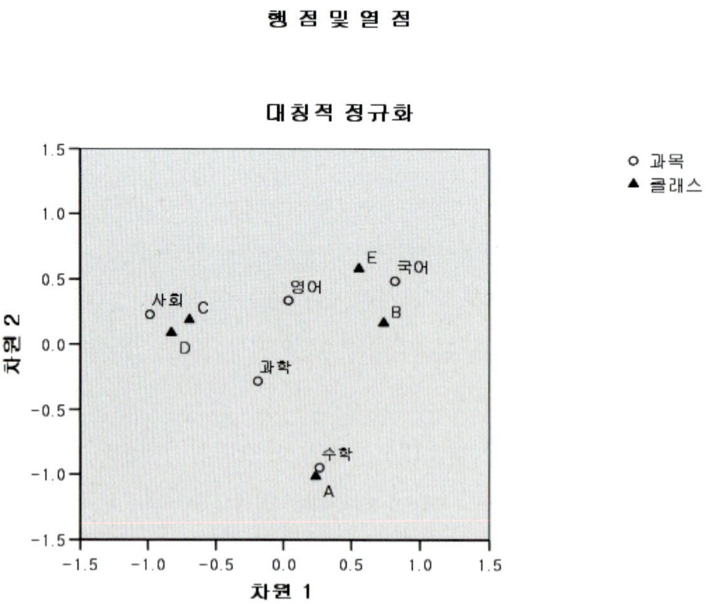

분할표의 정보가 그래프에 잘 표현되어 있는 것을 알 수 있다.

대응분석은 분할표의 행과 열, 행과 행, 열과 열의 관계를 분석하여 그 결과를 그래프로 표현하는 기법이다. 대응분석에서는 비슷한 열의 구성이 되는 행끼리는 가깝게 배치되고, 비슷한 행의 구성이 되는 열끼리는 가깝게 배치되어 관계가 강한 행과 열은 가까이 배치되도록 좌표의 수치를 산출하고 있다.

2. 대응분석의 실제

[예제 20-1]

어떤 상품에 대한 만족도를 5단계 평가로 400명에게 질문했다. 그 회답결과를 학생, 회사원, 주부, 사업가의 네 그룹으로 나누어 집계하여 다음과 같은 분할표로 정리했다.

	불만	약간 불만	어느쪽도 아님	약간 만족	만족
학 생	5	14	40	28	13
회사원	30	40	15	10	5
주 부	5	10	15	30	40
사업가	10	18	25	40	7

이 분할표를 대응분석으로 분석하라.

■ 카테고리

SPSS에서 대응분석을 실시하려면 'SPSS Categories'라고 하는 옵션 제품이 필요하다. SPSS Categories에는 다음과 같은 분석기법이 포함되어 있다.

1. 대응분석(단순대응분석, 다중대응분석)
2. 컨조인트 분석
3. 범주형 주성분분석
4. 비선형 정준상관분석

■ SPSS에 의한 대응분석

〈순서 1〉 데이터의 입력 및 빈도변수 지정

(1) 여기에서는 집계가 끝난 데이터를 입력하는 방식으로 실시한다. 분할표에 있어서 행의 정보를 나타내는 변수, 열의 정보를 나타내는 변수, 사람 수를 나타내는 변수 등의 세 변수를 준비해서 데이터를 입력한다.

행의 정보를 나타내는 변수에는 '그룹', 열의 정보를 나타내는 변수에는 '만족도', 사람 수를 나타내는 변수에는 '사람 수'라고 하는 변수명을 각각 붙여 놓는다.

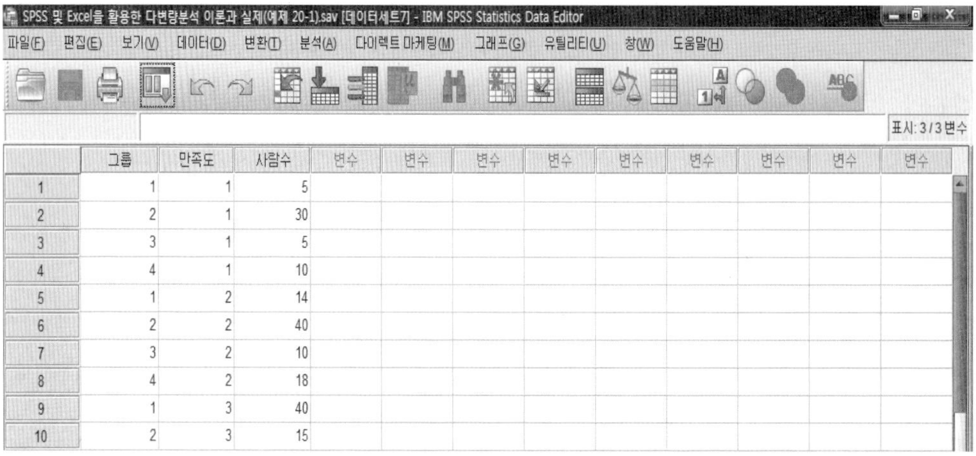

(2) '사람 수'에 대한 빈도변수 지정 방법은 먼저 메뉴에서 [데이터(D)]－[가중 케이스(W)]를 선택한다.

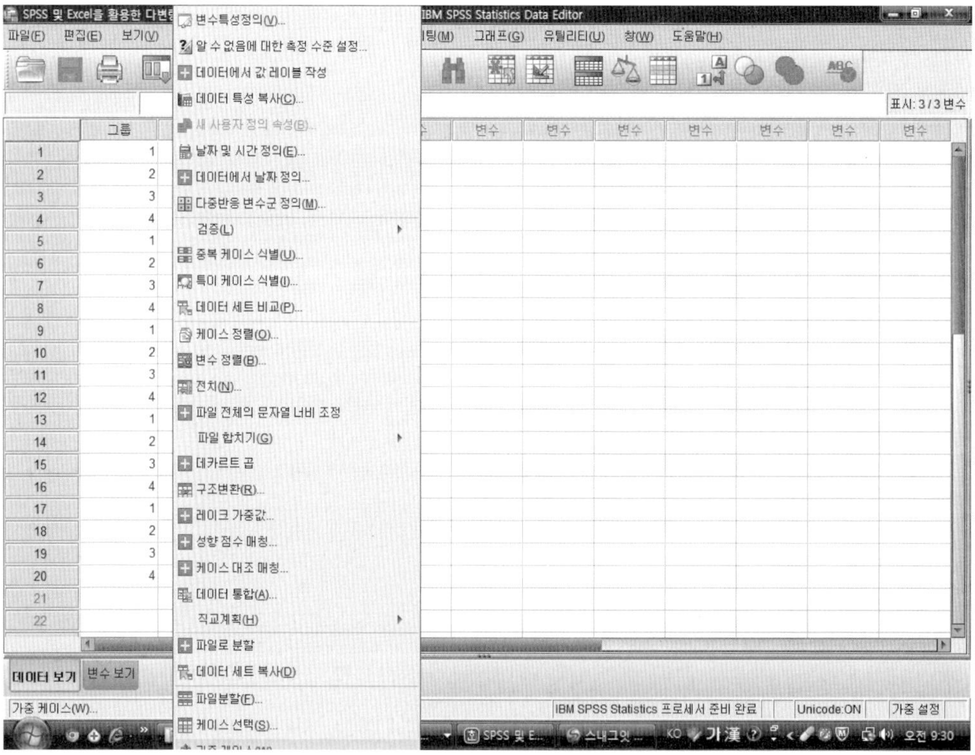

다음과 같이 [가중 케이스] 대화상자가 나타나면, [가중 케이스 지정(W)]을 선택하고 나서 [빈도변수(F)]로서 '사람수'를 선택한다. [확인] 버튼을 클릭하면 변수 '사람수'가 빈도변수로 지정된다.

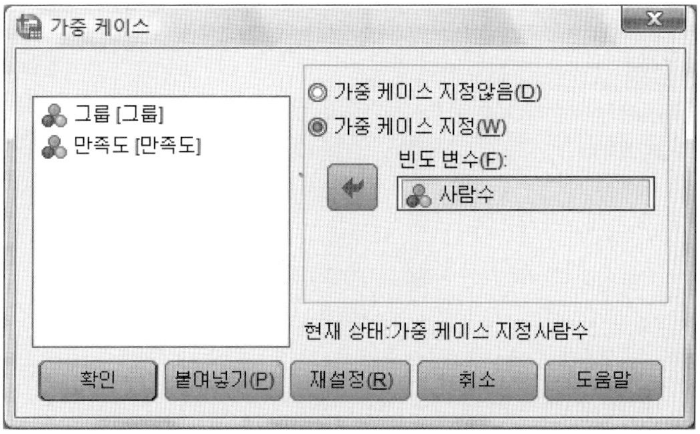

〈순서 2〉 대응분석의 선택

메뉴에서 [분석(A)]-[차원 축소]-[대응일치분석(C)]을 선택한다.

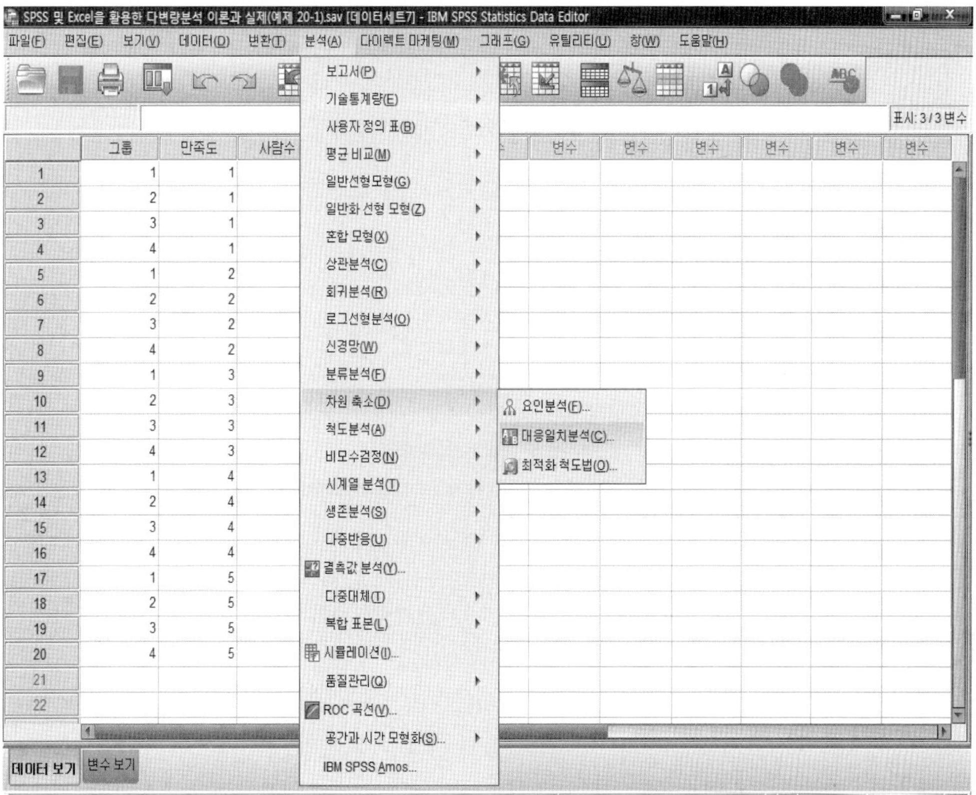

〈순서 3〉 변수의 선택

[대응일치분석] 대화상자에서 [행(W)]으로서 '그룹', [열(C)]로서 '만족도'를 선택한다. [범위지정]은 '그룹'에 대해서는 4개의 그룹이 있으므로, 최소값을 1, 최대값을 4로 한다. '만족도'에 대해서는 5단계이므로 최소값을 1, 최대값을 5로 한다.

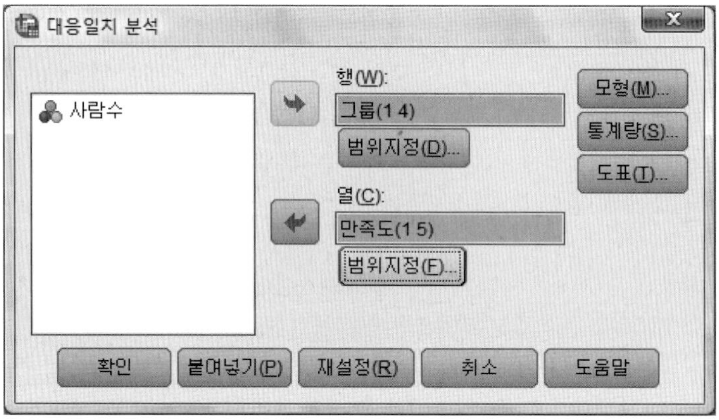

범위지정을 위해서 [범위지정] 버튼을 누르면 다음과 같은 대화상자가 나타난다. 최소값 및 최대값을 입력한 다음에 [업데이트] 버튼을 누르고 [계속]을 클릭한다.

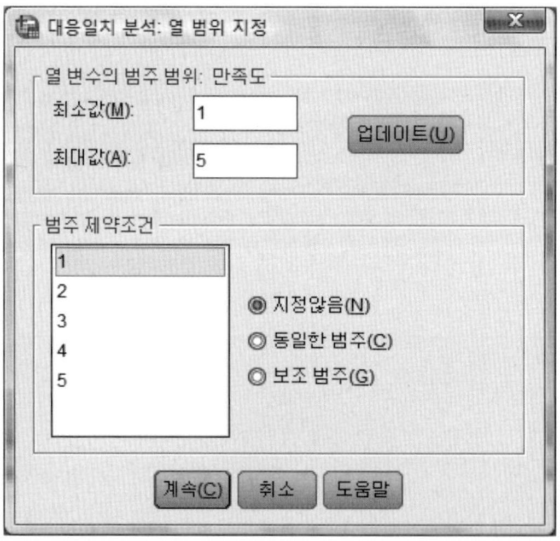

〈순서 4〉 모형의 선택

[모형(M)] 버튼을 클릭하면 [대응일치분석 : 모형] 대화상자가 나타난다. 다음과 같이 초기지정 상태대로 유지한다.

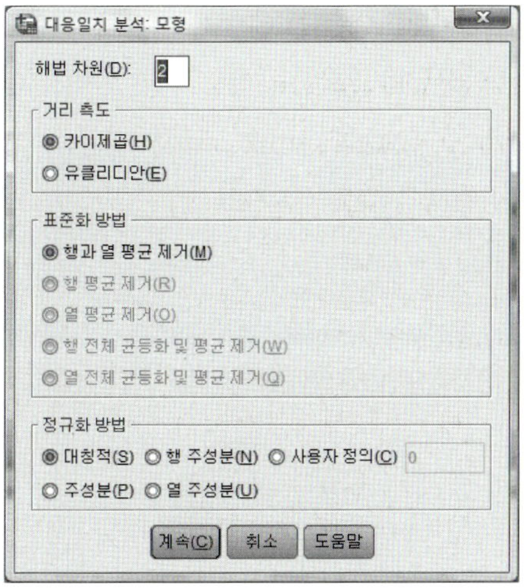

여기에서 주의할 점은 [정규화 방법]이다. 이것은 다음의 네 가지 중 어느 하나를 적절히 선택하여 사용한다.

1. 행과 열의 양쪽에 관심이 있고, 또한 행과 열의 관계에도 관심이 있다. → 대칭적
2. 행과 열의 양쪽에 관심이 있고, 단 행과 열의 관계에는 관심이 없다. → 주성분
3. 행에만 관심이 있다. → 행 주성분
4. 열에만 관심이 있다. → 열 주성분

[계속] 버튼을 클릭하면 앞의 화면으로 복귀한다.

〈순서 5〉 통계량의 선택

[통계량(S)] 버튼을 클릭하고 다음과 같이 지정한 다음 [계속] 버튼을 클릭한다.

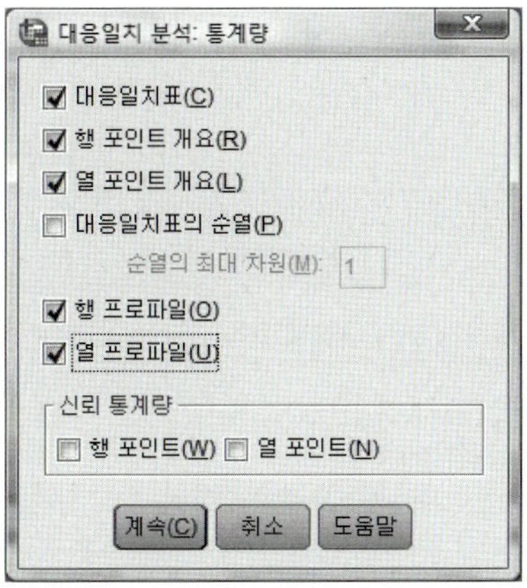

〈순서 6〉 도표의 선택

[도표(T)] 버튼을 클릭하고 다음과 같이 지정한 다음 [계속] 버튼을 클릭한다.

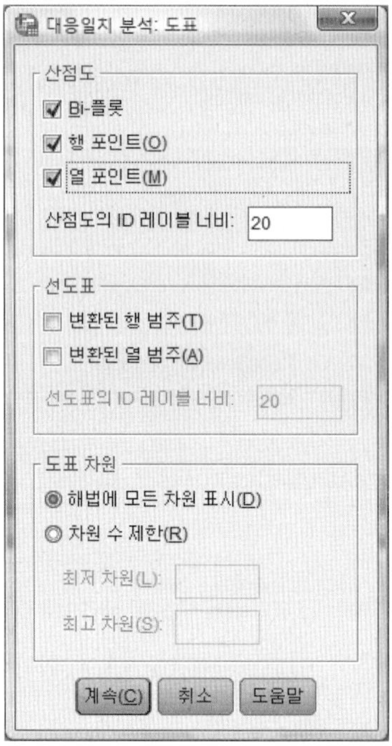

[대응일치분석] 대화상자로 되돌아와서 [확인] 버튼을 클릭한다.

■ 분석결과 및 결과의 해석방법

대응일치표

	만족도					
그룹	불만	약간 불만	어느쪽도 아님	약간 만족	만족	주변 합
학생	5	14	40	28	13	100
회사원	30	40	15	10	5	100
주부	5	10	15	30	40	100
사업가	10	18	25	40	7	100
주변 합	50	82	95	108	65	400

행 프로파일

	만족도					
그룹	불만	약간 불만	어느쪽도 아님	약간 만족	만족	주변 합
학생	.050	.140	.400	.280	.130	1.000
회사원	.300	.400	.150	.100	.050	1.000
주부	.050	.100	.150	.300	.400	1.000
사업가	.100	.180	.250	.400	.070	1.000
매스	.125	.205	.238	.270	.163	

열 프로파일

그룹	만족도					
	불만	약간 불만	어느쪽도 아님	약간 만족	만족	매스
학생	.100	.171	.421	.259	.200	.250
회사원	.600	.488	.158	.093	.077	.250
주부	.100	.122	.158	.278	.615	.250
사업가	.200	.220	.263	.370	.108	.250
주변 합	1.000	1.000	1.000	1.000	1.000	

요약

차원	비정칙값	요약 관성	카이제곱	유의확률	관성비율		신뢰 비정칙값	
					설명됨	누적	표준편차	상관계수
								2
1	.490	.240			.668	.668	.044	.257
2	.313	.098			.273	.941	.050	
3	.145	.021			.059	1.000		
전체		.359	143.673	.000[a]	1.000	1.000		

a. 자유도 12

행 포인트 개요[a]

그룹	매스	차원의 점수		요약 관성	기여도				
					차원의 관성에 대한 포인트		포인트의 관성에 대한 차원		
		1	2		1	2	1	2	전체
학생	.250	.275	-.593	.046	.039	.281	.201	.600	.802
회사원	.250	-1.111	.363	.162	.631	.105	.934	.064	.998
주부	.250	.805	.724	.120	.330	.419	.659	.341	1.000
사업가	.250	.032	-.494	.031	.001	.195	.004	.617	.621
액티브 전체	1.000			.359	1.000	1.000			

a. 대칭 정규화

열 포인트 개요[a]

만족도	매스	차원의 점수		요약 관성	기여도				
					차원의 관성에 대한 포인트		포인트의 관성에 대한 차원		
		1	2		1	2	1	2	전체
불만	.125	-1.128	.422	.085	.325	.071	.917	.082	.999
약간 불만	.205	-.796	.178	.066	.265	.021	.969	.031	1.000
어느쪽도 아님	.238	.154	-.665	.044	.012	.335	.063	.745	.808
약간 만족	.270	.416	-.326	.043	.095	.092	.528	.207	.735
만족	.163	.956	.963	.121	.303	.482	.600	.390	.991
액티브 전체	1.000			.359	1.000	1.000			

a. 대칭 정규화

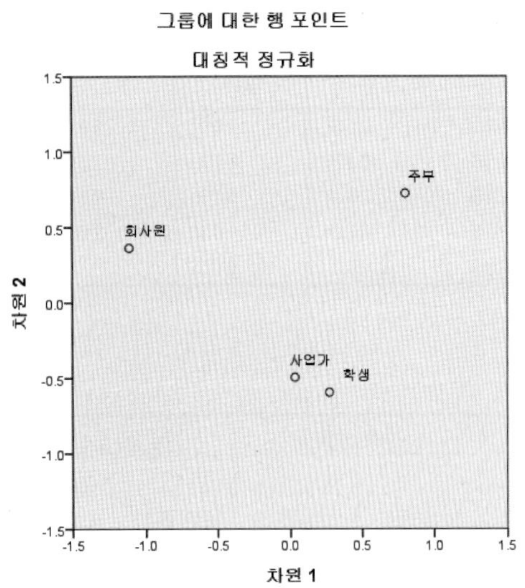

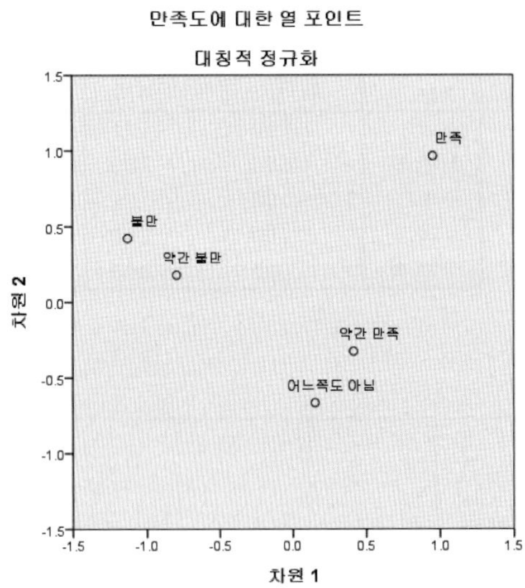

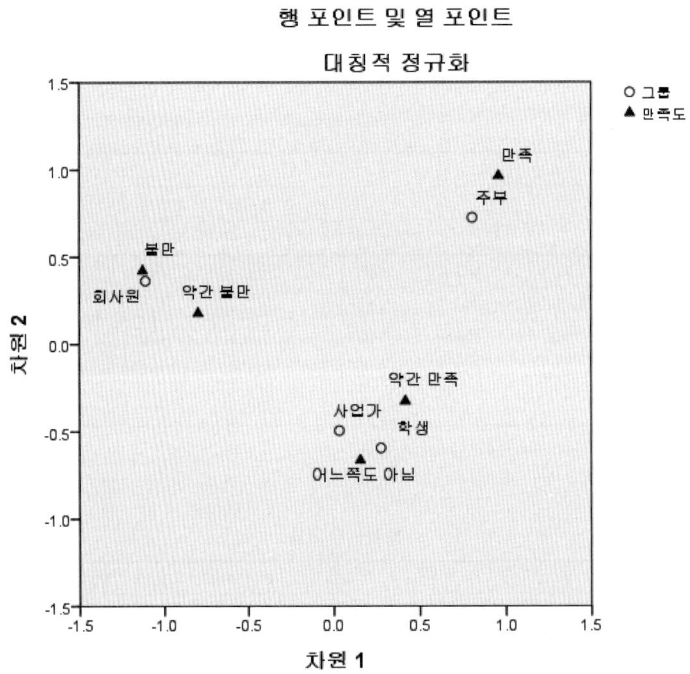

행 및 열 포인트의 그래프를 보면, 주부는 만족도가 높고 회사원은 불만도가 높은 것을 알 수 있다. 사업가와 학생은 비슷한 만족도의 평가를 하고 있다.

'어느 쪽도 아님'이라고 하는 중간회답은 '약간 만족'에 가까운 위치에 있다.

20.2 | (0, 1)형 데이터의 대응분석

1. (0, 1)형 데이터표의 시각화

앞에서 대응분석을 분할표의 데이터에 적용했는데, 분할표라고 하는 것은 두 변수의 관계를 나타내는 데이터표이다. 따라서 대응분석은 변수의 수가 2개일 때에 적용할 수 있는 기법이라고 생각해도 좋다. 그런데 0과 1만으로 표현되는 변수를 지표변수(指標變數) 혹은 더미 변수라고 부른다. (0, 1)형 데이터를 분할표로서 간주하고 대응분석을 적용할 수 있다.

■ 간단한 예

5명의 학생(A, B, C, D, E)에게 다음과 같은 4개의 질문을 했다고 하자.

(질문 1) 귀하는 스포츠를 좋아합니까? 예 아니오

(질문 2) 귀하는 영화를 좋아합니까? 예 아니오

(질문 3) 귀하는 음악을 좋아합니까? 예 아니오

(질문 4) 귀하는 독서를 좋아합니까? 예 아니오

이 질문에 대한 회답결과가 다음과 같이 얻어졌다고 한다.

	스포츠	영화	음악	독서
A	예	아니오	아니오	예
B	아니오	아니오	예	아니오
C	아니오	예	아니오	아니오
D	아니오	아니오	예	예
E	아니오	예	예	아니오

이 데이터에 의거해서 5명의 학생 중 비슷한 사람을 찾아낸다거나 4개 질문 간의 관계를 분석하는 것이 대응분석의 목표인 것이다. 질문의 수가 4개이므로 질문을 변수로 생각하면, 4개의 변수를 분석하게 된다.

그런데 이 데이터표에서 '예'를 '1', '아니오'를 '0'으로 바꿔 놓으면 다음과 같은 0과 1로 구성되는 데이터표가 된다. 이것이 (0, 1)형 데이터표이다.

	스포츠	영화	음악	독서
A	1	0	0	1
B	0	0	1	0
C	0	1	0	0
D	0	0	1	1
E	0	1	1	0

다중대응분석을 이용하면 이와 같은 데이터표를 분석하여 정보를 시각화할 수 있다.

다중대응분석을 적용하기 전에 이 (0, 1)형 데이터표를 관찰해 보자. 여기에서 데이터표를 1이 대각선상에 가능한 한 보기 좋게 늘어서도록 행과 열을 바꾸어 넣어 본다.

	스포츠	독서	음악	영화
A	1	1	0	0
D	0	1	1	0
B	0	0	1	0
E	0	0	1	1
C	0	0	0	1

이 데이터표에서 다음과 같은 것을 알 수 있다.

- A와 D는 독서를 좋아한다는 점에서 비슷하다.
- D와 B와 E는 음악을 좋아한다는 점에서 비슷하다.
- E와 C는 영화를 좋아한다는 점에서 비슷하다.
- A와 B와 C에는 전혀 공통점이 없다.

그런데 대응분석을 이 데이터표에 적용하면, 행 포인트 및 열 포인트 그래프를 작성할 수 있다. 데이터표의 정보가 잘 재현되고 있다는 것을 알 수 있다.

■ (0, 1)형 데이터의 입력 방식

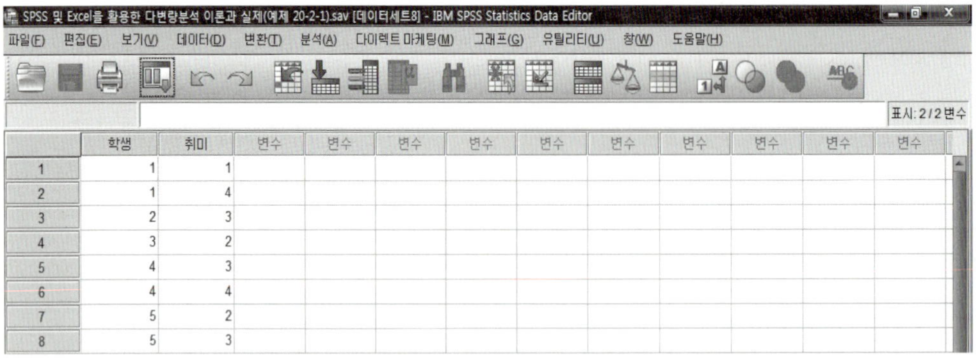

	학생	취미	변수	변수	변수	변수	변수	변수	변수	변수	변수	변수
1	1	1										
2	1	4										
3	2	3										
4	3	2										
5	4	3										
6	4	4										
7	5	2										
8	5	3										

[변수값 설명]

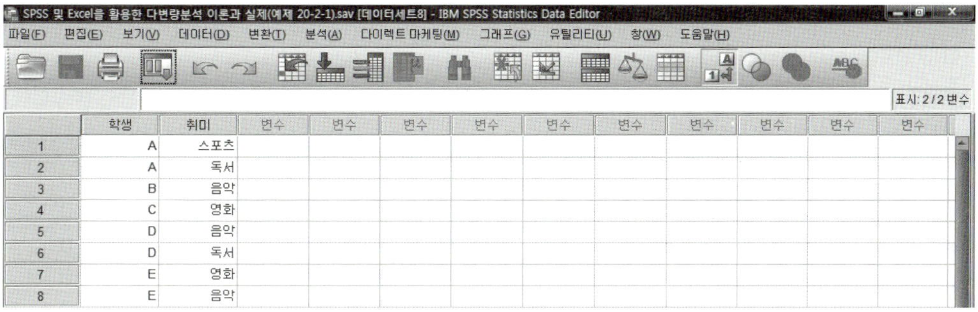

	학생	취미
1	A	스포츠
2	A	독서
3	B	음악
4	C	영화
5	D	음악
6	D	독서
7	E	영화
8	E	음악

■ (0, 1)형 데이터의 분석결과

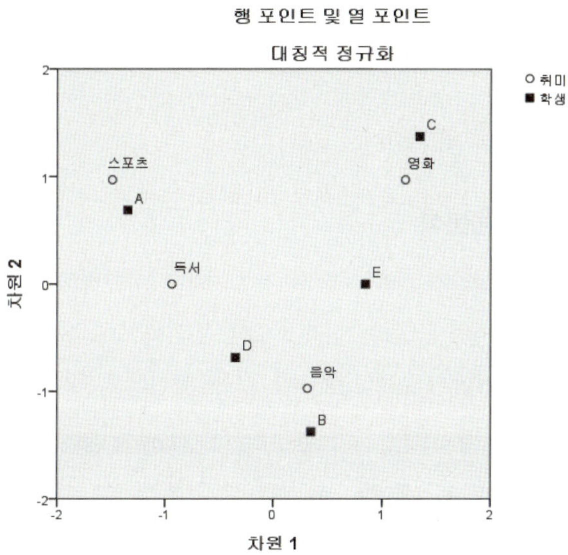

2. (0, 1)형 데이터에 대한 대응분석의 실제

[예제 20-2]

대학생 10명에게 다음과 같은 질문을 했다.

(질문X) 다음 중에서 점심식사로 한 달에 3회 이상 주문하는 것에 ○표를 하시오.

1. 카레라이스　　2. 라면
3. 자장면　　4. 햄버거
5. 샌드위치　　6. 한정식

이 회답결과를 일람표로 한 것이 다음의 데이터표다. 표 중의 1이라는 수치는 ○표를 한 (한 달에 3회 이상 주문하고 있는) 것을 의미한다.

데이터표

회답자	카레라이스	라면	자장면	햄버거	샌드위치	한정식
1	1	1	1	0	0	0
2	1	1	0	1	0	0
3	1	1	0	0	1	0
4	0	0	1	1	0	0
5	0	1	0	0	1	0
6	0	0	1	1	1	0
7	0	0	0	1	1	1
8	0	0	1	0	1	1
9	0	1	0	1	1	0
10	0	1	0	0	1	1

이 데이터를 대응분석으로 분석하라.

■ SPSS에 의한 다중대응분석

〈순서 1〉 데이터의 입력

(0, 1)형 데이터를 10 × 6의 크로스 집계표로서 분석하므로, SPSS에 입력할 경우에는 데이터표의 이미지로 입력하지 않고, 다음과 같은 형식으로 입력한다.

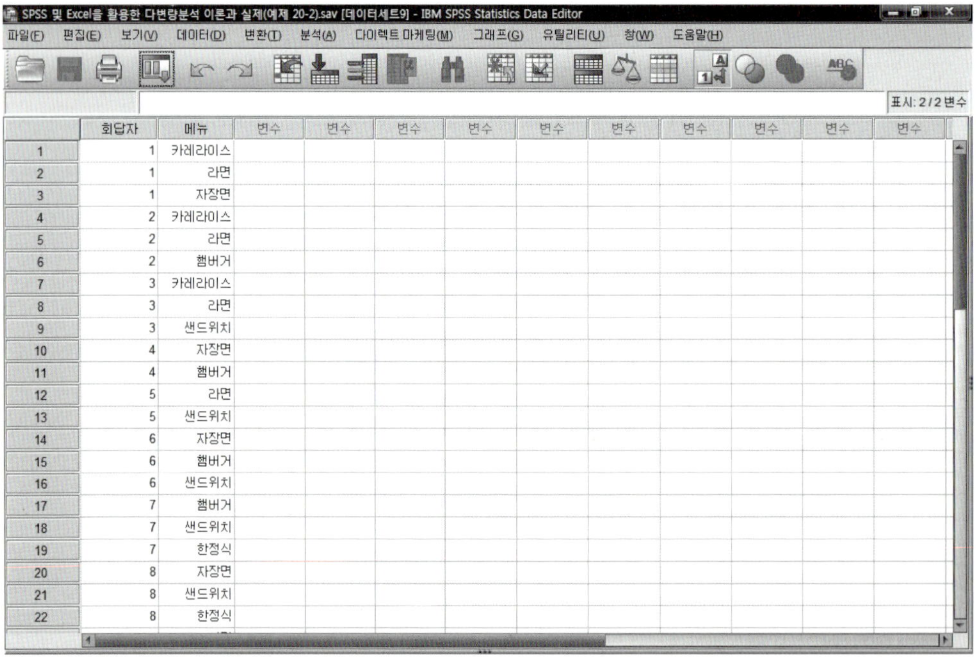

〈순서 2〉 대응분석의 선택

(1) 메뉴에서 [분석(A)]-[차원 축소]-[대응일치분석(C)]을 선택한다.

(2) 행은 회답자(범위는 1~10), 열은 메뉴(범위는 1~6)로 한다.

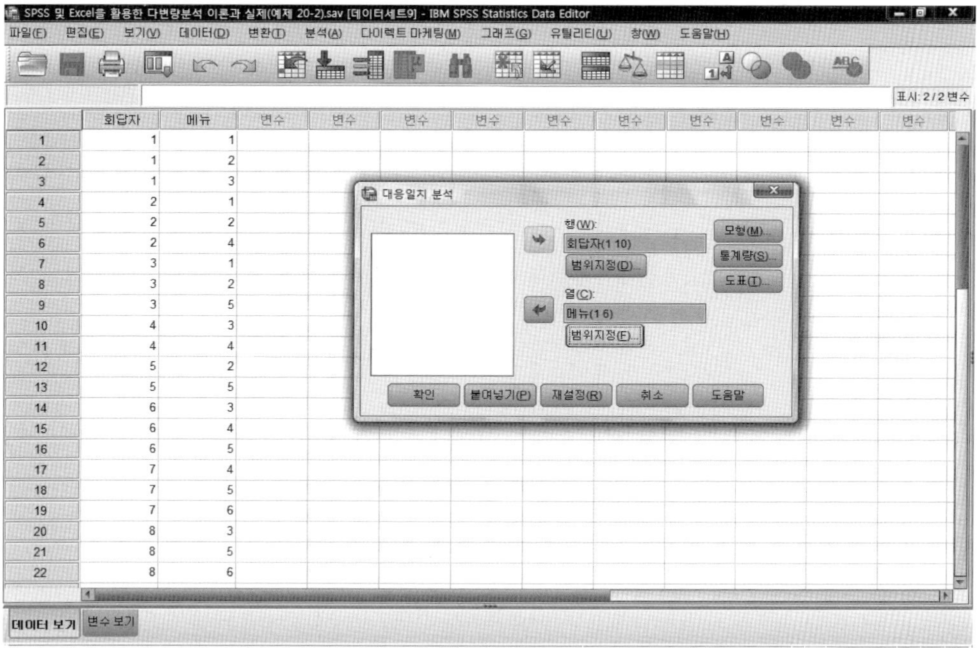

〈순서 3〉 도표의 선택

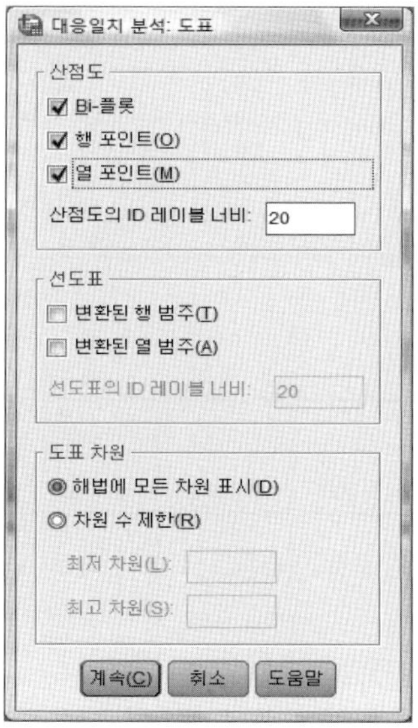

위 같이 선택하고 [계속] 버튼을 클릭한다.

〈순서 4〉 대응분석의 실행

앞의 [대응일치분석] 대화상자에서 [확인]을 클릭하면 대응분석이 실행된다.

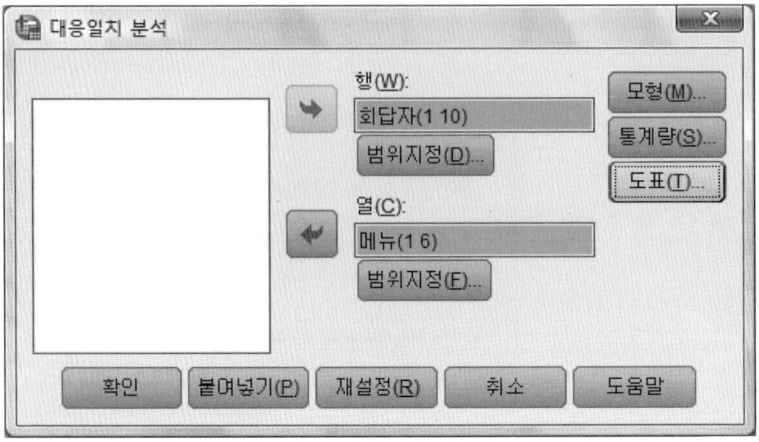

■ 분석결과 및 결과의 해석방법

대응일치표

회답자	메뉴						
	카레라이스	라면	자장면	햄버거	샌드위치	한정식	주변 합
1	1	1	1	0	0	0	3
2	1	1	0	1	0	0	3
3	1	1	0	0	1	0	3
4	0	0	1	1	0	0	2
5	0	1	0	0	1	0	2
6	0	0	1	1	1	0	3
7	0	0	0	1	1	1	3
8	0	0	1	0	1	1	3
9	0	1	0	1	1	0	3
10	0	1	0	0	1	1	3
주변 합	3	6	4	5	7	3	28

요약

차원	비정칙값	요약 관성	카이제곱	유의확률	관성비율		신뢰 비정칙값	
								상관관계
					설명됨	누적	표준편차	2
1	.650	.423			.375	.375	.103	-.161
2	.592	.350			.311	.686	.110	
3	.444	.197			.175	.861		
4	.341	.116			.103	.965		
5	.200	.040			.035	1.000		
전체		1.127	31.544	.936[a]	1.000	1.000		

a. 자유도 45

행 포인트 개요[a]

회답자	매스	차원의 점수		요약 관성	기여도				
					차원의 관성에 대한 포인트		포인트의 관성에 대한 차원		
		1	2		1	2	1	2	전체
1	.107	-.964	.607	.143	.153	.067	.453	.163	.616
2	.107	-1.059	.325	.126	.185	.019	.619	.053	.672
3	.107	-1.058	-.444	.107	.184	.036	.728	.117	.845
4	.071	.638	1.751	.154	.045	.370	.123	.844	.967
5	.071	-.373	-.898	.083	.015	.097	.078	.409	.487
6	.107	.591	.841	.090	.058	.128	.269	.496	.765
7	.107	.960	-.436	.118	.152	.034	.543	.102	.645
8	.107	1.056	-.154	.135	.184	.004	.576	.011	.587
9	.107	-.084	-.156	.063	.001	.004	.008	.025	.032
10	.107	.381	-1.151	.107	.024	.240	.094	.784	.878
전체 합	1.000			1.127	1.000	1.000			

a. 대칭적 정규화

열 포인트 개요[a]

메뉴	매스	차원의 점수		요약 관성	기여도				
					차원의 관성에 대한 포인트		포인트의 관성에 대한 차원		
		1	2		1	2	1	2	전체
카레라이스	.107	-1.579	.274	.226	.411	.014	.768	.021	.789
라면	.214	-.809	-.484	.147	.216	.085	.621	.202	.823
자장면	.143	.508	1.286	.232	.057	.400	.103	.603	.706
햄버거	.179	.322	.786	.188	.028	.186	.064	.347	.411
샌드위치	.250	.324	-.579	.107	.040	.142	.159	.463	.622
한정식	.107	1.228	-.981	.226	.249	.174	.465	.270	.734
전체 합	1.000			1.127	1.000	1.000			

a. 대칭적 정규화

행 포인트, 열 포인트, Bi-플롯 산점도를 그리면 다음과 같다.

회답자에 대한 행 포인트

대칭적 정규화

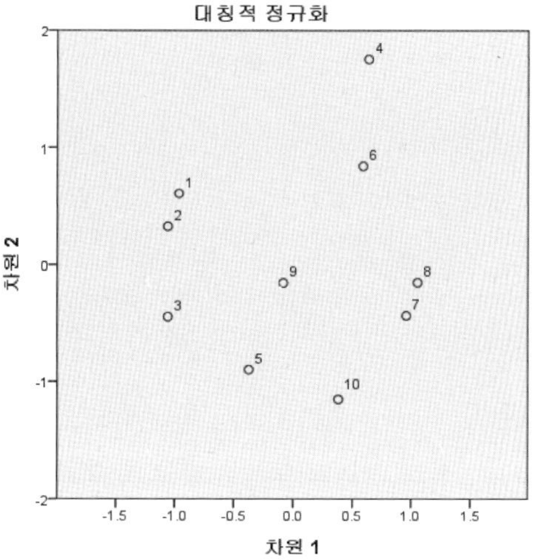

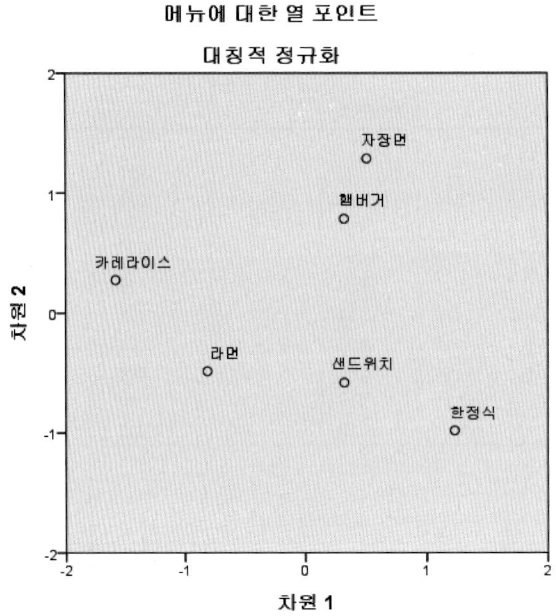

'회답자에 대한 행 포인트'를 보면 특히 (1과 2), (7과 8)이 가까이 위치하고 있어 회답 패턴이 비슷하다는 것을 보이고 있다.

그리고 '메뉴에 대한 열 포인트'를 보면 특히 (자장면과 햄버거)가 같은 패턴의 선호도를 보이고 있음을 알 수 있다.

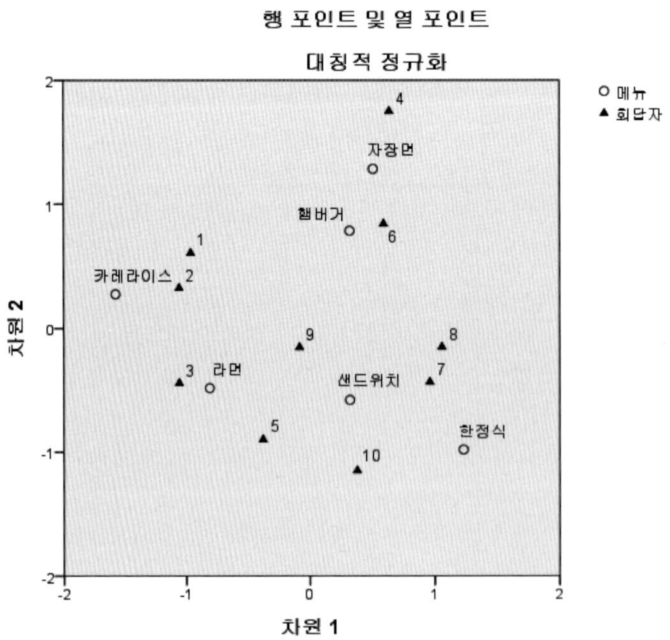

이와 같이 '행 포인트' 그래프나 '열 포인트' 그래프만으로는 행의 요인과 열의 요인의 관계를 쉽게 간파할 수 없다. 그러나 '행 포인트 및 열 포인트' 그래프를 보면 두 요인 간의 관계를 용이하게 이해할 수 있다. 여기에 대응분석의 의미가 있다고 할 수 있다.[1]

1 노형진, 대응분석의 이론과 실제 - 범주형 데이터의 주성분분석 - 한올출판사, 2008.
노형진, SPSS를 활용한 분할표의 분석 및 대응분석, 학현사, 2011.

CHAPTER 21 신뢰성분석

21.1 | 신뢰성과 타당성

연구자가 어떤 측정방법을 선택·사용하든지 간에 모든 측정치가 갖추어야 할 두 가지의 매우 중요한 특성이 있는데, 신뢰성(reliability)과 타당성(validity)이 그것이다.

신뢰성이란 측정결과에 오차가 들어 있지 않은 정도, 즉 분산에 대한 체계적 정보를 반영하고 있는 정도를 나타내는 것이다. 이에 비해 **타당성**이란 측정치가 의도한 것을 실제로 측정하고 있는 정도를 나타내는 것이다.

연구결과를 기초로 올바른 의사결정을 하려면, 데이터 수집단계에서 신뢰성과 타당성을 갖춘 측정방법을 사용하는 것이 불가결한 일이다. 신뢰성은 타당성을 보장하는 필요조건이지만 충분조건은 아니기 때문에 이들 두 가지 개념을 설명함에 있어서 신뢰성부터 먼저 시작하기로 한다.

1. 신뢰성

■ 신뢰성의 개요

신뢰성을 검토하는 하나의 방법은 어떤 속성의 측정치가 어느 정도의 오차를 포함하는가 하는 입장에서다. 측정치의 점수(score)에 오차가 포함되어 있는 정도가 적으면 적을수록 그 측정치는 신뢰할 수 있게 된다. 신뢰성의 동의어로는 의존성(dependability), 안정성(stability), 일관성(consistency), 예측가능성(predictability), 정확성(accuracy) 등이 있다.

조사방법론에 있어서 측정치의 신뢰성을 실증적으로 평가하기 위하여 여러 가지 방법이 사용되고 있다. 이러한 방법에는 **평행검증법**(the parallel form method), **검증－재검증법**(test-retest), **내부일치법**(internal consistency method), **크론바하 알파**(Chronbach's alpha) 등이 있다.

평행검증법 혹은 택일법에 의한 신뢰성평가는 3단계에 걸쳐 시행된다. 첫째로, 어떤 구성개념의 측정을 위하여 2개의(혹은 그 이상의) 측정방법을 개발한다. 그리고 이들 각기 다른 측정방법에 의한 측정결과는 동일한 스코어 평균과 동일한 분산 등을 나타내 보여야 한다. 둘째로, 2개의 측정방법은 동일한 측정대상에 적용되어야 한다. 2개 측정 간의 시간간격은 연구에 따라 달라지게 된다.

셋째로, 마지막 단계로서 2개의 측정 스코어 사이의 상관의 정도를 판단한다. 이 결과로 얻어진 상관이 평행검증법에 의한 신뢰성의 추정치다.

검증－재검증법은 측정방법이 하나밖에 없는 경우에 신뢰성을 검증하고 또 검증함으로써 신뢰성을 평가할 수 있는 방법이다. 어느 특정한 측정대상에 대하여 일정한 기간을 두고 2회에 걸쳐 측정을 행한 뒤, 그 결과로 얻어진 두 스코어의 상관을 검토한다. 그리하여 상관계수가 높으면 신뢰성이 높고, 상관계수가 낮으면 신뢰도가 낮다는 것을 알 수 있게 된다.

측정방법이 하나밖에 없을 때, 측정치의 신뢰성을 평가하는 또 하나의 방법은 그 **내부일치성**을 측정하는 것이다. 검사나 설문지 등은 그것들을 구성하고 있는 하위 항목들 사이의 간상관(intercorrelation)의 정도가 높은 만큼 내부일치성도 그만큼 높아지게 된다. 측정치의 내부일치성을 평가하는 데는 몇 가지의 계산방법이 있다. 가장 대표적인 방법은 **반분법**(split-half technique)이다. 이 같은 방법을 사용하려면 우선 연구자가 어떤 속성을 '다항목으로 구성된 측정도구'에 의해 측정해야 한다. 그렇게 측정하고 나서는 검사항목을 2개 부분의 하위 항목으로 반분한다. 그리하여 2개 부분의 총점수를 각 부분별로 산출하여 두 부분 간의 상관을 검토한다. 그 결과 2개 부분의 하위 항목의 총점수 사이에 상관이 높으면, 그 측정치의 내부일치성이 높은 것으로 판단한다.

연구자가 측정항목들의 동질성에 대한 정도를 평가하려고 할 때는 언제나 이와 같은 '내부일치성의 추정'을 활용해야 한다. 그래서 내부일치법에 의한 신뢰성분석의 대상으로 적절한 것은 단일 차원의 측정을 의도하는 다항목 측정의 경우이다. 직무만족, 직무전념도(job involvement), 역할갈등(role conflict)과 같이 주로 연필과 종이에 의한 측정은 대개의 경우, 내부일치 신뢰성의 평가에 의해 그 신뢰도가 측정되어야 할 대상들이다.

하나의 개념에 대하여 여러 개의 항목으로 구성된 척도를 이용할 경우에, 해당문항에 대하여 가능한 모든 반분신뢰도(split-half reliability)를 구하고 이들의 평균을 산출한 것이 바로 크론바하 알파(Chronbach's alpha) 계수이다. 이 방법을 이용하여 해당 척도를 구성하고 있는 각 항목들의 신뢰성까지 평가할 수 있다. 크론바하 알파 계수를 구하는 구하는 공식은 다음과 같다.

$$\alpha = \frac{N}{N-1}\left(1 - \sum \frac{{\sigma_i}^2}{{\sigma_t}^2}\right)$$

여기에서,

N = 문항 수

${\sigma_t}^2$ = 총분산

${\sigma_i}^2$ = 각 문항의 분산

문항 전체 수준의 경우 크론바하 알파 계수가 0.5 이상, 개별 문항 수준인 경우 0.9 이상 정도면 신뢰도가 높다고 할 수 있다.

신뢰성의 증대

만일 신뢰도가 기준보다 낮은 경우에는 측정항목 수를 늘리기도 하고 혹은 내부일치성을 향상시킴으로써 측정의 신뢰도를 높일 수 있다. 신뢰도의 수준이 이미 알려진 측정에 대하여 그 항목의 수를 일정한 양만큼 늘렸을 경우 그 늘어난 측정항목의 신뢰도는 쉽게 추정할 수 있다. 원래 측정의 신뢰도를 r_{XX}라 하고 측정항목의 길이를 k배로 늘렸을 때 늘어난 측정의 신뢰도 $r_{XX}{}^*$는 다음과 같이 나타낼 수 있다.

$$r^*_{XX} = \frac{kr_{XX}}{1+(k-1)r_{XX}}$$

예를 들어 10개 항목으로 구성된 신뢰도가 0.6이라고 할 때, 그 측정항목 수를 2배로 확대할 경우 20개 항목으로 늘어난 측정의 신뢰도는 0.75가 된다. 이 경우에 추가된 항목은 원래의 측정항목과 동일한 내용영역(the same content domain)의 것이고 동시에 추가 항목 간 간상관의 평균(average intercorrelation of the added items)과 원래의 항목 간 간상관(間相關)의 평균은 동일하지 않다는 것을 가정하고 있는 것이다.

측정의 신뢰도를 높이기 위한 또 하나의 방법은 내부일치성을 향상시키는 것이다. 어떤 측정항목이 구성항목 간 상관이 다른 비교적 많은 수의 항목들로 구성되어 있다면, 측정항목 간의 상관이 비교적 낮은 항목들을 제거함으로써 내부일치성을 향상시킬 수 있다. 이러한 항목을 제거함에 따라 소위 '순수화된' 측정항목이 생겨난다. 그러나 측정의 순수화는 한편으로 신뢰도를 증가시키지만, 다른 한편으로 타당성에는 정반대의 영향을 미친다는 사실에 유의해야 한다. 즉, 측정의 내부일치성을 증대시킴으로써 다른 측정 스코어에 대한 예측능력을 감소시키는 경우다.

2. 타당성

타당성의 개요

전술한 신뢰성은 모든 측정치가 갖추어지지 않으면 안 되는 특성이다. 그러나 이에 덧붙여 모든 측정치는 또 하나의 중요한 특성인 타당성(validity)을 구비하고 있어야 한다.

측정치의 타당성평가에서는 그것이 당초에 측정하려고 의도하였던 것을 어느 정도로 측정하고 있는가를 명확하게 밝히는 데 관심이 있는 것이다. 이와 같은 타당성평가를 위해서 측정방법의 개발자나 혹은 사용자는 다음과 같은 몇 개의 구체적인 유형의 타당성을 고찰해야 한다. 이들 구체적인 유형의 타당성에는 (a) **내용적 타당성**(content validity), (b) **구성개념 타당성**(construct validity), (c) **기준관련 타당성**(criterion-related validity), (d) **표면적 타당성**(face validity), (e) **증가적 타당성**(incremental validity), (f) **수렴적 변별적 타당성**(convergent and discriminant validity), (g) **종합적 타당성**(synthetic validity) 등이 있다.

측정치를 구성하고 있는 항목이 측정하려고 하는 변수와 관련된 항목들의 정의역(定義域)을 대표하는 표본일 때, 그 측정치는 내용적 타당성을 갖추고 있다고 말할 수 있다. 그 측정치가 측정하려고 하는 변수의 정의역 밖의 어떤 항목을 포함하고 있으면 내용적 타당성은 손상을 입게 된다. 예를 들면, 설문지법으로 직무만족을 측정하려고 할 경우 그 설문지 속에 종교적 신념의 강도, 사회적 소외의 정도 등을 측정하기 위한 항목들이 포함되어 있으면 그것은 **내용적 타당성**이 결여되어 있는 것이다. 어떤 측정이 내용적 타당성을 갖추도록 하기 위해서는 대상항목의 범위를 규정하고 그 측정항목이 대상범위를 대표하는 표본으로 구성되도록 추출되어야 한다.

측정치의 **구성개념 타당성**은 측정하려고 하는 구성개념의 조작적 정의가 적절한가의 여부를 나타내 보임으로써 그 타당성이 입증되는 것이다. 이와 같은 일은 실증적 연구를 필요로 하는 좀 시간이 걸리는 작업이다. 우선 첫째로 연구자는 연구하려고 하는 구성개념의 조작적 정의(측정방법)를 개발해야 한다. 그리고 나서 그 측정의 스코어가 직접 관찰 가능한 변수와 어떻게 관련되는가에 대한 가설을 설정해야 한다. 연구자는 또 연구대상이 되고 있는 그 구성개념이 다른 구성개념과 어떻게 관련되고 있는가에 대해서도 명확한 언급이 있어야 한다. 이와 같이 변수들 상호 간에 어떤 관계가 있는가에 관한 일련의 가설은 '법칙론적 네트워크'로 이해되고 있다. 이와 같은 법칙론적 네트워크가 구체화되고 나면 연구자는 하나 혹은 그 이상의 실증적 연구를 통해서 검증대상이 되고 있는 구성개념의 조작적 정의가 네트워크 내의 다른 변수들과 가설이 시사하는 방법대로 관련되고 있는가의 여부를 나타내 보이지 않으면 안 된다. 그리하여 관련되고 있는 정도에 따라 측정치의 구성개념 타당성(즉 구성개념의 조작적 정의)은 입증되게 된다.

다음에 어떤 측정치의 스코어, 즉 '예측변수'를 이용하여 다른 변수, 즉 '기준변수'를 추측하려고 할 경우 기준관련 타당성의 문제가 등장하게 된다. **기준관련 타당성**에는 예측변수와 기준변수를 어느 시점에서 측정할 것인가에 대한 관점에 따라 세 가지의 접근방법이 있다. 하나의 방법은 예측변수를 일정 시점에서 측정하고 그 뒤에 기준변수를 측정하는 방법이다. 예를 들면, 미국 대학의 대학원 입학자격시험(GRE) 혹은 경영대학원 입학자격시험(GMAT)의 점수(스코어)는 그 학생의 대학원에서의 성적을 예측하는 데 자주 이용되고 있다. 우리는 이와 같은 경우를 예측 타당성(predictive validity)이라고 한다. 둘째 방법은 예측변수와 기준변수를 같은 시점에서 측정하는 경우이다. 조직성원들이 현재 받고 있는 급여수준이 그들의 '급여에 대한 만족도'를 예측하는 데 사용되는 경우이다. 이와 같은 경우를 공시적 타당성(concurrent validity)이라고 한다. 셋째 방법은 기준측정, 즉 기준변수가 일정 시점에서 먼저 측정되고 예측변수는 나중에 측정되는 경우이다. 예를 들어 시체의 해부에서 얻어진 증거에 의해서 사망의 원인이 추정되는 경우이다. 이와 같은 경우가 소위 사후적 타당성(post-dictive validity)인 것이다.

한편 '측정치가 측정하려고 의도한 것을 측정하고 있는 것처럼 보이는 경우' 그 측정치는 **표면적 타당성**을 갖추게 되는 것이다. 어떤 측정치가 외견상 어떤 변수의 타당성 지표인 것처럼 보일지라도 구성개념 타당성과 기준관련 타당성이 결여되고 있는 경우가 있다는 사실에 유의해야 한다. 또 이와는 반대로 표면적 타당성은 결여되어 있지만 그 측정치가 뛰어난 예측변수일 경우가 있다. 표면적 타당성이 중요하다고 하는 기본적인 이유의 하나는, 측정방법을 실제의 측정상황에서 효과적으로 이용하기 위해서는 그 측정방법의 이용자와 측정의 대상자쌍방이 수용할 수 있는 것이어야 하기 때문이다.

측정방법을 실제의 상황에 적용하기 전에 측정치의 **증가적 타당성**에 관한 증거가 제시되어야 한다고 주장되고 있다. 어떤 측정치가 쉽고 값싸게 활용할 수 있는 다른 정보에 비하여 예측효율이 뛰어난 경우, 즉 예측효율에 어떤 증진을 가져왔을 경우, 그 측정치는 증가적 타당성을 갖추고 있다고 말할 수 있다. 사회과학의 영역에서는 다양한 측정방법이 급속히 개발되고 있기 때문에, 이 증진적 타당성의 개념에 마땅히 받아야 할 만큼의 충분한 주의가 기울여지지 않고 있다.

변수의 측정방법을 개발하는 과정에서 연구자는 측정치의 **수렴적 타당성**에 관한 입증자료를 제시하게 된다. 수렴적 타당성은 변수에 대한 어떤 측정방법에 의한 스코어가 다른 독립적인 측정방법에 의한 스코어와 상관되고 있는 정도를 나타낸다. 측정방법의 수렴적 타당성과 동시에 연구자는 변별적 타당성에 대해서도 주의를 기울여야 한다. **변별적 타당성**은 어떤 특정한 측정치와 관계가 없는 다른 측정치와의 사이에 강한 상관관계가 존재하지 않는 정도를 나타낸다.

공석이 된 직위를 위해 종업원을 채용할 때, 조직에서는 몇 개의 '채용을 위한 사전 검사'를 한다. 이와 같은 검사들의 기준관련 타당성은 일반적으로 공시적 타당성 전략에 의해 확정될 수 있다. 이와 같은 방법에 의해 검사의 타당성을 검증하는 경우에는 비교적 많은 사람들을 대상으로 한 검사 점수(test score)와 기준변수 측정치가 요구되는 것이다. 일반적으로 공시적 타당성은 자주 0.4를 넘지 않고 있으며, 적어도 25개 이상의 표본에 근거한 것이 아니면 타당성 계수 0.4는 통계적으로 신뢰할 수 없기 때문이다. 그러나 조직에 있어서 실제로 25명 이상의 직무담당자를 필요로 하는 단일 직무는 거의 없다. 직무담당자가 비교적 소수인 경우, 선발검사의 타당성은 다른 방법에 의하지 않으면 안 된다. 직무담당자가 소수인 직무를 대상으로 한 검사의 타당성을 검증하는 데 사용될 수 있는 방법이 종합적 타당성이다. **종합적 타당성**은 직무의 구성요소를 논리적으로 분석하고, 각 요소에 대한 측정의 타당성을 검증하여 각 요소의 타당성을 하나의 전체에 결합하는 경우에 있어서의 타당성을 추론하는 것이다.

■ 예측-기준관계성 : 범위제약의 영향

상관계수는 어떤 측정치의 기준관련 타당성의 정도를 나타내는 데 사용된다. 그리고 예측변수와 기준변수의 예정치 신뢰도가 낮으면, '관찰된 예측-기준 상관'은 영(zero)에 가까워진다. 그래서 우리가 연구를 수행하는 과정에서 '낮은 예측-기준 상관'을 관찰하게 될 경우,

사용하고 있는 측정치의 신뢰도가 최적수준 이하가 될 가능성을 항상 검토해 보아야 한다. 그러나 예측-기준 상관이 낮은 것은 '범위의 제약'(restriction of range)이라고 하는 문제로부터 기인된 것이다. 이와 같은 상태는 '표본상관계수'를 구할 때에 그 기초가 된 변수의 변동범위(variability)가 모집단의 그것보다 작은 표본만을 사용할 때 생기는 현상이다.

기준관련 타당성을 입증한다는 관점에서 보면 모집단을 구성하는 모든 사람들을 검사하고 동시에 그 사람들을 모두 채용한다는 것은 이상적이라고 할 수 있다. '예측변수'와 '기준변수'에 대한 분산이 매우 크게 나타난 것이고 또 이것은 매우 중요한 것이 된다. 왜냐하면, 다른 모든 조건이 변함이 없다면 두 변수의 변동범위가 크면 클수록 두 변수 간의 상관도 그만큼 커지기 때문이다.

실제로 범위의 제약이 '예측기준 타당성'에 미치는 영향이나 그 밖에 다른 상관에 미치는 영향은 자주 주목의 대상이 되고 있다. 예를 들어 어떤 연구[2]에 의하면 '제약을 받지 않는 표본'(unrestricted sample)의 경우, 혼합적성검사(composite aptitude test)의 점수와 기준변수 측정치와의 사이에 0.64의 상관을 나타내 보이지만 범위의 제약을 받은 표본의 경우 '예측-기준 상관'은 0.18밖에 되지 않는다고 보고하고 있다. 이와 같은 연구결과는 범위의 제약이 상관계수에 미치는 영향에 대한 명백한 증거를 제시해 주고 있는 것이다.

측정의 신뢰성이란 측정치의 변동 중, 일관된 요인에 의한 변동이 차지하는 비율을 말하는데, 테스트 이론에서 중요한 개념이다. 어떤 측정이 대상이 갖는 어떤 일관된 특성을 측정하고 있는지 혹은 측정의 관심 대상이 되지 않는 우연 요인에 의해서 측정치가 결정되고 있는지는 언제나 문제가 된다.

타당성은 테스트 등에 의한 측정이 본래 목적으로 하는 측정대상을 얼마만큼 잘 측정하고 있는지를 평가하는 개념이다.

21.2 | 신뢰성분석의 실제

[예제 21-1]

다음은 K대학교 학생회에서 학교 구내식당에 대한 학생들의 반응을 조사하기 위해서 작성한 설문내용이다.

2 Guilford, J. P. and Frutcher, B., Fundamental Statistics in Psychology and Education, 5th ed., New York : McGraw Hill, 1973.

[설문1] 귀하는 구내식당을 이용할 때 다음의 항목들을 어느 정도 중요하게 생각하십니까?

	중요도						
	1	2	3	4	5	6	7
1. 청결상태(X1)	___	___	___	___	___	___	
2. 음식량 (X2)	___	___	___	___	___	___	
3. 대기시간(X3)	___	___	___	___	___	___	
4. 음식맛 (X4)	___	___	___	___	___	___	
5. 친절 (X5)	___	___	___	___	___	___	

[설문2] 귀하는 구내식당을 평균적으로 일주일에 몇 번 정도 이용하십니까? (이용횟수) (X6)

[설문3] 귀하의 성별(남, 여) (X7)

다음의 데이터표는 학생 25명에 대한 설문결과를 정리한 것이다. 이 데이터에 대해 신뢰성 분석을 실시하라.

데이터표

No.	X1	X2	X3	X4	X5	X6	X7	No.	X1	X2	X3	X4	X5	X6	X7
1	6	4	7	6	5	4	1	14	6	3	5	5	7	3	2
2	5	7	5	6	6	6	1	15	3	4	4	3	2	2	2
3	5	3	4	5	6	4	1	16	2	7	5	5	4	4	2
4	4	3	2	3	4	3	1	17	3	5	2	7	2	5	2
5	5	3	3	3	2	2	1	18	6	4	5	5	7	4	2
6	2	6	2	4	3	3	1	19	7	4	6	3	5	2	2
7	1	3	3	3	2	1	1	20	5	6	6	3	4	3	2
8	3	5	3	4	2	2	1	21	2	3	3	4	3	2	2
9	7	3	6	5	5	4	1	22	3	4	2	3	4	3	2
10	6	4	3	4	4	5	1	23	3	6	3	5	3	5	2
11	6	6	2	6	4	6	1	24	6	5	7	5	5	5	2
12	3	2	2	4	2	3	1	25	7	6	5	4	6	5	2
13	5	7	6	5	2	6	2								

크론바하 알파(Chronbach's alpha)는 테스트나 척도가 어느 정도 대상을 정확하게 측정할 수 있는지를 보이는 신뢰성계수의 하나이다. 상관계수와 같은 것으로 1에 가까울수록 테스트 항목의 신뢰성이 높다. 주로 리커트 척도에 이용된다.

■ SPSS에 의한 신뢰성분석

〈순서 1〉 데이터의 입력

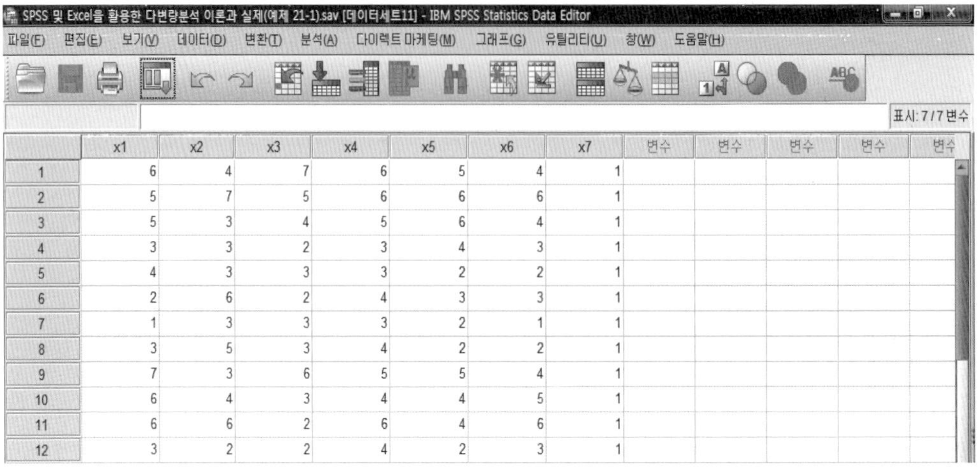

〈순서 2〉 신뢰도분석의 선택

메뉴에서 [분석(A)]−[척도분석]−[신뢰도분석(R)]을 선택한다.

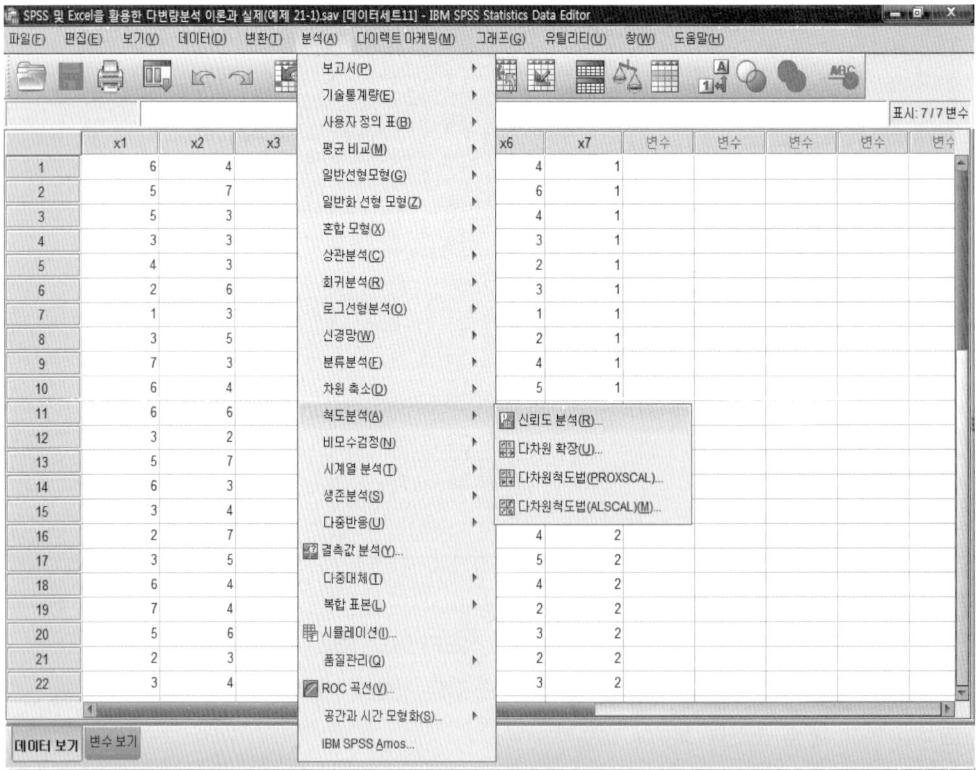

↓ (대화상자가 나타난다)

〈순서 3〉 변수의 선택

신뢰성분석에서 변수는 2개 이상이어야 한다. [문항(I)] 난에 'x_1', 'x_2', 'x_3', 'x_4', 'x_5' 등 5개의 변수를 선택한다. 이들 5개의 변수들이 동일한 개념을 가지고 있는지 알아보기 위함이다.

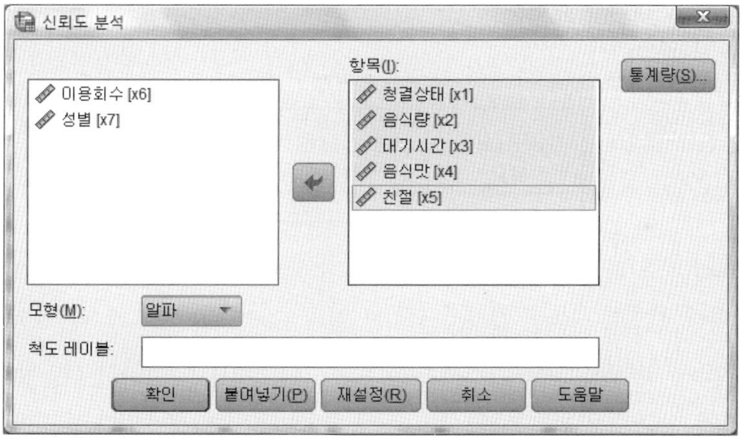

위의 대화상자에서 [모형(M)] 난의 '알파'는 크론바하 알파(Chronbach's alpha) 계수를 이용함을 의미한다.

〈순서 4〉 통계량의 선택

위의 대화상자에서 [통계량(S)] 버튼을 클릭하면 다음과 같은 대화상자가 나타난다.

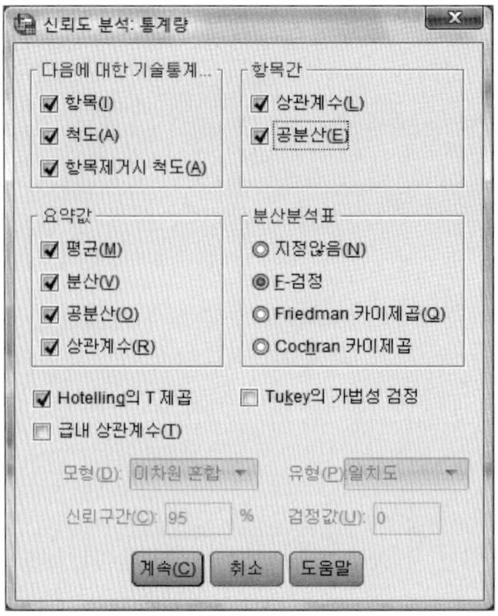

[신뢰도분석 : 통계량] 대화상자에서 위와 같은 항목들을 지정하고 [계속] 버튼을 클릭하면, 앞의 화면으로 복귀한다. 여기에서 [확인] 버튼을 클릭하면 분석결과를 얻을 수 있다.

■ 분석결과 및 결과의 해석방법

(1) 크론바하 알파 계수의 계산

신뢰도 통계량

Cronbach의 알파	표준화된 항목의 Cronbach의 알파	항목 수
.709	.700	5

(A) Cronbach의 알파 = 0.709 : 크론바하 알파 모형에 의해서 $X1$, $X2$, $X3$, $X4$, $X5$를 하나의 척도로 신뢰성 검사를 실시한 결과 크론바하 알파 계수는 0.709가 나왔다. 일반적으로 신뢰도의 척도인 크론바하 알파 계수가 0.6 이상이면 신뢰성이 있다고 보며, 전체 변수(항목)를 하나의 척도로 종합하여 분석할 수 있다는 것이다.

어떤 연구결과에 의하면, 탐색적인 연구 분야에서는 크론바하 알파 계수가 0.6 이상이면 충분하고, 기초연구 분야에서는 0.8 그리고 중요한 결정이 요구되는 응용연구 분야에서는 0.9 이상이어야 한다고 주장하고 있다.[3] 조직 단위의 분석수준에서 일반적으로 크론바하 알파 계수가 0.6 이상이면 측정도구의 신뢰도에는 별 문제가 없는 것으로 알려져 있다.[4]

---

3 Nunnally, J. C., Psychometric Theory, 2nd ed., (New York : McGraw Hill, 1978).

(B) 표준화된 항목의 Cronbach의 알파 = 0.700 : 표준화된 각 변수들로 신뢰성분석을 했을 경우에는 크론바하 알파 계수가 0.700이 된다. 만일 각 변수들의 척도가 큰 분산을 가지고 있다면, 두 가지 종류의 알파 계수 간에 차이가 크기 때문에 이 방법을 이용해야 한다.

(2) 신뢰성분석의 기술통계량

항목 통계량

	평균	표준 오차 편차	N
청결상태	4.36	1.823	25
음식량	4.52	1.503	25
대기시간	4.04	1.695	25
음식맛	4.40	1.155	25
친절	3.96	1.645	25

각 개별항목들에 대한 기술통계량이 제시되어 있다. 분석대상이 되는 5변수들의 이름과 각 변수의 평균, 표준편차, 사례(케이스) 수가 나타나 있다. $X1$(청결상태) 변수의 표준편차가 1.823으로서 5변수 중 가장 크다는 것을 알 수 있다.

(3) 상관행렬 및 공분산행렬

항목간 상관행렬

	청결상태	음식량	대기시간	음식맛	친절
청결상태	1,000	,050	,629	,265	,686
음식량	,050	1,000	,220	,355	,009
대기시간	,629	,220	1,000	,183	,509
음식맛	,265	,355	,183	1,000	,272
친절	,686	,009	,509	,272	1,000

항목간 공분산 행렬

	청결상태	음식량	대기시간	음식맛	친절
청결상태	3,323	,138	1,943	,558	2,057
음식량	,138	2,260	,562	,617	,022
대기시간	1,943	,562	2,873	,358	1,418
음식맛	,558	,617	,358	1,333	,517
친절	2,057	,022	1,418	,517	2,707

4 Van de Ven, A. H. and Ferry, D. L., Measuring and Assessing Organization, (New York, 1980).

5변수들 간의 상관행렬 및 공분산행렬이 제시되어 있다. $X1$(청결상태), $X3$(대기시간), $X5$(친절) 간에 상관관계가 높고, $X2$(음식량), $X4$(음식맛) 간에 상관관계가 비교적 높은 값(0.355)을 보이고 있다. 이것은 제18장 요인분석을 통하여 두 개의 요인으로 분류되었던 사실을 확인시켜 주는 결과이다.

(4) 요약 항목 통계량

요약 항목 통계량

	평균	최소값	최대값	범위	최대값 / 최소값	분산	항목 수
항목 평균	4,256	3,960	4,520	,560	1,141	,059	5
항목 분산	2,499	1,333	3,323	1,990	2,493	,570	5
항목간 공분산	,819	,022	2,057	2,035	94,923	,498	5
항목간 상관관계	,318	,009	,686	,677	78,278	,049	5

(A) 항목평균 : 각 변수들의 평균의 평균, 평균값 중 최소값·최대값, 평균의 범위, 최대평균과 최소평균의 비율, 평균의 분산 등을 나타낸다.

(B) 항목분산 : 각 변수들의 분산의 평균, 분산값 중 최소값·최대값, 분산의 범위, 최대분산과 최소분산의 비율, 분산의 분산 등을 나타낸다.

(C) 항목 간 공분산 : 각 변수들 간의 공분산의 평균, 공분산 중 최소값·최대값, 공분산의 범위, 최대공분산과 최소공분산의 비율, 공분산의 분산 등을 나타낸다.

(D) 항목 간 상관관계 : 각 변수들 간의 상관계수의 평균, 상관계수 중 최소값·최대값, 상관계수의 범위, 최대상관계수와 최소상관계수의 비율, 상관계수의 분산 등을 나타낸다.

(5) 항목 총계 통계량 및 척도 통계량

항목 총계 통계량

	항목이 삭제된 경우 척도 평균	항목이 삭제된 경우 척도 분산	수정된 항목-전체 상관계수	제곱 다중 상관계수	항목이 삭제된 경우 Cronbach 알파
청결상태	16.92	16.160	.641	.585	.576
음식량	16.76	23.940	.182	.197	.763
대기시간	17.24	17.440	.605	.449	.598
음식맛	16.88	23.443	.367	.213	.698
친절	17.32	18.143	.573	.497	.614

척도 통계량

평균	분산	표준편차	항목 수
21.28	28.877	5.374	5

(A) 항목이 삭제된 경우 척도 평균 : 해당하는 하나의 변수를 분석대상에서 제외했을 경우에 그 변수 이외의 변수들로 구성되는 척도의 평균을 의미한다. 예를 들면, $X1$(청결상태)을 제외하고 신뢰성을 분석하면 척도의 평균 21.28이 16.92로 바뀐다는 것을 의미한다. 이 값은 척도의 평균에서 $X1$의 평균을 뺀 값과 같다(21.28 − 4.36 = 16.92).

(B) 항목이 삭제된 경우 척도 분산 : 해당하는 하나의 변수를 분석대상에서 제외했을 경우에 그 변수 이외의 변수들로 구성되는 척도의 분산을 의미한다. 예를 들면, $X2$(음식량)를 제외한 스케일의 분산은 23.94로서 가장 크다.

(C) 수정된 항목 − 전체 상관계수 : 각 개별 변수와 그 변수를 제외한 나머지 변수로 구성된 척도와의 상관계수를 의미한다. 예를 들면, $X1$(청결상태)과 $X2$(음식량), $X3$(대기시간), $X4$(음식맛), $X5$(친절)로 구성된 척도와의 상관계수는 0.641로서 가장 크다.

(D) 제곱 다중 상관계수 : 각 개별 변수를 제외하고 구성된 척도가 전체 분산 중에서 얼마나 설명하는가를 나타낸다. 예를 들면, $X1$을 목적변수로 하고 $X2$, $X3$, $X4$, X5를 설명변수로 하는 회귀식이 가지는 설명력(R^2)을 의미한다.

(E) 항목이 삭제된 경우 크론바하 알파 : 각 개별 변수를 제외했을 때의 크론바하 알파 계수이다. 신뢰성분석에서는 신뢰도 모형을 초기지정값으로 크론바하 알파 모형으로 실행하도록 되어 있다. 예를 들면, $X1$(청결상태)을 제외하면 크론바하 알파 계수는 원래의 알파 값 0.709(마지막 출력결과 참조)에서 0.576으로 크게 작아지고, $X2$(음식량)를 제외하면 크론바하 알파 계수는 원래의 알파 값에서 0.763으로 커진다. 만일 이 변수들을 하나의 요인으로 나타내고자 할 경우에는 $X2$를 제외한 나머지 4개의 변수로 구성해야 할 것이다. 신뢰도의 척도인 알파 값은 클수록 좋은 것이므로, 그 변수를 제외함으로써 알파 값이 작아지는 경우에는 그 변수를 제외하지 않도록 해야 한다.

(F) 척도 통계량 : 분석변수를 하나로 간주한 가상변수인 척도(scale)에 관한 평균, 분산, 표준편차, 변수의 수가 나타나 있다.

(6) 분산분석표

ANOVA

		제곱합	자유도	평균제곱	F	유의확률
개체 간		138.608	24	5.775		
개체 내	항목 간	5.888	4	1.472	.876	.481
	잔차	161.312	96	1.680		
	전체	167.200	100	1.672		
전체		305.808	124	2.466		

총 평균 = 4.26

(A) 개체 간 : $X1$, $X2$, $X3$, $X4$, $X5$ 등 5개 변수 간의 차이 여부를 검정하기 위한 것으로 표본의 자유도는 24(= 표본의 수−1 = 25−1)이다.

(B) 항목 간 : 항목 간의 자유도는 4(= 항목의 수−1 = 5−1)이며, F값은 0.876이고 유의확률 = 0.481 > 0.05이므로 유의하지 않다. 즉, 항목 간에 차이가 없다는 귀무가설이 채택된다.

(7) Hotelling T 제곱 검정

Hotelling T 제곱 검정

Hotelling의 T 제곱.	F	자유도1	자유도2	유의확률
4.281	.936	4	21	.462

Hotelling의 T 제곱 = 4.281 F = 0.936 유의확률 = 0.462 : 변수 간 평균의 동일 여부를 검정하기 위한 것으로 F = 0.936이며 유의확률 = 0.462 > 0.05이므로 통계적으로 유의하지 않다. 즉, 변수 간의 평균이 같다는 귀무가설이 채택된다.

CHAPTER 22

비선형 정준상관분석

22.1 | 비선형 정준상관분석의 기초지식

■ 정준상관분석이란

2개의 변량 x_1과 x_2가 어느 정도 관계가 있는가를 알고 싶은 경우에는 주지하는 바와 같이 몇 개의 표본에 대해서 변량 x_1, x_2를 측정하고 그 상관계수를 구하면 된다. 그런데 이제 3개의 변량 x_1, x_2, x_3가 있을 때 변량 x_1, x_2를 1조로서 생각하고, 이 조(組)와 x_3의 관계가 어느 정도인가를 알고 싶은 경우에는 단지 x_3와 x_1, x_2의 상관계수를 구해 봐도 결코 이것들은 x_1, x_2의 조, 즉 x_1과 x_2의 관련 하에 x_3와의 관계를 보이는 것이 아니다. 이와 같은 관계를 아는 하나의 방법으로서 변량 x_1과 x_2의 선형결합

$$y = a_1 x_1 + a_2 x_2 \tag{22.1}$$

으로 되는 변량 y를 생각하여 y와 x_3와의 상관이 최대가 되도록 a_1, a_2를 추정해서 변량 x_1, x_2의 조와 변량 x_3와의 관계를 추측하는 방법을 생각할 수 있다. 이러한 사실은 x_1, x_2, x_3를 직교축으로 갖는 평행좌표를 생각했을 때, 이들의 변량을 측정한 각 표본점은 <그림 22-1>의 왼쪽과 같이 3차원 공간 중에 산포해 있다. 이때 x_1 좌표와 x_2 좌표에 관해서 (22.1) 식을 만족시키는 y와 x_3의 상관이 최대가 되도록 계수 a_1, a_2를 결정하는 것이다(<그림 22-1>의 오른쪽 그림 참조).

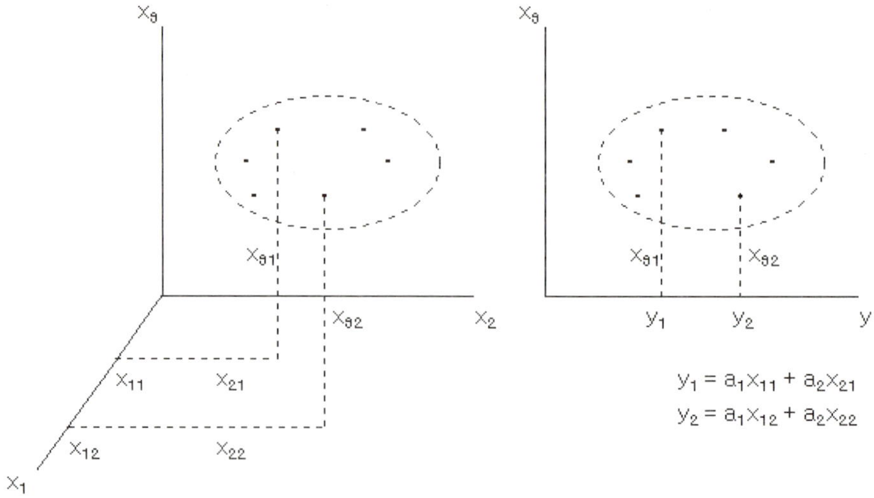

그림 22-1 정준상관분석의 이미지

이상의 고찰을 더욱 일반화해서 변량이 q개(x_1, x_2, ⋯ , x_q) 있을 때, 이 중 r개의 변량의 조(x_1, x_2, ⋯, x_r)와 $q - r$ (단, 일반성을 잃지 않고 $q - r \geqq r$로서 논의한다.)개의 변량의 조(x_r +1, x_r +2, ⋯ , x_q) 사이의 관계를 알고 싶은 경우에 이들 각 조의 변량의 선형결합

$$y = a_1x_1 + a_2x_2 + \cdots + a_rx_r$$

$$z = b_1x_{r+1} + b_2b_2x_{r+2} + \cdots + b_sx_q \qquad (s = q - r\text{이라고 놓으면 } r \leqq x_s) \qquad (22.2)$$

를 생각해서 y와 z 사이의 상관계수 $r_{y,z}$를 최대가 되도록 계수 a_1, a_2, ⋯, a_r ; b_1, b_2, ⋯, b_s를 추정하고자 하는 것이 **정준상관분석**(canonical correlation analysis)이다. 예를 들면 운동능력을 나타낸다고 생각되는 5개의 변량 : '질주력(달리는 힘)', '도력(뛰는 힘)', '투력(던지는 힘)', '근육 지구력', '지구력'의 조와 체력을 나타낸다고 생각되는 6개의 변량 : '민첩력', '순발력', '배근력', '악력', '유연성', '폐기능'의 조 사이의 관계가 어느 정도인가를 알고 싶은 경우에는 정준상관분석이 유효하다.

비선형 정준상관분석과 SPSS

비선형 정준상관분석(nonlinear canonical correlation analysis)은 SPSS에서 OVERALS라고 불린다. 비선형 정준상관분석의 목적은 하나의 변수군이 다른 하나의 변수군과 얼마나 상관이 있는가를 알아보는 데 있다. 비선형 정준상관분석은 전술한 선형적 정준상관분석과 달리 명목척도, 순서척도 등의 데이터에도 적용시킬 수 있다.

SPSS에서는 최적화척도법을 선택하여 측정수준과 변수군의 수를 적절히 지정함으로써 비선형 정준상관분석을 실시할 수 있다.

현대인은 많은 스트레스에 시달리고 있다고 한다. 이것은 여러 가지 질병의 원인이 되어 많은 사람의 생명을 빼앗아 가기도 한다. 전문가들은 스트레스에 대한 치료법으로 여러 가지 취미생활이나 오락 등을 권장하고 있다.

그래서 20명의 피험자에게 다음과 같은 앙케트 조사를 실시했다.

표 22-1 앙케트 조사표

[질문 1] : 귀하는 지금 하고 있는 일에 만족하고 있습니까?
1. 만족 2. 약간 만족 3. 조금 불만 4. 불만

[질문 2] : 귀하는 결혼을 했습니까?
1. 미혼 2. 기혼

[질문 3] : 귀하가 좋아하는 애완동물은?
1. 애완동물은 싫다 2. 고양이 3. 개 4. 여러 가지 애완동물

[질문 4] : 귀하가 좋아하는 음악은?
1. 클래식 2. 로큰롤 3. 포크송

[질문 5] : 귀하가 좋아하는 생활공간은?
1. 도시 2. 전원

앙케트 조사로부터 알고 싶은 것은 다음의 두 개 그룹 사이의 관계이다.

질문 1, 질문 2		질문 3, 질문 4, 질문 5
일 결혼	과	애완동물 음 악 생활공간

그래서 질문 1과 질문 2를 스트레스에 관한 그룹 1이라 하고, 질문 3, 질문 4, 질문 5를 치료법에 관한 그룹 2라고 했을 때, 예를 들면

1. 치료에 관계가 있는 것은 '일'인가 아니면 '결혼'인가?
2. 스트레스에 관계가 있는 것은 '애완동물', '음악', '생활공간' 중 어느 것인가?

를 조사하고 싶은 것이다.

비선형 정준상관분석의 용도

비선형 정준상관분석에서 중요한 것은 다음과 같은 '범주의 수량화'와 이 수량화에 의해서 얻어지는 두 개 그룹의 관계이다.

표 22-2 범주의 수량화

질문 1의 범주	순서	수량화
만족	1	−0.768
약간 만족	2	−0.613
조금 불만	3	−0.366
불만	4	1.716

⇧
분석결과의 수량화로부터

< 그룹 1> $a_1 \times$ 질문 1 $+ a_2 \times$ 질문 2

<그룹 2> $b_1 \times$ 질문 3 $+ b_2 \times$ 질문 4 $+ b_3 \times$ 질문 5

비선형 정준상관분석에서는 그룹 1과 그룹 2의 상관관계가 최대가 될 때의 계수 $(a_1,\ a_2)$와 $(b_1,\ b_2,\ b_3)$를 구한다.

이 계수를 보면 어느 질문이 어느 그룹에 어떠한 영향을 미치고 있는지 알 수 있다.

비선형 정준상관분석의 이미지를 도시해 보면 다음과 같이 된다.

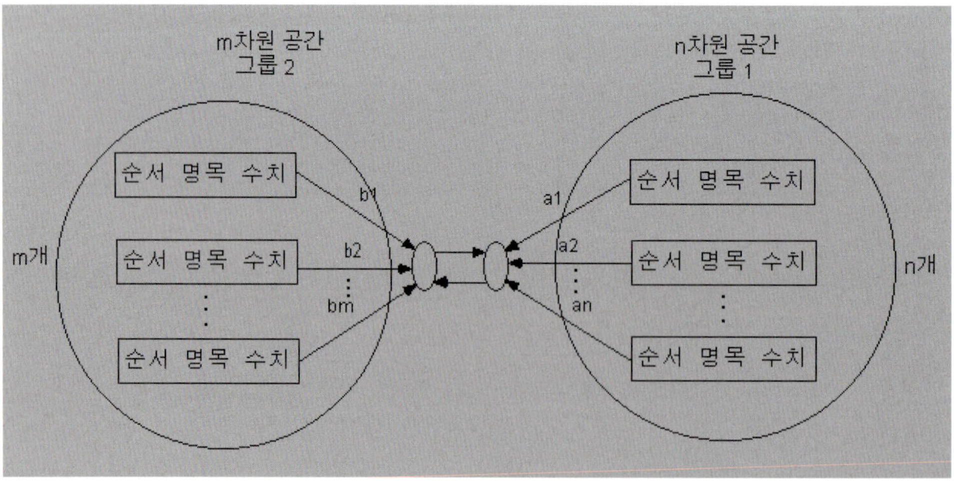

그림 22-2 비선형 정준상관분석의 이미지

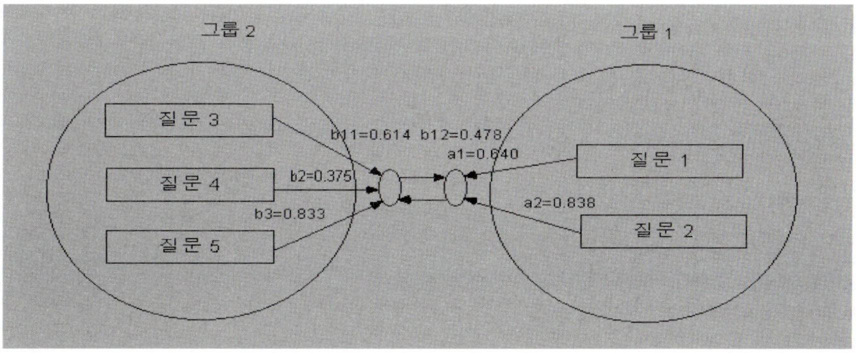

⇧
분석결과의 성분적재량으로부터

그림 22-3 분석 결과

<표 22-1>의 앙케트 조사의 경우 다섯 개의 질문을 두 개의 그룹으로 나누어서 그 그룹 간의 상관계수가 최대가 될 때의 계수를 구하는데, 질문 3이 다중명목이므로 조금 복잡해진다.

그런데 앙케트 조사의 결과는 다음과 같다.

표 22-3 앙케트 조사의 결과

피험자	질문 1	질문 2	질문 3	질문 4	질문 5
1	1	1	1	2	1
2	3	1	2	1	1
3	4	2	3	3	2
4	2	2	1	1	1
5	2	1	3	1	1
6	4	2	4	3	2
7	3	2	4	1	1
8	2	2	3	2	2
9	1	1	2	2	1
10	3	2	1	2	1
11	2	2	3	3	2
12	3	1	1	1	1
13	1	2	3	2	1
14	4	2	4	3	2
15	4	1	2	1	1
16	1	1	2	1	1
17	4	2	1	2	2
18	3	1	3	3	1
19	2	2	3	1	2
20	2	2	1	2	1

22.2 | 비선형 정준상관분석의 실제

■ SPSS에 의한 해법

〈순서 1〉 데이터의 입력

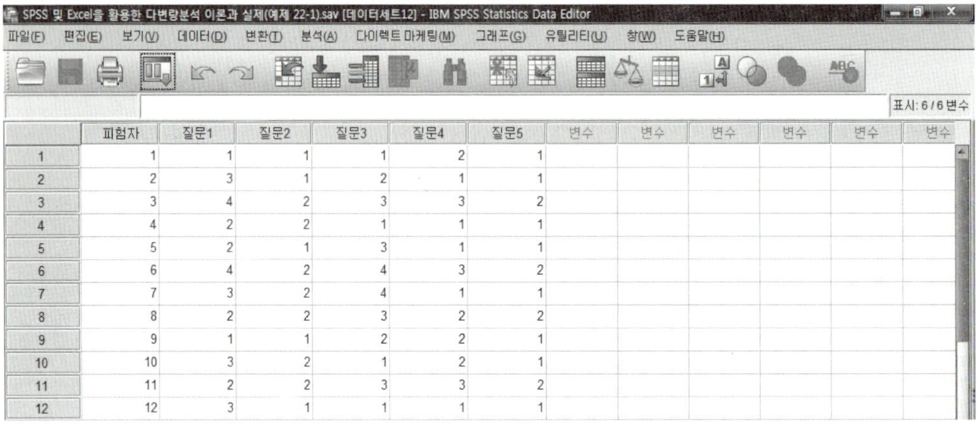

	피험자	질문1	질문2	질문3	질문4	질문5
1	1	1	1	1	2	1
2	2	3	1	2	1	1
3	3	4	2	3	3	2
4	4	2	2	1	1	1
5	5	2	1	3	1	1
6	6	4	2	4	3	2
7	7	3	2	4	1	1
8	8	2	2	3	2	2
9	9	1	1	2	2	1
10	10	3	2	1	2	1
11	11	2	2	3	3	2
12	12	3	1	1	1	1

〈순서 2〉 최적화 척도법의 선택

메뉴에서 [분석(A)]－[차원 축소]－[최적화 척도법(O)]을 선택한다.

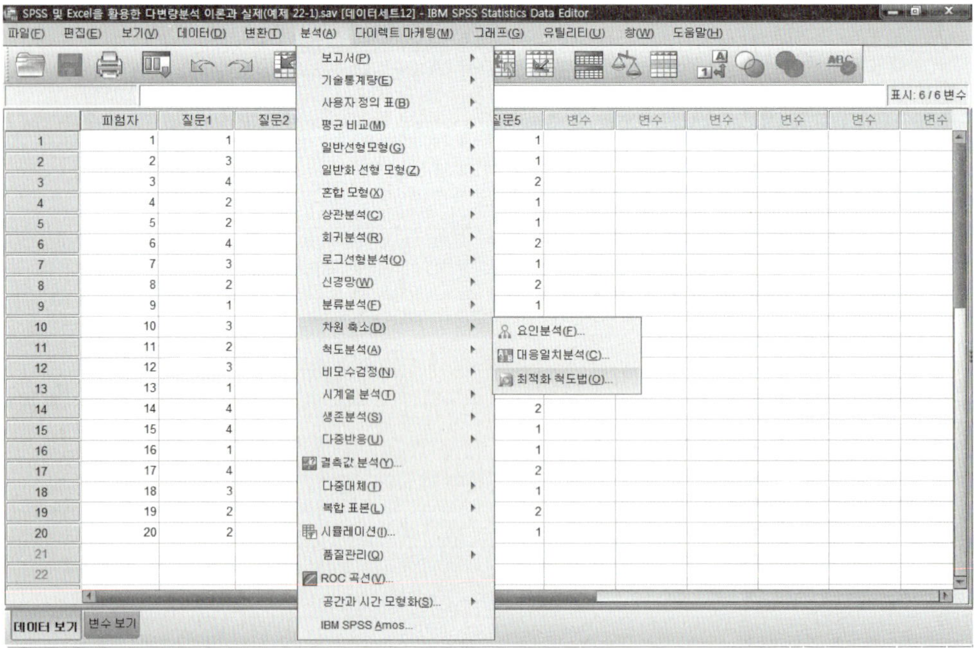

〈순서 3〉 비선형 정준상관분석의 선택

다음의 화면이 나타나면 아래와 같이 선택한다. 그러면 비선형 정준상관분석이 선택된다.

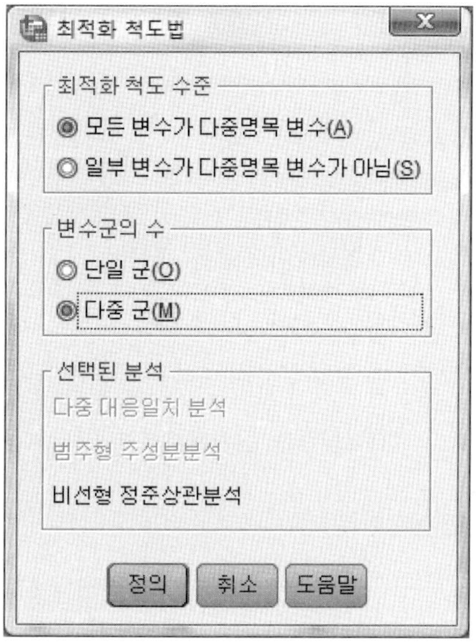

여기에서 [정의] 버튼을 클릭한다.

〈순서 4〉 변수의 선택

(1) 다음의 화면이 되면 '질문 1'을 선택해서 [변수(B)] 난으로 이동한다. 그리고 [범위 및 척도 정의(D)]를 클릭한다.

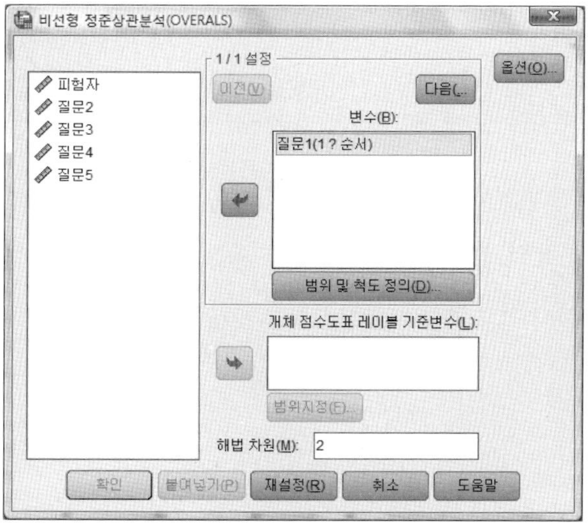

(2) 다음과 같이 [최대값(A)] 난에 4를 입력하고, [측정 척도]로서 [순서(O)]를 선택한다. 그리고 [계속] 버튼을 클릭한다.

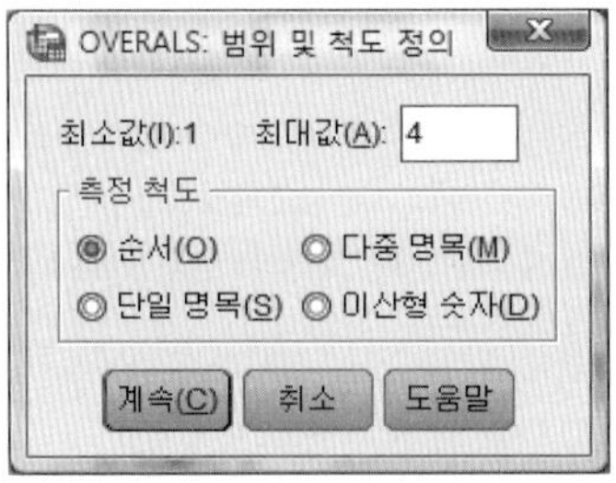

(3) 다음의 화면으로 되돌아오면 같은 방법으로 '질문 2'를 선택해서 [변수(B)] 난으로 이동하고 [범위 및 척도 정의(D)]를 클릭한다.

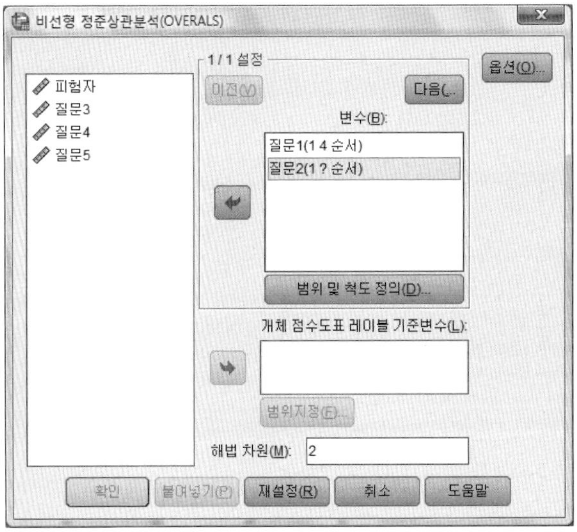

(4) 다음과 같이 [최대값(A)] 난에 2를 입력하고, [측정 척도]로서 [단일 명목(S)]을 선택한다. 그리고 [계속] 버튼을 클릭한다.

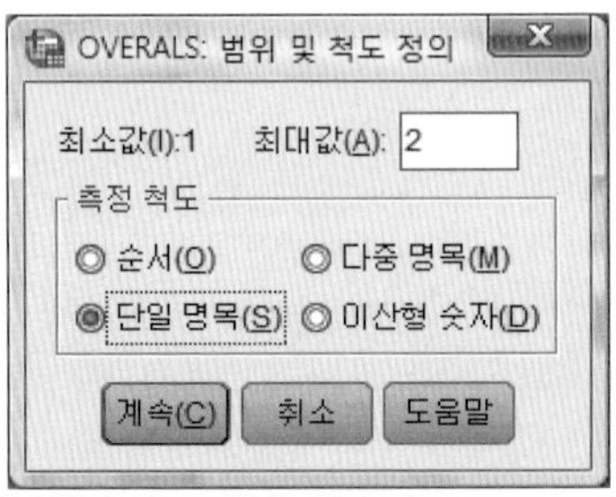

(5) 다음과 같이 되면 [다음(N)] 버튼을 클릭한다.

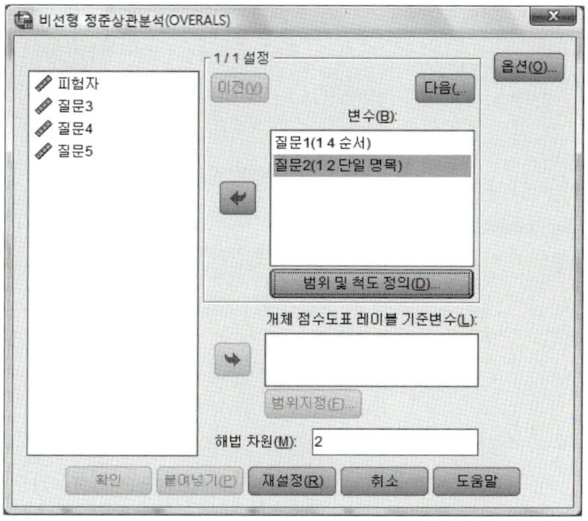

(6) 그러면 [변수(B)] 난의 '질문 1'과 '질문 2'가 사라진다.

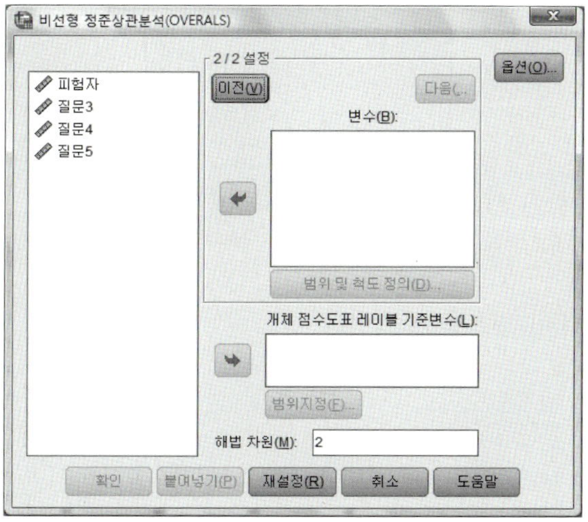

(7) 다음의 그룹은 '질문 3', '질문 4', '질문 5'이다. 앞에서와 같은 방법으로 [최대값(A)]과 [측정 척도]를 선택한다.

	최대값	측정 척도
질문 3	4	다중 명목
질문 4	3	단일 명목
질문 3	2	단일 명목

그 결과는 다음과 같다.

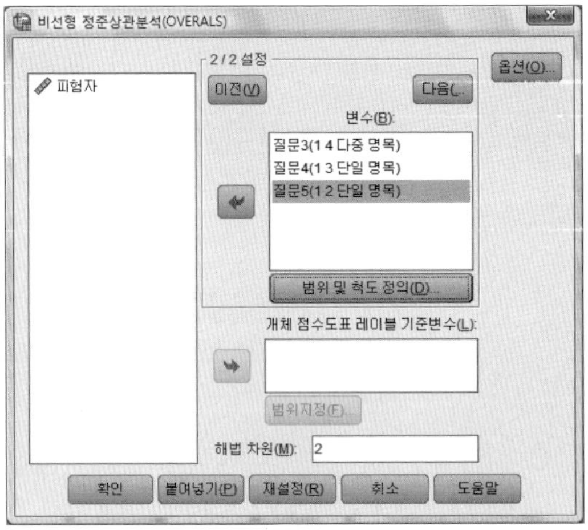

(8) '피험자'를 [개체점수도표 레이블 기준변수(L)] 난에 이동하고, [범위지정(I)]을 클릭한 다음 [최대값(A)] 난에 '20'을 입력한다. [계속] 버튼을 클릭한다.

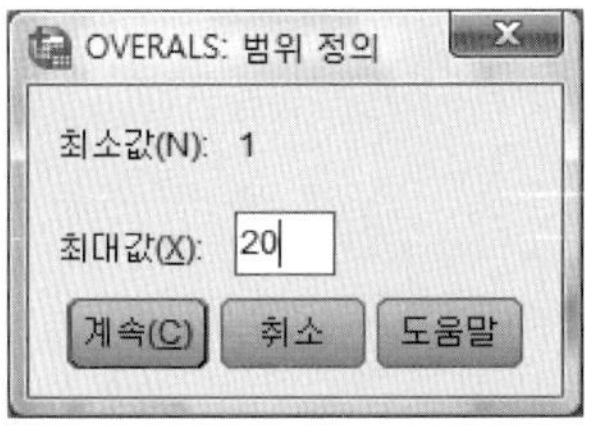

(9) 여기에서 [옵션(O)] 버튼을 클릭한다.

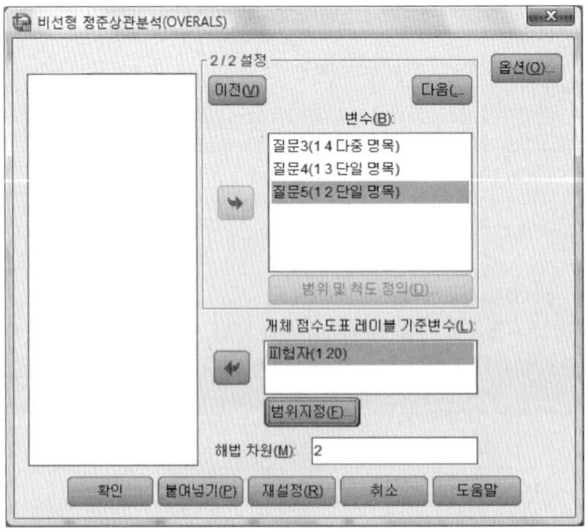

〈순서 5〉 옵션의 선택

다음의 화면이 되면

표시 : 가중값 및 성분 적재량(W)　　범주 수량화(Q)
　　　단일적합 및 다중적합(G)　　개체점수(O)
도표 : 범주좌표(S)　개체점수(B)　성분 적재량(T)

을 선택한다. 그리고

무작위 초기설정 사용(U)

을 체크하고 [계속] 버튼을 클릭한다. 단일명목이 있을 때는 '무작위 초기설정'을 사용한다.

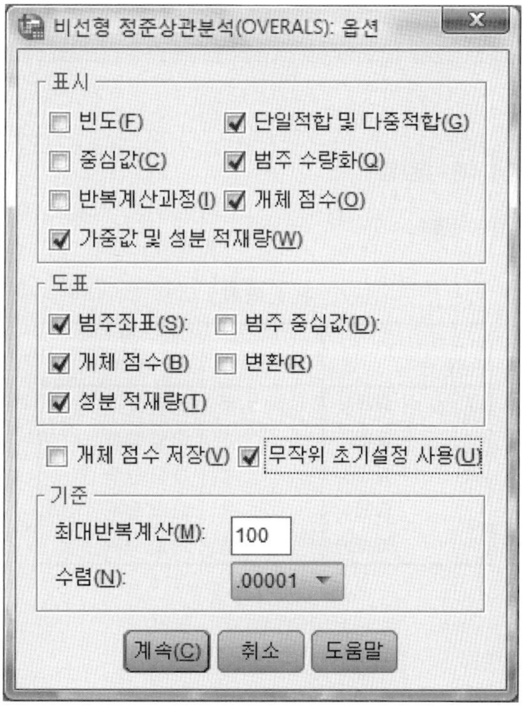

〈순서 6〉 비선형 정준상관분석의 실행

다음의 화면이 되면 [확인] 버튼을 클릭한다.

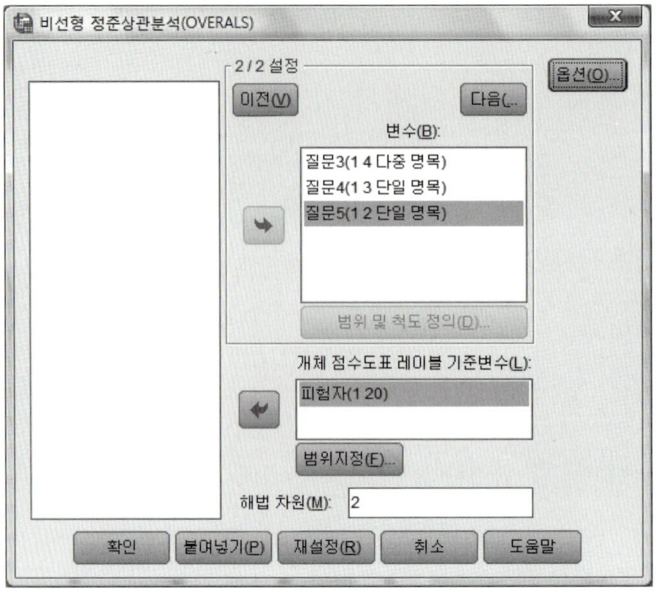

■ 분석결과 및 결과의 해석방법

(1) 비선형 정준상관분석–첫째

변수 목록

변수군		범주의 수	최적화 척도 수준
1	질문1	4	순서
	질문2	2	단일 명목
2	질문3	4	다중 명목
	질문4	3	단일 명목
	질문5	2	단일 명목

분석요약

		차원		합계
		1	2	
손실	변수군 1	.090	.175	.265
	변수군 2	.090	.175	.265
	평균	.090	.175	.265
고유값		.910	.825	
적합				1.735

가중값[a]

변수군		차원 1	차원 2
1	질문1	.470	-.820
	질문2	.728	.627
2	질문4	-.068	-.712
	질문5	.773	-.196

a. 표에 다중명목 변수가 포함되어 있지 않습니다.

성분 적재량

변수군				차원 1	차원 2
1	질문1[a,b]			.640	-.673
	질문2[b,c]			.838	.435
2	질문3[d,e]	차원	1	.614	.078
			2	.478	.533
	질문4[b,c]			.375	-.462
	질문5[b,c]			.833	-.089

a. 최적화 척도 수준: 순서

b. 개체 공간에서 단일 양적 변수에 대한 투영

c. 최적화 척도 수준: 단일 명목

d. 최적화 척도 수준: 다중 명목

e. 개체 공간에서 다중 양적 변수에 대한 투영

분석요약에서는 고유값과 손실을 구하고 있다.

$0.910 + 0.825 = 1.735$ ← 고유값과 고유값의 합계

$1.735 + 0.265 = 2$ ← 고유값의 합계와 손실의 합계는 원래의 정보량 2와 일치한다.

고유값은 정보량을 의미한다. 손실이란 정보량의 손실이라고 하는 의미이다.

가중값은 단일 범주 좌표의 표준편차이다. 질문 1의 경우 다음과 같이 된다.

$$0.470 = \sqrt{\frac{4 \times (-0.361-0)^2 + 6 \times (-0.288-0)^2 + 5 \times (-0.172-0)^2 + 5 \times (0.806-0)^2}{20}}$$

성분 적재량은 다음과 같이 도시할 수 있다.

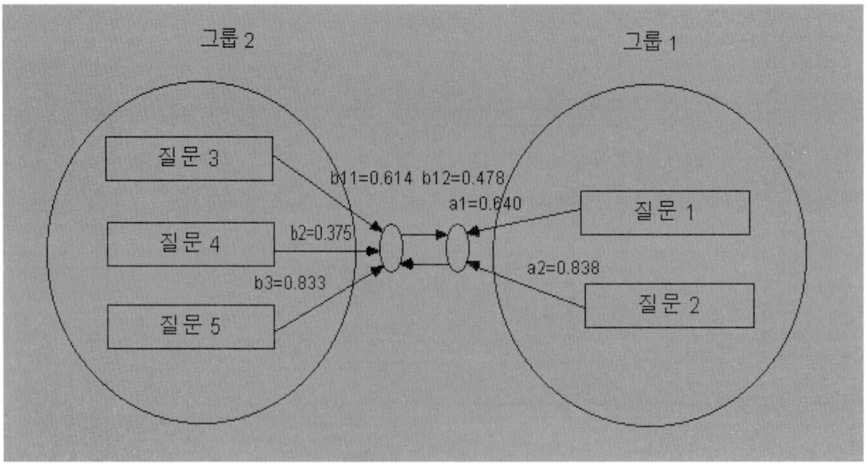

그림 22-4 성분 적재량

성분 적재량은 수량화된 변수와 개체점수에 의한 피어슨의 상관계수를 말한다. 성분 적재량은 그 변수의 중요성을 나타내고 있다. 따라서

그룹 1(스트레스)에서는 질문 2(결혼)

그룹 2(치료법)에서는 질문 5(생활공간)

가 중요하다.

(2) 비선형 정준상관분석－둘째

적합

변수군		다중 적합			단일 적합			단일 손실		
		차원			차원			차원		
		1	2	합계	1	2	합계	1	2	합계
1	질문1[a]	.222	.673	.896	.220	.673	.893	.002	.001	.002
	질문2[b]	.530	.393	.923	.530	.393	.923	.000	.000	.000
2	질문3[c]	.226	.808	1.034						
	질문4[b]	.006	.507	.513	.005	.507	.511	.001	.000	.001
	질문5[b]	.598	.038	.636	.598	.038	.636	.000	.000	.000

a. 최적화 척도 수준: 순서

b. 최적화 척도 수준: 단일 명목

c. 최적화 척도 수준: 다중 명목

단일 손실의 값이 큰 변수는 다중 명목으로 하는 편이 좋다고 생각된다. 즉,

"단일 명목으로서의 수량화에는 무리가 있으므로 다중 명목으로 해서 수량화를 하자"

고 하는 의미이다.

적합은 다중 범주 좌표의 분산이다. 이 값이 큰 변수는 잘 판별되고 있다고 생각된다.

단일 적합은 가중값의 제곱이다.

$$(0.470)^2 = 0.220$$

이 값이 큰 쪽의 차원에서 판별된다.

(3) 비선형 정준상관분석－셋째

변수군 1

질문1[a]

			단일 범주 좌표		다중 범주 좌표	
			차원		차원	
	주변빈도	수량화	1	2	1	2
만족	4	-.768	-.361	.630	-.402	.606
약간만족	6	-.613	-.288	.503	-.228	.537
조금불만	5	-.366	-.172	.300	-.212	.277
불만	5	1.716	.806	-1.407	.808	-1.406
결측값	0					

a. 최적화 척도 수준: 순서

질문2[a]

			단일 범주 좌표		다중 범주 좌표	
			차원		차원	
	주변빈도	수량화	1	2	1	2
독신	8	-1.225	-.891	-.768	-.891	-.768
결혼	12	.816	.594	.512	.594	.512
결측값	0					

a. 최적화 척도 수준: 단일 명목

변수군 2

질문3[a]

	주변빈도	범주 수량화 차원 1	범주 수량화 차원 2
싫다	6	.273	-.226
고양이	4	-.568	-1.543
개	7	-.279	.920
여러가지	3	.864	.363
결측값	0		

a. 최적화 척도 수준: 다중 명목

질문4[a]

	주변빈도	수량화	단일 범주 좌표 차원 1	단일 범주 좌표 차원 2	다중 범주 좌표 차원 1	다중 범주 좌표 차원 2
클래식	8	-.189	.013	.135	-.028	.139
로큰롤	7	-.952	.065	.677	.098	.674
포크송	5	1.635	-.112	-1.164	-.092	-1.166
결측값	0					

a. 최적화 척도 수준: 단일 명목

질문5[a]

	주변빈도	수량화	단일 범주 좌표 차원 1	단일 범주 좌표 차원 2	다중 범주 좌표 차원 1	다중 범주 좌표 차원 2
도시	13	-.734	-.567	.144	-.567	.144
전원	7	1.363	1.054	-.267	1.054	-.267
결측값	0					

a. 최적화 척도 수준: 단일 명목

범주를 평균 0, 분산 1이 되도록 수량화하고 있다.

$$4\times(-0.768)+6\times(-0.613)+5\times(-0.366)+5\times(1.716)=0$$

$$\frac{4\times(-0.768-0)^2+6\times(-0.613-0)^2+5\times(-0.366-0)^2+5\times(1.716-0)^2}{20}=1$$

단일 범주 좌표는 수량화에 가중값을 곱한 것이다.

표 22-4 단일 범주 좌표

질문 1의 범주	차원 1	차원 2
만족	−0.768×0.470 = −0.361	−0.768×(−0.820) = 0.630
약간 만족	−0.613×0.470 = −0.288	−0.613×(−0.820) = 0.503
조금 불만	−0.366×0.470 = −0.172	−0.366×(−0.820) = 0.300
불만	1.716×0.470 = 0.806	1.716×(−0.820) = −1.407

다중 범주 좌표에는 정보 손실의 최소화라고 하는 제한이 없다. 이에 비해서 단일 범주 좌표는 범주를 직선 상에 늘어놓기 때문에 정보의 손실이 생긴다.

이것은 단일 명목은 각각의 범주를 직선 상에 수량화할 수 있는 변수를 의미한다.

다중 명목의 변수는 각각의 범주를 1차원(직선)만으로는 잘 수량화할 수 없으므로 이와 같이 2차원(차원 1, 차원 2) 상에 수량화하고 있는 것이다.

(4) 비선형 정준상관분석 – 넷째

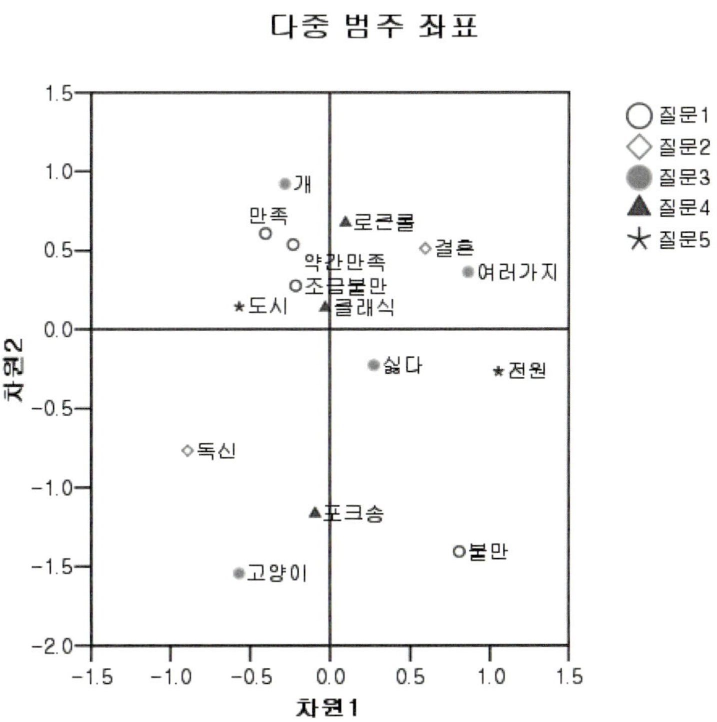

다중 범주 좌표이다. 다섯 개의 질문에 대한 각 범주의 관계를 잘 이해할 수 있다. 예를 들면 독신의 사람, 고양이 및 포크송이 가까운 위치에 자리잡고 있다. 그리고 개, 만족 및 로큰롤이 가까이 위치하고 있음을 알 수 있다.

(5) 비선형 정준상관분석－다섯째

개체점수

	차원	
	1	2
1	-.812	.274
2	-1.201	-1.049
3	1.133	-.852
4	.013	.650
5	-1.106	.568
6	1.760	-1.190
7	.400	.885
8	.629	1.418
9	-1.273	-.529
10	.105	.854
11	.532	.306
12	-.740	-.246
13	-.300	1.742
14	1.760	-1.190
15	-.663	-2.086
16	-1.302	-.854
17	1.534	-.433
18	-1.112	-.340
19	.601	1.093
20	.042	.975

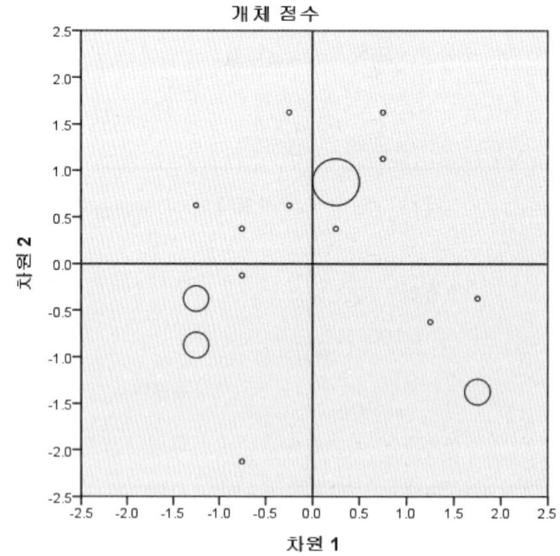

개체 수에 의해 가중된 케이스.

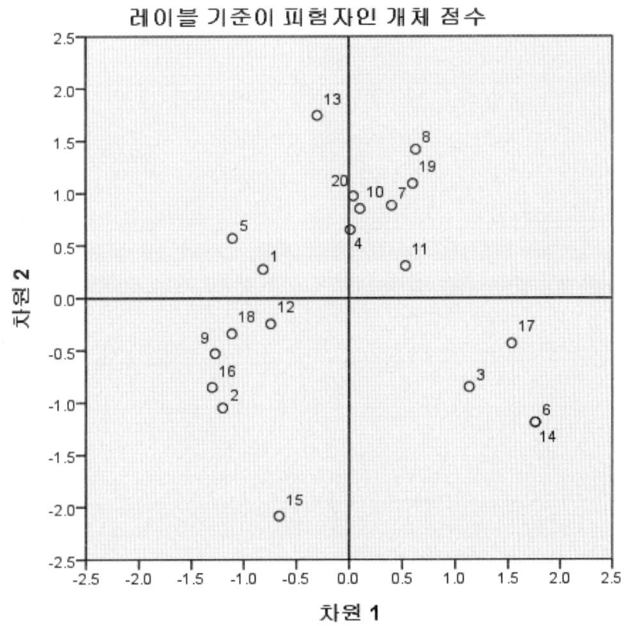

개체점수는 단일 범주 좌표의 합계를 표준화한 점수이다.

위의 그림은 설명기준이 피험자인 개체점수를 평면(차원 1, 차원 2) 상에 도시한 것이다. 이 그림으로부터 비슷한 반응을 보이는 피험자를 발견할 수 있다. 예를 들면 피험자 6과 피험자 14는 같은 반응을 보이고, 피험자 4, 10, 20 등은 비슷한 반응을 보이고 있다.

참고문헌

[국내문헌]

1. 강병서. 「인과분석을 위한 연구방법론」. 무역경영사, 1999.
2. 강병서·김계수. 「사회과학 통계분석」. 고려정보산업, 1998.
3. 노형진. 「EXCEL을 활용한 유형별 데이터의 통계분석」. 학현사, 2010.
4. 노형진. 「SPSS를 활용한 정성적 데이터의 통계분석」. 학현사, 2010.
5. 노형진. 「SPSS를 활용한 조사방법 및 통계분석」(제2판). 학현사, 2014.
6. 노형진 외 2인. 「SPSS를 활용한 일반선형모형 및 일반화선형혼합모형」. 학현사, 2013.
7. 노형진. 「SPSS를 활용한 분할표의 분석 및 대응분석」. 학현사, 2011.
8. 노형진·정한열. 「SPSS에 의한 통계분석 입문」. 한올출판사, 2008.
9. 노형진. 「SPSS를 활용한 주성분분석과 요인분석」. 한올출판사, 2014.
10. 노형진. 「SPSS를 활용한 회귀분석과 일반선형모형」. 한올출판사, 2014.
11. 노형진. 「다변량해석－질적 데이터의 수량화－」. 석정, 1990.
12. 송문섭·김계수. 「비모수통계학개론」. 자유아카데미, 1994.
13. 양병화. 「다변량 데이터 분석법의 이해」. 커뮤니케이션북스, 2006.
14. 이주일 옮김. Nicola Brace, Richard Kemp & Rosemary Snelgar. 「SPSS를 활용한 심리연구 분석」(제2판). 시그마프레스, 2005.

[일본문헌]

1. 內田治. 「すぐわかるEXCELによる統計解析」. 東京圖書, 1996.
2. 內田治. 「すぐわかるEXCELによる多變量解析」. 東京圖書, 1996.
3. 內田治. 「すぐわかるEXCELによる品質管理」. 東京圖書, 1998.

4. 奥野・芳賀・久米・吉澤. 「多變量解析法」. 日科技連出版, 1971.
5. 小林龍一. 「相關・回歸分析入門」. 日科技連出版, 1982.
6. 小林龍一. 「數量化入門」. 日科技連出版, 1981.
7. 小林・內田. 「やさしいSQC」. 日本經濟新聞社, 1986.
8. 芳賀・橋本. 「回歸分析と主成分分析」. 日科技連出版, 1980.
9. 林知己夫. 「數量化の方法」. 東洋經濟新報社, 1974.
10. 林知己夫. 「デ-タ解析の方法」. 東洋經濟新報社, 1974.
11. ラッヘンブルック(鈴木·三宅譯). 「判別分析」. 現代數學社, 1979.
12. 柳井·高木 編者. 「多變量解析ハンドブック」. 現代數學社, 1986.
13. 石村貞夫. 「SPSSによる統計處理の手順」. 東京圖書, 1995.
14. 石村貞夫. 「SPSSによる多變量データ解析の手順」. 東京圖書, 1998.
15. 石村貞夫. 「SPSSによる分散分析と多重比較の手順」. 東京圖書, 1997.

[서양문헌]

1. Belsley, D. A., Kuh, E. and Welsch, R. E. : *Regression Diagnostics ; Identifying Influential Data and Sources of Collinearity*, John Wiley & Sons, 1980.
2. Chatterjee, S. and Price, B. : *Regression Analysis by Examples*, John Wiley & Sons, 1977.
3. Cook, R. D. and Weisberg, S. : *Residuals and Influence in Regression*, Chapman and Hall, 1982.
4. Draper, N. R. and Smith, H. : *Applied Regression Analysis*, John Wiley & Sons, 1981.
5. Everitt, B. S. : *The Analysis of Contingency Tables*, Chapman & Hall, London, 1977.
6. Kendall, M. G. : *Multivariate Analysis*, Charles Griffin, 1975.
7. Lachenbruch, P. A. : *Discriminant Analysis*, Hafner, 1975.
8. Rao, C. R. : *Linear Statistical Influence and Its Applications*, John Wiley & Wiley & Sons, 1973.
9. Seber, G. A. F. : *Linear Statistical Analysis*, John Wiley & Sons, 1977.
10. Weisberg, S. : *Applied Linear Regression*, John Wiley & Sons, 1980.

찾아보기

▸ ㄱ

가중최소자승법 335
검증-재검증법 517
결정계수 73, 247
계량적 다차원척도법 469
고유벡터 92
고유치 92
고유치 문제 19, 92, 400
공분산 47
공분산과 산점도 49
공분산과 상관계수 49
공차한계 289
공통성 119
공통성의 반복추정 129
공통성의 의미 120
공통성의 추정 122
공통요인 106, 434
교호작용 218
교호작용도 224
구성개념 타당성 519
구조계수 151
군집분석 348
극치조건 60
기순열 15
기여량 138
기여율 73, 247
기준관련 타당성 519

▸ ㄴ

난괴법 206
내부일치성 517
내용적 타당성 519

▸ ㄷ

다변량 분산분석 232
다변량분석 38
다변량분석의 의미 37
다원 분산분석 198
다중공선성 69, 284, 286
다차원척도법 467
다차원척도법의 목적 468
단순회귀분석 57
단순회귀분석의 계수와 중회귀분석의 계수의 차이 69
단위행렬 11
단회귀분석 241
대응분석 497
대응분석과 분할표 497
대화형변수선택법 280
더미변수 241, 271
데이터의 표준화 26, 44, 103
독자성 121
독자요인 110, 434

▸ ㄹ

로지스틱 회귀분석 334
로지트 모형 334
로지트 변환 334

▸ ㅁ

마하라노비스 170
마하라노비스의 거리 157, 349, 350
매크로 프로그램 34
멱승법 19, 400
모든 가능한 회귀 279
모회귀식 245
목적변량 55
목적변수 241

▸ ㅂ

반복 다차원척도법 482
반복 없는 이원 분산분석 206
반복 있는 이원 분산분석 217
반복추정법 129
반분법 517
범주별 상관계수 191
범주형 회귀분석 316
벡터 2
변동 41
부분 데이터만의 상관계수 산출 194
부분상관계수 188
분산 41
분산공분산행렬 50, 399
분산공분산행렬에 의한 주성분분석 408
분산분석 197
분산분석표 198
분산비 198
분산의 대소 42
분포곡선 53
분할표 497
불변추정량 52
불편분산 198
비계량적 다차원척도법 469
비대칭 행렬 데이터의 다차원척도법 489
비선형 정준상관분석 532
비선형 정준상관분석의 용도 534
비처리 218

▸ ㅅ

사각회전 437
사후검정 202
산점도 182
상관계수 181, 244
상관도 182
상관행렬 50
상관행렬에 의한 주성분분석 416
상호작용도 224
선형판별함수 157, 160
선형판별함수에 의한 판별분석 158
설명변량 55
설명변수 241
설명변수의 선택 278
성분 도표 100
수량화이론 377
수량화이론 II류 387
수량화이론 I류 378
수렴적 변별적 타당성 519
수정된 R제곱 264
순서 회귀분석 303
순서 회귀분석의 용도 303
스트레스 값 473
신뢰성 516
신뢰성의 증대 518

▸ ㅇ

아이템 378
야코비법 19, 400
양의 상관 49
양의 상관관계 181
여인자 16
역행렬 11
열벡터 2
오즈 비 334

오판별률 177, 394
요인 모델로 바라본 공분산 116
요인득점행렬 112
요인부하량 109
요인부하행렬 112
요인분석 106, 434
요인분석과 주성분분석의 관계 138
요인분석과 주성분분석의 차이 438, 465
요인분석의 기본원리 108
요인분석의 용도 436
요인분석의 창시자 134
요인분석의 행렬 표현 111
요인의 독립성 113
요인의 회전 130, 437
용장 155
용장성계수 153
우순열 15
음의 상관 49
음의 상관관계 181
이원 분산분석 198
이원 분산분석표 207
인과관계 181
인자 198
인자부하량 33
인자수준 198
일원 분산분석 198

▸ ㅈ

잔차 59, 243
잔차 제곱합 59
잔차의 정규분포 히스토그램 257
잔차의 표준편차 254
적합도 통계량 343
전치행렬 23
전통적 다차원척도법 475
정규화 방법 503
정준구조 벡터 151
정준변량 146
정준변량의 기여율 152
정준부하량 151
정준상관 366
정준상관계수 146
정준상관분석 144, 532
제곱평균 198
제어변수 188
종합적 타당성 519, 521
주성분 94
주성분점수 398, 412
주성분분석 81, 396
주성분분석의 기본원리 82
주성분분석의 기여율 94
주성분분석의 원리 81
주성분분석의 종류 400
주성분분석의 효용 399
주성분을 구하는 방법 89
주축 요인추출법에 의한 요인분석 461
주효과 207
준계량적 다차원척도법 469
중상관계수 247
중회귀분석 241, 261
증가적 타당성 519
직각회전 437
직교행렬 24

▸ ㅊ

초평면 161
최대우도법에 의한 요인분석 461
최대우도추정법 335
최소자승법 58, 59, 65
추정값의 표준오차 254
축차변수선택법 280
층별산점도 157

▸ ㅋ

카테고리 378
크기의 인자 34
크론바하 알파 517

▸ ㅌ

타당성 516

▸ ㅍ

판별득점 160
판별분석 156, 348
판별분석의 원리 156
판별적중률 177
편상관계수 188
편차 41
편차제곱의 합 198
편차제곱합 41
편회귀계수 65
평균 39
평행검증법 517
포지셔닝 맵 481
표면적 타당성 519
프로파일 도표 227

▸ ㅎ

하우스홀더법 19, 400
행렬 2
행렬식 15
행렬식의 전개 16
행렬의 곱셈 8
행렬의 덧셈과 뺄셈 3
행렬의 요소 2
행벡터 2
형태의 인자 34
회귀방정식 55
회귀분석과 주성분분석의 차이 422
회귀분석의 원리 55
회귀식의 유효성 247, 253
회귀진단 292, 293
히스토그램 52

▸ A

all possible regression 279
analysis of variance : ANOVA 197
ANOVA table 198

▸ C

canonical correlation 366
canonical correlation analysis 144, 532
canonical correlation coefficient 146
category 378
Chronbach's alpha 517
classical MDS 475
cluster analysis 348
cofactor 16
common factor 434
construct validity 519
content validity 519
control variable 188
convergent and discriminant validity 519
correlation coefficient 244
correspondence analysis 497
criterion-related validity 519

▸ D

discriminant analysis 348
dummy variable 271, 381

▸ E

element 2

▸ F

face validity 519
factor 198
factor analysis 106, 434
factor level 198
factor loading 33, 109
F비 198

▸ G

goodness-of-fit statistic 343

▸ H

Hotelling의 트레이스 238

Householder method 19, 400

▸ I

identity matrix 11
incremental validity 519
interaction 218
interaction plot 224
inverse matrix 11
item 378

▸ J

Jacobi method 19, 400

▸ L

Lagrange의 상수변화법 91, 147
least squares method 243
Levene 통계량 205
likelihood 335, 342
linear discriminant function 160
logistic regression analysis 334
logit model 334
logit transformation 334

▸ M

Mahalanobis 170, 350
main effect 207
MANOVA 232
matrix 2
MDS 467
metric MDS 469
multi-way ANOVA 198
multicollinearity 286
multidimensional scaling 467
multiple correlation coefficient 247
multiple regression analysis 241
multivariate analysis of variance 232

▸ N

non-treatment 218
nonlinear canonical correlation analysis 532
nonmetric MDS 469

▸ O

oblique rotation 437
odds ratio 334
one-way ANOVA 198
orthogonal rotation 437

▸ P

part correlation coefficient 188
partial correlation coefficient 188
path diagram 328
Pillai의 트레이스 238
Post hoc test 202
principal component analysis 396
principal component score 102

▸ Q

quantification theory 377

▸ R

randomized block design 206
redundancy 155
regression diagnostics 293
replicated MDS 482
residual 59, 243
Roy의 최대근 238

▸ S

scatter diagram 244
semimetric MDS 469
shape factor 34
simple regression analysis 241
size factor 34
split-half technique 517

step-wise regression 280
stress value 473
sum of squares 198
synthetic validity 519

‣T

tolerance 289
two-way ANOVA 198
two-way ANOVA table 207

‣U

unique factor 110, 434

‣V

vector 2

‣W

Wilks의 람다 238

저/자/소/개

노형진

- 서울대학교 공과대학 졸업(공학사)
- 고려대학교 대학원 수료(경영학박사)
- 일본 쓰쿠바대학 대학원 수료(경영공학 박사과정)
- 일본 문부성 통계수리연구소 객원연구원
- 일본 동경대학 사회과학연구소 객원교수
- 러시아 극동대학교 한국학대학 교환교수
- 중국 중국해양대학 관리학원 객좌교수
- 국방과학연구소 연구원 역임
- 현재, 경기대학교 경상대학 경영학과 교수
  전공, 품질경영·기술경영·다변량분석(조사방법 및 통계분석)
- 중소기업청 Single-PPM 심의위원
- 대한상공회의소 심사위원·지도위원
- Single-PPM 품질경영연구소 이사장
- 한중전략경영연구소 이사장
- 한국제안활동협회 회장

▸ 주요저서

- EXCEL을 활용한 앙케트 조사 및 분석(학현사)
- Amos로 배우는 구조방정식모형(학현사)
- SPSS를 활용한 분할표의 분석 및 대응분석(학현사)
- SPSS/Excel을 활용한 알기쉬운 시계열분석(학현사)
- SPSS를 활용한 정성적 데이터의 통계분석(학현사)
- SPSS를 활용한 조사방법 및 통계분석(제2판)(학현사)
- SPSS를 활용한 일반선형모형 및 일반화선형혼합모형(학현사)
- EXCEL에 의한 경영과학(한올출판사)
- SPSS를 활용한 회귀분석과 일반선형모형(한올출판사)
- SPSS를 활용한 주성분분석과 요인분석(한올출판사)
- Excel 및 SPSS를 활용한 다변량분석 원리와 실천(한올출판사)
- SPSS를 활용한 비모수통계분석 및 대응분석(지필미디어)

e-mail: hjno@kyonggi.ac.kr

유자양

- 중국 석가장육군지휘대학(石家庄陆军指挥学院) 졸업
- 경기대학교 대학원 석사과정 수료(경영학석사)
- 경기대학교 대학원 박사과정 수료(경영학박사)
- 중국 국가 프로젝트 RTAs (中国社科基金) 관련연구 진행 중
- 현재, 경기대학교 강사
- 한중전략경영연구소 이사

▸ 주요저서

- Excel을 활용한 컴퓨터 경영통계 공저, 학현사.

▸ 주요논문

- 2013년 9월 '한·중 전자산업의 중간재경쟁력이 고객가치와 기업성과에 미치는 영향에 관한 연구', 한국컴퓨터정보학회
- 2014년 12월 'Comparative Research of Competitiveness and Influence Factors of Computer and Information Service Trade of South Korea, China and Japan', THE KOREA SOCIETY OF COMPUTER AND INFORMATION

e-mail: morninglzy@hotmail.com

SPSS 및 EXCEL을 활용한

다변량분석 이론과 실제

Multivariate Analysis Theory and Practice using SPSS & EXCEL

발 행 일 2016년 1월 20일 초판 인쇄
저　　자 노형진 · 유자양
발 행 인 김성남
발 행 처 (주)지필미디어
주　　소 서울 서대문구 충정로6안길 29, 101호
전　　화 (02) 362-4504
팩　　스 (02) 393-4509
이 메 일 book@jiphil.co.kr
홈페이지 www.jiphil.co.kr
등록번호 제 312-1997-000043호 (1997년 07월 16일)
I S B N 979-11-86674-28-4 93310
편　　집 디자인 콤마
가　　격 28,000원

실질소득 483
실질효과의 법칙 316
실험경제학 12
실험과정 18
실험처리 18
실현손실 188
실현이익 188
심리적 회계 69, 87, 487
심적 압력 459
쌍곡선적 할인 206
쌍곡선적 할인의 모형 207

ㅇ

아담 스미스 5
안전수준 326
알레의 역설 152
액션 표본추출 326
액션 표본추출 균형 326
약한 연결게임 337
양극화만 있는 극단회피 56
양전자 단층 방사 촬영 513
억제 520
역사실험 322
역선택 25
연방예금보험공사 505
연속성 27
연쇄효과 252
열등전략 289
영국식 경매 329
예산선 34
옵트 아우트 436
옵트 인 436
옵트아웃 580
옵트인 방식 580
완비성 27
완전한 정보 365
완전한 피드백 342
요구수준 316
원샷게임 354
유보임금 393
유사성 휴리스틱 43
유틸 29
응답자 361
응답자 경쟁 371
의도처리 362
이방인 359
이중 경매 393
이중 맹검법 실험 428
이중경매제도 96
이케아(IKEA) 효과 75
이행성 27
인센티브 361
인지 휴리스틱 305
인지계층 모형 298
인지모형 13
인지처리과정 519
인지편향 11
일물일가의 법칙 100
일정상대리스크회피 133
일정절대리스크회피 133
임계점 343
임금경직성 389
임의성 379
임의적 선택 54
임의적 일관성 63
입찰가격조정 330

ㅈ

자기실현적 기대 174
자동 시스템 40
자동 처리과정 518
자동연금 가입제도 435
자부심 모형 384
자신감 승수 455

잔여청구권 272
잠재집단접근 321
장기 총공급곡선 468
장부상의 손실 188
장부상의 이익 188
재산권 381
저축대부조합 504
적응학습 316
전략 20, 289
전략 매력도 315
전략적 행동 287
전망의 효용 159
전망이론 141
전방추론 309
절대적 리스크회피 133
절대적 크기 효과 201
절차의 불변성 178
절충이 있는 극단회피 56
젓가락 경매 572
정규성 조건 55
정보폭포 256
정서적인 처리과정 518
정책입안자 586
제안자 349, 361
제한된 피드백 342
제한된 합리성 7, 11
조건부 가치평가 82
조건에 따른 제거 49, 50
조명효과 461
조세수입 446
주식프리미엄 퍼즐 185
주인-대리인 관계 389
주파수경매 571
준쌍곡선적 할인 209
중간값 엑션게임 323
중격의지핵(NAcc) 522
증시폭등 458
지불의사(WTP) 82
지속기간의 무시 411
지수적 할인 198
지연행위 211
직관적 균형 263
직접적 인지 49
집단동조 459

ㅊ

차순위가격 경매 63
차점가격봉인입찰경매 330, 575
초점 301
초점전략 295
총공급곡선 462
총수요곡선 462
총효용 409
최고가봉인입찰경매 329, 330, 572
최소 노력게임 337
최우추정 320
최적 매도시점 288
최적대응 318
최절정-끝 411
최후통첩게임 356, 537
추측게임 296
충격편향 411
충격효과 192
충동평형 326
충동평형균형 327, 335
취득효용 85

ㅋ

쾌락적 편집 91
쿠르노 318
퀀탈대응균형 311
퀀탈반응균형 310

ㅌ

타조효과 192
통제 처리과정 518
투사편향 411
투자성향효과 189
투자자 자율성 432
투자회사 438

ㅍ

파라미터 167
파레토 6
파레토 우월균형 307
파레토 효율성 21
파레토우월 306
파트너 359
페흐너의 법칙 145
평가기간 186
평균매칭실험 321
포부트레드밀 407
포트폴리오 432
프레이밍 482
프레이밍 효과 70
프레임 485
프로젝트 16
프리드먼 13
피드백 440
피드백 없는 처리 293

ㅎ

하루 휴식방법 401
학습강화 316
학습방향이론 335
한계가치 464
한계대체율 464
한계소비성향 117
한계효용의 체감의 법칙 5
할인인자 198
합리적 3
합리적 기대 6
합리적 기대이론 273
합리적 중독모형 547
행동 20
행동경제학 3
행동재무학 12
현상유지 편향 45
현시선호 399
현시선호이론 32
현재편향 418
현재편향 선호 209
현저성효과 178, 179
현저한 전략 295
협력게임 337
협상가격제도 96
형평성이론 478
혼합형 펀드 438
화폐의 중립성 482
화폐환상 482
확률에 대한 과대가중치 165
확실성 효과 151
확정급부형 434
확정납부형 434
확증편향 243
회상효용 220
효용 27
효율적 시장가설 272
효율적 임금이론 489
후방추론 308
후생 211
후생함수 441
후회이론 180
후회회피 181
휴리스틱 39, 41, 42, 438

기타

(β, δ)-선호 209
1차적 현저성가설 301
2차적 현저성가설 301
4중 패턴 157
CRR 304
MouseLap 297
QALY 423
SEED계좌 578

김상봉

한성대학교 경제학과 교수
민간금융위원회 위원
글로벌금융연구소 소장

중급 행동경제학

발행일 2013년 2월 28일 초판 인쇄
저 자 김상봉
발행인 고현희
발행처 (주)지필미디어

주 소 서울시 서대문구 미근동 72-3호 미근빌딩 101호
전 화 (02) 362-4504
팩 스 (02) 393-4509
이메일 book@jiphil.co.kr
홈페이지 www.jiphil.co.kr
등록번호 제 312-1997-000043호 (1997년 07월 16일)

ISBN 978-89-97394-55-5
편 집 디자인 콤마
가 격 값 32,000원